云南金融年鉴

YUNNANJINRONGNIANJIAN

2009

总第十四卷

云南金融年鉴编委会　编

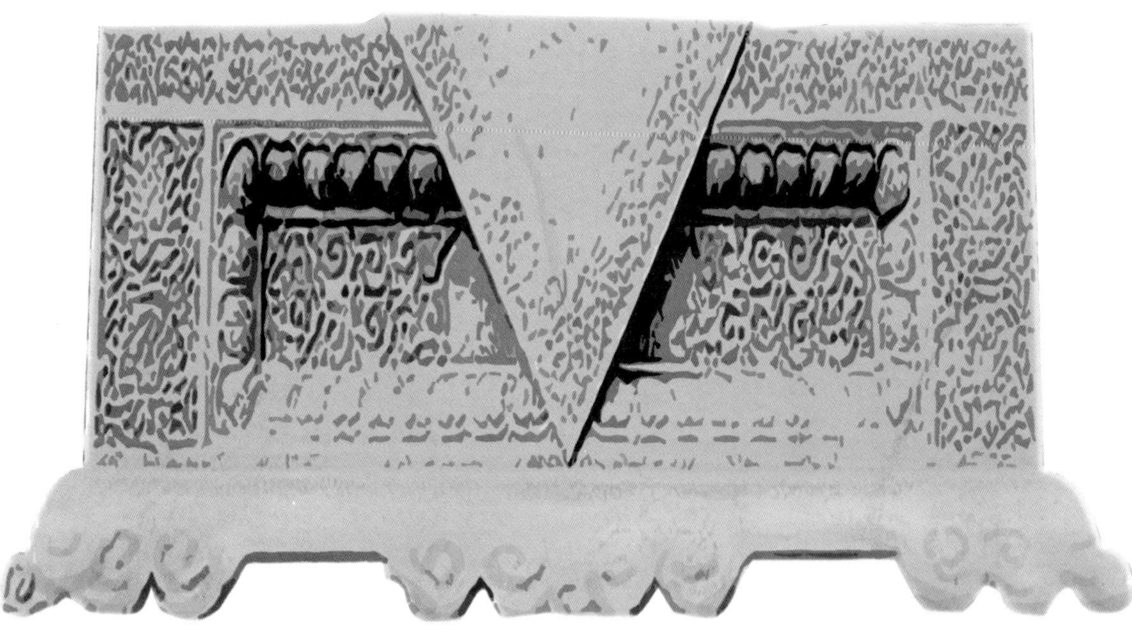

云南出版集团公司
云南人民出版社

交通银行 云南省分行

BANKOFCOMMUNICATIONS

2008年，交通银行迎来百年庆典。在这喜庆的一年，交通银行云南省分行深入贯彻落实科学发展观，紧紧围绕总行的战略目标和战略部署，以结构调整推动战略转型，以强化风控确保安全经营，以改革创新增强发展动力，以加强管理提升经营效益，努力提高核心竞争力，着力打造财富管理特色，各项业务实现又好又快发展。年末，本外币资产总额319亿元，人民币存款余额292.29亿元，贷款余额183.51亿元，各项指标超额完成总行下达计划。同时，企业的社会责任进一步加强。

公司业务：全力支持交通、电力、有色、石化、烟草、邮电通讯等云南优势行业，积极拓展存款、贷款、结算等传统业务，着力打造蕴通财富、盈通账户、供应链金融等财富管理品牌，为客户量身定制对公理财、企业年金、融资租赁、信托贷款、顾问咨询、现金管理、企业网银等全方位的现代金融服务，与昆明、曲靖、玉溪、楚雄、大理等州市政府签订战略合作协议，银政合作迈上新台阶。

个人业务：围绕打造财富管理银行目标，加快储蓄业务的发展，推进新型网点建设，多家支行被评为文明规范服务示范单位。不断提升面向高、中端客户的沃德财富、交银理财专享服务品质，为个人客户提供住房贷款、代理基金、代理保险、得利宝、实物黄金等业务，不断丰富财富管理服务内涵。太平洋借记卡、贷记卡、公务卡赢得市场广泛认可，世博卡、世博门票销售、世博金银等相关服务陆续推出，金融理财师专业人才超过70人，金融服务更趋专业化，个人网银、自助银行、电话银行、家易通等电子渠道安全高效。

国际业务：外币存款、外币贷款、国际结算、结售汇等业务快速发展，外币汇款、贸易融资、外汇资财、信用证、履约保函等国际业务产品服务线更加丰富，外汇宝、速汇金、交银通汇等业务得到客户喜爱，国际业务传统优势得到巩固。

风险管理：引进内评法等先进工具，稳步推进营运集中模式改革，建立会计主管和检查辅导队伍，加强现金、账户、对账等环节管理力度，完善垂直风险管理体制，落实责任追究制，着力构建风险管理文化，资产质量保持同业先进水平。

社会责任：抽调2名干部赴成都参加汶川抗震救灾，全体员工捐款（含党团人员交特殊党费和团费）达57万元；选派第二批扶贫干部到维西县挂职，向维西县捐赠10万元用于解决农村人畜饮工程；还向陇川县和楚雄州各捐赠10万元开展救灾和扶贫工作。这些做法得到了当地人民群众的赞誉，并受到了省政府表彰。

Tenth Anniversary
国家开发银行云南省分行成立10周年
CHINA DEVELOPMENT BANK YUNNAN BRANCH

与农信社签订生源地助学贷款协议

国家开发银行云南省分行组建于1999年12月，是国家开发银行股份有限公司在云南省的唯一分支机构，现有员工213人。组建以来，开行云南分行以科学发展观为指导，认真履行“增强国力，改善民生”的使命，把国家的宏观调控政策与云南加快发展的内在要求有机结合起来，围绕“加快改革发展，强化金融服务，优化信贷结构”的主线，开拓创新，锐意进取，攻坚克难，扎实工作，多方融资推进“两基一支”重大项目和社会民生领域、国际合作业务“一体两翼”发展。

与省交通厅签订农村公路贷款合同

建设中的瑞丽江电站

国家开发银行股份有限公司云南省分行
China Development Bank Corporation Yunnan Branch

截至2008年底，开行云南分行累计向云南省发放贷款1700多亿元，本外币贷款余额突破800亿元，当年本外币新增余额折合人民币突破100亿元，主要投向电力、交通、水利、城市基础设施、社会民生等行业和领域，贷款资金有效覆盖了全省16个州市129个县区，人民币基本建设贷款、外汇贷款均居云南省各家银行之首，各项业务再上新台阶。

2008年，国家开发银行拉开了商业化转型的序幕；12月，国家开发银行整体改制为国家开发银行股份有限公司，将从政策性金融机构转型为商业银行，全面推进商业化运作，新增了投资银行和股权投资这两项与中长期业务配套的、开行特有的服务功能，将按照现代金融企业治理结构模式，坚持通过开展中长期信贷与投资等金融业务，为国民经济中长期发展战略服务，继续主要从事“两基一支”等中长期投融资业务，以开发性金融原理为指导，坚持以市场化方式开展“银政合作”和“银企合作”，为各级政府和客户提供更加完善的金融服务和金融产品。展望未来，相信开行云南分行将在改革和发展的蓝图上继续挥洒笔墨、抒写豪情，以勇于创新的胆识投身改革大潮，以奋发有为的姿态开启新的征程，为地方经济社会发展做出更大的贡献。

水麻指挥部送来锦旗

向昭通震区捐赠50万元

永胜四中

力帆骏马生产车间

中国建设银行 China Construction Bank 云南省分行

发展、改革、创新、合规、效率、团队

“中国英模母亲——建设银行资助计划”在云南启动

2008 年，建设银行云南省分行紧紧围绕总行党委年初确定的经营目标和各项工作任务，以“发展、改革、创新、合规、效率、团队”为指导，面对复杂多变的外部经济金融形势，紧盯市场，抢抓机遇，公司与机构业务成绩突出，个人银行业务跃上新台阶，信用卡、外汇、电子银行等战略性业务进一步拓展。截止 12 月末，全行一般性存款、各项贷款分别比年初新增 196.72 和 131.07 亿元，经营效益进一步改善，资产质量控制良好，连续三年纯新发放贷款不良率低于总行控制要求。

面对复杂多变的外部环境，灵活调整经营策略，对公业务市场反应速度和应变能力明显提高。认真落实信贷结构调整，优化信贷资源配置，加大小企业信贷支持力度，全年对公贷款新增在省内同业排位第二。向省政府提出《混合融资方案》，积极探索帮助政府解决省重点基础设施项目和重点企业资金需求的路子。在省内重大项目和重要客户的营销上取得积极进步。结合网点转型，抢抓机遇，争取资源，加大、加快网点建设步伐，全行近 60% 的网点硬件形象得到改善。面对急剧变化的个人业务市

住房公积金龙卡云南首发

向雪灾受灾地区捐款

全省第一所“建行希望小学”落成揭牌

场，全行依托网点转型、高端客户增值服务平台和渠道建设成果，坚定信心，紧盯市场，顺市而为，个人存款新增突破100亿，基金销售在资本市场大幅下挫的情况下继续领跑同业。不断深化个人资产业务管理改革，优化二手房贷款办理流程，个人贷款余额及新增市场占比均排名第一。

促进产品创新，加强战略性客户营销，为业务长远发展奠定良好基础。依托贷款资源带动投行业务发展，抓住上半年贷款资源紧缺与客户需求大的矛盾，推出利得盈信托理财、龙信融资产品以及保理、海外代付（偿付）业务，组织银团贷款，成功营销建行系统首单企业年金账户管理业务。在小企业年金产品、短融、出口订单融资、融资租赁等业务的营销和探索方面取得积极成效。代理保险业务连续12个月排名同业之首。开发推广公积金龙卡和铁路龙卡，率先在国内推出新型电子商务交易平台——“宝易互通”。

强化风险管理，资产质量进一步提高，合规意识不断增强。积极探索操作风险管理工具和方法。上线并推广使用岗位操作风险自评报告系统，将操作风险管理列入议事日程，对查找出来的风险点认真研究整改措施。建立存量主要业务产品风险提示目录库，做实应急预案基础管理，因操作风险引发的违规违纪行为明显减少。夯实信贷基础管理。加强对重点客户、重点区域和重点环节的风险监管。梳理和重检现有制度，完善风险管理制度办法，提高贷前平行作业质量和效率，持续改进和优化审批流程。集中诊断和处置重大项目，资产保全业务成绩突出。

在全省率先推出个人出入境金融服务中心

赶赴四川抗灾第一线慰问部队官兵

与昆明市20多家二手房优质中介签订战略合作协议

开办金融大讲堂，为百姓提供投资理财咨询

成功举办2008年企业年金产品推介会

中国信达资产管理公司 昆明办事处

CHINA CINDA ASSET MANAGEMENT CORPORATION

诚信为本 达济天下

中国信达资产管理公司昆明办事处主要负责中国信达资产管理总公司在云南省的各项业务的管理与运作。办事处自1999年成立以来，截止2008年年末累计接收和管理的不良资产达150余亿元；累计处置各类资产98余亿元；累计实施债转股32.36亿元；累计接受委托代理处置不良资产20.43亿元。在多年的业务工作中，办事处培养了一支业务精湛、经验丰富的技术型队伍，拥有管理、财务、投融资、资产评估、证券等方面的专业人才。通过对云南省近万户以上企业的交流与分析，对云南省内各行业的发展有较深的了解；对企业在管理、财务、项目投资以及经营发展、企业经营的风险等方面有比较深刻的认识，并积累了丰富的资产管理、处置等方面的经验。同时，总公司拥有丰富的专业技术人才，可对办事处提供良好的资源支持，办事处还可依托总公司投资、证券发行与承销、保荐人、不良资产收购、处置、风险控制与研究、全国性的机构网络等各种平台，为企业提供良好的服务。

2008年8月6日，组织了部门管理职位竞聘会，深化人事制度改革

2008年5月，和华融资产管理公司昆明办事处签署了201个项目，353笔贷款，9亿余元债权资产包转让协议，并完成了全部资产的交接工作

2008年4月，通过了ISCCC和BSI两家机构同时进行的ISO27001和ISO20000的体系认证审核

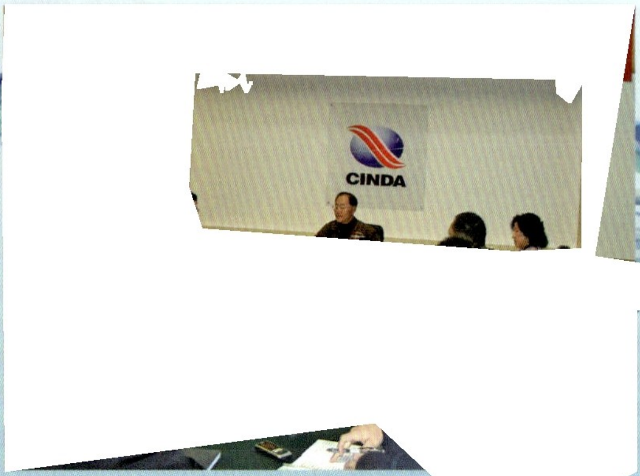

2008年10月22日起，按照总部[illegible]，开展深入学习实践科学发展观活动

主任：黄继林

信达公司服务宗旨：

诚信为本，达济天下；

优质服务，实现双赢；

实事求是，高效快捷；

为合作者提供全面优质高效的服务。

中信银行
CHINA CITIC BANK
中信小企业成长伴侣
全心呵护 助力成长

兴业银行 昆明分行

INDUSTRIAL BANK CO.,LTD.

兴业银行昆明分行自2005年12月26日获准在云南昆明开业以来，按照总行确立的“建设一流银行，打造百年兴业”的战略部署，结合云南省、昆明市的区域特色，一直以创办精品银行为目标，积极经营、稳健运作、做出质量、做出品牌，与云南省、昆明市经济同发展、共成长。在发展策略上，坚持以人为本、业务创新、专业服务和成本管理，实现差异化竞争和业务快速发展；在业务经营上，坚持以市场为导向、以客户为中心，以现代信息技术为依托，不断致力于金融产品的创新和服务领域的延伸，运用专业服务和综合经营，为客户提供个性化和全面金融服务解决方案，构建新型的银企关系，密切业务合作，增进互利共赢，持续为客户、为社会创造价值。截至2008年年末，各项资产总额1679822万元，比年初增加403239万元，增长32%；各项存款余额705609万元，比年初增加79872万元；各项贷款余额749027万元，比年初增加217487万元；不良贷款、不良贷款比率继续保持双零；累计实现利润超过2.2亿元。初步实现了高起点、高标准创业，高速度、高质量发展的良好业绩。

未来，兴业银行昆明分行将继续发扬“务实、创业、敬业、团队”的兴业精神，努力建设“成长与服务能力一流、经营与管理水平一流、市场与品牌形象一流”的现代化精品银行。

员工每年都要进行户外拓展训练，培育“王者天下”的精神风貌

中国信合

玉龙纳西族自治县农村信用合作联社

理事长：沈相思

团结奋进的领导班子：沈相思（左二）、和汝信（右二）、和升旗（左一）、白向宇（右一）

玉龙纳西族自治县农村信用合作联社，成立于2008年12月29日，位于云南省丽江市。自成立以来，该社在社员代表大会、理事会、监事会的领导下，经营班子和管理机构建立了决策、执行和监督“三位一体”的内部运行机制，以及分工合理、相互制衡、协调运转的法人治理结构，积极实行社员民主管理，紧密团结全体员工，以开拓创新、锐意进取的精神，坚持服务“三农”的宗旨，为推进地方新农村建设全力发挥金融服务功能和作用。

内部概况

最高权力机构：社员代表大会，由社员代表共51名组成，其中：职工社员代表10名，非职工自然人社员代表39名，企业法人代表2名。

第一届理事会、理事长，监事会、监事长组成人员：

理事长：沈相思

理事会成员：和汝信、木秀红、潘文华、洪文兴、和云、和世强

监事长：和升旗

监事会成员：王志兴、和灿昭、华霖飞、和续森

开业揭牌仪式

第一届社员代表大会第一次会议

职工经常开展丰富多彩的文体活动

管理机构、营业机构和人员情况

管理机构：设有综合部、信贷业务部、会计信息部、审计监察部、安全保卫部五个职能部门；

营业机构：下辖营业部、长水信用社、拉市信用社、巨甸信用社、石鼓信用社、九河信用社、大具信用社、鸣音信用社、龙蟠信用社、白华分社、南口分社、白沙分社、金庄分社、黄山分社共十四个营业机构；

人员情况：职工122人，在职职工中研究生学历1人、本科学历31人、专科学历53人、专科以下学历37人，中师职称10人、助师职称29人、高级技师2人、中级技师1人、初级技师1人，职工平均年龄35岁。

服务范围

涵盖玉龙县16个乡镇，即黄山、石鼓、巨甸3个建制镇和白沙、大具、拉市、太安、龙蟠、鲁甸、塔城、黎明、宝山、奉科、鸣音、石头、九河13个乡，100个村委会，1，162个村民小组，212，950人口。

序　言

2008年，对于云南省金融业来说是不平凡的一年。一年里，受全球金融危机影响，以及国家宏观调控政策和措施的不断转变，尤其是货币政策从年初的“从紧”到年末的“适度宽松”的逆转，云南省金融业面临了非常大的压力和考验。面对压力和考验，人民银行昆明中心支行、云南银监局、云南证监局、云南保监局及各金融机构以科学发展观为指导，认真贯彻落实国家实施的宏观经济和金融政策，在云南省委、省政府的关心支持下，始终围绕地方党委、政府确定的经济社会发展战略和工作重点，统筹兼顾国家金融宏观政策与服务和支持地方经济社会发展的关系，坚定信心，团结奋斗，迎难而上，通过共同努力，在应变中，克服困难，不断加大金融服务和支持地方经济社会发展的力度，卓有成效地发挥了金融在经济中的核心地位和作用，较好地促进了地方经济社会稳步发展，取得了不凡的业绩。截至年末，全省金融机构人民币各项存、贷款余额分别达到8418.94亿元和6765.49亿元，同比分别增长17.4%和19.29%；不良贷款实现“双降”。全省上市公司新增直接融资在证券市场不景气的情况下达61.18亿元（累计直接融资281.50亿元），且占全国A股市场融资的比例由2007年的1.2%提高到1.5%。全省保险公司共实现保费收入165.39亿元，同比增长47.86%；总资产达232.22亿元，较年初增长19.69%。在全省金融业的大力支持下，年末全省实现国内生产总值5700亿元，增长11.0%，高于全国平均水平2个百分点，在全国排名19位，创历史新纪录，实现了年初既定的目标。

回首2008年，云南省金融业的工作成绩巨大，但我们也要清醒地看到，金融危机给云南金融业发展带来的影响不能低估，因此，对于全省金融机构来说，来年坚定不移地贯彻执行好“适度宽松”的货币政策，继续充分发挥金融支持和服务地方经济社会发展的功能、促进地方经济平稳发展的任务依旧艰巨。

顾明

编辑说明

一、《云南金融年鉴》由云南金融年鉴编委会组织编辑出版发行。自1996年以来，本着始终坚持“全面、真实、详实反映云南金融业发展情况，忠实记载云南金融业发展历史”的宗旨，每年出版一卷，为社会各界人士全面了解、研究云南省金融业发展提供了基础材料和基本线索。

二、本卷为第14卷，汇集了2008年云南省金融业发展的重要信息，收录了2008年云南省金融业发展的基本资料，基本涵盖云南省辖内银行业、证券业、保险业和其他金融机构。

三、本卷内容均由各参与金融机构提供，并经《云南金融年鉴》编辑部编辑、订正。

四、本卷对各金融机构的排列顺序按照惯例进行，无名次高低之意。

五、本卷收录的各金融机构的统计资料，均以对方提供的为准；但云南省金融业各项业务运行情况统计资料则以人行昆明中支、云南证监局和云南保监局提供的为准。

六、本卷的编辑出版是在年鉴编委会和各参与金融机构的大力支持及全体参编人员共同努力下完成的，并得到云南人民出版社、昆明鸿景印刷有限公司的支持。

七、本卷在总结以往经验和吸取其他年鉴好的做法基础上，在内容编排上做了适当的调整。书中有不足之处，恳切希望广大读者批评指正，以促使我们今后改进编撰工作，进一步提高编撰质量。

最后，我们对多年来一贯关心、支持《云南金融年鉴》编撰工作的各金融机构的领导和认真辛勤提供稿件的各位撰稿人表示衷心地感谢！

温馨提醒：收到书后，若有印装质量问题，请及时与本编辑部联系，我们将及时更换。

编辑部联系电话：0871-3212646；3212718。

《云南金融年鉴》编辑部

二〇〇九年十二月

目 录

第二部分 各州市金融运行篇

第三部分　专题与调研篇

第四部分　机构、人员名录篇

金融管理机构

金融经营机构

第五部分　附　录

云南省金融业各项业务运行情况统计表

Contents

Part I General Introduction of Financial Industry of Yunnan

Part II Financial Operations in the Prefectures and Main Cities

Part III Special Subjects and Investigative Reports

Part IV Organizations and Staff

Part V Appendix

Statistical Table on Financial Business Operation in Yunnan Province

第 一 部 分

云南金融业概况篇

中国人民银行昆明中心支行

行长：杨小平

【综述】

2008年，中国人民银行昆明中心支行（简称“昆明中心支行”）以科学发展观为指导，认真贯彻落实中央经济工作会议和总、分行工作会议精神，在国内外各种事件突发的情况下，统筹兼顾金融支持云南地方经济又好又快发展的实际与严格贯彻落实货币政策的关系，充分发挥“窗口”指导作用，灵活运用各项货币政策工具和信贷政策，努力维护辖区金融稳定；同时，不断加强内部管理建设，创新工作方法，提升金融服务水平，有力地促进了辖区经济健康、平稳发展，确保了一方金融平安。

【货币信贷政策与金融宏观调控】

一是加强政策引导，保持地方金融平稳运行。根据人民银行货币信贷和金融市场工作会议精神，及时确定全年货币信贷工作的任务目标，制定下发了《2008年云南省人民银行货币信贷和金融市场工作安排》。结合云南省2008年经济发展目标，制定了《云南省2008年信贷指导意见》，明确全年信贷工作目标、支持重点和主要措施，引导银行业金融机构调整信贷结构，满足辖区经济社会发展的资金需求，并实现了全省货币信贷总体增长平稳，信贷结构逐步优化目标。12月末，人民币各项存款余额8418.94亿元，同比增长17.4%，人民币各项贷款余额6765.49亿元，同比增长19.29%。信贷投放均衡性增强，全部金融机构一、二、三、四季度新增贷款分别占全年的28.47%、23.72%、19.22%和28.59%。12月末，全省金融机构短期贷款和中长期贷款分别占各项新增贷款的41.64%和49.7%，分别较去年同期提高14.44百分点和下降23.44个百分点，银行资产负债期限错配得到改善。

二是加强窗口指导，全面落实宏观调控的各项政策措施。2008年货币政策调整密集，经历了从年初“从紧”向年末“适度宽松”的转变。根据不同时期政策调控意图，组织召开了“云南省省级金融机构货币信贷运行分析会”季度例会，及时传达金融调控政策意图，指导金融机构信贷工作；参加地方政府经济金融形势分析会议和有关专题分析会议，积极宣传货币信贷政策，及时通报云南省金融运行和货币政策执行情况；采用多种形式向地方党政领导宣传货币信贷政策意图，向社会广泛宣传货币信贷政策，加深公众对政策的理解和对形势的把握。

三是认真指导地方中小金融机构制定信贷规划，并根据实际灵活调整。年初，根据“从紧”货币政策的要求，积极指导地方中小金融机构合理制定2008年信贷规划和分季度信贷投放进度安排。前三季度，每月终了对超进度发放贷款的农村信用社实施约见谈话，严格控制贷款进度和总量的发放。年中以后，根据形势变化，适当调增地方中小金融机构全年信贷投放总量，并逐步放松规划管理。“汶川”地震后，按10%的幅度调增昭通、曲靖、楚雄、丽江、迪庆5州、市32个县、市灾区农村合作金融机构信贷投放总量，优先满足了灾后重建的资金需求。全年农村信用社、富滇银行贷款规划较为宽松，投放均衡发展，较好地满足了“三农”、中小企业和灾区重建的资金需要。

四是及时贯彻存款准备金调整政策，发挥准备金的结构调整功能。及时转发总行存款准备金调整文件并督促相关金融机构认真执行，年内调整9次，密切跟踪监测辖内法人机构流动性状况和对政策调整的反应；制定下发了《中国人民银行昆明中心支行关于地方法人金融机构实施差别存款准备金操作办法》；继续对全省84家支农比例达标的农村信用社执行优惠存款准备金率，鼓励农村信用社加大支农力度，发挥存款准备金的结构调整作用。

五是进一步规范支农再贷款的管理，积极发挥再贷款的作用。按照总行的安排部署，组织开展云南省再贷款管理信息系统上线运行工作，确保全国再贷款管理信息系统运行顺利。年末，全省累积发放支农再贷款4.32亿元，引导农村信用社累积发放农业贷款达555.67亿元。积极开展支农再贷款管理情况的检查，于6月份对昭通中支及所辖农村信用社支农再贷款使用情况进行实地检查；将总行增加给云南的7.5亿元支农再贷款指标下划到灾区和边境少数民族地区，引导农村信用社扩大支农信贷投放。

六是加强利率政策监测管理，完善定价机制，扩大政策宣传。及时组织转发总行各项利率政策文件，同时跟踪访问有关部门、单位及社会各界人士，将利率政策调整的信息反馈给总行；改进省级金融机构的利率报备方式，推动中国货币网利率监测系统按时上线，提升了省级金融机构利率报备的电子化水平，使地方性金融机构利率报备工作稳步开展；按照总行的要求，及时上报《昆明中心支行推动Shibor建设和加大宣传力度实施方案》（昆银货信〔2008〕28号）的同时，多次在业务会议上开展Shibor政策宣传培训；督促辖内地方性金融机构建立利率定价机制，指导辖内各地方性金融机构制定了《推进Shibor建设和宣传的初步工作安排表》，初步建立了以Shibor为基准的票据、资金业务定价机制。

七是建立信贷政策总结评估制度体系，提高信贷政策导向力。建立了“云南省实施信贷政策导向效果评估报告制度”，对省级金融机构执行中小企业贷款、绿色信贷、房地产信贷、涉农贷款、国家助学贷款、再就业小额担保贷款6项信贷政策的情况进行评估。同时，在六个州、市试点建立信贷政策评估制度。通过建立评估体系，各金融机构对执行信贷政策重要性的认识有所提高，履行社会责任的自觉性得到增强。

八是进一步做好社会主义新农村建设的信贷支持工作。加强了新农村建设的金融支持工作的调研工作，参加《金融支持云南农业产业化提升相关政策研究》课题组深入政府有关部门、贷款银行以及部分农业龙头企业进行实地调研，对金融支持云南省农业提出具体的政策建议。针对2月中旬部分州市遭受雨雪冰冻灾害的情况及时开展调研，了解灾情及信贷需求变化情况，适当放松灾区信贷规划，增加了对当地灾后重建和恢复农业生产的资金供给。深入开展金融服务农民工工作问题调研，并对改进金融服务农民工工作提出相关政策建议。年末，全省涉农贷款余额1917.60亿元，占全省各项贷款余额的比重达28.34%，对农业基础建设、农副产品市场供应和农用生产资料所需的信贷资金给予了较大支持。

九是联合政府部门推动和促进信贷政策落实。积极贯彻落实《就业促进法》，与省社保厅、昆明市劳动保障局加强沟通联系，创新金融促进就业的工作机制，促进了云南省小额担保贷款业务的较快发展。2008年，全省累计发放小额担保贷款17305笔，累计发放金额42569万元，创历史新高；积极推动助学贷款稳步发展，选择未签订银校合作协议的高校作为推动的重点，加强协调和督导，1-12月，全省22285名学生贷款得到审批，实际发放贷款12889.93万元，贷款余额44121万元，增长12.21%；引导金融机构改进和完善对中小企业的金融服务。5月份与省财政厅、省经委和省金融办共同组织召开了《2008年全省信用担保体系建设及中小企业融资推介会》，9月联合省金融办、云南银监局举办“云南银行业提升小企业金融服务媒体见面会”，为进一步完善云南省信用担保体系建设，积极搭建银企合作平台和缓解中小企业贷款难发挥积极作用。2008年末，全省中小企业贷款余额2799.28亿元，新增贷款467亿元，创历史新高；继续督促金融机构认真贯彻落实银发359号和452号文件精神，加强对商业性房地产信贷的管理，按季召开“云南省房地产市场和金融运行情况分析会议”，及时传达总行调控意图。2008年末，全省个人住房贷款余额为621.6亿元，同比增长11.32%，增速逐步回稳；商业性房地产贷款不良率2.48%，贷款质量稳定。

十是建立健全监测、调研和分析制度，强化对辖区经济金融运行的把握。完善经济金融形势分析工作机制，建立完善了与云南省统计局、省发改委等经济综合部门的信息交流和沟通机制，进一步完善经济金融基础数据库；继续落实对金融机构的调研制度，每月深入4—5家金融机构调研座谈，了解金融机构对宏观调控政策和效果的评价和反映，听取对人民银行货币信贷工作的意见建议，全年共计调研50家金融机构；突出特色，强化产业经济监测，把云南省有色金属等重点行业和特色行业的发展和信贷支持情况纳入监测范围，撰写了《云南省资源型企业产品出口影响因素的调查报告》；紧扣政策导向和热点问题，积极开展专题，撰写了《云南省金融支持抗震救灾主要做法及相关建议》，为总行出台金融支持政策提供信息支持。撰写了《云南省民间借贷利率监测情况报告》；针对全省民贸优惠贷款发展缓慢的情况，在全省范围内开展了民贸及民族用品生产优惠贷款的专题调研，提出改进建议。先后完成《云南工业企业利润增长原因分析》、《2008 年上半年深化集体林权改革情况报告》等多份报告；加强对金融交叉产品的监测分析，把监测分析范围扩大到银行、证券、保险交叉产品领域，使区域经济金融的分析研究更加全面；组织完成《云南金融运行报告》撰写工作。

十一是严格监测考核，深入推动农村信用社改革试点资金支持工作。年中，对未兑付票据的 52 个县（市）农村信用联社召开了“云南省农村信用社改革试点专项中央银行票据兑付工作会议”，总结、交流前期专项中央银行票据兑付工作的经验，指导相关农村信用社明确思路，为后期票据兑付工作的顺利开展打下基础。年末，全省农村合作金融机构共计兑付资金 131809.7 万元，分别占全省农村信用社专项中央银行票据发行县（市）数和发行额度的 82.03% 和 82.39%，对加大“三农”信贷投入、促进地方经济发展起到了积极作用；制定了《云南省农村信用社专项央行票据兑付后监测指引》（昆银办发〔2008〕77 号），建立已兑付票据农村信用社的基本信息监测机制、跟踪监测约见机制、年度监测考核机制和兑付后惩戒机制。为全面掌握全省改革实施进展情况，正确传导改革的政策意图，及时发现、分析和反馈农村信用社改革中的各种问题，对全省 4 个州、市的 30 个县（市）农村信用社开展了专项调研和检查督促工作。同时，对云南省农村信用联社管理体制、产权制度、农村金融与城市金融差异性等问题开展专题调研，并形成专题报告上报总行。

十二是加强金融市场监督和管理，促进金融市场健康发展。加强了辖区金融市场管理和监督，制定下发了《关于报送云南省金融市场业务监测统计报表的通知》（昆银办发 2008［34］号），拟定了《云南省金融市场业务现场检查规程》，完善了全省金融市场业务监测统计，规范了同业拆借市场现场检查程序，辖区内各市场成员遵守有关管理规定，合规交易和按时披露相关信息的自觉性得到增强；强化对辖区金融市场交易的监测分析。加强债券市场监测分析，及时掌握辖内市场参与者债券交易、托管、结算的有关情况。深入分析辖内同业拆借市场、债券市场、票据市场、外汇市场、黄金市场等各个子市场的业务发展情况，剖析存在问题并提出相关政策建议，按季撰写《金融市场运行情况报告》上报总行和总部；加强政策宣传和产品推广，推动直接融资发展，3 月份采取以会代训的方式对全省州市中支进行了《同业拆借管理办法》相关政策的培训，6 月份联合云南省经委、国资委、证监局联合召开了“云南省企业债务融资推介会”，帮助云南省商业银行和企业了解和掌握银行间债券市场企业债务融资工具的相关政策和特点，推动云南省直接融资进一步发展；加强辖内金融机构外汇交易监测和汇率承受力分析，对全辖的外汇结售汇情况、外汇信贷情况和辖区总体外汇流动性进行监测，同时对富滇银行参与外汇市场交易情况进行系统监测。按时完成《云南省外汇形势报告》和《金融市场报告》的撰写工作。在全省选择了 26 户进出口企业，建立企业汇率承受力监测和分析体系，年内按照要求撰写了《云南省企业汇率承受力分析报告》，及时反映汇率变化对全省进出口的影响。

（货币信贷处供稿）

【防范和化解金融风险】

一是明确辖内金融稳定工作的重点，加强金融稳定业务知识的学习与培训工作。认真贯彻落实总行金融稳定工作会议，拟定、下发了《昆明中心支行 2008 年金融稳定工作实施意见》，明确了 2008 年昆明中心支行辖内金融稳定工作的重点，要求金融稳定部门认真研究国际国内经济金融形势变化，积极推动金融体制改革工作，及时反映金融体制改革中的情况和问题，加强金融稳定风险监测与评估工作，加大调研力度，探索建立金融稳定长效机制，切实维护辖区金融体系稳健运行，促进地方经济发展。同时，结合工作需要，举办了昆明中心支行金融稳定再贷款管理信息系统培训班；配合总行金融稳定局在昆明举办了“存款保险制度培训班”。另外，参加了总行金融稳定局、上海总部等部门举办的“金融稳定国际研讨会”、“金融规划与金融定量分析培训”、“金融稳定报告写作技术培训”和“金融控股公司监管”培训等。

二是加强监测和分析，认真履行维护辖区金融稳定的职责。2008 年，维护奥运期间的社会大局和金融稳定，是人民银行的一项重大政治任务。云南地处边疆，形势复杂，维护稳定的任务更重，为此，根据总行的部署，对辖内金融机构特别是地方中小法人金融机构的运行状况及各种潜在风险进行了分析与评估，提出了《关于做好昆明中心支行系统维护稳定工作的意见》，并具体落实到维护好辖区金融稳定的工作中。如按季上报了《云南省中小法人金融机构风险监测报告》，定期上报了《云南省银行业金融机构风险监测报告》、《云南省证券业风险监测报告》和《云南省保险业风险监测报告》，从 3 季度起，在全省范围内建立了金融风险监测周报制度，要求各州、市中心支行加强对辖内金融机构的风险监测和防范，及时上报辖区内的金融风险信息。同时，处及时报告辖内金融突发事件。向总行金融稳定上报部分商业银行原自谋职业人员群体上访情况；针对部分商业银行的理财产品出现“零受益”、“负收益”现象，引起投资者的投诉的情况进行调研，提出建议；参与云南省处置非法集资联席会议办公室的工作，及时分析研究云南省内非法集资形势，对非法金融活动给辖区金融稳定工作带来的影响进行评估，提出相应的工作建议，并及时将辖区内非法集资等情况报告总行；较好地完成《云南省金融稳定报告·2008》的撰写与上报工作，组织对《区域金融稳定核心指标体系》及《2008 中国区域稳定报告（主报告）》进行讨论，提出修改建议。通过努力，在奥运期间，保证了云南省经济金融平稳运行。

三是加强金融稳定再贷款的管理，做好资产的清理和债权维护。对辖内原融资中心债权债务清理、自办商工贸类经济实体待处理资产的处置和移交等方面的工作，提出了“加强管理、明确职责，依法维权、及时报告”的原则，要求各州、市中心支行明确责任、落实人员、依法维护债权、如期完成清理工作任务，尽力推进昆明中心支行辖内的历史遗留问题清理与处置工作。如做好金融稳定再贷款的管理工作，多次组织了对金融稳定再贷款管理工作的检查，加强与财政部门的沟通联系，及时了解金融稳定再贷款管理、地方政府向中央借款资金的使用情况，做到地方政府专项借款专款专用，并要求落实资金，按照合同的约定，按期归还政府专项借款本息；为做好金融稳定再贷款管理系统上线前的准备，举办了辖内金融稳定再贷款管理信息系统培训班，按时完成金融稳定再贷款管理系统历史数据的录入工作；督促各州、市中心支行落实管理责任，对金融稳定再贷款的发放、展期资料和维权记录等进行清理和补充，金融稳定再贷款的指标通知书等相关的资料均由专人保管；建立了金融稳定再贷款台账，为确保数据准确无误，按月核对余额，按季对金融稳定再贷款进行监测分析，按时上报《金融稳定再贷款统计表》；对辖内金融稳定再贷款受偿资产进行了核实、统计与上报，落实了金融稳定再贷款债权。又如认真做好市场退出城市信用社金融稳定再贷款的管理，依法维护债权，完成被关闭城市信用社的市场退出工作；在参与地方政府组织的城市信用社破产清算的同时，采取多项措施，依法主张和维护人民银行债权，经过多方努力，收回金融稳定再贷款，减少损失。另外，还参与了云南证券有限责任公司、云南省金旅信托投资公司等机构的市场退出工作。通过云南省政府、昆明中心支行、金融监管部门的共同努力，云南省内被撤销、关闭的金融机构市场退出工作基本完成，效果明显。

（金融稳定处供稿）

【外汇管理工作】

一是全省外汇形势和特点。

面对 2008 年国际金融危机导致的不利影响，以及国内经济变化、政策的调整，云南省各级外汇管理部门在人民银行和国家外汇管理局的领导下，昆明中心支行克服困难，以改进管理和服务，加强跨境资金流动监测分析，严格资本流入、结汇管理，深化信息调研和对外宣传为重点，进一步转变观念、开拓创新，改进和提高外汇管理服务及监管水平，推动了云南涉外经济平稳发展。同时，全省外汇形势呈现出五大特点：

跨境收支总规模、银行结售汇总额继续保持稳定增长，跨境收支、结售汇顺差双双下降。跨境收支总规模 112.75 亿美元，同比增长 11.92%，银行结售汇总额 97.74 亿美元，同比增长 23.06%，跨境收支、结售汇顺差分别同比下降 10.03% 和 42.2%。

外债规模呈增长态势。外债余额 25.42 亿美元，同比增长 11.64%。

外汇存款余额增长，外汇贷款余额小幅下降。2008 年末，云南省外汇存款余额 7.59 亿美元，同比增长 19.57%；外汇贷款余额 8.03 亿美元，同比下降 7.37%。

货物贸易跨境收支和结售汇增幅同降。云南省货物贸易跨境收支 90.74 亿美元，同比增长 9.78%；贸易结售汇 68.86 亿美元，同比增长 20.98%，两者增幅均比上年回落 30 个百分点。另据商务厅口径，云南省进出口总额 95.99 亿美元，同比增长 9%，增幅比上年下降 32 个百分点。

外商直接投资 6 年来首现负增长。根据国际收支统计口径，外商直接投资流入 4.83 亿美元，同比下降 4%，投资资本金结汇同比下降 15.33%。

二是全省外汇管理工作主要内容。

改善服务，促进云南经济发展有突破。（1）着力推动一般贸易人民币结算取得重大进展。配合省政府拟定进一步扩大云南对外开放的实施意见，并积极加强与周边国家银行的往来，与泰国北部央行建立了对话机制，与缅甸央行、国家经济银行就其在境内商业银行开立人民币账户办理贸易结算达成一致。在各方共同努力下，国务院已批准云南省与东盟国家贸易人民币结算试点，这对促进云南省与东盟各国的贸易发展意义重大。（2）着力推动“走出去”战略实施，境外投资保持良好势头。继续贯彻落实国家实施“走出去”战略，鼓励云南省企业到周边国家开发资源，保持全省经济的可持续发展。全年，全省境外投资 1.08 亿美元，同比增长 44%。

强化监管力度，政策落实有保障。贯彻实施银行执行外汇管理规定考核办法，对全省 12 家银行 124 个分支机构开展外商直接投资企业资本金结汇、“关注企业”结汇等专项检查，加强对外汇指定银行的重点监管，充分发挥银行在外汇收支监督中的作用。严格外商投资企业借用直接外债“投注差”管理，认真组织执行贸易出口收结汇联网核查制度，有效防范异常资金的流入。打击“网络炒汇”有了重大突破，成功完成全省一起“网络炒汇”案件取证和定性，受到国家外汇管理局和公安部的重视，为案件的进一步审理奠定了基础。加大对违反外汇管理法规行为的处罚力度，全年查处违反外汇管理行为案件11起，处罚金额55.1万元人民币，有力维护了法规的严肃性。

加强调研宣传，工作推进有实效。结合云南省外汇收支运行，政策变化效应，以及周边国家政治、经济变化情况和热点、难点问题，积极开展特色调研，提出建设性意见，为上级部门决策提供了依据。全年共向各级有关部门上报信息161篇，采用44篇。其中多篇文章受到地方政府的高度重视，12篇被总局采用。以颁布实施新的《外汇管理条例》为契机，结合“诚信兴商宣传月”活动的开展，立足实际，突出特点，通过现场咨询、媒体宣传、网络答题等各种传播渠道，加大政策宣传力度，取得了良好宣传效果。

强化系统建设，依法行政有力度。结合“制度落实年”活动的开展，加大制度的完善、落实。修订完善了31个内控制度、115个操作规程和规范性文件，对37个登记簿进行了整理，进一步明确和细化了岗位职责，加强了内部管理。开展了对昭通等五个中心支局内控机制建设的现场检查。积极开展信息安全风险评估和业务系统应急演练，提高各业务系统防御突发事件的能力，做好奥运会期间重要信息系统安全保障。全省外汇管理队伍综合素质得到加强，内部管理、内控制度建设和依法行政水平明显提高。

（国际收支处、经常项目管理处、资本项目管理处供稿）

【支付结算体系建设】

一是完善基础设施，强化系统管理。在中国人民银行总行的统一组织下，圆满完成小额支付系统银行本票业务在云南省的顺利推广应用工作，并按月编制《云南省支付清算业务月报》，按季编报《云南省支付系统运行情况季报》；确保邮政储蓄银行云南省分行首批两家支行按期顺利加入昆明区域性同城票据交换系统；组织完成光大银行昆明分行、工行云南省分行支票影像交换系统连接方式变更工作；对恒生银行（昆明）分行加入支付系统一事，从业务制度指导、内控管理、应急预案等方面，指导其做好加入支付系统的准备工作。

二是抓好奥运前的系统安全检查。组成联合检查组于7月23日至8月2日对人民银行楚雄、保山、丽江、版纳、普洱中支ABS、TBS以及云南省农村信用社、富滇银行、深圳发展银行昆明分行、民生银行昆明分行、兴业银行昆明分行等15家支付系统的直接参与者进行健康性巡检。同时，从制度建设、内部控制、业务操作、风险防范入手，完成对昆明辖区县支行、西双版纳、丽江、普洱、玉溪和文山等中心支行的复查，共计检查37个机构的会计核算业务。从检查情况看，各机构自查面100%，地州中支复查面100%，中国人民银行昆明中心支行检查面不低于30%。

三是联合整治银行卡违法犯罪专项行动取得显著成效。联合云南省公安厅成立云南省联合整治银行卡违法犯罪专项行动领导小组办公室，制订了《云南省联合整治银行卡违法犯罪专项行动实施意见》；组织各行在ATM机上统一滚动播放“温馨提示”；制订下发《银行卡受理市场专项检查及整治工作方案》，对受理市场进行全面检查；组织各银行卡业务经营机构认真开展银行卡安全支付应急演练。全省共受理银行卡案件60多件，立案40多件，破案约40件，抓获犯罪嫌疑人25人，涉案金额约258万元，挽回经济损失约75万元。其中，成功堵截国际卡伪卡一案得到总行的高度重视和批示。

四是积极应对地震灾害，构建救灾款项汇划绿色通道。向昆明CCPC和全省支付系统各参与者发送紧急通知，提出保障支付系统安全稳定运行的具体要求，畅通异常情况报告渠道；要求昆明CCPC和各支付系统参与者于5月13日起进入特殊运行阶段，针对应急工作情况，提出了保证抗震救灾期间各业务系统稳定运行的相关要求，为赈灾救灾款项的汇划构建一条绿色通道，支援灾区的救灾工作。5月13日至5月18日，通过支付系统向灾区人民汇出抗震救灾款1328笔，共计8229万元。通过全省的共同努力，包括地震灾区在内的全省各支付系统参与者均按照要求做好了各项应急准备工作，云南省支付系统安全稳定运行。

五是加强监督管理，提升支付结算服务水平。按照总行规定，对云南省边境一线边民开立的存量单位银行结算账户和个人银行结算账户进行了清理核实，将其纳入账户管理系统管理，共有151个单位账户、16089个个人银行结算账户进入账户系统；与地方财政部门密切配合，对省级预算单位及部分市级、区级预算单位的12035个账户进行了比对工作，并根据比对结果，对95个违规银行金融机构、涉及的127个账户实施了行政处罚，共处予罚款78.9万元；对多次开具空头支票并拒绝缴纳罚款的3家企业的4笔违规行为，向法院申请了强制执行，全部执行成功，强制执行罚款金额共计91，987.36元，实现昆明空头支票处罚走法律程序的突破。全省人民银行系统受理金融机构报送空头支票及印鉴不符的违规行为共1046笔，金额5086万元，给予行政处罚957笔，处罚金额230万元，其中：已缴纳罚款821笔，金额218万元，全部划入中央财政金库，罚款收缴率达94.86%；在省政府主持下，正式签订

《云南省银行卡受理市场建设公约》，制定下发了《云南省银行卡产业三年发展规划》和《云南省金融机构银行卡联席会议制度》；组织金融机构自11月起开展受理市场秩序规范专项工作，统一规范了“见费出单”业务手续费；支持邮政储蓄银行在6月4日按时开通了农民工银行卡特色服务业务。目前，云南省农村信用社2405个网点、邮政储蓄银行云南省分行211个县及县以下机构开通农民工银行卡特色服务业务，全省农民工银行卡特色服务共发生取款成功的交易11.66万笔，同比增长147.4%，交易金额1.567亿元，同比增长121.88%；年末，云南省银行卡发卡量3258万张（借记卡3016万张，信用卡242万张），新增890万张（借记卡753万张，贷记卡137万张）；银行卡交易笔数5114.73万笔，交易金额694.71亿元，同比分别增长58.09%、37.02%；入网商户27232户，POS机具40417台、ATM终端3766台，同比分别增长69.74%、74.84%、32.37%。银行卡刷卡交易金额占全省社会消费品零售总额的占比达到了17.79%，银行卡跨行交易成功率达到了99.05%；支持华夏银行、交通银行、光大银行等金融机构，在云南省一些大型鲜花、蔬菜、烟草、茶叶、服装等批发市场试点私营企业主和个体工商户使用银行卡等个人银行结算账户作为POS业务的资金结算账户；为进一步扩展电话POS的使用领域，在个人消费领域尝试以电话POS业务的方式试推行固网支付业务，以方便群众，解决缴费难和排队问题，提供更好的个人支付结算服务。此外，为配合人民币区域流通，对云南省与大湄公河次区域国家银行结算银行所使用的结算方式及结算工具现状与存在问题规范及改善中泰、中缅等跨境人民币支付清算服务方面进行了调研。全年，全省现代化支付系统、同城票据交换系统共处理支付业务1，542.59万笔，金额116，143.86亿元。其中大额支付系统共处理业务514.49万笔，金额101，902.52亿元，同比分别增长26.27%、20.14%；小额支付系统共处理业务107.98万包，373.4万笔，金额721.19亿元，同比分别增长81%、21.9%。

（支付结算处供稿）

【反洗钱工作】

一是以制度落实年活动为契机，抓落实、促管理，反洗钱工作的规范化水平进一步提高。昆明中心支行要求各级人民银行结合反洗钱工作实际，重新修订反洗钱工作职责，完善工作业绩考核办法，针对反洗钱信息报送方式和途径发生的变化、反洗钱行政调查工作、反洗钱非现场监管工作的内容更加具体明确的实际，明确任务、落实责任、提高效率。同时，按照科学、效率、适用的原则，建立工作台账，使工作管理更加规范、全面、系统。

二是讲方法、重实效，深入、持续地开展宣传培训和调研工作，反洗钱观念进一步深入人心，工作针对性、有效性进一步提高。昆明中心支行发挥反洗钱联席会议机制的动员作用，发挥各级人民银行的主导作用，发挥金融机构“窗口”的辐射作用，多层次、多渠道宣传反洗钱政策法规，营造反洗钱工作氛围；按照分级负责原则，以举办反洗钱“师资班”的方式，实施反洗钱专兼职骨干队伍培训，全省各级人民银行共举办各种培训班96期，参训人员3520余人，全面推动反洗钱工作的逐级展开；建立信息联络员、调研协商选题、信息上报审核和信息调研工作考核制度，发挥了信息调研工作在沟通情况，反映问题，交流经验，支持决策，推动工作等方面的作用。全年各州市人民银行共上报信息252条、调研报告67篇，在此基础上，昆明中心支行经过汇总、分析，共拟写信息15条，调研报告12篇上报总行。

三是发挥非现场监管动态监测和风险预警作用，稳步推进反洗钱现场检查工作，反洗钱政策监督效应进一步显现。昆明中心支行密切关注“总对总”报送情况，关注大额和可疑交易数据的变化，做好分析工作，发现问题，及时督促整改；关注报送系统运行中的问题，对金融机构反映的困难和问题，及时协助解决；关注新纳入报送范围的机构，督促信托等六类资产管理公司按时建立了大额和可疑交易报告数据“总对总”报送系统。一年来，采用“总对总”报送的各金融机构，系统运行正常，数据采集上报情况总体良好。通过加强报表审查，确保数据的真实、准确、全面。适时召开金融机构报表填报人员座谈会，通报问题，重申要求，并切实做好指导工作，报表质量明显提高。同时，加强数据分析，提供决策依据。明确任务，强化职责，切实做好对各行、各地区的信息上报情况的监测分析工作，认真拟写上报非现场监管报告，为上级行提供了决策依据。各级人民银行分别采取“诫勉谈话”、“现场座谈”“会议通报”和“行文通报”等方式，进行风险提示和督导，督促金融机构查缺补漏，及时健全反洗钱工作机制，化解风险。

四是加强督导、改进方法，稳步推进反洗钱现场检查工作。昆明中心支行协同全省各级人民银行，合理配置监管资源，继续开展对银行业金融机构的反洗钱现场检查，逐步加强对证券期货业和保险业金融机构的现场检查。全省各级人民银行共抽调人员471名，组成112检查组，对234个金融机构实施了现场检查，其中：银行业203个，证券业3个，保险业28个。期间，共调阅组织机构、内控制度、培训记录等文字材料2309份，会计凭证及账表20562份，开销户及客户登记资料56790份，各类电子数据473284笔，大额和可疑交易表92674笔，其他材料1319

份。全年对6家违反反洗钱规定行为的金融机构，实施了行政处罚，共计罚款166万元。

五是深入开展“天网、雷霆”专项行动，提高了打击洗钱及相关犯罪活动的有效性，完善了反洗钱协调机制。昆明中心支行高度重视“天网、雷霆”专项行动工作，成立了由分管行长任组长，支付结算处、货币金银处、国际收支处、办公室和反洗钱处负责同志为成员的专项行动工作领导小组，切实加强组织领导，并结合实际拟定下发《关于开展云南省反洗钱“天网行动”、“雷霆行动”工作方案》（下称方案），全面部署专项行动工作。全省15个州、市中心支行积极响应，迅速建立了相应的组织领导机制，按照《方案》要求，明确职责任务，切实开展专项行动，形成了上下联动的工作格局，专项行动各阶段工作协调有序，稳步推进。期间，为加强对州市中支专项行动工作的督促指导，行领导多次深入各州市中支了解情况，指导工作；适时下发做好专项行动工作的通知，进一步明确职责任务，将专项行动工作纳入年度考核；同时，加强信息交流，编印《专项行动工作简报》，互通信息和经验交流，提高了专项行动的整体效果。在具体措施方面：（1）加强边境地区结算管理工作。通过综合治理“地摊银行”，疏通结算渠道，强化跨境资金监测力度；（2）二是加强反洗钱监管工作。督促金融机构履行好“客户尽职调查”义务，把好账户开立、资金划转关，提高可疑线索锁定能力；（3）加强各级人民银行与公安禁毒、武警边防等部门间的协作。集全省人行力量，做好可疑资金监测和案件协查工作，加大了对大案要案的行政调查、案件协查及经营力度，确保了专项行动的圆满完成；（4）充分利用可疑信息查询系统，切实加强和完善可疑信息的协查和行政调查工作，不断提升可疑信息分析工作的高度，增强主动发现可疑线索的能力。在各州市中心支行密切配合下，全年共开展行政调查11次，向侦察机关报案4件，报案涉及金额34000万元。共受理司法机关案件协查43件，协查201次，涉及人民币39044万元；（5）全省各级人民银行通过积极开拓与侦察机关的合作渠道，认真梳理业已掌握的交易信息，有针对性地实施反洗钱现场检查，获得了大量信息，确定了重点线索，挖掘了经营案源，全省共发现线索7条。经过筛选，向总行上报重点线索4条，较好地完成案件线索摸排工作；（6）围绕摸排阶段确定的重点线索，密切合作，切实经营，案件侦破及判决工作进展顺利。一年来，按照“天网行动”和“雷霆行动”的目标要求，有效推动全省首例涉毒洗钱案即杨东芹、刘安庆涉毒洗钱案在德宏陇川成功宣判，实现了零的突破；主动发现线索，移送公安机关，成功捣毁“地下钱庄”一个；同时，配合司法机关破获了罗德忠受贿案、10.17跨境赌博案和9.17贩毒等一系列案件。“天网、雷霆”专项行动，提高了反洗钱工作的有效性，成绩突出，排名全国第三，荣获总行表彰的“优秀组织奖”；（7）发挥典型引路作用，促进公、检、法和人民银行的密切合作。5月6日，云南省反洗钱部门联席会议办公室、云南省禁毒委员会办公室在德宏州陇川县联合召开了“破获云南首例涉毒洗钱案件”表彰会，对“7·13”案件中作出突出贡献的陇川县公安局、陇川县人民法院、陇川县人民检察院和中国人民银行德宏州中心支行等单位予以表彰。表彰会的成功举办，扩大了反洗钱工作在执法部门和人民群众中的影响力，调动了公检法等反洗钱相关部门的积极性，为行政执法与刑事司法的有机结合，提供了范例。

（陈志平供稿）

【调查统计工作】

一是稳步推进金融统计新、老系统双轨运行。认真贯彻执行总行相关要求，做好数据集中系统初始化和历史数据核对工作，保证数据集中双轨运行期间数据报送的及时性和准确性；组织开展全省人民银行数据集中新系统培训，及时传达总行工作部署，全面介绍新系统功能模块、参数设置及开发、安装流程；积极配合总行做好数据集中新系统的测试、监测工作。

二是进一步夯实金融统计基础。按时按质完成12期《云南省金融统计月报》和《昆明市金融统计月报》工作，及时为上级行提供各类金融统计数据，为宏观决策和分析提供可靠的数据支持；组织州市人民银行和省、市金融机构学习、研究金融统计制度，在全省范围不断强化金融统计工作职责；加强调查统计工作检查、指导力度，完善调查统计工作考核制度，建立对州市中支调统业务质量及进度的定期量化反馈机制。

三是积极做好第二次全国经济普查准备工作。研究部署全省银行业金融机构第二次全国经济普查工作，积极配合政府开展第二次全国经济普查工作，组织辖内各金融机构上报单位名录，做好单位间沟通协调工作，为第二次全国经济普查工作的顺利开展打好基础。

四是继续抓好制度性调查工作，提高调查分析质量。及时收集企业财务、商品价格和问卷信息，认真审核各项调查数据，确保调查数据的准确性和完整性；做好各项制度性调查样本单位基础信息的维护工作，优化制度性调查工作流程；整合经济金融信息资源、构建时间序列指标体系和引入先进数据分析手段，针对宏观经济形势和货币政策的重大转变深入挖掘问卷信息。全年除完成常规制度性调查外，还顺利完成“大中小企业资金运行情况”、“房地产市场及房地产企业”等专项调查12次。

五是顺利完成调查新系统推广和调查样本扩点工作。组织全省人民银行调查统计完成工业企业景气、企业商品价格调查两个新系统的基本信息处理工作，主动协助总行开展各项测试，在全省范围组织开展两项新系统培训；进一步扩大工业企业景气调查和企业商品交易价格调查样本范围，2008年末，全省共布点调查工业企业景气调查企业143户，其中：新增总行选点企业6户，省行选点企业26户；物价调查企业245户，规格品条数720条，新增总行选点企业50多户，规格品100多条。

六是突出重点，紧扣实际，强化监测分析和预测工作。重点反映了全省金融业对云南省抗震救灾、民生工程、“三农”建设、中小企业、居民消费、治污节能、房地产业及优势行业的融资支持服务情况；重点研究全省经济金融协调发展与金融稳定的关系。根据云南省金融机构发展状况，多次配合政府修订、完善支持全省金融业发展的意见及措施。及时整合业务资源并成立预测分析小组，结合政策调整动向，通过定量、定性等多种手段，针对性研究判断了2008年全年信贷增量区间以及2009年全省信贷增量变动范围。全年，共完成“省市经济金融运行”、“货币监测”和“物价调查”等常规分析报告100余份，完成《宏观调控背景下云南金融发展路径的思考》、《房地产调控应该重在解决民生问题》、《关于在云南组织特色优势中小企业发行集合债券的建议及初步实施方案》、《金融支持云南省抗御雨雪冰冻灾害工作的情况及存在的主要问题》、《云南CPI变动情况》等专题报告及材料38份，完成《<关于金融促进节约集约用地的通知>下发后社会各界的反映》、《商品房市场平稳调整房地产信贷增长放缓》、《金融支持云南省抗御雨雪冰冻灾害工作的情况及存在的主要问题》和《云南省进出口企业获利感下降，人民币升值预期减弱》等信息及专报79份。同时，在继续完善对烟草、能源、旅游、人民币跨境流通监测调研的同时，结合云南省经济金融特点及比较优势，组织全省人民银行调查统计部门开展花卉、茶叶、橡胶、野生菌等特色调研，形成《2008年上半年云南省有色金属行业运行特点》、《花卉产业发展及金融支持监测分析》、《金融危机对云南有色金属行业的影响》、《云南省进出口企业问卷调查分析》、《烟草行业发展变化对云南经济金融的影响》等特色调研报告。

（调查统计处供稿）

【征信管理工作】

一是征信制度建设及内部管理工作日臻完善。昆明中心支行先后针对实际工作要求制定出台了《云南省征信管理季度工作通报制度》、《云南省信用担保机构信用评级管理办法（试行）》、《中国人民银行征信中心云南分中心个人信用信息基础数据库报表管理制度》、《企业信用信息基础数据库报表管理制度》。各州、市中支也按照要求建立了企业和个人信用信息基础数据库报表管理制度，并对以往建立的规章制度进行了全面的梳理、补充、完善，使征信管理工作的内部制度安排得到了进一步健全，进一步提高了全辖征信管理工作的规范化程度，促进了征信管理工作在云南省稳健开展，增强了征信管理工作人员的制度意识和规范操作理念，形成用制度规范履职行为、按制度办事、靠制度管人的良好工作机制。

二是征信系统运行平稳，运用成绩斐然。（1）贷款卡发放和年审工作顺利进行，企业征信系统数据核对及报送工作得以规范。在昆明中心支行的统一领导下，全省实际年审贷款卡12，919户，年审合格户为12，877户，合格率达99%，圆满完成年度贷款卡年审工作。年底，全省企业信用信息基础数据库收录企业数90513户，入库余额4699.07亿元。同时，根据人民银行总行的统一布置，全省人民银行征信管理部门和地方性金融机构均开展了数据核对工作，共对近14，000条贷款卡信息进行了核对，并按要求督促金融机构完成贷款卡补录和纠错工作，确保了地方金融机构数据报送的及时、完整。（2）充分发挥企业征信系统功能，为地方的经济发展和信用建设提供服务。随着社会公众信用意识的不断提高，“企业信用信息基础数据库”在企业从事经济、金融活动中的影响力也不断增强，企业和社会对“企业信用信息基础数据库”的认知度越来越高，企业因为对外投资、项目合作、招投标、财务审计等原因主动到人民银行打印信用报告的户数明显增多。全年，全省人民银行系统共计向系统内部、司法机关、政府部门和企业提供企业信用报告8303份，其中，内部查询679份，司法查询3份，政府管理部门查询3462份，企业查询4159份。对1，500多户参加“守合同重信用”评选活动的企业在金融机构的信贷情况进行了逐户审查，根据审查结果，建议取消了102户有不良信用记录企业的参评资格。通过上述工作，在为地方信用建设积极提供实质性支持的同时，又较好的宣传了系统的功能作用。（3）中小企业信用体系建设工作稳步推进，农村信用体系建设在巩固中发展。2008年是云南省开展中小企业信用体系建设工作的第二年，为加快全省中小企业信用体系建设工作，保证全省中小企业信用体系建设工作规范、有序、稳步地推进，昆明中心支行与云南省经济委员会联合下发了《关于加快云南省中小企业信用体系建设工作的通知》（昆银发［2008］81号），对云南省中小企业信用体系建设工作起到积极的推动作用。截至12月末，已为13，790户中小企业建立了信用档案，2，257户企业取得了银行授信意向，为解决中小企业融资难做出了贡献。同时，农户信用档案建设工作也稳固发展，截至12末，云南省共有2，548个机构网点开展了农户信用档案建档工作，为637万户农户建立了信用档案，占云南省农户总数的72%，贷款余额456亿元，其中不良贷款余额32.5亿元。目前，农户信用档案的建设工作已成为了一项制度化工作程序，为推行电子档案建设奠定了良好基础。(4) 应收账款质押登记公示系统运用范围不断扩展。应收账款质押登记公示系统自去年上线以来，为中小企业融资拓宽了新渠道，为金融产品创新提供了服务平台。全年共对22家金融机构和企业申请注册应收账款质押登记公示系统常用户资料进行了审查，审核通过了13家，云南省注册用户累计登记笔数达1，177笔。(5) 个人征信系统规范运行，数据报送、维护及数据核对工作进展顺利。截至12月31日，云南省已累计上报个人信贷账户1，049.21万个，余额1，621.17亿元。其中个人贷款账户764.17万个，余额1，608.73亿元；信用卡账户285.04万个，余额12.44亿元；共采集非信贷账户数4，061.71万个，其中公积金账户96.90万个，个人结算账户3，928.66万个，社会保险缴存账户24.61万个，社会保险发放账户11.54万个。同时，全年个人信用信息基础数据库已为云南省20家金融机构开通了用户6，601个，金融机构累计查询个人信用报告168.67万次，月均查询量近14.06万次。(6) 个人征信服务日益广泛，为普及全民征信知识发挥了积极作用。截至12月末，云南省人民银行累计查询个人信用报告5012次，比去年全年查询总量增加3945笔，增长369.73%。其中本人查询4494次；异议查询104次，较去年增加52笔；司法查询414次，较去年增加400笔，增幅为2857.14%。

三是非银行信息采集工作取得重大突破。(1) 云南省个人住房公积金信息采集工作全面启动。在昆明市个人住房公积金信息采集工作的经验上，昆明中心支行与云南省建设厅就全省个人住房公积金缴存信息采集工作，联合签发了《关于开展云南省个人住房公积金缴存信息采集报送工作的通知》。并完成采集程序的研发工作，经过两个阶段的数据上报、测试工作，实现了云南省15个州市（怒江州尚未建立个人公积金缴存系统）的数据正常采集上报。(2) 环保执法信息的采集走上正轨。根据昆明中心支行与云南省环保局的联合发文，保山市、曲靖市、玉溪市、临沧市、文山州、普洱市、怒江州、大理州等中心支行采集上报的环保执法信息已经通过征信中心的校验并加载进入了企业信用信息基础数据库。(3) 拖欠工资信息、质检信息的采集、报送有所突破。曲靖市、临沧市、德宏州、西双版纳州等中心支行已采集并上报了企业拖欠工资信息。大理州中心支行与大理州劳动与社会保障局就企业拖欠工资信息的采集、录入工作已联合签署了工作文件。普洱市中心支行已将采集到的企业产品质量信用信息录入企业信用信息基础数据库。

四是征信市场监管工作稳健规范。担保机构的信用评级工作是总行布置的工作任务，同时也是昆明中心支行确定的2008年的重点工作。在昆明中心支行的支持下牵头成立了由各金融机构省级管理行分管信贷的行领导共同组成的云南省担保机构信用评级工作小组，全方位启动了云南省担保机构信用评级工作。截止12月末，三家评级机构共对全省25家担保机构进行了主体信用评级。各地按规定，对参加了外部信用评级的信用担保机构的评级结果录入了“企业信用信息基础数据库”企业大事记。对担保机构存在的代偿风险以及相关问题，通过《金融专报》的形式向有关方面及时进行了反映。评级过程中，保山市中心支行组织召开了全市信用担保机构信用评级动员大会，动员保山市的3家担保机构参加了信用评级。玉溪市、曲靖市、红河州、普洱市、楚雄市、怒江州中心支行对辖内信用担保机构的信用评级工作进行了积极的调查反映。

六是调研及信息报送工作更加贴近实际。先后完成由行长挂帅的《云南省农村信用建设与征信服务现状调研》、《2008年6月末云南省贷款大户情况分析》、《云南农户小额信贷中征信应用研究》等专题重点调研课题。全省各州、市中支还加强了征信信息的报送工作，全年共撰写、编辑报送征信信息达到了百余条（篇）。

（征信管理处供稿）

【金融研究工作】

一是加强研究成果的内部交流，推动研究氛围形成。(1) 全年编辑出版《云南金融研究报告》8期，及时刊登辖内有参考价值的经济金融研究报告，内容涉及产业发展、边境贸易、小额信贷以及经济金融形势分析、研究等方面。(2) 组织开展“2006-2007年度全省人民银行系统重点课题”的评比，共评选出一等奖3个，二等奖10个，三等奖10个和优秀奖10个，促进了全省人民银行系统内部的学术成果交流。(3) 成功举办了“昆明中支首届职工论坛”，来自机关各处室、直属单位的7名演讲人围绕论坛主题从不同侧面对经济金融形势和热点问题发表看法，进一步推动全行研究氛围形成。

二是做好基础性研究，进一步发挥研究工作的支持和参谋作用。(1) 客观分析复杂形势下云南省经济金融运行的基本情况和特点，并针对存在问题提出相关政策建议，完成《云南宏观经济运行回顾与展望（2007年）》、《2008年一季度云南省宏观经济运行分析》、《对当前云南经济形势的判断》（2008年上半年）、《2008年1-9月云南省宏观经济金融运行情况分析》等。(2) 重点进行物价变动、有色金属价格以及环境保护等情况的长期专题跟踪研究，完成《2007 年云南省物价运行回顾与展望报告》、《2008 年云南省经济运行中价格走势预测与展望》、《2008 年一季度有色金属价格分析报告》、《2008 年 1—9 月有色金属价格分析报告》、《云南省高耗能行业及其贷款调查报告》以及《对滇池污染的调查与思考》等。(3) 完成《少数民族经济金融有关指标差异分析》；同时，推动案例研究，完成"小额信贷案例"——《香港乐施会禄劝县社区发展基金项目小额贷款模式调查》，加强了对少数民族发展问题的关注和研究。(4) 深入开展农村金融服务创新的调研，对 10 种有代表性的云南省农村金融服务创新具体做法（模式）进行深入分析、总结。(5) 做好云南省人民银行建行以来的历史资料的整理，完成总行办公厅关于征集建行 60 周年行史展览资料工作任务；对云南省改革开放 30 年金融体制改革情况进行全面总结，完成《改革开放三十年云南省金融业发展研究》（《西南金融》2008 年 9 期上发表）；对"中国黄金的货币性问题述论"进行修改，并在《中国钱币》2008 年 1 期上发表；完成《云南造币厂述略》，参加中国钱币学会举行的 4 年一次的"金泉奖"评比，获得提名；对学会工作进行回顾，完成《云南省社科志云南省金融学会（1980-2008）》、《云南省社科志云南省钱币学会（1980-2008）》回顾。面对错综复杂的国际、国内经济金融新形势，金融研究处按照"突出重点、吃透疑点、突破难点"的要求，针对区域经济金融热点、敏感问题主动开展分析和专题调研。

三是发挥金融领域研究优势，努力为地方经济发展提供参考。(1) 重点加强国际金融危机对云南经济影响研究，完成《国际金融危机态势及其对云南经济的影响》和《云南省在应对国际金融动荡、促进经济平稳较快发展方面的经验做法》。(2) 结合云南省经济金融运行实际，提出《关于金融支持扩大内需促进云南省经济平稳较快发展的建议》；根据国家产业政策变化，整理"东部沿海产业转移的相关材料"、提出《应对产业转移新形势谋划金融服务新思路》；提出《在国家宏观紧缩背景下满足云南省经济发展中合理资金需求的几点建议》。(3) 参与云南省政府金融办起草《关于设立富滇投资基金的建议》、《关于成立小额贷款公司的建议》等，并就"支持金融业发展的若干意见"等对云南省政府研究室、云南省政府金融办、云南省发改委的多个征求意见稿提出具体修改意见。

四是发挥基层央行作用，积极推动研究成果的政策转化。(1) 组织全省人民银行研究系统开展"农村金融服务创新"、"民间借贷发展状况"以及"分地区银行业税收情况"等调研活动，为人总行民间融资、银行业税负等重大问题研究提供帮助，两项调研工作得到人总行感谢。(2) 围绕"人民币区域化"问题开展研究，完成《滇缅一般贸易人民币结算可行性调研报告》、《国际货币体系演变与人民币国际化趋势》等。同时，参与报送云南省政府的《中国人民银行昆明中心支行关于构建大湄公河次区域人民币结算体系的报告》修改工作，参与起草《全国边贸本币结算最新情况汇报》材料，立足特色研究成果，积极提出政策建议，为国家"广西和云南与东盟的货物贸易进行人民币结算试点"政策出台做出自己的努力。

五是立足区域实际，认真开展重点课题研究。(1) 2008 年被人总行列为"人民银行系统特色研究领域及联系行（试行）"单位后，通过圆满完成人总行重点研究课题——《人民币区域化与使用人民币跨境直接投资研究》，持续深入进行了"人民币跨境流动与推进人民币区域化问题"特色研究。(2) 下发《2008 年云南省人行系统重点研究课题指引》和《2008 年度云南省人民银行系统重点研究课题》等，确定 2008 年全省人民银行系统 29 个重点调研课题（研究内容涉及区域经济金融、货币信贷、外汇管理与边境金融和金融服务等方面），继续通过"课题带队伍"工作机制，加强了对云南省人民银行系统重点课题研究的工作指导。(3) 统筹安排，认真组织，完成承担的《云南省小额信用贷款模式研究》、《人民币在云南周边国家之区域化的理论探讨》、《人民币与周边国家货币市场汇率比较研究》、《对滇池污染的调查与思考》和《云南省银行业税制改革相关问题研究》等 5 个云南省人民银行系统重点研究课题的研究工作。

六是加强研究工作创新，促进全省各地特色专业研究领域的初步形成。(1) 积极引导各州市中心支行发挥比较优势，按照特色研究专业性、可持续性、自主性和品牌性的特点，有针对性地选择一个领域进行长期跟踪研究。(2) 督促各州市中心支行在特色研究过程中，注重加强统筹规划。从配套制度建设、资料积累、人员培养等方面加强建立特色研究的长效机制的探索。重点加强经费资助与奖励制度、重点联系行制度和信息共享制度等等方面工作探索。(3) 确定工作联系人，以联合调研、联合课题的形式引导辖内各县（市）区支行加强对区域特色农业产业、滇池环境保护、下岗失业以及农村金融服务等领域针对性展开研究，取得良好效果。(4) 依托监测体系，定期形成《人民币跨境流动监测报告》，及时反映云南省人民币跨境流动的新情况、新特点。2008 年共完成上报总行《2007 年度人民币跨境流动监测报告》、《2008 年上半年人民币跨境流动监测报告》，得到人总行有关司局的重视。(5) 与云南财经大学合作成立"中国-东盟货币（金融）合作研究中心"双方单位已达成共识，确定合作的研究规划，明确双方职责分工。金融研究工作取得的突破，得到了人总行的肯定和认可，荣获人总行2008年度“优秀调研奖”。

（自松供稿）

【货币管理工作】

一是保证合理现金供应，支持地方经济建设。在人总行实行定额管理的情况下，为达到“保证总量、调整结构、合理调配、提高质量”的总体要求，昆明中心支行对发行基金需求，做到早计划、早安排，及时申请组织省外调入；对省内发行基金的供应工作，尤其是在元旦、春节和农副产品收购投放旺季的情况下，督促各商业银行时时掌握投回情况，合理匡算，在券别和数量上满足其需要。全年，从省外调入发行基金288亿元，投放1，037.26亿元，回笼984.98亿元，净投放52.28亿元，同比分别增长-5.6%、-10%、1.25%、5.02%、-65.57%。加强对商业银行残损人民币质量挑剔的检查，要求各行必须严格按照《中国人民银行残损人民币挑剔标准》进行挑剔，同时，督促人民银行各级发行库把好挑剔质量关，增加回笼完整券数量以满足市场需要；加强全省残损人民币集中销毁和曲靖、大理钞票处理中心回笼完整券清分供应的调拨，全年集中调拨残损人民币84次，125.14亿元，销毁103.7亿元；调拨供应曲靖清分回笼完整券4次，23亿元，大理27次，146.96亿元。结合云南实际，积极推进以大理中心支库为中心，辐射滇西各州市发行基金供应的区域发行基金调拨方式，全年，由大理中心支库调出清分后的完整券29次，141亿元，有力地支持了滇西片区的经济建设和云南经济的全面发展；积极调剂券别结构，缓解全省辅币流通紧缺状况。根据2007年对全省人民币辅币流通状况的调查情况，加大了对辅币的申请、调运、投放力度，全年调入10元以下小面额人民币30.7亿元，投放26.28亿元，市场辅币流通紧缺状况基本得到了缓解。加大货币发行会计核算业务检查，切实做好货币金银管理信息系统的管理工作，组成联合检查组，对全省5个州市货币发行会计核算业务进行了检查，进一步规范了全省发行会计核算工作，保证了各项数据传输的及时性和准确性。

二是加强发行库管理，确保库款安全。按照《中国人民银行人民币发行库管理办法》、《中国人民银行发行库检查办法》、《中国人民银行发行库达标升级考核办法》的要求，对全省16个中心支库、辖内5个县支库进行了检查，检查面均达到了100%；在2007年发行库规范化管理的基础上，对全省各支库回笼券实现了袋装化管理、部分中心支库实现了电子化管理；昆明分库、昆明中心支库搬迁新址后，按照《中国人民银行昆明分库管理办法》，出台了《中国人民银行昆明中心支行银行业金融机构向人民币发行库存取现金管理办法（试行）》，进一步完善了各项规章制度，规范了操作规程。

三是深入开展人民币反假工作，维护人民币信誉。按照国务院反假货币工作联席会议反假货币工作要求，紧紧围绕“培训”和“宣传”两个重点，突出抓好城市社区和农村两个网络建设，坚持“打防并举”的原则，通过深入开展防、查、堵工作，有效地遏制了运输、贩卖、持有和使用假币犯罪活动。同时，拓展反假宣传的深度和广度。通过全省专业会议，及时将总行工作会议精神和要求进行传达布置，同时专题召开云南省反假货币工作联席会议联络员会议，明确活动时间、宣传主题、宣传形式、宣传要求，精心组织全年的宣传活动，主要采取了以下几种形式：（1）在各金融机构营业网点电子屏幕上显示反假货币宣传标语，展示反假宣传挂图，设置反假宣传栏，部分金融机构在营业场所门前播放《第五套人民币防伪指南》和《货币防伪指南》等反假货币宣传教育片，举办人民币知识、反假货币知识专题讲座，全省共有12000多名金融机构反假人员参加反假宣传，为40余万群众提供咨询、答疑；（2）在城市社区义务宣传站在本社区设置反假货币宣传专栏，农村义务宣传站确定个体商户或农户为“反假示范户”和“义务宣传员”，推动城市社区、农村的反假宣传工作；（3）在重点乡镇开展“情系农民，反假货币走进村镇”和“远离假币困扰，反假货币宣传走进乡村”等主题活动，播放反假宣传录像1600多场次，放映人民币防伪知识宣传片电影1000余场次，观群众10万余人。（4）利用大众传媒宣传反假知识。各级人民银行主动与当地移动、电信部门联系，利用手机传输信息宣传反假货币知识，共发送反假宣传信息30余万用户。昆明中心支行就与云南省高级人民法院配合，制作了专题宣传节目《与法同行》在云南省电视台播放，同时，裁取假币犯罪的典型案例，宣传人民币鉴定知识及相关法律法规，营造了良好的反假货币社会氛围。加强培训的点和面，主要是：针对昆明中心支行钞票处理中心新组建并招聘大量新上岗人员的特殊情况，开展了对昆明钞票处理中心清分、复点新员工的培训，共培训新员工55人；为企事业开户单位的财会出纳人员进行反假货币培训，辖内商业银行共组织反假培训73场次，参训人员5261余人次；为边境一线的海关、公安、边防武警、边境动植物检疫等部门的相关人员进行培训，培训50余人；为财会学校、技工学校、师范专科学校的学生进行培训，在各类学校举办人民币反假技术培训讲座50余期；为金融机构培训上岗人员，组织培训33期，培训反假货币上岗人员4856人，4712获得了反假货币上岗资格证；组织培训城市社区、农村乡镇反假义务宣传员，全省共培训社区义务宣传人员127人，农村义务宣传人员633人。（5）加强假币查赌打击力度，一方面加强检查，为进一步规范假币收缴的操作程序，彻底杜绝假币从银行流出，先后组织全省对商业银行执行《中国人民银行假币收缴鉴定管理办法》情况进行了检查，全年共检查商业银行网点786个，对检查中存在的问题进行了及时的整改；另一方面，加强协调配合，积极协调商业银行、公、检、法等反假货币联席会议成员单位，加强打击力度，遏制假币蔓延，2008年全省共收缴假币2351万元，其中：商业银行柜面查堵收缴假币1524万元，公安机关收缴假币827万元，同比增长19.27%、4.81%、59.96%。

四是认真开展现金管理及检查工作，维护正常的金融秩。认真做好全省现金投放回笼分析，重点对因货币投放、回笼在季节上呈现出变动情况，信贷规模增长对现金投放回笼产生的变动关系，居民储蓄收支对货币投放回笼的影响，人民币现钞出入境对现金流通的影响等情况进行了调查分析，摸清了现金流向、走势、投放回笼变动规律，为上级行及时掌握市场现金流通情况提供了科学的依据；加强检查，依据《中华人民共和国中国人民银行法》、《现金管理暂行条例》等有关法律法规，先后组织全省对商业银行进行了检查，全年投入检查工作人员2，555人，检查商业银行金融机构数496个，检查账户13，339个；检查开户单位大额现金支取业务176，947笔，发现各类违规账户668个，警告4家，罚款2家；加强大额现金支付的审批工作，按照《人民币管理条例》的要求，审批符合提取现金资格的专用存款账户和临时存款账户435个，有效地控制了不合理现金支出；加强培训，根据部分商业银行现金管理工作人员业务状况，先后对18家商业银行800余名现金管理人员进行了培训，为现金管理工作人员强化了素质；加强分析调研，重点对边境地区人民币跨境流动监测管理情况进行了专题调研，为上级决策提供了依据。

五是认真组织残损人民币销毁及管理工作。按照《中国人民银行残损人民币销毁管理办法》，做到了“四个加强”，即加强了对残损人民币复点现场的检查，如操作过程必须全方位地置于监控之下、使用无抽屉的复点桌等；加强了对各销毁领导小组履职的督促，按照《中国人民银行残损人民币销毁管理办法》要求，每次各销毁点前往昆明销毁中心进行机械销毁时，必须由行领导亲率销毁领导小组，亲自参加销毁工作；加强对残损人民币销毁前的再抽查，每次销毁前，对每次待销毁的残损人民币，销毁专职督察员监督销毁领导小组组织有关人员，按照人总行规定的不同券别的不同比例，进行再次复点检查；加强岗位管理，做到分工明确、职责分明，严禁违规操作，充分发挥销毁专职督察员的职能作用，彻底杜绝事故隐患，保证了销毁工作各个环节的安全。2008年，全省机械销毁残损人民币103.7亿元，4.57亿张。

六是切实加强钞票处理中心管理工作。为促使各钞票处理中心安全、高效运行，根据人总行下发的一系列规章制度，督促各钞票处理中心结合自身实际情况，及时建立和完善了《钞票处理中心管理实施细则》、《钞票处理中心突发事件应急处置预案实施细则》和相应的岗位职责，细化了各项操作规范，成立了钞票处理销毁领导小组、安全检查小组和钞票处理中心应急指挥小组；组织检查组分别对昆明、曲靖、大理钞票处理中心开展了以“内控建设、业务管理、安全管理、设备管理”为主要内容的检查工作，各中心岗位明确、制度健全、管理到位，各项工作井然有序。全年全省钞票处理中心清分回笼完整券2.75亿张，金额275亿元，联机销毁残损人民币14.4亿元；完成全省钞票处理中心的布局工作。11月15日前，完成曲靖钞票处理中心的撤销、大理钞票处理中心2台清分机的调整和昆明钞票处理中心的组建工作，昆明钞票处理中心设备的安装、试运行和验收工作，组成了云南省钞票处理8+2清分模式即：昆明钞票处理中心8台、大理钞票处理中心2台清分设备；实现了云南省钞票处理规模化、集中化、规范化管理的目标。

七是突发事件处置能力得到了加强。年初在全国范围内出现的雪灾、5·12四川汶川地震，均对全省昭通、红河、迪庆等地区的经济、百姓生活带来了影响，同时，对现金供应工作带来了挑战，在这种情况下，各级行、货币金银部门根据《中国人民银行发行库、发行基金危机处置预案》要求，各小组各司其职，积极采取果断措施，积极应对，保证了受影响地区合理的现金供应。通过这两次的实战，对我们在突发事件危机处置的应急能力、协调能力、处置能力进行了一次综合性检验。突发事件危机处置预案得到了进一步的完善，安全防范意识明显增强。

（货币发行处、钞票处理中心供稿）

【信息化建设工作】

一是明确工作目标，在发展方向上注重统一规划，在发展方式上注重统筹兼顾。根据总行要求和形势的变化，统筹兼顾完成总行工作与实现本省工作目标，省、州、县三级不同工作重点，项目建设过程与后续运行维护，项目建设速度与质量，技术与管理等工作内容，并对《中国人民银行昆明中心支行“十一五”科技发展规划》进行了重新修订，紧紧围绕科技发展规划，制定了切合实际的年度工作目标。

二是按照全面协调、可持续发展的要求，全方位促进云南省人民银行系统信息化建设。（1）以“制度学习年”活动为契机，建立完善云南省信息化建设制度体系。重点围绕全省规范化管理工作，继续加强云南省科技工作制度体系建设，全年制定颁布了《云南省人民银行县（市）区支行科技工作管理暂行办法》、《云南省跨行交易系统技术评级管理办法》、《云南省人民银行计算机应用系统建设管理办法》、《云南省人民银行计算机应用系统项目管理规范》、《云南省人民银行综合布线系统建设管理办法》和《云南省人民银行综合布线系统建设规范》、《云南省人民银行综合布线系统项目管理规范》、《云南省人民银行UPS电源系统建设管理办法》、《云南省人民银行UPS电源系统建设管理规范》、《云南省人民银行UPS电源系统项目管理规范》、《云南省人民银行计算机机房建设管理办法》、《云南省人民银行计算机机房建设规范》、《云南省人民银行计算机机房运行维护管理办法》等多个切合实际、操作性很强的信息化建设及科技管理的规章制度，力求全省科技管理制度体系完善，为最终实现省、州、县分级统一的“一盘棋”建设管理格局提供了制度保障。(2）以“奥运”安保工作为中心，确保信息系统安全稳定运行。组织全省开展了2次信息安全风险自评估工作和对重要信息系统开展了2次等级保护安全技术测评工作；编写了《昆明同城通信转接中心应急处置预案》，修订了IT系统环境设施、病毒危害事件、内联网及重要应用系统应急预案，组织完成邮件系统、国库会计集中核算系统突发事件、同城通信转接中心网络、中央银行会计集中核算系统应急切换等应急演练；组织全省开展了计算机及移动存储设备使用管理保密检查工作，开展了3次计算机及移动存储介质保密检查工作，仅昆明中心支行就完成985台（次）涉密计算机、119台（次）互联网用机、312台非涉密计算机的现场检查及整改工作；统一购置了涉密移动存储介质并标识了密级，对涉密移动存储介质的编号和ID登记在册，统一发放，集中管理，杜绝存储介质跨网使用；指导辖内各商业银行开展信息安全保障工作，组织召开了2次云南省金融机构科技工作联席会议，对“奥运”期间银行重要信息系统安全保障工作情况和要求进行了专题部署；同时，指导富滇银行、曲靖市商业银行、玉溪市商业银行、保山市城市信用社、云南省农村信用联社等地方性金融机构完成各阶段工作任务；组织开展了对辖内地方性商业银行和金融机构的信息安全现场检查，对富滇银行、云南省农村信用联社、玉溪市商业银行、曲靖市商业银行、保山市城市信用社等5家地方性商业银行从计算机安全管理、机房管理、网络管理、应用系统管理和网银系统管理5个方面共136项的工作内容，开展了全面细致的信息系统现场安全检查。

三是以夯实信息系统基础运行环境为重点，全面启动信息系统建设项目，严格按照总行统一部署和自身规划安排，完成应用系统、网络、基础设施项目建设任务。全年完成的重要项目有：基础设施项目建设——省级数据中心机房改造项目；全省IT运维监控系统建设工程，同步启动了全省人民银行IT运行维护系统项目；其他重点项目，包括昆明中心支行新建钞票处理中心UPS电源系统、防雷及接地系统建设工程；全省州市中心支行UPS配电系统改造工程项目试点工作；全省77个县支行UPS及配电系统改造工程；全省县区支行计算机机房门禁系统建设项目调研和需求制定，提出了实施计划。应用系统建设——全省小额支付系统本票业务、财务综合管理系统、远程培训系统内容分发子系统（二期项目）、昆明中心支行应用系统集中备份系统、CDP账户系统灾备系统的建设推广工作；人民币银行结算账户管理系统、货币金银管理信息系统、全省内联网病毒防治系统、全省补丁分发系统、TBS、ABS及AAS系统的多次系统升级工作；全省货币发行系统440份CA证书的更新工作。五是配合昆明中心支行国库处推动云南省财税库银横向联网工作，组织云南省财政、税务部门召开了联席会议，进一步加强了财政、税务、国库等各部门的沟通和协调，拟定了云南省财税库银横向联网项目建设表、人民银行的相关管理制度规范及项目经费预算，多次向云南省财税库银横向联网领导小组进行了汇报，并按科技司要求向各联网单位及时下发了相关技术资料。网络建设——网络资源管理系统项目需求分析和需求制定工作；根据总行“四网分离”和“容灾备份”的规划和建设思路，完成昆明同城通信转接中心及内网的建设工程；安全审计系统建设并在昆明中心支行进行了试点；全省视频会议系统推广和QOS调整、昆明中心支行钞票处理中心综合布线和网络建设、全省县支行综合布线和网络改造试点等重要工程。其他工作——充分利用“管理系统”这一信息交流共享的平台，积极鼓励全省各级科技部门进行科技宣传和工作经验交流，全年在系统中发布了414篇工作动态、简讯；为保证云南跨行交易系统的安全、稳定运行，提高交易质量，组织中国银联共同拟定了新的《云南省跨行交易系统技术评级管理办法》，调整了评定项目和权重，提高了评定条件，重在考核成员银行行内系统的稳定性，执行以来取得了明显成效；对2007年银行卡联网通用检测情况、银行卡风险防范工作情况进行了调研，起草并向科技司报送了调研报告。12月开始按照总行统一部署开展了2008年云南省银行卡联网通用检测工作。

（康文供稿）

【国库经理工作】

一是强化服务理念、不断提升服务水平。(1）扎实办理预算收支业务。

全年，云南省各级国库共办理一般预算收入1378.56亿元，比上年增加250.88亿元，增长22.3%。其中：中央级收入769.94亿元，比上年增加128.15亿元，增长20%；地方级收入608.62亿元，比上年增加122.72亿元，增长25.3%。全省各级国库办理一般预算支出1561.82亿元，比上年增加451.09亿元，增长40.6%。（2）及时开通绿色资金汇划通道，为抗雪救灾、抗震救灾做贡献。年初，云南省多个地州发生了百年不见的冰雪灾害、5月12日四川汶川县发生8级特大地震，云南省部分地区受灾害影响严重，为保证救灾资金的及时拨付，及时开通了绿色资金汇划通道，划付紧急救灾资金7，500万元，保证了灾区人民的灾后生产自救。

二是加大检查力度，严防资金风险。（1）做好制度隐患和风险的排查，确保制度落实，加强监督管理，切实防范国库资金风险。坚持制度建设落实，每月对印、押、证及日常核算业务合规性监督检查，注重风险的排查与防范，于6月12~23日组织6人次对国库处经理的云南省分库进行了实地业务检查，通过检查未发现资金风险案件和重大责任事故发生，并对检查发现的一些问题要求及时整改。（2）根据《中国人民银行成都分行2008年内审工作要点》安排，配合内审处完成对国库处2007年7月1日至12月31日国库业务运行现状进行风险评估检查。（3）加大对内、对外监管力度，防范和化解国库资金风险。开展了国库业务实地检查，组织各级国库对国库会计业务核算、国库统计分析业务、国债管理等情况进行了自查和抽查，并下发国库会计实地业务的检查通报及整改要求，上报国库局2008年云南省国库会计业务实地检查报告。

三是不断加快国库电子化进程。（1）为尽快落实云南省财税库银横向联网系统建设工作，认真贯彻全国财税库银横向联网工作电视电话会议精神，积极配合财政、税务等部门加快云南省财税库银横向联网系统建设工作的步伐。（2）积极支持国库集中收付制度改革。首先实现了国库单一账户改革，随着云南省财政国库集中收付制度改革的不断深入，全省国库集中支付改革进展顺利，截止2008年底有1个省分库、16个中心支库和106个县支库进行国库单一账户改革；省级纳入改革的预算单位682个、代理银行10个；州（市）级纳入改革的预算单位2313个、代理银行61个；县（市）区级纳入改革的预算单位8215个、代理银行300个。有利于财政统一调度资金，大大提高了财政资金的使用效率。其次实现了财政资金的管理规范化，增强了地方财政的宏观调控能力。从制度上制止了预算单位多头开户、逃避财政监督的现象，有利于财政部门和人民银行掌握财政资金运行情况及财政部门和人民银行国库之间的对账，加强互相监督与制约，财政管理和监督方面取得了很好的效果。

四是加强国债管理工作。（1）继续以防范风险为中心，以服务社会为宗旨，以开拓创新为重点，全面完成全年国债的发行、兑付、已兑付国债国债清理销毁等工作，2008年全省发行凭证式国债共五期，发行金额260，677万元，电子式国债共三期，发行金额64，846万元。（2）继续在全省推广人民银行直接办理无记名国债兑付业务目前已有3家中心支库（西双版纳、临沧、迪庆）办理此业务。（3）组织好各商业银行和州市中支按时上报国债发行周报和国债持有量月报，及时向总行国库局反馈国债发行、兑付中的新情况、新问题，并就热点、难点问题开展调研分析。

（解云燕供稿）

【会计财务工作】

一是扎实开展“制度落实年”活动，强化规章制度执行力。2008年是人民银行的制度落实年，执行制度既是做好会计财务工作的根本要求，又是评判工作的客观标准。昆明中心支行将“制度落实年”活动与自身业务紧密结合，以防范岗位风险和案件为重点，从消除风险隐患着手，通过集中学习制度、查找制度漏洞全面梳理了现行的会计财务规章制度97个，根据业务需要新补充制度5个、修订制度3个、废止制度4个。在抓好自身落实制度并组织各行对制度执行情况自查的基础上，对5个州、市中支及昆明中支辖内县支行进行现场检查，对检查中发现的问题认真分类整改。通过“制度落实年”活动，切实强化了云南省各级人民银行会计财务部门的制度执行力，用制度规范履职行为、按制度办事、靠制度管人的机制得到进一步巩固。

二是节约开支筹措资金，用实际行动支援抗震救灾。2008年中国自然灾害频发，从年初南方部分省市发生的雪灾、“5·12”汶川特大地震，到云南省德宏州盈江县、四川省攀枝花地区发生的地震灾害，均不同程度对云南省德宏、楚雄、迪庆等10个州、市中心支行财产造成损失。灾害发生后，昆明中心支行迅速启动应急预案，用应急资金购买抗震救灾物资，并赶赴灾区慰问干部职工，了解灾情，妥善解决好灾区人民银行干部职工的后顾之忧，切实保障了云南省受灾地人民银行职工队伍稳定，各项工作有条不紊地运行。特别是“5·12”特大地震发生后，作为与四川重灾区相邻的省市，腾出预算资金，在第一时间组织物资运往受灾地区。同时，为积极响应中央、总行节约资金抗震救灾的号召，灾害发生后对全省人民银行预算资金状况作了重新测算，压缩和削减了一些计划安排的支出项目，上缴预算指标，从出差、接待、固定资产运行等方面提出了节约开支的八条具体措施，提高资金使用效益。

三是稳步推行新业务与新系统，实现工作方法新突破。（1）顺利结转账务启用新会计科目。新会计科目启用是人民银行会计改革的一项重要内容。由于新科目启用与年终结算工作同步实施，面临时间紧、任务重、涉及部门广的实际困难，为保证全省人民银行顺利实现新旧会计科目结转，制定了详细的结转工作实施方案，明确各阶段的工作要求，加强新旧科目账务数据核对，2008年1月顺利完成新旧账务结转，正式启用新会计科目。（2）稳步推行“财务综合管理系统”。11月，云南省人民银行系统正式运行“财务综合管理系统”，作为总行确定全国第二批上线运行的4家单位之一，认真部署落实该项工作。通过系统培训及前期试运行，对系统有了全面的认识，熟悉了操作，收集了系统运行中的问题，为总行改进完善系统提供了参考性意见。随着“财务综合管理系统”的推行，提高了财务监督效率，提高了科学理财的水平，改进了管理方法，为统计财务数据、适时监督预算执行提供了平台。（3）建立集中采购“管采分离”机制。为完善昆明中心支行集中采购管理，通过近年来的摸索与准备，2008年正式建立集中采购“管采分离”机制。在集中采购管理委员会下分设了采购委员会办公室和采购中心，明确了采委办、采购中心、项目部门和监督部门各自的职责，集中采购程序和内控措施得到强化，确保了采购机制的分工合理，职责明确，程序严密，较好的兼顾了效益与成本的关系。昆明中心支行机关全年共完成各类采购项目58项，采购预算资金4，221万元，实际采购资金3，336万元，节约资金885万元，节约率为21%。（4）为地方金融业发展提供必要的会计支持。年内，云南省文山民丰银行、玉溪红塔银行2家村镇银行相继成立，作为新成立的地方性法人金融机构，均不同程度存在缴存款和财政性存款缴存行为不规范的问题，对此，昆明中心支行专门制定相关规定，对地方性法人金融机构缴存“两类存款”的行为进行规范，为地方性法人金融机构贯彻执行货币政策提供了必要的会计支持。

四是扩大联合检查面，充分发挥会计主管合作效应。为规范云南省基层人民银行会计财务行为，扩大“制度落实年”活动效果，组织了对部分州、市中心支行的业务联合检查，检查工作较往年有三方面改进：首先是增强合作效应。除联合支付结算部门外，首次联合发行、事后监督部门对发行会计核算、事后监督工作开展检查，充分发挥不同部门间会计主管及业务的横向合作效应；其次是重点明确。结合“制度落实年”活动的开展，将各块业务规章制度落实情况作为检查的一项重要内容，在检查中依托人员业务特长，合理搭配，增强检查效果；其三是培训先行。检查前先对检查人员进行专门培训，统一对制度的认识，做到检查有目标、工作有分工、评判有标准。通过联合检查进一步规范了被查单位会计财务、支付结算、发行会计以及事后监督工作，实现了会计业务横向联动，节约成本，会计信息共享的目的，各部门会计业务合作协调效果明显提高。

五是顺利完成总行项目建设，改善硬环境为履职提供保障。昆明中心支行新建钞票处理中心及发行库项目、人民银行红河州中心支行新建发行库及营业办公用房项目，昆明中心支行对这两个建设项目一直进行着严格的管理，并加大对项目建设的监督力度，保证了这两个建设项目于1和11月分别顺利通过验收。同时，结合云南省山地面积广，基础设施条件相对落后，贫困地区占多数的实际，为切实解决民族贫困地区基层央行困难，积极向上级申请新项目，争取项目资金。11月经总行批复人民银行怒江州中心支行新建发行库及营业办公用房项目正式立项，目前，项目建设前期准备工作正在紧锣密鼓的筹备中。此外，2008年由昆明中心支行安排各类基建项目共20个，项目资金1，409万元，其中：新建综合用房项目1个，办公楼修缮项目19个；全部项目中为县级支行安排15个，占项目总数的75%。

六是狠抓基础工作不放松，促进管理水平上台阶。继续狠抓基础工作，通过五个增强，实现了五个促进，即增强会计核算能力，促进会计信息质量提高，发挥好会计部门为人民银行货币政策实施提供的反映、监督职能；增强部门预算执行效果，从增强预算编制的合理性与预算执行的可控性方面入手，促进预算编制与执行更为匹配；增强资产处置效率，通过委托中介机构对到期资产评估，公开拍卖、有偿转让等形式，促进固定资产综合运行效益提高；增强服务意识，加大对公务卡的宣传，争取公务卡优惠措施，促进公务卡费用报账方式进一步得到职工认同；增强调研力度，促进解决基层实际困难。对辖内县级支行预算收支、资产配置、房屋状况等问题调研，有针对性的通过预算分配、资产购置、修缮项目安排等措施解决县级支行困难。

七是丰富培训层次与内容，着力提高会计队伍素质。为进一步提高云南省人民银行系统会计队伍专业素质，举办了“会计理论知识与实务培训”，培训中突出了三方面的特点，即除了重点培训各行会计财务部门负责人外，要求分管会计工作的行领导及事后监督部门负责人共同参与，保证了管理者与业务具体操作者专业知识的同步更新；根据人民银行实施新会计科目，以及财政部新颁布的企业会计准则正式实行的形势需要，采取“请进来”的方式，聘请总行会计财务司会计制度处领导讲解人民银行2008年会计科目、会计制度、报表分析知识，同时聘请云南财经大学会计学院教授讲解新会计准则特点及应用知识；采取与支付结算部门联合办班的形式开展，内容除会计财务知识外，还包括央行核算系统、账户管理、银行卡等实际操作知识，既适应州、市中心支行业务主管行长及会计财务部门负责人履职的需要，又有效整合了资源，节约了培训成本。

八是认真接受检查，主动查找问题，积极督促管理行为再规范。年内，昆明中心支行的会计财务工作先后接受了审计署2007年度预算执行情况检查、总行巡察组巡察、内审部门对处室负责人履职审计等多项外部检查，而且将检查当作用来对照和检视自身工作的一面镜子，树立了以检查督促管理行为更加规范，防范业务风险的正确认识。因此，在检查中不仅虚心听取工作组意见，加强沟通求得理解，而且对发现的问题深刻分析并反思产生问题的根源，从问题的源头逐条对照认真整改，及时完善相关工作程序，堵塞内控漏洞。

（会计财务处供稿）

【支付清算工作】

一是以"安全到家"活动为核心，构筑保障体系。(1) 落实岗位保障机制。建立值班岗位责任制，落实技术值班和业务值班的"双轨制"，强化支付系统7×24小时全天候运行服务工作，开通了各个特殊时期的"绿色通道"；(2) 落实制度保障机制。加强对要害岗位人员的管理及考核，落实内控管理制度的要求，形成用制度规范行为、按规程处理业务的新机制；(3) 落实应急保障机制。推出2008年版应急预案，对重要业务系统和保障系统进行应急演练；(4) 落实管理保障机制。开展"安全到家"系列活动，建立了人民银行与商业银行的联系沟通机制，开展了2008年全省支付系统健康性巡检工作，加强了昆明辖区的票据交换管理工作；(5) 落实技术监控保障。建立了支付系统自动报警、防病毒自动报警和机房环境自动报警等三个自动监控报警系统，建立了支付系统运行短信报警和交接班分级报告制度，更新了部分监控设备，改造了机房集中管理区域的布局，坚持每天对支付系统及网络设备进行巡查。

二是以百日宣传活动为载体，形成宣传格局。2008年是中国现代化支付系统建设运行5周年，以此为主线，昆明中心支行在全省范围从9月起，启动了云南省支付系统"百日宣传"活动，实现了普遍与重点、集中与阶段、平面与立体、动态和静态"四个结合"的宣传格局，即通过新闻媒体、报刊杂志，对集中代收付系统和支票影像交换系统进行重点宣传；举行了集中宣传启动仪式，在云南省所有银行网点发放宣传册、知识手册、挂历等宣传资料，统一张贴和悬挂5周年庆祝海报、布标；在主流报刊头版开辟主题宣传栏目，并在省电视台黄金时间《都市条形码》栏目上进行为期100天的宣传；召开了规模较大的现代化支付系统建设运行5周年新闻发布会，在云南十家主流报刊刊登采访报道。

三是以支付服务创新为重点，推动业务发展。开通了"两项"支付系统新业务，特色业务开发了新主体，实现了"三个跨越"，即新业务有实质进展——境内外币支付系统在云南省的建设推广，为境内的银行业金融机构和外币清算机构提供外币支付清算服务。小额支付系统银行本票业务上线，各商业银行可在全省范围内通过行内系统或跨行系统处理本票业务；特色业务引进了新的服务对象——票据交换集中提回影像处理系统富滇银行全年安全运行，建设银行顺利引进，集中代收付系统业务翻了5倍；实现了"三个新的跨越"——单币种向多币种清算功能上的跨越，开通境内外币支付系统，实现了包括港币、英镑、欧元、日元、加拿大元、澳大利亚元、瑞士法郎和美元等八种货币的支付清算功能。业务量在特殊情况下的跨越，全年大额支付系统处理往来业务514.49万笔，清算资金10.19万亿元，同比分别增长26.26%、20.14%。；小额支付系统处理往来业务373.41万笔，清算资金721.18亿元，同比笔数增长81.01%、金额减少97.10%；支票影像系统处理支票业务7，353笔，金额4.87亿元；昆明区域票据交换共组织票据交换502场，处理票据654.7万笔，清算资金9，091.23亿元，同比分别增长0.72%和6.71%。特色业务发展的跨越，全年云南省集中代收付系统共处理业务82.13万笔，金额22.89亿元，交易成功率达到94.91%，分别占小额支付系统业务量的21.99%和资金量的3.17%，同比业务量增加了5倍，对拉动小额业务量的增长发挥了较大作用，逐步实现着服务商业银行向"央行支付、服务地方"的目标；票据交换集中提回影像处理系统业务首次突破100万笔（共处理票据115.88万笔）业务，资金1，167.11亿元；网上银行业务有28.16万笔，金额1，482.79亿元，12家商业银行通过大额支付系统开办的网上银行业务，业务量占大额支付的10.29%，金额占大额支付的2.91%。

（清算中心供稿）

【大事记】

一月

完成全辖国库TBS核算系统4.0、《国库统计分析业务系统》升级工作；

保质保量完成了云南省统筹年报的审核、汇总工作，使得2007年统筹报表及分析说明的质量普遍提高，能够全面、详细、准确地反映统筹基金收支、人员变动、缴费基数的增减变化情况及个人账户的建账规模；

组织完成中央银行会计集中核算系统升级换版和中央银行会计核算事后监督系统升级换版工作；

组织全省系统内各级机构顺利完成账务结转，人民银行新会计科目正式启用，满足了业务发展和会计核算工作的需要，强化了会计信息的反映和披露效用；

完成昆明同城通信转接中心建设工作。

二月

按照人总行要求组织完成依托小额支付系统办理银行本票接入方式的申报工作。

三月

完成小额支付系统银行本票业务模拟运行工作；

组织做好边境贸易资金结算调研工作；

组织召开全省人民银行支付结算暨清算中心工作会议；

重申了规范津贴的注意事项和相关要求，制定了《关于云南省人民银行系统离退休人员津贴实施意见的通知》，指导全省各州市中心支行做好津贴测算工作；

按照后备干部选拔条件和要求，组织了中心支行和县支行两级后备干部的选拔工作，共选拔上报了4名优秀年轻处级领导干部为中心支行级后备干部人选，并根据个人实际分别制定了定向培养计划。选拔了36名年轻科股级干部为中心支行后备干部，并列入了后备干部人才库；

中国人民银行企业商品交易价格调查新系统开始在云南省人民银行系统试运行。

四月

对全辖10个先进基层党组织，8名优秀党务工作者和67名优秀共产党员给予表彰，并邀请"5.12"抗震救灾英雄洪利川、钱小汉为全行党员讲述他们在抗震救灾中的英雄事迹；

制定了《云南省2008年信贷指导意见》，明确了2008年云南省信贷工作目标、支持重点和主要措施，引导银行业金融机构调整信贷结构，满足辖区经济社会发展的资金需求；

以云南省钱币学会名义接待日本钱币收藏家一行，就云南古代货币、越南历史货币等有关问题进行学术交流；

被人总行列为"人民银行系统特色研究领域及联系行（试行）"单位。

五月

与公安厅开展联合整治银行卡违法犯罪专项行动联席会；

组织完成了小额支付系统银行本票在云南省正式上线运行；

组织了昆明辖区会计联行检查；

组织完成了全省中央银行会计集中核算系统V5.0版暨中央银行会计事后监督子系统4.0版升级换版工作；

"5.12"汶川特大地震灾害发生以后，及时组织资金，购买物资，配合做好抗震救灾工作。同时，积极响应上级行号召制定了节约费用支出的八项措施；

组织完成了小额支付系统银行本票在云南省正式上线运行；

"民间借贷发展状况"调研工作得到人总行研究局感谢。

六月

组织了对全省人民银行各州市中心支行支付结算制度应知应会的培训工作，以及对邮政储蓄银行云南省分行支付结算知识的培训工作；

配合人总行、公安部对云南省银行卡违法犯罪专项行动工作进行督查；

全力协助人总行巡查组，对全行干部选拔任用工作进行了全面检查，根据巡查组反馈意见，制定了整改措施，并积极落实整改；

组织全省各地与全国同步开展丰富多彩的"征信知识宣传月"活动；

成立了由各金融机构省级管理行分管信贷的行领导共同组成的云南省担保机构信用评级工作小组，全方位启动了云南省担保机构信用评级工作；

下发《云南省金融机构信贷政策导向效果评估试点暂行办法》，建立了按季对金融机构执行中小企业贷款、绿色信贷、房地产信贷、涉农贷款、国家助学贷款、再就业小额担保贷款6项信贷政策的评估制度体系。同时，制定下发了《关于进一步改善金融服务积极支持地震灾区建设的指导意见》，引导金融机构改善对云南地震灾区的服务，加大力度支持灾后重建；

组织了"2006-2007年度全省人民银行系统重点课题"评比活动，共评选出一等奖3个，二等奖10个，三等奖10个和优秀奖10个。

七月

组织完成了辖区相关人员的岗位任职资格考试工作；

组织完成对全省部分商业银行支付系统直接参与者及全省人民银行支付系统健康性巡检工作；

国库信息处理系统（TIPS）建设正式启动；

在全省统一实施贸易出口收结汇联网核查制度；

以云南省钱币学会的名义参加中国钱币学会在内蒙古召开的"东北亚地区历史货币与人民币跨境流通学术研讨会"，就人民币跨境流动问题以云南为例进行重点交流；

"分地区银行业税收情况"调研工作得到人总行研究局感谢。

八月

结合云南实际，对新修订的《中华人民共和国外汇管理条例》的正式实施，组织全省外汇管理系统开展了形式多样的宣传活动，加深社会公众对新《条例》等外汇管理政策法规的认识和了解；

在地方政府及有关部门的大力支持配合下，在全省范围内组织开展了“诚信兴商宣传月”活动；

完成《改革开放三十年云南省金融业发展研究》，对云南省改革开放30年金融体制改革情况进行全面总结。

九月

根据中国人民银行、中国银监会关于从紧货币政策形势下做好小企业金融服务工作的要求，省政府金融办、人民银行昆明中心支行和云南银监局联合举办“云南银行业提升小企业金融服务媒体见面会”。

十月

与云南省建设厅联合签发了《关于开展云南省个人住房公积金缴存信息采集报送工作的通知》，并确保年底实现全省15个州市个人住房公积金数据的正常报送工作；

从1日起停止同城特约委托收款结算方式，全面推广小额支付系统定期借（贷）记业务。

十一月

作为人民银行系统第二批上线运行“财务综合管理系统（FIMS）”的4个省市之一，全省人民银行各级行“财务综合系统”顺利上线并平稳运行，进一步增强全省人民银行财务管理水平，强化了财务监督效力，提高了财务分析能力；

负责承办的中国钱币与银行博物馆委员会“2008年会暨学术研讨会”在昆明召开。同时，以云南省钱币学会的名义参加在昆明召开的中国钱币与银行博物馆委员会“2008年会暨学术研讨会”，就《2008年国际钱币与银行博物馆委员会2008年会概况》、《人民币区域化的历史佐证》和《中国黄金的货币性问题研究》等专题进行交流。

十二月

加大对违法外汇管理行为的处罚力度，全年对银行和企业违反外汇管理行为共立案7件，结案率100%，立案金额769.2万美元，处罚金额51万元人民币，收缴率达100%，对规范银行合规经营，震慑外汇领域违法犯罪活动起到了积极作用；

搭建了外汇局云南省分局信息共享平台，解决了长期以来全省各州市中心支局信息系统数据库文件无法实现异地备份的问题，也为全省外汇局系统提供了信息交流的平台，实现数据共享。

中国银行业监督管理委员会云南监管局

局长：李保上

【综述】

2008 年，中国银行业监督管理委员会云南监管局（简称“云南银监局”）党委坚持以科学发展观为指导，深入贯彻落实十七大精神，围绕“创新监管思路，深化能力建设，促进改革开放，确保稳定发展”的工作思路，着力提升银行业监管有效性，在稳健中求发展，在改进中求创新，把监管理念与现实需求结合起来，形成合力，应对复杂的经济金融形势，从实际出发，狠抓案件防控，严打非法集资，增强银行业竞争力，确保了金融安全稳健运行，促进了云南经济协调可持续发展。截止 2008 年 12 月末，云南省银行业金融机构本外币各项存款余额 8470.73 亿元，比上年末增加 1255.28 亿元，增长 17.40%；各项贷款余额 6649.30 亿元，比上年末增加 1085.41 亿元，增长 18.92%；不良贷款余额比上年末减少 181.11 亿元，占比下降 3.75 个百分点，实现了“双降”目标。

【风险防范和处置工作】

2008 年是国内外经济金融形势最为复杂的一年，面对雪灾、地震、北京奥运以及全球金融风暴等形势给监管工作带来的巨大挑战，云南银监局采取了积极的应对措施：一是积极应对经济环境变化对银行业的冲击。针对宏观调控政策从“两防”到“一保一控”再到“扩内需、保增长、促发展”的重大调整，云南银监局加强了对经济形势及政策变化的分析研究，强化政策引导和风险提示，增强了风险防控的前瞻性和敏感性。通过约见高管谈话、组织专项检查、走访各家银行，召开监管通报会、座谈会、专项工作会议等多种形式，及时通报经济金融运行情况及存在问题，提出针对性监管要求。随着金融危机对辖内实体经济影响的逐步显现，局领导及时带队深入银行、企业、农村开展调研，研究提出“六项应对举措”，引导银行业落实好“区别对待，有保有压”的方针，在有效防范风险前提下继续加大对重点领域和薄弱环节的信贷支持。同时，主动加强与省级有关部门的沟通协调，与发改委初步确立了“云南省重点项目资金供需信息交流机制”及“重大建设项目台账”，帮助银行了解掌握重大项目的资金需求和风险状况，有效规避在“保增长”过程中面临的各类风险。二是强化了对突出风险的监测防范。完成第二套房贷认定标准执行情况的快速调查，开展“节能减排”、公路、水电、普洱茶、糖业、奶业、有色金属行业贷款及个人类贷款风险状况等多项调查，共发出 149 份监管提示书，对相关风险进行了通报和提示。通过调查暗访、信访核查、风险排查等形式，对个人理财业务进行持续跟踪监管，提出了理财产品风险应急处置办法。指导银行业金融机构开展奥运金融服务各项工作，认真做好应急演练，确保了银行业信息科技系统稳健运行。督促银行业金融机构加强信用卡管理，及时进行风险防范和控制，促进了信用卡业务安全、健康发展。三是加强了对法人机构的资本约束和风险控制。积极推动三家城商行加快增资扩股进程，审核批准 22 家公司投资入股富滇银行 6.44 亿元，处置了部分不良资产。督促法人机构加大计提拨备力度，增强了以丰补歉能力。城商行拨备覆盖率均超过 100%，农村合作金融机构资本充足率达 3.84%，拨备覆盖率比上年末提高了 23.8 个百分点，居全国前列，不良贷款余额和不良贷款率分别比上年末下降了 16.58 亿元和 4.85 个百分点，实现了“双降”，风险抵御能力明显增强。密切关注监测流动性风险，完成辖内法人机构流动性压力测试及摸底调查，城商行平均流动性比例同比上升了14.53%。加强对云南信托投资项目的持续监管，针对证券市场波动等情况及时提示其加强风险分析评估，提前做好清算兑付准备工作，确保了年内信托项目如期兑付。四是积极做好案件治理及维稳工作。将案防工作纳入到日常监测、现场检查和监管问责中，按季总结分析案件专项治理工作，对案件处理情况进行持续跟踪。组织开展全省银行业金融机构枪支弹药检查及安全评估检查验收工作，开展邮储银行案件风险抽查及城商行、城信社操作风险排查，完成华夏银行“11·22案件”涉案业务现场检查，督促被查机构及时整改存在问题，切实巩固了案件治理成果，全年未发生百万元以上案件。推动建立省级处置非法集资联席会议制度和工作机制，组织召开首次云南省处置非法集资工作会议，促进建立了各州市联席会议制度，会同工商、银联等部门清理非法金融业务广告，协调公安等有关部门开展打击非法集资宣传教育活动，按职责分工认定涉嫌非法集资案7件。做好外网舆情监测，有效防范了银行声誉风险。牢固树立政治意识、大局意识和责任意识，及时采取有效措施应对突发事件，维护了边疆民族地区银行业的稳健运行。

【银行业改革】

2008年，云南银监局继续推进银行业深化改革，加大开放力度，促使银行业综合实力和可持续发展能力不断提升。一是推动城市商业银行改革继续向纵深发展。开展了对辖内城市商业银行、城市信用社股权结构调查，制定了城市商业银行3—5年监管规划，为促进3家城市商业银行中期改革发展打下基础。及时完成了富滇银行高级管理层人员任职资格及其72个机构更名、换证审核工作，促其加快了增资扩股及处置不良资产的工作进程。二是推动农村合作金融机构管理体制和产权改革继续深化，农村合作金融机构由法人治理深化到对高管人员的持续动态管理和量化考核管理，认真开展了省联社履职情况调查，督促农村合作金融机构以专项央行票据兑付为契机，加快改善股权结构经营管理机制。2008年央行兑付工作进展顺利，累计兑付了105家机构，兑付金额13.3亿元，分别占兑付计划的82.03%和83.18%。三是推动全省调整放宽农村地区银行业金融机构准入政策试点工作取得实质性进展。全省首批文山民丰、玉溪兴和两家村镇银行于6月挂牌成立，12月末存贷款余额已分别达1.17亿元和1.12亿元，各项业务发展势头良好，昭通昭阳富滇村镇银行于12月挂牌开业。此外，研究提出小额贷款公司发起人持股比例建议，推动出台了《云南省小额贷款公司管理办法（试行）》，为在全省开展小额贷款公司奠定了基础。四是做好邮政储蓄银行分支机构开业审批工作。加强政策指导，妥善解决了机构及高管人员准入审查的相关问题，顺利完成邮政储蓄银行云南省分行下辖331个分支机构的开业审批和高管人员审核；支持邮政储蓄银行开办公司业务及小额贷款业务，积极探索邮政储蓄资金回流的渠道。五是稳步推动股份制银行到州市设立机构。受理初审了4家股份制银行设立州市机构的申请，经银监会批准，浦发行玉溪支行开业。六是在金融市场上采取积极开放政策，引进外资银行来滇设立机构。主动为外资银行做好政策咨询和协调工作，在云南银监局的推动下，恒生银行（中国）有限公司昆明分行于11月10日正式挂牌成立。截止2008年12月末，云南省有2个外资银行分行，1个外资银行代表处。七是引导资产管理公司实施商业化改革，在融资租赁、财务顾问、委托代理等业务领域取得新突破。

【金融服务与创新】

一是全力做好银行业抗击冰雪灾和抗震救灾工作。及时部署灾区银行业机构采取有效措施，千方百计保支付、保安全、保稳定，有力维护了银行业的正常运营和稳定。加强对灾后金融服务工作的检查指导，督促银行业机构采取增加现金供应、上门代收捐款、优先汇划捐款等一系列措施，确保了灾区金融服务优质、高效开展。

二是积极推进了银行业强化社会责任等系列活动。制定2008年金融创新主体活动方案，对银行业机构奥运金融服务工作开展多次暗访及抽查回访，指导银行业协会开展“迎奥运文明规范系列活动”；评选确定了25家规范服务示范单位，完成了两批银行业从业人员资格认证考试工作；督促银行业机构完善服务投诉机制，2008年云南银监局共处理对银行服务方面的信访、投诉991件，受理质量和效率进一步提高。

三是进一步改进小企业金融服务。落实银监会“有保有压”的政策要求，督促银行业机构在严格贯彻执行国家宏观调控政策的基础上，加强统筹协调，积极支持小企业授信，有效推进了小企业金融服务工作，牵头举办了“云南银行业提升小企业金融服务系列活动”，有效促进了银企对接。截至12月末，全省小企业授信户数达4.4万户，贷款余额457.47亿元。

四是继续完善农村金融服务体系，发挥农信社、农行、农发行、村镇银行、邮储银行等涉农金融机构的功能作用，不断提高农村金融服务水平，加大“三农”支持力度。继续推动农村合作金融机构开展“惠农金桥计划”、“农民工创业贷款”、“农村个人综合消费贷款”等新业务；督促农行抓住股改契机，强化为“三农”服务的市场定位和责任，以农业产业化龙头企业为重点，加大对现代农业的支持力度；切实发挥农发行政策性金融作用，加大支持农村基础设施建设力度和发展农村服务网络；支持各银行业金融机构在农村、县域地区设立分支机构，逐步提高农村金融网点覆盖率，大力发展小额信贷和适合农村需求特点的各种微型金融服务。

五是加强了对新业务准入的政策支持。支持农行云南省分行创新助学贷款风险控制方式，在全国首家以保险方式锁定助学贷款风险；在风险可控的前提下，支持富滇银行开办VIP借记卡、手机银行等新业务，支持云南信托公司推出异地推介等信托产品，支持泰京银行昆明分行开办人民币业务。

【监管能力建设】

2008年，云南银监局坚持以监管促发展、促稳定、促改革、促服务，认真解决影响银行业监管有效性的认识问题和实践问题，深入推进监管能力建设。通过完善监管体制和机制，构建科学的考核和评价机制、人才培养机制，最大程度地发挥监管人员的积极性；改进监管手段和技术，构建准入、非现场监管、现场检查、监管调研、政策法规、银行业协会等“六位一体”的监管体系，全面提升机构监管和功能监管水平；加大对经济金融形势和新监管技能知识的培训力度，提高识别、管理跨行业风险的能力；做好信息调查报告工作，正确引导社会舆论，营造良好的银行业改革与发展环境，监管能力不断提升。

一是依法监管能力不断提升。完善了行政许可、行政处罚等6个操作规程和工作制度，进一步明确了行政执法程序、环节及文书要求。开展法规清理工作，对上级部门14个规范性文件提出了修改建议。对5个分局成立以来行政执法情况进行了执法监察（检查），查出3类62项问题，提出整改意见23条，达到了“以会带训”、“以案说法”、“边查边改”的检查目的，增强了监管人员依法监管意识。认真审核各类市场准入事项，2008年全局系统核准高管人员任职资格903人，否决108人，约见谈话814人，审核开业机构365个。

二是非现场监管能力不断提升。进一步规范了报表数据核对、技术管理和流程管理，加强报送情况监测通报，稳步推进了分支机构非现场监管信息系统建设。加强系统后台管理及维护工作，确保了系统安全运行及数据报送的准确性和及时性。修改完善了大型银行监管考核评比办法、大型银行分支机构高管人员约见谈话暂行办法，继续完善股份制银行异地贷款通报制度，建立了助学贷款违约统计制度，制定了《辖内银监分局客户风险监测预警系统数据报送和质量维护方案》和《辖内银监分局客户风险监测预警系统非功能性要求技术保障方案》，指导辖内银监分局规范信息采集流程，保证数据质量，进一步强化了对相关风险的监测防范。

三是现场检查能力不断提升。更加注重检查前的培训和资料收集，积极运用延伸调查权，先后组织开展了大型银行分支机构高管人员履职评价核查、大型银行分支机构公司类贷款大户检查、农发行7个分行商业性贷款检查及3家城商业银行承兑汇票检查等工作。各分局结合实际，尝试建立主查员、主监管员考核激励机制，有针对性地确定并开展了自选检查项目。全局系统共派出检查组102个，累计投入30137个工作日，检查机构785个，检查业务金额371亿元，提出整改意见1413条，现场检查的持续性和有效性得到提高。

（办公室供稿）

【大事记】

6月2日至6日，赴云南省受汶川地震灾害影响最严重的昭通市永善县、绥江县、水富县等地慰问受灾农户和信用社员工。

6月27日、28日，玉溪红塔区兴和村镇银行股份有限公司和文山民丰村镇银行有限责任公司分别在玉溪红塔区研和镇及文山州文山县挂牌开业，标志着云南省完善农村金融服务体系政策取得了突破性进展。

7月25日-27日，中国银监会副主席郭利根视察丽江市银行业金融机构的奥运金融服务工作情况。

9月8日，牵头举办了“云南银行业提升小企业金融服务系列活动”。

9月-11月，在全局系统内开展了机关副处长、分局副局长及机关副处级非领导职务考选竞聘工作，进一步拓宽了干部选聘范围。

10月，开展了丰富多彩的庆祝改革开放30周年暨云南银监局成立5周年活动。

10月16日，召开深入学习实践科学发展观活动动员大会，对全省系统深入学习实践科学发展观活动进行动员部署。

11月10日，恒生银行（中国）有限公司昆明分行开业，这是恒生银行（中国）有限公司设立在西部地区的第一家分行，也是第一家入滇的可开展全面人民币业务的外资银行。

12月6日，云南省第三家村镇银行——昭通昭阳富滇村镇银行在昭通市正式挂牌营业。

中国证券监督管理委员会云南监管局

局长：范　辉

【综述】

2008年，在国际金融市场动荡加剧，全球经济增长明显放缓，国际经济环境中不稳定因素明显增多，对中国的影响逐步显现，国内经济增长放缓趋势明显、企业利润增速下降及资本市场持续波动和低迷的背景下，在云南省委、省政府和中国证监会的正确领导下，在中国证券监督管理委员会云南监管局（简称“云南证监局”）的努力下，云南省辖区证券期货市场总体上保持稳定健康运行。上市公司资产权益规模保持持续增长，经营业绩下滑、增长发生方向性改变，但总体上看公司稳定健康发展的基础没有发生根本性改变；市场低迷，直接融资放缓；证券市场运行平稳，投资者投资意愿减弱，市场成交量下降，证券公司资本充足，业绩受市场行情影响进一步下滑，合规管理体系逐渐完善；期货市场交易活跃，公司经营业绩稳步提升。

【上市公司方面】

截至2008年12月31日，云南辖区共有27家上市公司，发行27只A股和1只H股，在上海证券交易所和深圳证券交易所挂牌交易的公司分别为13家和14家。上市公司总市值1114.74亿元，占全国A股总市值（12.06万亿元）的0.92%，较去年年末减少67.99%。

2008年，受全球金融危机影响，实体经济也受到拖累，上市公司业绩受需求回落、产品价格下跌、原材料价格上涨、劳动力成本上升、出口下降等因素影响普遍下降。全省共有27家上市公司，行业分布为有色金属、化工、医药、装备制造、旅游、农林、水电、房地产、商贸、证券金融等。从上市公司年报披露的数据来看，云南上市公司总体业绩在2008年出现巨额亏损，营业收入、净利润出现双降，辖区27家上市公司全年实现营业收入816.15亿元，比2007年同期下降6.73%；归属于母公司的净利润-7.71亿元，比2007年同期下降116.2%。27家上市公司的平均净资产收益率为-2.02%，比2007年同期的19.13%下降110.54%。

在市场低迷、功能受限和后备资源不足的不利情况下，云南辖区资本市场直接融资工作仍取得了新突破，有力地支持了地方经济发展。在今年A股市场累计直接融资与去年同期相比减少50%的情况下，辖区新增直接融资61.18亿元（累计直接融资281.50亿元），只比去年下降33%，实际现金融资额基本与去年持平，且占全国A股市场融资的比例由去年同期的1.2%提高到1.5%，其中云铝股份和名流置业公开增发，分别募集资金10.3亿元和30亿元，南天信息和云南白药非公开增发，分别募集资金4.84亿元和13.94亿元，西仪股份首发上市募集资金2.1亿元。另外，辖区直接融资渠道得到进一步拓宽，全省拟上市公司通过私募股权投资直接融资3.92亿元。目前，云南上市公司的直接融资工作正在积极努力、稳步推进，5家上市公司拟直接融资近81亿元。其中云维股份和锡业股份拟公开发行，计划募集资金共约32亿元，云南城投拟非公开发行募集资金不超过20亿元，云铝股份拟发行分离交易可转债募集资金10.56亿元，名流置业拟发行公司债募集资金不超过18亿元。以上公司申报材料已获证监会正式受理，其中云维股份、名流置业发行申请已获发审委审核通过，正在等待发行时机。在拟上市公司方面，红塔证券、龙生茶业、鑫圆锗业首发申请证监会已受理，恒昊矿业、滇西水泥、斗南锰业、下关沱茶、博浩生物等5家企业正在积极推进上市工作，云变电气也正在为再次向证监会申报材料进行积极准备，云南资本市场后续发展呈现出健康的良好势头。

【证券经营机构方面】

截至2008年12月31日，全省32家证券营业部、24家服务部（其中昆明有28家营业部、4个服务部）累计总成交金额为5187.28亿元，较上年同期（7418.91亿元）减少30.08%，其中：A股、基金累计成交4437.30亿元，较上年同期（6517.51亿元）减少31.92%；B股累计成交7.26亿元，较上年同期（28.64亿元）减少74.65%；网上交易量4110.95亿元，较上年同期（4759.54亿元）减少13.63%。年末客户保证金余额59.13亿元，较上年同期（83.32亿元）减少29.03%；A股、基金托管市值298.38亿元，较上年同期（435.06亿元）减少31.42%。32家证券营业部31家盈利，累计实现税前利润78020.42万元。全省累计开户数134万户，新增开户数约24万户，同比减少52.68%。

受股票市场持续下跌、市场成交量下降的影响，辖区两家证券公司经营业绩大幅下滑，但公司净资本充足、资本流动性稳定，各项风险控制指标持续达标，公司合规管理体系逐渐完善。在2008年分类评价中，红塔证券跻身全国31家A类券商之列，太平洋证券获得B类BB级。截至2008年12月31日，红塔证券资产总额为52.69亿元，1-12月实现营业务收入4.33亿元，同比减少79.94%，净利润1.72亿元，同比减少85.44%。太平洋证券三季报披露，公司资产总额为33.01亿元，1-9月实现营业务收入-3.21亿元，同比减少-141.68%，前三季度累计亏损5.35亿元，其中公允价值变动净损益-5.50亿元成为公司巨额亏损的重要原因。辖区证券公司“走出去，引进来”发展战略取得突破，一方面引进5家有实力的证券期货经营机构，增强市场活力和服务水平；另一方面，优化辖区证券公司网点布局，进一步拓宽市场范围，增强自身竞争力，提升发展能力。目前太平洋证券在东部、中部较发达城市新设6家营业部，红塔证券在珠三角设立3家营业部。

（办公室供稿）

中国保险监督管理委员会云南监管局

副局长：华日新

【综述】

2008年，中国保险监督管理委员会云南监管局（简称“云南保监局”）携手云南保险业深刻领会党的十七大精神，紧紧围绕云南经济社会发展总体目标，全面落实科学发展观，认真落实全保会确定的各项工作部署，积极应对突发自然灾害和国际金融危机的挑战，开拓进取、扎实工作，保险业务实现较快增长，风险得到有效防范，功能作用逐步发挥，各项工作取得新的进展。

【保险市场发展迈上新台阶】

市场总体情况。2008年，全省保险业克服经济形势变化和宏观政策调整的影响，保持了较好的发展势头，全年共实现保费收入165.39亿元，同比增长47.86%。其中，财产险保费收入55.2亿元，同比增长14.67%；人身险保费收入110.19亿元，同比增长72.94%。中介渠道实现保费收入114.34亿元，同比增长51.91%，占全省规模保费的69.13%。2008年，全省保险深度为2.9%，比上年上升0.52个百分点；保险密度为364.1元/人，比上年增加116.3元。保险公司总资产达232.22亿元，较年初增加38.2亿元，为保险业发展提供了重要的物质基础。

市场体系逐步健全。2008年，全省共有27家省级保险分公司，其中，产险公司16家，寿险公司8家，健康险公司1家，养老公司1家，政策性保险公司1家。新增渤海、中银、国寿财险、阳光人寿4家省级分公司，主体结构日益优化。

保险中介市场更加成熟。2008年，全省共有保险专业中介机构56家，其中，专业保险代理公司法人机构35家，分支机构42家；保险经纪公司法人机构7家，分支机构1家；保险公估法人机构4家。另有兼业代理机构3253家，机构类型以银行、车商类为主，两类机构占兼业代理机构总量的比重为60%。全省共有保险营销员52156人，较上年增加12170人，营销员持证率100%。

市场集中度逐步降低。2008年，全省产险公司保费规模前四名占比83.3%，同比下降1个百分点。各中小公司增长迅速，市场份额提高较快。出口信用、太平和都邦保费增速较快，分别为250.85%、141.04%和109.96%。寿险公司保费规模前四名占比为82.89%，同比下降6.79个百分点，中小公司市场份额增加较快。人保寿险、人保健康和太平洋人寿保费增速较快，分别为101倍、111.67%和94.36%。

【功能作用发挥取得新成绩】

充分发挥经济补偿功能。2008年，保险业累计为全省1.06万家企业、6.16万个家庭和335.1万辆机动车，承担财产风险保障2.23万亿元，为3636.32万人次提供人身风险保障8.5万亿元，各项赔款与给付共支出63.4亿元，上缴营业税金及附加3.25亿元，提供就业岗位6.65万个，保险业在促进经济、保障民生等方面发挥了积极作用。积极参与抗震救灾，勇于承担社会责任，为全省雨雪冰冻灾害支付赔款2502.92万元，向地震灾区捐款300多万元。

资金融通作用取得突破性进展。保险业不断加强保险资金运用，支持地方经济建设。平安集团在云南完成投资18.43亿元，与昆广网络签订了3～4亿元的投资协议，平安信托与昆明市政府签署了在5年内投资50亿元的战略合作协议。出口信用为云南企业承保出口贸易风险9.5亿美元，配合银行支持企业融资22.7亿元，支出赔款837.09万元，为当地出口企业调查1300家国外客户的资信情况，有力支持了云南进出口贸易和对外投资。

【重点领域发展获得新突破】

农业保险工作取得新进展。顺利完成中央政策性能繁母猪保险工作，并启动了地方政策性甘蔗保险试点项目，省级财政首次安排保费补贴500万元。2008年全省实现农业保费收入1.99亿元，同比增长19.64%。其中，承保农作物及林木保险727.55万亩，承保能繁母猪保险263.4万头，参保农户67.64万户次。累计支付赔款1.89亿元，受益农户达21.35万户次。

责任险服务领域不断拓宽。校园、运输、旅游、医疗卫生等领域的责任保险进一步发展，共实现保费收入1.52亿元，同比增长49.17%。保监局与教育厅、财政厅按照“政策引导、稳步推进、市场运作、规范服务”的原则，推动保险公司采取统一投保的方式为全省九年制义务教育阶段的学生提供校方责任保险保障。

健康险与养老保险业务快速发展。积极参与社保大病补充保险，提高广大群众医疗保障水平，健康险共实现保费收入12.31亿元，同比增长66.46%。企业年金业务发展取得突破，新增管理资产4.92亿元，累计管理资产总额达9.18亿元。

【科学有效监管得到新体现】

加强监管制度建设。落实保险公司内部审计报告定期报送机制，促进公司加强内部管理、提高自我约束水平。各家产险公司签署了车险市场规范经营责任书。探索分类监管的制度建设和有效措施，在红河、楚雄两地试点保险兼业代理分类监管工作，按照扶优限劣的原则，实施云南省《保险专业中介机构分类监管实施办法》开展兼业代理机构分类监管试点工作。实施农业保险和健康保险统计制度，扩充了保险统计信息系统科目体系。

加大市场行为监管力度。共对42家保险机构开展了现场检查，打击严重扰乱市场秩序、损害消费者利益的各种违法违规行为。共对保险机构罚款33万元，对个人罚款6万元，责令撤换职务1人，警告机构1次，警告个人6次，监管谈话9人次，下发监管函21份。

加强保险市场调控。按照中国保监会的统一部署，暂停营销服务部的行政审批，对偿付能力不足的6家保险公司停止分支机构及高管任职资格审批。针对寿险市场对银邮代理销售渠道依存度过高、投资型产品增长过快等问题进行调控，取得了阶段性的成效。开展中介市场摸底普查工作。对全省的40家专业中介机构、150家兼业代理机构、6家继续教育机构开展摸底普查。

加强非现场监管。完善非现场监管指标，建立非现场监管档案，对出现异动的公司提出质询和风险警示。实行季度市场运行分析会议制度，分析市场运行中存在的突出问题。

【行业发展环境开创新局面】

政府关心和支持力度不断加大。省政府有关领导多次听取保险业工作情况汇报，并组织各部门专门召开保险工作座谈会，安排部署相关工作。云南保监局加强了与各有关部门的沟通协调：加强与财政、科技部门的沟通协调，加快全省科技保险试点工作的开展；与教育、财政等部门部署落实全省校园方责任保险工作；与云南省安监局联合下发《关于在全省高危行业推行人身意外伤害保险的通知》，启动了全省“安保互动”工作；与卫生厅沟通联系，积极配合各公司参与新农合医疗保险重点拓展补充医疗保险。加强部门间联合调研工作，与省政府金融办、财政厅、农业厅、民政厅等部门就保险服务配套相关产业发展多次开展联合调研和座谈，并形成相关调研报告供省委、省政府领导决策参考。

行业舆论环境不断改善。省委宣传部和云南保监局联合印发《关于进一步加强保险宣传工作的意见》，对各媒体做好保险宣传工作提出了指导意见。通过多家媒体加大保险宣传力度，全行业开展保险“三进入”宣传活动、“送金融知识下乡”，积极参与云南省金融业“履行社会责任，促进经济发展”活动，扩大宣传的覆盖面，行业形象明显改善。

诚信建设不断推进。各产险公司积极开展服务创新活动，推出优化理赔服务举措。各寿险公司开展消费者购买人身保险新型产品风险提示工作，提高消费者对误导的辨别能力，防范误导风险。

行业自律作用逐步发挥。云南保监局出台了保险业社团组织建设的指导意见，加强对保险社团组织的指导工作。云南省保险行业协会和保险学会完成了换届选举，全省已有12个州市相继成立了行业协会。各公司签订了车险和银邮业务自律公约，在大理、昭通、文山等地开展了自律检查工作，对维护行业发展环境起到了积极作用。

国际交流与合作取得积极进展。云南保监局及部分保险公司与来访的泰国保险委员会代表，就大湄公河次区域便利运输协议中的保险合作事宜开展了交流。

【贯彻科学发展观掀起新高潮】

按照中央和中国保监会的安排，云南保监局组织本系统和各保险公司在滇分支机构的全体党员积极参与了深入学习实践科学发展观活动，先后完成了学习调研和分析检查阶段的任务，取得了阶段性成果。一是在思想认识上有新提高。通过学习，深化了对国内外经济形势和中央决策部署的认识，增强了推动保险业科学发展、促进社会和谐的动力，在保险业要不要科学发展、能不能科学发展、怎么样科学发展的问题上达成共识，增强了贯彻落实科学发展观的自觉性和坚定性。二是找准了存在的突出问题。通过广泛发动群众、充分听取各层面的意见建议，找到了当前制约行业发展和群众反映强烈的突出问题，为推动保险业科学发展、促进社会和谐指明了方向，明确了重点。三是为整改提高打牢基础。保监局和各公司始终注意边查找、边整改，边整改、边提高，对征求到的意见建议进行认真梳理，部署和落实整改工作，解决了一些制约保险业科学发展和科学监管的突出问题，同时也为整改提高阶段的工作打下了坚实基础。

云南保险业在发展中还存在一些问题，一是市场体系初步形成，但发展基础还较薄弱；二是保险业快速发展，但发展很不平衡；三是服务领域不断拓宽，但服务能力还不够强；四是风险防范初见成效，但体制机制还需完善；五是服务领域不断拓宽，但服务能力还不够强。

（办公室供稿）

国家开发银行云南省分行

行长：邓廷铎

【综述】

2008年，国家开发银行拉开了商业化转型的序幕；12月，国家开发银行整体改制为国家开发银行股份有限公司，将从政策性金融机构转型为商业银行，全面推进商业化运作。在这改革发展的大潮和席卷全球的金融危机面前，国家开发银行股份有限公司云南省分行（简称“开行云南省分行”）牢记使命和责任，在云南省委、省政府和有关部门的关心支持下，贯彻落实科学发展观，快速适应宏观经济金融形势变化，解放思想、转变观念、审时度势、沉着应对，主动适应市场化改革和经济发展的需求，为支持云南经济社会发展作出了新的贡献。

2008年，开行云南省分行实现本外币贷款发放227亿元，贷款余额再上新台阶，突破800亿元，贷款主要分布在交通运输、能源、公共基础设施等云南省重点项目和基础建设行业。当年贷款新增超过100亿元，圆满完成了年初省委省政府下达的任务，在2008年省政府对各金融机构的考核中名列第二，得到省委省政府领导的高度评价。同时，“走下去”支持民生领域项目，发放生源地信用助学贷款180万元，新农村及县域经济贷款45亿元，中小企业贷款11亿元，低收入住房贷款2亿元，科技贷款1亿元，应急救灾贷款2亿元；“走出去”开展国际合作业务，发放国际合作贷款42亿元，年末贷款余额68亿元，外汇贷款余额占全省50%以上；主动引进省外资金50多亿元投入云南重点项目建设，为建设富裕民主文明开放和谐云南作出了新的贡献。另外，资产质量不断提高，本息回收保持高位平稳运行，当季、累计本息回收率均达100%，连续15个季度实现“双百”。

【贯彻国家政策】

2008年，宏观经济形势发生了急剧变化。开行云南省分行主动配合国家宏观经济金融发展形势需要，充分发挥了双向调节促稳定的作用。年初，面对趋热的宏观形势，把握好信贷投放的重点、节奏和力度，用好用足有限的信贷规模。11月以来，分行党委认清形势，积极准确地理解和贯彻国家宏观经济政策，以支持扩大内需、保持经济平稳较快增长为目标，结合云南省经济社会发展的实际需要，果断决策，快速行动，广泛开展客户调研和政府合作，摸清客户需求，做实项目储备，把握信贷投向；积极向总行争取增加信贷规模，充分发挥开发银行的中长期融资优势，加大信贷审核力度，加快信贷投放速度，分秒必争，主动服务，在很短的时间内为支持扩大内需作出了贡献。仅在11月份，分行围绕国家扩大内需确定的重点领域，对云南省农村公路、国道干线公路、能源建设等重大项目和水利、县乡道路、环保等民生领域投放信贷资金40多亿元，实现当月余额新增32亿元，居全省各金融机构之首，投放速度和数量也创分行历史较高水平，较好地满足了实体经济的资金需求，切实发挥了金融为促进经济发展服务的作用。

【重点行业建设】

在信贷投放中，开行云南省分行立足“两基一支”重点领域，全力保障重大项目建设资金需求。密切围绕云南省20个重大项目和“双百工程”建设，把握重点，突出特色，对交通、能源、城市基础设施建设等领域的重大项目发放贷款200多亿元，占该行全部贷款发放总量的九成以上，有力地支持了云南省“两基一支”重点项目建设和全年固定资产投资的增长。

对云南干线公路项目发放贷款50亿元，其中按规定发放软贷款27亿元，充实了在建项目的资本金，为云南公路建设吸引更多的资金投入创造了条件；与省交通厅紧密合作，对云南省农村公路发放贷款5亿元，在20个小时内完成了贷款发放的全部工作流程，快速有力地满足了客户的资金需求。

对小湾电站、景洪电站等重大能源项目累计发放超过80亿元，体现了对云南电力支柱行业的鼎力支持。

贯彻国家节能减排和环保政策，与云南省政府、昆明市政府分别签订《滇池污染治理战略合作协议》、《滇池污染治理项目合作协议》，承诺为滇池治理提供完善的金融服务。向“十一五”滇池污染治理项目发放2000万元技援贷款，支持开展前期工作。

大力支持昆明新机场建设，作为昆明新机场项目的银团贷款牵头行和财务顾问，制定了银团贷款的管理办法及操作规程，并为项目提供了4亿元的信贷支持。

探索和创新合作模式，继续加强与各级政府合作，发放省政府及12个州市政府的合作贷款90多亿元，为亚广传媒中心、云南煤化15万吨二甲醚配套20万吨甲醇项目、云天化50万吨合成氨项目、楚雄青山嘴水库等省市重大项目、重点工程提供了资金保障。

【民生领域建设】

2008年，开行云南省分行生源地助学贷款取得全面试点成功，成为云南省首家开展生源地助学贷款的金融机构。在省领导和教育厅、财政厅、省助贷中心等相关部门的支持下，为了不给贫困学生增加经济负担，分行全面动员，科学部署，全行员工组成16个工作组，克服了“县多人少、时间紧迫、任务繁重、交通不便、通讯不畅”的困难，奔赴全省16个州市129个县开展生源地贷款工作，送金融服务下乡进村，一个星期内辗转数千公里，跋山涉水，逐一登门办好所有手续。通过全行上下的齐心协力，共发放180万元贷款解决了全省116个县371名贫困学子的燃眉之急，为云南教育事业做出了新的贡献，并再次展示了开行坚实履行社会责任的良好形象。

加强体制机制建设，巩固和提升市县合作水平，努力推进助贷机构建设，完成46个市县合作机制建设和29个助贷机构建设任务；实现发放低收入住房2亿多元，计划完成率为124%。其中对宁洱6.3地震民房恢复重建项目发放4800万元，帮助宁洱灾区恢复重建全面完成；继续开展“三个一”工程（即全行每人“联系一个县、开发一个县域经济项目、扶持一个希望工程”），分行全员深入全省县域基层开展调研，完成中小企业贷款11亿元，支持近9万户。

【国际合作业务】

2008年，开行云南省分行全年实现外汇贷款发放4亿多美元，余额突破4亿美元，在全省金融机构中占比超过50%。当年新增贷款余额1亿多美元，较年初增长近50%，占全省当年外汇市场份额超过九成。

分行国际业务服务于国家的“走出去”战略和云南省的对外开放需要，紧紧抓住重点项目、重大项目，呈现良好的发展态势。重点支持了中老两国合作的标志性项目——老挝2009年东南亚运动会场馆建设项目，足额的资金供给为确保该项工程2009年3月竣工交付使用提供了保障；支持了中国在缅投资最大水电BOT项目——瑞丽江一级水电站项目以及中柬最大的合作项目——斯登沃带水电站项目；与省内各大企业紧密合作，为支持云南优势产业做大做强付出了努力。

【应急贷款及社会捐助】

在抗击南方雨雪冰冻灾害、汶川地震等自然灾害的过程中，开行云南省分行内到处可以感受到全体党员群众的拳拳爱心。分行发挥金融作用，2008年共发放近2亿元应急贷款支持灾区人民抗击灾害，应急贷款投放金额和效率均创历年新高。其中年初向遭雨雪冰冻灾害的迪庆、昭通地区发放了3500万元；“5.12”地震后，向川滇“生命线”——水麻高速公路发放了1亿元；向受“8.30”攀枝花地震影响的楚雄发放了2000万元；向受地震影响的盈江职高发放了1300万元。分行领导和员工加班加点，启用快通道，使这些贷款资金在灾害发生后的第一时间内到达受灾现场，真正发挥了贷款的应急作用，为抗击灾害和灾后重建做出了贡献，得到地方政府和受灾群众的一致好评。“5.12”地震后，分行通过各种方式，累计捐款72万元，分行员工还在第一时间赶到献血点为灾区伤员献血，为灾区奉上真情和爱心。同时，通过开展“三个一”工程向113名贫困中小学生捐款6万余元。2008年开行云南省分行通过各种形式累计捐款达131万元，人均捐款超过1万元。

（办公室供稿）

出版、广电传媒等系统和新核心客户群。同时有针对性地做好中小企业客户的开户及存款组织工作，带动公司存款的稳步增长，保持市场份额的不断扩大。二是积极组织机构同业存款。加大对政府、证券、保险、同业、军队等五大行业龙头的营销力度，组织开展主题突出、特色鲜明、注重实效的市场营销活动。向省农村信用联社、邮储银行等客户开展产品推广活动，加强银行同业合作与交流，实现优势互补和互利双赢。全力做好代理国库集中支付、公务用卡、城镇居民医疗保险、财税库银横向联网等工作，加大吸引政府类客户存款力度。发挥全行产品和业务优势，积极挖转各地公积金存款。继续开展和管理好银证转账业务，带动同业存款持续增长。三是挖掘储蓄存款发展潜力。调动全行资源，开展全员营销，努力提高市场占比。深入开展定向组合营销，大力争揽基金定投、第三方存管、代发工资、理财金账户等优质客户，从源头上抓住储源。进一步强化了储蓄存款的督导监测机制，结合各地市场特点，制定具体的营销方案，分片包干，落实责任，促进储蓄存款稳定增长。

【中间业务】

高度重视中间业务发展，各级行领导深入基层，靠前指挥，积极开展对中间业务发展的督促和指导工作，充分发挥整体优势，通过公司、机构、个人金融等前台部门的联动营销，有力推动了中间业务快速发展，取得了同业占比第二的成绩。在投资银行业务方面，狠抓基础类投资银行业务，巩固和充实常年财务顾问、企业信息服务等基础类投资银行业务，保障投资银行收入稳定增长。一批收益高、影响力大的项目的成功实施，塑造了工行云南省分行投资银行业务在云南市场的良好品牌效应。全年实现投行业务收入1.45亿元，同比增长234%，占全行中间业务收入的21.32%，同业占比46.41%，继续稳居同业首位，成为全行中间业务的第二大收入来源。在结算与现金业务方面，以重点行、重点产品、重点指标为突破口，努力抢占高端客户群，以开发新客户为先导，通过召开产品推介会、恳谈会、上门演示等形式，形成强大的市场影响力和号召力。全年新增现金管理签约客户2570户，同比增长523.79%；净增对公结算账户1.21万户，同比增长75.81%，结算业务量4.86万亿元，同比增长8.49%；实现个人账户黄金交易量19.93吨，同比增长192.23%，销售品牌金405.44公斤，同比增长14.59倍，销售对公理财产品71.11亿元，同比增长33.19倍。在国际业务方面，牵头直营全行国际贸易融资重点客户，把资源相对丰富的地区作为重点发展区域，对重点企业实施“人盯人”、“一户一策”的策略，缩短业务链条，赢得竞争先机。全年累计办理表内外国际贸易融资业务8.4亿美元，同比增长75.37%，其中表内贸易融资业务7 748万美元，同比增长314.78%；国际结算量21.73亿美元，同比增长87.76%，四大银行同业占比22.63%，全省排名稳居第二位。在电子银行业务方面，组织开展针对重点市场和重点产品的专项营销活动，广泛开展部门联合营销和产品捆绑营销，以项目作为带动业务发展的纽带，积极营销到20家上市公司企业网银业务，分支机构账户突破500户，为集团内企业开立普及版客户超过700户，证书版客户超过500户。全年实现电子银行收入2 649万元，同比增长89.25%，网上银行新增企业客户1.01万户、个人客户36.49万户，电子银行交易额达到1.14万亿元，业务笔数占比达到37%。在企业年金业务方面，认真做好三级网络企业年金业务营销工作，积极开拓账管和托管业务市场，不断做大做强企业年金业务。与有关集团和大企业客户新签和续签了年金业务合同，全年实现企业年金业务收入同比增长161.97%。

【服务创新】

坚持以客户满意为中心，加快业务流程再造。创造性的实施“区域中心城市行模式”，汇划业务实现了100%集中。成功试点以通存替代省内汇划改革项目，操作环节由7个缩减为2个。组织全辖开展“离柜业务竞赛活动”，全行业务离柜率达到60.72%。通过流程再造，释放720余名柜面人员充实到营销岗位，提升了业务运行效率和质量。完成了网点营销业绩考核系统、业务协调类监控系统、员工违规积分管理系统、银行业中间业务报表系统等应用系统的开发，推动了全行经营管理的信息化建设。在公务用卡推广、业务流程再造、城镇居民基本医疗保险统征、银行卡收单市场拓展等方面，通过自主研发应用系统，为市场营销配套了信息化的业务解决方案，有力推动了工行云南省分行业务发展。抓住加快网点升级转型的有利时机，加强客户经理队伍和提升网点建设，努力提高满足不同层次客户需求的能力，切实改进服务质量，不断提升市场竞争力。完成100名个人营销客户经理招聘工作，客户经理数量上升到520名，其中，取得金融理财师（AFP）116人，取得国际金融理财师（CFP）资格的14人。在7家重点二级分行成立个人客户维护中心，指导辖内支行、网点开展分层次客户服务工作。全年共建成1个财富管理中心、95个贵宾理财中心、52个理财网点、1个金融便利店，精简优化低效网点32个，配备ATM70台，多媒体终端（简易）设备83套，安装多媒体发布显示系统150套、排队叫号机180台，建成电子银行示范网点25家，对98个营业网点实施了装修改造，199个网点完成功能分区改造，客户服务流程和视觉营销体系进一步优化和完善，全行网点服务质量明显提高，工作效率快速提升。开展服务竞赛活动。在全行组织开展优质服务竞赛活动，通过主题教育实践、联合营销、迎奥运文明规范服务、营销技能比赛，业务技能竞赛，积极探索服务标准化建设新思路，有效提升个人客户经理和营业经理的业务技能水平，全行服务质量和效率显著改善。

【风险管理】

全面风险管理体系不断完善。进一步完善风险管理组织架构，建立信用风险、市场风险、操作风险监测预警机制。以加快提高内控水平和核心竞争力为目标，大力推动内部控制体系建设，进一步加强操作风险管理和合规管理，培育良好的内控环境和文化。信用风险防范工作明显加强。紧紧围绕不良贷款清收处置主线，采取重点抓大户、大项目的清收处置措施，全力压降不良贷款、积极清收潜在风险贷款。

【内控案防】

广泛开展“制度落实年”各项活动，进一步完善了各项规章制度，使全行内控案防工作责任制更加具体明确。按照“谁主管、谁负责”的原则，建立“横到边，纵到底”的安全防护网，形成整体联动，齐抓共管，保障业务发展的工作机制，不断提高安全管理水平。认真组织开展常规审计检查。在全省范围内组织开展专项审计和检查，加强了对重点业务的再监督，切实控制操作风险。深入整改总行重要经营管理事项大检查和内控评价中发现的问题，认真组织开展2008年度基层行内控评价和内控重点监控行的内控帮扶督导工作，配合税务部门完成对工行云南省分行的应税事务全面检查，顺利完成了总行案件重点关注行对工行云南省分行的考评验收工作。

【社会责任】

工行云南省分行在综合竞争实力持续提升，各项业务健康快速发展的同时，不断强化做优秀企业公民的责任意识，将积极参加公益活动纳入全行发展战略和企业价值观中，积极履行企业社会责任。为抗击雨雪地震等自然灾害，支持抗灾救灾和灾后重建工作，工行云南省分行按照总行及云南省委、省政府、监管部门的要求，积极履行商业银行的社会责任，全力做好灾区的各项金融服务工作，切实加大对抗灾救灾的信贷支持，为抗灾救灾工作做出最大的努力。向总行申请贷款规模4亿元，优先支持云天化、云南电网公司等大型企业的抗灾救灾工作，向全省煤电油运等企业发放有关抗灾救灾贷款8.35亿元。向灾区紧急援助价值11.7万元的救灾物资，全行员工累计向地震灾区捐款306万余元。做好结对帮扶工作，积极扶持教育事业。从1989年起，工行云南省分行先后扶贫挂钩沧源县、威信县扎西镇，帮助兴建一批生产项目、农田水利工程、人畜饮水工程、乡村通电等项目。2008年，工行云南省分行继续在省级扶贫挂钩联系点云南省威信县扎西镇开展“送温暖、献爱心”活动，提供乡村教科文卫条件改善等方面的资金。同时，出资20万元，建设云南省鹤庆县金墩乡月山小学南长教学点，帮助其改善教学条件，支持贫困地区教育事业。积极参与绿化建设，促进生态环境改善。本着“驻在云南、热爱云南、为美化云南作奉献”的企业社会责任感，加强与地方政府在园林绿化领域的合作。2008年，工行云南省分行积极响应昆明市委、市政府“创建国家园林城市”活动，出资113万元，在官渡广场和五华区篆塘公园建设“工行林”，被昆明市委、市政府列为驻滇企、事业单位参与建设“生态昆明园林城市”的典范和样板，得到社会各界的充分肯定和广泛好评。

（办公室供稿）

中国农业银行云南省分行

行长：字如钧

【综述】

2008 年，中国农业银行云南省分行（简称“农行云南省分行”）在中国农业银行总行党委的正确领导下，坚持以邓小平理论和“三个代表”重要思想为指导，深入贯彻落实科学发展观和正确业绩观，紧紧围绕“改革、发展、控险”三大主题，积极实施“发展、控险、创新、强管、提质、增效”的业务经营方针，团结和带领全行员工切实加快业务有效发展，着力推进经营战略转型，建立健全风险防控机制，有力推动全行各项业务经营实现速度、结构、质量、效益的协调统一发展。人民币各项存款、贷款余额分别达到 1603 亿元和 1080 亿元，分别较年初增加 138 亿元和 144 亿元，存、贷款总量在云南省金融同业排名第一位。在业务经营保持持续、快速发展的同时，农行云南省分行的体制、机制改革在稳步推进，内部管理得到新的加强。

2008 年农行云南省分行党委提出“全行要进一步增强‘五个意识’，即：责任意识、忧患意识、创新意识、风险意识和人本意识；处理好‘五个关系’”，即：改革与发展、城市业务与“三农”业务、传统业务与新兴业务、业务发展与风险防范、业务经营与队伍建设的关系，避免顾此失彼和厚此薄彼；在业务发展进程中，突出“五个更加注重”，即：更加注重对“三农”的服务，更加注重对新兴业务的拓展，更加注重对风险的防范与控制，更加注重内部经营机制改革，更加注重队伍素质的提升，努力形成全面、协调、可持续发展的新格局。

在夯实基础，推进“三农”试点上，农行云南省分行积极拓展“三农”和县域蓝海市场。今年 4 月，农行云南省分行积极促成总行与云南省政府签署了战略合作协议，进一步深化了银政合作，有力推动了金融服务“三农”工作向纵深迈进。全省农行涉农和县域信贷业务均呈上升态势，初步探索出了适合云南实际的服务“三农”和县域的有效发展模式，为下一步农行云南省分行全面实施“三农”和县域蓝海市场发展战略奠定了坚实的基础。

在积极推进经营战略转型上，牢固树立“存款立行、存款强行”理念，狠抓好存款组织工作，进一步增强了负债业务市场竞争力；合理把握信贷投放的力度、节奏和结构，大力拓展优质资产业务；把加快中间业务发展放到加快经营战略转型的高度，大力拓展银行卡、保险代理、国际业务、电子银行等重点业务，力促业务经营和收入结构多元化发展；深入推进了不良贷款专项治理货币清收竞赛活动，充分运用各种手段，不断挖掘不良资产经营潜力，促进资产质量进一步提高。

在强化内控管理，防范风险上，进一步加强了对重点业务、重点部位和重点环节内控管理和风险控制。并针对“两高一剩”行业，建立了信贷分散、减持、退出机制，有效控制了信贷风险；进一步规范贷前调查行为，强化调查责任，前移风险控制关口；着力强化贷后管理，进一步加强了对贷后管理责任、限制性条款执行、贷款担保抵押落实等情况的监督和检查；继续做好信贷档案管理、资金监控、风险预警等工作，准确把握客户的重大变动事项和风险状况。

在深化内部经营机制改革，提高可持续发展能力上，进一步完善了综合绩效考评机制。对省会城市行和其他二级分行实施差异化的考核模式，促进各行因地制宜加快发展，引入平衡计分卡战略管理工具，实现长期与短期、外部与内部、过程与结果、财务与非财务的多维平衡，不断提高全行可持续发展能力。在信贷资源配置上，适度拉开了行际间差距，确保信贷规模向优势区域和行业及低风险业务倾斜，并合理满足县域经济及涉农贷款投放需要。在费用资源配置上，强化效益意识和全面成本观念，进一步提高营运费用配置标准，设置服务“三农”费用，增加重点业务拓展费用，有效促进业务增长方式的转变。在固定资产资源配置上，优先保证股改对固定资产资源的需求，大力支持以“三农”业务发展为重点的固定资产投入，着力加强营业网点建设、安防设施和电子化建设投入，进一步优化固定资产配置。

在加强党建和企业文化建设上，认真遵循“围绕业务经营抓党建，抓好党建促进业务经营又好又快发展”的方针，深入推进“云岭先锋”工程，建立了党建工作与业务工作的互动机制，通过党建工作目标管理量化考核等办法，将党建工作与业务工作同部署、同检查、同考核，充分发挥了基层党组织的战斗堡垒和党员先锋模范作用。在企业文化建设上，按照总行部署，从4月中旬至10月底，在全辖范围内集中开展了企业文化建设大讨论。各级行积极动员，层层发动，采取多种形式，认真组织学习，仔细查找问题，圆满完成了大讨论活动，为积极营造依法合规经营、规范操作业务、制度执行有力的良好企业文化奠定了坚实基础。

（杨磊华供稿）

【计划财务工作】

2008年，农行云南省分行计划财务处积极适应总行机构调整、职能变化，在强化计划管理，优化资源配置；完善绩效考评、引导业务发展；夯实股改基础，推动股改进程；加强基础管理，提升服务能力等各个方面取得了明显效果。

一是认真履行资产负债管理委员会办公室职责，适应宏观调控要求，提高计划管理水平，满足有效信贷需求，确保业务经营目标任务的实现。编制下达了2008年综合业务经营计划。继续对二级分行实行经济资本和信贷计划双线管理、双轨运行。并提高信贷计划管理水平，综合运用计划、资金、利率等调控手段，坚决贯彻国家宏观调控政策。同时深化业务经营分析工作，按季对业务经营主要特点、存在问题和主要原因进行详尽的分析，进一步发挥决策参谋作用。

二是以价值创造为核心，进一步完善绩效考核办法，做到突出价值考核的核心地位；突出市场竞争力考核；强化全面目标管理。并在指标设置、附分权重、分组方式等方面进行了了重大调整。同时加大利率执行监测力度，规范定价行为，推动利率管理，提高贷款收益水平。

三是积极发挥中间业务管理委员会办公室的协调作用，推动全行中间业务收入的健康稳健发展。

四是加强固定资产管理，优化资源配置。制定下发了《2008年固定资产配置及管理工作意见》，全年完成配置资源控制在总行核定指标范围内；加强了基建管理工作；积极向总行申请新建项目。截至12月底，全省农行土地按宗数确权率96.09%，土地按面积确权率97.52%，并顺利完成固定资产股改建账工作；进一步提高集中采购管理水平，充实集中采购人员，按制度规范运作，共进行集中采购（含邀请招标、竞争性谈判和谈判采购）48项（标段），节约占比为21.57%。

五是科学合理地编制下达了2008年财务计划，根据“总量控制，保障营运，突出重点，绩效挂钩”原则安排费用配置，提高了对支行及网点的配置标准，加大了对中间业务和存款的挂钩力度，保留了效益、安防及重点业务费用，增设“三农”专项费用，推动各行圆满完成省分行下达经营利润40亿元任务目标。

六是制定了《机关财务核算管理办法》，严格了处室费用控制，规范机关财务管理，强化机关财务服务能力。

七是七次调整全省农行系统内往来资金利率，八次调整了全省农行系统内缴存准备金及二级准备金率，并顺利完成农业银行股改国家注资后的剥离资金的清算工作，制定下发了《中国农业银行云南省分行金库现金调拨操作规程（试行）》，加强资金管理，提高了全行资金使用效益。

八是抓好统计工作管理，提高统计服务水平，并完成省分行下达的联州（市）挂县任务。全面实施银监会《分支机构监管报表》制度，实现银监类报表从“急用先行报表”向“分支机构监管报表”的转变；通过加强调研，重点帮扶，充实队伍，强化考核等八条措施，使报表质量明显提升。对于挂钩的临沧分行，采取现场座谈分析调研业务和非现场了解指导的方式进行，深入挂钩市县进行调研，并下发了业务经营监管报告，促进了临沧分行业务发展，推动了该行各项年度经营目标任务的完成。

（李磊供稿）

【会计结算】

2008年，会计结算从股改建账，防范会计操作风险，提升服务质量，加强自身建设等方面做了大量的工作。

精心组织，认真做好股改建账各项工作。一是稳步推进新会计准则实施，抓好准则差异落账工作。组织制订实施方案，明确新会计准则实施工作任务；组织开展信息采集，在会计报告层面实现与新准则的对接；组织准则差异落账，在核算层面实现与新准则对接。二是认真配合 2007 年度外部审计，抓好审计调整差异落账工作。认真履行会计组的职责，保质保量填报外部审计信息申报表；抓好审计调整差异落账工作；认真编制《建账分录控制表》，顺利通过总行对股改建账相关报表数据的复核和确认；做好与固定资产相关科目之间的建账衔接，实现固定资产 FMIS 端管理信息与 ABIS 端账务信息一致。三是准确核算不良资产剥离账务，抓好剥离账务处理工作。加强剥离账务数据核对，完善后续手工账务处理，准确完成了剥离款项的资金清算，加强对委托处置行的会计业务指导。四是认真开展会计核算清理，全面规范会计确认计量信息，全面规范各类资产、负债会计科目核算内容，提高了会计信息质量。五是做好所有者权益的核实，圆满完成权益类资金划收工作。

积极采取有效措施，切实防控会计操作风险。一是通过组织召开会计内控、金库管理工作专题会议和开展案件专项治理活动，进一步提高了对加强会计内控管理工作重要性的认识，切实增强做好会计内控管理工作的紧迫感和责任感。二是制定了《中国农业银行云南省分行会计内控尽职管理指引》，全面明确了会计内控管理的职责。三是从金库管理、柜员指纹认证系统业务管理、对账管理，低柜业务会计操作行为规范、会计监控系统运行管理，整体接管工作的组织开展等方面，出台了一系列加强内控管理的措施和办法。四是创新了会计内控管理的手段。在全国农行率先推广应用了三个系统（柜员指纹认证系统、银企集中对账系统、会计档案信息系统），实施了一个系统（会计监控系统）的流程再造。五是实施了金库的统筹规划管理。六是通过开展会计监管工作、省分行查库“飞行队”专项检查工作和整体接管试点工作，加大了对会计内控管理工作的检查和监督。通过这些工作，会计内控管理水平得到有效提高，会计操作环节案件高发势头得到有效遏制。实现了会计结算类案件数量和涉案金额的大幅“双降”，开创了全省农行有史以来在作案过程中会计主管履职到位发现案件线索的先河。

提升会计服务质量，为全行业务又好又快发展做保障。一是适应发展需要，抓好新产品准入机制，认真做好会计基础工作的规范化管理工作。二是认真做好生产系统（ABIS）业务支持，保证业务正常运转。三是加强资金清算管理，进一步完善支付结算手段。四是认真开展反假货币工作，配合做好反洗钱工作，较好地执行了人民币反假的各项规章制度，保护了货币持有人的合法权益。

（周虹供稿）

【公司业务】

2008 年，农行云南省分行公司业务注重加强系统监管，加大直营直管客户营销力度，促进各项工作继续持续、高效和协调发展。

一、完善分层管理经营体系，多策并举促进公司业务有效发展

（一）围绕行业、客户、产品三大战略重点的发展定位，农行云南省分行公司业务坚持分类指导，积极主动推动经营战略转型；强化省分行直营直管体系，直接营销效果显著，至 2008 年末，省分行公司类直营直管客户的贷款余额 387.07 亿元，占公司类贷款余额的 57.68%；根据经济环境的变化，抓住有利时机密切客户关系，抢占有效市场份额，为明、后年的信贷发放储备了一大批优质项目；

（二）加大对“五大”优势资源产业和重点行业、重点项目的营销力度，优化客户结构，做大做强城市业务。一是抓住优质电力类客户，巩固电力信贷的优势地位。2008 年农行云南省分行电力贷款余额为 236.82 亿元，比去年减少 10.18 亿元，其中省分行直营直管电力客户贷款余额 191.02 亿元，占全部电力贷款余额的 80.66%。；其次，巩固、拓展有色冶金行业龙头企业，做大做强集团性优质客户。2008 年针对有色金属行业产品价格大幅下滑，行业整体面临“洗牌”的局面，农行云南省分行采取“有保有压、优化结构”的信贷对策；第三，拓展交通、旅游行业客户，稳步推进业务发展。截至年末，公路贷款已达 98.97 亿元，占全行各项贷款的 9.16 %，占公司类贷款的 14.75%，旅游业贷款余额 11.57 亿元，旅游业成为农行一个新的战略合作伙伴和效益增长点；第四，进一步巩固与烟草公司合作，稳定烟草存款额度。2008 年云南省分行为玉溪烟草公司提供现金管理服务，上线账户 33 个，在前三季度资金规模双紧的情况下，烟草存款对全行公司类存款和负债业务起到了很大的支撑作用。

（三）加强金融产品推广和运用，拓宽综合收益渠道。第一，现金管理业务继续保持快速增长势头。现金管理业务已经成为全行拓展和稳固集团性、系统性优质客户的拳头产品和有力支撑，也成为中间业务收入的又一渠道；第二，投资银行业务实现重大突破。截止到年末，全行的投资银行业务收入达 10233 万元，较去年增长 9064 万元，增幅达 775.36%；第三，通过为客户提供个性化、多元化服务提升银企合作层次，创造价值最大化。

二、加强风险管理，提高风险监管能力

农行云南省分行公司业务继续完善监管制度，强化贷后管理，并加强直营直管客户风险预警，及时采取措施化解风险。同时，配合总分行案件专项治理活动，对发现的公司业务类问题进行认真整改。农行云南省分行公司业务处积极参加总、分行案件专项治理活动，结合公司业务自律监管制定了公司条线的专项治理《实施细则》，对治理内容、治理方法、治理责任作了进一步细化，使专项治理活动更具针对性和操作性，并抽调人员按照案件专项治理要求和日程安排认真组织开展自查和对下检查工作。通过案件专项治理，共发现涉及公司业务的问题19个。通过专项检查也弥补了公司业务风险漏洞，降低了业务风险。

三、加强系统指导，提高服务基层能力

（一）为做好公司类客户行业分析、业务指导，公司处充分利用内部网站、简报等信息平台向基层行及时反馈最新公司客户动向、产业分析、产品说明等信息，按季下发全行公司业务分析报告，并编写了《投资银行业务调研报告》等调研分析材料，全面加强了政策解读、业务调研、经营分析，对全省公司业务起到良好的指导和促进作用。

（二）提升调查层次，严把客户准入关。一是对省分行直营直管客户，由我处作为业务起点进行信贷运作，减少了逐级上报的环节，缩短了决策链条，提高了工作效率。二是对超二级分行审批权限的新增用信、客户增量授信额度调查情况进行初步审查，指导基层行提高信贷调查水平，完善信贷调查材料，全年公司处共受理二级分行上报的信贷项目66个，因不符合信贷要求否决18个，出具初审意见48份。

（陈昕供稿）

【个人业务】

2008年，农行云南省分行个人业务工作强化基础管理，加快经营转型，完善各层次营销服务体系，促进个人金融业务的稳健发展：个人存款超额完成任务；个人贷款结构调整，不良率下降；应对市场开展基金国债销售工作。截至年末，全行个人存款余额为867亿元，比年初增加146.5亿元，增长20.3%，完成计划的183%；同比多增116.8亿元。在四大国有商业银行中，农行云南省分行全省个人存款存量、增量市场份额仍保持第一优势。年末个人贷款余额为148.1亿元，比年初减少9，877万元，不良贷率为3.08%，比剥离前下降4个百分点。从贷款结构上看，个人购房贷款余额111.04亿元，比年初增加2，923万元，不良贷款率为2.75%，比剥离前下降0.33个百分点；个人非购房贷款余额为37.08亿元，比年初减少1.28亿元，不良贷款率为4.1%，比剥离前下降7个百分点。全年基金销售27.41亿元，实现手续费收入9，532万元，在全国农行系统中销量排位第11位，手续费收入排第7名，在西部12个省区均列第1位。全年共发行凭证式国债五期2.34亿元，其中三年期1.848亿元，五年期0.492亿元；兑付国债本息七期2.0322亿元，实现手续费收入218万元。

一、组织“金钥匙春天行动”，实现首季开门红，为全年超额完成个人存款任务奠定基础

全省按照“金钥匙春天行动”方案和“六个统一”要求，开展了个人业务综合营销活动。一是开展送“福”拜年系列活动。全省派发6万张个人优质客户兑奖卡，60位贵宾客户获得纯金“金钥匙”。二是开展投资理财巡讲活动。先后在123个县支行组织了126场投资理财讲座。三是开展专职大堂经理培训，推进“大堂制胜”策略。四是制定激励措施。一季度，全省个人存款增加48.7亿元，占全省各项存款增量的187%。

二、强化个贷基础管理和风险防范工作，促进个贷业务稳健发展

一是抓好个人信贷业务归口管理，理顺管理架构；二是理顺业务流程，完善内控制度建设；三是认真做好个人信贷业务网上决策系统的推广应用工作；四是优化个贷业务的产品结构；五是严格准入条件，加强审查工作，严把质量关；六是加强业务检查。

三、应对市场变化，努力开展基金销售工作

2008年在国际国内复杂的经济背景下，基金销售市场极度低迷，销售工作面临巨大困难。一是在全省开展了“百县百场投资理财服务巡讲活动”；二是针对市场低迷状况，转变营销策略；三是组织销售人员培训及从业资格考试。

四、整合网点资源，抓好网点调整转型准备工作

一是制定农行云南省分行网点转型三年规划；

二是做好网点普查及建档工作；

三是建立了网点相关数据上报制度；

四是做好网点及自助设备的审批工作。

五、以奥运为契机，狠抓优质文明服务工作

“奥运”服务工作从“三提前、五到位”入手，组织了三个明察暗访组对十个二级分行、60多个网点开展明察暗访。重点对昆明、大理、丽江、版纳旅游行的20个网点进行了跟踪督导，确保了奥运服务工作的顺利开展。在奥运金融服务活动中，受到总行表彰。在优质文明服务活动中，3个网点为中银协文明示范单位，11个网点为省级文明示范单位。

六、加强理财服务体系及队伍建设

一是结合实际制定理财中心管理办法；

二是完善增值服务渠道建设；

三是认真抓好理财经理队伍的培训工作；

四是积极做好PCRM系统，CFE系统的推广应用工作。

（唐云供稿）

【机构业务】

2008年，机构业务处按照农行云南省分行党委的整体布局，贯彻落实“3510”战略规划，以创新促发展，以拓展拼市场，以管理求效益，各项业务又好又快发展。

一、机构类存款取得突破

按照“突出重点，高端介入，维护大户，对等公关，拓展新户”的营销思路，全面深入整合和挖掘机构类客户存款结构与潜力，取得突破。截至年末，全省机关团体事业法人存款余额达271.7亿元，较年初净增44.4亿元。存量和增量市场占有率在同业中双双均居首位。

二、代理业务向强优发展

一是以企业年金新业务拓展为动力，联合国寿、泰康、平安等伙伴协调联动，并与工商银行强强联手，首创全国农行系统“银银合作”的企业年金运作新模式。截至年末，签订企业年金托管意向协议16份，其中8份已转化为正式合同，实现了企业年金业务拓展“零”的突破。

二是彩票资金归集年未达17.6亿元，占据龙头地位。

三是代收代付业务稳固扩展。43家武警后勤部门上线农行“现金管理平台”；37家省直机关、23家转制院所和37户企业计28万人成为服务对象。累计代发工资和养老金23.3亿元。同时还代理人行、海关、交警等部门39项行政事业收费和罚款代收代缴业务16.4亿元；代理银税一体化税款23.5亿元；拓展11户银关通申报客户。

四是实现代收代付业务收入3145万元，居全省金融同业首位。

三、稳健推进机构类客户资产业务

机构类客户以调整结构为重点，严把准入关，建立了分行直管客户和分行信贷项目全面检测管理台账，实施了对重点项目的监控。同时采取客户分层管理，在线监测、客户标识动态跟踪等措施，从制度、机制、措施等方面确保机构类客户资产业务健康发展。年未贷款余额51.4亿元。

四、同业合作路子拓宽

一是与32家证券公司签订第三方存管业务协议，实现对云南券商营销覆盖。

二是银期合作期货公司由2家增至7家；范围由2个二级分行扩大到10个。

三是完成与云南邮政储蓄银行的战略性合作布局，联手对“三农”领域展开全方位服务。

四是有效拓展金融同业负债业务，同业存放净增11亿元，完成计划任务的109%。

五、强化机构业务内控监管

一是梳理出了32个机构类业务风险点，并针对性地逐步制定措施，开展专项治理。

二是强化机构业务专业的自律监管，对辖内二级分行进行全面检查，检查面达100%。在此基础上建立督导培训，自查和抽查上下齐抓的工作机制，效果明显，业务风险和隐患大幅减少。

（王亚华供稿）

【农业信贷业务】

2008年，农行云南省分行的农业信贷工作，围绕落实4月27日农总行与云南省人民政府签订的战略合作协议，推出金融服务“三农”新举措，提高银政合作层次和服务“三农”水平。全年农业信贷累计发放涉农贷款377.85亿元，占全行各项贷款累放数的76.41%。年末涉农贷款（人行口径）余额673.7亿元，剔除剥离139.76亿元，实际比年初增长101.95亿元，增幅为14.33%。

（一）在玉溪、楚雄、文山三个二级分行开展服务“三农”试点。围绕搞活县域支行经营机制，在产品服务、业务流程、担保方式、机构设置方面开展创新试点，省分行在信贷政策、资源配置、激励机制等方面给予倾斜支持。当年三个试点行共新增存款29.18亿元，同比多增0.65亿元；剔除剥离贷款27亿元后，实际新增贷款25.47亿元，同比多增2.81亿元，累放贷款101.57亿元，实现经营利润4.21亿元。

（二）金穗惠农卡授信率居全国首位。按照总行“以农户为重点，以惠农卡为载体、以小额信贷为推手”的“三农”中心工作要求，9月份全面开展惠农卡发行授信。截止12月31日，全省累计发卡416480张，完成总行下达任务的148.7%，发卡覆盖全省121个县（区）；激活382139张，激活率91.75%；授信农户50201户，授信率12%，在全国省级分行中居于首位，授信金额88917万元；向12099户农户发放农户小额贷款24251万元，年末惠农卡存款余额8634万元。

（三）支持农业产业化发展取得新进展。向农业产业化龙头企业累计发放贷款52.81亿元，年末余额达71.14亿元，较年初增加15.51亿元。其中，向省级以上龙头企业累计发放贷款22.17亿元，年末余额达29.92亿元。全省156户国家级和省级产业化龙头企业中，有115户与农行有业务联系，并有63户与农行建立了信贷关系，文山、版纳州省级以上农业龙头企业信贷支持覆盖面达100%。

（四）加大对县域经济的支持力度。通过支持农村城镇化建设、农村电网改造、农村公路建设、农田水利建设、农村新能源等重点项目建设，有效发挥农行在县域商业金融中的主渠道作用。对307户涉农和县域优质中小企业客户给予重点支持，全年累计发放小企业贷款43.86亿元。对950户小企业实施了退出，退出金额达12.96亿元。发放小额扶贫贷款4.3亿元，带动农户18.9万户。

（五）做好省分行直营直管客户的营销和维护工作。全年对11户直营直管客户累计发放贷款23.23亿元，到2008年末，贷款余额为33.48亿元，较年初增加5.04亿元，无不良贷款，实现中间业务收入160.4万元。

（六）加强产品推广创新力度，为广大农民提供方便快捷、简单易用、成本低廉的新型金融产品。如农户可循环使用授信额度、小企业简式快速贷款、季节性收购贷款等。

（王健供稿）

【信贷管理】

2008年，农行云南省分行的信贷管理工作围绕“保证业务增长，促进信贷结构调整”展开，提升了全行的资产质量，促进了信贷结构调整。全年在信贷投放量整体减少的情况下，投向AA及免评级客户贷款占增量贷款的93.11%，占比高于年初既定的目标任务；完善到期贷款收回考核体系。同时，致力于加强借新还旧管理，借新还旧贷款大大减少，在贷款客户经济效益整体下滑的经济背景下，全行现金收回率达到了94.96%，高于年初既定目标1.96个百分点，比上年同期上升了0.8个百分点。

（一）积极适应不断变化的宏观经济政策，坚持用科学发展观统领信贷业务。深入调研，科学论证，为总行制定信贷政策提供依据；配合国务院扩大内需十项措施，积极提出农业云南省分行扩大信贷投放的具体信贷措施，对完成全行信贷投放计划起到了重要作用；坚持以发展的观念审查贷款。

（二）加强了服务“三农”信贷政策的研究，提高对“三农”的信贷支持力度。明确了“三农”信贷业务中多户联保、公司+农户、农业合作社、农产品等需一级分行制定的担保实施细则，是总行三农信贷担保业务的有益补充，满足了试点地区业务需求，反映良好。

（三）严格评级、授信准入管理，严控客户整体风险。严格执行新的评级管理办法，按质按时完成评级工作。评定AA级以上（含）一般法人客户955户；树立新的授信理念，严格授信管理。审批授信客户54户、审批金额260亿元；进一步加强了报备业务管理。累计受理授信报备业务76笔，金额35.76亿元；受理贷款报备业务201笔，金额22.48亿元。

（四）规范运作贷审会，坚持例会制度的基础上实行“急事急办”制度。为提高审议效率，特别是为了适应四季度扩大信贷投放的需要，信贷管理处急基层所急、想前台所想，实行“优先审查”和“边审查边完善”制度，专门为“急事”召开贷审会。

（五）狠抓电子化管理，利用科技手段提升信贷管理水平。全面实现了信贷决策系统网上运作；狠抓CMS数据质量，CMS数据质量有了较大幅度提高。

（六）信贷风险管控能力进一步提高。发挥授权的杠杆作用，严格转授权；“两高一剩”行业贷款得到了有效控制，余额较上年下降了5.97亿元；实时监控信贷风险，对风险及时预警、化解及上报；对风险定期进行分析、通报，督促下级行防范，提供领导决策参考；加强自律监管，规范信贷行为，有效防范操作风险。08年内控检查发现问题较上年有了显著减少。

（段茵供稿）

【风险管理】

农行云南省分行风险管理处成立于2008年8月，承担着风险管理“总规划、总协调、总计量、总闸门”职能。

（一）加强基础管理，全面履行风险管理职能

1. 制定《农行云南省分行2008年后四个月风险管理工作要点》和《中国农业银行云南省分行风险管理委员会工作规则》及信用、市场、操作风险三个专业委员会工作规则。

2. 组织开展调研，形成《全面风险管理工作调研报告》，为掌握风险管理现状、做好风险管理决策提供第一手资料。

3. 规范自律监管，对昭通等五个二级分行按照自律监管工作计划和检查方案进行检查，并提出整改要求。

（二）加强风险分析和风险报告，提出防范和化解对策

1. 加强风险分析和报告工作。一是组织风险分析报告和操作风险分析报告培训；二是建立季度风险分析报告制；三是完成操作风险报告系统初始化工作。

2. 坚持重大事项报告制度，及时提示风险。先后上报2件重大操作风险事项和4件重大信用风险事项。

（三）加强动态风险监测，及时全面掌握风险状况

1. 监控资产质量和重点行业质量迁徙变化情况。一是对信贷资产和非信贷资产质量按月监测、按季通报；二是做好其他报表的监测上报工作。

2. 加强重点行业风险监测。一是建立小水电风险监测报告制度；二是通过行业风险分析座谈会等形式，对有色金属、茶叶、橡胶、电力等行业面临的风险进行全面分析。

（四）做好风险排查，摸清风险底数

1. 开展潜在风险客户风险排查工作。两次组织法人客户潜在风险排查工作，对89户、14.89亿元潜在风险客户，建立监控台账，按周将情况上报总行，并要求各二级分行采取风险控制措施，压降信用余额。

2. 做好剥离后信贷客户风险排查工作。组织对法人信贷客户1620户、893.58亿元，50万元以上个人类信贷客户3191户、38.08亿元进行排查，并按“支持、维持、压缩、退出”分类制定风险防控措施。

（五）组织实施风险分类工作和信贷资产减值测试及预计负债工作，真实反映资产质量

1. 组织风险分类审查认定及形态调整工作。一是组织存量不良贷款迁徙、新增不良贷款、德勤审计后需要调整形态的审查认定工作；二是履行非信贷资产风险分类职责。

2. 组织开展第三、四季度信贷资产减值测试及预计负债工作，准确计提拨备，确保股改后风险拨备提取充足，拨备覆盖全部信贷资产风险，真实反映经营成果。

（六）加强放款管理，强化授信执行力，督导限制性条款落实

1. 加强放款管理。一是要求各行设立放款审查岗，做好用信审查工作；二是加强对限制性条款落实及变更管理；三是落实对未执行限制性条款的责任追究。

2. 组织法人客户抵押品管理自查，要求各行针对问题加强管理，以确保第二还款来源充足有效，贷款能按期收回。

（缪祥琳供稿）

【科技工作】

2008年，农行云南省分行科技工作在积极防范信息科技风险，强化“奥运”保障专项工作，确保生产系统安全稳定运行的基础上，加快科技产品的推广应用力度，努力提升科技支撑与服务水平，较好地完成了预期工作任务。

一、致力于新产品开发，发挥科技“支持”作用

（一）以技术手段推进全面风险管理。一是开发推广应用ABIS柜员指纹认证系统，实现了“密码+指纹”的身份认证方式，从技术上为内控管理及监管制度的执行提供了有力保障。二是开发推广银企集中对账系统，动态监控和管理银企对账全过程，利用技术手段实现对账单的验印和对账结果处理，形成了“机器制约”和“制度制约”相结合的对账管理体制。三是完善会计监控系统功能，开发推广会计监控扫描件上传系统。

（二）加强渠道产品整合和功能优化。一是建设“惠农卡”三农服务渠道，为惠农卡的推广提供有力的技术支撑。二是加快多媒体自助终端系统的开发，完成了20多个功能模块的开发。三是在ABIS端完成了7大功能模块40多个交易的边贸网银系统。四是完成了电话银行系统简单密码控制等7个系统的开发、优化改造，进一步提升全行电话银行的产品竞争优势。

（三）紧贴业务、管理需求，加快科技新产品开发推广。一是完成了成品烟销售委托结算系统开发推广，并在营业部等7家分行投产运行，二是开发推广VIP客户服务系统，在全省金融同业首家实现了VIP客户积分的实时消费。三是完成银保通系统、体彩、福彩、校园卡、医保、地税、代收电费系统等15个项目的开发推广；三是全面完成省分行-二级分行-县支行视频会议二期系统建设。四是进一步完善SOI系统的功能，推广应用电子档案模块功能。五是在营业部拓东支行和版纳分行完成SOI系统县支行试点工作。

二、紧跟总行电子化建设步伐，加快总行重点项目推广

（一）为服务“财富管理”，“网点转型”，“客户管理和营销”，推广个人优质客户（PCRM）二期系统、金钥匙客户财富专家系统（CFE）。

（二）全面完成金融服务平台升级改造工作，为中间业务搭建了完善、统一的开发平台。

（三）作为全国试点行，于2008年2月1日，率先完成会计档案管理系统在全省推广应用。

三、加强基础设施建设和安全管理，夯实全行计算机系统安全稳定运行基础

（一）完成全省二级分行广域网、局域网改造工程。对15个二级分行、640余个网点实施了局域网、广域网改造。

（二）顺利实施省域数据中心UPS供电系统改造、空调扩容工作，为省域数据中心的稳定运行提供了保障。

（三）组织技术人员2008年于12月17日完成信贷管理系统跨平台迁移，为信贷业务的顺利开展和管理提供了可靠的保障。

（四）按照总行“奥运”保障工作的要求，扎实有效开展各项工作，取得了“特保期”全省农行业务系统零中断、零投诉的优异成绩，被总行授予“奥运保障工作先进单位”的荣誉称号。

（五）狠抓全省信息系统安全自查与检查工作。2008年对全省10个二级分行开展了安全检查暨自律监管检查，下发了整改意见及整改通知书。

四、全力以赴做好各级数据中心的运行维护和管理工作

（一）全力保障省域数据中心的安全高效稳定运行。一是推广“晓通网络监控平台”全面提升网络管控水平；在省分行建立开放平台监控中心，全面提升生产系统故障预警分析及响应能力。二是加强数据备份管理工作，确保数据完整有效。三是加强日常巡检和维护，实现省域数据中心全年零停机。

（二）加强各二级分行前置系统的运行维护管理，确保各行业务正常开展。

（三）加强对各级机房、网点计算机设备、环境设备的日常管理。采取与合作公司合作的方式进行维保服务外包，有效提高了对全辖设备的维护力度和频度。

（四）做好应用软件、业务信息维护管理。2008年完成后台程序更新200余次，完成前台程序更新400余次，受理辖内维护变更申请1190份，司法查询593份，网点重开行部74份，配置ATM 159台、外卡POS 175台、惠农卡POS 578台、本币POS 171台，实现业务作业全年零风险。

五、规范科技管理工作，提升科技工作的精细化管理水平

（一）根据省分行党委的决定，2008年8月，完成计算机数据中心与科技处的合并。

（二）2008年在严格贯彻落实总行的各项规章制度的基础上，结合全行实际，细化科技管理工作的各项流程，修改、补充和完善了《项目管理规定》、《视频会议系统管理规定》以及《农行云南省分行信息系统应急预案》。

（张黎琴供稿）

【国际金融业务】

2008年，农行云南省分行国际业务紧紧围绕年初省分行党委确定的全年工作总体要求，努力克服国际金融危机、全球性的经济下滑及国内经济困难因素对国际业务经营的负面影响，继续强化"本外币一体化"经营意识，在逐步适应外汇管理政策调整的基础上，努力控制外汇风险，确保全行国际业务稳健发展。

一、主要业务经营情况

（一）国际结算业务。国际结算量多年来首次出现负增长。由于受宏观经济变化及周边国家经济下滑的影响，全省农行年度国际结算量有所下降，全年国际结算量同比下降1.49%；国际结算收益率同比下降0.11个百分点。

（二）结售汇业务。结售汇量小幅增长，同比增长4.53%，结售汇收入同比下降7.65%。

（三）贸易融资业务。受市场因素影响，贸易融资业务有所微缩，同比下降26.89%。

（四）个人外汇业务。2008年全行个人结售汇同比增长77%，业务增长较快的有版纳等五家分行，增幅均在2倍以上；西联汇款业务量和手续费收入同比分别增长64.57%和56.69%。

（五）外汇资金运营。年末外汇存款与外汇贷款余额均较年初下降；存贷比88.38%，比年初下降117.03%，无新增不良贷款。

二、主要经营管理工作

（一）对外业务合作进一步加强

一是完成了与境外某银行人民币结算业务合作事宜，年内已完成相互代理行关系的建立，待总行批准合作协议后即可实施。

二是积极拓展对越边贸结算方式。完成了边贸网银系统相关测试、上线等准备工作，并与越方合作银行签订了边贸结算合作补充协议。

三是积极参与当地管理部门政策研讨。在国家尚未出台一般贸易结算政策的情况下，多次派员参加人民银行昆明中心支行、云南省商务厅等组织的人民币边境贸易、一般贸易结算议题研讨会，并向省外管提供了在全行河口模式基础上开展覆盖全省的一般贸易人民币结算的业务操作流程。

（二）一、二级分行与基层行三级联动拓展客户成效显著

全年经常项目账户和资本项目账户新增情况良好；部分新增客户已开始办理业务。

（三）外国政府贷款转贷业务有所收获。

（四）营销对公外汇理财业务有所成效。

（五）外汇业务普及率进一步提高

在机构普及方面有计划地继续推进，年末全省农行的外汇业务县域机构普及率达35.43%；在人员普及方面，通过组织以业务操作与风险管理为重点的集中培训，进一步提高业务管理及操作人员的合规经营意识和业务技能。

（六）业务风险管理进一步加强

针对年内外汇与外贸政策起伏变化较大的情况，组织人员对相关政策进行学习、研究，及时指导经办行开展业务，下发了《关于加强外汇业务风险管理的通知》，对突出风险点进行了揭示，努力降低政策风险。同时，按照年度计划，完成了对辖内行的自律监管检查，对上年自律监管检查发现的问题开展了后续跟踪检查并对检查发现的新问题下发了整改通知。

（施守玲供稿）

【银行卡业务】

2008年，农行云南省分行银行卡业务以金融创新为动力，坚持面向"三农"，综合发展，巩固发展借记卡的优势地位，以贷记卡发卡、收单市场建设和自助设备效益的进一步提高为重点，优化业务结构，强化市场营销，建立贯穿业务全过程的风险控制体系，努力实现银行卡业务数量规模与质量效益的统一。截止2008年12月31日，发卡总量963万张，卡存款余额330.87亿元，实现银行卡业务收入3.88亿元，占中间业务收入的比重达到53%。主要工作如下：

一是把贷记卡作为银行卡的高端产品进行重点营销。继续做好直接营销、牵头营销，为经营行做出表率；组织全面推广实施贷记卡独立审批人审批制度；积极推进预算单位公务卡发行，加大了对联名贷记卡、主题卡的推广力度，先后推出了国际旅游卡、环保卡、Xcar卡；做好有奖促销，先后开展了“迎新春金穗贷记卡刷卡消费优惠活动”、“农行激刷即奖大行动”。截止2008年12月31日，贷记卡发卡量155856张。

二是按照“区别对待，重点推进”的思路，继续推进“商户倍增计划”。将收单业务的范围延伸至县域；做好EMV改造和外币卡收单系统通讯方式的升级；做好商户的拓展和维护，清理低效商户，坚持规模与质量并重，力推收单业务上质量，为银行卡收益拓宽渠道。截止2008年12月31日，银联商户7440户，占全省商户总量的27.32%，POS机9159台，占全省POS总量的22.66%。

三是为适应新的市场竞争环境，巩固金穗通宝卡的优势地位，适时发行了金穗湘财卡和金穗海通卡，大力推进金穗通宝银卡、金卡、白金卡、钻石卡的发卡进度，将有限的服务资源更好地用于高端客户。

四是加强自助服务设备运行监控，进一步提高了设备开机率，降低了故障；做好奥运保障相关工作，完成了全辖所有具备外卡取现条件自助设备的功能开通工作。截止2008年12月31日，投产设备总量达到710台，取款交易成功率达到93.02%，跨行交易成功率99.46%。

五是做好金穗惠农卡发卡工作。在金穗惠农卡推广工作中，负责进行业务测试，抓好全省惠农卡业务培训，加强对试点行的现场指导，编制惠农卡农户小额贷款操作手册、用户指南及宣传资料，组织购置、布放金穗惠农卡推广所需自助设备及POS，多次深入研究，与云南省邮政公司签订了战略合作协议，制定了《中国农业银行云南省分行金穗惠农卡发卡实施方案（试行）》。

（陈庆供稿）

【房地产业务】

截至2008年末，农行云南省分行房地产信贷业务（含房地产开发、建筑业、城市基础设施）贷款余额102.82亿元，占全行信贷余额9.52%；比年初增加20.51亿元（剔除不良贷款剥离因素影响），占全行贷款增14.21%，五级分类不良贷款余额3.61亿元，不良率3.52%。主要工作及成效情况：

一、正确把握宏观调控政策，及时调整发展战略

以全省排名靠前的优质房地产客户为重点，加大省分行直管直营力度，大力支持符合条件的房地产开发项目。同时把基础设施贷款作为新的业务增长点，加大城市基础设施贷款拓展力度，对新昆明建设、旧城改造等，积极适时选择介入。

二、积极营销优质客户及优质项目，提升营销与管理层次

实施名单制营销策略，并在2008年成功营销了近10户优质客户及所开发项目。

三、实施差别化服务，提高工作效率

对一些重点客户、同业竞争激烈的优质客户及项目，由省分行牵头直接进行“一站式”调查评估，减少中间传导环节，限时办理业务。

四、做好直营直管客户的维护拓展工作

对11户直营直管客户成立了客户服务小组，明确了各级行工作职责，做好客户的综合服务工作。

五、积极组织做好优质客户的评定工作

制定示范性文本下发各行使用，加快评定省分行级优质房地产客户的工作效率。

六、做好新划入业务的调研和项目拓展工作，形成《农行云南省分行建筑业信贷业务、城市基础设施信贷业务、开发区和科技园区信贷业务基本情况调研报告》和《关于如何拓展呈贡县支行房地产相关业务的调查报告》。

七、组织信贷项目的网上调查上报工作，做好直管客户评级授信工作。

八、加强房地产业务条线的内部控制，不断提高风险管理水平

通过贷款数据、质量监测，调研分析、全面风险清查和风险提示等方式，采取有效措施防范和化解风险，确保信贷资金安全。

九、认真做好总分行布置安排的各项工作，贯彻执行相关要求，撰写《房地产信贷及相关业务改革创新思路》，提出农行云南省分行房地产及相关业务“3510”发展规划。

十、加强自身建设，完善基础管理

积极参加总分行的各项主题教育活动，健全学习制度，钻研业务，提高专业素质，增强工作主动性，组织制定了《农行云南省分行房地产业务处关于改进工作作风、提高办公效率十条规定》，营造“勤奋、尽职、严谨、高效”的工作作风。

（陈晓亚供稿）

【电子银行业务】

2008年，农行云南省分行电子银行业务加强内部管理、强化市场营销、完善风险防控体系，各项业务稳步推进。

网上银行业务快速发展，截至年底，全省网上银行注册客户达223，538户，年度净增143，323户，全年交易713万笔，交易金额累计1288亿元。电话银行、“收付易”转账电话和手机银行业务稳步发展，截至年底，电话银行注册客户数达31，217户，年度净增14，090户；“收付易”转账电话注册客户数达1，550户，年度净增693户，年度交易15.7万笔，交易额8亿元；手机银行自2008年5月份上线以来已发展注册客户2040户。电子商务实现起步，年度交易额累计509万元，交易笔数7万余笔。全年电子银行业务实现收入763.53万元，收入稳定增长。95599客户服务中心2008年话务总量达866.3万通，日均2.4万通，比上年增长42.1%，全年共处理各类事件4388件。

同时，电子银行业务从推进组织架构和专业队伍建设、加大绩效考核力度、完善管理体系等方面着手，不断强化管理、规范操作，业务发展基础进一步夯实，风险管理机制得到完善，应急处理能力进一步提高。另外，积极推进电子银行多层次立体营销体系建设，探索电子银行服务“三农”的市场营销体系，电子银行市场营销质量和效率不断提高。全年开展了丰富的电子银行主题营销活动，如积极参与“春天行动”电子银行产品营销活动；联合交银施罗德基金公司共同开展“基金理财 网上支付”城市路演活动；组织开展了“五环光耀农行 e心伴随奥运”营销竞赛活动及“电子银行伴你行 网上交易有好礼”系列活动。通过深入基层送学上门、视频培训、网络答疑等方式提高了电子银行业务的培训效果。通过优化完善电子渠道产品，提高了电子渠道的服务质量。配合总行做好一体化客户服务中心建设、网上银行3.5版上线、个人网上银行迁移、手机银行开通等工作；积极研发服务“三农”的电子银行新产品；完善电话银行与“收付易”转账电话系统的管理功能和交易控制；与相关部门协作开发电话银行渠道彩票资金归集、边贸网银特色业务、电子商务自动对账等应用。95599客户服务中心不断提高客户服务的质量和效率，顺利完成了北京奥运会的电子银行服务工作。客户服务中心先后出台了多项新制度以规范内部管理；适时调整了坐席班次和人员配置，使人工接通率提高了3—4个百分点；加大对坐席人员的招聘、培训和考核力度，提高坐席人员的工作质量；注重上下联动，加强与各级行联动部门的沟通与协调，快速、有效处理客户投诉；坚持月报制度，按时通报运营情况，全年共编制《95599月报》12期。

（张晓悦供稿）

【法律合规】

2008年，农行云南省分行法律与合规部门主要开展了以下工作：

一、精心组织，开展《中国农业银行员工行为守则》教育检查活动

法律与合规处认真按照工作职责，拟定实施方案；认真组织检查评价，提升工作效果，全辖11607名员工在中国农业银行远程培训系统网站上进行了《守则》教育检查活动测试考核，合格率为99.64%，取得了较好的考核成绩。

二、全面贯彻落实员工违规行为积分管理

按照总行规定，成立了员工违规行为积分领导小组和办公室。因地制宜，根据总行积分管理办法的基本框架，结合自身的工作实际，扩大了积分范围，增加了38条违规积分标准，增加的条款主要涉及六大方面的内容。截止2008年12月20日，全省农行汇总累计积分人数1368人，累计积分3911分。

三、完成全面风险管理检查工作

为有效地完成自查工作，法规处一方面要求省分行机关各处室在自查过程中要认真、反复地学习银监局提供各项的自查依据，认真研究监管文件的各项规定；另一方面要求各级行、各部门要认真做好对自身风险管理的检查和评价，拟制下发了自查报告模版和规章制度表。通过自查工作，反映了全行目前的风险管理内容和风险管理方式以及存在的问题和改进工作的建议。

四、周密部署，做好法律尽职调查和股改建账工作

按总行的上报要求，按时将整理、汇总和装订好的两套书面材料保质保量上报到总行。本次上报的两套书面材料共58卷，涉及表格13套共112张。同时，搜集、汇总、整理、审核并按时上报总行和会计处股改建账和年终决算表格。

五、大力加强法律审查工作，进一步完善法律审查程序

对外签订的各类非制式合同（协议），对内制定或修订下发的各类规章制度、制式条款的修改、管理办法、新产品开发、新业务推广等内容，法律与合规处都进行了独立审查，全面介入农业银行的各项业务经营活动，积极有效地开展法律审查工作，使依法合规的理念和自律约束不断深入。

（高建云供稿）

【资产处置】

2008年，既是农行云南省分行正式实施不良资产剥离的关键一年，也是资产处置部转变职能的重要一年。资产处置部按照总行的要求继续抓好不良资产清收处置，强化系统内控建设，努力提升不良资产经营效益，切实做到了资产剥离与清收处置“两不误”。

首先，圆满完成不良资产剥离各项工作任务。通过全行上下的共同努力，圆满完成了各项剥离工作任务，实现了不良资产剥离“五大”目标：顺利实现了清单内不良资产全额剥离；按时完成剥离档案资料的审查移交工作；及时进行了剥离实物资产的实地核查；实现了剥离档案资料的集中管理；搭建了委托资产电子化管理系统。截止12月末，全行已经完成了委托资产管理系统的主管柜员配备、系统数据对接、账户拆并、信息补录等各项基础性工作，全行委托资产管理系统正式投入生产运营。

其次，多策并举，不良资产清收处置再创佳绩。一是清收竞赛活动成果又上新台阶。截止12月末，全省农行累计清收不良资产24.49亿元，清收非信贷不良资产1.89亿元。二是抵债资产项目全部处置、剥离完毕。三是充分发挥减免息政策功效，带动不良资产清收。对符合条件、还款资金落实的申报项目，加快审批进度，尽快安排实施，并在项目选择上注重清收与剥离的衔接，确保了已批项目当年全额收款。

（周晓泉供稿）

【大事记】

1月

人民银行昆明中心支行对在2007年银行卡联网通用工作中做出突出贡献的单位进行了表彰，农行云南省分行荣获“2007年度受理市场发展突出贡献奖”、“2007年度银联标准卡（借记卡）发行突出贡献奖”、“2007年度银行卡跨行交易质量优秀奖”、“2007年度州（市）银行卡业务发展竞赛优胜奖”（大理分行）四个奖项。

2月-5月

在全省系统员工中开展献爱心活动。其中在“抗雪救灾送温暖”捐款活动中，共有9，645名员工捐款450，848元；“抗震救灾”捐款活动中，共有13099名员工捐款1，625，020.80元；在响应党中央号召，交纳“特殊党费”和“特殊团费”，支援灾区抗震救灾活动中，共有6446名党员自愿交纳“特殊党费”1，991，490.92元，同时分行机关团支部7名团员自愿交纳“特殊团费”1100.00元。

4月

中国农业银行总行与云南省政府“服务‘三农’促进县域经济发展战略合作座谈会暨签字仪式”在昆举行。总行党委书记、行长项俊波，省委副书记、省长秦光荣代表双方在协议上签字。按照协议，中国农业银行将加大对云南省农业产业化及旅游、交通、水电、农村城镇化建设等领域的支持力度；同时，在风险可控的前提下积极推广惠农卡，解决农户贷款难问题。

第一届职工代表大会暨工会会员代表大会召开。

5月

中国农业银行全国内部审计“双先”表彰暨经验交流大会在北京召开，农行云南省分行审计处荣获大会授予的2005至2007年度全国内部审计“先进单位”称号，审计处刘星照同志荣获大会授予的“先进个人”称号。

6月

自行开发的柜员指纹认证系统在全省成功上线，为加强全省农业银行系统会计内控管理、杜绝“飞卡与明码”现象提供了坚实的保障。

8月

根据农业银行总行的部署，深入开展《中国农业银行员工行为守则》教育检查活动正式启动，旨在推动全行员工自觉树立“爱岗敬业、诚实守信、勤勉尽职、依法合规”的职业道德，提升全员的合规意识，构建良好的合规文化，推进全行的企业文化建设。

9月

服务“三农”试点暨金穗惠农卡发行启动仪式在文山举行。

与中国邮政储蓄银行有限责任公司云南省分行签署战略合作协议。

云南省“农行林”暨春城路绿化景观改造竣工仪式在昆明市举行。农行云南省分行行长字如钧和昆明市委书记仇和为“农行林”揭幕，并共同种植绿化树。“农行林”的竣工，成为农行云南省分行全力支持昆明经济社会发展的又一个重要里程碑。

11月

农行云南省分行全省内部审计2008年优秀审计项目评审会在弥勒召开，分行审计处选送的《中国农业银行云南省分行经济效益审计》、《中国农业银行云南省分行内部控制审计》荣获优秀内部审计项目称号，并分别荣获第一名和第十一名。

12月

与云南省邮政公司签订服务“三农”商务汇款合作协议，由云南省邮政公司运用邮政电子汇兑商务汇款业务通道，为惠农卡持卡人提供惠农卡账户资金汇兑服务，为服务“三农”和支持县域经济发展提供更方便、更宽广的金融服务平台。

中国农业银行与云南省人民政府再度签署合作协议。以促进产业升级转型，支持云南经济又好又快发展。为迅速推动协议的具体落实，中国农业银行与云南华能澜沧江水电有限公司、云天化集团有限公司、云南省金沙江中游水电开发有限公司、云南锡业集团有限公司、云南投资控股集团有限公司、云南省交通厅负责人分别签订了具体的金融合作协议。

（罗静供稿）

中国银行云南省分行

行长：谭 炯

【综述】

2008年，面对复杂多变的国际国内经济形势和经营环境中的不确定因素，中国银行云南省分行（简称“中行云南省分行”）深入贯彻落实党的十七大精神、中央经济工作会议精神和总行工作会议精神，坚持以科学发展观统领全局，紧紧围绕全行发展战略目标，励精图治、攻坚克难，提速快进、创优争先，着力提升市场竞争力，着力提高创新能力，着力推进各项改革，着力完善风险管理与内部控制，着力推进精细化管理，着力加强企业文化建设，全面促进中行事业又好又快发展。经过全体员工的共同努力，各项工作扎实推进，经营业绩大幅提高，为提升市场竞争力、促进各项工作又好又快发展以及分行发展战略目标的实现奠定了坚实的基础，全年工作呈现出五个“新”特点。

【经营业绩取得新成就】

经营效益大幅提升，盈利能力持续增强。截至2008年末，全辖资产总额、负债总额，分别较年初增长18.54%、17.93%。全辖实现拨备前利润本外币较年初增长为14.73%。

资产质量持续改善，不良授信实现双降。截至2008年末，全辖不良贷款余额较年初大幅减少，不良率为较年初下降0.61个百分点；全辖不良资产清收化解完成年度计划的102%。

【业务发展取得新提升】

公司与金融市场方面。着力加强优质客户、目标客户和源头客户管理，大力开展“一把手”带头营销，进一步密切银政、银企合作关系，积极介入省内优势行业、重点产业以及基础设施、招商引资等重大项目，通过多样化的金融服务方案深化对客户的综合配套服务，有效提升中高端客户的贡献度，全年公司存款持续增长，公司贷款大幅增加。截至2008年末，全辖人民币公司存款较年初增加52.61亿元，增幅为18.07%；全辖人民币公司贷款较年初增加51.5亿元，增幅为16.76%。在金融市场领域，加强市场分析，提升应对能力，密切关注客户需求、市场需求和同业竞争态势，充分整合各类产品资源，加强产品集成组合创新，实现产品增值，积极推进优势业务和特色产品创新，进一步巩固和提升市场竞争力和贡献度。

个人金融方面。加快渠道建设和网点转型，推进业务流程整合，加强财富管理体系建设，积极转变储蓄存款发展模式，大力开展全员营销和交叉销售活动，坚持发卡和收单并重，扎实做好服务营销，努力降低市场调控对住房贷款业务的影响，实现规模和质量的同步提高，全年储蓄存款超额完成计划，零售贷款持续增长。截至2008年末，全辖人民币储蓄存款余额较年初增加44.69亿元，增幅为23.65%；全辖人民币零售贷款余额较年初增加9.68亿元，增幅为13.78%。全年新发贷记卡6.97万张，人民币商户收单交易量59.34亿元。

中间业务方面。加大激励与考核力度，强化业务联动和客户营销，积极支持企业“走出去”，巩固和提升优势业务领先地位，加快弱势业务发展，将公司业务作为拓宽中间业务收入来源的主要途径，全年收入创历史新高，结构进一步优化。截至2008年末，全辖实现中间业务净收入同比增加3，556万元，增幅为11.02%。

【深化改革取得新成效】

业务流程整合方面。一是顺利完成昆明地区同城管理机制改革，明确省分行管理层与职能部门的双重管理职责和昆明同城机构的区域经营职能，提高运营管理和市场营销效率。二是健全公司与金融市场、个人业务板块间的沟通协调机制，建立以公司、个金为主的昆明地区同城业务发展协调机制，提升整体竞争力。三是积极配合总行开展IT蓝图实施工作，优化调整系统结构，增强对业务发展的支持保障能力。

人力资源管理改革方面。一是调整完善辖内各单位绩效管理办法，加大管理者与考核结果的捆绑力度，强化约束各级管理者的经营管理责任。二是强化绩效过程管理，推进上下双向考核，实施内部满意度测评，促进整体绩效进步。三是制定昆明地区经营性分支机构高管人员薪酬动态管理办法，建立市场化薪酬管理制度。四是梳理省分行部门及内设团队职能职责，调整二级分行内设部门及其职能职责，完善职位聘任管理工作，规范公开竞聘考试制度。五是完善青年干部人才库，加强后备队伍建设，梳理专业技术职位，促进员工职业发展。六是加强各级管理者和专业技术人员的培训，增强培训工作的针对性、实用性和专业性。

财务管理方面。一是加强预算过程管理，增强预算管理预见性，促进经营目标和财务目标的顺利实现。二是改进费用管理办法，完善以成本收入比为主的财务资源配置机制，突出战略导向，体现绩效进步，促进业务转型，确保财务费用开支合规合法。三是积极探索对条线、板块以经济资本管理为基础的管理机制，引导全辖重视资本占用成本和投资回报。四是认真贯彻落实抗震救幅度灾、全民节约活动要求，培育勤俭办行的良好风气。

【风险管理与内部控制取得新进展】

风险管理方面。一是继续推进主动风险管理，准确把握“区别对待、有保有压”要求，明确行业信贷政策导向。二是及时调整制订差别化信贷政策，积极推行区域授信指引，实行差异化政策导向和授信管理模式。三是坚持集中化风险管理，制定重点集团客户授信预审办法，切实提高集团客户授信审批效率。四是建立和完善风险预警监控机制，通过运用压力测试等手段对风险进行预警分析，提前采取措施控制风险。五是推行二级行风险经理制，全面梳理和调整二级行风险管理职能定位，进一步完善风险管理体系建设。六是加强存量授信资产管理，推进贷后管理规范化建设，加大不良资产清收处置力度，及时防范和化解存量风险。

内部控制方面。一是组织开展旨在惩治违规陋习、根除违规行为的专项治理工作，提高内控精细化管理水平，最大限度地减少各类违规行为。二是将解决“屡查屡改屡犯”问题作为提高内控管理水平的切入点，重点整治尾箱管理、柜员离柜、预留印鉴卡等全辖具有普遍性的“屡查屡改屡犯”问题，大大降低了该类问题发生的频率。三是制定基层经营性机构自查实施办法，管辖行按季实施内控重点检查，切实提高内控一道防线的自我防控能力。四是在确保检查内容全面覆盖各条线高风险业务及关键控制环节的基础上，完善三道防线之间的沟通协调机制，增强内控三道防线的整体合力。五是加强规章制度建设，制定“双二十禁”、内控扣分和员工违规扣分标准，初步建立内控管理考核体系。六是深入开展安全隐患排查工作，认真开展业务连续性管理演练，有效提高应对和处置各类突发事件的能力。

【企业文化开创新局面】

党建工作方面。一是深入开展学习实践科学发展观活动，强化对科学发展观科学内涵、精神实质和根本要求的认识，确保学习实践活动取得实效。二是推进“四好班子”创建工作，调整充实各级领导班子，健全各级党组织和纪委组织，有效发挥基层党组织的战斗堡垒作用。三是开展精细化管理、企业文化建设、科学发展观等主题培训，提高各级管理者的管理水平和领导能力，强化党风廉政建设。

企业文化方面。全面启动全行企业文化建设工作，紧扣发展战略要求，发挥员工主体作用，通过不断探索、积极实践和总结提升，初步建立起能够体现文化发展规律，适应发展战略，反映发展特色的企业文化核心体系，为促进改革发展稳定提供了强有力的文化支撑。

品牌宣传方面。以北京奥运会和70周年行庆为契机，先后成功举办多项“根植彩云南，服务七十年”行庆系列和“喝彩奥运，中行与您共赢”奥运系列主题营销宣传活动，在品牌宣传方面取得了前所未有的成效，极大地提升了中国银行的品牌知名度、市场认知度和社会影响力。

奥运金融服务方面。切实增强服务奥运的政治责任感和使命感，将奥运金融服务与安全稳定作为三季度工作的重中之重，以饱满的热情、精湛的业务、过硬的技术，圆满完成了奥运金融服务。奥运会期间，全辖服务工作实现客户零投诉，奥运宣传工作受到总行通报表彰。

工作作风方面。深入实际开展调查研究，积极为员工办实事、办好事，开展送温暖活动。进一步规范和严肃劳动纪律、会议纪律、检查反馈制度和行务公开制度，建立并坚持晨会、周会制度，完善工作情况、工作计划定期报告及工作点评制度，规范督办管理职责和工作流程，加大督促落实力度，有效改进工作作风，增强执行意识，提高行政效能。

此外，运营服务、安全保卫、后勤保障等工作均取得了很大成绩，工会组织、青年工作的作用得到充分发挥，有力保证和促进了全行的安全运营与和谐发展。

（黄丽莉供稿）

中国建设银行云南省分行

行长：潘念宁

【综述】

2008年，面对宏观经济形势的复杂多变，中国建设银行股份有限公司云南省分行（简称“建行云南省分行”）及时调整经营思路和经营策略，在把握机遇发展传统业务的同时，积极防范经营风险。资产、负债和战略性业务稳步发展，个人存款及信贷投放创历史新高，资产质量继续改善，盈利水平不断提高。截止12月末，全行一般性存款余额1275.67亿元。其中，企业存款余额739.73亿元，新增91.35亿元；个人存款余额535.94亿元，新增105.37亿元；各项贷款余额851.85亿元，新增131.07亿元。

【抓住机遇】

一是用活用足信贷规模。在年初信贷规模受限时，坚持“早储备、早投放、早收益”的经营策略，并抓住机遇调整优化信贷资源配置。中央放开信贷规模管制后，及时出台实施意见，梳理重点客户名单，建立贷款审批快速通道，促进全行积极拼抢好客户好项目。从源头抓好云南省具体投资计划和政府项目的营销，提高储备项目的转化率，加快贷款投放进度，对公贷款全年新增四行占比27.62%。

二是坚持信贷结构调整。2008年，新增贷款主要集中在云南省经济较发达地区、中国建设银行总行及建行云南省分行定义的优势行业以及经营情况好、还贷能力较强的绩优客户。与此同时，积极推进退出类客户的实施工作，调整和提高整体的信贷风险控制能力。

三是提高议价能力。针对上半年贷款资源稀缺的特点，积极组织引导全行对重点客户展开定价谈判、组合营销，努力提高议价能力和重点客户综合贡献度，确保财务效益稳步提升。

【关注市场变化】

针对一季度对公存款新增市场占比急剧下滑的不利局面，建行云南省分行密切关注并认真分析市场变化、查找主客观原因，及时采取措施。一是适时修改年初考核办法，引入负激励考核、增加存款市场占比、时点环比等指标，增强企业存款与KPI和绩效工资费用的关联程度。二是为引导全行牢固“存款立行”理念和形成长效机制，拿出专门资源鼓励全行抢抓结算账户，并明确将采取长期激励方式鼓励全行抓好这项工作。三是打破会计年度常规，2008年10月末提前安排对公存款“争先创优”营销活动，统筹2009年的企业存款工作。四是加强高层营销，对客户价值链、资金流以及财政性资金拨付规律进行深入研究，将抓总部、抓源头和抓下游客户作为稳存增存的重要手段，把握市场机遇。全行对公存款新增四行占比40.54%。

【适应市场变化】

2008年，建行云南省分行坚持以客户为中心，主动营销，推进转型，提升服务，依靠网点转型不断调动和提升销售竞争力。一是抓转型，强化网点服务水平和销售能力。在提前完成所有网点一代转型的基础上，正式启动二代转型（VIP）并有序推进。随着转型的推广，网点内部流程得到优化，后台对前台的支撑保障能力明显增强，网点员工面貌焕然一新，服务能力和服务水平大幅提升，客户平均等候时间整体下降，客户满意度明显提高，媒体和监管部门均给予了较好的评价。二是抓营销，细分客户强化重点产品销售。分季度组织开展“五彩齐邀，喜上眉梢-2008建行缤纷巡礼”、“幸福生活手牵手，建行服务心贴心”、“08财富年，建行冠军榜”、“龙卡欢乐购物日”等营销活动，积极争取稳定的客户资源，有力促进基金代销及相关个人业务的发展。三是抓渠道，为业务发展夯实基础。积极抢抓机遇，争取资源，加大、加快网点建设步伐，近60%的网点硬件形象得到改善。借奥运服务契机，努力提升自助设备日常维护管理水平。四是抓培训，提升网点员工服务销售能力。定期举办金融大讲堂，邀请专业机构，提升培训档次，进一步提升网点人员业务素质和员工综合理财能力。举办CFP、CWM理财师培训班，通过培训和考试认证进一步壮大理财师人员队伍。五是抓管理，提升个人资产业务市场竞争力。积极推进组织架构改革，探索成立个贷中心和个贷分中心。面对一手房市场低迷的局面，积极拓展“二手房”贷款市场。优化二手房贷款办理流程，提高二手房贷款业务营销和受理效率。发行公积金龙卡、扩大公积金贷款经办网点数量，公积金业务优势地位得到巩固。

【强化风险管理】

2008年无论外部形势如何变化，建行云南省分行在对外紧跟市场，抢抓机遇，促进发展的同时，始终把加强风险管理和合规文化建设作为一项重要工作来抓。一是积极探索操作风险管理工具和方法。上线并推广使用岗位操作风险自评报告系统，将操作风险管理列入议事日程，对查找出来的风险点认真研究整改措施。建立存量主要业务产品风险提示目录库，做实应急预案基础管理，因操作风险引发的违规违纪行为明显减少。二是抓好案件防控工作，夯实管理基础。深入开展廉洁自律、合规守法的教育引导，组织《案件防控及整改方案》回顾重检和效能监察，完善员工行为排查机制，规范员工从业行为管理。针对内外部审计发现问题，深入细致全面完成整改。

【优化培训】

一是加大管理人员、专业技术人员培训力度，提高经营管理水平。以高校、党校和境外培训等形式，着力加强中高级管理人员的培训。举办包括经营管理、宏观经济形势、公司业务、财务会计等内容的总经理级管理人员培训班；举办银行经理人职业化培训班、新入职基层机构负责人培训班；举办首期县支行行长随岗交流学习班，帮助经营管理层开阔视野，拓宽思路，提升综合能力。二是以示范性培训为龙头，实施形式多样的经办岗位员工培训。按照“兼职教师培训重在实效、柜面员工培训突出营销与服务、基层优秀员工奖励培训推陈出新”的方针，集中组织兼职教师能力提升、柜面员工营销与服务、员工培育与辅导课程、基层网点优秀员工等示范性培训。三是加强培训平台建设，为业务发展提供保障。不断优化完善以“个人学习网”为信息管理和“远程培训系统”为流程管理的培训平台。周密组织岗位考试考务工作。推动全行银行业从业人员资格考试有序进行，对全行业务发展起到了较好支持保障作用。

【履行社会责任】

按照中国建设银行总行党委部署，建行云南省分行深入开展学习实践科学发展观活动。全行196个党支部和2573名党员参加学习实践活动，覆盖面分别达到100%和97.52%。在三个阶段十一个环节的具体行动中，通过专题培训、视频讲座、知识竞赛活动、专题调研“客户走访周”活动、“倾听员工之声”调查，深入开展解放思想大讨论，认真查找影响本行发展和改革的突出问题，深刻分析问题的原因，积极制定整改措施。全行广大党员干部思想认识有新提高，贯彻科学发展观的自觉性和坚定性明显增强，促进科学发展的思路进一步清晰。

2008年面对突然发生的冰雪灾害和地震灾害，全行心系灾区，积极开展向四川地震灾区爱心捐款活动，捐款共计280余万元。在新一轮“兴边富民工程”实施中，按照“三加一帮扶计划”，继续做好对潞西市的帮扶工作。在举世瞩目的奥运会和残奥会期间，全行每个岗位的同志都能坚守岗位、认真工作，以实际行动支持奥运会和维护建行社会形象。

（杨　荇）

【公司业务】

2008年，建行云南省分行公司业务实现全面发展，各项指标均创历史新高。

一是强化营销，抢抓投放，组织有力，调控得当，全行对公贷款效益攀升。前10个月，在国家严格控制贷款规模的情况下，全行对公贷款新增严格控制在总行计划内，圆满完成控制任务。10月份以后，国家货币政策导向发生重大变化，又积极响应国家政策变化，加快对公贷款投放。

二是坚持存款立行，强化存款营销。在社会资金流动性偏紧的情况下，坚持存款立行理念，加大存款考核力度，细化存款营销指导，不断加强对存款客户的营销和维护工作。在不利的市场局面下，全行对公存款年末实现理想增长。

三是坚持产品创新，中间业务快速发展。办理了全国建行首单企业年金账户管理业务。成功发行“利得盈”信托理财产品，成功开发“新股申购”、“票据盈”等理财产品。办理了牵头的首笔间接银团贷款业务。

四是提升团队服务，集团客户经营取得优越成绩。通过积极调动总行、省分行、二级分行和经办行资源，加强客户部门与产品部门联动，着力提升对集团客户营销服务能力。

五是提升专业化服务，加快小企业业务发展。在昆明地区成立中小企业经营中心，着力提升小企业的专业化服务能力。

六是持续推进信贷结构调整。全行新增贷款继续向国家政策导向鼓励行业、省内优势行业倾斜，行业结构进一步优化。

（翟丽坤供稿）

【机构业务】

2008 年，建行云南省分行机构业务紧紧围绕业务转型的要求，从转型中寻求商机、以创新赢得市场，实现了效益、质量、速度、结构的优化和平衡。

一、加强全方位合作，进一步拓宽与医院学校等事业法人客户合作领域

与昆明理工大学签订《全面合作协议》，并成功中标昆工“校园一卡通”项目；在 2008 年 11 月昆明市政府举行的“昆明市银卫合作签字仪式”上，与延安医院、市第一人民医院、儿童医院、中医院等三甲医院签订“银卫合作协议”。

二、业务创新工作顺利推进

完成了总行代理保险电子台账，目标客户产品定制系统搭建，“百易安”业务在贷款资金风险管理领域、企业福利资金领域、捐赠资金领域的探索运用。“龙信通”系列新产品、城镇居民医疗保险业务系统、被征地人员养老保险业务系统、校园卡、财政公务卡等一批创新产品逐步推广，市场反应良好。

三、营销观念和经营理念顺利转型

以会议、案例、产品手册等各种形式在转型探索、创新进取、营销拓展、管理优化等方面给予积极指导。组织召开以转型为主题的机构业务座谈会议，对机构业务的创新和转型进行具体要求。在全行范围内开展业务专项自查，进行专题视频培训，为推动业务持续健康发展起到积极作用。

（张明供稿）

【个人金融业务】

2008 年，面对市场的剧烈变动和同业的激烈竞争，建行云南省分行主动营销，提升服务，实现了个人银行业务核心竞争力稳步提升的佳绩。

一是进一步加快转型步伐。提前完成所有网点一代项目标准化转型工作，零售网点转型二代（VIP）项目正式启动并有序推进。全年网点建设实施进度及入账核算率在建行系统名列前茅。二是认真组织营销活动。组织开展基金定投业务营销推广活动，积极争取稳定的客户资源。贯穿全年，组织系列龙卡促销活动，进一步提升信用卡的品牌形象和影响力。三是加强渠道建设。借奥运服务契机，努力提升自助设备日常维护管理水平，有效分流柜面压力，延伸服务网络。四是开展业务培训。定期举办金融大讲堂，邀请专业机构，提升培训档次，将培训着眼点放在提高网点人员营销技能和对产品知识、市场行情的把握方面，较好地把握了市场波动，抓住了市场先机。

（李莹供稿）

【住房金融与个人信贷业务】

2008 年，建行云南省分行以“巩固市场、提升质量、提高效益、稳健发展”为主题，以全面提升住房金融与个人信贷业务市场竞争力为目标，紧抓自营和委托两块业务，强化风险和基础两项管理，推动房贷业务快速发展。

一、因势而变，顺势而为，个人信贷业务市场竞争力在逆境中提升

2008 年，面对源于“次贷危机”的国际金融风暴冲击，房地产市场出现波动和调整，宏观经济面临加速下滑的严峻形势，农行云南省分行依托总行信贷政策，紧盯市场和同业变化，继续调整信贷结构，及时细化楼盘准入、利率及首付款变化、个人消费贷款准入等政策，保证个人信贷业务稳健发展，市场竞争力稳步提升。

二、加强创新，积极扩面，住房资金归集市场占比提升

为增强客户服务能力，提高客户依存度，提升房金业务的核心竞争力，建行云南省分行加强创新，积极开发了公积金龙卡联名卡。同时，积极推动公积金经办网点扩面工作，充分利用现有网点资源，为公积金缴交人提供办理公积金贷款业务的便利，进一步改善服务，促进全行委托性业务与自营性业务共同发展，巩固市场份额。

三、加强基础管理，构建业务发展长效机制

一是健全组织架构。对全行个人贷款中心（分中心）机构设置、部门职责、岗位设置和岗位职责进行了明确。

二是积极组织培训。结合各类业务经营管理的需要，以多种方式和渠道开展培训，提升客户经理专项业务素质，逐步打造一支业务素质高、综合能力强的客户经理队伍。

（卢杰供稿）

【中间业务】

2008 年，在全球经济出现危机、中间业务经营面临环境复杂多变的大背景下，建行云南省分行深入学习实践科学发展观，坚定发展中间业务的信心和方向，认真落实加快发展中间业务的各项措施。一是进一步完善激励与考核，强化经营责任。二是抓重点产品和产品营销。通过以点带面的组织与推动工作，拓展中间业务收入来源。三是加强员工培训，不断提高从业人员素质。四是加强规范管理，杜绝“跑、冒、滴、漏”现象，强化合规经营。五是加强信息交流，促进中间业务快速发展。通过“赶”、“学”、“超”，使中间业务持续向好的方向发展，获得持续竞争力。

（李红供稿）

【风险管理】

2008 年，建行云南省分行风险管理工作紧紧围绕全行经营目标和工作重点，夯实信贷基础管理，资产质量持续改善，信贷结构不断优化，信贷资产质量“双降”。

一、强化风险预警监测，为信贷决策提供参考

全年完成《关注房地产商资金危机，范防银行贷款出现较大风险》等 7 篇专题报告，定期发布风险管理提示、风险管理信息及风险主管工作动态；进一步强化重点行业、重点客户、重点区域和重点业务环节的风险监控；高度重视重大风险事项的处理和报告工作，切实减少风险敞口。

二、强化基础管理，不断提高整体风险管理水平

一是顺利推进信贷资产十二级分类。

二是牵头组织对贷款抵质押物进行专项大检查。

三是完善小企业信贷业务管控制度。

四是建立和完善风险管理政策制度。

五是有序推进对公信贷业务平行作业。进一步强化前中后台的整体联动和有效制衡，授信申报质量和效率有效提高。

三、有效防控操作风险和案件

积极探索操作风险管理工具和方法，研发并组织推进岗位操作风险报告系统上线运行，对系统揭示的操作风险点进行专题研究，明确责任部门和整改措施，充分调动了员工工作为操作风险直接管理者的自觉意识和行为，形成了操作风险矩阵式的报告路线；有序开展操作风险与内部控制自我评估工作，有效提高了内部控制能力。

（聂绳、王峰供稿）

【资产保全业务】

2008 年，建行云南省分行资产保全条线扎实工作，艰苦攻坚，资产保全工作成效显著。

一是综合运用多种手段加快不良资产处置。紧紧围绕年度经营目标，继续以“真金白银”回收为首选，加大对重点项目的催收力度。积极落实盘活条件，上迁不良项目。及时下发《关于进一步加快其他非信贷不良资产处置工作的通知》，加大对其他非信贷不良资产的处置。强化直接经营项目的管理与处置，加大对委托经营项目的管理，资产保全业务单元制改革持续推进。

二是加强基础管理。坚持合规管理，结合总行对“三项业务”工作检查的通知要求，组织各二级分行对近两年内外部审计发现问题整改情况进行专项检查，抽查面 94%；坚持安全运营，及时建立不良资产项目台账，适时对项目信息进行补充和完善。按时发送到（逾）期贷款催收通知书，及时进行项目对账；坚持业务培训，采取多种形式对保全业务进行广泛培训，并鼓励保证人员参加学历教育培训，不断提高学历层次和综合素质。

（赵志宇供稿）

【会计营运管理】

2008 年，建行云南省分行坚持“以客户为中心”经营理念，不断提升会计管理水平，提升业务运行的质量和效率。

一是积极梳理业务流程。深入基层网点调研，梳理业务核算流程的变化，及时制订《现金出纳业务非现场检查实施办法（试行）》、《关于对公贷款扣息方式选择指导意见的通知》、《云南省分行重要物品及重要单证管理实施细则》等十多项规章制度，进一步规范柜面操作。认真组织账务清理工作，有效解决业务经营中的遗留问题。

二是切实组织信息统计。认真贯彻落实各项信息统计制度，组织及时报送统计信息。加强数据质量及信息统计现场检查。加强各信息管理系统的运行维护和资源利用。全年通过网站主页发布各类最新信息 7000 余条。

（杨夏供稿）

【信息科技】

2008 年，建行云南省分行围绕业务发展战略要求，以确保“信息系统安全运行”为基础，以管理改革和夯实基础管理为手段，不断提高生产系统稳定运行和信息安全风险防范能力。

一是落实总行和银监会关于重要信息系统奥运安全运行保障工作的要求，分阶段组织实施。在奥运应急保障期间，进一步细化系统监控指标，提高系统运行日志检查和分析频度。

二是规范生产维护流程、完善运维工作制度、强化运行基础管理，确保全年信息系统安全运行质量目标的实现。

三是贯彻总行信息安全规划，完善信息安全管理工作制度，加大对应用系统建设及运行安全的监督与检查。加大对全行互联网应用的安全管理力度；坚持信息安全基础教育，提升员工信息安全防护意识和信息安全风险识别能力。

（王宇虹供稿）

【法律事务】

2008 年，建行云南省分行围绕发展战略和经营目标，深入贯彻落实“法律工作创造价值”的理念，加大对金融创新和业务转型的法律支持，不断完善法律风险预警机制，积极推进法律风险识别、防范和化解体系的建立。

一是合理配置法律服务资源，加强全年重点金融创新和业务转型工作的法律支持。

二是推进法律风险预警机制建设，创新、完善风险提示方式。

三是健全法律纠纷管理体系，提升诉讼维权工作价值贡献度。通过制定、贯彻《云南省分行法律纠纷和解管理办法实施细则》，全面规范民事纠纷和解工作。

四是强化知识产权管理。积极申报知识产权注重对创新产品实施法律保护，切实保护建行合法权益。

五是加强法制宣传培训，提高全行员工法律素养，加强法律人员服务能力建设。

（梁丹娅供稿）

【监察合规】

2008 年，建行云南省分行按照“反腐倡廉抓班子、案件查防抓基层”的思路，坚持标本兼治、综合治理、惩防并举、注重预防的方针，加强教育、完善制度、强化监督，认真抓好反腐倡廉各项工作。

一是开展教育引导，促进全行人员廉洁从业。结合深入学习实践科学发展观活动，开展领导人员廉洁从业教育，员工职业操守、合规手册教育，引导全行加强自我约束，规范从业行为。

二是加强反腐倡廉建设，强化监督问责力度。严格执行党风廉政建设责任制，逐级签订《党风廉政建设和案件防范责任书》。持续加大对领导人员的监督管理，坚持和完善提醒谈话和诫勉谈话；加大对权力运行过程重点环节的监督；积极开展信访举报的核查和处理。健全和完善违规失职行为的惩戒制度，加大积分手段运用。开展以抓重点项目认定，抓队伍建设，抓认定流程优化为主线的信贷业务经营、审批责任认定工作，加强对违规失职行为的追究。

三是推进案件防控方案落实，夯实内控管理基础。紧紧围绕《中国建设银行案件防控及整改方案》，抓好推进落实。关注员工日常行为动态，制定农行云南省分行《2008 年案件防控行为排查工作方案》，对在岗员工进行集中行为排查和重点专项排查。

四是健全合规管理机制，稳步推进合规工作。认真履行反洗钱各项职责和义务，注重学习、培训和宣传，完善反洗钱管理制度。抓好关联方识别和系统维护工作，提高关联交易申报质量。将内外部监管、审计检查发现问题作为整改突破口，细化整改要求，提高整改实效。完善合规考核机制，开展合规监督检查，提高全行合规管理水平。

（黄旭供稿）

【大事记】

1 月 3 日，举办“舞动 2008—天鹅湖”个人高端客户答谢会。

1-3 月，举办两期特许财富管理师（CWM）培训班。来自全省各二级行分管个人业务的行领导、部门负责人共 164 人参加了培训和考试。

2 月 2 日，全省工作会议暨第二届一次职工代表大会在江川阳光海岸培训中心召开。

2 月 9 日，在云南省人民政府复转军人安置办公室举办的表彰会上被评为“复转军人安置先进单位”。

3 月 19 日，组织开展“庆五四，迎奥运，我与建行共成长”昆明地区青年员工综艺竞技大赛。

3 月 20 日，龙卡储蓄卡全面升级为“龙卡通”。

4 月 23 日，邀请北京师范大学教授钟伟作“房地产金融及风险分析”专题讲座。

4 月-5 月，面对省内雪灾和“汶川地震”事件，及时反映并安排应对灾害需要的财务支出，开展固定资产的损失清点、索赔工作；及时执行灾款汇费减免政策；开辟受灾款项绿色通道，确保救灾资金顺畅运行，全力支持抗灾救灾工作。

5 月 12 日，总行巡视组一行 5 人对分行领导班子及其成员开展巡视工作，对遵守党的政治纪律，贯彻执行党的路线方针政策，落实科学发展观以及总行党委决议、决定和工作部署、执行民主集中制、选拔任用领导人员、维护员工切身利益，解决员工反映强烈的问题、落实党风廉政建设责任制和执行廉洁从业规定等方面的情况进行监督检查。

5 月 28 日，财富精英俱乐部成立仪式隆重举行。

5 月 29 日，“中国英模母亲——建设银行资助计划”云南启动仪式在胜利堂隆重举行。

6 月 26 日-7 月 30 日，组织完成上半年财务合规性现场检查，对部分行 2007 年以来各类财务检查和审计的问题整改情况和后续管理规范事项进行现场抽查。

6月，制定《农行云南省分行客户问题处理管理办法》，针对95533投诉涉及的法律事项统一处理流程，进一步梳理并规范了客户投诉解决程序。

7月1日，召开纪念建党87周年大会暨“创先争优”、“双先”表彰大会，对“创先争优”及“双先”代表进行表彰。

7月25日，全面启动“08财富年，建行冠军榜”个人金融营销活动。

8月5日，对外张贴服务收费项目中英文对照公告，为迎接北京奥运会提前做好准备，并积极提升建行外部服务水平和企业形象。

8月6日，成功首发建行公积金龙卡联名卡。

8月25日，举办当前经济形势分析专题讲座，国务院研究发展中心宏观经济研究部余斌部长主讲。

9月3日，分行二届一次职代会第一次联席会召开，协商通过《中国建设银行云南省分行补充医疗保险管理办法》(修订稿)。

9月19日，分行2008年“奥运服务年柜面业务竞赛”在海埂培训中心圆满落下帷幕，经过柜面业务知识笔试、ccbs操作系统计算机录入以及出纳业务技能三项比赛，共评出52个个人奖，6个全能奖以及6个团体奖。

10月17日，召开深入学习实践科学发展观活动动员大会。党委书记、行长潘念宁同志作了动员讲话，对全行系统开展深入学习实践科学发展观活动进行全面动员部署。

10月21日，捐建的第一所“建行希望小学”在普洱市宁洱县民安村落成并揭牌，总行公关部企业责任处领导和普洱市副市长共同为建行希望小学揭牌。

11月6日，首家个人出入境金融服务中心正式成立。

11月10日，组织开展2008年“送温暖、献爱心”捐助活动，昆明地区员工共捐赠衣物、被子、毛毯等7084件，捐款44090元。

11月18日，分行职工创作的音乐快板《唱建行》，在云南银监局和银行业协会主办的云南银行业纪念改革开放30周年文艺会演中夺得一等奖。

12月11日，昆明市政府、建行云南省分行银政合作协议签字仪式在昆明市委礼堂举行，潘念宁行长、张祖林市长分别代表双方签订了《战略合作协议》。

12月18日—20日，2008年度“中国建设银行与国家开发银行业务合作交流研讨会”在西双版纳召开。

12月22日和23日，组织两场“倾听您的心声，感受关爱力量”行领导与一线员工面对面交流活动。

交通银行云南省分行

副行长（主持工作）：李大军

【综述】

2008年，交通银行云南省分行（简称“交行云南省分行”）全面贯彻落实总行2008年工作会议精神，在深入研究经济金融形势的基础上，明确了经营指导思想，即：深入贯彻落实科学发展观，服务经济平稳较快增长的大局，紧紧围绕总行的战略目标和战略部署，以结构调整推动战略转型，以强化风控确保安全经营，以改革创新增强发展动力，以加强管理提升经营效益，努力提高核心竞争力，着力打造财富管理的经营特色，实现又好又快发展，为发展交行事业、支持地方经济建设作出应有的贡献。

结合交行云南省分行的工作实际，进一步梳理明确了“一个统领、两条主轴、三个要求、四轮驱动、五指齐抓、六项重点”的工作思路，即：坚持以科学发展观统领全行各项工作；横轴要实现各项业务的快速发展，纵轴要实现管理水平明显提升；落实全面、协调、可持续三个发展要求；公司、零售、国际和电银四轮驱动，四个条线推进战略转型；规模、速度、质量、结构、效益五指齐抓，同时并进；突出加强党建与人才队伍、建立一体化营销体制、实施全面风险管理、完善资源配置体系、打造财富管理品牌、构建和谐银行六项重点工作。

2008年，交行云南省分行始终把发展作为全行的中心工作，以发展促进经营管理，用发展统一全行思想，靠发展凝聚人心和才智，在发展中解决历史遗留问题。在发展中，注重全面协调，公司、个金、国际业务同步推进；在发展中，注重三维比较，与自身历史、当地同业、兄弟分行进行多视角比较；在发展中，抓紧抓好重点，紧盯银政合作，紧盯银企合作，紧盯大企业和大项目。全行干部员工逆势而上，克难攻坚，抢抓机遇，各项改革有序推进，各个条线捷报频传，各项业务又好又快发展，各项业务指标创历史新高，业务发展和经营管理迈入重组20年来最好的历史时期。截至2008年末，全行本外币资产总额319亿元，比年初增加56.21亿元，增幅21.38%；人民币各项存款余额292.29亿元，比年初增加53.85亿元，增幅22.78%；人民币各项贷款余额183.51亿元，比年初增加30.36亿元，增长19.82%；实现拨备后利润6.9亿元，比上年增1.1亿元，增幅19.22%；各项主体指标和战略性指标均全面超额完成总行下达计划。

【公司业务】

一是关注宏观经济金融形势，抓好人民币对公存款组织工作。认真组织重点客户的营销活动，深入了解客户金融业务需求，维护和巩固现有客户业务，积极拓展新客户和中小客户。

二是抓好银政合作、银企合作。与昆明、曲靖、玉溪、楚雄、大理等州市政府及以及昆明安宁市、五华区、高新区等地政府签订了战略合作协议，与省内十余户大型企业集团业务合作不断深入。

三是按照银监会“保增长、防风险”的原则，贯彻“区别对待、有保有压”的信贷投放政策。切实加强信贷业务基础管理工作，积极抓好信贷项目储备，把好项目筛选审查关，提高自我识别风险和管理风险的能力，有效防范和化解风险。

四是大力拓展公司条线中间业务。有机整合公司业务产品和服务，推行“客户经理+产品经理”组合营销模式，增强公司金融的服务能力，实现重点产品新突破。

通过努力，2008 年末，公司客户存款余额 192.27 亿元，较年初增加 33.68 亿元，增幅为 21.5%，完成总行下达计划的 109%；公司客户贷款余额 160.63 亿元，较年初增加 28.05 亿元，增幅为 21.2%；在货币政策从紧、信贷规模严格受到控制时期，全行开拓思路，创新产品和服务，通过省内外交行联合贷款、间接银团贷款、信托贷款、融资租赁等形式，运用或引入资金超过 30 亿元，加大了支持地方经济建设的力度。

【个人业务】

个人金融业务紧紧围绕“打造财富管理银行，创建一流银行集团”的战略目标，贯彻以客户为中心的理念，按照“夯实一个基础、突出三个重点、紧抓五项措施”的工作思路，着力加快储蓄业务的发展，夯实传统业务基础，突出抓好个金销售、零售信贷、提升服务三项重点工作，紧抓管理体制、品牌建设、渠道建设、客户基础、考核激励五项措施，全面加快个人金融业务的发展。年末，人民币储蓄存款突破 100 亿元，达 100.02 亿元，较年初增加 20.18 亿元，增长 25.27%，完成总行下达计划的 168%；个人外币存款 4703 万美元；零售贷款余额 22.88 亿元，较年初增加 2.31 亿元，完成总行下达计划的 105%；个金产品销售完成 68 亿，完成总行下达计划的 80%；交银理财客户 23640 户，年内新增 8248 户；沃德客户 3765 户，年内新增 622 户；已建成新型现代银行网点 OTO 16 个，客户服务的环境和设施达到行业先进水平。

【国际业务】

国际业务围绕“盯住市场，确保市场占比稳中有增，盯住效益，走集约化、精细化发展道路，盯住结构，调整和优化国际业务”的指导思想，积极采取三项措施，保证了业务的发展。年末，全行外币存款余额 8，891 万美元，较年初增 1，499 万美元，增长 20.27%，完成总行下达计划的 214%；国际结算量完成 8.73 亿美元，较上年增 4.1 亿美元，增幅为 47%，完成总行下达计划的 146%。

一是精耕细作，努力挖掘发展的潜力。着力抓新开户，积极捕捉市场信息，紧盯重点招商引资项目和重点客户，集中力量、全行联动，加快产品创新步伐。

二是调整结构，努力提高发展效益。提高单证业务占比，发挥“客户经理+产品经理”的营销组合优势，注重将远期结售汇、远期外汇买卖等理财产品与传统的结算业务产品进行组合营销，积极推广贸易融资业务，延长国际业务创收环节，把握汇率波动的机遇，适时推介远期结售汇业务，帮助客户规避汇率风险。

三是强化国际业务管理和考核。推动各经营单位制定具体措施，保证指标责任的有效传导，加强国际业务专业化的培训和指导，深入企业对重点客户的外汇业务进行指导。

【电子银行业务】

2008 年，交行云南省分行加强宏观政策研判，挖掘并适时把握市场机会，在风险可控条件下尽可能满足企业客户的电子银行金融需求，加大对企业客户的金融支持力度，同时，深入研究个人客户电子银行消费心理和消费行为的变化，提高“随需应变”的能力，加快电子银行业务的发展。全年，全行电子银行业务交易笔数（不含查询交易）为 484 万笔，占全行业务量的 40.15%；企业网银新增增客户 681 户，完成总行下达计划的 142%；个人网银客户新增 6.97 万户，完成总行下达计划的 127%；网银交易金额 1111 亿元，占全行业务量的 55.54%，完成总行下达计划的 127%。

一是在重视业务发展规模的同时，提高电子渠道业务分流率，促进传统业务向电子渠道的迁移，将电子渠道分流率纳入支行综合绩效考核体系，关注网银动户数指标，引导支行发展电子银行业务；

二是加强渠道建设，在重视网上银行业务的同时，加强电话银行、自助银行、POS 机具建设，积极拓展特约商户、特惠商户和家易通业务，更新自助服务机具，调整搬迁自助银行，完善自助银行布局；

三是完善电子银行业务产品和服务，重点完善电子渠道代理缴费、网上支付、跨行转账、银证业务、银期业务、自助签约、批量转账、批量扣款等功能，为网银客户提供更多的选择。

四是加强企业网银业务管理工作，规范业务操作流程，规范电银业务档案管理，建立定期检查制度，加强自助银行的日常巡查工作，尤其是特别时段和特别地段的巡查力度，确保自助银行安全运营。

【战略转型】

一是抓品牌建设。公司业务突出“蕴通财富”、“盈通账户”、供应链企业等品牌；零售业务突出“沃德财富”、

“交银理财”、“展业通”、“得利宝”、“金融快线”等业务品牌，加强品牌的整合和宣传。

二是抓业务创新。在深入分析研究市场和客户需求的基础上，为客户量身订制对公理财、对私理财、国际业务、企业年金、融资租赁、信托贷款、资产管理、顾问咨询、综合规划、投资组合、现金管理、保障计划等全方位、立体化、多层次的现代金融服务。

三是抓分级服务。通过细分客户群，实现分层服务，尝试个人专户理财业务，把中低风险的基金作为客户资产的重点配置项目，逐步加大“智慧选基”、“智慧定投”的推广与应用。

四是抓重点突破。积极推进风险敞口费、信托贷款、国际结算、结售汇业务、非贸易结算、对公外汇理财等重点业务，提高公司条线和国际条线在中间业务收入中的比重。

五是抓队伍建设。加强客户经理的培养锻炼，培养、选拔优秀客户经理，打造交行品牌理财师，持有金融理财师（AFP、CFP、EFP）资格的专业人才超过了70人，提升了理财队伍的整体素质和社会形象。

全年，交行云南省分行中间业务收入完成11，553万元，收入结构得到改善，渠道品牌建设初见成效，财富管理的市场形象和经营特色初步确立。公司条线和国际条线中间业务收入发展迅速，调整改善了中间业务的结构，公司条线完成2，180万元，增长295%，占比提高了14.3个百分点；国际条线完成1，800万元，增长34%，占比提高了4.45个百分点；零售条线完成7，541万元，占比下降到65.4%。公司条线的投行业务、表外业务敞口费、融资性担保收入，国际条线国际结算、满金宝、对公理财和结售汇收入，零售条线的得利宝、代理保险、商户拓展成为中间业务的主要亮点。

【风险管理】

2008年，交行云南省分行一手抓业务发展，一手抓风险管理，始终把风险管理和内控管理摆在突出位置，把质量作为各级经营者的第一责任，更新理念，引进先进工具，完善体制机制，落实责任追究制，不断强化内部管理，着力构建风险管理文化，风险管理和内控管理能力明显提高，资产结构明显改善、不良贷款持续双降，风险管理取得显著成效。全年，全行资产结构明显改善，与上年末相比，盈利资产占比96.03%，提高1.25个百分点；正常类贷款占比93.56%，提高3.5个百分点；1-5级客户贷款额占比92.36%，提高4.58个百分点；重点支持的电力、交通、有色、化工等六大行业贷款占比56.67%，提高2.51个百分点。严格把控新增贷款风险，着力加紧清收存量不良资产，年末，不良贷款余额2.47亿元，较上年末下降0.84亿元，占比为1.34%，较上年末下降0.8个百分点。不良贷款余额和占比持续双降，非信贷不良资产清理处置成效明显，适应经济周期调整的能力增强。

一是建立经济形势分析制度。强化风险意识，建立由风险管理部牵头，公司、授信、资负等部门参与的经济形势分析制度，密切跟踪和分析研究国际、国内、省内经济金融形势和动态，定期形成关于信贷投向和风险防控的调研报告，针对各类信用风险，有针对性地开展压力测试，积极应对经济周期对全行经营活动的影响。

二是完善风险管理体制。继续完善垂直风险管理体制，提高风险管理条线的独立性和权威性，健全风险管理部门与授信、零售信贷、资负、预算等综合管理部门以及公司、国际、个金等条线管理部门在风险管理上的分工运行机制，明确风险管理部在各类风险防控工作中的牵头管理职能，明确相关部门具体业务风险管理职责，完善内嵌式风险管理体系和双线矩阵报告制度。

三是着力加强信用风险管理。将贷后检查的起始点前移，严格执行贷后检查报告制度，加强授信客户的风险排查，加强内部审计和检查，加强客户经理的履职行为考核，确保客户经理按规定频率和要求开展检查，明确减退加固标准和要求，对出现风险的企业采取增加有效抵质押等手段增强第二还款来源保障，对风险较大的授信客户实行分行行长一把手负责制，及时研究和采取风险防控措施。

四是着力加强操作风险管理。从加强风险教育、实行业务技能强制培训，加强检查通报、注重整改落实，加强条线管理力度、完善条块结合考核体系，加强业务系统建设、降低人工干预，加强检查辅导、推进全辖紧密型一体内控管理等方面入手，加强操作风险防范和反欺诈工作力度。

五是加快市场风险管理体系建设。加强利率风险分析，对资产负债的市场价值进行点差价值测算监控，实现前后台风险剥离和实施利率风险专业管理，加强对隐含期权的分析，建立理财产品业务风险动态跟踪评估制度。

六是加快合规风险管理体系建设。充分认识合规文化建设的重要性，培育员工“主动合规”的意识和习惯，加强授权管理，建立合规规章制度和合规管理程序，实现在经营过程中对合规风险的动态识别、评估、监控，达到合规管理与日常经营管理过程的有效衔接和融合。

【提升服务】

服务质量是银行竞争力的重要组成部分，交行云南省分行坚持以服务促发展，以服务促管理，高度重视服务质量的持续提升，营业网点服务质量与机关部门服务质量双轮驱动，两个服务一起抓，将服务管理作为全行的基础工程重点安排和部署。建立了考核监督、网点形象提升、效率提升等8个专业小组，构建了全面的服务管理组织架构。认真落实监管部门、银行业协会关于奥运金融服务的有关要求，加强奥运金融服务工作。聘请云南当地的中介公司，对全辖网点开展了“神秘访客”检查评比，加大了明察暗访的力度。建立和完善了学习制度、督察制度、通报制度和考核制度，建立了柜面测评系统、录像抽查、督察组规范化督察、投诉处理等系统的检查评估制度，服务管理的制度体系逐渐完善。干部员工服务意识和服务能力明显提高，高新支行被评为中国银行业文明规范服务示范单位，高新支行、护国支行、西区支行、安宁支行营业部被评为云南省银行业文明规范服务示范单位。2008年末，在分行“神秘访客”检查中，全行网点服务平均得分从一年前的69.86分提高到了86分，总行“神秘访客”对全行普通网点、沃德网点的综合评分分别为84、85.2分，较2007年分别提高了19、16分，服务质量已逐渐形成全行一项重要的竞争优势。

【内部管理】

预算管理能力明显提高。一是重视过程管理。将成本管理、定价管理和管理会计相关知识编制成册，普及财务知识，强化基层营业机构负责人的效益意识，加强对预算执行的分析与控制，定期对主要业务经营指标的完成进度进行分析和通报，确保各项预算指标的圆满完成。二是不断完善绩效考核体系。建立了经济利润为核心的营业机构经营绩效考核体系和以平衡计分卡为主要工具的个人绩效考核体系，加大业务发展指标和战略性指标考核权重，增加了净边际利率、贷款定价能力、人均利润等指标，提高绩效奖金与经营业绩的挂钩程度，发挥绩效考核的激励约束作用。三是优化资源配置。按照“控制总量、把握进度、优化结构”的费用管理目标，建立“增效益增费用”的配置机制，规范集中采购流程，加强财务管理，增收节支，广开财源，提高费用资源使用效率。四是推广应用先进工具。加强预算和财务管理，随着管理会计、内部资金转移定价和计价方法、内部评级法等工具的推广应用，分行资产负债分析、投入产出分析、利率及定价管理、财务资源配置的效率和能力进一步提升。

业务营运能力明显提高。一是完善会计核算综合质量的周、月、季通报考核制度。加强会计风险提示和风险预警，强化“十三不准十三必须”，增强会计风险防范意识；二是建立了覆盖全辖网点的会计主管队伍和专职检查辅导队伍，构建了垂直化会计管理架构。通过每季会计风险分析例会、每月会计主管例会、每周行务例会、每日基层营业机构晨会“四会”制度，建立健全责任传导机制。三是抓好重点环节的风险防范。加强现金与重空管理、账户管理、银企对账等会计重要风险环节现场检查的力度，开展违规交易行为专项治理，强化风险监督的事后控制职能。四是从安全、效率、服务三个维度，对机构、管理人员、柜面人员进行动态综合管理和考核。建立了条块结合的考核管理体系，加强业务培训力度，开展会计人员业务练兵、业务技能比赛等活动，业务技能考核纳入常态化，定期评选服务能手和标兵，营造“学业务、比技能、讲服务、促发展”的会计文化。2008年，在日均业务量大幅增加的情况下，月均差错率从两年前的0.173‰下降至0.02‰以下，会计核算质量持续提高，未出现重大风险事故，实现会计风险事故零损失的目标，业务处理安全高效和稳定运营。

确保IT系统安全营运。一是完成了省辖行中心机房和营业网点的网络改造，完善了全辖一体化技术支持保障体系。二是围绕奥运信息保障工作，通过增章建制、系统健康性检查、业务连续性应急预案和演练、互联网检查清理等措施，提升IT管理能力。三是着力抓安全生产，集中优化主机网络和环境资源，完善网络支持与应用系统，规范化生产运行管理流程，提高了信息系统稳定性，提高了信息安全防护水平，圆满完成奥运金融服务信息系统的保障任务。2008年，完成应用系统的软件升级32次，软件开发项目7个，项目测试15个，系统运行效率提升，确保了全行生产系统安全营运。

确保银行安全经营。一是按照“预防为主、单位负责、突出重点、保障安全”的方针，落实“横向到边、纵向到底”的要求，逐级签订责任书，逐级落实安全规章制度；二是加强“三防一保”教育和演练，提高员工安全经营的意识，更新改造监控报警系统和设放，运用现代化技术手段，不断提高人防技防的能力；三是加强安全检查，提高对营业机构的检查频率，构建常态化的检查机制；四是不断完善应急预案，有效防范了多起针对全行的犯罪行为，妥善处置了“独具慧眼”理财产品亏损事件。在严峻社会治安形势下，确保了多年来未发生经济、刑事或治安案件，确保了国家财产和员工生命安全，确保了银行的安全经营。

【人才建设】

交行云南省分行坚持以人为本的理念，把人力资源作为全行重要的战略资源，深入开展学习实践科学发展观活动，着力加强党的建设、领导班子建设和干部队伍建设，为科学发展提供组织保障和人才保障。

深入开展学习实践活动。紧紧围绕提高思想认识、解决突出问题、创新体制机制、促进科学发展四个目标，精心制订实施方案，搭建工作班子，深入开展宣传动员，层层抓好理论学习，全面加强检查落实，围绕热点问题开展深入调研，广泛开展解放思想讨论，多种方式征求干部员工意见和建议，开好党委民主生活会和支部专题组织生活会，精心准备领导班子分析检查报告，学习实践活动各项工作紧张有序推进，活动开展过程成为解放思想、查找问题、创新体制、促进发展的过程，学习实践活动开展情况受到了中央和总行指导检查组的充分肯定。

着力加强班子建设。针对班子组建时间不长的实际情况，按照创建"四好班子"要求，紧抓理论学习、制度落实、沟通交流、作风建设和学习实践活动五项重点，着力提高认清形势、把握大局的能力，提高适应宏观经济波动、保持业务快速平稳发展的能力，提高整体协调、决策执行能力，提高确保一方平安，维护大局稳定的能力，始终保持克难奋进、激情澎湃的精神状态。

全面推进党的建设。健全了省辖行党委领导班子，调整和健全了市内党支部组织架构，加快了党员发展步伐，党员数量达到447人，在全部员工的占比从三年前32.6%提高到38%，完善了"三会一课"制度、组织生活会制度等基层党建的9项制度，推出了联络员机制、基层党建考评制度等8条措施，基层党建工作明显改善，党组织的吸引力和战斗力明显增强。

加强干部队伍建设。年末，全辖干部员工1，166人，其中，本科及其以上学历人数达到603人，占比达到51.7%，较三年前提高了15.4个百分点，知识文化结构得到改善；建立了干部后备人才队伍和客户经理后备队伍，完善了公开选拔人才的机制，打通了员工职业发展通道，为干部员工实现自身价值提供了机会。销售拓展人员占全部从业人员的25%，提前达到了总行的考核指标，网点逐步从业务处理型向销售型转变。持证上岗和全员培训体制全面推开，各职等任职资格考试及持证上岗率均超过总行考核要求，金融理财师队伍初具规模，干部员工业务能力明显提升。

【社会责任】

积极开展抗震救灾工作。四川汶川发生特大地震灾害后，广泛动员全行干部员工和共产党员捐款支援灾区，全行以捐款、特殊党费、特殊团费等方式，捐款总额超过57万元，并抽调了2名干部赴成都分行，直接到达抗震救灾第一线开展工作。曲靖分行派出专人帮助中共曲靖市委组织部收取特殊党费326万元，得到了曲靖市委组织部的高度赞扬。全行各个营业网点及网上银行设立了"爱心捐款绿色通道"，为灾区捐款提供优质、高效、便利的金融服务，保证每一笔捐款都能以最快的速度到达灾区。邀请抗震救灾优秀党员作了事迹报告会，全体党员精神上经历了洗礼。

认真开展扶贫济困。选派了第二批扶贫干部到维西县挂职，深入贫困地区开展扶贫工作，向维西县捐赠1台复印机用于改善乡政府办公条件，捐赠10万元用于解决农村人畜饮工程，帮助改善人民群众生活。全行还向遭受地震和泥石流灾害的陇川县和楚雄州各捐赠10万元，用于开展救灾和扶贫。全行扶贫工作得到了当地人民群众的赞誉，受到了省政府表彰。

推进和谐分行建设。涉及员工切身利益的绩效考核办法、交通补贴调整方案等，多次征求了干部员工的意见，取得了干部员工的理解和支持。关心员工身体健康，开展了体检，为员工购买了互助医疗等四种保险。电银部职工方继东不幸患上肺癌，分行班子成员多次前往探望，组织了爱心募捐活动，捐款金额达11.5万元。召开了退休及内退员工座谈会，对困难员工进行了走访和慰问。分行领导亲自走上讲台为新员工讲课，定期召开新员工座谈会，了解和解决新员工工作、学习和生活中的实际困难。举办了庆百年交行迎奥运长跑比赛活动，丰富了职工业余文体活动。分行的各种活动和措施，凝聚了各方面的人心，营造了干部员工之间相互关心、团结协作、和睦相处的和谐环境。

（办公室供稿）

【大事记】

1月2日，陈志拴同志任分行党委委员、纪委书记。

1月14日，分行"沃德财富"之夜新春答谢会在昆明剧院隆重举行，特邀国家舞台艺术精品工程十大精品剧目之一的大型舞剧《大梦敦煌》倾情演出。

1月21日，交通银行总行表彰2007年度经营管理优胜单位，分行受到表彰。

1月25日至26日，分行召开2008年工作会议。

1月26日，分行2008年度表彰暨春节团拜会在云南大剧院举行。

3月8日，分行“庆交行百年华诞，迎奥运强身健体”职工长跑比赛活动在金殿公园举行。

3月14日，云南省委常委、昆明市委书记仇和到分行调研，并与分行班子进行了座谈。

4月7日，分行李大军同志任党委副书记（主持工作）。

5月5日，分行团委与昆明市盲哑学校开展了“迎奥运、贺行庆”五四爱心公益活动。

5月12日至13日，华庆山监事长拜访了云南红塔集团董事长柳万东，在滇期间听取了分行领导班子的汇报。

5月19日，分行干部员工集中在护国广场，深切哀悼5.12汶川大地震中遇难同胞。

6月27日，分行庆祝建党87周年暨新党员入党宣誓大会在云南胜利堂召开。

7月27日至28日，分行2008年年中工作会议在曲靖召开。

8月6日，分行正义支行搬迁开业庆典隆重举行。

8月9日，为庆祝北京奥运会隆重开幕和分行重组20周年，分行在西南林学院组织了趣味运动会。

8月19日，分行穿金路支行开业。

9月5日，2008年“沃德财富”杯全国高尔夫球巡回赛昆明站比赛开赛，总行叶迪奇副行长为比赛开杆。

9月19日，分行“与责任同行、与交行共荣—做有责任感的交行人”主题实践活动总结大会在昆明胜利堂举行。

10月22日，分行首家村镇自助银行在呈贡斗南花卉市场开业。

11月5日，分行召开深入学习实践科学发展观动员大会。

12月16日，分行高新支行被评为中国银行业文明规范服务示范单位，分行高新支行、护国支行、西区支行、安宁支行营业部被评为云南省银行业文明规范服务示范单位。

中国邮政储蓄银行云南省分行

行长：夏小平

【综述】

云南邮政储蓄自1986年恢复开办，经过20多年的发展，现已建成覆盖全省城乡网点面最广的个人金融服务网络。中国邮政储蓄银行云南省分行（简称“邮储银行云南省分行”）成立后，目前在全省共有储蓄网点752个、汇兑网点1615个。全省邮储ATM机达到311台，布放的POS机具1250台，安装商易通9644台。绿卡交易笔数2223.6万笔，交易金额437.2亿元，同比分别增长了28.3%和9.26%。依托全行强大的网点优势，全行卡业务、汇兑、中间业务、基金、特色业务等保持了高速发展速度。

【银行卡业务】

目前，中国邮政储蓄银行发行的借记卡，具备储蓄、通存通兑、境内外跨行ATM取现和消费、基金理财、网上支付以及代缴水、电、煤、电信等多种支付结算功能。凡在邮政储蓄营业网点开立个人结算账户的城乡居民均可申请领用邮政储蓄借记卡，目前办理邮政储蓄借记卡暂不收取任何开卡费和年费。截止2008年底，邮储银行云南省分行共发行借记卡316万张，卡户存款余额62.8亿。全年发卡数量实现了跨越式的增长，发卡质量得到大幅提升，全行共发行银联标准借记卡94.4万张，在全省同业排名第3位（前两名为农业银行187.8万张、农村信用社129.6万张）。同时，中国邮政储蓄银行信用卡系统于2008年9月正式上线后，邮储银行云南省分行在内部员工中进行了首张信用卡试发行，此次信用卡发行是全行继小额信贷业务后又一项针对个人的资产类业务。邮政储蓄信用卡业务的开展，对全省银行卡业务发展有着重要意义。邮政储蓄信用卡为信用卡普卡，具备消费、取现、存款、积分、分期、短信服务等功能，授信额度最高为人民币伍万元整，并且终身免年费。信用卡业务正式开展，使得邮储银行云南省分行将通过信用卡这一业务为全省农村卷烟经销户提供免息、短期、小额贷款的融资服务，支持农村卷烟经销户扩大经营范围，提高经营收入，成为农村致富的好帮手。

【汇兑业务】

国内汇兑业务 2008年，全行汇兑业务先后完成全国邮政汇兑大集中系统建设的初验终验、与对公汇款业务系统互通升级以及联网网点建设计划工作，系统功能和处理能力得到大幅提升，全年系统运行平稳；联网营业网点逐步增加，联网覆盖面达全省邮政汇兑网点57.8%，为全省城乡居民个人及公司企业提供快速、优质、全面的电子汇兑业务。

2008年5月12日，四川汶川发生大地震，全行及时下发紧急通知，要求各邮政汇兑网点及时、免费受理客户抗震救灾汇款业务，并加强监督管理，确保全行汇兑渠道抗震救灾资金安全、畅通。据不完全统计累计办理抗震救灾免费汇款180多万元。2008年全行开办的按址汇款、密码汇款、入账汇款、网上支付及商务汇款等汇兑业务保持了稳步增长，全年业务量（笔数、金额）总额增幅分别达到4%和27%。

国际汇兑业务 目前，全行国际汇兑业务集中在西联国际汇款和银邮国际汇款两项，收汇业务大于发汇业务，全年国际汇兑业务呈增长趋势，收发汇笔数同比正增长27%，收发汇金额受美元汇率影响同比负增长4%。2008年12月15日随着两岸全面开通邮政业务，全省282个国际邮政汇兑网点可以办理台湾汇往大陆电子汇兑取款业务。

【基金业务】

2008年，全行共代理销售基金149只，比2007年新增80只。受市场环境的影响，全行基金销量及赎回量同比大幅下降。本年全省代理基金业务共493个网点发生业务，新开账户4133户，累计62064户，销售基金30051万元，同比下降87.30%，全国排名13位，赎回33267.84万元，同比下降59.61%，全国排名16位，至12月底，基金保有金额72384万元，户均保有金额11662.77元。

5-6月，开展基金培训工作，在六家基金公司的协助下，全行在8个州市组织了针对基金业务人员、销售人员及营销人员的培训，全行基金从业人员基金知识及营销知识得到提高。9月，在光大保德信基金公司的协助下组织全省基金从业人员参加了基金销售人员资格考试试前培训，部分人员参加考试并通过了资格认证。11月，按证监局、银监局的要求，为规范基金销售行为，全省基金管理部门及销售网点进行了自查，省分行、昆明市分行及所辖部分网点接受证监局、银监局联合现场检查。通过检查活动，规范了全行基金销售行为。

【中间业务】

2008年，全行代收付业务完成业务量84.55亿元，其中代付业务41.86亿元，同比下降2.55%，代收业务42.68亿元，同比增长26.98%。本年，代收烟草款业务取得突破，在部分州市由邮政储蓄全面代理当地的代收烟草款业务，成为代收业务增长的动力。

2008年，经总行授权并报备云南银监局，全行获得开办个人理财业务资格，并于3月6日在昆明试点发售第一只理财产品，6月，全省各州市分行都开办个人理财业务。开办个人理财业务，丰富了全行业务品种，为全行客户增加了投资的新渠道。全行发售的理财产品，风险较低、收益稳定，得到了客户的认可。全年共发售“天富”系列理财产品4只，财富系列理财产品20只，全省共销售10785.77万元，客户数1091户，销量全国排名24位。

【其他中间业务—国债】

2008年1月28日，全行国债系统正式上线，原手工凭证式国债的数据移植工作于2008年1月26日完成，全省共移植手工数据4467条，移植范围包括全省邮政储蓄销售的自1999年2期凭证式国债到2007年5期凭证式国债所有券种及账户信息（含到期未兑付），实现了全国国债额度总行统一管理，国债资金总行统一结算。

2008年全年共代销5期凭证式国债，累计销售金额1558.43万元。除此之外，全行还利用现有的网络资源和技术优势，通过与中央国债登记结算有限公司的系统对接和信息交互，实现代理储蓄（电子式）国债在全国范围内信息电子化、网络化处理的计算机应用系统。同年4月全行正式成为储蓄式国债（电子式）代销试点商业银行，并于2008年11月25日正式参与储蓄国债的销售工作。单期销售金额为1026.07万元。

【特色金融服务】

汇兑：已经开办有按址汇款、密码汇款和网汇通，网汇e汇款

按址汇款：邮储银行经办按址汇款是一项传统业务，具有百年历史，与其他金融机构的汇款业务有很大区别，不同于之处就在于它利用强大的邮政网络和营业网点资源为广大客户提供独特、周到的汇款服务，目前经过电子化系统处理的邮储汇款业务已注入新的生命力，继续活跃在资金结算的金融道路上，为广大客户提供最优质的服务。

密码汇款：只需办理时设定一个密码，自行通知收款人，一切尽在客户自行掌握中，实时到达，方便快捷，全国邮政汇兑联网网点办理。

网汇通，网汇e汇款：网上支付好帮手，单笔支付，安全方便，避免银行卡网上支付带来的信息泄露、资金损失等风险。

农民工银行卡特色服务：中国邮政储蓄银行农民工银行卡特色服务在中国人民银行的领导和中国银联大力支持下，于2008年5月7日和14日分别在贵州和湖南两省试点成功上线。云南省于8月陆续在全省范围内开通了农民工银行卡特色服务的受理和发卡业务。目前，邮储银行云南省分行发行的储蓄卡均开通了农民工银行卡特色服务功能，同时具备农民工银行卡特色服务功能的它行银行卡可到全省752个邮储网点进行跨行取款。截止2008年12月全行共有416个网点有农民工银行卡特色服务交易发生，交易金额为483万元、交易笔数3948笔。

小额贷款迈向市场：继2007年邮储银行云南省分行存单质押小额贷款推出之后，2008年度，小额信贷正式迈向市场，成为全行挂牌后的第一项零售资产业务，标志着全行真正意义上的信贷产品正式启动。

产品介绍：“好借好还”小额信贷产品针对广大农户和个体工商户的经营性资金需求进行放贷，以联保或保证方式申请贷款，贷款期限不超过一年，农户单笔最高额度5万元、商户单笔最高额度10万元，逐月还款，能有效解决客户的临时性资金周转需求。

推广步伐：2008年1月22日，小额信贷在玉溪通海县

试点，业务起步取得首战开门红，迅速在当地找到切入点、打开市场，赢得了广大客户对邮储的一致好评，彻底改变市场对邮储银行"只存不贷"的片面认识，极大解决了广大农户和个体工商户的用款需求，为其创收增收助一臂之力。5月起，在全省13个州市分行、33个一级支行推广开办该业务，打开局面、撬动全省邮储个人贷款业务市场。

规模详情：自全省各州市分行小额信贷业务启动以后，发展呈现"井喷"行情，至2008年11月，仅用半年时间，放款规模及结余双双突破亿元，成为金融市场上服务"三农"和小企业主的又一生力军。截至年末，累计放款3.3亿元，贷款结余3亿元，提供服务的有效客户数近5000户。

其他贷款：2008年10月，全行在昆明市分行试点开办"好借好还"个人商务贷款业务，贷款对象为广大个体工商户和小企业主，满足其生产经营性资金周转所需，以个人名下房产作为抵押，可申请单笔额度不超过100万元的贷款，期限最长可达5年，额度灵活、随借随还。截至年末，累计放款633万元，结余565万元

【渠道建设】

深入分析，理清思路，明确渠道建设发展战略。2008年是邮政储蓄银行成立的开局之年，通过深入分析，针对"网点数量少、质量差、布局不尽合理"以及"缺乏专业营销队伍、无法适应市场竞争"这一制约全省业务发展的主要瓶颈，将"网点提质增效"和"专业营销队伍建设"提升到全行战略发展的高度，作为省分行改革发展的基础性和战略性工作来抓。

主动学习，结合实际，展开全省网点渠道建设。研究制定了《网点渠道建设规划指导意见书》、《2008年新建网点装修工程建设流程规范》等管理规范文件，并积极组织开展21个平均面积达300平方米以上的邮储银行全功能网点建设，打通制约网点营销及高端客户服务工作深入开展的场地瓶颈。

规范管理，创优争先，提升网点服务能力。研究制定《云南省邮政金融应急预案》及《云南省邮政金融奥运金融服务保障方案》，并认真组织落实。在圆满完成奥运金融服务保障任务的同时，组织开展"中国银行业文明规范服务示范单位评选活动"，昆明市火车站支行被评为国家级文明示范单位，大理建设路支行等五个网点被评为省级文明示范单位。

围绕客户，整合资源，着力营销队伍建设，推进总部营销项目。在2008年6月省分行成立客户中心的基础上，各州市分行均成立大客户营销中心，负责客户经理队伍建设，并积极开展针对烟草、石油、医药等行业的总部项目营销策划和开发，标志着全省邮储银行营销体系建设工作正式起步。研究制定《中国邮政储蓄银行云南省分行营销体系建设指导意见》，进一步明确各级职能，逐步搭建组织构架，建立考核激励机制，组织营销竞赛，全面推进各州市营销体系建设工作。

精心组织，全力以赴，确保邮储银行电话银行系统顺利上线。在全国率先完成本省95580电话银行客户号码的报批及全省性中间业务平台的改造工作，确保95580电话银行系统于11月25日在本省上线试运行，进一步丰富了邮储银行服务渠道，提升了服务水平，增强了市场竞争能力。

【制度创新】

2007年12月7日，邮储银行云南省分行挂牌成立，成立后的分行通过深化改革，加快发展，积极有序地做好农村金融服务工作，充分利用"二元结构"和"三流合一"的优势，突出重点，创新思路，调整结构，优化流程，积极提升市场竞争力、业务发展力和风险管控力。

制建设得到了有效推进。一是做好现有业务规章制度的梳理工作。按照中国人民银行、中国银监会和中国邮政储蓄银行总行的相关规定，分行对全省制定的各项规章制度和实施细则进行修订；二是根据总行的统一部署，逐步建立业务、营销、管理制度体系。在上级各项管理制度基础上，制订实施细则。逐步形成具有全行特色、适应业务发展需要的制度体系；三是严格执行各项规章制度，认真履行各项业管理、人事管理、会计规章制度和内控制度，编制三年滚动发展规划，先后出台了《中国邮政储蓄银行云南省分行编制管理暂行规定》、《中国邮政储蓄银行云南省分行竞聘上岗实施办法》、《中国邮政储蓄银行云南省分行经济事项处理办法》、《中国邮政储蓄银行云南省分行民事诉讼管理办法》、《中国邮政储蓄银行云南省分行开展合规管理规章制度梳理工作办法》、《中国邮政储蓄银行云南省分行风险管理协调工作机制实施细则》等规章制度和管理办法。

加强了领导班子建设及后备干部队伍建设。采取竞聘上岗、人才引进、交流锻炼等多种形式，以提高干部队伍整体素质。加强营销体系建设，出台《中国邮政储蓄银行云南省分行营销体系建设指导意见》，初步建立了全行信贷、理财、对公业务营销队伍。

加大培训力度。由于新业务的不断开办，分行加大了对高管及员工的培训力度，2008年全年举办了信贷、公司业务、绿卡通、风险合规、会计结算、金融理财师、理财规划师及各类高管培训172期，参培训人员达2159人次，培训率超过了100%，通过多次培训，提高了员工整体素质。

（办公室供稿）

招商银行昆明分行

行长：宋 刚

【综述】

2008年是招商银行昆明分行（简称“招行昆明分行”）成立的第七年，也是全行积极贯彻总行各项要求，切实推进经营战略转型和管理变革，加大产品创新力度，强化内控合规管理，提升服务质量，保持了较好较快发展势头的重要一年。截至2008年末，全折人民币自营存款余额160.11亿元，增幅36.72%，日均自营存款134.26亿元，增幅25.97%；全折人民币经营贷款172.66亿元，增幅25.97%，日均自营贷款143.69亿元，增幅9.47%；不良贷款双降；累计盈利（税前）11.6亿元；个人贷款余额一举突破40亿元；销售理财产品总额4.06亿元；中间业务收入实现9，294万元，同比多增长2，194万元，增幅30.90%。

【创新与实践工作】

加强市场营销和产品创新，促进批发银行业务全面发展。

一是着力重点客户精耕细作。选定昆钢、云锡、新机场等8户大型集团企业成立项目组开展深度营销，同时针对其上下游进行业务链营销和客户开发。加强高层营销，组织客户到西南财富中心和分行参观、品尝咖啡、座谈交流200余次，成立金葵花桥牌俱乐部、开展深入走访拜会昆明市四区政府、“点金”品牌产品推荐会、招银杯网球邀请赛等答谢活动，密切银企银政合作关系。加强分支行联动，跟进省烟草、省工投、省检察院等重点客户，有效促进对公负债业务增长。持续与同业深入合作，促进同业存款和第三存管业务有效增长。寻找市场机会，全力向总行争取利率和融资额度，存放同业金额5亿元。

二是积极拓展中小企业客户。顺应经营战略转型需要，成立中小企业金融部，通过人员集中，流程改革，实现专业化运作。分析市场，主动出击，新增一般性贷款主要投向烟草、冶金、医药、化工、物流等行业，摘掉去年系统排名最末的“帽子”，户数新增和余额新增完成率分别为337.5%和276.5%。

三是加强产品创新和营销推广，新业务领域取得突破。设立每季产品创新和特殊贡献奖励基金，促进业务拓展，收效明显。融资租赁业务取得重大突破，华能澜沧江公司4.6亿租赁业务在系统内首开先河，获总行最佳新业务攻坚奖；第二笔瑞安5，000万元租赁项目已签约放款。加强与云南信托合作，托管资产总额在系统内排名第7位。短期融资券屡有突破，历时两年获得国电宣威5亿元注册通知书并成功发行，云铝10亿元已上报交易商协会等待批准，云天化5.8亿元联合主承销年末终获交易商协会注册通知书，云铜1亿元完成分销。CBS产品成功营销省电投、省旅投和华能澜沧江，获得注册通知书。成功营销拉法基瑞安公司成为全行第一家现金池业务，已进入实际运作准备阶段；中糖异地远程现金管理成功运行。对公理财产品销售大幅提高，是去年销售量的27倍。商务卡新增有效客户5户，累计发卡836张；2家省级财政预算单位公务卡已上线发卡。企业年金业务中标中国水电院昆明院账户管理人资格，新增账户管理人1，500人；新增冶金、云天化国际化工等企业账户管理人8，500人；成功中标省医药公司企业年金受托人资格；完成省烟草进出口、省烟草公司等多家客户理事会转法人受托工作。成功推出 Ubank6.0，有效户新增 143 户，完成计划 119.17%。票据池业务取得进展，云锡等企业已采用。

四是加强国际业务和票据业务营销。成功创新 DF、商票银票组合、“保中保”等业务，获得 5 亿多元保证金增长。与香港永隆银行合作叙做的内保外贷业务成为招行收购永隆后第一单联动业务，得到总行肯定和祝贺。理顺票据业务操作流程，实现票据集约化操作，票据贴现 47.9 亿元，转贴现 154 亿元。

以实施“网点创赢”项目为契机，提升零售银行业务核心竞争力

一是全面启动“网点创赢”销售与服务流程整合项目。聘请北京嘉讯公司进行项目设计和推进，在 10 家网点推开，并按照总行最新装修规范对网点进行升级改造，进一步优化网点环境。项目实施半年来效果明显，零售管理总资产、储蓄存款等指标均呈现快速增长，金葵花客户达标率、客户满意度、金卡发卡量等指标均大幅提升，年末全行零售银行综合评分在全行排名第 13 位。

二是加大产品创新和营销力度。加大理财产品研发，自主设计发行，销售理财产品总额 4.06 亿元。与省旅游局合作，成功推出“七彩云南”主题信用卡，打造了云南人的城市名片。与信用卡部积极合作，整合营销资源，推出“饕餮美食”、“招风影叠”、“非常 1+1”等信用卡营销活动，大力推广信用卡刷卡活动。

三是建立和完善差异化服务为主的财富管理业务体系。以分层“经营客户”理念为指引，初步建立普卡、金卡、准金葵花卡和金葵花卡、钻石卡和私人银行卡客户分层服务架构。启动零售中端金卡客户管理提升方案，金卡客户总贡献度已接近 50% 的水平。完善金葵花增值服务体系，以积分衡量客户贡献度，满足客户个性化需求。举办金葵花卡理财公益行系列营销讲座，邀请知名学者和专家授课。利用网点金葵花理财中心，开展小范围、专属性的美容、健身、理财等小型沙龙活动。做好信息收集，进一步挖掘游离金葵花和潜力金葵花客户资源。建成分行级财富管理中心，成为系统内西南地区第一家私人银行。通过大力发展财富管理业务，带动储蓄存款增长，全年新增 17.96 亿元，提高 0.74 个百分点。

四是克服市场不利因素，大力拓展个人信贷业务。制定个人信贷业务考核激励办法，组织“突围 2008”、“贷贷相传”、“消费易”、二手楼交易资金监管业务等营销竞赛，举办电影招待会、源投放，重点推广“循环授信+随借随还+消费易”组合产品。中秋慰问活动、二手房中介座谈会、地产峰会等活动，并加大媒体资通过向总行申请开办二手房贷款、消费贷款、减免个人经营性贷款财产综合险、调整随借随还利率，延长借款人贷款年龄限制、开办商业用房循环授信及开通随借随还功能、扩大个人信用授信业务客户范围、优化一手房按揭贷款放款模式等举措，促进业务发展。加强分支行联动，积极与二手房经纪公司、公证处、评估公司等中介展开营销合作，就公证费用及评估费用达成统一标准。

【服务体系建设】

一是完善组织构架，细化规章制度。根据总行“全面服务管理”的要求，建立“服务提供、服务支持、服务监督”三位一体的服务体系，成立服务监督管理中心，制定服务管理考核办法，逐步优化考核标准，督促全行提升服务水平和服务质量。

二是强化监督，提升全行服务水平。邀请 AC 尼尔森公司开展两期网点质量检测工作，通过神秘客户暗访形式，对各网点的服务现状作出客观评价和分析，并提出改进意见。在营业网点（含自助银行）统一安装意见箱和录音电话，定期抽检。营造奥运服务氛围，更换网点双语标识，开展奥运金融英语学习及通关比赛活动。对全行办公规范进行定期或不定期检查，开展“中层干部精神文明示范月”活动，提升全行良好工作作风和对外形象。

三是注重客户意见和投诉管理，提高投诉处理水平。完成一事通客户之声系统培训、上线工作，为投诉处理提供技术保障。开展投诉处理技巧培训，上线客户之声投诉系统，提升全行服务投诉处理技巧和能力。

四是深入开展“感动服务 2008”活动。根据总行、银监局、银行业协会统一部署，深入开展“感动服务 2008”活动，规范服务行为，提升服务水平，确保全行在奥运期间为广大客户提供优质高效的服务，树立良好品牌形象。积极参与总行“感动服务 2008”优秀支行和服务明星的评选活动，并获得荣誉。全力做好“中国银行业协会 2008 年度文明规范服务示范单位”评选工作，分行营业部取得国家级称号，金星支行、拓东路支行取得省级称号。

【资产质量控制】

加强了市场调研，实现审贷前移，及早规避市场风险；加强了信贷政策与投向引导，优化信贷投向结构，主动退出客户 20 户，累计收回贷款 8.53 亿元，核销 738.7 万元；科学调整贷款规模，积极开展信贷资产转让业务 12.66 亿元和 5 亿元回购型资产转让业务；加强贷后直查和管理指

导，增强风险预警能力；加强信贷管理培训和考核，提高全行信贷管理水平；改造个人信贷业务流程，建立标准化的前台操作和规范化、集中化的中后台管理模式；进一步强化个人信贷业务检查、风险监测预警、档案管理、中介机构管理和产权抵押等工作，提高个贷风险管理能力；加强不良贷款清收及核销工作。

【内控合规管理】

强化合规意识，加强内控合规管理。完善合规管理组织架构，确定合规督导员和合规管理员，负责合规工作落实，确保全行合规经营、规范管理；深入开展“合规守法”教育活动和合规测试，进一步树立合规文化；坚决执行合规问责制，健全反洗钱内控制度，进一步规范制度评审流程，组织开展制度再梳理，做好制度查询平台维护；组织推荐业务骨干参加总行制度评审专家库，组织制度实施调查。

深化稽核和内控管理。迎接外审（审计署昆明特派办）和内审（总行审计部西安分部）2次专项审计工作，并对检查结果进行分析整改；开展“五禁行为”和操作风险排查工作，遏制风险隐患；运用远程联网科技手段，加大非现场检查力度，促进合规操作，有效防范案件发生。

认真开展治理商业贿赂工作，层层签订责任书，加强反腐倡廉自查和教育。开展诚信宣讲教育活动，提升全行干部员工诚信意识和拒腐防变能力；加大三项执法监察工作力度，重点对营销采购、重大项目招投标、资产处置流程和工程商确认等环节开展监察；认真执行领导个人重大事项报告制度，严格执行“三谈一述”制度。

成立奥运保障领导小组，统一部署，确保奥运期间信息系统安全运营。巩固营业场所、计算机数据中心等区域的技防设施，堵塞内部防控漏洞；加强警队管理，做好突发事件应急预案的规范和演练；组织开展联合整治银行卡违法犯罪专项行动，对自助银行异常事件采取紧急措施止损；强化清机管理，确保自助设备安全运营无差错。

提升制度执行能力。深入推进柜面体制改革，合并管理储蓄高柜与会计柜面，全面实现会计主管、储蓄主管委派制，实现柜面人员薪酬与业务数量和质量挂钩；加强现场辅导和检查，建立分行会计部、支行分管行长、会计主管、会计人员等多层次、全方位齐抓共管的风险防范长效机制。

【人力资源建设】

全方位开展招聘工作，为发展提供人力资源保障。认真组织校园招聘、金融同业招聘、任职干部推荐优秀银行同业人才等活动，共招聘员工142人。

强化干部队伍建设，优化干部队伍整体水平。制定完善后备干部、管理培训生、批发客户经理等培养制度，为分行经营发展储备干部；优化人力资源结构，交流调整干部21名，提聘总助级以上干部27人次，提聘经理级干部73人次，免职干部3人次；召开干部员工、实习生座谈会，广泛听取意见和建议。截至2008年末，全行正式员工654人，大学本科以上学历占比43%，平均年龄29岁。

创新三维考核体系，活化干部考核机制。强化实施“六能”机制，推行“三维考核”体系，通过正向激励、负向惩，提升全行干部管理能力和履职水平；充分运用考核结果，作为干部员工职务（岗位）调整、职级升降、实施末位淘汰的主要依据。

加大培训力度，不断提升干部员工素质技能。举办中层干部“季度讲坛”和经理级干部管理素质提升培训班，开展综合类和业务类新员工培训，使新员工认同招银文化、熟悉专业知识和技能；加大培训力度和硬件设施投入，参加总行组织出国培训18人次，开展二级培训145次，聘任总行和分行管理的兼职教师21名，投入使用远程视频培训系统和模拟银行教室。

多层次、多角度打造零售专业队伍。倾斜零售银行条线人力配置，完成零售银行客户经理序列评级工作，组织全行200人次参加个人理财资格考试，通过率达到90%以上；成功组织首期AFP培训，28人通过考试拿到资格证书，通过率75.7%。完善零售银行客户经理考核办法，投产使用绩效考核暨客户关系管理系统。

推进薪酬考核改革，推行积极人力资源政策。改革薪酬考核分配方式，制定经营单位薪酬考核分配办法、第一负责人薪酬核定办法等制度，有效调动干部员工工作积极性；进一步完善专业序列薪酬体制，出台批发条线客户产品经理、零售、审贷、管理培训生等专业薪酬管理办法；发放薪酬福利告知书，汇编《薪酬福利体系介绍》手册，让每位员工明晰自己的薪酬福利权益，强化员工忠诚度。

【网点建设和改造】

加快网点建设步伐，新建2个支行（兴科路支行和西园路支行）、1个财富管理中心、3个自助银行、21台单台自助设备。成立分行自助银行管理发展中心，加强自助银行维护和管理，保证了离行式自助设备安全高效运作，维护了全行良好的对外服务形象。

邀请AC尼尔森公司开展两期网点质量检测工作，通过神秘客户暗访形式，对各网点的服务现状作出客观评价和分析，并提出改进意见。在营业网点（含自助银行）统一安装意见箱和录音电话，定期抽检。

【企业文化建设】

一是高度重视，认真开展学习实践科学发展观活动。成立以分行行长为组长的活动领导小组，认真学习中央、总行各类文件、讲话精神，认真思考和研究马行长提出的如何深入推进经营战略调整、如何有效防范各种风险、如何努力保持盈利和稳定增长、如何做好过紧日子等八个问题，结合实际提出应对措施。分行班子成员分别带队深入各经营机构开展座谈讨论，听取基层行部意见和建议，收集第一手资料，着力研究可持续科学发展对策。

二是丰富和完善“尊重、关爱、分享”家园文化氛围。组织开展“弘扬职业精神，传承责任文化”演讲比赛、“缘聚金秋·相约招行”家属联谊会、员工双抠大赛、七周年行庆座谈会、七年发展历程回顾摄影展等形式多样、内容丰富的企业文化活动，丰富员工业余文化生活。统一全行家园文化宣传阵地，加强企业文化氛围营造。配送全行加油站书籍累计达2800册，定期为中层干部推荐配送优秀书籍，营造良好学习环境，打造学习型组织。为新婚员工赠送纪念礼品，为业务骨干及行部负责人提供“生日关爱”激励活动，增强干部员工的归属感和认同感。组织全行员工观看优秀教育影片，接受励志教育。为各支行配置台球桌、乒乓球桌等体育设施，提倡全民健身活动。

三是充分利用各种媒体资源，源源不断做好品牌宣传工作。围绕总行“红动中国”品牌推广活动，成功组织“巅峰梦想 红动中国”昆明站登山活动和总决赛昆明站出发仪式。加大广告资源整合力度，不断提升全行品牌和产品影响力。举办媒体互动活动，通过高层走访、节日问候等方式，增进银媒友谊，有效防控舆论危机。积极做好内、外部宣传报道工作，上稿招银e报132篇，在当地主流媒体报道量324篇（次），在全省位居第四，未出现负面报道。

四是弘扬招银精神，承担社会责任。组织全行员工参与“全国亿万职工奥运知识竞赛”活动，组织全行为冰冻灾害地区捐款41，900元，为5.12汶川大地震开展“招行有爱、心系汶川”捐款和交纳“特殊党费”活动，分别捐款14万元和5万元。做好永仁、武定扶贫干部交接接待工作，选派新农村建设指导员。积极参与省银监局、银协组织的纪念改革开放三十周年文艺会演，选送小品《小核桃》荣获二等奖，积极向社会各界传达招行肩负扶贫任务的责任和使命。

五是不断追求卓越，精神文明建设工作取得成效。蝉联市级文明行业和市级文明单位光荣称号，被作为楷模在辖区内广泛宣传。茭菱路支行、东风西路支行紧跟分行步伐，获得市级文明单位称号。配合当地政府完成全民义务植树活动，累计植树量达20亩。

六是切实改进工作作风，提高工作效率和服务意识。完善实施督办工作管理办法，督办完成25项重点工作，提升全行工作效率。不断提升西南财富中心、分行咖啡屋服务品质，注重膳食合理搭配，统一配置餐具，定期加强绿化，装修改造全行卫生间，保障员工后勤生活。

（办公室供稿）

【大事记】

3月22日~24日，召开分行2008年工作会议。

3月8日~4月8日，根据总行统一部署，开展第四届企业文化节。

4月1日，召开“感动服务2008”启动视频会。

4月13日，举办“招商银行CCTV巅峰梦想 红动中国”全民健身登山活动，分行行长室全体成员、省体育局张俊副局长出席，员工、客户、大学生代表共150余人参加了此次活动。

4月26日，在翠湖宾馆举行金葵花棋牌俱乐部成立揭牌仪式暨名人桥牌、双抠邀请赛。

5月16日，举行第二届理财教育公益行大型营销活动暨首场理财讲座，特邀宏源证券结构融资部总经理、著名财经著作《货币战争》作者宋鸿兵先生、宏源证券研究所所长程文卫先生为本次活动作专题演讲。

5月26日，召开“网点创赢”销售与服务流程整合项目启动会。

6月25日，招银金融租赁有限公司与云南华能澜沧江水电有限公司4.6亿元租赁项目在昆明成功签约。此笔业务是招商银行的首笔融资租赁业务，也是昆明分行发展过程中的一个重要里程碑。

7月2日，在昆明遭受10年不遇大雨侵害之际，精心组织安排抗洪排涝，确保机构网点正常运营。

7月4日，召开二次会议贯彻落实总行奥运金融保障工作视频动员大会精神。

7月13日~20日，总行马蔚华行长赴永仁、武定开展扶贫慰问活动，在昆期间拜会了省委常委、常务副省长罗正富、省委常委、昆明市委书记仇和、副省长曹建方、省人大副主任程映萱、省政府秘书长丁绍祥、市长张祖林、省金融办主任肖晓鹏、云南银监局局长李保上、中国人民银行昆明中心支行行长杨小平等省市领导。

8月2日~4日，召开分行2008年年中例会。

8月19日，举行赴永仁、武定第十批扶贫干部欢迎仪式。

9月8日~12日，省政府金融办、人行昆明中支、云南银监局牵头联合各银行金融机构开展“云南银行业提升小企业金融服务”系列活动。招行作为媒体见面会发言代表，并认真落实此项活动，得到政府、监管部门和客户的一致好评。

9月11日，在西南财富中心（滇高别墅）举行“2008·共享金秋”媒体联谊会。

9月14日、15日，举行“金葵花·中秋夜”奥地利布鲁克纳童声合唱团音乐会答谢活动。

9月27日，举办“缘聚金秋 相约招行”家属联谊会。

10月5日，与云南省体育局联合举办2008年云南省“招行杯”健身网球比赛，省长秦光荣等省厅级领导应邀参赛。

10月22日，西园路支行开业，成为昆明分行第17家营业机构。

11月13日，个人贷款余额突破40亿元。

11月14日，在昆明滇池湖畔高尔夫球会成功举办招商银行昆明分行第二届金葵花杯高尔夫邀请赛，邀请客户余人参加。

11月21日，在2008中国国际旅游交易会上首发“七彩云南”城市主题信用卡。

11月21日，职工创作的小品——《小核桃》，在云南银监局、云南省银行业协会主办的云南省银行业纪念改革开放三十周年文艺会演中荣获二等奖。

12月11日，与昆明市人民政府签订战略合作协议。

12月19日，昆明分行金泰财富管理中心开业。该中心成为招商银行西南地区第一家财富中心。

中信银行昆明分行

行长：陆金根

【综述】

2008年是中信银行昆明分行成立的第七个年头，也是全行实现快速发展的重要年份。面对国内外经济金融形势的剧烈变化，在中信银行总行的正确领导和分行党委的指挥下，全行员工以“勇争第一”的信心和勇气，努力拼搏，各项工作取得显著突破，发展基础进一步夯实，盈利水平进一步提高，可持续发展能力进一步提升。整体呈现出五个“上台阶”：经营发展迈上新台阶；盈利能力迈上新台阶；可持续发展能力迈上新台阶；管理工作迈上新台阶；品牌建设迈上新台阶。截至12月31日，资产总额159.79亿元，各项存款余额118.27亿元，各项贷款余额129.78亿元，贷款不良率0.17%，资产质量继续保持优良，累计实现利润2.84亿元。全年被总行评为良好行。

【公司业务】

坚持“双优双主”的客户策略，落实“五要”营销策略，公司银行业务得到了快速、健康的发展。主要围绕八个方面推进业务发展：一是调整架构，完善考核激励机制；二是加强了对负债业务的营销管理工作；三是加强了对战略客户的营销管理工作；四是推动银政合作，搭建了与各级政府深入合作的平台；五是推动投行业务、资金资本业务，促进中间业务收入增长；是六对票据贴现、承兑、表内资产经营和中间业务等四项业务进行大力推广，成效显著；七是推动产业金融发展，取得重大突破；八是加快支行规模发展速度，形成争先夺优的良好发展氛围。

【零售业务】

坚持“积累客户、经营客户、提升客户”的发展路径，以客户为中心，抓基础、抓素质、抓服务，积极推进分行零售银行业务体系建设，零售银行业务稳步增长，几项核心指标进入系统前列。主要体现在四个方面：一是服务体系建设得到完善，围绕支行层面“三个一”和分行层面“六个中心”的要求，建立了贵宾理财、服务品质管理、电子银行三个体系；二是客户管理工作得到深化，继续深化“积累客户、经营客户、提升客户”的三步并举策略，以代发工资、居家金融产品、理财产品、信用卡等提高客户的忠诚度；三是客户经理产能稳步提高，2008年，昆明分行通过人员配置、考核、激励、培训等方式，大力推动业务团队建设，成为分行零售业务实现快速发展、盈利提升的重要保障，零售客户经理人均产能较上年提高近一倍；四是服务品质得到提升，考核、培训、竞赛，多管齐下，实现整体服务质量的提升。

【服务品质建设】

在已有基础上，加大力度，着力提升服务品质；进一步调整服务品质考核重点，从服务态度、业务技能和网点管理等方面对支行、个人进行考核；建立系统化、规范化的员工培训机制，邀请资深教员对全行大堂经理进行礼仪、服务和形象、化妆等方面知识的培训；开展技能竞赛、客户满意度调查等活动，提高了服务意识、服务能力和服务品质。

总结考核经验、完善考核办法 下发了新的考核办法，并按照新修订的考核办法，对支行和个人的服务品质执行情况进行按月检查、按月通报、按季兑现。

组织大堂经理培训、考试，提升员工服务水平 先后多次组织全行大堂经理进行专业的礼仪、营销、技能培训，培养一支高素质的大堂经理队伍，创造和谐温馨的大堂环境，给顾客以至上的享受。

强化制度建设，进一步完善服务品质管理制度 对原有的制度进行了修订和补充，通过系列办法的出台，进一步加强对全行的规范化管理，有效指导全行服务品质管理工作。

按季发布服务品质专刊《春之服务》开启了一扇动态解析全行服务品质建设的窗口，搭建一个服务宣传交流的平台，力争在全方位展示全行服务品质建设进程的基础上，营造出上下互动的良好氛围，调动起全行共建优质服务的积极性。

抓好奥运金融服务工作，借奥运契机，进一步提高全行金融服务水平 制定了《中信银行昆明分行迎奥运文明规范服务活动方案》和《关于做好奥运期间金融服务工作的通知》，明确了活动内容、步骤、工作要求等，通过精心部署、全行动员，在全行上下营造出浓厚的奥运服务氛围。2008 年，中信银行昆明北京路支行被评为“2008 年度中国银行业文明规范服务示范单位”，中信银行昆明北京路支行、安康路支行被评为“2008 年度云南省银行业文明规范服务示范单位”。

【资产质量控制】

坚持“追求滤掉风险的真实效益”的风险管理理念，进一步加强了信贷风险管理工作，调整了风险管理组织架构，分设了法律保全部，履行信贷管理、放款、法律事务的职能，提升了信贷管理水平，资产质量继续保持优良。

贷款回收管理规范化、系统化。进一步规范了贷款回收预案机制，每季度末提前通报即将到期的全部贷款，要求提前做好到期贷款的回收准备和续做授信的申报工作，杜绝由于经办行管理职责履行不到位而导致贷款回收工作无人问津的情况发生。定期组织回收预案专题会议，安排部署即将到期贷款的回收，取得明显成效。

高度重视贷后监控和检查，加大风险排查力度。一是加强对贷款资金用途、贷款合规性等方面的监控力度，提高贷后管理水平，保障全行资产业务合规、有效运行。二是组织对票据、房地产等重点业务、重点行业、重点客户的专项检查。进一步规范业务经营，有效控制风险。通过对保证金回款这一关键环节的管理和监控，及时发现客户授信预警信号，在部分经销商经营出现风险预警前成功化解了授信风险。三是组织开展授信后评价工作，提高信贷管理水平。

加强风险预警和风险提示。根据区域经济结构特点和分行授信的具体情况，多方收集信息，及时进行风险预警和风险提示工作，有效防范风险。

【内部管理】

合规建设工作。始终遵循“合规经营是第一要务和坚决不打擦边球”的经营宗旨，积极推行合规文化建设。2008 年，按监管部门要求，在合规审计部增设了合规岗。召开了昆明分行成立以来第一次合规工作专项会议，并以提高合规意识、强化合规能力为重点，加大了专项合规审计检查力度，全年共完成检查 15 项。同时，以全面落实整改、强化内控管理为重点开展了一系列的工作，促进了业务的稳健运行。

会计集中管理。一是实现账务集中，在有效实现风险集中控制的前提下，简化了柜员的操作难度，提高了业务办理效率，网点业务受理时间明显缩短，提出代收、代付和汇划往账业务受理时间分别由上线前的 80 秒、35 秒、180 秒缩短为 30 秒、18 秒、30 秒，提升了网点服务品质。二是搭建柜员集中考核平台，深化了柜员集中管理。改变一年一考为一年多考，实现 83 名柜员全部持证上岗，柜员整体操作技能又上了一个台阶。三是实现集中寄库管理，理顺了金库管理模式。

系统平台建设。在系统运行和服务保障能力、服务支持能力等多方面取得了进步。实现新办公系统顺利上线，两网隔离改造，以及账务集中系统、后督系统、机房环境监控系统、新验印系统等的上线工作。

人力资源建设。一是引进一部分中高级管理人员及资源型营销人才，继续推进多种用工形式并存、人员有序进退的人事管理工作，在分行全体干部大会上高票通过了《中层干部考核办法》、《中层干部退出办法》、《履职问责制》等办法。考核激励方面，一是细化了部门、支行的考核办法，实行更加科学、公正、客观的评价。二是进一步深化了“平台吸引人、业绩激励人、团队鼓舞人、待遇留住人”的团队建设理念，继续采取了全员 360 度的考核视角，并实现了由单纯的重视考核结果向重视考核结果与考核结果的反馈，以及考核结果与职务聘任、收入相挂钩的局面。三是针对员工学历高（本科学历以上的人员比例达到65.39%）的特点，组织了涵盖操作技能、规章制度、安全保卫等的培训以及外出调研考察等，培训401次，参加总行各级培训380人次。有9人获得了AFP注册理财师资格。

安全保卫工作。按照“防查并举，标本兼治，重在预防”的原则，大力开展安全保卫工作，实现了全年无安全责任事故；同时，通过全行安防设施的检查验收，被总行评为“安全防范优秀单位”。

品牌建设工作。按照“有名、有声、有势、有品牌”的要求，统一品牌广告、统一宣传物料、统一新闻报道、统一形象，发挥对内对外两个平台优势。一是运用大型户外广告、主流电视媒体、品牌宣传活动等塑造中信银行高端品牌形象。二是宣传稿件被外部采用数量实现2倍增长，宣传影响力得到提高，有效提升了全行品牌形象和社会认知度。

【机构网点建设】

为加强机构网点建设工作，调整充实了分行机构管理领导小组，专职集中负责新支行的筹建工作以及自助设备的安装维护工作，包括支行选址、设计、装修、报批、物料、宣传；自助设备选点、设计、安装、翻新等工作，保证了机构网点筹建工作统一有序的进行，提升了网点和自助设备的覆盖率。全年，先后新开了两个营业机构：龙泉支行、滇池支行，自助设备12台。年底，全行营业机构（含营业部）达11家，自助银行3家。

（办公室供稿）

光大银行昆明分行

行长：胡勤俭

【综述】

2008年，是中国光大银行顺利实现财务重组、银行准备上市的关键年，也是中国光大银行昆明分行（简称“昆明分行”）面临国家宏观调控和激烈市场竞争的一年。在美国次贷危机形成的金融风暴波及全球并对经济实体形成巨大冲击的环境下，昆明分行党委在总行的正确领导下，认真贯彻落实总行工作会议精神，紧紧围绕总行战略发展要求，认真贯彻董事长提出的“一年奋力起步，三年改变面貌，五年形成自身特色，十年勇争同业前列”的发展思路，经过认真研究、仔细分析，确立了“转变观念、创新思维、产品推动、全面发展”的工作思路，不断推出业务创新。经过全体员工的辛勤努力，各项业务取得了较好发展，继2006年资产规模突破百亿元大关、2007年利润突破了2亿元大关后，2008年各项业务再上新台阶，存贷款规模达到历史最高水平，中间业务呈现跨越式增长势头，不良资产连续7年实现“双降”，达到8年来的最低水平，全年实现了规模、效益、质量协调发展的经营目标。截止到年末，昆明分行资产总量达117亿元，一般存款余额达109.7亿元（其中：对公存款94亿元，对私存款15.7亿元），比上年增长12%；贷款余额达84.1亿元（其中：对公贷款73.7亿元，对私贷款10.8亿元），比上年增长26%；实现利润2.5亿元，比上年增长23%，人均创利超过80万元；实现中间业务净收入3，221万元，比上年增长74%；不良资产现金清收495万元，打包处置不良贷款3，988万元；不良资产率降为零，比年初下降了0.41个百分点，连续8年未新增一笔不良贷款。

同时，在四川省汶川县发生大地震，给当地人民生命财产造成重大损失时，昆明分行广大员工积极行动，发扬一方有难、八方支援的精神，领导干部积极带头，献出爱心，向灾区人民捐款，全行264名员工共捐款38760元，表达了全行员工的一片关爱之情；随后，全休党员干部以自愿原则，再次慷慨解囊，向灾区人民捐款75600元，支援灾区人民重建家园，表达了昆明分行共产党员无私奉献的共产主义信念。一年来，昆明分行在宣传工作上实现了突破，在《光大报》上发文四篇，在《光银家园》上发文五篇，宣传工作初现成效；在总行举办的银行卡“百日争先赛”活动中，昆明分行在全国排名第三，并荣获“最佳进取奖”；在“勇冠金秋”银行卡发卡争霸赛活动中，昆明分行营业部在全国400余家经营机构中脱颖而出排名第四，荣获全国超级支行的荣誉称号；昆明分行庆祝中国共产党成立87周年暨昆明分行成立11周年大会被总行评为2007-2008年“最佳党日活动”；被人民银行昆明中心支行评为“2008年度云南省支付清算系统运行考核先进单位”、“2008年度银行卡业务发展进步奖”。

【对公业务】

面对宏观经济形势复杂多变、地方经济发展减速等不利因素，通过周密策划、认真组织、突出重点、讲求实效，按照“重存款求稳健，抓产品促发展，调结构防风险”的经营思路，扎实稳健地推进各项工作，实现了经营规模的稳定增长、经营模式的逐步转变、信贷资产的不断优化。一年来，短期融资券、贸易融资、企业年金等业务成为带动全行业务发展的主要动力。信贷资源进一步向优势行业和优质客户集中，信贷结构进一步优化。一是坚持存款立行的经营方针，日均存款再创历史新高，同业竞争力显著提升。二是认真贯彻总行信贷投放政策，统筹安排，通过抓好项目审查审批、择优选择投放项目、把握好投放节奏等措施，进一步优化信贷投放结构，提升资源收益率，实现了在规模总量控制下资产综合收益的大幅提升，体现出“投放早，控制严，调整快，储备足”的特点。三是大力发展贸易融资、货押融资、链式融资业务，实现了贸易融资项下保理融资、国内信用证融资、进出口押汇等业务的快速发展，贸易融资业务无论在重点客户保有量或客户合作深度方面均居当地股份制商业银行前列。四是严格控制信贷规模的风险资产。按照总行要求，控制信贷规模和风险资产总量，严防投放超限带来违规风险，同时，加强与总行间的沟通力度，透彻理解政策意图，把握好政策底线，将政策用好用足。五是抓好明年项目储备，为明年实现早投放创造了良好条件。六是在信贷资源紧缺的大环境下，用好用活信贷资源。七是将短期融资券和企业年金业务作为培育经营特色、树立优势品牌的战略性业务，在短期融资券业务方面，由于客户可选择融资渠道增加，市场竞争十分激烈，形势较为严峻，为此，昆明分行积极争取总行投行部支持，共同制订营销策略，按照“重点确保老客户，全力开发新客户”的策略，积极拓展垄断型、资源型的国有大型企业，充分发挥昆明分行的先发优势，将总行的技术优势和分行的营销优势充分结合起来，以质量、服务、效率取胜，通过艰苦不懈的努力，短期融资券业务取得丰硕成果，全年共承销发行了云南铜业股份和冶金集团两个客户短期融资券共38亿元。在企业年金业务方面，通过实施团队化营销、集约化经营和精细化管理，企业年金业务日益成为中国光大银行昆明分行业务发展中一道亮丽风景，居当地市场前列。通过几年的辛勤耕耘和精心培育，企业年金“有利于带动业务增长，有利于深化客户关系”的实效正日益显现。另外，为尽快在中小企业年金市场上占据一席之地，昆明分行积极推进与当地同业机构之间的合作，按“2+2”等业务模式拓展中小企业年金业务市场，通过重点加强与昆明市政府沟通，积极推进与昆明市属企业在年金业务方面的合作，目前，企业年金业务已经成为中国光大银行昆明分行加强银企合作关系，丰富产品链，树立良好形象的重点特色业务。

【零售业务】

紧跟总行发展思路，深化管理，夯实基础，奋勇拼搏，呈现出了“四好一增”的局面，即：个贷业务、信用卡业务、中间业务收入、网点建设成效好，存款业务较年初保持增势。年末，昆明分行个贷余额系统内增幅排名第3名。个贷业务较年初增长率为87.99%，排名位居前列。信用卡新增发卡66，453张，累计发卡89，259张，指标完成率340.78%；新增客户数35，220户，指标完成率264.81%。对私存款克服了重重困难，保持了逆势上涨，稳中有升，余额增长率为43.23%。网点建设在连续六年零增长的情况下，五个自助银行如期开业投入使用，使昆明分行网点布局状况得到了改善，为明年的业务发展奠定了基础。

【风险管理】

银行是经营风险的行业，依法合规经营、防范控制风险既是监管的要求，也是银行发展的基本要求，同时，还是实现经营成果的基本保证。一年来，昆明分行开展了多种形式的合规和风险管理措施，保证了业务的健康发展，未发生一笔新增不良贷款，未发生一起案件，未发现一人有重大违规违纪行为，实现了各项业务的健康稳健发展。主要得益于以下几个方面：一是提高授信审查审批质量，把好准入关。在对公授信审查审批中，认真执行国家产业政策、总行信贷投放政策和分行区域营销指引，明确支持重点，坚持准入标准，注重行业分析，加强风险缓释，注重授信方案的合理性，努力做到额度合理、产品匹配、符合客户需求、满足昆明分行风险防范需要，努力推进客户结构和产品结构的调整。在零售授信审查审批中，规范审查审批流程，有效防范风险，坚持产品标准，注重材料的真实性和完整性，有效规范了审查审批，提高了审查审批质量和效率。二是加强放款审核，落实授信条件，推进抵押登记，保证资产安全。放款审核中，坚守法律底线，督促落实授信条件，较好地保证了放款条件的落实。三是加强授信后管理，加强风险排查，提高风险预警和应对能力。做好授信后监控，督促经营机构完成授信后规定动作。认真组织开展授信后全面检查和专题检查。加大现场检查力度和频度，加强预警管理，及时采取措施，加大低质量客户的退出力度，有效防范风险的发生。四是加强组织和过程控制，推进操作风险管理，防范道德风险、操作风险。加强管理监督，规范业务操作，提高服务质量，保证平稳运行。五是制定和完善各项规章制度。规范和完善各项流程控制和流程再造，实现规范管理，防范操作风险。六是开展各类活动，从各个方面提升员工的合规经营意识、防范风险意识和安全保密意识，用人防、物防、技防，有效地保证全行各项业务合规、合法经营，保证经营成果的实现。加强合规文化建设，通过开展“宣扬合规价值，深化合规理念”系列活动，用培训、会议、演讲、考试等形式，深刻挖掘“合规人人有责”、“合规创造价值”等理念，努力使全行把合规经营的理念落实到业务发展中去，落实到业务操作中去，促进了昆明分行业务的规范发展。七是全面落实科学发展观，培育良好向上的企业文化。通过领导班子的“打造绩优团队，培养优秀员工”培训，通过“培养优秀客户经理”为主题的全行客户经理培训，通过新员工入行并充分展示特色的培训，通过率达 70.6% 的全行 AFP 培训，通过针对员工普遍关心的养老、失业、医保、补充医保、年金的专场培训等，从新理念的导入到行为的改进承诺，构建了昆明分行独具特色、和谐发展的企业文化和氛围。

【学习实践科学发展观活动风险管理】

按照中央、集团和总行关于深入开展学习实践科学发展观活动的部署和要求，昆明分行认真、全面、务实、有效地开展了活动。通过解放思想大讨论、民主生活会、为科学发展献一言等多种形式的活动，通过转变观念、寻找差距、研究对策等多种方法，着眼实际、着眼长远、着眼落实，从而实现进一步防范风险，促进发展，活动取得了实效，全体员工的思想认识得到了一次洗礼和升华，达到“党员干部受教育，科学发展上水平，人民群众得实惠”的目的。

面对宏观经济形势的复杂多变、地方经济发展的减速，落实科学发展观，成为保障昆明分行稳健发展的一个契机，为此，昆明分行党委认真学习、深刻领会、周密部署、狠抓落实，保证了规定动作不走样、自选动作有特色，有计划、有步骤、有成效地开展了学习实践科学发展观活动，确保学习实践活动的时间、内容、人员及效果“四落实”，切实做到“两手抓、两不误、两促进”。昆明分行结合实际，拟定了四个方面的调研提纲：一是在当前国际国内经济、金融形势复杂多变和不确定因素影响下，如何在总行和有关金融监管机构的政策指引下，运用科学发展观的理论和思想，结合昆明地区、分行、支行的业务特点和特色，建立和完善风险防控机制、应急机制和自我保护意识，有效合规经营，应对各类风险，不断提升风险防范能力。二是科学发展观的第一要义是发展，要依照科学决策引导科学发展、民主决策促进科学发展、依法决策保障科学发展、率先垂范带动科学发展、改革创新推动科学发展、真抓实干落实科学发展的要求，按照科学发展观的思维，挖掘、发现、创新，构建昆明分行可持续稳健发展的工作方法和思路，有效促进昆明分行各项业务长足发展。三是按照科学发展观的核心是以人为本，要用落实科学发展观的实践活动，加强和改进党的建设，发挥党支部和党员的先锋模范作用，用“人心工程”、“人才工程”为指导，发现、培养、挖掘人才，建立和完善激励竞争机制，提高服务质量和服务水平，强化昆明分行的核心竞争力，构建昆明分行长期发展的基石。四是科学发展观的基本要求是全面协调可持续发展，根本方法是统筹兼顾。因此，要按照科学发展观的要求，注意处理好发展、改革、稳定的关系，处理好短期、中期、长期的发展关系，处理好快速、协调、全面的发展关系，保证昆明分行各项业务和谐发展。

通过对全行覆盖面达到 100% 的认真深入细致的调研，全行思想发动彻底，“集中学习与个人自学相结合”、“学深学透与求真务实相结合”、“学习理论与解决实际问题相结合”、“领导带头和群众广泛参与相结合”。从调研情况看，当前光大银行正处在改革上市的关键时期，昆明分行党员干部、员工满腔热忱投入光大事业，关心分行科学发展，希望昆明分行又好又快发展，成为员工的强烈愿望。

在未来的工作中，昆明分行将用科学发展、创新的理念分析问题、解决问题；牢固树立科学发展观，紧紧围绕董事长提出的“五项工程”和“一年奋力起步，三年改变面貌，五年形成自身特色，十年勇争同业前列”的发展思路，努力把握国家宏观政策，紧跟形势的变化，实时做好战略调整；用“以人为本”的思想，培养人、激励人、服务人，既要有思想准备，更要有信心、有工作思路；确实改进工作作风，全面提升个人素养、业务素质、管理素质和经营理念，建立积极向上、有凝聚力和战斗力、和谐发展的昆明光大独具特色的发展文化，营造积极向上的富有竞争力的工作环境和企业文化氛围，保证长治久安，实现昆明分行的健康稳健长足发展。

【大事记】

4 月 27 日，中国光大集团工会康臻主席，代表集团和总行工会，看望昆明分行员工，表达了集团和总行对一线员工的慰问。

5 月，顺利通过 ISO9001 对私业务质量认证重审，审核结果认为，昆明分行措施实施有效，推荐证书持续有效。

6 月 24 日，主承销的云南铜业股份有限公司 28 亿元短期融资券成功发行。

8月6日，云南省政府曹建方副省长率领省政府、省政府金融工作办公室有关人员一行，到昆明分行检查指导工作。

8月6日，主承销的云南冶金集团总公司20亿元短期融资券第一期10亿元成功发行。

10月7日，云南省省委常委、昆明市委仇和书记率领市政府、市财政局有关领导一行，到昆明分行检查指导工作。

10月15日，昆明分行全面开展学习实践科学发展观活动。

11月14日，中国人民银行昆明中心支行杨小平行长、于华副行长一行，到昆明分行调研。

12月，与昆明市政府签订了《战略合作协议》，昆明分行将根据建设现代新昆明的规划和昆明市“十一五”发展规划，在今后三年内，意向性承诺向昆明市政府提供不低于60亿元人民币贷款。

12月，在《都市时报》举办的“2008中国（云南）理财精英榜”评选活动结束时，阳光理财普通客户“A计划”2008年第16期产品入选2008年云南十大理财精品；阳光稳健一号资产管理计划，入选2008云南十大理财产品。

〔赵明供稿〕

华夏银行昆明分行

行长：梁光辉

【综述】

2008年是华夏银行昆明分行成立的第11年，也是调整经营结构、提高经营管理水平的重要一年。全年，华夏银行昆明分行认真贯彻党的十七大、中央经济工作会议和总行第二次党代会精神，落实科学发展观，加强合规文化建设，深化集中营销，较好地完成了各项经营计划，实现了稳健运行和高质量发展。全年实现利润4.86亿元，年末本外币存款余额206亿元，其中一般性存款188.65亿元，储蓄存款31.88亿元；实现国际结算量7.97亿美元，国际结算收入1295万元，中间业务收入5138万元。利润、存款、资产等主要指标实现了连续11年的持续稳定增长。整个发展还呈现了四个主要特点：一是资产负债业务稳健发展，资产质量保持较高水平；二是盈利能力进一步增强，中间业务收入占比提高；三是营销体系走向成熟，服务能力得到提升；四是合规文化建设成效显著，行员队伍建设不断加强。

【经营管理】

加强经营调控，有效降低成本。调整、优化存款结构、信贷结构和行内资源结构，有计划、有步骤地实现“三升一降”，即存款有效增长、中间业务收入占比上升、利息回收率上升和存款付息率下降。加强存款营销工作的组织推动，重点保障全行支柱型客户存款的有效增长，不断加大市场目标客户的开发力度，着力培育机关事业类客户和中小型优质客户，实现了全行存款客户结构层次的动态提升和存款规模的稳步增长。

落实国家行业产业政策，优化客户结构。根据国家行业产业政策，积极发展国家和地方政府重点支持行业的优质客户，调整淘汰限制行业客户。找准主流经济，进一步强化与烟草、电力、采矿、冶金、化工、钢铁、煤炭、交通运输等优势行业优质客户的合作，不断夯实客户基础。对新开发客户，结合总行信贷投向及行业营销指导意见，重点围绕省市销售百强企业、税收百强企业、招商引资在滇落户国外省外企业、拟上市培育企业、政府全力扶持企业，及已覆盖的主流行业、主流客户上下游优质企业，着力培育忠诚度高的服务依赖型客户。对“两高一资”行业、落后生产能力、产能过剩行业的劣质企业，一对一进行客户分析，制定并落实退出方案，及时予以退出。对大集团客户重点加强监控，严格审批集团授信项下单个主体授信业务，有效控制集团客户风险；严格执行房地产贷款信贷政策和准入标准。

大力发展中间业务，优化收入结构。把中间业务作为重中之重加快发展，制定了中间业务营销方案，明确重点业务和发展的措施，以公司、个人、国际业务三大市场为主，大力推动非资本性中间业务的发展，重点发展代理类、委托类、顾问类、卡业务类、结算类等5大类业务。

加强费用管理，控制资金成本。由于历来注重资金成本的有效管理和控制，使得单位资金成本继续保持了较低水平。一是通过提高活期存款占比、加大结算型客户和财政性存款开发力度，控制存款付息率。二是通过文化营销，建立需求型、依赖型的银企合作关系，获得客户稳定的结算量，扩大低成本资金来源。三是实施有组织的集中营销、团队营销，集中营销资源，统一计划管理营销费用，避免重复投入，有效降低营销成本。四是通过激励约束机制引导支行树立投入产出的观念。加强费用管理，严格费用审批，通过精细化管理控制成本支出，在全行上下树立成本资源管理的理念和意识。

【金融服务与创新】

创新营销组织形式，强调团队意识。在党委于年初提出实施“蓝海战略”，不放弃传统市场的前提下，积极拓展新市场，并在人才激励、机构设置、产品推广营销组织等方面实施了力度较大的调整和改革。同时，继续在实践中完善“466 营销及客户关系管理模式”，即 4 类客户、6 类营销、6 类管理。将市场中的所有客户划分为“客户、准客户、待开发客户、市场客户”4 个类别，将客户分为6 类，制定差别化的营销方法，1、2 类客户由分行行长、副行长分别作为首席客户经理，公司业务部总经理作为首席执行客户经理，经办行组成客户营销小组，集中至分行层面进行重点营销；3 类以下客户由支行层面组织营销。对6 类客户分别制定了差异化的服务内容。分层次的客户营销和管理模式强调的是人本化的营销理念，而非商业性交易，有助于建立需求型、依赖型的银企合作关系，能够获得客户稳定的结算量，实现企业存款的稳存增存，扩大低成本资金来源，并有效降低营销成本。

创新业务品种，以产品拉动负债。对现有产品进行有效使用和组合运用，提高市场的适用性。全力打造现金管理、物流金融、华夏卡、理财产品、电子银行等系列产品，满足客户的多元化需求。2008 年，华夏银行充分挖掘企业之间的产业链、物流链和资金链关系，整合开发出的供应链金融。“融资共赢链”包括七条融资链：即帮助企业在没有现实货物情况下，实现融资的未来货权融资链；帮助企业盘活库存，实现快速融资的货权质押融资链和货物质押融资链；帮助企业解决赊销过程中产生的应收账款问题的应收账款融资链；帮助企业利用国际货币市场资金，降低成本的海外代付融资链；帮助企业提升信用等级，获取商业机会的全球保付融资链；帮助企业提高资产使用效率，便利境内外采购的国际票证融资链。这七条融资链，运用了多种融资工具；打通了国内与国际供应链融资业务；通过“N+1+N”模式把核心企业和其上下游企业作为一个整体贯通起来，拓宽了企业的融资渠道，有效地满足了企业的融资需求。

为了实现供应链金融产品的突破，分行及时成立了货押管理中心，拟定了业务操作细则和营销工作方案，配备了专业岗位人员，全力组织供应链产品营销，并于 6 月末成功举办了“融资供应链”产品推荐会。在不到半年的时间内，实现了供应链金融业务量 6 亿多元的突破。

创新融资担保方式，解决中小企业融资难问题。积极探索创新的融资担保方式，允许中小企业贷款时采取联保、贷款保险、资产抵押、租赁权、股权、工业产权、非专利技术和无形资产担保多种担保形式，并积极配合政府有关部分推动信用担保机制的建设，完善担保体系，与省内多家投融资担保公司签署了《贷款担保合作协议》，解决了部分中小企业融资过程中“担保难”的问题，使大部分符合贷款条件的中小企业均顺利取得贷款。早在 2007 年，华夏银行总行便制定了“大力发展中型客户，通过打造和提供贴身式服务，成为中型客户全面金融服务供应商”、“积极开发小客户市场，通过标准化的服务提高小客户对全行业务增长贡献度”的客户服务和开发策略。分行将 2008 定为中小企业服务年，积极推进中小企业服务和开发工作，将中小企业放在客户基石的高度来进行打造，深入实施信贷结构调整，持续加大对中小企业的信贷投放力度，不断提高中小企业信贷占比，取得了显著成效。截至 12 月末，中小企业贷款规模达到 55.06 亿元，较年初增长 12.87%；向私营企业和个体工商户投放贷款 3.3 亿元，较 2007 年增加 2.9 亿，增长 13.79%。另外，11 月份，还举办了“中小企业融资产品推介会”，向到场的近 250 户客户重点推介了私营企业主贷款、个体工商户贷款、货物质押融资、应收账款融资、网上企业银行、网上个人银行、出口票证通、外汇即时达八项产品，受到了参会企业和个人的高度评价。

以奥运金融服务为契机，全面提升服务水平。认真组织“携手 2008，文明、安全、规范服务在华夏”系列活动以来，通过健全服务管理体系、落实安全保障措施、强化员工培训、认真自查和落实整改，圆满完成奥运金融服务工作任务，并以此为契机，提升了全行服务水平。一是改造服务设施，优化服务流程。逐一对全行营业网点的服务窗口、咨询投诉、奥运支付环境、离行式自助设备进行了中英文标示的改造，对所有网点客户叫号机进行了中英文叫号升级，对大部分灯箱进行了更换，并开设了奥运绿色通道。二是提升柜台规范化服务水平。制定了一套整齐划一的大堂经理和柜员服务流程及《网点规范服务检查考核实施细则》，要求各支行大堂经理和临柜人员严格按照礼仪规范开展客户服务工作，规定了客户迎接、业务办理、礼貌到别的规范服务用语，要求行员着行服、佩戴工号牌，见到客户要起立，来有迎声、问有答声、走有送声，双手接单、微笑服务，做到用心服务、塑造形象、提升服务水平。在云南省银行业界文明规范服务示范单位的评选中，分行大观支行被评选为2008年度中国银行业文明规范服务示范单位，大观支行、翠湖支行和金康支行同时被评选为2008年度云南省银行业文明规范服务示范单位。三是落实安全保障措施，确保平安奥运。成立了分行行长任组长的突发事件处置领导小组，并下设信息安全、行政维稳、业务维稳、安全保卫、新闻宣传、运营服务6个工作小组，制订了7项应急预案。要求要责任到岗、逐级落实，将系统安全、维护稳定、安全保卫等方面的工作责任落实到每个行部、每个岗位、每名行员，做到每项工作有人负责，并知道做什么，怎么做。并通过开展全行性安全教育培训和消防培训，提高了行员安全意识和应急处理能力。四是开展奥运主题宣传活动，提高客户认同度。每月举办一次"四进"营销活动，深入市场、校园、写字楼、社区，在介绍个人业务产品的同时，宣传绿色奥运的环保理念，在昆明市民中深得好评。与奥组委云南唯一合作媒体《云南信息报》合作，在每周二财经版开辟"携手华夏，共赢08"活动专栏，每周介绍一名优秀柜员或客户经理，由读者评选年度"华夏服务明星"和"华夏营销状元"；同时每周特邀一名个人客户或丽人卡客户，讲述其在华夏银行的投资理财故事和服务感受，以贴近大众的形式宣传全行营销服务理念，打造服务品牌。

【资产质量管理】

完善风险预警机制。就政策风险、行业风险、法律风险、操作风险、信用风险等方面进行风险管理提示和预警，进一步建立健全了到期信贷业务预测机制和还款资金落实监督机制，监督各经营机构做到按月预测，按周落实还款资金，不断提高到期信贷业务现金回收率，提前发现潜在不良信息，提前化解和控制信贷风险的产生。

加大不良资产处置力度。在资产管理处置方面，按照总行"计划、组织、推动、落实、指导、检查、考核"的工作要求，统一思想，坚决推进保全集中，做到"思想认识到位、目标清晰到位、计划制定到位、方案细化到位、责任分解到位、组织推动到位、措施落实到位、检查考核到位、解决问题到位、整改坚持到位、运行结果到位"，集中精力对一逾两呆、五级不良、非应计和欠息贷款进行清收化解，实现了每年减少一块存量不良和非应计贷款的目标。

【合规文化建设】

加强内控和合规管理，提高执行力。在全行树立"合规创造价值、人人合规、主动合规、全过程合规"的理念，形成规范管理、规范操作的合规文化。把"合规文化"作为核心理念来打造，树立全员合规意识，狠抓风险教育。年初成立了合规部，负责制度建设规范、操作和风险防控、风险提示、风险预警及检查监督，并成立了合规工作检查小组，每月进行专业检查和合规检查，提出合规管理建议。建立起全行防止差错重犯工作流程，并在执行力考核细则的基础上，加大了对屡查屡犯行为的考核力度。加强各项业务的风险防范，针对风险环节、风险点制定详细的防控措施。同时加强行员履职尽责教育，塑造行员良好的职业道德和行为规范。

加强全方位、全过程的风险管理。不断加强全方位、全过程的风险管理，切实提高风险的识别、评估、预警、控制和化解处置能力。组织对重要岗位、敏感部位和关键点进行风险排查、对新增不良贷款各环节授信工作人员进行尽职调查，对会计业务开展效能监察，及时发现工作中存在的问题并督促经营单位加以整改落实，增强了各级管理者、客户经理、会计工作人员尽职履职、合规经营的意识。

推进会计规范化管理。全年会计工作以"严格标准、严密内控、严谨操作、严肃纪律"为指导思想，全面推进规范化管理。一是制定会计规范化管理指标、建立完善考核办法；二是加强会计内控和过程管理，对会计业务风险进行全面梳理，加强支行会计工作的指导和检查力度；三是积极研究探索，逐步理顺业务框架。为有效控制风险，还于每年实施支行营业室经理的岗位轮换。

【党建及企业文化】

建立党员先进性的长效机制。认真借鉴先进性教育活动的成功经验，把继续开展好先进性教育与抓好经常性的党员教育管理紧密结合起来，把总结、提炼出的先进性教育的成功经验做法，与建立新时期保持基层党组织和党员先进性的长效机制结合起来，加强基层党建创新，建立健全了党支部组织的工作制度，推动全行各级党组织和党员队伍建设向制度化、规范化、科学化发展。

加强廉政建设，构筑廉洁从业和道德风险防范的思想防线。与各行部负责人签订《党风廉政建设责任书》，实施党风廉政建设责任制汇报制度；召开领导班子民主生活会，总结分行整改事项落实情况，取得效果及存在问题和不足，提出深化整改的措施意见；通过开展批评与自我批评，增强了班子的执行力，提高了班子成员的凝聚力；开展了效能监察，分析和查找业务管理中存在的问题，制定措施加以整改，落实岗位职责，提高经营管理水平。

认真开展治理商业贿赂和案件专项治理工作。将专项治理工作进行责任分解，把自查自纠和排查、长效机制建设阶段的重点环节内容进行分解，明确责任部门、责任人，由分管行长负责限期完成。要求各行部按照总分行实施方案认真开展专项治理工作，将专项治理工作与分行发展实际相联系，做到“三个结合”：即与“八荣八耻”荣辱观、党风廉政建设、企业文化建设相结合，融入经营管理日常工作中去。按总行、地方监管部门统一安排，扎实细致地落实治理商业贿赂的各项工作要求，做到严谨、细致、不留空白点。

继续倡导“文化铸就灵魂”理念，塑造团队精神。倡导人本化管理，要求全体行员真正理解和领会6个方面的企业文化理念，尤其是要持之以恒地做到“用心管理、用心创新、用心做好每件事”，把本职工作做好。始终不渝地引导行员树立正确的价值观和价值取向，要求行员敬业爱岗，忠诚守信，拥有良好的团队协作精神，精益求精，不找借口，努力提升工作效率，与企业同呼吸共命运；彻底摒弃“惰性十足、思想僵化、官僚主义、教条主义、经验主义”等不良苗头，使整个企业始终保持良好的发展态势。分行工作还组建了摄影、篮球、乒乓球、羽毛球四个兴趣小组等，培养行员团队意识，提高行员凝聚力。

（办公室供稿）

广东发展银行昆明分行

行长：朱灿璋

【综述】

2008 年，广东发展银行昆明分行按照五年规划的阶段性目标，紧紧围绕效益、速度、质量及协调发展的总体方向，积极应对资本市场快速发展及宏观调控的新形势，把握发展重点，加快发展速度，兼顾结构调整，深化综合营销，促进了各项业务的健康、快速发展。截至年末，人民币各项存款余额 103.86 亿元，人民币日均存款余额 94.61 亿元；各项贷款余额 73.21 亿元；累计票据贴现 107.53 亿元，转贴现 124.89 亿元；实现税后利润 1.87 亿元。

【业务发展】

信用卡业务以改善用卡环境，增加卡的增值功能，提高卡品牌效应为目的。一是把增加收单业务的赢利能力放在工作的首位，专门设立商户营销专员制度，专职开发发展势头较好的商户，主要以收益率较高、风险较小的餐饮业、零售业为主，作为目标收单商户，扩大收单商户规模，增加收单收益。二是通过开展主题为“刷广发卡引领时尚”的“广发卡新春送好礼”、“感受真情 刷出精彩”刷卡送礼、“广发卡，激活您的梦想”、“盛夏 欢乐送 聚真情”、“月圆 情愿 广发缘”、“样样行分期付款 广发好礼搬回家”等系列活动，以及“美食节”、“收银员奖励”、“高回佣商户”等奖励活动，促进刷卡消费，提升卡片活跃率。三是通过开展多众、分众，以及指定商户维护活动，改善用卡环境，提升增值服务功能。

强化组织、积极营销，实现零售业务的新飞跃。一是组建营销团队，在同城支行设立零售银行业务部，并在全行范围内采取公开、公平、竞争、择优的方式选拔零售部经理上岗，扩大和充实支行零售业务队伍。二是组织开展零售业务营销竞赛、零售业务社区“根据地”建设活动、“迎奥运、贺行庆、广发真情伴您赢”等系列营销活动，截止 12 月 31 日，带动储蓄存款余额新增 34，941 万元，个贷新增 9，511.24 万元，基金销售 21，314 万元，新增客户数 7357 户，取得了良好的效果，对各项业务的增长起到了积极的推动作用。三是加强合作产品代理、渠道建设的基础工作，取得了代理保险业务实质性的突破。2008 年先后与中国人寿云南分公司成功签订了《全面合作协议》、《兼业代理协议》、《人寿保险合同银行质押贷款合作协议》、《资金收付业务合作协议》，全面推进与中国人寿云南省公司的整体业务合作。四是建立全行零售银行业务情况通报、分析制度，定期向全行通报业务工作动态及营销情况，进行阶段性定量分析，及时制定相关业务指导意见。

深化营销架构，全方位推进公司业务快速发展。一是实施大型对公授信客户的集中管理。作为总行大型授信客户集中管理工作的试点分行，拟定了分行大型对公授信客户集中管理工作实施方案、授信操作流程，进一步加强对公授信业务的营销管理，增强公司类大中型授信客户的专业化和差异化服务，做深、做透大型企业客户业务，加快推进支行层面以中小企业业务为主的市场转型。二是积极推广中小企业信贷业务新模式，以总行“好融通”中小企业信贷业务新模式为契机，制订《昆明分行中小企业信贷业务新模式推广实施方案》，明确了市场定位、市场推广、业务培训、组织保障。对全行公司客户经理开展专项培训，并逐一进行实际操作演练，掌握“好融通”中小企业信贷业务的基本原理和操作；加强与省市及地州经济管理部门和行业商会的沟通和联系，利用政府和民间商会平台，在昆明市和部分地州开展了 19 场专项产品推介会，参会企业达 656 户。截止 12 月 30 日，全年新增审批中小企业授信客户 173 户，新增审批授信金额 191，408 万元，通过“好融通”中小企业信贷业务新模式审批的有21户，金额1.86亿元。

票据业务围绕全面营销重点及目标客户，增强票据流动性，扩大业务规模，实现票据业务大发展。一是充分发挥利率杠杆作用，对优质、重点大客户开展重点营销，深度挖掘客户潜力，逐步形成以大客户为支撑、以中小优质客户为有效补充的业务架构，新增贴现客户数量大幅增加，逐步夯实业务基础；二是加强宏观政策面的分析以及转贴现市场、银行间资金拆借市场利率走势的观察和研究，把握市场操作机会，及时开展票据买卖业务，实现通过地区差、时间差获取相对较高的利差收入；三是及时收集或掌握银行同业的各类信息，加强银行同业合作的渠道建设，先后与十八家同业建立了转贴现业务合作关系，实现转贴现票据快进快出，最大限度降低业务的成本支出。

外汇业务遵循“抓大不放小”的市场定位，通过加强业务指引和分支行联动，使外汇业务的客户数量有了大幅增加，国际业务量也随之增加。全年完成国际结算量30，171万美元，外汇日均存款761万美元；国际贸易融资业务发展迅速，通过打包放款、进口押汇、出口押汇等多种贸易融资方式，贸易融资客户由年初的7户增加到53户，贸易融资余额由2007年末的1，782万元增加到2008年末的9，511万元，贸易融资利息收入由2007年的29万元增加到2008年的604万元，成为外汇业务中的一大亮点。

【内控建设】

深化细化工作措施，进一步提高对各类经营风险的管控能力。通过健全各支行稽核管理档案，建立风险管理长效机制；实施定期、不定期的突击检查，不断完善现金、重要空白凭证、尾箱、重要权证的管理；强化岗位检查，重点加强对前台操作风险的检查，巩固和提高检查成效，全面实现总、分行内控建设及案件专项治理工作目标，为分行各项经营管理目标的完成提供有力保障。

开展案件防控“百日大清查”专项活动。为保证专项活动取得实效，成立了专项活动领导小组，保障专项活动的稳步、有序开展；同时，根据实际情况制定了专项活动实施方案及时间进度表，全面落实了信贷业务、票据业务、外汇业务、资金业务、银行卡业务、金融同业业务、会计结算业务、清算支付业务、科技信息、财务管理、人力资源、安全保卫等关键部位和环节操作风险的清查工作。由于重点突出、措施得当、执行有力，有效组织了自查、抽查及整改工作，案件防控“百日大清查”专项活动取得了良好的效果。

【规范化服务建设】

通过各支行自查、分行现场检查、外聘专人暗查等形式对全行所有机构和网点的服务水平进行了全面检查，使各机构和网点的综合服务水平显著提高；同时，通过改善网点硬件服务设施，使对客户的服务更加完善，从而保证了全行在强化服务意识，激发服务潜能，创新服务手段，规范服务行为，改善服务环境，提高服务水平等方面实现了跨越式发展，最终获得了总行的充分肯定和社会各界的广泛赞誉。在总行举办的全行学习贯彻党的十七大精神暨业务技能大赛中，分行参赛队获得团体第一名的好成绩；11月，分行玉溪支行营业部又被中国银行业协会授予“中国银行业文明规范服务示范单位”光荣称号，而分行玉溪支行营业部、第二支行和东风路支行还被云南省银行业协会授予省级“文明规范服务示范单位”光荣称号。这些荣誉的获得，既是对全行文明规范服务建设成绩的充分肯定，也是对全行广大一线柜台员工文明规范服务工作的极大鞭策和高度赞扬，更标志着全行文明规范服务工作又迈上一个新的台阶，全行长期坚持不懈抓好文明规范服务工作再次有丰硕成果。

【队伍建设】

以提高行员职业素质为主线，强化职业技能培训。根据各业务条线行员队伍状况和业务发展的需要，制定行员培训计划，精选培训项目，突出培训重点。同时为提高培训针对性、实效性，不断改进培训方式，加大现场培训力度，实行培训效果问卷调查和分析，适时对培训内容进行调整。全行的培训工作得到进一步改进，全行员工的职业化、专业化素质得到提升。全年举办培训班69期，参训人员达到3586人次。同时，根据《广东发展银行内训师管理办法》，分行积极向总行推荐人选，通过总行的培训选拔，分行有4名人员成为总行准内训师；制定下发《广东发展银行昆明分行内训师管理和考核实施细则》，在全行公开选拔内训师，初步建立内训师队伍。

以激励机制为核心，加强队伍建设。一是制定《广东发展银行昆明分行等级行员管理办法》，进一步改善队伍结构，强化行员队伍建设，增强干部队伍活力，为员工提供多种渠道发展机会。二是修订绩效考核办法，尽量使考核办法做到科学、合理，有利于调动支行、部门和员工的积极性。三是为提高各业务条线从业人员的综合素质，满足各项业务发展的需求，制定了信贷岗位人员、外汇业务人员、公司业务客户经理、零售业务客户经理的上岗资格培训、考核及管理办法，优化人员结构，推进人力资源的合理化配置；制定《广东发展银行昆明分行营业网点会计人员星级柜员管理办法》，强化前台会计人员的考核及管理，提高服务质量和效率。

（办公室供稿）

深圳发展银行昆明分行

行长：万安培

【综述】

2008年是深圳发展银行昆明分行在昆明发展的第五个年头，秉承5年来一直坚持的“诚信、专业、服务、效率”的经营理念和“精诚、精品、精英”的企业文化精神，以及“以产品促发展、以服务树形象”的发展方向，在总行的正确领导下，在当地政府、人民银行、银监部门的指导和广大客户的大力支持下，各项业务再次取得了骄人的成绩。截止12月31日，全行存款余额达到5526.26万元，贷款余额为4802.43万元；实现准备前利润8650万元；资产质量连续5年保持不良率、欠息率“双零”，实现了“规模、质量、效益”同步发展，还被总行授予“深圳发展银行2008年度特别荣誉奖”。

【业务发展】

公司业务超额完成总行下达的主要业务指标。通过加强市场规划研究和市场营销目标指引，紧紧围绕当地支柱产业、核心企业大力进行市场开发，对全国各省市驻昆商会、会员单位进行多层次、全方位营销，特别是把抓核心业务关键指标——存款、贷款（利润）、中间业务收入放在一切工作之首，集中全行人力、物力解决最迫切、最主要的核心业务指标，超额完成2008年的主要业务指标。同时，着力打造深发展供应链金融品牌，加强宣传，围绕重点客户（项目）推进产品营销、方案营销等技术型竞争策略，塑造贸易融资核心品牌竞争优势。

零售业务提前超额完成零售业务存、贷款任务指标。成立了零售营销分中心，实行个贷集中化管理，极大地提高了工作成效；引进零售业务人员，充实团队，同时强化考核，调动了全员发展零售业务的积极性，确保了银行卡、自助银行、理财产品等方面全面发展；同时，启动了SFE项目，有效地促进了零售业务的发展。截止12月末，储蓄存款余额和个贷余额较年初的增幅在当地同业中都是排名第二。

【工作亮点】

资产质量优良，连续5年保持“双零”。资产质量的好坏是一家银行综合管理能力的集中体现。五年来，特别是近三年来，分行信贷工作不断加强，服务、管理水平明显提升，并营造了一种有健康风险的意识和精细操作管理、“用心”做好风险预防的文化环境，不仅夯实了信贷管理基础，也及时有效地将风险消灭在萌芽状态，做到了寓管理于服务，质量与发展两不误，为完成全行相关规模、效益等指标奠定了扎实基础，保证全行取得了连续五年不良率、欠息率“双零”和无重大违规、无案件的骄人业绩。

履行社会责任全力以赴。一是积极开展金融知识普及及教育活动，为客户提供优质便利服务，努力维护金融秩序。通过走进社区、路演宣传将金融知识带到老百姓身边。二是积极支持环保企业、中小企业、个人创业的发展。三是开展环保、扶贫救灾、各类志愿者等活动。为经受雪灾、洪涝灾害、地震等自然灾害的灾区人民捐款捐物献爱心。四是响应加快构建和谐社会步伐、扎实推进社会主义新农村工作的号召，派出指导员为新农村建设工作提供帮助和指导。

【荣誉榜】

分行分别荣获总行“2007年机构建设先进单位”，“深圳发展银行二十周年行庆工作先进单位”二等奖，“2007年度先进单位”，“2007年度先进工会组织”，“信息宣传工作先进单位”三等奖；分行第一党支部被总行党委评为“先进基层党组织”。

分行分别荣获人民银行昆明中心支行评选的“2007年金融统计工作先进单位”，“2007年度云南省支付系统运行先进集体”，“2008年度银行家问卷调查工作先进单位”。

分行荣获云南银监局及云南银行业协会组织的“纪念改革开放30周年”文艺汇演优秀奖。

分行被中国银联云南分公司授予“2007年度银联标准卡发行积极贡献奖”。

分行营业部被云南省银行业协会评为“云南省银行业2008年度文明规范服务示范单位”。

（办公室供稿）

【大事记】

2月2日，分行召开2008年工作会议，万安培行长作了题为《规范经营 严格管理 创新思路 再创佳绩》的工作报告。

2月19日，分行召开薪酬改革项目启动会，标志着全行薪酬改革项目正式启动。

2月26日，分行第四家支行——昆明拓东支行开业。

3月31日，总行行长肖遂宁莅临分行指导工作。

6月3日，分行零售业务营销分中心成立，完成了个贷集中化改造。

6月12日，分行召开“个人展业贷”新闻发布会。

6月19日，云南银监局局长李保上一行7人莅临分行指导工作。

7月23日，分行第5家支行——滇池支行开业。

10月10日，云南省委常委市委书记仇和一行莅临分行视察、座谈。

11月27日，分行第六家支行——颐高支行顺利开业。

12月1日，分行成立五周年纪念日。

上海浦东发展银行昆明分行

行长：李卫星

【综述】

2008年，面对复杂严峻的国内外经济形势和更加激烈的市场竞争和挑战，在总行的正确领导下，上海浦东发展银行昆明分行（简称"昆明分行"）领导班子带领全行员工认真贯彻总行工作会议精神，紧紧围绕总行"加快发展，做大做强，把浦发银行建设成具有核心竞争优势的现代金融服务企业"的整体目标，上半年确定了"抓负债、调结构、求创新、保质量、提效益"的经营思路，下半年根据形势变化，确定了"加快发展，做大规模，保证质量"的经营思路，积极应对，强化措施，狠抓落实，在营销拓展、完善机制、加强预警、内控管理等方面做了大量扎实有效的工作，规模得到大幅提升，效益得到一定的增长，资产质量总体较好，主要指标完成或超额完成了总行下达的目标任务，并提前一年达成了分行的三年战略目标。截至12月31日，全行总存款余额159.47亿元，较年初增加39.68%。其中，一般存款余额153.40亿元，较年初增加34.40%；储蓄存款余额13.09亿元，较年初增加29.95%；外汇存款余额3902万美元，较年初增加69.87%。总贷款余额101.52亿元，比年初增加22.32%；国际结算量完成31892万美元。全年累计实现账面利润为2.5亿元，较上年同期增幅15%。

【主要工作措施】

一、大力拓展市场，营销工作达到历史最高水平

2008年，宏观调控形势严峻，市场竞争更加激烈，昆明分行的经营业务在快速发展三年以后进入了瓶颈时期，为了平稳顺利的度过瓶颈时期以谋求更大发展，昆明分行采取了积极的工作措施。一是坚定不移地贯彻总行的方针政策和昆明分行年初工作会制定的总体经营思路。二是集中力量加大纯存款的营销力度。三是同业机构业务发展取得突破。积极寻找与保险公司、证券公司、信托公司、省市农信社、富滇银行及国开行联合贷款业务的合作契机。四是求创新，增加中间业务收入。成功设计并发行全浦发系统首笔票据型信托理财产品5亿元。为解决存贷比的考核及争取更多信贷空间以保证利润增长，在总行的支持及共同研究下，昆明分行与平安信托投资有限责任公司正式合作，在全国范围内同时向个人和机构客户发行票据型理财产品5亿元。阶段性解决了信贷规模紧张的问题，并且实现中间业务收入300余万元。该笔理财业务在浦发系统内属首笔理财产品，为今后全行理财业务的发展开创了崭新一页。五是调整客户结构，进一步挖潜集团客户的潜力。六是实施了"1+N"的中小企业发展策略。2008年，在经济下行的环境下，昆明分行坚持择优而进、小步快走、风险可控、回报可观的原则，重点拓展"1+N"模式、节能减排项目，实施交叉销售，增大了昆明分行的综合收益。七是努力提高授信客户存款回报。按照"风险可控、合规合法"的授信导向，进一步细分客户，并加强授信客户存款回报的过程监督及管理，每季对全行授信客户综合回报进行统计及分析，并以此合理配置资源，提高风险资本回报。同时，根据客户需求设计金融方案及产品，锁住客户结算款项。

二、健全完善考核激励机制，进一步调动了全行员工的积极性

根据2008年宏观形势和调整转型的需要，昆明分行考核机制进行了相应的调整。在公平、公开的基础上进一步体现昆明分行发展战略和转型的要求，更加突出了经济增加值和低耗能高产出以及转型的特色，达到了全行的业务经营考核昆明分行的战略目标同步，进一步激励了营销人员拓展业务的积极性。

三、完善信贷风险预警机制，促使分行的资产质量保持良好

为了切实提高资产质量，昆明分行把贷款审查、审批、贷后管理以及预警工作与案件治理相结合，采取了有效的措施，完善风险预警机制。一是高度关注国家的宏观调控政策、总行信贷投向，有所为有所不为，按照分行的客户准入标准严格筛选客户，风险和合规并重。制订了《昆明分行操作风险管理实施细则（试行）》，进一步明晰了操作风险管理流程，明确了各部门和岗位在操作风险管理中的职责要求。二是服务向前台市场靠近，把控风险从源头做起，提高审贷质量，前后台共同把关。三是加强对放款操作风险的管理，同时为了控制信贷操作风险，出台了《昆明分行厂商银协议授信银行承兑汇票进行管理规定（暂行）》。三是加强信贷风险预警和贷款五级分类工作，督促经办支行和营销部门加强授信业务的过程化管理，把“重点监控客户”的有关工作落到实处，建立不良资产月度报告制度。为了加大不良贷款的清收力度，明确责任人，出台了《昆明分行风险资产清收责任人处罚办法》。四是加强贷后检查力度，已将贷后检查的质量纳入了对支行和团队的年终考核，进一步完善贷后检查机制。五是建立客户重大事项报告制度，重点客户的监控制度，建立退出机制，对存在风险隐患的客户无论回报再高都坚决退出。六是强化风险预警落实工作。按月下达到期贷款提示、按月对各支行和营销团队的信贷资产质量进行通报、强化不良贷款的催收管理，建立风险约束机制，对存在问题督促经办行在规定时间内进行整改，并对整改完善情况进行跟踪复查。

四、强化内控管理，确保全行健康发展

为了使各项业务得以健康发展，昆明分行始终把内控管理作为工作中的头等大事来抓，认真组织和实施。一是加强了昆明分行内控管理文化建设，内控意识深入人心。昆明分行各条线都不断强化内控教育和培训，对新老员工都把内控的教育和培训作为重点，把内控意识深入到每位员工的脑海中，形成了全行内控优先的文化。二是强化了机制建设，促进了内控制度的执行。今年在各部门、各支行配备了兼职合规风险监察联络员，完善了合规、内控组织架构，建立了合规风险监测报告制度，使分行制度管理体系进一步丰富和加强。同时分行进一步完善内控监督机制的建设，形成分行各条线的检查监督和合规部、审计特派办的检查监督的完整的体系。形成计划—检查—整改—追踪—复查—直至整改合格—处罚全过程的检查监督流程。各条线在年初便制定了内控检查计划并将检查工作扎实有效的落实到位。三是继续深化案件专项治理工作。根据总行要求，结合昆明分行实际，制定了《昆明分行2008年开展案件防控及风险排查工作方案》，并成立了昆明分行排查工作领导小组，下设案件风险排查工作小组和昆明分行案件风险排查工作复查小组，具体组织实施本次排查工作。排查工作按总行的要求，对照银行业监管部门加强操作风险防范“十三条”、案件专项治理“六个重点环节”、操作风险防范“十条禁令”等监管要求开展，对昆明分行本部各条线（部门）100%进行了排查，对十个营业网点中的四个进行了排查。通过排查，对发现问题的部门及时进行了整改。同时加大了昆明分行问责力度，对违规人员实施问责并严厉处罚。四是进一步完善内控体系建设。按总行要求完成了各部门的场所文件、内控手册，昆明分行内控体系建设顺利进入试运行阶段，并完成内控评价。五是进一步加大安全保卫的力度，确保全行安全运营。一方面昆明分行严格执行安全保卫制度，紧密围绕“人防、物防、技防”相结合的工作方针，及早布置，年初昆明分行行长分别与各支行、各部门的负责人签订了安全保卫目标责任书，明确了职责，使安全保卫工作做到早安排、早布置；另一方面安全检查进行了各个层次的严格检查。首先实行了昆明分行领导带班检查制度（包括节假日），每半月由一位行领导带领相关人员对所有网点重点部位和环节进行突击检查，将检查中发现的违规行为按照规定进行处罚，并向全行进行通报，使全行员工充分认识到安全工作的必要性和重要性；另外是由分管安全保卫的人员实行每周三查制度，把安全检查工作进一步细化，杜绝各种安全隐患；再一方面，分行加强了安全培训和演练，使每一位员工都必须有高度敏感的安全意识，时刻把内控和安全生产放到第一位，增强了员工的应急处置能力。

五、狠抓素质教育，使员工综合素质得到进一步提高

昆明分行十分重视员工的综合素质教育，重点对主要业务和新入行员工进行了培训。一是中高层管理人员进行了“压力管理与情绪控制培训”，提高了中高层管理人员面对工作压力的自我调控能力和个人情绪控制能力。二是为迎接奥运会，提高服务水平，组织了“运营条线双语培训”。培训了手语入门知识、银行常用手语、与奥运有关的一些手语。三是积极开展客户经理资产托管、银团贷款等一系列产品培训，不断提升全行客户经理的整体职业素质。四是对运营条线人员进行了“银行综合服务技能培训”。主要以职业规范和服务技能培训为主，提升员工素质、竞争能力。五是针对新开异地支行--玉溪支行的新员工进行入职前培训。介绍了浦发文化，全面系统地培训了各项业务，提高了综合素质。六是组织了“第一期金融理财师（AFP）培训”，在参加金融理财师AFP培训学员中，有17

人参加了7月份资格认证考试，其中13人顺利通过并取得资格证书。

六、做好内部建设，构建和谐文化

经过全行员工的努力，昆明分行已初步形成了团结、向上、互帮、互助、奋力拼搏的良好氛围，全行员工所有精力基本都投到了昆明分行的发展上、内控的管理上、质量的提升上，已经逐步形成了良好的和谐文化和风气。

（一）加强党委建设

认真贯彻学习十七大报告和中央经济工作会议精神，要求班子成员做到对人对事公道正派、廉洁自律、光明磊落、高风亮节。定期召开民主生活会，加强班子成员之间的沟通，开展批评与自我批评，增强班子的凝聚力，使班子成为团结拼搏积极向上的集体。其次是加强政治理论学习。党委中心组坚持每月集中学习制度，结合省委“开展解放思想、深化改革、扩大开放、科学发展大讨论活动”的统一部署，认真学习讨论省委领导重要讲话；参加了在滇党委组织的“学习科学发展观专题讲座”和云南省领导干部“时代前沿知识讲座”。通过参加多层面的学习，扩展了视野，提升了政治理论素养。

（二）实行重大事项集体决策机制

昆明分行出台了《贯彻落实“三重一大”决策制度的实施办法》，使集体决策制度得到进一步的规范和完善。对重大经营策略、年度预算、业务问题、人事问题、员工薪酬福利、规章制度等重大事项均召开行长办公会、党委会议等，集体研究做出决定，重大财务开支均由班子成员及相关们部门组成的财务审查委员会审议通过。

（三）加强了党的建设，充分发挥共产党员先锋模范作用

昆明分行以邓小平理论和“三个代表”重要思想、科学发展观为指导，加强对党员的教育，按共产党员的标准来严格要求党员，使党员真正地发挥先锋模范作用。重视党员的政治理论学习，组织党员参加由省直党校教授主讲的《学习科学发展观专题讲座》。同时做好组织发展工作，重视在工作第一线和青年员工中发展党员，各支部遵循“成熟一个，发展一个”的原则，确定入党积极分子，认真进行教育和培养，为新党员的发展储备了新鲜血液。今年有2名预备党员光荣地转为正式党员。

（四）发挥群众组织的桥梁和纽带作用，加强对工、青、妇等群众组织的领导

一是重视民主建设和民主管理。根据总行的统一部署，昆明分行从2007年4季度开始筹备建立昆明分行职工代表大会制度，以完善昆明分行的民主管理与民主监督机制。于2008年1月初召开昆明分行第一次职工代表大会，审议通过了职代会自身的两项制度：《昆明分行职工代表大会暂行办法》和《昆明分行职工代表大会劳动争议调解小组工作制度》。审议通过了关系全行员工切身利益的、分行拟于2008年颁布执行的7项管理办法。昆明分行的民主建设和民主管理得到云南财贸工会的肯定。

二是工、青、妇等群众组织积极组织丰富多彩的文体活动。为迎接奥运，昆明分行工会于5月11日举办“迎奥运”职工运动会。运动会进行了乒乓球、羽毛球、拔河及趣味运动比赛。此次运动会增强了员工的身体素质，更好地展示了浦发人的精神风貌，真正体现了昆明分行团结、和谐、拼搏、向上的企业文化。同时，组织员工参加云南银行业金融机构纪念改革开放三十周年文艺汇演，昆明分行代表队表演的舞蹈荣获三等奖，并参加获奖节目展演和云南省电视台“银星荟萃”晚会演出。

（五）积极推进网点建设

全年，昆明分行新建了两个支行（其中一个异地支行玉溪支行和一个同城支行人民中路支行）并搬迁了一个支行，新建了7个自助银行，进一步扩大的昆明分行的服务覆盖面，优化了网点布局。

【积极履行社会责任】

一是在四川汶川大地震发生后，向灾区捐助成为每一个浦发员工的自觉行动，特别是领导干部，积极参与捐助，全行共捐款21.4万元，为灾区人民奉献了一片爱心。

二是派驻的社会主义新农村建设工作队指导员调整到文山县平坝镇，将新农村建设与挂钩扶贫工作有效地结合起来，集中人力、财力为扶贫点多办实事，昆明分行为扶贫挂钩点文山县平坝镇捐资11万元，建盖村文化活动室2个、人畜饮水工程1个，受益群众300余人。

三是“富民兴边”工程进展有序。昆明分行捐资40万元修建的瑞丽勐立希望小学教学楼建成投入使用后，昆明又投入2万元为学校铺设课间操场及进入学校教学区道路。2008年初，昆明分行员工自愿捐款6万多元，并派出员工代表前往该校看望贫困学生，为他们送去了捐款，用于改善学生伙食。

（办公室供稿）

兴业银行昆明分行

行长：陈 伟

【综述】

兴业银行昆明分行自2005年12月26日开业以来，在云南省各级政府、监管部门和社会各界的大力支持下，紧紧围绕总行新一轮五年发展规划和分行既定创业目标，立足昆明、面向云南；科学定位、明确导向；理性经营，稳健发展；求真务实，积极创新；建章立制，集约管理；前瞻把握，动态调整；唯才是举，广纳贤能；艰苦创业，奋发进取，大力开展市场营销，严密防范各类风险，主动夯实发展基础，各项经营管理工作持续、快速、协调、健康发展，初步实现了高起点、高标准创业，高速度、高质量发展创造良好的业绩。2008年，在国内外经济环境不佳的大背景下，兴业银行昆明分行继续秉承一贯的经营理念、发展思路和企业文化精神，各项业务发展取得了较好的成就。截至年末，全行各项资产总额1679822万元，比年初增加403239万元，增长32%；各项存款余额705609万元，比年初增加79872万元；各项贷款余额749027万元，比年初增加217487万元；不良贷款、不良贷款比率继续保持双零；累计实现利润超过2.2亿元。

【经营管理】

经营理念。根据总行“建设一流银行，打造百年兴业”的宏伟目标，结合云南省、昆明市的区域特色，确立了“创建现代化精品银行”的办行方向和“发展为大、质量为本”的创业方针，提出了“以人为本、业务创新、专业服务和成本管理”的发展策略和“艰苦创业、奋发有为、积极经营、稳健运作”的发展思路，形成了科学发展观和理性经营观。

内控管理。成立了资产负债管理、业务管理、信用审批、内部控制、信用责任追究和大宗物品采购等六个专门委员会，通过科学、民主的研究决策机制和相互制衡的内控架构，全面加强了分行资产负债的管理、内部管理体制的完善和信用业务的风险控制，初步建立起一套科学有效的内部决策和监督制约体系。

队伍建设。坚持“严格把关、宁缺毋滥”的人才引进原则，实行“三不唯”、“两突出”的科学用人观，建立“两个绝不亏待”和“有为斯有位”、“有为斯有威”的人才激励机制，成功引进了一批高素质金融专才加盟兴业事业，加快了人才梯次培养；以兴业文化落地为重点，着力抓好企业文化建设。以总行成立20周年行庆为契机，大力倡导“务实、敬业、创业、团队”的兴业精神，形成争先创优、奋发进取、团队和谐的工作氛围，推动企业文化建设深入开展；加强员工的学习、培训、考核工作，着力培养一批敢打硬仗、善打硬仗的专业营销团队，持续提升市场营销能力和客户服务能力；全面落实反商业贿赂专项治理工作，大力推行干部聘任制度，不断完善全行廉政建设和人力资源管理体制。

【金融创新】

公司类创新产品。兴业银行自2004年推出公司类创新产品“兴业财智星”以来，以其“巧智赢财富”的产品设计和服务理念在市场上赢得了良好的声誉，其产品内涵也在几年里不断得到创新及丰富。“兴业财智星”旗下“金芝麻——中小企业金融服务方案”是与中小企业现金流、物流紧密结合的特色金融产品，降低了门槛，突出了实用性，包括低成本采购、融资采购、扩大采购、快速回笼、扩大销售、避免坏账、资金临时短缺、创业投资在内的八大金融服务方案，依托控货融资、厂房贷款、商票保贴、票易票、T/T押汇、保理融资等便利性产品，有效解决了企业在生产、采购、销售三个环节中的所有资金难题。同时，兴业银行的能效项目贷款、经营性物业贷款、企业财务顾问等创新产品满足客户更高层次的需求。兴业银行的企业金融业务产品丰富，针对性较强，不但极大满足了中小企业的创业发展需要，还为不同行业的客户构建了高效稳健的公司财务体系，深受广大客户青睐。

零售业务创新产品。一是“自然人生”家庭理财卡。该卡是国内首套家庭系列理财卡，率先提出“一人尊贵、全家享受”的概念，增值服务，惠泽家庭。它利用电子货币综合理财工具和综合性个人金融服务平台，实现了存取款、转账结算、自助融资、代理服务、交易消费、综合理财于一体的多账户、多功能的集中管理服务。“自然人生”家庭理财卡在功能上实现了对个人客户金融需求的挖掘与全面提供，改变了客户在银行办理业务手续烦琐、耗费时间、卡折众多的弊端，提高了客户对银行服务满意度。同时通过对不同档次客户群的细分，最大限度地为客户提供不同形式的增值服务，通过差异化的服务实现了对高端客户群的渗透。二是在国内首先开通的“银联通”基金超市。“银联通”基金超市使客户可通过“自然人生”家庭理财卡购买国内46家基金公司发行的370多支基金产品，今后将陆续推出更多基金公司的众多基金品种，提高客户投资效率。三是优质的贵宾增值服务。目前兴业银行的贵宾客户可享受免费机场贵宾通道服务、医疗健康增值服务、减免手续费等多项增值服务。四是兴业银行在全国范围内首家推出代理上海黄金交易所黄金现货延期交收产品，交易系统处于国内领先水平。黄金交易报价为上海黄金交易所官方实时报价，市场信息公开透明，以保证金方式进行交易，可选择买多卖空。兴业银行作为上海黄金交易所指定清算银行，采用T+0交易和清算模式，对客户交易资金实行专户管理，客户还可申请提取现货黄金。

同业类创新产品。同业类产品从最初的柜面通、代理接入现代化支付系统等产品，经过不断创新、发展到了目前的支付结算平台、科技管理输出服务、财富管理服务、资本及资产负债结构优化服务、外汇代理服务等八大产品条线。2007年12月1日，兴业银行在上海正式发布银银合作业务品牌“银银平台”，该平台一经推出，便成为了同业业务的特色产品；银证合作方面，在以往存管清算、信用融资、投行合作、市场交易运营、产品研发销售、共同客户营销等产品的基础上，兴业银行最新推出证券资金结算业务优化系统，只要结算参与人通过兴业银行办理资金划入登记结算公司，便能实现该系统的全程自动化处理，极大地提高了资金到账速度，有效保证证券客户的结算效率。

（办公室供稿）

民生银行昆明分行

副行长（主持工作）：谭万刚

【综述】

2008年，中国民生银行昆明分行在总行党委的正确领导和省市政府的支持下，在监管单位的指导与配合下，结合云南社会经济发展状况，坚持科学发展观，强化管理，勇于创新，不断推进公司和零售业务改革，积极探索和实践改革新模式，各项工作实现了稳步、快速、健康发展，管理、风险控制水平及团队建设均取得了较好成效。截至12月31日，合并报表显示，分行资产总额130.4亿，比年初增加27亿。分行存款余额100.67亿元，比年初增加5.44亿元，增幅为5.7%。贷款余额127.06亿元，比年初增加29.08亿元，增幅29.7%，实现税前利润49511万元。现人工网点已达8个，自助网点18个，不良贷款继续保持了零的纪录，收息率100%，全年无案件发生。

【经营管理】

优化管理架构，整活优势资源。一是进一步完善党、工、团组织架构；二是进一步优化业务管理架构，设立公司、零售业务营销管理委员会、风险管理委员会、计划考核评价委员会、运营管理委员会等五个专业委员会，进一步健全和完善了机构设置，全行的管理架构实现了由单纯的纵向管理向纵横交错的管理模式的转变，使其更具科学性、规范性、细密性和合理性。

全方位推进银政合作，搭建良好公共关系平台。进一步加大了公共关系管理，认真搭建当地公共关系平台，包括工商、税务、监管、媒体等，定期进行沟通，得到了各级监管部门的支持和配合。同时，十分注重与云南省、昆明市政府之间的沟通与合作，年内与省市区政府均签订了战略合作协议，搭建了全方位的合作平台，为公司、零售业务的发展奠定了坚实的基础。云南省政府、昆明市委、市政府、省银监局等相关单位领导也专程到全行调研工作，为全行解决了不少实质性的问题。

“大公司 大战略”的发展模式带动公司业务快速发展。一是确立“大公司”业务管理模式，持续提升整体工作能力，把票据、资产托管、年金、债券等业务推动职能纳入大公司范畴，改变传统的以部门为单位的营销推动机制，对客户进行综合金融服务；二是特色公司业务定位明确，公司规划操作性、指导性增强。通过对区域市场的深入分析，明确了特色公司业务定位及开拓趋于市场新领域的总体思路；三是逐步实现由“做业务”向“做客户”和提供一揽子综合金融服务转变，针对重点客户，实施一户一策的营销手法，充分运用新的产品，进行深层次营销，提供综合金融服务。四是利益分配机制和创利意识得到加强。通过计划考核政策引导，公司业务利益分配机制得到初步改变，由以团队考核为主转变为兼顾团队及个人的考核机制，使客户经理积极性和营销团队整体能动性得到提升。

提升零售银行能力，全方位、多途径发展零售业务。一是完成组织架构搭建，建立健全各专业团队，完善了各团队管理办法、工作制度、考核办法，明确了各团队人员的日常工作职责，规范例会制度，为分行零售业务的发展奠定了基础。二是借势推市，借力施力，成功地与昆明市各区政府、管委会签订战略合作协议，实施战略发展目标。

三是银证合作，逆势突围，推进第三方存管业务；四是全面推行 SOP 流程化建设，真正建立“以客户为中心”的服务、营销流程；五是组织如火如荼的劳动竞赛，调动员工积极性。

中间业务收入稳定增长，新业务创新能力实现新发展。先后获得昆明水堪院、省投控股集团、富滇银行 3 家企业年金业务资格，水堪院企业年金业务也是全行取得企业年金基金托管业务资格后，通过招投标形式成功拓展的第一单业务。同时，初步搭建了黄金实物买卖平台，申请了各支行代理保险兼业资格，拓展了短期融资券的代理发行业务，在发展传统业务的同时积极探索新业务，创新能力得到了进一步提升。

内部管理更趋合理与科学，事业部改革有声有色。事业部改革以来，按照总行布置，坚定不移地支持事业部落地分部，在业务发展、内部管理、风险控制等方面积极做好落地分部的服务工作，携手事业部分部共同打造民生银行在云南强势竞争力，全力打造事业部分部的良好服务平台。7 月，与能源金融事业部签订合作共赢示范基地公约，成为全行首家合作共赢示范基地。

【风险管理】

2008 年，中国民生银行昆明分行在快速发展的同时，始终严格按照总行及监管部门的要求，坚持依法合规经营，主动接受监管，在员工中进一步确立了安全、合规意识，为风险防范工作奠定了基础。在日常工作中，注重把好六关：

一是严把资产管理关。严把授信条件关口，注重贷前调查，确保优质的资产质量，贷中、贷后切实做到不走过场和台账信息的准确性及贷后监控管理工作，认真履行职能，严格控制风险。同时，进一步加强贷后动态评价工作，做到信贷资产风险隐患早发现、早预防。

二是严把财务管理关。及时组织了大额资金真实性核实检查、信贷风险分类检查，加大监督检查的力度和频度，前移监督检查关口，有效地防范了业务风险的产生。

三是严把会计管理关。加强了对新入行会计人员的管理，对责、权、利进行了规范和要求。坚持对重要岗位会计人员和新入行会计人员进行家访，积极贯彻实施“业务分类管理，风险集中控制”的风险管理理念，实现了账户集中管理、大额资金走款审批集中管理、对账集中管理，从源头实现了风险的集中控制。

四是严把印章管理关。按照总行印章管理有关制度，及改革后的条线管理关系，加强了与事业部分部的沟通，在做好落地服务的同时严格落实用印条件，控制风险。

五是严把科技风险关。全年，各类系统运行稳定，系统运行管理进一步规范和完善，科技风险得到有效控制，无事故和重大故障发生，确保了科技系统安全运行。

六是严把安全保卫关。按照加强奥运期间安保工作的有关要求，提前进入安全保卫工作状态，认真落实逐级安全责任人制度，做到“严防死守，确保安全”，完善了技防手段，切实加强安全基础工作建设，全面提升分行安全防范能力，梳理制度，加强安全意识教育，不断完善、落实和规范支行网点安保工作。

【运营服务】

加强奥运期间服务工作，提升服务品质。3 月，召开“迎奥运文明规范服务活动”暨“第二届优质服务节”活动动员大会，成立相关工作小组，工作层层抓落实，服务水平得到大幅提升。同时，积极践行科学发展观，始终坚持推进创建“银行业文明规范服务示范单位”活动，在 2008 年度的争创活动中，党委高度重视、多措并举，切实增强全行员工文明规范服务的责任感和使命感，提升全行文明规范的服务意识和服务质量，努力打造服务品牌，取得了可喜的成果。经过综合评比，营业部被云南省银行业协会授予“2008 年度云南省银行业文明规范服务示范单位”称号；同时被中国银行业协会授予“2008 年度中国银行业文明规范服务示范单位”称号。

成立服务与监督中心。中心成立后，进一步建立完善了全行标准化流程工作制度，有效提升分行服务、安全、督导等功能。

改善大堂服务环境。以营业部为模板，增设了一米线、填单台、将各类业务办理指示牌统一更换为中英文标识，增设了 VIP 现金及非现金业务办理区域标志牌、增设了投诉专用电话及客户意见箱等设施，更换了自助银行外部门头标识，并对一些服务硬件细节进行了规范和调整。同时加大对支行的检查力度，通过到支行突击检查，规范了支行的服务标准，提高了客户的满意度。

新网点建设全面推进。第八家支行顺利开业。

【企业文化建设】

创造性开展党、工、团活动。在党委的领导下，党、工、团组织积极开展各项活动，充分调动了全行青年行员的工作积极性，实现了业务发展与党工团系列活动的有机结合，促进了员工能力、凝聚力、竞争力及业务的全面发展。

设置职业晋升通道，充分调动员工积极性。在员工晋升方面，设立了员工等级晋升管理办法，各板块、各条线均有自己的发展方向，为员工创造职业价值通道。这项制度的推行得到了全行员工的积极参与和拥护。通过实施，全行逐步建立了科学合理的竞争、激励和淘汰机制，人员结构得到了调整，科室级干部的聘任使分行从二级管理向三级、四级倾斜，极大地调动了干部员工的积极性，促进了业务的发展。

大力实施凝聚力工程建设。为给员工创造更好的工作、生活环境，进行了员工食堂的建设工作，解决了员工的吃饭问题。为提升全行员工的综合素质，组织了一系列的培训活动，包括专业培训、民生大课堂、专升本的开班等，保持了队伍积极向上的精神面貌，团队建设取得较好成效。同时，多次组织开展形式多样的文体活动，使员工在放松的同时强健了体魄，以更饱满的热情投入到工作中。

认真履行党风廉政建设责任制，着力构建反腐倡廉制度体系。领导班子十分重视党风廉政建设工作，始终把它摆在全行的重要议事日程上，从理论和实践的结合上，积极探索建立健全教育、制度、监督并重的惩治和预防腐败体系的有效途径和方法，不断完善制度，着力构建反腐倡廉制度体系。

责任至崇铸就和谐民生。自2005年开业至今，中国民生银行昆明分行便立足于服务地方经济建设，特别是2008年，更是将自身使命和经济社会软环境建设进行科学嫁接，服务地方经济建设。长期广泛介入云南省、市重点基础设施建设项目，不断加大对云南省机场、教育、电力、煤炭、有色金属、化工等区域重点行业和支柱产业的支持力度。同时，积极支持新昆明建设优质市政项目，为促进区域经济的全面发展和云南金融服务创新做出了不懈努力。最值得关注的是，在积极拓展优质中小企业融资业务的特殊战略定位方面有了新的认识和提高。在总行高度重视动产融资、互保联保等金融产品的前提下，分行集中组织产品、授信评审、法律等各业务相关人员进行产品流程再造。经过一段时间的细化和完善，分行已全面推广小型微型企业“小商户进柜台 小商户进支行”千户工程活动。下一步，在国家宏观调控政策和从紧货币政策的影响下，昆明分行还将积极拓展优质中小企业融资业务，着力优化信贷结构，逐步加大对中小企业的信贷支持。

在重视业务责任的同时，中国民生银行昆明分行同样力求社会责任。在每一次自然灾害侵袭时，分行总是举全行之力，捐款捐物，用最民生的情感援助灾区。特别是在四川汶川地震后，在中国民生银行总行第一时间捐款1000万元的带领下，分行员工也自发组织捐款，先后3次向灾区捐助21万多元。此外，分行也积极为贫困地区提供最为民生的援助。据了解，目前，分行已初步选定一贫困地区，于近期在当地建设民生希望小学。

（办公室供稿）

【大事记】

3月10日，共青团中国民生银行昆明分行委员会正式成立。

3月11日，分行第一笔信付通业务在小龙四方街翡翠大楼某珠宝批发商户测试成功，也是昆明地区首家引进信付通业务的商业银行。

3月23日，分行三周年行庆。

4月25日，分行举行财富管理启动仪式。

5月17日，分行与云南财经大学合办专升本班正式开班。

5月18日，北市区支行开业。

5月20日，张祖林市长赴分行调研工作。

5月21日，分行举行民生、师大附中联名卡发卡仪式。

6月13日，昆明市政府举办市属企业与民生银行银企座谈会。

6月30日，分行正式举行升旗仪式。

7月1日，由分行提供6300万元授信支持的市政项目昆明市小西门交叉节点改造工程核心——小西门龟背立交桥正式通车。

7月3日，人民银行昆明中心支行和电子结算中心对分行的支付系统进行检查，检查结果评定优秀。

7月26日，“武汉大学EMBA昆明民生班”在武汉大学经济与管理学院正式开班。

8月6日，拓东路支行开业。

8月6日，曹建方副省长一行莅临分行指导工作。

8月21日，中国民生银行总行洪崎副行长赴云南省视察工作，与云南省顾朝曦副省长、曹建方副省长以及人民银行昆明中心支行、云南省银监局等相关负责人举行会谈。

8月21日，“昆明市人民政府·中国民生银行昆明分行政银战略合作协议”签字仪式在昆明佳华广场酒店隆重举行，昆明市委书记仇和、市长张祖林、常务副市长李文荣以及市属相关部门的领导出席了签字仪式。

8月21日，分行隆重举行“武汉大学EMBA2008级昆明民生班”首次授课仪式。

10月10日，省委常委、昆明市市委书记仇和一行赴分行视察工作。

10月21日，分行召开三季度总结表彰暨深入学习实践科学发展观活动动员大会。

10月22日，“2008年‘非凡财富杯’高尔夫巡回赛昆明站”比赛落下帷幕，总行零售银行部郭世邦总经理、分行谭万刚行长、郑爱民副行长出席了活动。

11月4日，分行顺利获得昆明市政府开展“民生拆迁安”金融产品的批复，同时确定全行为昆明市城市拆迁资金安置金融服务重点单位。

11月19日，“银星荟萃—云南省银行业纪念改革开放三十周年文艺汇演活动”在昆明剧院隆重举行，分行在比赛中荣获三等奖。

11月28日，分行与五华区政府正式签订全面合作协议。

12月9日，中国民生银行与云南省人民政府签订全面战略合作协议，未来五年内，全行将以专项贷款方式，向云南省提供不低于200亿元人民币的政府合作贷款额度，并为云南提供“一揽子”金融服务。

12月10日，分行举行昆明滇池路支行开业庆典暨昆明分行SOP流程银行启动仪式，总行洪崎副行长出席了仪式。

12月10日，分行与西山区政府签订全面合作协议。

12月16日，分行正式取得昆明市级财政国库集中收付代理资格。

12月17日，分行与官渡区政府签订全面合作协议。

12月18日，分行与盘龙区政府签订全面合作协议。

富滇银行

董事长：夏　蜀

【综述】

2008年是全面贯彻落实党的十七大作出的战略部署的第一年，是实施“十一五”规划承上启下的一年，是改革开放30周年。同时，也是富滇银行恢复的第一年。一年来，面对复杂的国际国内经济形势，富滇银行全面贯彻全国、全省经济金融工作会议精神，在省委、省政府的领导下，在辖内各金融监管部门的关心、指导下，以加快发展地方金融、促进云南经济发展为己任，以价值最大化为发展目标，按照市场经济原则，践行富民兴滇使命，抓住机遇、乘势而上，推动科学发展，加快转变业务发展方式，强化风险管理，优化资源配置，提升客户服务，努力提高可持续价值创造能力，经营业绩持续增长，盈利水平再创新高，整体经营管理水平迈上了新的台阶。

【制订战略发展规划】

2008年是全行的“战略规划年”。根据省委、省政府组建富滇银行的战略意图，借鉴先进银行的成功经验，全行聘请国内知名管理咨询公司，以“内外互动、共同研究”的方式研究并完成《富滇银行2008年-2012年战略发展规划纲要》，确定了富滇银行的愿景是“成为具有核心竞争力、可持续经营、泛区域发展的现代商业银行”，使命是“富滇、致远、服务、卓越”，核心价值观是“员工：以人为本；利益：富滇发展与个人利益休戚相关；知识：知识是富滇战略资源；市场：积极开拓，勇于进取；团队：相互信任，精诚合作；品行：诚信、正直、有责任心；环境：与外部环境协调发展”。

【完成第二步增资扩股及不良资产处置工作】

根据省委、省政府的统一部署，全行按照化解风险、做实资本、优选股东、建立良好公司治理架构的思路，在省金融办和省银监局的具体指导下，推进并完成第二步引入省内合格投资者增资扩股和处置不良资产的工作，显著增强了资本实力、大幅提高了资产质量、明显改善了核心监管指标，为全行开办新的银行业务品种、跨区域设立分支机构创造了必要条件。截至12月末，全行股份总额由18亿股增加到239，994万股，并剥离不良资产8.32亿元，资本充足率为15.90%，核心资本充足率为14.31%，均满足监管要求，并分别较上年末上升2.92个和1.64个百分点。

【启动省内机构布局，实现跨区域经营发展】

一是启动省内机构布局。正式吸收合并保山市城市信用社并将其更名为富滇银行保山分行；红河分行的设立获得银监会批准；将一二一大街支行搬迁至东川并更名为东川支行。

二是投资并控股村镇银行。发起设立昭通昭阳富滇村镇银行，积极进军农村金融市场。

三是积极推进跨区域的业务发展。向版纳州机场征地拆迁项目投放贷款9，800万元；通过联合贷款支持大理城市基础设施建设、滇东电厂建设、安晋公路建设；向老挝2009年东南亚运动会场馆建设项目安排授信1亿元，向老挝虫胶替代种植项目提供贷款200万元，得到省政府和老挝副总理宋萨瓦的充分肯定。

四是金融交往与合作有所突破。与美国银行、瑞士信贷银行、法国兴业银行、越南投资发展银行等13家银行建立代理行关系，使全行的境外代理行达到53家；德国商业银行、美国银行、意大利联合银行、渣打银行等7家境外银行代表先后拜访全行，提出加强联系和合作意向；完成《富滇银行开展边贸跨境清算的报告》，被人民银行昆明中心支行和省外管局推荐为中缅人民币清算试点银行。

【全面实施创新战略】

一是继首次发行以“富滇”品牌命名的“富滇稳健——短期票据投资型人民币理财计划”之后，进一步利用全行多项独有业务资格和票据业务市场优势，向市场推出债券型、票据型、信托型等各类理财产品共计17期，金额达51.89亿元。

二是开通了网上银行、手机银行业务，极大地提升了全行的服务功能和层次。

三是针对近年来昆明市土地开发、城市基础设施建设、滇池治理等项目资金需求日益增大，但融资渠道单一、资金来源不足的情况，与市土投公司、中融信托公司合作推出“富滇银行新昆明信托人民币理财产品”，发售金额18.92亿元。该产品通过发行金融信托产品筹集资金用于市政建设，其业务模式在昆明尚属首次运用，得到了市场和客户的积极响应。

【切实履行社会责任，积极支持地方经济建设】

全面推进公司业务信贷结构调整。一是围绕省委、省政府提出的社会经济发展战略和工作重点，正确处理宏观调控与服务云南发展的关系，按照重点拓展“一基、双大、两优客户”的原则，积极参与全省基础设施项目、城市建设项目、重大工业项目建设。二是积极调整贷款投放结构，加强与省内优势企业的多维度合作，区别对待、有保有压地投放信贷资金，有力促进地方经济社会持续健康发展。三是积极支持和培育绩优民营企业和中小企业，坚持按“链式营销”的模式和思路，沿着核心客户商品流、资金流和信息流的延伸方向拓展中小企业客户群体。

严格控制房地产开发贷款总量，优化客户结构。一是支持骨干型房地产开发企业，严格限制中小房地产开发商及外商投资房地产开发企业贷款；支持普通商品住宅开发，限制商用建筑开发；支持自住型个人住房按揭贷款，限制投资性住房抵押贷款。二是严格执行监管机构关于二套房认定、首付成数提高、利率上浮等政策规定，防范一人多贷潜在的投机风险；强化个人住房按揭贷款贷前调查、专业审批、抵押登记、还款监督等关键环节。三是扩大公积金贷款业务的受理机构范围，提高报批效率，优化业务模式；积极开办二手房贷款业务，在昆明市房屋产权交易中心及西山区房屋产权交易处设置二手房贷款业务受理窗口；扩大个人消费贷款的投放力度，积极营销个人住房装修贷款业务。

全面实施零售银行发展战略，提升个人金融业务贡献度。一是积极采取各种营销措施，大力吸收个人存款。截至2008年12月末，个人存款余额达到64.96亿元，较年初增加15.10亿元，增幅为30.28%，增加额创历史同期最高水平，为全行保持良好流动性奠定了坚实的基础。二是个人中间业务收入增长呈现新亮点。利用富滇卡换卡契机配合开展形式多样的营销活动，在优化业务流程，加强信息维护的同时，切实提升品牌认知度。三是加快建立中高端个人客户服务体系，整合开发适应中高端客户需要的个性化产品，推出富滇白金卡业务及其专属的高尔夫球、机场贵宾服务和特约商户优惠服务，全面拓展中高端个人金融业务市场。四是个人金融资产大幅增加。截至12月末，全行个人客户金融资产达到106亿元，较上年同期增长32亿元，增幅为43.24%。

金融市场业务活跃，规模与效益同步增长。全年日均债券投资95.55亿元，累计债券交易总量6，490亿元，较上年增长39.31%，在全国113家城市商业银行中排名第18位，其中记账式国债现货交易量前三季度在全国商业银行中排名第17位，创历史新高；实现各项收入3.97亿元，占总收入的18.95%。此外，通过加大承销力度，成功维护了央行公开市场一级交易商、财政部记账式国债承销团、政策性银行金融债承销团、上海黄金交易所金融类会员等一系列重要的市场业务资格，成为西南地区唯一一家市场资格齐全的金融机构。

推动整体营销，促进业务全面发展，积极拓宽存款途径和渠道。一是组织开展“争先创优”业务竞赛活动，通过专项考核和奖励，有效地促进业务全面发展；优化和改造经营组织模式，整合营销服务功能，构建公司、个人和机构发展主渠道，增强专业化经营管理和服务能力；通过整体联动、全员营销组合策略，推动上下、部门和业务联动，促进各方有机配合，全年新增个人存款账户21万户，增幅为28%；新增企业基本结算账户4，626户，增幅为23.08%。

二是综合运用一级法人地位及信息、技术、网点、客户资源，巩固和开拓银政和同业合作关系，加大批量业务营销，拓宽存款途径和渠道。与昆明市政府，盘龙、五华、官渡、西山、东川区政府，高新区、经开区管委会和晋宁县政府签订银政合作协议；与中国人寿等4家保险公司签订银保合作协议；与国元证券、安信证券签订战略合作协议；代理德阳商行交易所黄金代理业务。截至12月末，全行同业存款余额达44.45亿元，较上年同期增加31.43亿元，增幅为241.34%。

【加强和优化风险控制，提升风险管理整体水平】

继续深化风险管理体制改革，提高专业化管理水平。在董事会下设风险管理、审计和关联交易控制委员会，负责战略层面的风险控制工作；在党务和纪检监察层面，成立案件专项治理和治理商业贿赂工作领导小组，负责案件治理和反商业贿赂工作；在经营管理层下设不良资产管理和风险管理委员会，并将信用风险管理部重组为风险管理部，部门职能从过去单一控制信用风险扩展为以控制信用风险为重点，同时协调行内各有关部门管理控制操作风险和市场风险；信贷审批办公室更名为信用审批部，负责全行信用审批工作；法律事务部更名为法律合规部，负责全行法律合规风险的控制。

确保新增贷款质量，继续狠抓降低不良贷款。一是以防范信用风险为重点，进一步提高贯彻国家宏观调控政策的能力，加强信贷结构调整，控制新增贷款投向，严格展期和借新还旧审批，切实防止不良贷款反弹。二是在对2007年以前形成不良资产进行集中管理的基础上，继续加大收贷收息力度，明确收贷责任人，落实收贷任务，加大收贷力度，按月进行检查督促。全年累计清收、盘活不良资产9.82亿元。三是积极推进五级分类工作，确保当年新增贷款不良率控制在1%以内。

加强制度和流程建设，推进操作风险管理工具和系统建设。一是全面推进制度梳理工作，集中印发修订和新拟订规章制度共计271项，其中，单独印发新拟订规章制度117项，促进全行形成按制度办事、靠制度管人、用制度规范行为的长效机制，夯实了稳健经营、防范风险的基础。二是以流程银行建设为目标，根据全行自身管理特点，按照“以业务为中心、以市场为导向、以风险控制为保障、以服务一流为目标”的原则，全面推进流程建设工作。三是完成信贷风险管理系统建设，实现信贷业务管理、统计分析、监测、审批、控制的电子化和自动化。

建立健全与全行资金业务规模及复杂程度相适应的风险管理制度体系和授权授信体系。根据《富滇银行行长授权管理办法》、《富滇银行授信业务动态授权监控管理办法》，对2007年度的授权情况进行考评，并据此审核了2008年度的授信授权；启动授信业务报备工作，监督支行严格按照审批条件办理授信业务，控制贷时风险。

加强宏观经济形势分析和市场调研，提高流动性管理水平。一是密切关注可能出现的各种风险，加强货币政策研究，跟踪资本市场变化，结合影响资金面变化的因素和全行资金运用的需要，保持资产负债结构的合理匹配，提高主动负债的操作管理水平。二是加快票据周转，加强同业存款营销，积极拓展负债业务，实现“搬家”资金的回流，以增加可用资金。三是按监管要求组织开展流动性压力测试，完成应急预案，确保将流动性风险控制在银监会的规定范围内。

组织开展各种形式的业务检查，及时查找和纠正基础管理中存在的不规范行为。一是在全行组织开展了为期两个月的经营管理大检查，较为全面地对全行的经营管理情况进行了梳理。二是各专业部门围绕自身职能，针对性地以多种方式开展专业检查，并加大了会计检查、财务检查、稽核审计、纪检监察的力度。三是积极配合云南银监局开展操作风险现场检查、信息风险现场检查和票据业务现场检查等专项检查工作。四是委托普华永道会计师事务所进行2007年会计报表审计，并根据事务所“2007年内部控制管理建议书”积极部署整改工作，通过外部独立审计机构提高风险分析、预警作用。

继续落实案件治理责任制，推进案件防控工作。认真梳理业务风险点，不断细化操作程序和强化员工教育，认真防查诈骗、盗窃、抢劫和其他刑事案件，采取分类治理、差别整治的措施，严防案件发生，确保业务安全正常经营。成功截获4起银行承兑汇票伪造票据，金额合计1，700万元。

【加强内部基础管理建设】

加强公司治理的有效性建设。一是修订和完善了公司治理的基础性制度及决策程序，基本明晰了“三会一层”的组织架构、职责、决策规则和程序，对董事、监事和高管人员的履职进行了界定，明确了处罚措施和程序。二是建立健全内审体系，完善内审职能，提高内审工作的独立性和有效性。建立健全报告机制，保障了董事会、监事会对全行战略规划执行情况、经营业绩、业务发展情况以及其他重要事件、突发事件的知情权；出台了《授信业务经营、审批责任认定办法》，强化和落实董事会、监事会对重大事项的决策职能和对风险的有效控制。三是完成董、监事会换届工作，进一步优化董事会结构。独立董事由原来的1人增加到4人，占比为30.8%；股东董事5人，占比为38.5%；行内董事4人，占比为30.8%，为提升经营管理决策的专业性、独立性、有效性提供了有力保障。四是充分发挥监事会监督职能。认真抓好年度审计、高级管理人员离任经济责任审计、董事及高级管理人员履职情况检查工作；主动列席董事会及高级管理层相关重大会议，充分发表有效建议；逐步建立和规范监督评价机制。

全面启动机构调整和干部组聘工作，切实加强和改善人力资源管理。一方面在充分调查研究和周密部署安排的基础上，积极稳妥地开展了机构和人力资源配置的战略性调整。将原40家一级支行按城区、县区和专业三大板块整合为25家，初步明晰了各支行未来的市场定位和经营方向；将总行原26个职能部门调整为27个，明确了各部门的工作职责，并在此基础上对调整后的支行和部门负责人进行了组聘，稳定了管理人员队伍，规范了中层干部评聘管理，建立了较为完善的干部评聘体系。另一方面切实加强和改善人力资源管理。首先，通过招聘应届大学毕业生、引进专业人才、招聘劳务派遣人员等方式多渠道补充新鲜血液。其次，积极稳妥地处理好遗留人员问题，加强退休人员管理。同时，加强员工培训工作，成立培训中心。此外，建立了企业年金制度，切实提高职工的综合保障水平。

财务、会计、科技等基础性建设卓有成效。一方面不断提升财务管理水平。推进成本管理，在费用项目分类归口管理的基础上，建立以产品（部门）、支行、业务线为对象的多元成本核算管理体系；推进预算管理，强化年度综合经营计划的编报和组织实施；贯彻落实财务控制措施，有效严防财务风险；强化经营数据规范管理，切实提升统计报表的编报速度和质量；加强以月度经营分析为主体的经营信息反馈和预警机制建设；完善以经济资本为核心的风险和效益约束机制及以经济增加值为核心的经营绩效考评和激励约束机制。另一方面全面启动新会计准则实施系统工程，推动全行会计标准向国际标准转换。同时积极推进信息技术基础建设，加强电子服务渠道的维护与技术保障工作，完成了中心机房改造，优化了理财平台业务处理系统，累计完成业务系统和管理系统开发项目49个。此外，强化合规经营理念，明晰了合规管理部门，推进了合规文化建设；加大后勤保障和安全保卫工作力度，为全行经营管理工作创造了良好条件。

全面开展服务创优活动，稳步推进分销渠道建设。一是实施服务制胜战略，强化文明规范服务理念。组织开展文明规范服务单位申报、服务明星评选、服务理念及技巧培训等活动。2008年，1家支行被评为全国银行业文明规范服务示范单位，5家支行被评为省级文明规范服务示范单位；切实解决“微笑服务”等基础服务工作，进一步简化业务流程，优化服务设施，提高服务速度，完善投诉快速处理机制。三是开展“服务应急预案示范演练”和“综合业务系统运营压力测试”，确保了服务的稳定性和先进性。二是加快电子化和网络化建设步伐，推广和完善以网上银行、电话银行、手机银行为代表的电子银行产品，突出“灵活、高效”的服务特色。一方面将电子银行作为全行服务客户的一个重要渠道来建设和推广；另一方面规范营业厅管理，加强网点服务渠道建设，初步形成传统物理网点和电子银行两个渠道办银行、两个渠道做业务、两个渠道做服务的良好局面。

（办公室供稿）

【大事记】

1月7日 省政府副省长程映萱、副秘书长余云东、省金融办主任肖晓鹏和副主任李滨，人行昆明中心支行行长杨小平，云南银监局副局长黄世安，云南省财政厅副厅长刘野樵，昆明市政府副秘书长吴克翔等领导前来调研。

3月25日 推出第一支理财产品“富滇稳健”，并受市场热捧。

4月18日 省政府副省长曹建方率省财政厅副厅长刘野樵、省政府金融办副主任李滨，昆明市委常委、常务副市长杨宁，人行昆明中心支行副行长于华，云南银监局副局长李波，云投集团董事长、党委书记保明虎，云投集团财务总监徐良栋等领导前来调研。

7月11日 与昆明市人民政府、中融国际信托有限公司共同举办“新昆明信托人民币理财计划”新闻通报会暨签字仪式。市委书记仇和、省政府金融办主任肖晓鹏、常务副市长李文荣、人行昆明中心支行副行长于华、市政府副秘书长罗朝峰，富滇银行行长卢云、纪委书记刘钧、常务副行长岁树才等总行领导和相关单位领导出席仪式。

8月1日 省委副书记、省长秦光荣，副省长曹建方率省政府副秘书长杨洪波、陈志国，省政府金融办主任肖晓鹏、省政府政策研究室主任童志云、云投集团党委书记、董事长保明虎前来调研。

10月7日 省委常委、昆明市委书记仇和率昆明市委常委、市委秘书长黄云波，昆明市财政局局长余汝兴、市委办公厅厅务委员工绪正 行前来指导工作，夏蜀董事长、卢云行长、叶一杉监事长等行领导和各部室负责人参加会议。

11月15日 召开第二届董事会第二次会议，审议通过《关于富滇银行2008-2012年战略发展规划报告的议案》。

12月6日 昭通昭阳富滇村镇银行在昭通市昭阳区正式挂牌成立，并举行成立大会。

12月28日 经中国银行业监督管理委员会批准，富滇银行吸收合并保山城市信用社，并将其更名为富滇银行保山分行；同时，富滇银行保山分行举行了开业庆典暨保山市人民政府与富滇银行银政合作协议签字仪式。

云南省农村信用社联合社

主任：任树云

【综述】

2008年，在云南省委、省政府的正确领导下，在各级、各部门的关心支持下，云南省农村信用社联合社认真贯彻落实科学发展观，坚持服务“三农”宗旨，不断深化改革，转换经营机制，全面加强管理，积极创新开拓，努力改善服务，加强班子队伍建设，有力支持“三农”、中小企业和地方经济社会又好又快发展，圆满完成了云南省政府确定的各项目标任务，竞争实力和社会形象显著提升，业务发展实现了历史性跨越。

经营规模大幅增长。截至年末，全省农村信用社各项存款余额为1482.17亿元，比年初增加271.42亿元，增长22.42%；各项贷款余额为1017.7亿元，比年初增加206.38亿元，增长24.43%；存、贷规模分别为改革前（2004年末）的2.65倍和2.69倍；存、贷款市场份额分别为17.6%和15.4%，分别比改革前提高5.23和4.1个百分点，居全省金融机构第二位，居西部地区全国农村信用社第二位。

资产质量显著提高。按五级分类，不良贷款占比与2006年末相比下降10.2个百分点，明显低于全国农村信用社平均水平。资产减值准备达30.2亿元，比改革前增长5倍；一般准备31.4亿元，所有者权益68亿元，比改革前增长1.5倍，抗风险能力显著增强。

经营效益大幅增长。2008年，全省农村信用社全面推进统筹综合发展战略，加大中间业务的开发力度，实现业务收入102亿元，在增提拔备14亿元的前提下，实现利润15.3亿元，较上年增长100%，为改革前的18倍。其中，中间业务收入首次突破1亿元，达1.6亿元，比上年增长231%。

抗风险能力明显增强。2008年，消化1.85亿元历年亏损挂账，至此，改革前留下的9.45亿元历年亏损挂账全部消化完毕，大大减轻了历史包袱；同时，消除了亏损县，实现县县盈余。年末，全省农村信用社股金总额达29.88亿元，比改革前增加9.63亿元；资本充足率达3.84%，比2006年增加5.94个百分点，远高于全国农信用社系统平均水平。

服务功能显著增强。用科技引领业务发展、用科技为业务快速发展奠定坚实的基础、用科技提升了竞争力，促进了业务快速健康发展，形成了信用社的三大优势。一是机构点多面广，有2350个网点；二是网络遍布城乡，代收代付业务大力拓展，资金实力强大；三是结算方便快捷。开通了人民银行、银联、农信银、省内大结算渠道，开发了惠农一折通、银行本票、烟草配送、校园卡、财政税库联网等20多个金融产品。

【改革成果】

基本完成统一法人产权改革，法人治理机制进一步得到完善。全省县级联社产权制度改革基本完成，组建4家农村合作银行和123家县级统一法人联社，去年末又组建了玉龙县联社，全省法人机构数由改革前的1403个降至140个。通过产权改革，逐步明晰了产权关系，建立健全了“三会一层”机构，合理行使职责，强化相互制约，按照统一法人后新的管理关系建立健全内部授权授信及信贷、财务管理等制度，切实强化了内部控制，增强了自我约束和自我发展能力。

推进“三项制度”改革，切实转换经营机制。结合实际，科学设置岗位和人员编制，做到双向选择、竞聘上岗，初步建立收入与责任、贡献、业绩挂钩正向激励机制，强化内部竞争，形成“员工能进能出、干部能上能下、任职靠本事、薪酬凭贡献”的新局面，优化了人力资源配置，内部经营机制得到有效转换有效激发了经营活力。截止2008年末，全省有119个县联社开展了“三项制度”改革，给农村信用社带来了历史性的变革。

落实扶持政策，消化了历史包袱。目前，105个县联社顺利完成兑付工作，得到13.19亿元资金支持，占应兑付金额15.99亿元的82.39%，大大增强了农村信用社的抗风险能力。充分利用财政补助资金500万元，帮助28个困难信用社对营业网点及安防设施进行改造，大力改善了基础设施和服务环境，消除了安全隐患。

【服务“三农”】

全省农村信用社坚持服务“三农”的宗旨，不断巩固和扩大农户小额信用贷款和联保贷款，创新产品，积极筹措资金，加大支农信贷力度，有力促进农村经济发展。一是突出支农重点，加大信贷投入。面对2008年国内外经济形势的急剧变化，省联社及时调整经营思路，扩大信贷规模，保持支农贷款的绝对优势。截止2008年末，各项贷款余额为1017.7亿元，其中，农业贷款余额达802亿元，占各项贷款余额的78.7%，比年初净增171.48亿元，增幅达83%；短期农业贷款余额和增量分别占全省金融机构的91.8%、98.7%，农村金融主力军作用得到有效发挥。二是充分发挥农户小额信用贷款和联保贷款优势，建立利率定价机制，对部分农贷利率适度减少上浮幅度，积极满足农户生产生活的资金需求。农户贷款余额为456.42亿元，比年初增加81.9亿元，农户贷款面达到75%。三是积极推进信用乡镇、信用村、信用户评定建设工作，推行小额贷款“上柜台”，方便农户快捷贷到款。共建立农户经济档案636.2万户，占全省农户总数的71.9%；评定信用户213.4万户、信用组8784个和信用村1208个。四是围绕产业结构调整，累计发放144.1亿元贷款，支持农业产业化和农业产业化龙头企业的发展，发挥龙头企业的科技优势、管理优势和流通渠道优势，辐射和带动周边农户提高农业生产力，支持产业结构调整，帮助农民增收致富。五是围绕特色农业产业发展，发放特色农业贷款，支持全省蔬菜、茶叶、甘蔗、橡胶、咖啡、烟草、花卉、药材、水果等特色农产品生产，有力促进了特色农业经济的发展。六是大力支持县域中小企。坚持“流动、小额、分散、及时”的经营方针，发挥经营机制灵活的优势，不断创新服务产品，加大对涉农加工业、服务业、流通产业的信贷支持力度，倾力扶持优质中小企业做大做强。截止2008年末，累计发放中小企业贷款382.69亿元，比年初增加89.93亿元，增长30.7%。

【信贷创新】

全省农村信用社始终坚持创新信贷产品，及时满足城乡金融需求。一是不断改进和创新信贷产品。根据市场需求，对“致富通”和“创业通”系列产品加以改进和完善，将农户小额信用贷款额度提高到10万元，农户联保贷款额度提高到20万元，并结合实际延长期限，对部分农贷利率适度减少上浮幅度，有效提高支农效果。二是积极推广林权抵押贷款，支持云南省林权改革。? 林权抵押贷款是以《林权证》所载明的林地使用权和林木所有权作为抵押物向农民发放的贷款。农户小额林权抵押贷款的额度一般在30万元（含）以内，贷款期限最长5年，利率适当优惠。?? 2008年，全省农村信用社有11个州、市31个县开办了农户林权抵押小额贷款业务，共对667户农户及企业发放贷款6.22亿元，破解了林农贷款因没有合法有效抵押物而导致的“抵押难”、“贷款难”问题，有力促进了林权改革和林业产业的发展。三是推出农户小额建房贷款。农户小额建房贷款是指针对农户在农村购建房屋的融资需求发放的贷款，贷款额度在10万元至80万元间，期限最高不超过8年，该业务开展以来深受广大农户的喜爱，有力提高了全省农村住房保障水平。四是创新中小企业贷款产品。推出银行承兑汇票贴现、公仓质押商业承兑汇票贴现等票据业务，有效降低融资成本，满足中小企业日趋多元化的融资需求。五是适当调高个人综合消费贷款额度，扩大消费贷款领域，促进消费拉动经济发展。六是积极拓展小额扶贫贴息贷款范围，推出巾帼妇女创业贷款、农民工返乡创业贷款、失地农民系列贷款，适当下浮利率，帮助贫困农户脱贫致富。

【科技兴社】

以科学决策、开拓创新的思路，充分发挥科技力量，提升电子化服务水平，促进全省农村信用社的快速健康发展。一是完成“金农网工程”，实现全部营业网点综合业务系统联网和数据大集中，开通了人民银行大、小额支付系统、银联卡系统和北京农信银资金清算系统，实现了通存通兑，疏通了结算渠道，实现金碧卡在全世界53个国家和地区取款和刷卡消费，形成了点多面广、联结城乡的特色竞争力。二是提升系统软件研发能力，加大科技对经营管理的支撑力度。2008年，共开发6类22项中间业务和内部管理系统，共代扣代缴电费、税费、烟草配送、农村合作医疗保险等费用236.36万笔，金额46.63亿元。通过“惠农一折通”业务，向852万户农户发放了各类财政补助款59.2亿元，让党的惠农政策温暖民心。三是加大人力、物力、财力投入，开发上线了财务管理系统和信贷管理系统，有力提升了全省农村信用社的财务管理和信贷管理水平。四是加大金碧卡系列产品创新，先后开发了金碧校园卡、金碧财大联名卡、金碧浩宏物流联名卡、VIP铂金卡等系列新产品，截止2008年末，发行金碧卡352.6万张金碧卡，大大丰富了卡业务产品。五是加大自助服务设备投入，积极改善用卡环境。共布放ATM667、POS机1050台，POS特约商户874家，设立自助银行20多个。

【机制创新】

一是健全法人治理机制。在实践中积极探索适合农村信用社特点并与现代金融企业接轨的法人治理结构，建立正常的资本补充机制，按照股权结构多样化、投资主体多元化，规范和优化股权结构，吸引战略投资者加大投资，提高投资股的占比，增强资本实力；吸收企业法人、战略投资者、懂经营的农民能人进入理（董）事会，合理界定社员（股东）大会、理（董）事会、监事会和经营班子的职责、权限和运行规则，强化决策、执行、监督系统之间的相互制约，真正建立起来自产权的激励约束机制。

二是建立正向激励机制。积极开展“三项制度”改革，认真推进“三定”、“双聘”工作，建立和完善考核评价体系，实行结构工资制度，加大绩效工资的占比，彻底改变“吃大锅饭”的现象，形成了竞争向上、充满活力的良好激励机制。

三是强化内控机制。倡导制度先行，印发第六本《制度汇编》，编写《信贷手册》、《会计出纳操作手册》，对信贷、财务、科技、业务规定及操作流程等方面做了进一步规范，并采取自学、培训、考试、检查等方式督促制度的学习和落实。加大稽核审计力度，采取“大交叉”和“小交叉”的方式，扎实认真地开展了财务会计专项稽核审计工作，有效防范和化解风险。

四是创新考核机制。实行分类管理，提出规模小的联社要“做精做优”，规模大的联社“做大做强”的发展战略，加强对城区信用社业务发展的指导，不断修改完善考核激励办法和分类管理办法，充分调动职工积极性，促进业务的快速健康发展。

五是创新信贷管理机制。根据各地农村信用社经济发展、经营规模、管理水平、风险控制能力等情况，设置不同的授信权限，对大额贷款项目实行分级审批咨询的管理制度。认真开展贷后检查，加强信贷投向管理，严防新增不良贷款的产生。

六是创新不良资产管理机制。成立资产风险管理部，围绕资产保全、债权管理、清收化解等重点，建立不良贷款清收考核激励机制，制定信贷资产监测和分析报告制度，为决策提供及时有效的信息。创新清收处置方式，实行“一社一策”，帮助基层信用社成功化解多笔大额不良贷款的风险。

【案件治理】

加强纪检监察工作，建立“教育、监督、惩治”相结合的案件查访体系。一是加强警示教育，提高风险防范意识。省联社编写了《警示教育读本》，结合“读本”的学习，开展“风险就在我身边”大讨论活动，用身边发生的案件教育员工认清案件危害，依法合规经营。二是严格执行责任追究制，加大对副主任及其以上高级管理人员问责和处罚力度，有效维护了制度的严肃性。三是加强党风廉政建设，深入开展案件专项治理工作。严格落实省联社领导分片包干案件防范责任，与市、县联社和办事处签订《党风廉政建设责任书》、《案件防范责任书》，把党风廉政建设工作、案件防范工作与业务工作一起部署落实，一起检查考核。四是建立与地方纪委、公检法部门、银监部门的沟通联系，对内外稽查审计中发现违纪事实和案件苗头，及时采取措施处置，有效提高了案件的成功堵截率，降低了发案率。2008年，取得了案件总数、涉案金额“双降”的显著成绩。

【队伍建设】

一是加强县联社班子考核评价和管理，提高其履职能力。对128个县联社班子及509名成员全面进行了履职考核评议。根据考核，建立起“能者上，庸者让”的激励机制，素质高、有能力、善管理、品质好的29人班子成员得到提拔重用，交流了9人，撤职或免职13人，1人辞职，真正做到了“人尽其才、才尽其用”，大大增强了县联社班子活力，大力提升了县联社的管理水平和管理能力。

二是加强后备干部选拔培养。建立了一支319名后备干部队伍，并加强后备干部培养锻炼，交任务、压担子，积极为优秀后备干部走上领导岗位创造条件。

三是招收引进高素质人才。为增强省联社机关和各地办事处的管理力量，广开门路引进人才，省联社机关引进了8人，办事处引进了25人，中心招聘研究生26名；通过公开、规范运作，共招收了800名大学应届毕业生充实到基层，改善了队伍结构，为农村信用社的可持续发展储备了人才。

四是组织开展多层次、多形式、多批次的专业培训，提高员工队伍素质。共组织两批县联社高管人员到西南财大轮训，组织相关人员到香港、国外学习培训，各职能部门也组织开展了信贷、财务、稽核、办公室主任等专业培训，全面提高综合素质和管理能力，促进业务发展。

五是规范了劳动用工。本着“以人为本，正视现实”的原则，妥善解决了历史遗留的临时工问题，规范了劳动用工。

（办公室供稿）

【大事记】

1月初，资产风险管理委员会成立，组建了一支专业化资产管理团队，加大信贷资产保全、债权管理和不良贷款清收处置力度。

1月8日，获“2007年度银行卡服务‘三农’突出贡献奖”和“2007年度银联标准卡发行突出贡献奖”两项殊荣。

2月19日，召开昆明市城区信用社业务发展工作会议，专题研究城区信用社业务发展工作，体现了“分类管理”的指导思想。

4月1日，召开“三项制度”改革工作会，在总结第一、二批试点工作经验的基础上，拉开了76个县联社“三项制度”改革的序幕，促进农村信用社经营机制全面转换。

7月23日，召开“迎奥运、保安全、抓服务”电视电话会议，部署奥运期间的安全保卫及服务工作，全面提升服务水平，确保奥运会顺利召开。

8月4日，省委副书记、省长秦光荣同志，副省长曹建方同志率有关部门领导前来调研，农村信用社为服务“三农”和云南省经济社会发展做出的贡献达得到了充分肯定。

8月25日，与云南财经大学携手合作，推出“金碧财大卡”，在卡业务创新方面迈上新台阶。

11月12日，召开党委会，研究提出贯彻落实十七届三中全会，大力支持农村改革发展的“十六条措施”，计划未来五年新增投资1500亿元支持全省农村改革发展。

12月，与昆明市政府签订战略合作协议，计划在未来五年，在现有基础上，为现代新昆明建设增加300亿元信贷资金投入，重点支持农业和中小企业发展。

中国人寿保险股份有限公司云南省分公司

总经理：阮建设

【综 述】

2008年，中国人寿保险股份有限公司云南省分公司（简称“中国人寿云南省分公司”）以“打造甲A级公司”为目标，按照“又好又快”的发展要求，坚持在快速发展中有效调整业务结构，着力提升公司基础管理水平，全面提高队伍综合素质，扎实推进公司全面发展，要求全省系统做到“一个坚持，七个狠抓，六个突破”，即坚持发展不动摇：狠抓管理上台阶、狠抓队伍不懈怠、狠抓形象不惜力、狠抓合规不松懈、狠抓班子不手软、狠抓考核不留情、狠抓公关不放松；力争业务发展实现新突破、业务增长方式实现新突破、业务内涵价值实现新突破、强公司富员工实现新突破、管理和保障实现新突破、改革创新实现新突破。通过全力打好“挥剑”、“出击”、“追击”、“决胜”等“四个战役”，将各项工作抓早抓紧抓实，以只争朝夕的精神和争先竞优的赶超意识，强势推动业务发展，实现了各个渠道业务的齐头并进。

个险渠道“两个核心”突出。即期交业务是核心业务、个险队伍是核心队伍，努力提高公司创费水平。同时，积极推出“万元金彩”销售活动，通过开展寻找“国寿有缘人”、“聚缘卡”和“神奇产说会”等销售工具，有效延伸和扩展客户群，全力推动期交业务快速发展，期交业务完成全年任务目标的104.5%。另外，业务结构明显改善，三年、五年、十年及以上期交业务基本形成了3：3：4格局，业务增长方式向期交和续期带动转变，增强了公司可持续发展能力。

团险渠道重点强化短险业务发展。全面创新销售模式，切实做到坚持全年、全员、全过程、全方位销售，推进家庭化、卡折化、分散化策略。一是实现学平险春秋两季收费，提高了学平险续收率，减缓了以往集中收费压力；二是与移动云南分公司开展了“M传情，牵挂在心——爱心保险更精彩”活动，移动用户通过发送短信的方式即可免费获得公司提供的意外伤害保险；三是与联通、电信云南分公司开展了缴话费赠保险活动，扩大了短险覆盖面；四是积极参与全省高危行业人身意外伤害保险的共保工作；五是独家承保了云南省大学生村官保险。此外，年初成功承保南方电网云南分公司永泰团体年金大单，保费收入1.65亿元，顺利达成了全年团体寿险目标。

银邮渠道全年任务半年完成。通过采取“打基础、理关系、强公关、热渠道、建队伍、抓培训、突业务”等措施，制定推动了“滇军显威”发展方案，实现全年任务半年完成。同时强化与各类银行合作，加强队伍建设和渠道维护，已建成优质网点1910个。全年实现中介保费收入18.1亿元，完成总公司下达目标8.9亿元的206%。

县域业务成效显著。全省系统首年期交50万元以上的乡镇营销服务部达65个、100万元以上的达34个、200万元以上达9个、300万元以上的达3个；全省乡镇网点实有营销员人数为7703人，同比增长47%；乡镇网点保费收入4.3亿元，期交保费1.92亿元，同期增长77%；农村网点的网均产能为85万元，同比增长了34%。与村委会签订协议或已挂牌的保险先进村建设点已达到3000个。

保费收入快速增长。全省系统股份公司总保费收入41.86亿元，同比增长66.24%。其中，长期险首年保费收入25.95亿元，同比增长115.15%；首年期交保费收入5.75亿元，同比增长23.66%；十年以上期交保费收入2.66亿元；短期险保费3.04亿元。

深入开展了学习实践科学发展观活动效果明显。党委制定下发了《中共中国人寿云南省分公司委员会关于开展深入学习实践科学发展观活动的实施细则》，将学习内容列表分解到月，细化到周；成立了“专项行动”督导组，分别深入全省系统19个州市分公司和40多个县支公司，就深入学习实践科学发展观开展调研；近1.4万名员工参加了《中国保险报》“深入学习实践科学发展观活动知识竞赛”，参赛率达到85%以上，《中国保险报》对此进行了专题报道；广泛开展“践行科学发展，探索特色道路”调研征文、建言献策活动，共收到基层调研报告78篇，建言献策179条，学习心得1500篇。中国人寿云南省分公司学习实践科学发展观的做法被中国保监会报送中央学习科学发展观领导小组作为典型材料交流；阮建设总经理撰写的《扎实践行科学发展观，以服务“三农”为重点，快速开拓农村市场，推动云南国寿全面可持续发展》一文，荣获中国保监会系统深入学习实践科学发展观活动优秀调研报告二等奖。

对外宣传工作进一步加强。积极主动向有关领导汇报工作，为创造宽松的发展环境作了积极有效的工作。在省“两会”召开期间，分别在《云南日报》、《云南政协》报上进行了整版专题宣传；就公司形象及产品在《云南经济日报》上进行了专版专题宣传，并订购1.5万份报纸下发各州市分公司；分别在5月16日、18日的《生活新报》头版及要闻版面进行了“国寿抗震救灾”专题宣传；与《云南政协报》合作，共同举办了《“中国人寿杯”云南改革开放30年征文赛》；与《云南经济日报》合作举办了“‘中国人寿’杯纪念改革开放三十年论坛”；认真做好“诚信我为先”主题教育活动宣传，印制宣传资料2万份并充分利用媒体进行舆论造势，进行深度报道；印制“诚信我为先”《国寿客户报》专版1.5万余份，下发各基层单位，由销售人员向客户赠送；印制《诚信手册》1万份，订购“投保提示工具”12万份，拍摄了“营销员诚信宣誓仪式短片”下发，为销售人员深入开展学习、宣传活动提供了有效的支持工具。这些工作树立了公司良好的品牌形象。

总之，2008年是中国人寿云南省分公司快速发展的一年，实现了“打造甲A级公司”的创建目标；保费突破40亿元大关，创造了公司发展史上最为辉煌的篇章。

【基础建设】

稳定销售队伍。全面落实新《基本法》，换签新版《保险营销员代理合同》，营销员统一投保“国寿销售精英团体年金保险”，落实相关待遇，统一规范管理，全力推广1+X增员模式，有效人力从年初11318人增至年底16126人，持证率达100%，销售队伍得到了全面稳定。

加大队伍培训力度。1月31日，全省系统首次业管兼职讲师培训班在昆举行，历时三天，课程涉及双赢的沟通技巧、成年人学习心理、PPT的制作技巧、柜面服务礼仪和技巧等，同时对“送培训进销售职场”的课程进行了研讨。5月21日至5月24日，全省业务管理工作会议在昆明召开，业务管理中心、财务管理中心、客户服务中心、信息技术部的领导，各州、市分公司分管副总经理，A柜面经理及60余名柜面精英参加了会议。会议安排了本年业务管理工作、表彰了2007年柜面精英、进行了首期柜面管理干部培训等。7月10日，在丽江召开了2007年度团险销售精英表彰暨培训会。全省各州、市分公司团险部经理、先进单位和优秀销售团队代表以及团险销售精英近130人参加了本次会议。会上，部分2007年度的先进单位、优秀销售团队、销售精英作了心得分享和经验交流。12月23日，全省团险管理、销售人员和业管人员技能培训班举办，各州、市、县公司209人参训，培训课程主要分为销售管理、销售支持、销售策略三类。个险、银邮渠道等部门也都多次开展了各种形式的培训活动，有效地提升了队伍的销售和管理能力，

积极开展党、团、工会活动，加强队伍建设。1月4日，公司机关举办了首届职工运动会，300余名机关员工和离退休老干部参加了运动会。5月3至4日，公司团委成功举办了“我与国寿共成长”知识竞赛，全省系统18个单位的选手参加了比赛。并组织了团干部培训。6月30日，公司举行纪念建党87周年党员大会，表彰了先进基层党组织、优秀共产党员和优秀党务工作者，通过重温入党誓词、知识竞赛等形式，热烈庆祝党的87岁生日。机关全体党员干部100余人参加了活动。10月21日，公司机关团总支组织召开了“学习科学发展观，青年团员在行动”的动员大会，对团员、青年如何深入学习科学发展观提出了具体的要求。11月29日，公司党委召开“解放思想·科学发展”大讨论交流会，机关全体党员参加了会议，就进一步解放思想，破解发展难题，实现科学发展等重大同题进行深入讨论交流，使机关全体党员接受了一次深刻的科学发展观教育。

【客户服务】

全省系统完成了109个柜面的标准化职场建设，统一柜面服装，推广柜面标准化服务礼仪，提升了公司服务形象；提高服务销售服务一线的认识，开展柜面业务投诉专项治理和客户满意度调查工作；调整业务流程，进一步满足中介业务时效要求；完善服务手段，提示服务效率，保证了“两鸿”满期给付和转保工作的顺利开展，为确保新业务的销售支持和中介业务的高速发展奠定了基础。全省推广应用了新短期健康险、万能业务系统；完成了工行、农行、建行、邮政、交行的“银保通”推广应用，提升了渠道竞争力和服务能力；建立服务考核体系，以客户满意度为服务指标，提升服务理念并通过各种会议、培训和开

展“国寿1+N”附加值服务等形式，不断提升公司品牌形象。3月14日，召开了“云南省分公司服务质量社会监督员会议”，唐群副总经理、客户服务管理中心、业务管理中心、各销售部门及内控合规部领导和来自监管部门、新闻媒体、客户代表、业务员代表的服务质量社会监督员参加了会议，对公司在客户服务方面工作提出了有益的意见和建议。大理、版纳等州、市分公司也围绕“消费与责任”的主题，召开了服务质量监督员座谈会议。3月21日，召开了全省系统2008年度“国寿1+N”附加值服务工作视频启动大会，推动此项工作全面展开。5月21日，成功举办了“国寿1+N”附加值服务内容之一的“国寿大讲堂专家指导您理财”视频讲座，并以公司会议室为主会场，各州市分公司设分会场举行的方式，让全省19个基层单位的600多位客户参加了活动。6月15日，第二届“国寿客户节”——“牵手国寿 健康长寿”主题活动在昆明大观公园举行，公司以“主题公园”的形式，与客户进行互动、交流，向广大客户倡导运动与健康理念，邀请医院专家为客户义诊，表达对客户健康的关心、关注；同时，对保险行业参与抗震救灾工作进行了宣传展示。阮建设总经理在现场接受了省电视台记者采访，还亲往昆明医学院第一附属医院看望慰问了在“5.12”地震中受伤的20多位中国人寿客户。7月14日，公司召开全省客户服务工作上半年总结视频会议，总经理室成员，客户服务管理中心全体人员，机关各部室负责人及联络员在主会场参加了会议，各州市分公司及公司直属销售单位总经理室、各部门负责人及联络员，A、B柜面经（副）理、客户服务岗、客户回访岗、咨询引导岗在分会场参加了会议，会上就全省上半年客户服务工作作了总结，指出了存在的问题，提出了整改意见，并对全省客户服务管理人员进行了客户资源管理系统的操作指导。8月22日，公司举办了“全省提高电话回访成功率和投诉处理技能培训”，培训通过视频对公司客户服务管理中心、业务管理中心、个险销售部、银行保险部、团体业务部、县域保险部相关人员以及各州、市、县公司A、B柜面经（副）理、客户服务岗、客户回访岗人员和个险部、中介部、团险部、县域部管理人员、组训、讲师及部分销售人员进行，强化培训，提升了员工素质和2008年客户服务管理质量考核的相关指标。9月25日，公司“牵手国寿·健康生活”第二届客户服务活动于在全省拉开帷幕，活动结合2008年奥运会和全民关注“运动”、“健身”的热潮，宣扬“拥有健康，享受生活”的健康生活理念，历时到11月26日，活动期间，还举办了“牵手国寿·健康生活”、姚明杯趣味篮球运动会、健康知识讲座等一系列活动。

【重要理赔工作】

2月27日，怒江支公司召开赔款兑现大会，向在12.8暴雪灾害中遇难的3名学生家长兑现了3万元保险赔款。同时，昭通市永善、彝良两县均各有1名学生因冰雪灾害意外死亡，公司共支付保险赔款56000元。

3月11日，公司直属二部为客户郑女士兑现了10万元重大疾病保险金。据悉，郑女士于2004年在中国人寿云南分公司投保了“康宁定期”重大疾病保险产品，不幸患上乳腺癌。

5月12日，汶川特大地震波及昭通市，公司在第一时间派出慰问组深入一线，查看灾情，慰问员工，并对地震中不慎跌落池塘死亡的水富县永安村茶林组永安小学学前班学生王孟林进行了快速赔款，于13日驱车两个多小时到被保险人家里，把一万元赔款现金及时兑现到了王孟林父亲的手中。

6月5日，由来自昆明、楚雄、大理、玉溪、红河等五个分公司的6台查勘理赔越野车、12人组成的“云南国寿抗震救灾车队”日夜兼程赶赴四川重灾区，参与了中国人寿在地震灾区的理赔查勘，开展救灾救援工作。此工作先后历时两个月。

8月13日，迪庆支公司为在抗震救灾中因公牺牲的迪庆州消防支队和德华同志进行了保险赔付，向其家属兑现了20万元的保险金。

德宏州盈江县“5.20”、“5.21”地震灾情发生后，公司迅速启动地震灾害应急预案，冉从怀纪委书记第一时间赶往地震现场，阮建设总经理也亲赴盈江地震灾区看望公司员工，慰问在受伤客户，指挥抗震救灾工作。

会理“8.30”地震波及云南，9月3日至4日，省分公司谭龙副总经理等一行赶赴大姚、永仁、元谋、武定地震灾区看望公司员工、慰问受伤学生，指导抗震救灾，并代表省公司党委、总经理室向受灾严重的大姚县六苴中心完小捐款5.4万元，用于建盖活动教室。

10月24日至11月2日，楚雄州部分地区遭受严重洪涝和泥石流滑坡灾害，公司党委、总经理室高度重视，楚雄州公司也及时成立抗震救灾领导小组，启动了应急预案。11月3日，楚雄州公司总经理助理张喜中率领工作组及时赶赴灾区进行抗灾救灾工作，经初步查明，对受灾人员及时进行了理赔工作。

【风险管控】

一是强化了风险管理和风险防范。强化了公司“三中心一部室”的集中管理，实现了业务、财务、客服、信息的省级集中；组织开展核保会审和核赔会审，强化了“两核”的风险管控职能；建立完善以数据监控为基础的风险管控体系；健全全省系统理赔分析预警制度；开展赔案核查及理赔第一责任人终身负责制；制定下发驻院代表制度；严格业务处理的日清日结制度；严格岗位权限的审批管理制度；全面实现长期险新契约的省级集中缮制；开展了为期100天的单证治理专项工作，圆满完成历史单证清理和集中销毁工作，将1466箱共约568.4万张待销毁单证统一移送国家保密局销毁。

二是强化依法合规经营。公司组成了财务、业务、内控、监察工作检查组，对各州市分公司制度执行力、依法合规经营、制度管理、短期险业务赔案核查等方面进行全面现场检查，对发现的问题及时纠正并跟踪整改落实；对州、市分公司的印章管理、单证管理、业务核保核赔执行情况等进行了检查整改，收缴州、市分公司作废印章3787枚；开展了治本抓源头和效能监察活动；狠抓“404”日常遵循的落实；逐级签订了《经营责任书》，内容包括经营管理、党风廉政建设等各个方面，加大对全省系统的管理和内控力度。

【机制创新】

一是积极开展创建保险先进村”活动。全省系统“保险先进村”建设工作得到各级党、政领导的高度重视，已有10个州市政府、69个县政府、54个乡镇政府发文支持中国人寿保险先进村建设。同时，楚雄州政府召开了中国人寿保险先进村建设专题会议，率先在全省乃至全国打造“中国人寿保险先进州”。

二是加强对基层的督导帮扶工作。2月28日，公司召开了机关赴基层帮扶督导动员大会，会后组成了17个工作组，分别深入基层一线开展点对面和点对点的督导帮扶工作。6月3日，公司又召开了第二阶段业务发展督导动员大会，会后又派出25个业务督导组，深入52个县支公司帮扶、督导业务发展，时间从6月3日至30日。在业务发展的关键时刻，公司机关派出40人直接到一线督导银邮业务发展，开展了“手拉手结对下网点”活动。同时，各业务部门也加大对基层的销售支持，根据基层实际需要，积极开展讲师支援、提供宣导工具、宣传推动造势、及时追踪督导等工作；各部室与基层挂钩，开展每月进度考核，确保全省同步发展，特别是机关员工与基层销售人员继续开展“手牵手，心连心”活动，保持与基层业务员的日常沟通和联络，为推动阶段业务发展，努力实现既定任务目标发挥了积极的作用。

三是强势推进“星级营销服务部达标创建”建设，深入推行“乡镇营销服务部管理办法”和“三板、六簿、三账制度”，有效推动了业务的发展。

【社会公益】

“5.12”汶川特大地震发生后，公司举行捐款仪式，组织正在昆明开会的人员和机关员工捐款46711.10元。此外，全省各州、市分公司也积极行动，纷纷发起向灾区人民踊跃捐款献爱心的活动。

8月2日，公司机关团总支与直属销售部门在真庆广场共同举办“关注环保，关爱人生”公益宣传活动，以宣传环保理念和保险业服务抗震救灾工作为主旨，向现场市民免费发放环保购物袋，号召广大市民关注环保，保护环境，关爱生命。

普洱市宁洱县“6.3”地震发生后，中国人寿总公司及时伸出了援助之手，向灾区捐资80万元，在宁洱县捐建两所希望小学。9月25日，国寿新塘、金鸡两所小学竣工，省政协副主席曾华、普洱市市委副书记朱飞云等党政领导及中国人寿总、省、市公司领导到场参加了两所希望小学揭牌。

12月10日，中国人寿桂花希望小学揭牌仪式在昭通市威信县隆重举行，公司和昭通分公司领导、威信县委、政府、人大、政协领导共同出席了揭牌仪式。

（办公室供稿）

【大事记】

1月10日，省人大常务副主任牛绍尧、省检察院检察长王田海一行到公司视察工作，阮建设总经理就近年来公司全面建设情况作了专题汇报，牛绍尧副主任和王田海检察长也希望公司继续坚持依法合规经营，积极维护员工合法权益，努力做大做强做优，更好地服务于云南经济建设和社会稳定。

2月15日至16日，公司在昆明隆重召开全省系统2008年工作会议，来自全系统19个销售单位的班子成员、财务、个险、团险、中介、县域、客户服务等部门的负责人以及省公司机关助理以上干部240余人参加了会议。会上传达了全国系统工作会议精神，表彰了上年度先进，阮建设总经理与各经营单位领导签订了责任状和业绩目标合同，同时作了题为“争先创优、快速发展、健康经营，为实现云南国寿的新突破而不懈努力”的主题工作报告，并在回顾上年工作的基础上全面安排部署2008年度的各项工作。

3月19日，公司召开全省系统纪检监察工作暨业务发展视频会，公司和州、市分公司机关全体员工、县支公司经理、部分乡镇营销服务部经理参加了会议。会议传达贯彻全国纪检监察工作会议精神，安排部署全省系统2008年纪检监察工作。

4月29日，阮建设总经理就公司积极推进总公司与省政府战略合作的有关情况以及中国人寿积极承办昆明城市改造农民养老保险、新型农村合作医疗、高危行业人员意外险等三点建议，以信函的方式向省政府曹建方副省长作了专题汇报。

4月30日，省政府曹建方副省长作出重要批示，指出：中国人寿工作卓有成效，积极为地方经济社会发展服务，三点建议很好。参与新农合工作请高副省长给予支持，参与昆明市的城市改造、医改请祖林市长关注。

5月13日至14日，公司召开全省系统“挥剑行动”总结表彰大会，19家销售单位一把手、各县区支公司负责人、部分乡镇营销服务部经理、公司部门总助以上人员共计280多人出席了会议。会议全面总结前四个月业务发展工作，交流经验，表彰先进，进一步安排部署了下一阶段的工作重点和发展措施。

在7月3日召开的“2008年银行保险全国系统工作会议”上，公司获“2008年全国银行保险省级公司卓越奖”表彰。

7月7日至8日，公司召开全省系统纪检监察工作会，各州市分公司纪委书记、监察部经理和省公司纪委委员参加了会议。会议总结了上半年纪检监察工作，部署下半年工作重点。

7月21日，中国人寿总公司与中国农业银行总行“超计划、争市场”业务推动会在大理召开，来自全国十二个省、市的中介精英，以及中国农业银行总行的领导、中国人寿总公司银行保险部总经理陈列、公司副总经理谭龙等出席，双方与会代表共同商讨总结合作经验以及下一步的合作措施。

9月22日，公司召开全省系统销售人员依法合规、诚信教育视频培训会，对《保险法》相关内容进行了培训，并作了“规范销售，诚信服务”的宣讲。

8月9日至29日，公司派出三个巡讲组，分别到各州、市分公司、怒江、迪庆支公司和两个直属销售单位，以及6个县支公司开展了“遵章守纪、合规经营”主题教育巡讲活动。各分公司领导班子成员、中层干部以及机关全体员工及部分区县公司员工参加了巡讲报告会。参加听取巡讲教育活动的员工达1862人。其中：分公司领导班子成员62人、县区支公司班子成员123人。

9月27日，公司召开全省系统“决战四季度”视频会议。全省系统19个州市分公司、129个县支公司共计15000多人首次同步参加了视频会议。阮建设总经理在会上作了重要讲话，马宏副总经理宣读了“决战四季度”业务推动方案，四个销售渠道和财务部部门总经理就各自工作作了部署和讲解。

10月7日，省委常委、昆明市委书记仇和率市委常委、秘书长黄云波，市财政局局长李冰晶一行到公司视察工作，阮建设总经理就公司全面建设情况作了介绍。

10月23日，为期2天的“中国人寿杯·纪念改革开放30周年民营企业家论坛”在昆明隆重举行。论坛由省经济委员会、省工商联、云南日报报业集团、中国人寿云南省分公司共同主办。省政协副主席顾伯平，省工商业联合会主席、省商会会长杨焱平，公司纪委书记冉从怀等领导出席了论坛，省长秦光荣为论坛发来贺信。省内有代表性的非公经济和中小企业近百家代表参加了论坛，参会代表共计200余人。

11月6日，受中国金融工会的委托，中国人寿保险公司党委和工会考核组一行，对2006年3月荣获全国金融系统“女职工文明示范岗”的中国人寿会泽县支公司进行考核认定。经实地考察，走访座谈，考核工作领导小组一致认为：会泽县支公司完全符合全国金融系统“女职工文明示范岗”的各项条件，同意继续保留“女职工文明示范岗”荣誉称号。

11月21日，“中国人寿‘姚明杯’趣味篮球运动会”昆明地区总决赛在昆明拓东体育馆举行。公司副总经理唐群出席活动并为各队颁发团体优胜奖奖杯，为每位参赛队员颁发了姚明签名篮球、新年礼包等奖品。

12月4日，阮建设总经理率相关人员座客云南人民广播电台“金色热线”直播栏目，在直播中向社会和听众明确表示，公司历来高度重视客户服务工作，今后将进一步完善服务措施、全方位提高服务水平，使公司客户权益得到更好的服务保障。

12月1日，中国人寿保险公司县域保险部总经理王同朝，公司总经理阮建设、副总经理马宏一行深入楚雄分公司调研保险先进州建设情况，并与楚雄州州委副书记、州长杨红卫，常务副州长董继理就保险先进州建设工作进行了深入交流。楚雄州委、州政府率先在全国开展创建“中国人寿保险先进州”工作，并成立了创建工作领导小组，明确由中国人寿楚雄分公司主要承担创建实施工作。

12月23日，公司召开“劲牛狂奔 重拳出击”2009年一季度开门红业务启动大会。各州、市分公司班子成员、财务部、个险部以及各县支公司经理、乡镇营销服务网点负责人和省公司机关助理以上近400余人参加了会议。会上，阮建设总经理指出了2009年公司的发展思路，要求各公司紧紧围绕主题目标，加快业务发展；马宏副总经理讲解了一季度“开门红”企划案，就“开门红”作了全面安排和部署；唐群副总经理就运营工作做了安排部署；谭龙副总经理就加强风险防范作了强调。

（周崇文供稿）

中国太平洋财产保险股份有限公司云南分公司

总经理：马光华

【综述】

2008年太保产险云南分公司经过艰苦努力，实现了业务的快速增长，各项经营指标优于行业，市场地位进一步得到巩固，公司品牌和实力得到加强。太保产险云南分公司通过认真贯彻全国保险工作会议、集团公司、总公司年度工作会议精神，深入学习党的十七大精神，深入学习《国务院关于保险业改革发展的若干意见》、《云南省人民政府关于落实国务院保险改革发展文件的实施意见》，全面开展学习实践科学发展观活动，认真全面分析全省经济形势、保险发展趋势，深刻分析公司发展的内在潜力，克服市场无序竞争带来的困难，抓住一切发展的契机，实现了公司业务稳步发展，实现了太保集团、总公司提出的可持续价值增长的目标，取得了较好的经营业绩。

2008年全司完成保险费收入63305万元，较2007年同期净增12728万元，同比增长25.17%，其中，财产险保费同比增长5.18%；家财险保费同比下降21.49%；机动车保费同比增长32.45%，意外险保费同比增长13.32%；责任险保费同比增长42.61%；同比增长19.99%；建安工程险保费等其他险种保费456万元，同比增长6.33%。

2008年支付保险赔款29298万元，较上年增加8685万元，结案139569件，未结赔案25428件，未结估损22752万元，综合结案率84.59%，综合赔付率46.28%，与去年同比上升5.52个百分点。应收保费控制在上级公司规定的范围内，各项准备金的提取充足，各项经营指标全面完成了年初预算目标。

【认清形势，明确发展目标】

太保产险云南分公司党委、总经理室坚持科学发展观，深入学习贯彻《国务院关于保险业改革发展的若干意见》，通过全省工作会、季度例会等形势，贯彻落实全国保险工作会，太保集团总公司工作会精神，结合各地经济发展和公司实际制定业务发展目标，完善激励考核机制，提出促进公司业务发展的措施、意见和要求。同时邀请云南经济研究院院长段钢博士作《云南宏观经济分析》、云南行政学院蒋玉林教授作《如何提升领导力》、云南师范大学教授赵建新作《领导干部心理调整》报告。以会代训的学习，公司各级干部员工对云南经济的总体发展状况有了清晰认识，对各级领导提升领导能力和释放工作压力有很大帮助。对公司2008年的发展明确了指导思想，达成了共识。

【业务发展格局取得较大进步】

太保产险云南分公司2008年保费收入增长速度25.17%，高于行业保费增速8.5个百分点。公司在云南产险市场的份额较2007年同期提高0.72百分点，在云南财险市场仍居第三。从业务结构来看，非车险业务增速超过了车险业务增速，非车险业务增幅同比提高10.90个百分点，扭转了近年来非车险业务发展较慢的局面。从业务质量来看，效益较好的意外险、货运险、责任险保费增长高于其他非车业务的增长（建工险除外），实现了核心业务增速高于非车险业务增速的目标。从经营效益来看，由于受到全省保险市场因素的影响，盈利水平较往年有所下降，但横向来看，公司的成本控制能力在行业中仍然处于较好水平，综合成本率同口径比较低于行业平均水平。

除一批集团性业务和有影响的项目外，太保产险在招标项目上突破较大，特别在建安工程险，货运险方面有大的发展。

公司加强了多渠道业务拓展的力度，一是加强了与工商银行、建设银行、农业银行、交通银行、农业发展银行等省级分行的联系，根据有关合作协议，及时落实2008年的合作事宜，全面促进银保合作；二是加强与汽车经销、专（兼）业代理公司的合作，中介业务稳步进入了一个新的发展时期。

【科学合理加强分类指导】

2008年分类指导最大亮点是深入基层工作组的务实高校。分公司总经理室领导分别带队，率公司业管中心、客服中心、计财部、稽核部、信息技术部组成的业务指导小组，到11个中心支公司、6个支公司及分公司业务部门进行业务指导，认真落实差异化发展战略，有针对性地落实分类指导政策，支持不同区域的分支机构根据实际情况采取不同的发展策略，树立不同的市场目标，做到统筹兼顾，全司一盘棋。

工作组根据公司经营精算数据、财务经营指标和总公司业务发展指导意见，在业务发展的不同时期，对不同地区实施不同业务政策和费用，支持业务发展，特别是最大限度的支持核心业务的发展。

【风险清查、管控、防范工作进一步加强】

1. 公司根据可能产生隐患的环节，重点抓住应收保费、理赔、单证管理、承保、财务管理等要点工作，开展全面的自查自纠。例如，对应收保费增量过大，压缩不力的机构、部门、代理机构，分公司分别采取了不同措施，有效抑制应收保费的增长，使应收保费的风险始终控制在公司掌控之内。

2. 2008年9月1日昆明地区实施了车险业务“见费出单”，分公司积极支持，组织各部门及春城、盘龙、官渡、安宁、晋宁、宜良及代理网点业务人员的培训，印发操作手则，安装POS机181台，从根本上杜绝了新的机动车险可能的保费风险。

3. 通过业管、理赔培训，有效地提高业管、理赔内外勤人员的业务素质和初审水平，降低承保风险、避免理赔水分，有效抑制假赔案。

4. 规范财务流程，开源节流，努力降低公司运作成本。分公司修订完善了有关财务操作流程，减少财务操作不规范导致违规行为发生和风险的产生，财务管理进一步规范，增收节支意识在加强。

5. 认真贯彻太保总公司《合规政策实施细则》，在全司开展内控自评活动，巩固风险达标的成果，风险防范进一步加强。

【以优质服务提升太平洋财产保险品牌】

2008年全司客户服务工作又上新台阶。一是加强对基层公司和本部理赔人员的业务培训，二是加大对客户服务的硬件投入，三是重大理赔案件聘请公估公司介入，保证理赔案件的公证性，四是通过实践，进一步使客户服务岗位员工具备不惧辛苦，爱岗敬业的精神，五是理赔质量提高，客户投诉、诉讼案件明显减少。六是太保95500呼叫中心实现了全省集中，为更好地实施业务咨询、理赔调度奠定了硬件基础。

2008年是考验公司理赔服务的一年，2月，全国南方大部分省市发生了冰冻灾害，5月12日四川汶川发生8级大地震。灾情发生后，太保产险云南分公司立即启动“重大案件应急预案”，成立灾害应急领导小组，分公司总经理马光华任组长，有关部门分别抽调人员组成工作小组成员。冰雪灾害中太保承保的云南电网、云南联通的财产不同程度受到了损坏，公司及时处理，在道路尚未完全畅通的情况下，前往受灾最重的昭通地区进行实地查勘灾情，了解受灾情况，为理赔工作收集第一手资料。汶川地震后1小时，公司立即做出反映，一是向与四川接壤的曲靖、丽江中心支公司询问受灾情况，二是及时与四川分公司联系，三是成立应急分队，向总公司请战，赴四川支援抗震救灾。

【加快机构建设，扩大太平洋保险服务面】

1. 根据2008年公司机构建设与发展战略，分公司制定完善了县级各项管理规章制度，进一步规范县级机构的组织架构、人事计财管理、业务管理、客户服务管理、中介管理、企业形象管理等工作。

2. 稳步推进机构建设，扩大业务服务面。2008年6月19日文山中心支公司开业，2008年4月德宏中心支公司获总公司批准，进入筹建。此外，7个县级支公司也获总公司批准，进入筹建。

【提高综合素质，创建和谐公司】

1. 党委中心学习组按照上级党委的部署开展理论、时事政治、法律法规、集团公司领导的讲话的学习，全面开展学习实践科学发展观活动。全辖各级党组织和134名党员响应党中央和上级公司党委的号召，积极缴纳“特殊党费”，共交“特殊党费”60300元。

2. 各级机构高度重视员工队伍建设，加强员工的政治、法律、业务教育和培训，全司员工队伍不断扩大，人心稳定，人均产能逐年提高。

3. 针对2007年业务发展和管理中存在的问题，分公司业务管理中心、服务客户中心、计财部、人力资源部举办了不同层次的业务培训，其中又针对中心支公司副总、分公司部门副职、县级公司经理的培训班，进一步提高了一线指挥员综合业务分析和解决问题能力，员工的展业攻关和处理问题的能力，培训采取听、课间交流、结业测试的方法，有效地提高了培训的效果。全年全辖500余人次参加了培训，卓有成效地促进了业务的推进。

4. 12月19日，太保产险云南分公司在昆明举行了云南分公司建司15周年纪念活动，回顾公司发展的历程，增强公司的凝聚力、战斗力，让员工坚定克服困难的信心和决心，为建设和谐公司，努力实现公司富强、员工富裕的目标而勤奋工作。

5. 通过换届选举，新一届工会班子产生。在2月南方冰冻灾害，5月12日四川汶川发生的8级大地震后，工会向全省员工发出“伸出援助之手，献上我们的爱心”的倡议，筹款214810元支援灾区。

6. 改进工作作风，提高工作效率，做好保险服务。公司强调一切服务于一线，服务于业务发展，服务于基层，相关职能部门创新工作方式，改善工作作风，保证了基层公司和业务一线业务发展需要。

【存在的问题】

1. 由于市场因素，财务费用面临巨大压力，公司营运成本上升较快。

2. 基层单位工作预见性差，思想观念、发展方式、机制制度和队伍素质还有一些不适应之处。

【2009年工作要点】

根据中央经济工作会、全国保险工作会、太保集团、总公司2009年工作部署，结合云南保险市场现状和太保产险云南分公司发展的目标，公司2009年工作要点是：

（一）深入贯彻落实科学发展观，解放思想，以改革创新为动力，坚持业务平稳、健康、持续发展不动摇，坚持“诚信天下，稳健一生，追求卓越”的核心价值观，实现保费收入不低于全司及同业平均发展水平的目标。应收保费率控制在总公司规定范围内。结案率达到85%以上，其中中心支公司车险结案率达到90%以上。综合成本率明显下降在有效益的要求内。各项准备金提取充足，利润率、费用率达到上级要求。

（二）把握业务发展的机遇，抓大项目、大企业，以点带面，推动又好又快的可持续发展。

1. 抓核心业务的拓展，努力实现核心业务在整个业务中占比的提高。细化车险承保，做强车险。

2. 抓好续保业务，保持业务平稳发展的基础，续保率力争保持在80%以上。

3. 抓客户服务工作，提高客户服务水平和服务质量。各级客户服务部门要加强与客户、公估单位、公安交警联系，加强公司间代查勘，尽量减少上下级在材料报价、核损中的时间消耗，提高工作效率，缩短结案周期，细化理赔工作程序，进一步提高理赔工作一线人员的业务素质，加强理赔工作内部流程的管理。

4. 风险防范仍是工作中的重中之重。当前风险的源头仍是承保、单证、理赔，对应收保费的管理必须制定可行措施和考核办法。

5. 强化规范意识，率先垂范，加强自律。

6. 增强成本意识，努力增收节支。加强预算管理，按照编制安排好开支，杜绝无预算、无报告的开支，保证预算的严肃性。

7. 加强领导班子建设，认真开展学习实践科学发展观活动。

8. 加强基层公司管理，实现全面健康发展

抓好机构建设，提升公司在当地市场竞争力、发展力和生存能力，抓好制度建设，人员培训，使基层公司成为公司业务的增长点、服务的联系点。抓好员工队伍建设，提高县级公司产能、规范经营、独立承担客户服务工作。

9. 进一步完善绩效考核，建立责、权、利相结合长效激励机制。总结近年考核工作的经验，完善考核制度，建立与业务发展相协调的责、权、利相结合考核体系。

10. 持久抓好培训工作，全面提升员工的业务素质和展业技能

11. 加强党的领导，充分发挥工会、共青团在业务发展中作用。县级以上公司，原则上要逐步建立党支部，完善党的基础建设，加强党对业务发展的领导。各级党组织要加强对工会、共青团的领导和指导，让工会发挥“维护、建设、参与、教育”的职能，更好地支持公司的业务发展，公司的和谐建设，构建和谐的公司、和谐的发展氛围。

中国太平洋人寿保险股份有限公司云南分公司

总经理：姚向东

【综述】

2008年是中国实行改革开放的30周年。中国太平洋保险在改革中诞生，在开放中发展，从无到有，从小到大，从弱到强，作为在云南的省级分公司的中国太平洋人寿保险股份有限公司云南分公司（简称“太平洋寿险云南分公司”），一年来，在集团公司、总公司的正确领导下，在云南保监局的监管下，认真贯彻落实全保工作会议、总公司年初工作会议精神，按照年初工作会议既定方针，坚持以队伍建设为核心，以业务发展为重点，加大业务结构调整力度，加快核心业务发展，加强集中化管理和集约化经营，统一目标，形成合力，协同发展，寿险专业化经营管理水平得到不断提升，机构建设卓有成效，规模保费、核心业务、标准保费实现了跨越式增长，全面达成各项计划目标，规模保费突破15亿，同比增长94.6%，业务发展、业务结构呈现历史最高水平。

【业务快速健康发展】

公司把业务发展、业务结构优化放在重点工作的位置，认真部署、落实督导与追踪、细化业务发展举措，不断开拓新的业务领域，经过一年的努力，无论总体业务规模，还是业务结构，都取了建司以来最好的成绩，实现了跨越式发展。

个险渠道按照“夯实基础管理，用专业赢得挑战；提升销售能力，以产能实现价值”的指导思想，以组织发展和技能提升为工作重点，进一步夯实营销团队基础，紧紧围绕“五大核心政策”，个险新保标准保费首次突破4亿元大关。个险渠道关键评价指标均有大幅度增长，为今后发展奠定了基础。

直销渠道依托乘意险业务电子化出单系统和安贷宝电子出单系统在全辖的全面上线推广，实现了渠道业务的快速增长。在4月中旬的“云南省高危行业从业人员意外伤害保险”招标活动中，公司和其他三家保险公司共同中标，为意外险业务实现重大突破奠定了基础。在总公司、公司和各中心支公司的共同努力下，红塔团体寿险业务继2003、2005年之后又成功签署了近1.6亿元的大额保单，企业年金基金规模实现2.03亿元，账户数1.5万户，为公司业务发展和费用作出了突出贡献。

银行保险渠道按照“五个坚持不动摇”的工作方针，以网点建设为重点，加强基础管理，加大非万能险业务的培训力度和追踪力度，以全面实行业务持续增长为经营策略，实现了超常规、跨越式发展，确保了公司银保在云南银保市场的领头地位。

续期业务坚持以保单价值维护为核心开展客户资源开发的工作思路，在业务发展、队伍建设、内部管理等方面较以往有了较好的提升和发展。

【推进集中管理】

公司“三集中”管理，即人力资源集中管理、财务集中管理、营运集中管理进一步推进。财务集中管理在公司全面预算管理委员会领导下，以年度预算为目标，建立了“责任明晰、流程规范、执行严格、考核到位”的全过程预算管理模式，并实现了公司对下辖机构财务人员的垂直管理，实现全辖13家中心支公司会计核算的物理集中；人力资源集中管理以“定岗、定责、定薪”工作为重点，全辖薪酬实现了集中化管理，其中各中心支公司总经理室成员、公司职能管理部门负责人实行了年薪制管理，全辖后援内勤人员参照总公司的薪点薪级的薪酬管理制度，实行了薪点工资制，为下步人力资源的全面集中打下基础；营运的集中管理实现了契约、保全、档案管理以及95500电话的向上集中和55个县级机构人管、契约、单证、续期、理赔、保全、财务七项功能（模块）的全部上线。

【加强机构建设】

按照总公司基础建设投入要求，公司各中心支公司客户服务大厅和58家营销服务部列入总公司投入范畴。其中装修投入已完成10家中心支公司客户服务大厅以及45家县级机构的装修改造工作（含门头司牌改造）；由总公司集中采购的设备已全部配发到县级机构。同时，公司顺利完成了德宏、昭通、文山三家营销服务部升格为中心支公司以及禄丰等十家县级机构升格为支公司的各项工作。7月29日，双版纳中心支公司在当地举行隆重的开业庆典，标志着中心支公司新一轮的网点建设与机构投入已取得阶段性的成绩。

【提高干部专业化经营水平】

一直以来，干部队伍、骨干力量的培养和专业化建设是公司的两项重点工作，前者是公司改革发展的根本，后者是公司可持续健康发展的动力之源。在科学评价2007年各机构经营成果的基础上，公司在年初调整、充实了一大批领导干部，突出了重点机构重点扶持的“差异化管理战略”。如对玉溪、大理、文山、昭通、保山中心公司的领导班子进行了调整，通过干部力量的合理调配和充实加强，为各中心公司业务发展提供了必要的保证。为学习兄弟公司好的经验和作法，公司先后组织个、团、银业务渠道到兄弟公司学习先进的业务发展和管理经验。8月份，公司组织各中心公司领导到河北、河南分公司进行“三集中”管理的学习考察。通过考察，系统学习了兄弟公司在集中管理方面的成功的经验，为深化“三集中”工作奠定了坚实的基础。

【强化依法合规经营】

公司加强了合规管理力量，进一步完善了合规管理组织架构，加强了合规管理队伍建设，使公司合规管理能力得到进一步提高。公司严格按照保险监管部门、集团公司和总公司关于合规管理、风险管理和审计的要求，认真落实合规责任人制度与管理办法，加强对经营管理中特殊和重点控制环节的现场或非现场检查与指导，加强对存在问题整改情况的督促与追踪，加强了对全员的合规教育，开展了对各级机构的内控评价，进一步在全公司范围内营造出“合规人人有责、合规创造价值”的合规文化氛围，让各级领导干部员工在思想上牢固树立没有合规、就没有发展的依法合规经营意识。

【提升保险服务品质】

公司弘扬“诚信天下，稳健一生，追求卓越”的企业核心价值观，结合公司诚信文化，以“内抓服务品质，外树公司形象”为抓手，进一步提升专业化服务水平，努力打造公司的服务品牌。以“我诚信，我承诺”为活动主题，深入开展“理赔服务年”活动，以服务创“星”活动为契机，进一步规范作业流程，提高业务技能，提升服务水准，强化服务意识，提高服务时效，提升理赔服务质量。继续开展“3+N”的系列服务活动，即“自主明白消费——3·15消费者维权活动”、“第三届太平洋未来之星总动员”系列比赛活动、“援建民工子弟小学（希望小学）大队部”等三大主题活动和各分支机构的多个服务专题活动，让客户感受到实实在在的优质服务。服务品质和公司综合实力的提升也赢来了一项项殊荣，中国太平洋保险获“中国保险业杰出品牌建设奖”和“2008年度最佳投资者关系上市公司”奖，中国太平洋寿险获“2008年度最受信赖寿险公司”。在本届中国财经风云榜评选中，中国太平洋保险是唯一一家同时获得三大奖项的公司。

【保险人的爱与责任】

全年，在全国上下共同抗击南方冰雪灾害和四川汶川大地震，及成功举办北京奥运会、残奥会等重大事件中，公司用自己的行动为保险人所承载的爱与责任作出了最好的诠释。南方冰雪灾害发生后，2月15日，公司党委、总经理室、工会、共青团共同发出“情系灾区、温暖2008”向我省雪凌灾区捐款捐物的倡议书，在短短的几天里，内勤职工捐款38426元，捐物626件；外勤人员捐款11480.5元，捐物255件，共捐款49906.5元，捐物881件。其中，公司副总经理尹建宏赶往灾区向昭通巧家县小河镇捐款5万元，公司工会将所捐物品送往曲靖，帮助灾区群众解决困难，渡过难关。四川汶川大地震发生后，5月14日，云南省卫生厅召开动员大会，从云南省第一、第二、第三人民医院，昆明市附属第一、第二医院等重点医院抽调业务熟练、经验丰富的医护人员，组成了164人的医疗救护队赶赴四川地震灾区救援。在获悉医疗队即将出行的时候，公司向这支肩负着特殊使命的医疗救援队每人赠送20万元的意外伤害保险，共计3280万元，为他们在救援支持期间的提供安全保障。同时，5月19日，公司举行捐款仪式，全体干部员工和营销员共捐款21.2万元；27日，由全辖党员交纳的3万余元特殊党费再次汇集，一起上划集团公司后用于抗震救灾款项。另外，9月16日，德宏中心支公司蒋文珍副总经理率领营运中心、综管部一行四人，驱车前往距离本部驻地芒市84KM之外的潞西市芒海镇九年制学校，举行2008年“太平洋寿险博爱大队部”捐赠仪式。这一年，太平洋保险以关爱社会、关注环保、爱心助学、服务大众等一系列的杰出表现，继2007年首次获得“2007年人民社会责任奖”大奖之后，再次获得“2008年人民社会责任奖”大奖。

【企业文化建设蓬勃开展】

公司紧紧围绕“诚信天下、稳健一生、追求卓越”的企业核心价值观，加强企业文化建设，凝聚人心，营造了朝气蓬勃、积极向上的企业氛围。4月，一年一度的太平洋保险云南分公司第二届群英会隆重举行，来自全省13个州市的90名群英代表参加了群英会总经理荣誉餐、群英表彰、群英论坛、北京奥运行系列活动。9月，第七届世界华人保险大会暨2008国际龙奖IDA年会于在美丽的狮城新加坡新达城国际会议展览中心召开，云南代表团33名精英带着骄人的成绩参加了大会，具体学习了新形势下的销售理念和方法，感受了寿险发展的意义与价值。榜样的力量带动了集体争先的意识，“一定要勇于超越目标，追求卓越，以太平洋寿险事业和人生境界为努力方向，不断迈向人生的崭新高度!”的人生价值追求已蔚然成风。党、委、工会系列活动的开展，如7月1日召开以“把大爱写在党旗上”为主题的纪念建党87周年全体党员大会，5月4日开展了以“青春的责任”为主题的团日主题活动，乒乓球比赛，迎春系列活动等，让太平洋寿险云南分公司已然成为一个既温馨如家，又朝气蓬勃的大家庭。

（办公室供稿）

【大事记】

2月15日，公司党委、总经理室、工会、共青团共同发出“情系灾区、温暖2008”向全省雪凌灾区捐款捐物的倡议书，内勤职工捐款38426元，捐物626件，外勤人员捐款11480.5元，捐物255件，共捐款49906.5元，捐物881件。公司向昭通巧家县小河镇捐款5万元，将所捐物品送往曲靖，帮助灾区群众解决困难，渡过难关。

2月17日，公司召开2008年工作会议，认真总结了2007年工作，对2008年重点工作进行全面安排部署。公司、营业总部、各中心支公司班子领导，公司各部室领导共50余人参加了会议。公司姚向东总经理作题为《站在新的起点上，实现价值型增长》的2008年工作报告，对全年重点工作进行了安排部署。

3月14日下午，中共云南省委常委、昆明市委书记仇和、市委副书记杨远翔、市委秘书长黄云波等领导一行来公司视察，看望了员工。

3月15日，公司围绕“健康、保险、法律、服务”的主题，精心组织、认真准备，在昆明、曲靖、大理、玉溪、红河、楚雄、丽江、保山、思茅、昭通等地全面开展“自主明白消费——3？15消费者维权活动”。

4月8日，公司第二届群英会在昆明官渡大酒店隆重举行。来自全省13个州市的90名精英代表参加了群英会，公司并举办了“总经理荣誉餐、群英表彰、群英论坛、北京奥运行”等系列活动。

在4月中旬的“云南省高危行业从业人员意外伤害保险”招标活动中中标，公司占到了30%的市场份额。

4月，太平洋寿险“青年岗位能手”和“青年文明号”评选工作开始，公司营业总部银行邮政保险部被授予太保寿险系统“青年文明号”荣誉称号，员工王锐被授予太保寿险系统“青年岗位能手”荣誉称号。

5月4日，公司在全辖开展以“青春的责任”为主题的团日主题活动，学习英熊熊大勇光荣事迹、向石林阿怒山的太保希望小学捐赠的电脑外、赠送学生用品、团员座谈会、缅怀革命烈士登山活动等。

5月14日，公司向云南省卫生厅组织的164人的赴四川地震灾区医疗队成员每人赠送20万元的意外伤害保险，共计3280万元，为他们在救援支持期间的提供安全保障。

5月19日，公司举行向四川地震灾区款仪式，全体干部员工和营销员共捐款21.2万元。27日，公司全辖党员又响应号召交纳3万余元特殊党费，一起上划集团公司后用于抗震救灾款项。

5月28日，保山中心支公司与云南华电怒江水电有限开发公司签订了《赛格水电站建工险保险合作协议书》，此次协议的签订标志着公司在承保怒江流域水电开发工程意外险项目中有了重大新突破。

6月，经过为期半年的筹备，德宏、文山、昭通营销服务部升格为中心支公司各项准备工作基本到位，并通过了云南保监局的验收，获准成立中心支公司。

7月1日，公司召开以“把大爱写在党旗上”为主题的纪念建党87周年全体党员大会。会议上，全体党员干部按照集团公司要求，认真学习了《灾难中挺立伟大的中国》的文章。

7月14日，公司以全省视频会议的方式召开了太保寿险云南分公司第二届职代会暨工代会第一次全体会议，大会选举了新一届工会工作委员会及专业委员会，通过了《太保寿险云南分公司第二届职代会暨工代会第一次全体会议选举办法》和《推荐提名选举工作监票员、计票员的决定》。

7月29日，西双版纳中心支公司在当地举行隆重的开业庆典。

8月17日—21日，公司姚向东总经理带队，全辖八个中心支公司总经理及分公司营运中心、办公室、计财部、人力资源部负责人组成学习小组赴河南、河北分公司进行集中管理方面的学习。

9月4日至7日，第七届世界华人保险大会暨2008国际龙奖IDA年会于在美丽的狮城新加坡新达城国际会议展览中心召开。由公司组成的云南代表团33名精英带着骄人的成绩参加了大会，并学习了新形势下的销售理念和方法，感受了寿险发展的意义与价值。

9月16日，德宏中心支公司在距离本部驻地芒市84KM之外的潞西市芒海镇九年制学校，举行2008年“太平洋寿险博爱大队部”捐赠仪式。

10月15日，公司在石林向因车祸意外身故贷款户他金平现场赔付该保险受益人30万元人民币，归还其在石林彝族自治县路美邑信用社的贷款。

12月10日，公司昆明中心支公司经云南保监局批准开业。

中国平安人寿保险股份有限公司云南分公司

【综述】

中国平安保险（集团）股份有限公司（简称“中国平安”），是中国一家以保险为核心的融证券、信托、银行、资产管理、企业年金等多元金融业务为一体的紧密、高效综合金融服务集团。20年前，中国平安从深圳蛇口起步，一直以来，以敢为人先、自强不息、艰苦创业的精神，凭借持续的创新能力，完善的治理结构，国际化的管理团队，凝聚人心的企业文化，成熟的风险管理，优良的产品及服务，快速成长并成为中国领先的保险集团公司之一。中国平安人寿保险股份有限公司云南分公司（简称“平安人寿云南分公司”），是集团总公司在云南省设立的省级公司，成立于1995年，经过13年不断的探索和发展，一步一个脚印，稳健进取，逐步形成寿险、意外险、健康险等多元保险业务为一体的保险公司，为客户承担了数万亿的风险责任，经营范围覆盖玉溪、大理、红河、曲靖等多个城市。“始于责任、成于专业、达于价值!”一直是平安人寿云南分公司所有员工的信条，特别是中国平安A股上市以来，公司始终不断完善自我经营机制，不断调整规划发展战略，积极做好迎接未来保险业“黄金十年”的准备。

2008年，平安人寿云南分公司始终坚持“诚信第一、效率第一、客户至上、服务至上”的服务宗旨，以专业经营为方向，以健康发展为根本，不断努力为客户提供满意的服务，特别是为广大客户提供差异化的产品和个性化的优质服务。年末，公司人力规模突破3000人，保费规模上亿元，全省的客户规模达到40万人，成为西南地区比较有实力的一家寿险保险公司。

（办公室供稿）

太平人寿保险有限公司云南分公司

总经理：陈　暄

【综述】

太平人寿保险有限公司（简称“太平人寿”）可以说历史悠久，1929年创始于上海。历史上的太平人寿，凭借强大的民族资本实力，众口皆碑的企业声誉和稳健专业的经营风格，发愿“唯有人寿保险可以解决人生问题”，在中国近现代保险发展史上，独树一帜，成为实力最强、规模最大、市场份额最多的民族保险业代表。

1956年后，根据国家政策调整，太平人寿移师香港专营海外业务近半个世纪。2001年11月30日，经国务院同意、中国保险监督管理委员会批准，太平人寿全面恢复经营国内人身保险业务，成为第六家全国性寿险公司，也是现今中国保险市场上经营时间最长和品牌历史最悠久的中资寿险公司之一。复业八年来，太平人寿以中国保险（控股）有限公司、中保国际控股有限公司和富通保险国际股份有限公司为股东，共开设各级机构超过500家，服务网点遍布全国27个省、自治区和直辖市，具有国际化、专业化的强大优势。其中，中国保险（控股）有限公司为国内第一家跨国、多元化经营的金融保险控投集团，是国内四大国有保险控股（集团）公司之一；中保国际控股有限公司是国内第一家在香港上市的中资保险企业，是中国保险有限公司的上市旗舰公司，在亚洲再保险市场具有优势地位；富通保险国际股份有限公司是欧洲富通集团旗下的全资专业公司，富通是位列欧洲前15位的金融服务集团，在金融保险领域处于国际领先地位。这三大股东为公司复业后的跨越式发展提供了资金、技术、管理和人才上的强大支持，确保了公司的经营管理和业务发展始终在稳健、健康的“快车道”上高速前进，并快速建立起了公司核心竞争优势和品牌优势，成为中国保险业一颗冉冉升起的新星和重要的中坚力量。2008年，太平人寿连续跻身“中国企业500强”和“中国服务业企业500强”，且排名较2007年大幅提升。另据11月29日发布的2008年亚洲保险业竞争力排名显示，太平人寿在500余家参选企业中名列寿险业榜单第26位，综合竞争实力获得学术界和市场的双重认可。

2007年7月27日，太平人寿保险有限公司云南分公司（简称“云南分公司”）开业以来，一直坚持以科学发展观为统领，以经济效益为中心的发展指导思想，坚持“诚信立司、专业治司、效益兴司、合力强司”的理念，以客户为中心，以价值为导向，追求可盈利的持续增长，走质量效益优先、风险管理先行的可持续发展的道路。2008年是云南分公司经历的第一个完整年，在不断积累经验和完善制度的基础上，有效规避了外部环境带来的不利影响，在金融市场持续低迷的状况下，仍然实现了年底的完美收官，个险条线完成全年计划，银行保险条线实现全年达标。同时，新成立了两家机构——7月27日曲靖中心支公司成立，12月5日玉溪中心支公司成立。另外，建立了一定的市场知名度，荣获云南电视台《品牌消费》栏目“推荐优秀诚信品牌”。

【发展快速】

业务高速增长。公司全年实现保费收入7822.21万元，同比增长89%。其中，个人代理保费收入2382.78万，占比30.46%；银邮代理保费收入5362.84万，占比68.56%；公司直销保费收入34.34万元，占比0.44%；保险专业代理保费收入42.25万，占比0.54%。承保被保险人17780人次，承保保单件数7038件。按险种划分各险种保费收入：寿险保费收入7365.18万元，占比94.14%，健康险326.76万元，占比4.17%，意外险130.27万元，占比1.67%；寿险保费中，普通寿险120.94万元，占比1.65%；分红险2992.04万元，占比40.62%；投资连接保险474.5万元，占比6.44%；万能寿险3777.7万元，占比51.29%。赔款给付52.77万元，其中赔款34.83万元，死伤医疗给付17.94万元。赔款中健康险赔款34.73万元，意外伤害险赔款0.1万元。退保金支出225.8万元。

队伍不断壮大。在业务发展的同时，公司始终按照总公司“三高”团队建设的要求组织发展团队，年末，个人业务渠道代理人共316人，较年初增加了170人，增长幅度达到116%；银行保险渠道客户经理36人，持证26人；银行代理网点68个，较年初增加了近2倍。

【服务和创新】

亲情化服务。从2007年7月起，太平人寿就率先在行业内为代理人及客户提供自助互动短信服务，“信息要知晓，只需20秒”的亲情化做法，为代理人的展业及理赔提供短信服务，随时随地都能取得想知道的理赔办理所需材料信息，使公司的理赔服务又上新台阶。云南分公司同样把这一服务贯穿在具体的实践中。

100%客户回访制度。太平人寿倡导100%客户回访制度，且客户回访人员都要接受严格培训，并经考核后上岗。云南分公司同样把这一制度落实在具体的实践中。

标准化服务。太平人寿的标准化服务集中体现在三个方面：一是建立了完善的银保续收模式，并引入了短信、电邮服务，充实到续收服务的各个环节，填补了保险市场银保续收服务领域的空白。通过该模式的完善，公司建立了一整套从智能信息提醒、缴费告知、电话服务、银行自动转账、缴费成功告知的服务流程，使公司银保业务的续收服务达到了行业领先水平。目前，公司正在建立续期区域化收费服务体系，该体系可为个、银险客户提供统一的、标准化的续收服务，为客户提供更加周到完善的服务内容，并为今后个性化服务的推出打下扎实基础。二是代理人离职回访。针对即将离职的代理人所有客户进行100%电话回访，目的在于向客户提供“无缝隙”服务，即使代理人离职也不会影响到公司持续为客户提供的后续服务。三是失效前面访。在保单失效前对客户进行100%上门回访，提醒客户保单失效会给客户带来经济损失及保障的缺失，了解客户不缴费的真正原因，及时解决客户存在的困惑及服务需求，维护客户的权益。这些标准化服务做法，云南分公司同样是在具体的实践中加以认真执行。

【经营风险管理和内控制度建】

云南分公司依据监管部门、中保集团及总公司的要求逐步建立了涵盖分公司层面、下属各机构及各业务环节层面及各项相关管理活动的较为健全的风险管理金和内部控制制度。

组织架构与人力资源。坚持按照公司发展的实际阶段和需要，并充分考虑各地市场的实际情况进行机构设置，包括对各部门、各岗位的定位、职责、架构设置与人力配置、岗位说明与工作标准、管理流程，确保各部门、各岗位能够在日常、临时工作中相互配合、相互监督。对关键岗位、特殊岗位、不相容岗位的人员招聘条件进行了明确的规定，各部门对本部门关键岗位、特殊岗位与不相容岗位的设立和控制也进行了有针对性的说明和要求。同时，培养诚信、正直、奉献的企业员工精神，并将风险管理、内部控制、合规经营的理念作为员工基础培训的部分内容，通过公司内部、外部宣传平台和团队活动，展现优秀员工风采，引导员工建立诚信道德观念，树立合规意识和风险意识，提高员工职业道德水准，规范员工职业行为。

风险识别。应用公文流转与签报审批流程开展工作，从人力资源、公司资产、宣传、公文、信息安全、财务预算、资金、单证、运营、业务人员管理、契约品质、业务品质、客户服务等各个方面形成完备的风险识别、计量、监控、评价流程，用于指导日常工作。结合公司经营、管理的实际环节的潜在风险，各项制度已经能够覆盖公司工作的各个方面，在内部的员工队伍建设、日常行政管理、财务风险管控、运营风险以及外部的客户服务、重大紧急事件预案、法律事务纠纷等方面建立了风险识别、监测、评估体系，并根据法律条文及其解释的变化、监管方面的新要求及时调整风险监控手段与方式，各部门相互配合，共同对风险进行有效的评估与再评估。同时，依据太平人寿《管理与作业指导手册》及相关考核、奖惩制度，确定各岗位人员的工作标准和职责范围、审批权限，明确《紧急重大事件预案处理和报告制度》、《公司新闻发言人制度》、《诉讼案件及重大非诉讼事件报告制度》等，落实风险管控、处理职责至主要责任人、第一责任人、直接责任人，设计对内、对外处理流程与预案，明确各类不可接受风险的人员处理与事件应对措施。

资金控制方面。以财务法律法规、《管理与作业指导手册》中的财务制度为依据，分公司制订了资金管理制度，对资金进行统一管理和运作，严格实行收支两条线，对银行账户的开立与销户、资金划拨、每日账户余额等做出明确规定。公司对机构资金实行监控制定相关资金管理规定，控制银行开户权限，明确账户的使用权限。

监督。成立风险管控领导与执行小组，定期或根据临时突发事件不定期的对公司内部控制体系进行梳理、检视、调整与完善。同时，高度重视独立评估工作。中保集团稽核中心根据中保集团的要求，对云南分公司、各中心支公司实行常规审计以及交叉审计，使审计范围覆盖全部中支；建立并实施了对公司经营管理内部控制的分析评估，并及时通报；对公司高级管理人员和重要岗位人员进行离任审计。

（办公室供稿）

【大事记】

1月中旬，解放军昆明总医院一名血癌患病幼童丛宇的窘境受到了社会的广泛关注。公司知晓后，立即向患病幼童赠送天使基金百万祝福爱心卡，并向北京中国红十字基金会“小天使基金”申请到了3万元爱心款汇入其医疗账户。这3万元救济款是从每投保一份“太平阳光天使2007”或“太平福禄双至2007”保险向“小天使基金”捐助10元钱的保费中提取的。

1月24日，太平人寿实现了全国通保通赔，客户在保单购买缴费地、出险地、理赔保全业务受理地都没有地域限制，并可以在任何一处实现理赔服务，且不用支付任何手续费。云南分公司同步实现。

1月26日，“太平财富投资连结保险B款”在昆明上市。这是一款以投资股票和优质基金组合等为主，同时让客户拥有高额风险保障的保险理财产品。

2月25日，太平人寿为白血病患儿捐款6万元。云南分公司召开题为“让爱证明，天使同在”的客户答谢会，感谢为“太平人寿爱心天使大行动”做出贡献的客户，并现场向两名白血病患儿捐助了6万元的爱心款。

4月25日，云南分公司与云南信息港联合举办了视频理财直播节目《约会理财师》，公司理财师刘元在节目中介绍了投连险及怎样投资投连险规避股市风险。

7月27日，云南分公司曲靖中心支公司开业。

12月5日，云南分公司玉溪中心支公司开业。

中银保险有限公司云南分公司

【综述】

2008年是中银保险有限公司云南分公司（简称“云南分公司”）的诞生之年，经过四个月的筹建和三个月的正式运营，在中银保险有限公司总公司、中国银行云南省分行（简称“省分行”）的大力支持和帮助下，通过全体员工的共同努力，全年实现保费收入275.81万元。其中车险业务85.23万元，占31%；非车险业务190.58万元，占69%；综合赔付率为35%，实现经营利润-237.15万元，基本完成了各项经营目标。

一是圆满完成筹备和顺利开业工作。根据总公司关于成立云南分公司筹备组的文件精神，云南分公司筹备组于2008年5月初组建。在时间紧、事项杂、任务重的情况下，筹备组妥善运筹、安排有序、有计划、分步骤、阶段性地完成了公司的选址、装修、职场设备、电子设备购置、系统安装调试、组织架构设置、人员招聘培训、开业验收等诸多事项，于8月顺利通过总公司和中国保险监督管理委员会云南监管局的验收，并于10月9日成功召开了隆重热烈的开业典礼，实现了顺利开业，得到了客户以及同业的高度评价。

二是以合规经营为准则，加强和完善公司制度建设。合规是生产力，合规经营也是中国保监会近两年来为规范保险市场提出的一项重要工作举措，更是云南分公司持续健康发展的根本。云南分公司从开业之初就高度重视合规工作，全面系统地进行了相关法律法规及业务知识的培训，并建立了自己的合规管理队伍，依托当地的法律机构形成了专业的技术支持力量，有效降低了公司经营中的各种合同、欺诈、责任等法律风险。同时，云南分公司坚决贯彻落实《关于印发<中国保监会关于进一步规范财产保险市场秩序工作方案>的通知》（保监发［2008］70号）文件精神，按照中银保险总公司有关要求，坚决控制手续费支出，不与市场上其他公司展开价格战，而是一心一意探索销售模式，整合银保资源，提高员工素质。分公司夯实基础，厚积薄发的战略指导是正确的，是可行的，是符合银保业务发展普遍规律的。

三是以建设银保联动机制为中心，银保业务发展初见雏形。云南分公司开业后将银保联动机制建设作为工作重点，与省分行各有关部门保持了良好互动，银保业务的发展初见雏形。首先，省分行与云南分公司成立了银保联动领导小组，召开了两次工作会议，并将昆明地区六大支行的行长纳入了银保联动领导小组。银保联动领导小组制定了会议制度，形成了常设机构和对口联系人，并对省分行代理销售中银保险产品保费收入计划、代理业务的激励机制、理赔服务网络建设以及其他若干具体方案进行了明确。在银保联动领导小组的指导下，云南分公司积极组织了银保联动知识培训，派驻销售人员进驻昆明城区各大支行和省分行营业部，有效整合了销售渠道，基本摸清了银保业务发展的基本情况，为深入发展银保业务奠定了坚实的基础。其次，云南分公司重点整合了省分行自付费业务、员工私车业务、重点客户等资源。实现2008年省分行自付费业务第一期自有物业等项目顺利承保；省分行员工的私车业务通过专业的保险服务方案以及省分行工会的整合，业务增长速度很快，同时业务质量保持较好状态，一批省分行客户和中国银行总行级客户关系逐步建立。其三，云南分公司积极努力摸索和创新地州业务发展，通过省分行风控和授信环节，积极与全省重点二级分行保持良好互动，一方面为三级机构建设做好积极准备，另一方面也为州市业务的发展创造条件，最后与红河、曲靖、版纳、保山等州市分行就很多业务共同努力，初步摸索出了一定的业务发展和业务管理经验。

四是主动控制风险，着手建设分公司理赔服务网络。云南分公司通过核保政策、核保流程等方面的建设，初步形成了承保工作标准和要求；云南分公司理赔部门在省分行的支持下，初步建立了全省理赔服务网络，结合中银保险总公司全国道路救援服务以及云南分公司当地安排的公估机构合作方案，为客户服务和理赔提供了较为全面的保障系统。

（办公室供稿）

【大事记】

4月21日，总公司同意组建云南分公司筹备组，由徐如鹏任组长，刘浩宇任副组长，开始各项筹备工作。

8月20日，云南分公司（筹）各项筹备工作顺利通过总公司和中国保险监督管理委员会云南监管局的验收。

9月2日，云南分公司（筹）组织了与省分行风险控制管理部、公司业务部和国际结算部三个部门的银保联动相关培训，旨在加深银行知识和保险业务的互动，为下一步银保联动工作的开展打下了良好的基础。

9月10日，省分行周洪源副行长主持召开了银保合作第一次联席会议，确定了云南银保联动领导小组，同时，讨论制定了银保联动联席会议制度。

10月9日，云南分公司开业庆典在省分行四楼隆重开幕。会上，云南分公司徐如鹏总经理与省分行周洪源副行长签订了《银保合作协议》。

11月27日，第二次银保联动会议召开。审议通过了《2009年销售中银保险产品保费收入计划》、《关于尽快建立并完善代理中银保险业务激励机制》及《关于落实银保联动工作的若干建议》。

12月26日，云南分公司成功承保了省分行自有物业财产类保险，保费收入为163.7万元，保险金额为87000万元。

中国大地财产保险股份有限公司云南分公司

【综述】

2008年，在国际国内金融形势十分严峻的情况下，中国大地财产保险股份有限公司云南分公司（简称“云南分公司”）始终坚持科学发展观，坚持“以效益为中心”，按照中国大地财产保险股份有限公司总公司（简称“总公司”）“实现一个跨越性目标，完成两大阶段性任务，实施五项重要举措”的战略发展思路，紧密结合市场实际，确立了“创新发展年、服务质量年、管理效益年”三大中心任务。全省91个机构抓住保险业快速发展的良好机遇，不断开拓创新，上下统一思想，按照“发展有效益，承保有利润”的总要求，抓住业务发展的有利时机，加快业务大发展，为确保实现当年经营目标打牢了基础。截止2008年末，实现保费收入4.43亿元。其中，车险保费收入35，599.74万元，非车险收保费入5，167.83万元，人身险保费收入3，478.15万元。在云南产险市场份额占比为7.41%，市场份额居第四位。2008年，云南分公司被评为全国系统内“先进分公司金奖”；总经理陈勇同志荣获“全国金融系统五一劳动奖章”。

【创新发展】

人力资源管理得到规范。按照总公司的要求，云南分公司实施了人力资源全流系统规范管理工作。一是全省人员实现了定编、定岗、定人“三定”工作，建立了全省用人编制档案，理顺了全省用人情况；二是同编制内员工1175人签订了用工合同，明确了用工关系，规范了用工管理；三是理顺了全省员工的薪酬福利体系，出台了薪酬福利制度，实现了全省员工工资统一由省公司发放的模式；四是规范了各级高管人员任职资格申报、聘任解聘审批程序及管理工作；五是建立起员工年度绩效、评优、奖励等综合考核制度；六是组织高管人员参加总公司举办的各种培训学习活动，组织员工参加各种考试及培训，培养专业化员工队伍，为分公司又好又快发展奠定坚实的人才基础。

渠道建设明显增强。按照总公司“总体规划，稳步推进”的原则，云南分公司在探索销售渠道多元化方面，迈出了新步法。一是电销业务有所突破。5月份开通电话销售业务以来，在短时间内，从最初月均实收保费不足3万发展到目前月均保费突破20万元可喜业绩，保费收入达到72万元，业务增长势头明显，为渠道创新探索了路子；二是巩固维护好银行、邮政等业务渠道，加强合作，实现“双赢”；三是申报成功11家兼业代单位，有力推动了销售渠道建设和机构业务发展。

财务管理不断深化。一是制定出台了《云南分公司2008年经营绩效考核办法》和《分支机构总经理室成员薪酬福利管理实施办法》。确定了全年经营方向和考核目标，确保了全省经营方向与总公司保持一致；二是加强财会队伍建设，实行全省财务人员“集中”管理，推动财务集中分三类管理模式，调动财务人员工作积极性，提升会计基础工作质量；三是建立定期对机构财务负责人谈话制度，及时修正经营中存在的问题；四是顺利完成收付费标准化工作，强化了收付岗位工作的制度建设和人员培训工作，确保了全省收付费标准化工作的顺利实施。

【风险管控】

承保风险管控方面。一是制定了车险、非车险、人身险分险种核保差异化授权管理办法；人身险大项目、责任人考核办法等一系列政策措施，严格规范了“三大险种”承保操作环节；二是规范了承保基础管理工作，加强了投保资料、有价单证的管理，进行了不定期检查，发现问题及时进行整改规范；三是组织核保岗位人员参加总公司核保资格考试，提高核保人员专业素质，推行了核保岗位人员持证上岗；四是规范承保协议逐级上报审批流程，简化审批环节，提高工作效率，做到风险管控、承保服务职能前移。

审计监督方面。组织对州市县七家机构进行了经理经济责任审计、人力资源专项审计、资金管控专项审计。通过审计，强化了内部审计职能，审计监控职能发挥，查找经营漏洞，防范经营风险，对违规违纪的相关人员处理，极大地提高了机构依法合规经营的意识，切实降低公司经营的外部风险和监管风险。

【客户服务】

云南分公司加大了客户服务管理和创新工作，按照总公司推进客户服务标准化建设目标，在理赔时效、理赔流程、理赔单证、理赔投诉处理、赔案管理、理赔监督检查等方面，取得了开创性的成效。2008 年 5 月 1 日，云南分公司顺利实现了车险县级联网通赔，10 月 19 日，邀请大客户参加了“客户体验日”活动，让客户亲身体验了大地保险公司全国通赔服务流程、外网赔案在线查询服务流程，以及 PDA 快速理赔等特色服务，得到了客户的高度赞誉。客户满意度和理赔服务质量得到有效提升，在全国理赔综合指标考核中成绩排名第一。

一是创新客户服务组织架构，整合、提升服务职能。制定了《云南分公司客户服务部组织架构设置（车险）》方案。二是制定了《客户服务创品牌达标竞赛方案》，激励全辖理赔人员，积极参与客户服务创品牌达标竞赛活动，形成比、学、赶、帮、超的工作氛围，进一步提升理赔服务质量，提高服务水平。三是加强了理赔管理专业化队伍建设，实施理赔负责人垂直化管理，强化责任意识，服务意识，完善考核机制，提高执行力。四是依法依规，严格治理欺诈、疑难、重大损失案件。与云南警官学院司法鉴定中心、昆明医学院司法鉴定中心、交通科研所司法鉴定中心、云南省高速公路交警支队、昆曲高速公路交警大队等单位建立协作关系，互相配合，协同作战，互相支持处理各类交通事故，打击保险欺诈行为。2008 年处理拒赔案件 61 件，拒赔金额 34，1599.05 元。

（李孟坪供稿）

【大事记】

1 月 5 日，紧紧围绕“创新发展年、服务质量年、管理效益年”这三大中心任务，部署 2008 年工作。

1 月 8 日，与中国工商银行股份有限公司云南省分行签订保险业务全面合作协议。

2 月 1 日，与中国农业银行签订保险业务全面合作方案。

2 月 28 日，党委书记、总经理陈勇同志，带领全辖 1000 名员工向遭受雨雪冰冻的灾区捐款，共计 43685 元。

3 月 28 日，与云南省外国专家管理局签订《云南省在滇工作外国专家综合医疗保险方案》合作协议，独家承保“在滇外国专家综合医疗保险”。

4 月 12 日，在全国系统内召开的第四届中心支公司发展峰会上，荣获年度先进分公司金奖。

5 月 16 日，与云南省邮政储蓄签订“邮保通”业务合作协议，当月同时启动，覆盖面为 13 个州市县，87 个营业网点。

6 月 23 日，与中国建设银行股份有限公司云南省分行签订保险业务全面合作协议。

9 月 23 日，与云南邮政公司签订摩托车交强险业务推动方案。

中国人民健康保险股份有限公司云南分公司

【综述】

2008年，中国人民健康保险股份有限公司云南分公司（简称“云南分公司”）认真贯彻执行中国人民健康保险股份有限公司总公司新时期发展战略目标，以科学发展观为统领，紧紧围绕“促发展、保效益、防风险”的工作要求，按照“调结构、控成本、打基础、创特色”的十二字工作方针，迎难而上、锐意进取，在业务结构调整、保障民生、专业化经营、机构建设、员工队伍建设、客户服务质量、诚信建设等方面取得了长足的进展。年末，实现保费收入4.79亿元，较上年末增长105%，其中健康险保费收入4.64亿元，占总保费收入97%，意外险保费收入0.15亿元，占总保费收入3%。云南分公司开业近三年来，业务发展年平均增长率在100%以上，在云南健康保险市场的份额从2006年的15%提升至2008年12月的45.18%。通过三年的不懈努力，云南分公司实力大幅增强，品牌形象和市场影响大幅提升，具有云南特色的经营模式基本确立。

【保障民生】

云南分公司长期致力于保障民生、服务民生体系建设。开业之初，大力发展与广大群众生活息息相关的社保补充业务，至2008年，云南分公司社保大病补充业务已覆盖全省16个州市中的8个医保中心共49个县区，覆盖面近40%，市场份额接近60%，服务人群150余万人，保费收入达1.8亿元，占公司保费比重近40%，累计赔款逾3亿元，惠及群众3万余人。云南分公司建立与医保中心合署办公制度，在全省8个医保中心设立了合署办公室，派驻了40余名专业审核人员，为参保群众提供便捷、优质服务。同时分公司还积极参与各种社会公益活动，成立三年来，分公司向各受灾地区捐款近11万元，如：向普洱地震灾区捐款30730元；向南方地区抗雪救灾捐款4742元；向四川汶川地震灾区人民捐款34708元，缴纳特殊党费27500元，缴纳特殊团费捐款1600元；向昆明市公安局勇擒歹徒不幸严重受伤民警捐助1万元医疗费。

【专业经营】

作为全省唯一的一家专业健康保险公司，云南分公司始终坚持“健康保障+健康管理”的经营理念，利用专业化经营优势，整合医疗资源，加快打造健康管理平台，树立公司的专业特色，扩大公司的品牌影响力。一是推进医疗网络建设。加快分支机构所在地医合作疗单位建设，不断扩大医疗服务网络。二是组建专家队伍。适时推进专家团队建设，为客户提供高质量诊疗服务。三是以“诊疗绿色通道、家庭医生、慢病管理、异地转诊”为核心，不断丰富健管服务内容，完善服务体系。为客户提供健康体检、评估、讲座、咨询、通讯、档案管理等健康促进类服务；提供预约专家门诊挂号、预约住院等等诊疗便捷类服务。四是建立对销售队伍的健管培训体系，使销售人员在展业过程中能够充分阐述公司专业化服务优势，有效推动业务发展。

【客户服务】

云南分公司不断改善经营管理，提高运营效率，搭建综合服务平台，为客户提供全方位优质的服务。一是为提高客户满意度，出台业务管理考核指标的具体标准，建立标准化和差异化的业务操作流程，不断提升服务水平；二是进一步提高理赔结案率，建立和完善理赔小额件快速处理机制；三是优化核保流程，减少不必要的环节，提高核保时效；四是加强客户服务回访工作，严格落实100%客户回访工作，在售后服务方面加强与客户联系，为客户提供自身需求的附加值服务。

【业务结构】

云南分公司按照中国保险监督管理委员会云南监管局和总公司的要求，2008年下半年开始对业务结构进行调整，积极促进业务结构转型。针对个险、银保、团险渠道的不同特点，坚持以发展社保补充业务快速提升市场影响力、以发展银保业务快速提高业务规模并重的发展策略，主动调整业务结构。云南分公司要求团险渠道坚决放弃恶性降费的亏损型业务；要求银保渠道自求平衡，杜绝贴费盲目冲资金型业务规模；个险渠道坚持适度投入，不给整体经营增加过重的负担。截至2008年底，云南分公司团体险业务保费收入2.09亿元，占总保费收入44%；银保业务保费收入2.52亿元，占总保费收入53%；个险业务保费收入0.18亿元，占总保费收入3%。

【合规经营】

云南分公司始终把风险防范、依法合规经营视为公司稳健经营发展的生命线。一是加强依法合规教育。通过各种培训、讲座、警示宣传等方式，从道德意识层面对各级管理者和员工加以引导，使其牢固树立依法合规意识，从思想观念的源头上主动规避、拒绝各种违规经营行为。二是建立健全内控合规组织体系和制度体系。通过合理配置内部资源，逐步完善内控合规工作部门和工作岗位、监督岗位等配置，形成互为补充的内控合规组织体系。建立完善决策制度、业务管控制度、财务管控制度、监督制约机制等，明确内控合规职责，形成有效的监督机制。三是落实内控合规责任，实施岗位责任追究，强化执行力。对公司运营体系中的薄弱环节加强管控，通过定期不定期的组织开展综合和专项检查，实施岗位责任追究，以此来强化执行力，保证制度措施落到实处，有效防范经营风险。

【机构建设】

云南分公司按照全面协调可持续发展的基本要求，设立分支机构遵循“业务先行、积极审慎”的原则，实现资源配置效益最大化，为公司实现全面协调可持续发展打好基础。截至2008年，云南分公司设立安宁、临沧等两个营销服务部，设立楚雄、红河、普洱等三个中心支公司，完成第一批地市级分支机构的铺设工作。

【队伍建设】

云南分公司把加强员工队伍建设作为实现公司全面协调可持续发展长远之策来抓。截至2008年，公司本部共有员工342人，分支机构共有员工93人；同时，采取各种措施最大限度地调动广大员工的积极性和创造热情：一是继续开展多渠道、多层次、多元化的员工培训工作，建立一支“技能优秀、作风优良、服务优质”的内勤团队，全面提升公司整体服务水平，为销售提供强有力的后援支持。二是根据业务结构调整情况，针对员工队伍动态出台对应措施，清退不符合要求的员工，确保绩优员工的稳定。三是贯彻“以人为本”的企业文化理念，实施员工关爱计划，创造和谐奋进的工作氛围，形成合力推动公司各项工作的开展。

【诚信建设】

云南分公司以科学发展观为统领，始终秉承“守法经营、诚信为本”的理念，把诚信体系建设作为一项重要的工程来抓。在商业活动中诚实守信、公平竞争、履行责任，赢得了政府部门和客户的一致好评，为创建和谐云南做出了积极的贡献。3月份，公司荣获由云南省工商行政管理局、云南省消费者协会、云南电视台联合颁发的“消费与责任”贡献奖；4月份，荣获中国人保集团公司“文明单位”的光荣称号；5月份，荣获全国金融系统“全国金融五一劳动奖状”的殊荣；10月份，被昆明市工商行政管理局、昆明市企业信用促进会授予“守合同重信用”企业荣誉称号。

（办公室供稿）

中国银联股份有限公司云南分公司

总经理：宋汉石

【综述】

中国银联是经国务院同意，中国人民银行批准设立的中国银行卡联合组织，处于银行卡产业的枢纽和核心地位，对中国银行卡产业发展发挥引导、协调、推动和促进作用。各商业银行通过中国银联跨行交易清算系统，实现系统之间的互联互通，进而实现银行卡的跨银行、跨地区和跨境通用。经过发展，目前，中国银联已经成为不仅服务于中国，而且服务于越来越多国家和地区的银行卡联合组织，银联受理网络覆盖全国范围，并延伸到境外。截至2008年底，全国近120万户商户、190万台POS机，19万台ATM机可受理银联卡；在境外，银联卡可在50个国家和地区超过58万台的ATM机取款，31个国家和地区超过43万户的商户、54万台的POS机刷卡消费；已有8个国家和地区的40余家金融机构正式在境外发行了当地货币的银联标准卡。银联自主品牌成为国内普遍认可，国际具有影响的银行卡品牌。

中国银联总部设在上海，下设37个分公司，其中中国银联股份有限公司云南分公司（简称“云南分公司”）成立于2002年。云南分公司自成立以来，在云南主要致力于七个方面的工作：

一是运营银行卡跨行交易清算系统，推广统一的银行卡标准规范，促进银行卡的跨银行、跨地区和跨境通用，提高金融服务水平。

二是改善银行卡受理环境，满足城乡消费用卡需求。深入推进联网通用，加速银行卡受理网络从城市向广大农村地区延伸，不断扩大餐饮、百货、超市、专业市场等领域的受理范围，积极拓展农民工银行卡特色服务业务和促进农村地区银行卡发行。

三是大力拓展银行卡应用领域，丰富银行卡支付范围。进一步推进银行卡在水、电、煤气等公共事业缴费、医保社保交纳、交通售票、医疗、通信等与人们日常生活密切相关行业领域的应用，方便百姓生活。

四是加快银行卡支付渠道创新，满足人民群众多元化支付需求。不断推动基于手机、互联网、固定电话、数字电视机顶盒、自助终端等渠道的银行卡支付服务，努力打造范围更广、领域更宽、渠道更丰富的银行卡受理环境，为百姓创造更多支付便利。

五是推动银行卡发行，促进信用消费。在有效防范风险的前提下，联合商业银行，扩大银行卡发行，重点做好信用卡的发行，推广公务卡、商务卡等创新型产品，开发适应中小企业和个体小业主需要的银行卡产品。

六是联合商业银行推进银联自主品牌建设，确保国家金融信息安全。联合商业银行推广发行具有中国自主知识产权，符合统一业务规范和技术标准的高品质、国际化的自主品牌银行卡——银联标准卡，牢牢掌握中国银行卡产业的话语权和主导权，维护国家经济、金融安全。

七是加大银行卡知识宣传，推动银行卡普及应用。联合相关各方加大银行卡知识宣传，不断培育和提升持卡人使用银行卡、商户受理银行卡的意识与习惯，并积极结合各类消费热点和重大社会活动，与银行卡特约商户联合开展形式多样的宣传营销活动，鼓励民众持卡消费。

【业务发展】

2008年，云南分公司在中国人民银行昆明中心支行的正确领导下，以科学发展观为指引，认真落实银联总公司

“一三五”战略，围绕“夯基础 抓规范 促发展”的思路开展工作，在实现经营业绩快速增长的同时，有力推进了全省银行卡产业向“市场资源共享、业务联合发展、公平有序竞争、服务规范高效”的方向发展，有效夯实了全省银行卡产业和公司的发展基础。全年，全省新增发行银行卡588万张，其中新增信用卡109万张，借记卡479万张；累计发卡量达3258万张，其中累计发行借记卡3016万张、贷记卡242万张，银联标准卡交易量份额从2007年的44.9%提升到2008年末的57.3%；净增商户11189户，POS终端17300台，ATM913台，商户、POS、ATM累计分别达到27232户、40417台和3766台，其中，二级地市商户、POS、ATM的数量占全省的比例分别达到50.4%，42.5%和52.4%；实现银行卡跨行清算交易5114.7万笔，交易金额694.7亿元，同比分别增长58.1%和37%，其中，二级地市交易笔数、交易金额占比分别达到31.3%、22.3%，分别较2007年提升2.9、3.3个百分点；全省银行卡刷卡消费交易额占全省社会消费品零售总额的占比从2002年末不到10%增长至2008年末的17.79%，提升了近1倍。

【产业环境维护】

在中国人民银行昆明中心支行的领导下，协同省内各商业银行开展银行卡受理市场专项整治工作，并结合奥运开展了银行卡受理市场整治工作，推进云南银行卡市场的健康发展；推进和督促《云南省银行卡受理市场建设公约》的贯彻执行，发挥银行卡市场的行业自律；拟定《云南省银行卡特约商户入网登记规则》，加强商户入网审核和报备管理。这些举措，对引导行业自律、推进银行卡受理市场规范发展、维护健康的产业发展环境方面发挥了积极作用。

【受理市场发展】

持续推广农民工银行卡特色业务，积极服务农村地区外出务工人员款项汇转，截至年末，云南省农村信用社和中国邮政储蓄银行云南省分行共有2564个营业网点开通了农民工银行卡特色业务，有效解决全省边远地区“通汇难”问题，农村地区的支付结算服务水平得到进一步改善；积极支持惠农卡的发行推广工作，提升二级地市金融服务水平；在中国人民银行昆明中心支行的领导下，携手成员机构共同开展覆盖全省、持续一年的“激情2008百万现金即刷即奖”联合营销活动，宣传活动与省红十字会合作，设立专项“慈善爱心基金”，用于支持社会公益事业；除了全省的联合营销活动外，还在12个二级地市启动了地方特色的联合营销活动，鼓励百姓刷卡消费，推动全省银行卡交易增长；将资金归集业务在普洱、红河等州市推广，并积极推广保险见费出单的业务，扩大银行卡应用；组织成员机构开展了2008年度“二级地市银行卡业务发展”“受理市场拓展”等竞赛活动，共同推动二级地市市场发展。积极将银行卡受理网络向二级地市延伸的做法，为全省百姓打造了更为方便的银行卡受理环境。

【品牌建设和推广】

大力支持各成员机构发行推广银联标准信用卡特色卡种的工作，“七彩云南卡”、“大学生卡”、“大理旅游卡”、“新华书店联名卡”、“公务卡”等特色卡的发行，不仅满足了不同领域、不同目标人群的用卡消费需求，还强化了银联品牌的宣传，更促进了整个银行卡的应用；积极开展“食全食美”银联标准卡专场营销系列活动，推进银联标准卡在专业行业的应用；组织召开“云南省银行卡产业宣传协作座谈会”，加强银联、媒体、成员机构之间的新闻宣传合作，引导正面的舆论导向，争取社会对银行卡产业的关注和支持。

【风险防范】

组织了大规模的安全用卡宣传活动，营造安全的用卡环境；配合中国人民银行昆明中心支行、省公安厅开展打击银行卡犯罪的专项行动，确保奥运期间及前后的用卡安全；就新闻媒体刊登违规套现广告事宜，积极向人民银行、省市政府、工商、公安、宣传部门汇报并取得以上单位对整治违规套现广告工作的支持，专门致函各新闻单位，引导新闻媒体正面宣传银行卡产业。这些行动，既加强了银行卡的风险管理，营造了一个安全的用卡环境，又夯实了银行卡产业健康发展的基础。

【服务工作】

建立了针对各成员机构的“一站式”服务机制，为各成员机构提供全方位、个性化的服务；推广商户集中管理平台、商户风险信息共享系统，提高入网审批效率、商户风险信息的共享；组织召开银行卡差错处理、风险管理、业务规则等方面的培训，以培训带动服务水平的提升；建立对成员机构系统运行故障的快速反应机制，确保系统安全高效。这些加强对各成员机构服务的做法，不仅提升了对各成员机构的服务水平，而且还树立了公司的形象。

（办公室供稿）

【大事记】

1月1日，由人民银行昆明中心支行组织、云南分公司承办、云南省商业银行参与，覆盖全省、持续一年的“激情2008百万现金即刷即奖”联合营销活动正式启动，并与省红十字会合作设立了“慈善爱心基金”。除全省的联合营销活动外，还在12个二级地市开展了地方特色的联合营销活动，鼓励百姓刷卡消费，推动全省银行卡交易增长。

1月8日，由人民银行昆明中心支行牵头组织的《云南省银行卡受理市场建设公约》签字仪式成功举行，云南省人民政府程映萱副省长到会祝贺。《云南省银行卡受理市场建设公约》的签署，对发挥银行卡市场自律约束力起到了积极的促进作用。

5月30日，组织召开了首次云南省银行卡产业宣传协作座谈会。增进了新闻媒体对银行卡产业的理解，加强银行之间、银联与银行之间的宣传协作，为创建良好的银行卡发展舆论环境奠定了良好的基础。

12月4日，与富滇银行、云南省农村信用联社、曲靖市商业银行、玉溪市商业银行等四家云南省区域性成员机构召开了银行卡业务发展研讨会，就2009年银联与各区域性成员机构的服务支持与战略合作进行了充分的讨论与交流，为打造良好的地方业务发展平台起到了积极的推动作用。

国泰君安证券股份有限公司昆明人民中路证券营业部

总经理：陈 扬

【综述】

2008年，一场世界性的金融危机席卷全球，中国的实体与虚拟经济也未能独善其身，股市更是一路暴跌，成为全球股市跌幅最大的市场，中国证券市场可以说度过了极其艰难的一年。在这样的背景下，国泰君安证券股份有限公司昆明人民中路营业部（简称“营业部”）审时度势，在“夯实基础，因地制宜，谋求发展”的经营思想指导下，全体员工上下一心，克服诸多没有预料到的困难，除业务收入外，竟然取得了各项经营指标完成情况历年最好的业绩，可比经营指标均保持全省第一。全年，业务净收入11916.94万元；股票基金权证市场份额完成值0.0861%，与去年同期相比增长11.96%；基金产品日均保有量2.92亿份，与去年同期相比增长52.37%；非现场交易占比95.27%（其中网上交易占比86.17%），与去年同期相比增长4.42%。

【业务经营】

大力拓展居间人业务（居间人是指提供联系的中间人）。二季度，营业部对云南地区的经纪人业务发展现状进行了详尽的市场调研，对已经开展该业务的证券公司进行大量摸底，包括其招聘、培训、考核、薪酬、营销方式等，在此基础上，有目的地拟定拓展居间人业务的计划。同时，为尽快推动该业务的发展，突破发展瓶颈，特安排人员到深圳上步路营业部、广州顺德营业部学习和考察，汲取了大量的经纪人业务管理和发展的经验，并组织相关业务人员进行了多次交流，总结出很多优秀、高效的居间人业务发展的方法和管理细节，制定了《云南营销总部的居间客户经理团队管理办法（试行）》，为居间人业务的发展奠定了良好基础。另外，通过在高校、人才市场、媒体等进行人员招聘；理财服务部则负责对居间人进行岗前和后续培训。岗前培训主要包括：证券基础知识入门、开户业务知识、证券产品知识、渠道营销基础知识、团队居间人管理制度等上岗必备的知识；后续培训包括：营销技巧培训、渠道营销心得交流、证券投资知识、行情分析等等内容，以期不断提高居间人的业务素质。由此，通过近2个月的努力，营业部组建了一个规模适中、具备一定专业化水平、战斗能力强的居间人队伍。截至年底，营业部居间人客户总资产达14339.8万元，交易总量29.2亿元，总贡献为476.5万元。全年，该业务量呈现良好的增长趋势。

开展形式多样的宣传活动，提升企业知名度与美誉度。一是适时推出投资报告会。为了进一步提高营业部在云南证券市场的影响力，扩大和稳固市场领先地位，分别在昆明和各服务部所在地精心组织多场次的投资报告会。其中，在昆明市组织和参与组织的投资报告会多达25场次，活动对象包括：存量客户和潜在客户、银行的客户、银行员工、企业员工、高校教师及学生等。在文山州、丽江市、个旧市和芒市共计组织13场次的投资报告会，这些报告会得到了云南省证监局、当地投资者以及合作银行的一致好评与高度认可。二是加强与电台、电视台和报纸的合作，促进新产品的销售。参与云南人民广播电台、昆明电视台相关理财栏目的股评、咨询节目，配合新产品、新基金、“君得益”的持续营销；与《生活新报》、《都市时报》、《云南日报》、《春城晚报》、《云南电视报》等报纸合作，大力宣传证券投资知识、企业新产品，促进企业品牌及形象的推广和宣传，取得了良好的社会效益与经济效益。

投行业务取得可喜成绩。协助总公司为昆明市城建投资公司发行债券15亿，并取得昆钢集团25亿企业债券主承销商资格。

【风控建设】

保质保量完成账户规范工作。账户规范工作是2008年风控建设的一项核心内容。昆明人民中路证券营业部根据总公司要求，率先成立账户规范工作小组，召开全体员工大会，动员广大员工放弃元旦休假，开始账户翻查工作。整个账户规范工作过程从动员、培训、分组、翻查流程设计到翻查工作启动都紧张有序进行，通过全体员工的辛勤努力，用20天左右时间，完成了对16000多户账户的翻查工作，并收到了良好效果。在圆满完成账户翻查工作的同时，还完成了内部检查验收和对已规范账户档案的排查、整理等工作。

积极做好服务规范工作。一是根据中国证监会要求，对所辖四个证券服务网点分批完成了服务规范工作，顺利完成服务网点营业场所、信息技术系统、安防系统的更新完善；顺利完成丽江市、芒市服务部搬迁工作，其营业场所、信息技术系统、安防系统基本符合规范要求。同时，文山州服务部搬迁装修、个旧市服务部改造工作均已完成。二是为服务部实现规范工作储备人员。严格按照中国证监会规定，从业人员必须具备证券从业资格，拟聘员工只有通过考试取得从业资格后才能进入招聘流程。营业部于9月向社会公开招聘，通过面试招聘员工15人，经过一个月的集中培训后，通过培训的拟聘员工全部分配至服务网点实习。

三是撤销散户厅，提高技术风险防范能力。由于营业部原业务柜台与散户大厅相邻，总面积不足200平方米，而散户厅客户多为年老、无业者；同时，散户厅因存在电子大屏幕、热自助机等设备陈旧问题，素质参差不齐的客户又经常出现“霸机”、“霸座”事件，导致客户投诉频繁，管理难度大。另外，因近年压缩面积，调整办公区功能，须重新梳理电脑布线的客观问题。因此，为提高技术风险防范能力，营业部报经总公司、云南证监局批准，取消了散户厅，并重新装修柜台，进行网络布线更新调整，从而改善了经营环境，降低了经营风险。

（办公室供稿）

中国信达资产管理公司昆明办事处

主任：黄继林

【综述】

2008年，中国信达资产管理公司昆明办事处（简称“信达昆办”）在党委的领导和各金融监管单位的指导帮助下，按照中国信达资产管理公司全年工作的总体安排和“一个确保，两个突破”的经营方针，克服了政策环境和市场环境变化的重重困难，继续认真开展不良资产的处置，积极开拓各项新的市场业务及中间业务，进一步加强内部管理，较好地完成了各项经营指标。

【政策性业务】

信达昆办新增处置政策性债权资产账面原值1.40亿元；累计处置政策性债权资产33.03亿元，占接收总债权资产92.84%；回收规模内债权现金8660.8万元，累计回收现金9.23亿元；截至年末，剩余规模内未处置债权资产账面原值2.55亿元，占接收总债权账面原值7.16%；并按照总公司的统一部署，圆满完成“1121项目”（辽宁帝豪蚁力神销售公司）在云南的四家分公司的清理接收工作。

【商业化业务】

信达昆办新增收购商业化资产13.95亿元。全年共处置商业化资产3958.17万元，回收现金1.42亿元（包括往年处置的部分资产的现金回收）。此外，受托代理了云南省投资控股集团公司22亿元不良资产的接收、项目尽职调查及处置方案建议等工作；签订了代理云南磷肥工业有限公司处置债务的协议；开展了云南橡胶集团股份有限公司保荐投标工作和澳银“精华灵活配置基金”的直销业务。

【内部管理】

信达昆办深入学习贯彻了党的十七大精神；认真扎实地开展了深入学习实践科学发展观活动和创建银监会系统基层党建示范点活动；进行了机构调整和干部竞聘；接受和通过了ISO27001和ISO20000的审核认证；继续开展了创建文明单位活动，继2005年被昆明市五华区评为区文明单位后，2008年又被评选为昆明市2007-2009年度文明单位；通过积极支持国有企业深化改革，被云南省政府授予“云南省国有企业关闭破产工作先进集体”称号 。

（办公室供稿）

【大事记】

1月16日，圆满完成了“1121项目”在云南的四家分公司的托管清算工作。

4月16日，接受并通过BSI、ISCCC两家认证机构关于ISO27001和ISO20000的认证审核检查。

5月20日，与中国华融资产管理公司昆明办事处在昆明邦克饭店举行债权资产包转让签字仪式。

5月28日，在支援汶川抗震救灾中，14名党员共计交纳“特殊党费”22200元，加上入党积极分子及其他员工的捐款3900元，办事处共计捐款33650元。

6月20日，与广东粤财投资控股公司签署了《不良资产转让协议》。

6月27日，与云南投资控股集团有限公司签署不良资产的接收、项目尽职调查及处置方案建议等工作的委托代理协议。

8月11日，被确定为银监会系统基层党建工作的联系点，并开展了创建党建示范点活动。

9月16日，对内部职能部门进行了整合，并对新的部门负责人进行了公开竞聘。

12月1日，被昆明市人民政府命名为2007？-2009？年度昆明市文明单位。

12月12日，被云南省政府评为“云南省国有企业关闭工作先进集体”。

中国华融资产管理公司昆明办事处

【综述】

2008年，中国华融资产管理公司昆明办事处（简称“华融昆办”）在党委的领导和各金融监管单位的指导帮助下，按照中国资华融产管理公司全年工作的总体安排和部署，继续认真开展不良资产的处置工作，较好地完成了全年各项工作和任务。

一、政策性和准政策性资产处置情况

（一）政策性资产

1. 债权。全年处置政策性债权资产收购债权1，178.56万元，（未扣除2009年1232、1230回购减少的回收21.15万元），资产处置进度97.12%。剩余债权企业40户，涉及收购债权20，818.83万元（含1232、1230公司回购和原零受偿调入）。剩余资产中已阶段性处置剩余债权无回收价值资产15，739.53万元、占75.6%，自办公司债权3，939.46万元、占18.92%，其他无法处置回收的资产1，091.22万元、占5.24%，个人债权48.62万元、占0.23%。

2. 股权。全年销户1户、处置转让云南云蜂化学工业公司股权资产600万元。剩余股权企业4户，涉及账面金额86155万元。剩余股权中公司牵头企业两户，分别为持有昆明玻璃股份有限公司股权8，865万元，持有云南锡业有限责任公司股权20，790万元；非牵头企业两户，分别为持有昆明船舶设备集团有限公司股权8，000万元，持有昆明钢铁集团有限责任公司股权48，500万元。

（二）损失类业务

全年处置损失类资产11，090.08万元，销户92户。累计处置113，066.05万元，当年处置进度5.76%，累计处置进度58.69%。剩余损失类资产198户、收购资产79，581.32万元，其中：信贷类资产98户金额55，606.89万元，非信贷类资产100户金额23，974.42万元。从剩余资产的类型看，无法处置回收的资产37，331.73万元、占46.91%，政策性破产债权19，042.05万元万元、占23.93%，可处置回收资产12，682.76万元、占15.94%，符合零受偿条件未做认定的资产10，487.56万元、占13.18%，个人债权37.2万元、占0.04%。

（三）受托代理类

1. 1230项目。根据总公司关于1230债权回购的文件要求，华融昆办年初剩余企业由公司回购后转回政策性债权，至此，1230项目全部处置完毕。累计处置受托资产337户，涉及收购金额36，195.63万元，回收现金442.86万元，处置进度100%。

2. 1232项目。年初剩余99户、收购金额28，676.06万元；由总公司回购了4户，除1户剩余收购债权145.33万元外，其余收购资产全部处置完毕。当年销户94户、处置资产27，236.51万元。累计处置216户、处置资产55，114.21万元，处置进度99.74%。

3. 次级-信托Ⅲ-1233项目。全年销户78户、处置资产15，380.16万元，累计处置资产16，936.63万元，处置进度44.25%。剩余134户、收购资产21，335.13万元。

（办公室供稿）

中国长城资产管理公司昆明办事处

【综述】

2008年是中国长城资产管理公司昆明办事处（简称“长城昆办”）从政策性资产处置向商业化经营转型过渡非常困难的一年，也是总公司三年经营规划的一年。为有效推进新业务发展，办事处调整内设机构，明确部门职责，实现前后台分工协作；以公司“预算管理办法”、“成本效益分摊办法”为基础，确定了办事处经营核算单元，细化成本效益预算，落实量化指标。全年实现商业性业务盈利2.66万元，基本完成了全年的各项经营计划指标。

一、业务发展情况

长城昆办全年实现各项业务收入971.52万元，其中：政策性债转股项目退出获得代理费收入626.34万元，政策性剩余资产完成现金流获得代理费收入14.21万元，代理“新长租”融资租赁项目获得代理费56.37万元，实现非自用固定资产租赁收入221.7万元，财务顾问收入实现50万元，其他收入2.9万元。主要工作包括：完成了政策性债转股企业—“永昌股份”的退出变现，回收现金74，732，078.45元，实际累计收回现金87，918，958.00元；与“富滇银行”正式签订不良资产委托代理处置协议，受托处置8.32亿元不良资产；完成资本金项目—“新人人酒楼”的变现退出，拍卖成交价2200万元。

二、债权和股权情况

长城昆办剩余政策性债权共计47户，债权金额11050万元；政策性债转股股权1户（一汽红塔），股权金额为35046万元，占总股本的31.22%。

三、风险管理和内控制度建设情况

长城昆办将全面推行ISO9001质量管理体系认证作为内部风险管理和控制的主要措施，按照“目标清晰、计划规范、记录完整、提高效率和持续改进”的标准，制定了工作手册，组织员工对体系文件进行全面系统的培训，并于6月20日正式运行，12月8日通过了ISO9001质量管理体系认证，确保了风险管理和内控制度建设上了一个新的台阶。

【大事记】

6月，完成了政策性债转股企业—“永昌股份”的退出变现。

12月8日，通过ISO9001质量管理体系认证。

12月18日，通过拍卖完成资本金项目“新人人酒楼”的变现退出。

12月29日，与“富滇银行”正式签订不良资产委托代理处置协议，受托处置8.32亿元不良资产。

（办公室供稿）

云晨期货有限责任公司

【综述】

2008 年受国内灾害、国际金融危机的影响，国内商品期货市场风险暴增，交易量无规律、无预计大幅下降。云晨期货有限责任公司（原名称为云晨期货经纪有限公司，2008 年 12 月 26 日公司召开了第六次股东大会，通过了关于变更公司名称的决议，即由“云晨期货经纪有限公司”更名为“云晨期货有限责任公司”，并于 2009 年 4 月，经国家工商行政管理总局及云南省工商行政管理局审核批准，6 月 1 日由云南省工商行政管理局正式为公司换发了更名后的《企业法人营业执照》，简称“云晨期货”）面对现状，积极应对市场的不利影响及同行业的激烈竞争，深入贯彻科学发展观，全面落实“优化结构、突出主业、强化管理、效益优先”的发展思路，在公司全体员工共同努力下，克服重重困难，超额完成控股股东云南铜业（集团）有限公司下达给云晨期货的各项经营指标。具体工作情况如下：

一、完成经济指标状况

（一）经营业务指标

项目	2008 年	2007 年	同比增减情况
交易量	295.99 万手	172.46 万手	71.6%
交易额	1704.88 亿元	1128.9 亿元	51.0%
手续费收入	1854.48 万元	1228.84 万元	50.9%

（二）主要品种成交情况

品种	成交额	比重
白砂糖	54，140，352，310.00	31.76%
橡胶	32，418，067，775.00	19.01%
铜	17，710，333，250.00	10.39%

（三）公司在各交易所代理量、代理金额及同比增长统计

交易所	代理量（万手）	同比增长	代理金额（亿元）	同比增长
上海交易所	77.08	34.2%	760.44	5.0%
大连交易所	65.15	17.5%	346.10	80.6%
郑州交易所	153.77	158.1%	598.35	181.3%

以上数据比 2007 年占全国比例略有减少，其原因主要是世界金融危机导致我省相关产业特别是有色产业低迷，而公司的产品特色正是以有色金属为主的，在这种情况下公司完成了 5200 万的利润总额，取得了较好的成绩。

二、创新风险控制手段、提高公司抗风险能力

云晨期货 6 年来始终把风险管理放在公司经营管理的首位，构建了功能完善的风险控制系统，在风险控制方面积累了丰富的经验，形成了成熟的风险控制理念。在风险处置过程中，综合评估客户资金状况、交易习性和信誉程度等多项指标，建立了客户风险档案并据此进行分类，实行严格的风险控制措施，进行动态的风险控制，多次化解客户暴仓风险，确保穿仓事件零发生率。

午初以来，铜、锌、天然橡胶、白糖等多个品种行情宽幅震荡，不同层次的出现风险行情。伴随美国次贷危机的爆发，全球经济普遍受到影响，“十一”长假后，受外盘影响，国内期货市场遭遇百年不遇的暴跌行情，出现五、六个跌停的极端行情，客户风险集中爆发，在短短 10 余个交易日内，各期货品种下跌幅度大都超过了 30%，期货公司完全暴露在系统性风险面前，风险控制工作面临着巨大的压力。云晨期货结合国际国内期货行情和客户资金变化，同时组织各部门启动应急预案，严格按照风险控制手册中相关处理流程，采取预先提高保证金、适时风险试算、严格执行强平、与客户沟通并建议客户主动减仓或入金等多种手段最终化解了风险。在此次金融动荡中，公司充分估计了风险的严重性，公司上下严密监控事态发展，处理措施得当，最终未发生一起客户穿仓事件。

三、开拓创新、抓住机遇，提高市场占有率

随着国内期货市场不断发展，市场竞争日益剧烈，行业竞争状况不容乐观。这次金融危机，对云南省基础原料产业，特别是有色金属产业造成了极大地影响，在这种经济背景下，云晨期货根据自身优势，明确专业化的市场定位，采取差异化市场战略，以公司的优势品种作为核心，带动其他期货品种，构建核心机构客户群体，在整合营销的理念下，深入企业，根据各企业的特点，对各有色金属品种进一步加强市场开发，以个性化的服务加强客户维护力度，提供了最优质的服务，同时也促进了公司市场占有率的提升。

四、完善客户保证金安全管理，提高公司诚信度

保证金安全是维系投资者信心的基础。保护投资者利益，规范期货市场保证金管理，防范市场风险是期货公司的工作重点。云晨期货严格按照《期货保证金安全存管暂行办法》的规定要求，切实完成客户保证金封闭管理制度，并同时引进了多家保证金存管银行（其中：工商银行已正式开通；中国银行和交通银行正在测试中），极大的方便了客户资金的划转及客户开发的需要。

五、加强信息研发力度，提升客户信息服务质量

随着期货市场发展和竞争加剧，信息支持是否得力已成为期货公司维系客户的关键一环，研发能力的强弱更是公司核心竞争力的核心。期货公司早期的研发工作强调为客户开发服务，但在投资者日趋专业化的今天，更要提升科学化、专业化的研发水平。为加强研发力量，公司不断充实研发队伍。年中，为加强研发力量，公司在重点院校招聘了多名相关专业的硕士研究生以充实研发队伍。结合公司战略发展目标、立足于公司优势产业，以“服务铜企业客户、引导企业进行套期保质”的差异化的、突出自身特色的发展道路，开展以核心客户群体需求的研发工作，从营销型向价值型过渡，做到每个品种都要深入细致的研发，对客户提供最及时有效的市场信息，经统计公司全年共给客户发送相关短信约30万条。通过短信平台把重要经济数据以及可能对期货走势形成影响的信息进行提示，努力争取给客户提示市场潜在风险，提醒客户做好应对措施从而尽量减少盲目应对风险所带来损失。

六、创新管理、经营理念、优化人力资源配置，促进公司经营快速发展

云晨期货围绕公司发展战略，在管理上，从业务流程、组织、控制、人力资源、客户满意度等多角度进行系统改革，修订、补充完善了多项规章制度，为公司的规范管理奠定了基础。公司抓管理、重实效，明确岗位职责，岗位操作标准化、制度化，按流程确定责、权、利关系，建立标准化、规范化的日常业务流程和预警应急措施，有效控制工作中的各种风险。在经营上，本着“欲取之必先予之”的理念，从云南市场出发，本着服务于社会，落足于企业，为云南企业做了大量的义务培训、方案设计、人才培养等工作，切实认真地履行了为社会服务的义务，从而有效增强了公司凝聚力和竞争力。

期货业从某种程度上来讲是一个“知本行业”，吸引人才、培养人才、留住人才是期货公司人才管理的核心内容。云晨期货一向着力于加强人才队伍的素质培养，通过采取以内部培训、自学方式和参加行业组织的专业培训渠道，全面提升员工的整体素质。同时，组织与高校的人才培养及科研项目的研发，以达到公司优化人力资源配置并服务于企业的目的。

（办公室供稿）

曲靖市商业银行

行长：李小生

【综述】

2008 年是曲靖市商业银行发展进程中很不寻常、很不平凡的一年。面对复杂多变的国际国内经济金融形势，在云南省曲靖市市委、市政府的正确领导下，在辖内人民银行、银监局的监管指导下，全行上下紧紧围绕董事会年初制定的经营目标，同心同德，顽强拼搏，在内部管理、资金组织、贷款结构调整、经营效益等方面都取得了显著成效，各项业务持续发展。特别是下半年以来，国际国内经济形势急转直下，国内经济增长缓慢，企业产销下降、利润锐减，国家宏观调控政策从“双防”到“一保一控”再到全力“保增长”，曲靖市商业银行及时采取了一系列应对措施，保证了全年目标任务圆满完成，基本实现了把全行办成内部管理完善、经营状况良好、拨备充足、抗风险能力较强、市场竞争力显著提高这一目标。至年末，各项存款余额达 519，727 万元，较上年增 134，793 元，增长 35.02%，完成全年计划 112.63%；各项贷款余额达 283，678 万元，较上年增加 38，112 万元，增长 15.52%；实现经营利润 9，689 万元，较上年增加 2，716 万元，增幅 38.95%，完成全年计划的 107.61%；不良贷款占比为 2.02%；各项监管指标达到了监管要求。

【存款业务】

加强资金组织工作，树立“存款立行”的意识。合理分解全年目标任务，积极探索新的存款增长方式，通过收集客户资源信息和资金流向信息等措施，推动资金组织工作的顺利开展，充分调动各行（部）吸收存款的主动性和积极性，按季召开资金组织工作分析通报会，针对各行（部）存在的问题提出指导意见，有效促进了资金组织工作。截止 2008 年 12 月末各项存款 519，727 万元，较上年增 134，793 元，增长 35.02%，完成全年计划 112.63%。

【贷款业务】

优化信贷结构，实施信贷战略调整，着力打造“小企业授信表现出色银行”。面对国内外严峻的经济形势，进一步树立审慎和稳健的经营思想，坚持量入为出，稳妥安排贷款投放。围绕打造“小企业授信表现出色银行”战略目标，制定了《关于进一步优化信贷结构、实施信贷调整的意见》，指导全行信贷工作，按照“突出中小、个贷优先、压缩千万元以上贷款、优化存量”的工作要求，把握轻重缓急，做到有保有压，突出重点。一年来，加强信贷制度建设，着力优化和调整信贷结构，积极推进小企业贷款和微小贷款业务的开展，狠抓信贷资产管理，强化贷款业务检查，提高贷款管理水平。截止 2008 年 12 月末各项贷款 283，678 万元，较年初增加 38，112 万元，增长 15.52%；全年累计发放 277，387 万元，累计收回 239，275 万元。全年累计办理票据贴现 87，313 万元，年末贴现余额 32，486 万元，比上年末减少 2，635 万元。年末存贷比为 54.58%，较年初减 9.21 个百分点。

【内部管理】

一是强化财务会计核算，提高规范管理水平。制定《曲靖市商业银行费用管理办法》规范各项费用的使用、管理；出台了《曲靖市商业银行资产负债管理制度》、《曲靖市商业银行涉税业务操作手册》和《曲靖市商业银行股本金管理制度》规范了核算管理；制定《曲靖市商业银行网点前台组织形式实施细则》（试行）、《曲靖市商业银行出纳工作管理制度》、《曲靖市商业银行核心系统操作员管理办法》、《理财产品业务操作流程》规范内部操作；制定《曲靖市商业银行总行现金库管理办法》、《曲靖市商业银行单位非基本存款账户现金支付业务管理办法》规范现金管理；制定《曲靖市商业银行单位非基本存款账户现金支付业务管理办法》规范了清算管理。

二是修订《资金运营管理办法》，重新审订票据贴现业务的凭证合同、操作流程，规范票据业务。

三是出台了《曲靖市商业银行信用等级评定（法人）办法》，为全行今后推行企业信用等级管理奠定了基础；制定了《曲靖市商业银行贷后管理（法人）办法》，规范了贷后管理，为有效防范和化解信贷风险提供了科学的制度保障；完善了《曲靖市商业银行一手房贷款操作办法》、《曲靖市商业银行二手房贷款操作办法》、《曲靖市商业银行房地产开发贷款操作办法》，为合规开展房地产贷款业务提供了制度保障；制定了《曲靖市商业银行小企业贷款管理办法》、《曲靖市商业银行快速小额抵（质）押贷款管理办法》、《曲靖市商业银行担保公司（专业市场）保证贷款管理办法》、《曲靖市商业银行小企业联保贷款管理办法》、《曲靖市商业银行小企业抵（质）押循环贷款管理办法》、《曲靖市商业银行小企业商铺经营权质押贷款管理办法》，为规范和发展小企业贷款业务提供了制度保障，促进了小企业贷款业务的发展。四是加大审计查处力度，进一步规范经营行为。从过去单一的财务审计扩大到对经济效益进行审计，从事后审计扩大到事前、事中的审计，从存款、放款、结算等业务审计扩大到方针、政策规章制度贯彻执行情况的审计，从审计部人员现场检查，扩大到组织各职能部门专业人员参加检查，为规范经营行为发挥监督保障和促进作用。

【金融服务】

抓文明规范服务，促业务健康发展。以深入“开展文明规范服务工作，展示金融业服务形象”为指导思想，树立服务创造价值理念，承担社会责任，践行职业操守，加强诚信建设，创建合规文化的服务意识。一是积极承担社会责任，面对年初的冰冻灾害，曲靖市商业银行积极伸出温暖的援手，共捐款30，470元，面对四川汶川“5.12”大地震，全行共捐款405，504元，体现了“一方有难，八方支援”的社会责任，践行承担社会责任的承诺。二是结合迎奥运文明规范服务系列活动，各支行（部）规范服务标准，建立科学服务管理流程，积极参与活动的开展，同时总行加大了检查考评力度，促进了服务水平的提升。营业部被中国银行业协会表彰为“2008年度中国银行业文明规范示范单位”，富源支行、陆良南环路支行被云南省银行业协会表彰为“2008年度云南省银行业文明规范示范单位”。三是突出服务特色，树立行业形象。被第五届中国金融（专家）年会组织委员会、中国金融研究院、中国金融网授予“2008年中国最佳中小企业金融服务机构”，被曲靖市委、市政府授予“二00八年文明行业”称号。

（丁文勇供稿）

第 二 部 分

各州市金融运行篇

昆明市

【金融运行情况】

存款：各项存款平稳增长，增速与全省持平，存款稳定性增强。12月末，昆明市金融机构（不含外资）本外币各项存款余额4313.61亿元，同比增长17.52%。其中，人民币各项存款余额4267.47亿元，同比增长17.43%，增幅较上年同期低2.4个百分点；比年初增加633.28亿元，同比多增53.86亿元。人民币存款余额占全省的50.69%。储蓄存款快速增长，12月末，储蓄存款余额1525.36亿元，比年初增加313.19亿元，同比多增256.94亿元；余额同比增长25.84%，增速较去年同期快20.99个百分点。定期储蓄增长较快，活期储蓄稳定增长。12月末，定期储蓄余额871.97亿元，同比增长34.22%，增速较上年同期大幅上升36.38个百分点；比年初增加222.33亿元，同比大幅多增236.49亿元。活期储蓄余额653.39亿元，同比增长16.15%，增速较上年同期快1.84个百分点。定期储蓄余额占储蓄存款余额的比重为57.16%，较上年同期提高3.57个百分点，存款稳定性增强。企业存款同比少增，活期存款增量大幅下降。受外部市场需求减弱、价格波动、成本上升等因素影响，我市主要资源型企业盈利水平下降，企业两项资金占用增加，导致企业存款增速下降。另外，由于企业信心指数下降而形成的企业“慎贷”，以及前期宏观调控信贷紧缩，导致企业贷款一定程度下降，转而形成的派生企业存款也相应减少。下半年以来，企业存款增势较弱，期间一度出现负增长。截止12月末，企业存款余额1789.37亿元，同比增长16.92%，增速较上年同期慢8.54个百分点；比年初增加258.91亿元，同比少增33.87亿元。其中，企业定期存款余额514.09亿元，比年初增加152.36亿元，同比多增75.13亿元；企业活期存款余额1275.29亿元，比年初增加106.55亿元，同比少增109.01亿元。

贷款：各项贷款较快增长，增速快于全省，贷款期限结构得到优化。12月末，昆明市金融机构（不含外资）本外币各项贷款余额4066.82亿元，同比增长20.44%。其中，人民币各项贷款余额4012.41亿元，同比增长20.96%，增速比一、二、三季度末分别上升4.05、5.27、4.99个百分点。全年新增贷款701.76亿元，同比多增172.33亿元，占全省新增贷款的64.16%。从全年情况看，上半年人民币贷款增势相对平稳，自7月起，增速回升。进入四季度，适度宽松货币政策效应逐步显现，贷款大幅多增，增速迅速上扬，11、12月，人民币贷款当月分别净增112.03亿元和98.5亿元，较去年同期分别多增74.09亿元和70.02亿元。

外汇存贷款：12月末，昆明市外汇存款余额6.75亿美元，比年初增加1.77亿美元，同比增长35.54%，较年内最低增速（6月末同比下降21.63%）上升57.17个百分点。外汇贷款余额7.96亿美元，比年初减少0.18亿美元，同比下降2.19%，较年内最高增速（5月末同比增长108.76%）下降110.95个百分点。

现金：全年，昆明市金融机构累计现金收入6228.21亿元，累计现金支出6058.64亿元；收支相抵累计净回笼现金169.56亿元，比去年同期少回笼现金1.52亿元，现金收支正常。

【落实国家信贷政策】

面对急剧变化的宏观形势，昆明市各金融机构紧密结合云南实际，从大局出发，认真贯彻国家的各项宏观调控政策，保证了各项金融宏观调控政策在全市的执行效果，促进了地方经济的发展。

一是认真做好弱势群体的金融支持工作，取得良好社会效益。创新金融促进就业的工作机制，拟定了《关于进一步完善小额担保贷款办法推动创业促进就业的通知》，推动完善“小额贷款+创业培训+信用社区建设”的长效联动机制，为下岗失业人员、城镇自主择业军人、城镇登记失业人员自主创业提供了有力的资金支持。

二是积极推动我省助学贷款业务发展，充分发挥助学贷款在建设和谐社会中的积极作用。

三是紧密结合灾区实际，有力支持灾区恢复重建。人民银行及时了解省内被波及地区的受灾情况和及时落实信贷需求的变化情况上报总行，并迅速确定灾区范围，及时落实相关金融支持政策，适时出台了《关于进一步改善金融服务积极支持地震灾区建设的指导意见》、《云南省金融支持地震灾区恢复重建的做法及政策建议》，为云南灾区恢复重建和经济发展做出了积极的贡献。

四是积极支持中小企业发展。各金融机构进一步改进和完善对中小企业的金融服务，努力缓解中小企业贷款难问题。通过召开《2008 年全省信用担保体系建设及中小企业融资推介会》，举办“云南银行业提升小企业金融服务系列活动”，积极促进金融对中小企业的信贷支持。五是全面加大对工业和“三农”建设的金融支持力度。12 月末，全市工业贷款余额 529. 89 亿元，全年新增工业贷款 146. 86 亿元，同比多增 149. 77 亿元，余额同比增长 40. 96%，比各项贷款增速快 20 个百分点。农业贷款余额 276. 31 亿元，全年新增农业贷款 160. 04 亿元，同比多增 102. 9 亿元。工业、农业两项新增贷款占全部新增贷款的 43. 73%，有力支持了全省工业建设和新农村建设。

【金融创新发展】

面临新形势，全市金融机构通过开展金融创新，开辟了新的金融服务领域和新的融资模式，金融支持经济社会的力度不断加强。

一是创新信贷产品。积极发展面向一般客户的消费类产品和公司类产品的创新。

二是服务对象范围扩展。围绕金融支持经济过程中的一些难点和薄弱环节，积极创新。为加强对中小企业服务，部分银行设置了专门的中小企业信贷服务部门。为支持云南实施“走出去”发展战略，金融机构一方面鼓励和支持外向型中小企业扩大出口，另一方面积极开展国际信贷业务，支持省内有条件的企业到境外投资设厂和跨国合作经营。

三是服务理念创新。开始更深地介入企业财务管理的全过程，担任企业的财务顾问，提供增值服务。同时，积极推出多种投资理财产品，满足公众投资需要。

四是服务渠道创新。各金融机构先后推出了各种网上银行业务，为中小企业提供更加便捷的金融服务以促进企业提高资金运用效益。

五是合作机制创新。各金融机构积极配合政府有关部门推进信用担保机制的建设，与担保公司签订合作协议，确保符合条件的中小企业顺利获得贷款支持。同时，积极与信托公司、租赁公司合作，发展交叉型融资产品，为省内重点项目建设、大型设备购置提供融资服务。

【金融改革】

首先，国有银行分支机构改革稳定推进。中国银行、中国建设银行、中国工商银行三家已股改国有商业银行在滇分支机构均处于进一步深化、落实各项改革措施的阶段，通过强化经济资本管理，促进组织架构和业务流程的整合、再造；通过建立完善合理的绩效考核激励机制，突出对持续发展的激励，促进各项业务的协调健康发展；通过加强主动风险管理，推进主动监控和预警，逐步实现风险管理从结果管理向质量和效益管理并重转变；通过优化客户授信结构，促进贷款规模和质量的同步提高。按照改革要求，农业银行云南省分支机构于 10 月全面启动股份制改革准备工作，继续稳定和发展在农村地区的网点和业务，加快推进县域事业部制改革，全面改进金融服务，不断加大对“三农”的信贷支持力度。

其次，地方商业性金融机构改革继续深入。富滇银行改革继续推进，通过进一步加强公司治理，继续深入推进集约化改革，各项改革进一步推进，整体经营管理水平迈上了新的台阶。一是聘请了国内著名的咨询机构和专家，积极、有序地推进战略规划工作，同时，积极推进第二步引入省内合格投资者增资扩股的工作。目前，增资 7 亿股的实施方案已向监管部门报告，投资人资格预审工作也正在进行当中。二是以建立良好公司治理结构为目标，修订和完善了公司治理的基础性制度及决策程序。明晰了“三会一层”的组织架构、职责、决策规则和程序，对董事、监事和高管人员的履职进行界定，明确了处罚措施和程序。三是完成董、监事会换届工作，进一步优化董事会结构。一年来，富滇银行积极转变增长方式和经营模式，优化业务、客户及盈利结构，努力处理好规模、服务和效益之间的关系，较好地推进了各项业务的发展。农村信用社改革进一步深入。同时，农村信用社改革资金支付试点工作进一步推进，通过实施专项央行票据兑付考核工作，努力实现“花钱买机制”的政策目标；通过积极消化亏损挂账，建立了有效的资本补充机制；通过改革劳动用工、干部任用及薪酬制度，初步建立了切合实际的激励与约束机制；通过分步实施产权制度改革，逐步取消了县（市）以下独立法人体制，产权制度改革基本结束。

【金融生态建设】

一是辖区金融风险的监测和预警分析工作进一步完善。在国际、国内金融形势较为严峻的情况下，人民银行继续完善全市金融风险监测体系建设，在继续坚持地方中小法人金融机构风险监测季报制度的基础上，建立了全省范围内的金融风险监测周报制度，加强对辖内金融机构的风险监测和防范。加强了对辖区内股份制商业银行和城市商业银行、农村信用社等地方法人金融机构的风险监测工作。全面收集整理银行业、证券业、保险业的经营情况以及国有商业银行、农村信用社改革情况，深入开展调研分析。针对部分银行理财产品出现“零受益”、“负收益”现象，密切关注理财产品潜在风险，会同有关部门做好投资者风险教育工作，提高社会公众风险认知能力和风险自担意识，充分发挥风险提示和预警作用，维护辖区金融稳定。二是征信工作深入开展，金融生态环境继续改善。征信数据采集范围进一步扩大，完成了全省除怒江州外个人缴存住房公积金信息的采集工作，信息采集取得新突破。征信数据的得到更加深入的推广应用，启动了云南省担保机构信用评级工作，对全省的25家担保机构进行了信用评级。对云南省732户、昆明市785户参加“守合同重信用”企业评选活动的企业在金融机构的信贷情况进行了逐户审查，根据审查结果，建议取消了102户有不良信用记录企业的参评资格，有力扩大了征信工作的影响力。

【支持外向型经济发展】

针对复杂的国际经济金融形势，国家外汇管理局云南省分局坚定支持地方外向型经济的发展。一是全面加强外汇监管，严防热钱流入。一年来，通过业务系统建设，对跨境资金流动中出现的新情况、新问题进行了有效的监测、分析；通过完善异常资金流动跟踪监测机制和分局分析会议制度，加强了对全省特色行业、重点贸易企业、旅游跨境收支、结售汇大额数据的日常监测；通过严密监测本地区贸易外汇收支和结售汇变动的异常情况，有效遏制了企业通过预收货款、延期付汇、出口低报高收等渠道实现异常资金跨境流动的现象。二是促进投资便利化，积极推动企业实施“走出去”战略。积极推动符合条件的金融机构开办即、远期结售汇业务和人民币与外币掉期等备案业务。采取集中培训、代理网点特事特办、督促县级代理网点申领组织机构代码等三项措施，有效地解决了邮政储蓄银行因私结售汇业务备案问题，力促邮政储蓄银行转型。全年共为16家金融机构，239个网点办理开办各类业务的审批或备案，全省经营即期、远期结售汇、外币、人民币掉期业务的金融机构达到890家。2008年，通过境外投资资金来源审查的中方投资金额6.38亿美元，同比增长203%，登记的中方投资总额4.25亿美元，同比增长283%，实际汇出投资资金1.05亿美元，同比增长20%。三是积极推动与大湄公河次区域国家人民币贸易结算的深层次发展。在全国率先创新了缅甸银行在中方银行开立人民币离岸账户的新模式，在中越结算模式的基础上与中老、中缅建立了结算关系，促进了人民币在周边国家的流通；加强了同次区域国家央行的金融协调与合作，多次与毗邻及非毗邻国家央行进行洽谈，建立了信息沟通、人员交流的工作机制；利用全国人大和全国政协这一决策平台，通过提案方式将一般贸易人民币结算的相关问题提交全国人大和全国政协，推动了一般贸易人民币结算出口退税政策的出台，并经国务院同意，云南省已成为首批与东盟开展一般贸易人民币结算试点地区。

【金融服务】

一是支付环境进一步得到改善。顺利完成了境内外币支付系统在我省的上线运行和小额支付系统银行本票业务在全省的推广应用，满足了多种币种资金清算要求，提高了资金使用效率，进一步优化了支付结算环境。同时，进一步强化支付体系内控管理，开展了全面细致的支付系统业务检查，确保了奥运期间支付系统的安全高效运行。二是积极开展联合整治银行卡违法犯罪专项行动，用卡环境进一步优化。联合云南省公安厅建立了银行卡讳法犯罪联合防控机制，采取强有力的措施打击和整治各类银行卡违法犯罪活动。全年，全省银行卡发卡量累计3258万张，新增890万张，交易笔数5114.73万笔，交易金额694.71亿元，同比分别增长58.09%、37.02%，银行卡交易金额在全省社会消费品零售总额的占比达到了17.79%。三是积极支持国库集中收付制度改革。年末，全省1个省份库、16个中心支库和106个县支库进行国库单一账户改革；省级纳入改革的预算单位682个、代理银行10个；州（市）级纳入改革的预算单位2313个、代理银行61个；县（市）区级纳入改革的预算单位8215个、代理银行300个。及时开通绿色资金汇划通道，为抗雪救灾、抗震救灾做出了贡献，划付紧急救灾资金7，500万元，保证了灾区人民的灾后生产自救。

（郑斌供稿）

昆明市主要经济、金融指标

（2008 年）

单位：万元

项 目	金 额	比上年增减额	比上年增减幅度（%）
国内生产总值	16053900	1720061	12
工农业总产值	2282423	219139	10.6
其中：工业总产值	1395600	157268	12.7
农业总产值	886823	61871	7.5
地方财政收入	1749895	419176	31.5
地方财政支出	2337415	689026	41.8
社会消费品零售总额	7007415	1314958	23.1
商品零售价格指数（%）	105.8	5.8	-0.1
金融机构各项存款	42674700	6332800	17.43
银行机构各项存款	38407500	5712800	17.47
财政存款	1542200	-312100	-16.83
企业存款	17893700	2589100	16.92
储蓄存款	15253600	3131900	25.84
金融机构各项贷款	40124100	7017600	20.96
银行机构各项贷款	37118300	6404000	20.85
短期贷款	13073700	2870300	27.66
中长期贷款	24630100	3150800	14.56
现金投放（+）回笼（-）	-1695600	-15200	-0.89
保险费收入			
保险赔款支出			

楚雄州

【金融运行情况】

一、存款

2008年末，楚雄州金融机构本外币合计各项存款余额达297.04亿元，较年初增加54.43亿元，增长22.43%。人民币各项存款余额296.75亿元，比年初增加54.38亿元，增长22.43%，其中，储蓄存款、机关团体存款、农业存款增幅均达20%以上：

（一）企业存款余额89.08亿元，占全部存款总额的30.02%，比年初增加12.08亿元，增长15.68%；

（二）储蓄存款余额157.49亿元，占全部存款的53.07%，比年初增加33.73亿元，增长27.25%；

（三）财政存款余额7.39亿元，占全部存款的2.5%，比年初增加0.73亿元，增长11.03%；

（四）机关团体存款余额20.07亿元，占全部存款的6.8%，比年初增加3.53亿元，增长21.35%；

（五）农业存款余额16.65亿元，占全部存款的5.61%，比年初增加3.52亿元，增长26.78%。

（六）其他存款余额5.95亿元，占全部存款的2.01%，比年初增加1.22亿元，增长25.73%。

从期限结构上看，定期存款增长幅度高于活期存款。其中：活期储蓄存款余额74.04亿元，比年初增加14.59亿元，增长24.55%；定期储蓄存款余额83.45亿元，比年初增加19.13亿元，增长29.75%；企业活期存款余额65.03亿元，比年初增加3.45亿元，增长5.61%；企业定期存款余额24.05亿元，比年初增加8.62亿元，增长55.86%。

二、贷款

2008年末，全州金融机构本外币合计各项贷款余额157.62亿元，比年初增加30.75亿元，增长24.23%。全州金融机构人民币各项贷款余额157.62亿元，比年初增加30.75亿元，增长24.24%。

从期限结构上看，中长期贷款增幅高于短期贷款增幅29个百分点。短期贷款余额76.43亿元，比年初增加7.17亿元，增长10.35%；中长期贷款余额78.28亿元，比年初增加22.11亿元，增长39.35%。

从贷款投向看，贷款集中化明显。年末，投放到农业、制造业、电燃气及水等生产供应业、交通运输业、批发零售业、房地产业、水利环境及公共设施管理等八个行业的贷款余额达115.45亿元，占贷款总额的73.25%。授信及贷款集中趋势明显，其中，各金融机构最大10家客户贷款总额合计达75.43亿元，占各项贷款总额的47.7%。

三、现金投放

2008年全州金融机构累计现金收入521.53亿元，比上年同期减少5.54亿元，下降1.05%；累计现金支出532.81亿元，比上年同期减少4.05亿元，下降0.75%；收支相抵净投放现金11.28亿元，比去年同期多投放现金1.49亿元，增长15.27%。

四、外汇收支

2008年全州外汇银行结汇收入减少，售汇支出增加，结售汇顺差缩小。年末，全州外汇银行结售汇总额完成2801万美元，同比减少95万美元，下降3.25%，其中：结汇收入2020万美元，同比减少233万美元，下降10.3%；累计售汇支出781万美元，同比增加138万美元，增长21.5%；结售汇顺差1239万美元，同比减少371万美元，下降23.04%。

五、票据业务

1. 票据业务发展迅速。2008年，全州金融机构累计签发银行承兑汇票5.48亿元，同比增加1.89亿元，增长52.49%。

2. 票据贴现规模快速扩大。2008年，全州金融机构累计办理银行承兑汇票贴现6.75亿元，同比增加3.82亿元，增长130.70%。

六、国债柜台交易及理财产品

2008年，全州金融机构累计发生基金代销业务6.92亿元，兑付8.92亿元；销售个人理财产品1.09亿元，兑付0.44亿元；销售保险理财产品1.66亿元；发生记账式国债柜台交易卖出业务20万元。

七、黄金业务

2008年，全州共有工行、建行两家金融机构开办黄金业务，全年累计成交账户金336.38公斤，成交金额0.67亿元；成交实物金5.51公斤，成交金额111.64万元。

【金融监管】

目前，楚雄州仅设有一家金融监管机构，即：中国银行业监督管理委员会楚雄监管分局，负责对银行业金融机构进行监督管理，主要监管措施：

1. 规范行政许可行为。对银行业金融机构的设立、变更、终止，业务范围调整，增加业务品种等进行审核批准，按照授权对银行机构的董事、高级管理人员任职资格进行审查和批准。全年受理申请许可64件；核准高级管理人员任职资格42人，不予核准2人，备案23人，任职资格谈话42人，告诫谈话26人；批准机构网点搬迁19个、开业19个、终止1个；颁（换）发金融许可证101份，收回122份；对151名应纳人考核的高级管理人员进行年度履职考核，合格130人、基本合格21人.

2. 加强非现场监管力度。及时收集各类监管数据资料，加强风险提示，提高风险预警和评价指导能力，为现场检查科学立项、化解风险提供信息依据，按季通报银行业金融机构经营风险情况。

3. 提高现场检查的针对性和有效性，派出检查组对高级管理人员履职情况、大户贷款、内部控制、个人消费贷款等12个项目进行现场检查，涉及机构41个、金额15.88亿元，发现问题涉及金额2.72亿元，提出整改意见、建议76条。

4. 强化政策引导和风险提示。密切关注金融运行中存在的问题和风险点，通过专项调查、走访、召开监管通报会、专项工作会等形式，加强形势分析和政策指导，引导银行业机构积极采取应对措施。

通过严格、有效的监管，全州银行业金融机构不断完善法人治理结构及内部控制制度，风险防控意识不断增强，信贷质量稳步改善，盈利水平大幅提升。

【货币信贷政策传导】

2008年，中国人民银行楚雄州中心支行认真贯彻执行货币信贷政策，提升“窗口指导”的有效性，致力于促进地方经济发展和维护辖区金融稳定。

1. 根据国家货币信贷政策和产业政策，结合全州经济社会发展实际，立足“从紧货币政策”至“适度宽松的货币政策”的贯彻执行，制订《2008年楚雄州信贷指导意见》，引导金融机构落实各项信贷政策，支持全州重点产业发展，扩大对“三农”、下岗失业人员、贫困学生的贷款支持力度，促进辖内经济增长及维护社会稳定。

2. 严格执行差别存款准备金政策，及时转发相关文件，督促各金融机构及时足额缴存存款准备金，确保年内10次存款准备金率调整顺利进行。（注：1月25日、3月25日、4月25日、5月20日、6月15日、6月25日六次上调，9月25日、10月15日、12月5日、12月25日四次下调）

3. 贯彻执行利率政策，做好利率管理和分析监测工作，推动利率市场化进程。组织辖内金融机构贯彻执行年内五次降低人民币贷款基准利率和四次降低人民币存款基准利率政策。目前，楚雄州贷款利率定价趋于市场化，2008年各金融机构贷款利率主要实行上浮利率，利率上浮的贷款占贷款总额的77.25%，占比较年初下降19.56个百分点。

4. 引导金融机构做好灾区支持重建工作。年内，楚雄州受5.12汶川地震、8.30会理·攀枝花地震和11.02楚雄泥石流灾害影响，经济社会发展受到一定程度的破坏。人民银行楚雄州中心支行主动加强与辖内金融机构沟通，指导金融机构把贯彻“从紧至适度宽松的货币政策”和支持地方经济发展相结合，争取扩大信贷规模，支持受灾地区做好恢复重建工作。

【金融支持地方经济发展】

2008年全州各金融机构充分利用信贷资源，为全州经济发展提供资金支持取得五大实效。

1. 加大金融对社会主义新农村建设的支持力度，大力支持做强特色商品粮、畜牧重点产业、特色经济林果基地、特色产业、龙头企业“五大产业”，加大支持农村基础设施和生态环境项目建设，切实做好对农民工的金融服务工作。年末，全州农业贷款余额45.86亿元，比年初增加11.04亿元，增长31.71%。

2. 全州金融部门对辖内44个重点项目制定并实施了贷款支持计划，按照州委、州政府推荐的55个贷款项目进行调查立项，对楚雄卷烟厂异地搬迁、水电开发、城市改造、天腾化工等一批重点项目给予了有力的信贷支持。年末，全州基本建设贷款余额20.21亿元，比年初增加6.96亿元，增长52.52%，技术改造贷款余额2.5亿元，比年初增加1.63亿元，增长187.36%。

3. 积极促进中小企业、非公有制经济和涉外经济的发展。年末，三资企业贷款余额0.17亿元，比年初增加0.10亿元，增长144.29%，私营企业及个体经济贷款余额3.31亿元，比年初增加0.82亿元，增长32.77%。

4. 加大对就业、助学的信贷支持，发挥信贷政策特有的“扶弱”功效。年末，全州国家助学贷款余额2031.1万元，比年初增长45.5%，累计支持5159名贫困大学生，有效促进了教育公平；下岗失业人员小额担保贷款余额284.4万元，发挥了金融业在构建和谐社会建设中的作用。

5. 稳步发展消费信贷，支持合理信贷消费。年末，全州金融机构个人短期消费贷款余额0.89亿元，比年初减少0.26亿元，下降22.45%；个人中长期消费贷款余额19.12亿元，比年初增加7.07亿元，增长58.65%。

【银行业金融机构的经营管理】

一、业务范围不断拓展，盈利能力持续增强

2008年全州银行业金融机构在做好传统的资产、负债业务（即：存贷款业务）的同时，根据自身优势，采取不同方法和措施，不断扩大中间业务份额。主要包括：利用资金汇划优势，积极发展各种资金汇划业务及代收代付业务（包括：代发工资、代收税款、水电费、电话费、学杂费、养路费等），为全州人民提供方便、快捷的资金清算业务；利用网点优势及客户资源优势大力发展代理保险、基金、国债、外汇、证券、第三方存管及个人实物黄金买卖业务，加快贵客理财中心和理财网点建设，以满足不同客户的投资需求及理财需求；利用人力资源优势，开办财务顾问及投资理财咨询服务，扩大中间业务收入；加强与政府、企业的合作，促进全州银行卡产业的发展，合理布放ATM机、POS机，大力发展银行卡特约商户，拓展银行卡使用范围，满足广大群众的多种支付需求，减少现金流通，提高资金清算效率；继续加大网上银行、自助银行、手机银行业务的市场营销力度，使全州人民享受全天24小时的优质金融服务。

2008年全州银行业金融机构全部实现盈利，累计实现利润5.35亿元，比上年同期增加1.64亿元，扣除所得税和准备后实现净利润3.86亿元，比上年同期增加0.79亿元，增长25.7%；

二、信贷资产质量明显好转

2008年，全州金融机构强化信贷投放管理，采取多种措施加大风险防控力度和不良贷款清收力度。一是及时分析市场行情及风险点，优化贷款结构和客户结构，做好风险监测及防范工作；二是加大不良资产和抵债资产的盘活处置力度，有效把握和控制信贷风险，提高资产质量。年末，按五级分类统计，全州银行业金融机构不良贷款余额9.99亿元，比上年减少9.7亿元；不良贷款比率6.34%，较年初下降8.1个百分点，不良贷款余额和不良贷款比率实现“双降”。

三、内控建设不断完善，风险管控能力增强

2008年，全州银行业金融机构认真按照《商业银行内部控制指引》的要求，不断加强内控制度建设和执行力度，围绕业绩优良、信息公开完整、经营依法合规的目标，健全、完善规章制度，加大违规行为处置力度，加强员工行为自律，提高增强风险防范能力、内部控制及经营管理水平。营造良好的企业文化氛围，帮助员工树立企业核心价值观，提高员工发展机遇及福利待遇，为业务发展奠定坚实的基础。全年全州银行业金融机构未发生任何责任案件。

【证券业务】

红塔证券股份有限公司楚雄营业部是楚雄州唯一的一家证券经营机构，主要从事证券代理买卖、代理还本付息、代理分红派息、代理登记开户等业务。营业部采用先进的集中交易系统，设有柜台委托、电话委托、电脑自助委托、热自助委托及远程自助委托、网上委托等委托方式，客户可方便地完成股票买卖、撤单、资金转账、查询等业务。2008年，红塔证券楚雄营业部全年完成成交金额135.66亿元，新增开户数4350户，股票托管市值4.08亿元。

【保险业务】

截至2008年末，楚雄州共有保险公司16家（其中：财产保险公司9家，人寿保险公司7家）。近年来，由于全州人民人均收入水平逐步提升、投保意识不断加强，保险业得以迅速发展。各保险公司积极开展业务，满足全州人民全方位、多层次、宽领域的保险保障需求，力图实现“老有所养、病有所医、灾有所偿”，有效维护全州经济社会的和谐稳定发展。2008年，全州保费收入7.10亿元，同比增加2.35亿元，增长49.38%。其中：人寿险保费收入4.76亿元，同比增加1.89亿元，增长65.82%，占全部保费收入的67.07%；财产险保费收入2.34亿元，同比增加0.46亿元，增长27.29%，占保费收入的32.93%。由于年内全州受地震、泥石流等自然灾害影响，保险赔付金额大幅增加，全年保险业赔付金额2.54亿元，同比增加0.45亿元，增长21.43%。其中，财产险赔付率高达85.8%，同比增长419.91%。

（刘云辉供稿，胥璟核稿）

【大事记】

4月29日，中国邮政储蓄银行楚雄州分行成立。

楚雄州主要经济、金融指标

（2008 年）

单位：万元

项目	金额	比上年增减额	比上年增减幅度（%）
国内生产总值	3060166		11.5
工农业总产值			
其中：规模以上工业产值	2226835		18.6
农业总产值	1233890		7.5
地方财政收入	655577	113379	20.9
地方财政支出	700427	129476	22.7
社会消费品零售总额	904152	161792	21.8
商品零售价格指数（%）	105.2		5.2
金融机构各项存款（本外币合计）	2970440	544294	22.43
银行机构各项存款	2091733	448408	27.29
财政存款	73949	7347	11.03
企业存款	890801	120759	15.68
储蓄存款	1574931	337269	27.25
金融机构各项贷款（本外币合计）	1576165	307463	24.23
银行机构各项贷款	1077220	75220	7.5
短期贷款	764284	71695	10.35
中长期贷款	782756	221051	39.35
现金投放（+）回笼（-）	112799	14946	15.27
保险费收入	71011	23474	49.38
保险赔款支出	25413	4484	21.43

曲靖市

2008年是“十一五”承上启下的关键年，也是国际经济金融形势风云变幻、国内自然灾害频繁不断、宏观经济形势急转直下的一个特殊年度。在严峻的形势和考验面前，全市金融部门认真学习实践科学发展观，适时根据宏观政策变化灵活调整经营策略，紧紧围绕曲靖经济发展战略，不断推进金融服务创新，千方百计增加信贷投放，为全市经济的平稳较快发展提供了强有力的支持。

【金融运行情况】

全年金融稳健运行，呈现银行存、贷款双增，现金投放合理，保险、证券快速发展的良好势头。全年银行业实现结益14.47亿元，同比增长48.37%，快于同期增幅达15.03个百分点；不良贷款率4.21%，同比下降4.06个百分点。银行资产质量不断提高，银行盈利能力不断增强。

（一）存款总量持续增长，储蓄存款拉动强劲，存款出现定期化趋势。截止12月末，本外币各项存款余额686.87亿元，比年初增加118.15亿元，增长20.78%，增量创历年之最，增幅为2003年以来的最高增幅。存款总量、增量均居全省各地州之首，增幅高于全省平均水平3.4个百分点。

（二）贷款总量快速增长，结构分化加剧。10-12月，随着适度宽松货币政策的实施，贷款增长迅猛。截止12月末，本外币各项贷款余额424.79亿元，比年初增加59.39亿元，增长16.25%，完成全年贷款新增40亿元目标任务的148%，增量为历年之最，增幅为2005年以来的最高增幅。贷款总量、增量均居全省各地州之首。

（三）现金投放同比增加，备付金率有所下降。1-12月金融机构累计现金收入1460.8亿元，累计现金支出1514.34亿元，累计净投放现金53.53亿元，净投放数同比增加4.07亿元，增长8.23%，与全市现金需求状况基本保持平衡。12月末全市银行业备付金率为10.24%，同比提高1.15个百分点，备付金充裕，清算、支付能力较强。

【货币信贷政策传导】

结合曲靖实情，找准货币政策与地方经济发展的结合点，贯彻落实各项宏观调控政策，支持、促进地方经济发展。

（一）强化“窗口”指导，落实宏观调控政策。一是结合货币政策的贯彻传导，制定下发了《曲靖市2008年信贷指导意见》、《金融支持新农村建设》等文件，引导商业银行贯彻“区别对待、有保有压”的信贷方针，加大对“三农”、“新型工业化”等重点领域和行业的支持。2008年下半年，随着货币政策的逐步放松，全市银行业迅速转变思路，快速适应宏观调控政策的变化，千方百计增加信贷供给，使中央、总行扩大内需的各项政策落到实处，促进了地方经济的持续快速增长。二是疏通货币政策传导机制，积极发挥金融协调机制作用，全年共组织召开4次全市金融联席会议，强化金融部门与政府相关部门的工作沟通和信息交流，及时分析货币政策实施效果，向地方党委、政府、上级行提供了较好的决策参考。三是针对农村信用社在执行上级贷款规划节奏的实际困难，经多方协调、汇报、请示，将其信贷投放节奏调整为“60%、90%、95%、100%”。四是根据曲靖市政府有关重大投资项目推进联席会议制度要求，市人民银行积极督促各商业银行加大对地方经济支持力度。通过各家银行的共同努力，曲靖市重大项目融资工作成果显著：截至12月末，辖内8家银行，已经介入19个重大项目，涉及项目融资总额83.03亿元，银行前期已投放贷款51.4亿元，后续将投放贷款31.63亿元。

（二）认真贯彻执行存款准备金率、存贷款利率政策。2008年，央行连续6次上调、4次下调存款准备金率。目前，工行、农行、中行、建行、交行、邮储银行执行15.5%，农发行、广发行、曲靖市商业银行执行13.5%，农村信用社执行11%，其中A类农村信用社执行10%。同时，从2008年9月中旬起，央行连续5次下调存贷款基准利率，年末，1年期贷款基准利率已从年初的7.47%降至5.31%，活期存款利率由0.72%降至0.36%，增加了市场流动性，降低了企业及个人的资金使用成本。

【支持地方经济发展】

面临严峻的国际国内形势，全市金融机构积极创新金融服务，加大对全市经济发展的支持。

（一）立足地方经济发展需求，积极拓展融资渠道。根据全市抗震救灾、三农和中小企业信贷需求旺盛的实际，经多方协调和争取，农村信用社信贷增长规模由年初的18亿元扩大到20.9亿元。曲靖市商业银行通过发行“麒麟福-金秋理财产品”，成功募集资金5亿元，开辟了市政建设资金融资新渠道；同时，与国开行合作，在全省率先开办微小企业贷款业务，全年累计对1124户小企业、小商户发放微小贷款6362万元，开辟了小企业融资新通道。曲靖市邮政储蓄银行根据业务调整需要，实时推出针对个体工商户、个人独资企业主的“商户联保、商户保证贷款”，进一步拓宽了中小企业融资渠道。

（二）灵活运用金融优惠政策，加大对非公经济、助学、再就业等社会薄弱环节的支持，促进社会的和谐发展。一是积极支持“三农”发展，全年人民银行累计向农村信用社发放支农再贷款1.15亿元，金融机构农业贷款余额达79.64亿元，增长35.64%，有力支持了“三农”发展。二是全年各商业银行累计办理借新还旧81985万元、展期贷款221630万元、减息305万元、停息挂账1561万元、民贸企业贴息167.26万元，有效支持了企业发展。三是认真贯彻落实下岗失业人员小额担保贷款政策规定，截止12月末，该项贷款担保基金已达2541万元，贷款余额达4873万元；累计发放下岗失业人员贷款1828笔，金额3649万元。四是认真落实助学贷款各项政策，全年累计发放助学贷款531笔，金额290万元，帮助解决了1481名在校大学生的学习和生活困难，12月末助学贷款余额已达1088万元。

（三）认真落实外汇管理政策，帮助涉外企业增强抵抗危机。贯彻落实各项外汇管理政策措施，进一步简化办事手续，促进贸易便利化，支持辖区涉外经济发展。2008年，在国际市场需求不断萎缩、世界经济放缓和国内出口回落等诸多不利因素的影响下，实现了外汇收支的逆势增长，并创下了历史最高水平，全年跨境收支总额、银行结售汇总额、进出口总额分别达到23502万美元、24161万美元和23187万美元，分别比2007年增长83.35%、95.05%和84.36%，出口商品比2007年增加6个达38个，出口市场比2007年增加19个扩大到69个国家和地区。

（四）改善金融服务，增强服务经济社会的能力。以地方经济发展为己任，全市金融部门致力于加强和改善金融服务，不断提高服务水平。一是加快现代化支付体系建设，实现了大小额支付系统的上线运行，社会资金流转驶上高速路，社会资金的使用效益显著提高。二是积极创新融资方式，面对信贷总量受限而信贷需求持续旺盛的形势，在保持风险可控的前提下，积极开展银团贷款、联合贷款、委托贷款、融资贷款等新型信贷模式，有效满足了多层次的贷款需求。三是积极推进国库单一账户改革，加快了资金入库速度，减少了财政资金支拨的中间环节，增强了政府调度和调控资金能力，提高了财政资金的使用效率。四是银行征信系统服务能力增强，全市个人征信系统累计入库账户已达1416936户，累计入库余额168.6亿元，分别接待现场查询150人次，电话及非现场咨询1000余人次，征信系统成为银行贷前调查、公检法部门工作和企业信誉评价的重要参考。

【金融改革发展】

农业银行股份制改革进入实质性操作阶段，已完成清产核资和不良贷款的剥离划转工作，银行资产质量进一步提高，竞争力增强。中国银行、建设银行、工商银行继续深化落实各项改革措施，邮储储蓄银行4月挂牌成立。同时，人民银行稳步推进农村信用社改革试点资金支持工作，年内顺利完成了全市9家县级联社票据兑付申请的审核工作，100%完成兑付工作，全市农村信用社共获得票据资金10580.55万元，成为云南省第一家全面完成兑付工作的地州中支，农村信用社资产质量、盈利水平均有所提高，抗风险能力进一步增强。曲靖市商业银行不断完善法人治理结构，积极转变增长方式和经营模式，努力处理好规模、服务和效益之间的关系，各项业务保持较快增长。

【证券及保险业发展】

2008年曲靖市保险业呈持续快速发展势头，证券业则出现了深幅调整。全年曲靖市新增保险机构3家，保险机构总数达20家，拥有各类保险产品520余种。12月末，累计实现保费收入15.26亿元，增长20.42%；累计赔款4.12亿元，增长38.17%，保险的保障和救助功能不断增强。证券业由于受大小非减持和美国次贷危机带来的全球经济减速预期等因素，股指持续暴跌，股民信心持续下降，股票交易量大幅下降，开户数增长速度大幅放缓。截止12月末，全市证券营业机构开户数36902户，同比增长29.71%，增幅比去年同期下降138个百分点；全年累计交易量242.4亿元，同比下降23.06%。

（杨本枝供稿）

曲靖市主要经济、金融指标

（2008 年）

单位：亿元

项 目	金 额	比上年增减额	比上年增减幅度（%）
国内生产总值	787.57	137.15	12.4
工农业总产值	536.1	94.09	21.29
其中：工业总产值	384.55	61.22	12.5
农业总产值	151.5	32.82	8
地方财政收入	56	9.31	32.8
地方财政支出	116.9	26.74	29.7
社会消费品零售总额	155.3	32.17	26.1
商品零售价格指数	105.8		
金融机构各项存款	686.87	118.18	20.78
银行机构各项存款	686.87	118.18	20.78
其中：财政存款	7.29	-0.04	-0.62
企业存款	226.39	22.52	11.04
储蓄存款	352.45	78.07	28.45
金融机构各项贷款	424.79	59.36	16.24
银行机构各项贷款	424.79	59.36	16.24
短期贷款	176.57	28.92	19.59
中长期贷款	237.56	29.71	14.29
现金投放（+）回笼（-）	53.54	4.08	8.24
保险费收入	15.26	3.88	20.42
保险赔款支出	4.12	1.05	38.17

红河州

2008年，中国人民银行红河州中心支行立足红河州州情，准确理解和把握国际国内形势和国家的宏观调控政策，在金融宏观调控与支持红河州经济发展关系上找准契合点，认真执行金融宏观调控政策，切实维护金融稳定，有效改善金融服务，在提高执行力、抓细节、内部管理、队伍建设、案件防范、开拓创新上狠下功夫，有效促进了红河州经济金融稳健发展。

【金融运行情况】

积极贯彻落实货币信贷政策和各项金融宏观调控措施，加强窗口指导和风险提示，加强对红河州经济金融运行的监测分析，金融机构各项存款保持平稳增长，贷款增速趋稳，不良贷款实现双降，全州金融运行总体平稳。

一、人民币各项存款增长较快，存款稳定性增强

截至2008年12月末，红河州金融机构各项存款余额532.08亿元，比年初增77.90亿元，比年初计划50亿多增27.9亿元，余额在全省15个地州市中位列第三；同比增长17.15%，增速提高4.81个百分点，低于全省增长水平0.25个百分点。

（一）储蓄存款快速增长，拉动存款总量稳步增加。12月末，全州储蓄存款余额317亿元，比年初增54.05亿元，同比多增32.89亿元；同比增长20.56%，增速提高11.81个百分点；占各项存款余额的59.58%，占比增加1.68个百分点，成为拉动存款总量增长的主要力量。

（二）企业存款增势相对减缓，反映企业总体效益不佳。12月末，全州企业存款余额125.85亿元，比年初增加3.61亿元，同比少增25.69亿元；同比增长2.96%，增速下降28.7个百分点。其中：企业活期存款余额96.42亿元，比年初下降7.06亿元，而2007年同期为增加25.05亿元；企业定期存款余额29.44亿元，比年初增加10.68亿元，较2007年同期多增6.33亿元，企业存款增速相对减缓。

（三）存款定期化趋势明显，稳定性增强。12月末，全州储蓄和企业定期存款余额为205.90亿元，比年初增46.50亿元，同比多增40.52亿元；同比增长29.42%，增速上升25.51个百分点；占全部存款余额的38.70%，占比同比增加0.83个百分点。其中：储蓄定期存款余额176.46亿元，比年初增36.12亿元，企业定期存款余额29.44亿元，比年初增10.68亿元。资本市场深幅调整、上半年存款利率持续调高增强了居民存款定期保值的偏好；下半年国际金融危机影响加剧，企业生产经营环境形势严峻，存款“活减定增”格局明显。

（四）财政存款增速下降，农业存款稳定增长。12月末，财政存款余额8.65亿元，同比下降1.54%，较年初减少0.14亿元，而去年同期为增加2.48亿元。主要原因为：一是下半年受经济景气下滑影响，企业利润大幅缩水，税收收入增速降低；二是年末刺激消费需求政策频出，拨付财政预算支出力度加大。农业存款余额28.46亿元，同比增长36.45%，增速提高12.01个百分点，比年初增加7.60亿元，同比多增3.50亿元，增长较为稳定。

二、人民币各项贷款增速小幅回落，银行流动性充足

12月末，红河州人民币各项贷款余额319.99亿元，比年初增加38.94亿元，同比多增9.98亿元，完成年初新增计划40亿元的97.35%，余额在全省15个地州市中位列第二；同比增长9.23%，增速下降1.74个百分点，低于全省增长水平10.06个百分点，各项贷款与去年相比持续在低谷波动，银行流动性较为充足。

（一）短期工商贷款余额减少，农业贷款稳定增长。12月末，红河州短期贷款余额75.82亿元，比年初减少0.89亿元，同比下降5.41%。其中，工业贷款余额68.48亿元，比年初减少0.74亿元，同比增长4.34%；商业贷款余额7.34亿元，比年初减少0.15亿元，同比下降14.34%。辖内部分规模企业归还到期贷款，短期工商贷款余额减少。农业贷款余额67.36亿元，比年初增加18.23亿元，同比增长36.23%。

（二）基建贷款增速大幅回落，贷款中长期化趋势明显。12月末，全州中长期贷款余额146.91亿元，比年初增加24.25亿元，同比增长13.56%，增速下降1.72个百分

点。其中，基本建设贷款余额 62.45 亿元，比年初增加 0.53 亿元，同比少增 10.06 亿元，同比增长 0.80%，增速下降 27.3 个百分点。全州中长期贷款余额占全州各项贷款余额的 45.91%，同比上升 1.75 个百分点；新增中长期贷款占全部新增贷款的 62.27%，同比上升 0.23 个百分点。2007 年年末以来实施从紧的货币政策，金融机构信贷规模受到压缩，为保证经营利润的稳定，金融机构信贷结构有所调整，主要支持大中型优质企业。2008 年四季度起信贷政策逐步放松，但信贷投放总量增长较小，贷款中长期化趋势仍较明显。

（三）贷款行业分布较为集中，个人消费贷款增长较快。12 月末，全州贷款较为集中的行业依次为：电力燃气及水的生产供应业、制造业和农林牧渔业，贷款余额分别为 58.61 亿元、53.49 亿元和 43.96 亿元，三个行业贷款合计为 156.06 亿元，占全部贷款余额的 48.77%，贷款行业分布较为集中。全州个人消费贷款余额 29.10 亿元，比年初增加 6.55 亿元，同比多增 3.62 亿元，同比增长 34.13%，增速上升 23.46 个百分点。

（四）国有商业银行市场份额有所减少，受调控政策影响大于农信社。12 月末，四大国有独资商业银行信贷市场份额有所减少，信贷余额为 218 亿元，占比为 68.13%，同比下降 4.02 个百分点；新增贷款 9.29 亿元，比农村信用社少增 15.82 亿元，国有商业银行受货币政策调控的影响大于农村信用社。12 月末，全州农村信用社贷款余额 90 亿元，同比增长 25.10%，信贷总量保持较快增长速度。

三、外汇管理工作进一步增强

紧紧围绕"推改革、促流出、重监管、抓手段"四个重点，严格资金流入和结汇监管，促进国际收支平衡。截至 2008 年末，外汇收支总额为 4.37 亿美元，比上年同期下降 34.09%；顺差 1.59 亿美元，较上年同期下降 39.85%；结售汇总额 3.89 亿美元，较上年同期下降 33.67%；顺差 1.57 亿美元，同比下降 52.87%。加强对资本项目资金流出流入及汇兑管理，改善境外直接投资外汇管理，支持企业到境外投资办厂、承包工程、合作开发铁矿等资源，积极推动昆河经济走廊、河口—老街经济合作区的建设。截至 2008 年末，办理外商投资企业登记 5 户，协议投资总额 1，865 万美元，外商投资到红河州的实际到位资本金 1，120 万美元；年内办理外资企业资本金结汇 1，258 万美元；审批境外投资资金来源审查 1，221 万美元；办理境外投资登记累计 1，221 万美元。

四、金融服务水平明显提高

积极推进现代化支付体系建设，加快银行卡产业发展步伐，充分发挥国库在各项改革中的"助推器"作用，加大中小企业信用体系建设力度，加强发行基金调拨管理，为经济社会的发展提供了良好的金融服务。2008 年，大、小额支付系统共处理往来支付业务 23.58 万笔、清算资金 2，218 亿元，社会效益显著提高。全州 ATM 跨行交易 7.96 亿元，同比增长 63%，POS 刷卡消费交易额 6.23 亿元，同比增长 109.94%，对 GDP 的拉动作用增强。全年经办国库业务 59.18 万笔，实现收纳各级预算收入 152.43 亿元，地方一般预算支出 173.09 亿元，预算收入退库 4.29 亿元。全州纳入企业信用信息基础数据库系统的中小企业数 2，131 户，受理个人信用报告查询 1200 笔，比 2007 年增加 3.8 倍。1－12 月，全州金融机构累计收入现金 1160.04 亿元，比去年同期减少 8.21 亿元；累计支出现金 1204.41 亿元，比去年同期减少 15.61 亿元，净投放现金 44.06 亿元，比去年同期少投放 7.4 亿元。

【金融监管】

2008 年，各监管部门坚持科学监管，以监管促发展，督促金融机构完善内部控制，强化风险管理，有效防范和化解金融风险，维护金融稳定。人行红河中支通过加强《红河州反洗钱工作联席会议制度》、《红河州金融管理部门反洗钱工作联席会议制度》的执行力度，实现对全辖金融机构的监督管理；加大反洗钱现场检查力度，努力探索和创新检查方法、手段，不断完善反洗钱非现场监管与现场监管相结合的长效监管机制，提高监管工作效率，发挥预警监测作用；开展季度现金管理检查，督促商业银行加强现金管理和内控制度建设，完善现金管理规章制度；加强账户管理，增强金融机构依法经营意识，组织全辖金融机构账户管理人员 291 人开展金融机构账户资料送审资格认证考试，推进人民币银行结算账户审批操作流程。红河银监分局围绕"强化能力建设、防范化解风险、促进改革创新、提高履职水平"四方面开展监管工作，建立完善一系列规章制度和办法，有效运用各种监管手段，加强对银行业机构的科学监管，促进了银行业合法、稳健经营，全州银行业金融机构无经济刑事案件、无重大操作风险损失事件发生。

【货币信贷政策传导】

结合红河州国民经济发展规划，人行红河中支制定《2008 年红河州信贷指导意见》，深入贯彻落实各项金融政策，先后召开三次窗口指导会议，有针对性地对金融机构进行窗口指导和风险提示。加强对地方法人金融机构信贷规划的调控指导，制定并实施《200 年红河州地方法人金融机构信贷规划》，严格落实规划执行进度和贷款投向监测制度，及时约见金融机构领导谈话，大力推动助学、就业和再就业、中小企业、新农村建设、扩大消费、支持企业自主创新等政策的落实，为全州经济保持又好又快的发展提供强有力的金融支持。贯彻落实存款准备金、人民币存贷款基准利率调整政策和房地产信贷政策，加强监测与分析，积极反馈政策效应及影响。配合财政、社会保障部门落实就业、再就业信贷政策，截至12月末，累计向897名下岗失业人员发放下岗失业人员小额担保贷款1616万元，累计收回贷款1472万元，贷款余额144万元。加强对民间借贷利率监测，重点监测泸西、建水、元阳、蒙自、弥勒地区个体私营企业和个体工商户的民间借贷行为。认真组织4家农村信用社累计办理特种存款6笔、金额2.07亿元，支持和引导农村信用社提高流动性管理水平。配合人行昆明中支对云南锡业股份有限公司申请发行短期融资券进行现场调查，推动短期融资券发行，扩大融资渠道，降低企业筹资成本。2008年1月16日，云南锡业股份有限公司发行第一期额度为4.5亿元的短期融资券，节约财务费用1043万元。组织开展金融机构信贷政策导向效果评估，对金融机构开办的中小企业贷款、绿色信贷、房地产信贷、涉农贷款、国家助学贷款、再就业小额贷款业务进行执行信贷政策情况评估，提高信贷政策实施效果。农村信用社改革试点资金支持工作效果明显，截至12月，全州已有12家农村信用联社专项票据得到兑付，兑付资金19，696万元，分别占全州农村信用社机构、专项票据兑付金额的92%和95%。积极搭建银政、银企融资平台，配合州委、州政府在昆明举行2008年省级金融部门迎春座谈会；与红河银监分局在蒙自举办红河州首届银行业提升中小企业金融服务暨项目推介会，开辟中小企业融资的绿色通道。

【支持地方经济发展】

各项贷款增幅略高于去年同期 2008年12月末，全州金融机构各项贷款余额比年初增加38.94亿元，同比多增9.98亿元，完成年初新增计划40亿元的97.35%，余额在全省15个地州市中位列第二。其中：中长期贷款余额146.91亿元，占全州各项贷款余额的45.91%，比年初增加24.25亿元，同比增长13.56%，新增中长期贷款占全部新增贷款的62.27%，同比上升0.23个百分点，主要支持大中型优质企业；农业贷款余额67.36亿元，比年初增加18.23亿元，同比增长36.23%，信贷支持“三农”和雨雪冰冻灾后重建力度有所加强。

贷款期限结构继续优化 短期贷款和中长期贷款分别新增13.98亿元和24.25亿元，分别占各项新增贷款的35.92%和62.27%，分别较去年同期降低8.24个百分点和提高0.23个百分点。短期贷款和票据融资的增加一定程度上满足了企业生产对流动资金的需求。

新增贷款投向重点突出 农林牧渔业、电力燃气及水的生产供应业、采矿业分别新增贷款11.42亿元、6.5亿元、1.73亿元，上述行业合计新增贷款19.65亿元，占全部各项新增贷款的50.46%，贷款投向符合国家产业、行业和信贷政策，对红河州基础行业和重点建设的支持力度不减。

【各金融机构的经营管理】

银行业综合实力明显增强。辖内各银行业机构立足本地实际，认真履职，其资产总量增大，质量提高，不良贷款余额下降，综合实力及抗风险能力增强。截至12月末，银行业金融机构资产总额达600.26亿元，比年初增加96.85亿元，增长19.24%。农村信用社实现了“三提高”，即资本充足率全面提高；贷款损失准备充足率全面提高，达到41.67%，比上年末提高24.99个百分点；盈利能力全面提高，全州13家联社全面盈利，各联社的历年亏损挂账全部消化。

银行业服务水平明显提升。2008年，红河州各银行业机构从营业网点改造、完善柜面服务设施、增设自助服务设备、加强员工培训以及内部监督力度等方面，努力实现服务质量软硬件环境的升级改造。通过参与开展“红河州首届州内招商暨银行业提升中小企业金融服务项目推介会”、“红河州银行业提升中小企业金融服务周”活动，设立“银行业提升中小企业金融服务示范点”、召开政银企见面会及媒体专访、现场采访等方式，有效搭建了政、银、企交流新平台，促进了中小企业金融服务质量进一步提升。至12月末，全州共有中小企业4914户，其中，银行授信的有2413户，共发放贷款39.9 8亿元，占贷款总额的12.49%，较上年增长6.2%。农业贷款余额67.36亿元，比上年增加18.23亿元，增长37.1%，贷款农户583981户，农户贷款面达到72.44%，其中，小额农户贷款362207户，占农户贷款户数的62.02%。积极防范和打击银行卡诈骗和信用卡恶意套现，维护广大存款人合法利益，增强社会责任意识，增进了广大社会民众对银行业的支持和理解，树立了良好的社会形象。

银行业风险管控和案件防控能力明显提高。各银行业金融机构健全完善风险内控机制，加大风险防控力度，加强合规文化建设，有效防范操作风险、信贷风险，全州不良贷款实现双降。2008年再次实现“零案件”，连续两年保持无案件发生。

【证券业务】

截至2008年末，红河州国泰君安证券、太平洋证券和红塔证券3家经营机构开立的股名户数达到26，989户，全年新增开户数为6，546户，增长32.02%；累计成交金额190.12亿元，同比下降40.88亿元，下降幅度为17.7%。

【保险业务】

红河州保险业发展深度和保险密度在2008年末分别达到2.52%和305.04元/人，同比分别提高0.42个百分点和121元；13家保险业机构共实现保费收入13.33亿元，同比增长50.87%。其中，财产险类保费收入增长38.45%、人寿险类保费收入增长13.23%。累计为各类经济主体承担财产和提供人身风险赔款支出3.52亿元，同比增长28.52%；财产险的赔付率达到59.4%，人身险的赔付率达到4.14%。保险市场的覆盖面和服务领域不断拓宽，在完善多层次社会保障体系，促进和谐社会建设方面发挥了积极作用。（梁 琦供稿）

【大事记】

1月16日，云南锡业股份有限公司发行第一期额度为4.5亿元短期融资券。

3月21日，邮政储蓄银行红河州分行成立，下辖5家支行、41个二级支行。

5月14日，红河州首笔爱心捐赠款20万元通过大额支付系统汇划至四川省阿坝州。

7月末，红河州各项存款余额突破500亿元大关，余额为500.06亿元，比年初增加45.88亿元，增长10.1%。

10月6日，人行红河中支正式由个旧搬迁至蒙自新办公楼办公。

10月31日，红河州政府在蒙自县举办首届银行业提升中小企业金融服务暨项目推介会，推出85个适合红河州经济发展项目，促使11个项目与相关企业签约。

10月末，红河州跨境收支首次出现逆差，逆差金额为613.77万美元。

红河州（市）主要经济、金融指标

（2008 年）

单位：万元

项目	金额	比上年增减额	比上年增减幅度（%）
国内生产总值	5146961	849506	10.0
工农业总产值	8681039	1487592	20.68
其中：工业总产值	7185846	1182940	9.5
农业总产值	1495193	304652	8.8
地方财政收入	451396	74280	19.7
地方财政支出	1073443	253648	30.9
社会消费品零售总额	1048787	186720	21.7
商品零售价格指数（%）	103.4	-2.33	
金融机构各项存款	5320845	778972	17.15
银行机构各项存款	4515087	575293	18.16
财政存款	86480	-1356	-1.54
企业存款	1258543	36134	2.96
储蓄存款	3170064	540515	20.56
金融机构各项贷款	3199935	389383	13.85
银行机构各项贷款	3170421	382315	18.09
短期贷款	1701285	139847	8.96
中长期贷款	1469136	242468	19.77
现金投放（+）回笼（-）	440558	-73962	-14.37
保险费收入	131163	44849	51.96
保险赔款支出	33892	6500	23.73

丽江市

【金融运行情况】

2008年，丽江市金融机构在自然灾害和各种突发事件频繁、国际国内经济金融形势复杂多变的情况下，认真贯彻国家宏观调控政策，紧扣市委市政府的经济发展思路，加大金融支持、优化金融服务，使全辖金融业保持了平稳增长。金融运行呈现以下特征：

一、各项存款实现较快增长。到2008年12月末，全市金融机构人民币各项存款余额1705211万元，比年初增长23.52%，比2007年同期多增近5个百分点。其中，储蓄存款余额为940513万元，同比增长27.27%；企业存款余额462614万元，同比增长11.86%，市内企业支付能力总体得到提升。2008年末全市金融机构外汇存款余额为291万美元，比年初下降41.14%。

二、银行信贷投放增势平稳。2008年，全市银行业金融机构累计发放贷款654243万元。年末金融机构各项贷款余额1166882万元，比年初增长10.22%，同比回落1.48个百分点。扣除农业银行丽江市分行剥离不良贷款61064万元因素，全年信贷增幅与上年持平。在新增贷款中，重点行业分布变化明显。其中，工业贷款比年初净增12283万元，增长6.73%；农业贷款比年初增加35450万元，增长23.97%；私营企业及个体贷款比年初增加2912万元，增长239.88%；其他中长期贷款比年初增加36026万元，增长7.51%。

三、银行信贷结构进一步优化。2008年末，在丽江市银行业金融机构各项贷款中，短期贷款余额500225万元，其中：工业贷款余额194769万元；商业贷款余额49779万元；建筑业贷款余额10330万元；农业贷款余额183352万元。中长期贷款余额662101万元，农业贷款余额涉农贷款、电力、燃气等清洁能源贷款、水利等基础设施贷款、个人贷款余额分别占贷款总量的11.28%、20.84%、11.03%、24.18%，下岗失业人员、助学等薄弱环节贷款也有所增加，信贷结构得到进一步优化。

四、银行信贷资金来源渠道不断拓宽。随着金沙江中游水电开发等重点建设项目进展，市外金融机构积极采取直贷或委托贷款等方式多渠道支持丽江企业和项目建设。2008年市外金融机构投向丽江的贷款新增额达697900万元。

五、银行业金融机构经营效益明显改观。2008年，全市银行业金融机构整体经营效益进一步好转，全年实现税后利润34665万元，同比增长23.84%；整体存贷比逐步趋于合理。股改后的工商银行、中国银行、建设银行经营效益逐年提高，经营发展和服务优势进一步增强；农业银行股份制改革工作取得实质性进展，农业发展银行服务“三农”的信贷职能和定位进一步明确；邮政储蓄银行实现转型，金融支持与服务功能进一步增强；农村信用社改革试点取得明显成效，各区县农村信用社法人治理结构逐步完善，产权制度逐步理顺，内控制度逐步健全，资产流动性逐年好转，经营效益逐年改观，经营面貌发生明显转变。至2008年末，全市农村信用社3589万元专项中央银行票据全部得到兑付，初步实现了“花钱买机制”的试点改革目的。

六、保险业快速发展。2008年丽江市保险机构实现保费总收入30590万元，比上年同期增长34.3%，其中，财产保险总收入8611万元，增长27.4%；人身意外伤害险总收入1957万元，下降12.7%；健康险总收入1541万元，下降1.6%；寿险总收入18504万元，比上年增长51.2%。各项赔款和给付10251万元，比上年增长45.3%。其中：财产险理赔支出5659万元，增长73.1%；人身意外伤害险理赔支出1050万元，增长39.6%；健康险理赔支出1052万元，增长11.8%；寿险理赔支出2491万元，增长18.9%。

【货币政策传导】

2008年初以来，全市金融机构面对不断变化的经济环境，准确把握宏观调控意图，积极顺应形势变化，及时调整思路，加大工作力度，使不同时期的各项政策措施得到了有效落实。上半年，全市金融机构坚持按照“区别对待、有保有压”的原则，制定了《2008年丽江市信贷工作指导意见》，进一步明确了2008年信贷工作重点和方向，限制对“三高”行业的信贷投入，合理把握调控的重点、节奏和力度，对农村信用社贷款进度适时进行监控，适度增加对经济发展中的重点行业、农村经济以及全市薄弱环节的信贷支持力度，保证了全市信贷总量与经济发展相适应的增长，并促进了地方产业结构调整。下半年，根据国家宏观经济政策和货币政策变化，在地方党委政府的大力支持下，先后两次召开了全市金融工作座谈会，及时传导国家货币政策，鼓励金融机构加大对实体经济的信贷支持，同时，人民银行丽江市分行密切关注市内房地产、旅游、电力等支柱产业的发展形势，积极引导金融机构认真落实扩大内需、促进经济增长的有关政策和措施，筹措资金，增加信贷投放，对政策落实情况进行跟踪调查和监督，在不到1个月的时间里，全市银行业金融机构共落实资金5.6亿元，占承诺贷款总额的55%。有力地支持了地方经济保持平稳较快增长。

【金融监管与金融资产质量】

2008年丽江银监分局切实加大监管力度，督促全市银行业金融机构加强对信用风险、贷款集中度风险和流动性风险的防控，引导辖内银行业调整资产结构，加强风险管理；加强对辖内银行业金融机构及农村信用社案件专项治理、安全保卫工作的督促、指导和检查，督促农村信用社加强公司治理，完善“三会一层”制度，强化资本管理和风险管理责任，着力建设金融案件防控长效机制，使辖内金融风险防范取得了新的进展。截至2008年12月末，丽江市银行业金融机构资产总额为1825071万元，增长23%。全市银行业金融机构五级分类不良贷款余额86007万元，占各项贷款总额7.37%，贷款不良率同比下降8.12个百分点。其中：政策性银行贷款不良率为10.90%，同比下降2.93个百分点；国有商业银行贷款不良率为4.50%，同比下降7.59个百分点；农村信用社贷款不良率为16.31%，同比下降13.6个百分点。全市银行业金融机构各类资产减值准备金余额达39272万元，比年初增长52.67%；全市银行业金融机构存贷比例为69.7%；其中农村信用社存贷比例为66.16%，流动性比例为48.8%，人民币超额备付率达31.13%。银行业金融机构资产流动性整体趋好，抗风险能力进一步增强。

【金融服务与创新】

2008年丽江市金融机构在经营发展过程中，积极贯彻执行国家宏观调控政策和措施，结合丽江产业实际，突出地方发展优势，改善金融服务，为全市经济社会发展作出了积极贡献。

一、认真履行金融服务职能，扎实开展各项基础服务。 2008年中国人民银行丽江市中心支行不断加强人民币银行结算账户、支付结算、货币金银管理和国库经理，稳步提升金融基础服务水平。一是继续做好银行结算账户的清理核实，账户开立、撤并和变更管理工作。截止2008年12月末，全市累计有1，509，041个账户纳入账户管理系统。与上年相比，共增加人民币结算账户80，501户。二是全面提高货币金银管理水平。年内完成了货币金银管理系统软件版本更新，使发行基金调拨管理和现金供应能力进一步提高。全年共调运发行基金31车次，金额406374万元。全年回笼现金236060万元，投放现金181732万元。建立健全了商业银行现金收支活动分析和监测制度，逐步构建人民币流通状况检测网，及时掌握商业银行现金收支动态和现金需求。积极建立反假货币工作长效机制，推进反假货币工作深入开展。建立社区反假货币工作站，在市政府的领导和市反假货币工作联席成员单位密切配合下，有组织、有计划、有安排地开展反假货币工作，保持对制贩假币犯罪活动严打的高压态势，对各金融机构进行了人民币收付和假币收缴上岗培训，并在全市范围内深入城镇社区和偏远农村进行反假货币知识宣传，取得良好效果，全年共收缴假币3889张，金额为289，000元，维护了良好的社会支付秩序。三是努力提高支付结算服务。2008年通过人民银行支付系统累计完成和处理大额支付往来资金851742万元，小额支付往来资金75403万元。全年组织同城交换462场次，办理同城清算业务66，966笔，清算资金1，103，528万元。四是做好辖内银行卡的推广，改善辖区银行卡受理环境。丽江是2008年奥运火炬传递城市之一。为进一步提高丽江市商户的受卡积极性，营造良好的奥运支付环境，中国人民银行丽江市中心支行有针对性地牵头组织开展“刷卡在丽江、好礼共分享”为主题的银行卡消费有奖宣传活动。同时，联合丽江市公安局成立了联合整治银行卡违法犯罪专项行动工作领导小组和地方整治办公室，开展了专项整治工作。五是国库服务管理能力逐步提高。2008年中国人民银行丽江市中心支切实加强国库业务系统管理，夯实国库核算业务基础，圆满完成了政府预算收支核算任务。全年组织办理预算收入156240万元，同比增长33.8%，办理预算支出368188万元，增长28.2%。

二、加快金融服务网点建设，提高金融窗口服务质量。 2008年丽江市金融机构以奥运火炬传递为契机，加快对市内部分网点的撤迁、整合与改造，对各营业网点自助设备和服务设施及时进行更新改进，对网点服务流程逐步加以完善。按照“一行一策、一点一策”的原则，各行加强网点个性化服务窗口设置和人员组合，提高自助银行、电子银行的使用效率，及时分流金融窗口业务，缓减柜面排队压力。切实加强旅游景区金融服务基础建设，市区大部分金融营业网点实行叫号服务，营业网点都配备了大堂经理，对顾客进行引导和讲解服务，自助设备开设外卡受理功能，窗口服务效率明显提升。

【金融支持地方经济发展】

2008年丽江市银行结合地方产业发展，用好用足政策措施，加大信贷投放，金融支持取得明显成效。

一、重点支持地方支柱产业升级、企业提质增效。2008年全市银行业金融机构紧紧围绕丽江市委市政府的经济发展思路，以地方产业调整和升级为契机，对旅游业、房地产、新型工业等地方支柱产业给予大力支持。银行业金融机构全年累计发放短期贷款420202万元，其中：工业贷款154051万元；累计发放商业贷款49595万元；累计发放建筑业贷款10830万元；累计发放农业贷款126936万元；累计发放乡镇企业贷款1810万元。累计发放中长期贷款217732万元，其中：基本建设贷款15200万元；个人中长期消费贷款51860万元。累计发放个人住房贷款56535万元，其中：住房公积金贷款13188万元。全年为企业累计办理票据融资16309万元。为地方旅游、房地、新型工业等支柱行业景气提供了稳定的信贷支持。

二、大力扶持中小企业发展。2008年丽江市银行业金融机构根据自身的经营发展实际，完善对中小企业的授信制度，扩大信贷支持范围，积极扶持中小企业发展。截至2008年末，全市金融机构对4226户小企业给予授信，授信余额达81450万元，比年初增加4032万元，增长5%。农业发展银行丽江市分行针对市内各县业务发展不平衡，大项目难找、缺乏有效信贷载体的现实矛盾，2008年加大了对全市农业小企业的调查和摸底，搞好项目库建设，在确保信贷风险防范、落实担保、抵押的前提下，坚持成熟一个支持一个的原则。先后向丽江格林斯通食品公司等县域农业小企业发放贷款2020万元。为县域农业小企业发展注入了活力。工商银行丽江市分行依据自身优势，借助中国工商银行总行出台的小企业贷款政策的契机，积极探索信贷支持小企业发展的有效路径。基于自身信贷管理优势，2008年工商银行丽江市分行向云南省分行争取成为全省工行系统内唯一的小企业信贷业务二类行，在小企业信贷权限和贷款规模配套方面得到一定的政策倾斜和支持，对小企业贷款的单户权限为1400万元，单户最高贷款限额为2000万元。在2008年信贷规模十分紧张的情况下，中国工商银行丽江市分行仍然为小企业贷款规模开通了“绿色通道”。同时，对小企业的贷款审批流程不断得到优化，小企业评级、授信制度，使小企业信贷业务审批效率得到很大提高。截止2008年12月31日，中国工商银行丽江市分小企业贷款户数为38户，贷款余额达28670万元。农业银行丽江市分行坚持“合规经营、风险可控、担保落实”的原则，按照“小中选优、择优准入”的商业银行运作模式，筛选质优、效益好、前景广阔的小企业作为县域有效的信贷载体，制定重点营销客户目标，提高对小企业的信贷服务效率。2008年累计发放小企业贷款42079万元，年末余额79659万元，较上年增长4.5%。建设银行丽江市分行在重点支持市内旅游、水能资源开发的同时，积极调整信贷结构，大力拓展中小企业贷款业务。

三、加大信贷支农力度。2008年丽江市银行业金融机构加大对农业的信贷投入，农业贷款呈大幅增长。截止2008年12月末，全市农业贷款余额183352万元，比年初增加35450万元，增长23.97%，同比多增5.87个百分点。其中，农村信用社的支农服务主力军作用进一步显现，各区县信用联社坚持服务“三农”宗旨，加大对高新农业龙头企业的扶持力度，支持广大农户发展地方特色农业和特色经济。2008年末全市农村信用社农户贷款余额151570万元，比年初增长17.62%，贷款农户数达202585户，贷款面达81.44%，比上年同期提高8.17个百分点。农业发展银行丽江市分行力求用好用足信贷计划，确保粮油收购信贷资金供应，全年累计发放中央储备贷款2348万元，市县储备贷款1858万元，地方储备粮轮换贷款2034万元，累计发放农副产品贷款9695万元。同时，积极介入农业科技、农业小企业贷款等商业性信贷市场领域，重点支持辖区电网、路网、水网建设，对市内农、林、牧、副、渔业范围内的产业化龙头企业、加工企业以及对全市新农村建设影响较大、关系农民切身利益的农村基础建设项目给予信贷扶持。2008年农业发展银行丽江市分行共发放农村基础设施建设中长期贷款13600万元，发放农业产业化龙头企业贷款4190万元。中国农业银行丽江市分行以“公司+农户”、“基地+农户”等农业产业化龙头企业带动的农户为主要目标客户，并以其相关联的项目为依托，以村为单位，对农户进行逐户登记，边发卡，边授信，按照农作物的生产周期，合理界定贷款期限，为“三农”发展提供有力的信贷支持。到2008年，共发放惠农卡5422张，农业贷款余额为25755万元，增长43.23%。

【外汇管理】

一、国际收支申报管理。2008年丽江市共发生对外付款449万美元；涉外收入2439万美元。对外付款申报率和涉外收入申报率均达到了100%。发生外汇兑人民币386万美元，比上年同期减少47.91%，人民币兑外汇158万美元，同比增加586.96%。

二、资本项目管理。2008年国家外汇管理局丽江市中心支局严格执行资本项目外汇管理相关政策法规，加强了对资本流入、流出的引导和管理，积极倡导和宣传国家支持境外投资的优惠政策措施。

到2008年12月末，全市直接投资353万美元，比上年减少757万美元，下降68.2%。其中投资资本金322万美元，境外机构和境外个人投资购房25.07万美元。其他投资41.18万美元。

三、经常项目管理。2008年丽江市结汇收入略低于上年，结汇额3202万美元，同比减少14.54%，其中：货物贸易结汇收入1769万美元，同比增长51.07%，服务贸易912万美元，同比减少19.29%，其中，旅游结汇收入大幅下降，全年结汇总额862万美元，同比减少23.72%。收益和经常转移145万美元，同比减少54.97%。2008年全市售汇支出大幅增长，达524万美元，比上年同期增长65.30%。经常项目服务贸易售汇额391万美元，同比增长90.73%，其中旅游项下售汇总额299万美元，同比增长100.67%。资本项目项下售汇支出70万美元。截至2008年12月，共发放出口核销单1055份，已核销单数835份，出口额4268万美元，同比增长126.49%，已核销出口额2549万美元，同比增长69.9%；实际核销额2489万美元，同比增长72%，实际核销率91.21%，收汇率91.21%。

（张绍祖供稿）

【大事记】

5月7日，中国邮政储蓄银行丽江市分行挂牌成立。

5月27日至28日，中国人民银行总行“洗钱刑罚化与金融机构反洗钱规章后评估国际研讨会”在丽江市召开，昆明中心支行行长杨小平应邀参加会议。

6月10日，丽江中支行长、党委书记张世雄同志作为奥运火炬手参加了2008年北京奥运会火炬在丽江站的传递。

12月29日玉龙纳西族自治县农村信用合作联社挂牌成立。

丽江市主要经济、金融指标

（2008 年）

单位：万元

项 目	金 额	比上年增减额	比上年增减幅度（%）
国内生产总值	1011490	163314	13.1
工农业总产值	950020	195102	25.84
其中：工业总产值	571368	121381	15.4
农业总产值	378652	73721	7.1
地方财政收入	95235	22404	30.8
地方财政支出	368188	81007	28.2
社会消费品零售总额	290921	65994	29.3
消费品价格指数（%）	104.9	-0.6	
金融机构各项存款	1705211	324730	23.52
银行机构各项存款	1345274	325913	31.97
其中：财政存款	34510	16818	95.06
企业存款	462614	49038	11.86
储蓄存款	940513	201494	27.27
金融机构各项贷款	1166882	108180	10.22
银行机构各项贷款	928740	65598	7.6
短期贷款	500225	62926	14.39
中长期贷款	662101	42720	6.9
现金投放（+）回笼（-）	-41069	91152	69.94
保险费收入	30590	4144	34.3
保险赔款支出	10251	2270	45.3

文山州

2008年，人民银行文山州中心支行在上级行和州委州政府的领导下，团结进取，扎实工作，在遭受了雨雪冰冻、地震、洪涝等严重自然灾害，国际国内经济金融形势错综复杂，国内经济金融政策作出重大调整的情况下，以深入学习实践科学发展观为契机，把握形势，结合实际，转变工作思路，全力发挥基层央行的职能作用，提高基层央行履职水平和防范风险的能力，促进经济金融和谐健康发展，促进地方经济又好又快发展，各项工作取得了长足进步。

【金融运行情况】

年末，全州金融机构人民币各项存款余额240.32亿元，比年初增加32.5亿元，增长15.64%；各项贷款余额187.20亿元，比年初增加28.6亿元，增长16.98%；累计收入现金558.5亿元，累计支出现金569.54亿元，净投放现金11.04亿元；金融机构实现利润4.12亿元，比年初增加0.12亿元，增长3%。各项存款在全省16个地州（市）中排列约第7位，信贷规模仅次于昆明、曲靖、玉溪、大理、红河，在全省16个地州（市）中排列第6位，超过经济总量的排名。金融工作在支持全州经济发展的同时，自身也实现了很好的发展。

【加强货币政策传导】

一年来，中国经历了宏观调控从“双控”到“一保一控”再到扩大内需、促进经济增长的变化；经历了货币政策由“从紧”转向“适度宽松”的变化和连续5次上调3次下调存款准备金率的变化；也感受了全球金融危机不断蔓延对经济金融的影响。在严峻的形势面前，人行文山中支团结和带动全州金融部门，更加毫不动摇地把支持文山经济发展作为第一要务。一是注重信贷潜力分析，用好用足信贷规模。采取逐家匡算贷款额度及信贷规模、逐家定立信贷目标，每季度召开金融运行分析会上进行跟踪和检查的方式，用好用足有限的信贷资源。二是强化调研指导，调整信贷结构。将信贷资金投向符合国家产业政策、环保政策和重点支持的产业、行业，投向有利城乡统筹、区域统筹、经济社会统筹的项目，确保对“三农”经济、中小企业、特色产业和弱势群体的信贷支持。三是加强与各经济主体的沟通。及时了解有效信贷需求，促进各行、社增强支持地方经济发展的责任感。特别是货币政策明确转向，中央政府和有关职能部门相继出台一系列刺激经济、扩大内需、保持经济平稳增长的方案与措施以后，文山中支及时印发《信贷指引》，召开窗口指导工作会议等，增强货币政策传导的前瞻性和有效性。四是加强窗口指导，理清工作思路。文山中支在坚持制发《信贷指导意见》、《信贷指引》、《风险警示》和采取约见谈话、召开专题分析会议等窗口指导措施的基础上，创立并坚持了“纳税十万元以上企业信贷分析”、“大宗产品价格监测”等工作制度，积极为商业银行和相关部门提供引导与借鉴。从而确保了货币信贷政策在我州的贯彻落实。

【切实维护金融稳定】

牢牢把握辖内金融运行特征，切实发挥维护一方金融稳定的职责发挥。一是加强金融风险监测，4次召开全州金融稳定工作会议，分析研究影响我州金融稳定的因素。二是开展对区域金融稳定的评估，密切关注高风险金融机构资金运营和支付情况。三是密切关注房地产业发展对经济金融的影响，针对文山房地产过快增长，存量房产销售下降、房地产贷款较大幅度高于全国、全省水平的实际，及时组织调研、走访商业银行和召开房地产商座谈会等，制定并下发“对新开工房地产项目不予支持，对存量房产应予以大力支持”的《信贷指引》，积极化解我州房地产市场的潜在风险，促进房地产业平稳健康发展。四是加强对农村信用社的考核和监测，按季发出《考核情况通报》，对存在问题较多的县联社开展现场检查和约见谈话，并督促农村信用社认真进行整改，严把票据兑付申请初审关，促成我州麻栗坡、马关、广南、砚山四县农村信用社的专项票据成功兑付。五是做好征信工作，加强贷款卡的发放和核准，加快中小企业信用体系建设和个人征信系统的建设，与州劳动保障局、州环保局签定了非银行信用信息共享的协议。共完成820户中小企业信用档案的创建、1855户贷款卡的年审和642笔个人信用报告查询、受理企业异议处理3笔，个人异议处理13笔等，征信工作取得了新进展。六是加强反洗钱基础工作，规范反洗钱信息报送和非现场监管机制。报送人民币可疑交易报告13917份，涉及金额1，485，173.28万元；外币可疑交易报告9份，涉及金额482.45万美元；保险可疑交易报告960份，涉及金额77.26万元。与公安机关紧密合作，协助破获案件5件，其中：职务侵占、违法发放贷款案件1件，诈骗案件1件，贩毒案件2件，非法经营案件1件。

【扎实开展金融服务】

认真发挥金融运行的枢纽作用，扎实开展各类金融服务。在不断提高会计核算工作水平、加强结算管理工作、经理国库、加快ATM、POS等一系列现代化金融服务系统建设并确保系统正常运行、促进银行卡的发行及推广、建设刷卡无障碍示范街、加强与财税部门工作协调，做好预算收、支和组织好货币发行及管理、做好反假货币工作等方面开展了大量工作，有效地支持和维护了全州各相关经济活动的正常开展和运行。

【深入开展学习实践科学发展观活动】

作为全国第一批开展深入学习实践科学发展观活动的部门之一，年内，文山中支党委按照中央要求，紧紧围绕党员干部受教育、科学发展上水平、人民群众得实惠的目标，以坚持科学发展观，全面落实基层人民银行工作职责，保证货币政策的有效传导，促进文山经济又好又快的发展为主要载体，认真开展各阶段活动，切实将提高思想认识、解决突出问题、创新体制机制、促进科学发展的要求落实在各项学习活动中，从而有效而明显地推动了各项工作的开展。年内所开展的房地产调研、信贷潜力分析、制度落实年活动以及时间长达3个月，覆盖全州8县、29个乡镇的“和谐央行——金融知识进社区”大型宣传活动和人民银行建行60周年庆祝活动等一系列专题活动，将坚持解放思想、突出实践特色、贯彻群众路线、正面教育为主的要求体现在的对工作的推动中之中，有效促进了文山中支各项工作的开展。

（曹珂供稿）

文山州主要经济、金融指标

（2008 年）

单位：万元

项 目	金 额	比上年增减额	比上年增减幅度（%）
国内生产总值	2445148	362309	12.6
工农业总产值	2873567	500476	21.1
其中：工业总产值	1900790	352636	22.8
农业总产值	972777	147840	7.8
地方财政收入	154388	28388	22.5
地方财政支出	666916	141592	27
社会消费品零售总额	958572	203462	26.9
商品零售价格指数（%）	106.8	6.8	2.4
金融机构各项存款	2391489	313288	15.1
银行机构各项存款	2391489	313288	15.1
财政存款	55107	24451	79.8
企业存款	555745	-2340	-0.42
储蓄存款	1377083	226005	19.6
金融机构各项贷款	1867917	281949	16.7
银行机构各项贷款	1867917	281949	16.7
短期贷款	610319	96070	17.9
中长期贷款	1249718	194288	17.2
现金投放（+）回笼（-）	110364	-44145	-28.6
保险费收入	37681	8497	29.1
保险赔款支出	13562	835	6.6

普洱市

【金融运行情况】

2008年，国际金融危机爆发，全球经济下滑，国内经济增长放缓，宏观调控政策发生重大调整。面对困难和挑战，普洱市金融机构认真贯彻落实货币信贷政策，积极主动把握好货币信贷政策的重点、力度和节奏，坚持“区别对待、有保有压”的信贷政策，在风险可控的前提下，努力加大对地方经济的支持力度，全市货币信贷保持合理增长，金融业总体运行平稳。

一、各项贷款合理增长，贷款累放额首次超百亿。2008年末，普洱市金融机构各项贷款余额155.2亿元（剔除农业银行剥离不良资产11.6亿元），同比增长17.4%。累计发放各项贷款101.6亿元，比去年同期多发放5.8亿元，贷款累放额首次超百亿，增速明显高于GDP增速。新增贷款主要投向农业、茶、林电、矿、公路基础设施、城建、糖业、个人消费等重点领域以及薄弱环节。

二、金融机构各项存款增长乏力，增速明显减缓。2008年末，普洱市金融机构本外币各项存款余额213.8亿元，比年初增加15.2亿元，同比增长7.7%，其中人民币各项存款余额213.6亿元，同比增长7.7%。受企业存款和财政、机关团体存款大幅减少的影响，金融机构各项存款增长乏力，增量同比减少21.3亿元，增速下滑14.8%。

三、银行业金融机构经营效益向好，资产质量有所提高。2008年末，普洱市银行业金融机构账面利润3亿元，同比多增0.5亿元，增长18.3%。不良贷款余额11.5亿元，不良率7.4%，比年初下降9.1%。

四、现金净投放比上年同期下降。2008年，普洱市金融机构现金总收入533.9亿元，总支出538.7亿元，分别比去年同期增加16.6亿元和13.3亿元，增长3.2%和2.5%。收支相抵，累计净投放现金4.8亿元，比上年同期下降41.1%。

五、银行结售汇额比上年同期下降。2008年，普洱市银行结售汇累计发生额为3905万美元，比上年减少1604万美元，同比下降29.1%。其中：结汇收入3234万美元，比上年减少1163万美元，同比减少26.4%；售汇支出671万美元，比上年减少441万美元，同比减少39.7%。

【货币信贷政策传导】

面对2008年复杂多变的经济金融形势，中国人民银行普洱市中心支行密切关注经济金融运行中的新问题新情况，积极调整思路，认真领会宏观调控政策意图。结合边疆少数民族地区实际，通过向地方党政领导专题汇报，召开金融联席会，深入金融机构调查了解，约见谈话等方式，促进了有关政策措施的落实。根据各县实际，灵活调整信用社贷款规划，利用差别存款准备金率的手段，增强地方法人机构服务“三农”和支持中小企业发展的资金实力。坚持“区别对待、有保有压”的信贷政策，引导信贷资金支持普洱市重点领域和薄弱环节发展。积极推动抵押担保方式创新，林权抵押贷款工作进展迅速。下半年，国家调整实施适度宽松货币政策后，人行普洱中支及时拟定金融支持扩大内需促进普洱市经济平稳较快发展的意见，引导金融机构落实扩大内需促进经济增长的政策措施，促进了货币信贷合理增长和全市经济平稳较快发展。

【金融监管】

中国银行业监督管理委员会普洱银监分局按照“深化科学监管，促进改革发展，强化能力建设，维护稳定和谐”的工作思路，着力提升银行业监管的科学性、规范性和有效性。在开展现场检查中，以提高现场检查的质量和效率为目标，进一步完善现场检查的项目管理，细化落实主查人责任制，突出主查人在项目实施过程中的作用。改进非现场监管方式，进一步完善报表审核方法，规范报送审核流程，提高“银行监管信息系统”数据真实性，风险预警作用进一步加强。改进分类监管方法，以操作风险、信用风险、流动性风险为重点，通过跟踪督导、约见谈话、风险提示、监管指导等方式提高监管效能，尽职监管职能进一步强化。完善人事管理机制、风险预警机制、监管质量评价机制和信息质量评价机制“四个机制”，监管基础工作进一步提高。结合普洱市银行业金融机构管理上的特点，加强了案件专项治理工作和治理商业贿赂案件工作的督察指导。出台《关于推动小额贷款公司试点工作的贯彻意见》，促进了辖内多种类型银行业服务体系建设。与银行业金融机构联手走访辖内1530户小企业，并向小企业征集有关信息数据，开辟了小企业信息沟通渠道，促进了银企合作。建立服务监督机制，提高了银行业服务意识。以“文艺搭台、金融唱戏、知识下乡、农民受益”为主题，开展了送金融知识下乡活动。通过深入开展作风建设活动，落实党风廉政建设责任制，党风廉政建设进一步加强。围绕监管机制建设，内部管理水平进一步提升。

【支持地方经济发展】

一、支持“三农”力度不断加大。普洱市金融机构不断加大对“三农”的信贷支持力度，农业贷款呈现出良好的增长态势。2008年末，农业贷款余额40.7亿元，同比增长10.8%，全年累计发放短期农业贷款27.8亿元，同比多发放4.4亿元，贷款重点支持了新农村路网建设、茶业、蚕桑、糖业、橡胶、咖啡等农业基础设施及特色农业的发展。

二、支持普洱市四大支柱产业信贷投放同比多增。2008年末，普洱市金融机构对茶、林、电、矿四大支柱产业的贷款余额66.7亿元，同比增长14.8%，占全市各项贷款余额的43%。累计发放茶、林、电、矿四大支柱产业贷款33.3亿元，占全部贷款累放额的39.2%。贷款余额和累放额居普洱市金融机构贷款首位。

三、支持基础设施建设贷款增加。2008年，普洱市金融机构发放磨思高速、澜沧至惠民县乡公路、思澜二级公路等交通基础设施建设贷款3.6亿元，北部区路网、工业园区等城建项目贷款2亿元。均比去年同期有所增加。

四、下岗失业人员小额担保贷款业务快速发展。2008年，全市金融机构认真落实助业政策，积极构建和谐金融，累计发放下岗失业人员小额担保贷款2603笔，金额0.71亿元，支持下岗失业人员实现自主创业和再就业。贷款累计发放笔数和金额分别比上年增加1047笔和0.34亿元，年末余额达1.07亿元。

五、人民银行支持地方经济发展成效显著。人民银行普洱市中心支行针对农村信用社支持抗震救灾及灾后重建贷款超规划的问题，多次向上级行反映、汇报，得到了上级行的支持和帮助，对普洱市实行了倾斜政策，追加了农村信用社3亿元的贷款指标，用于支持抗震救灾及灾后恢复重建；在专项央行票据兑付期间，通过采取建立票据兑付预测算制度、票据兑付初审制度、举办兑付考核培训会、适时督促帮助信用社达到兑付指标等措施，促成普洱市9县1区农村信用社全额兑付了专项央行票据，成为云南省第3家全面完成兑付工作的州市之一；在人民银行普洱市中心支行的牵头下，各银行业金融机构积极配合林业部门搭建林权证评估登记和抵押贷款平台，创新用林权证做抵押发放贷款，不仅盘活了景谷县丰富的森林资源资产，使森林资产成为流动资本，同时有效地推进了集体林权制度改革，为景谷县林业和农村经济的发展注入了新的活力。

【各金融机构的经营管理】

一、农业发展银行普洱市分行。把粮油信贷业务作为重中之重，严格按照储备粮计划管理，积极配合承储企业，坚持每月进行核打码单，切实做好各级储备粮油信贷资金供应工作，确保了各类粮油企业自主收购和调入粮油的合理资金需求。重点支持粮油、糖业、林业等农产品加工，促进农业经济效益的提高。大力支持农村基础设施建设，改善农村生产生活条件。进一步明确各项信贷管理制度、办法规定和各环节的操作流程，强化信贷人员的制度意识，提高了执行信贷管理制度的自觉性。建立不良贷款逐级上报和监测管理制度，加强新增不良贷款管理。建立定期分析制度，加强对抵质押品价值管理。坚持“小额”勤调、分类管理的原则。加强与上级行的请示汇报，及时调整资金使用计划，确保资金供应，减少资金占压，提高资金使用效率，严格资金流出审批制度，杜绝资金流失。从严控制会议费、差旅费、招待费支出，业务管理费做到开支有计划，均衡使用，勤俭节约。深入开展“政治素质好、经营业绩好、团结协作好、作风形象好”的“四好”班子创建活动，着力解决存在的突出问题。全面推进员工岗位绩效考核工作。围绕全行中心工作，做好审计工作。做好各项信息系统的运行维护工作，为各应用系统提供有力的技术支持。强化安全意识，促进保卫工作责任制的落实。落实行务公开，巩固治理商业贿赂工作成果和积极开展“四无”创建活动。

二、工商银行普洱市分行。强化“发展争速度、同业争占比、系统争位次、经营争效益、运行保质量、管理保平安”的经营理念，加强重点项目和优质客户的营销服务，推动了公司贷款业务的快速发展。大力拓展个人贷款业务，将个人贷款作为全行个人金融业务发展的重点，组建个人信贷营销管理中心，巩固并提升了个人贷款业务市场占比。积极进行信贷结构调整和优化，推行“绿色信贷”，严格控制向“两高一剩”和“两高一资”企业发放贷款，新增贷款全部投向优质公司客户和个人客户。制定清收措施，努力清收处置不良贷款。不断完善信贷业务流程，健全信用风险委员会职责、信贷管理和监督体系，提高信贷风险分析水平和风险监控、预警能力。坚持眼光向外，主动深入市场，广泛寻找客源，全面梳理客户资源，明确客户发展目标，并逐一落实到各机构网点和员工，加大营销力度。加强与存款大户的沟通联系，健全完善大户由行领导挂帅联系、小户由客户经理负责的机制，积极为客户提供方便、快捷的金融服务。加强对贷款客户贷款归还情况的监测，对客户存款情况进行适时监控，促进贷款按时归还。实施网点升级改造，提升了网点形象和营销功能。积极为公司客户提供金融信息咨询、投融资服务，积极开展对公理财业务和信用卡业务，努力开展各类个人理财业务和电子银行业务，实现了中间业务稳健增长。通过开展内控文化建设、内控落实年、党风廉政建设、案件防范等活动，实现了安全经营目标。

三、农业银行普洱市分行。按照农业银行总行提出的未来发展“远景目标”、“3510”中期目标以及实施“三农”和县域“蓝海市场”发展战略的总体要求，积极推进全行发展方式的转变和经营战略转型。确定了“狠抓组织资金、中间业务和新业务、服务‘三农’支持县域经济三项工作，打牢依法合规经营基础、打牢激励机制基础，把市政府所在地作为全市主要工作的重点区域”的业务经营发展思路，确定了2008年主要工作目标。进一步完善了综合绩效考核办法、制定了重点业务专项考核办法以及县支行班子考核办法和直销网点专项考核办法。建立了客户分层营销维护管理体系，提高了综合金融服务水平。加大对个人住房按揭、银行卡、保险代理、国际业务、电子银行等重点业务营销拓展的激励力度。完成了法律尽职调查资料、不良贷款剥离等股改基础工作。牢固树立“存款立行、存款强行”理念，将存款营销任务分解到各部门、各网点及每一位员工，为有条件的网点配齐了大堂经理、设置功能分区，统一了网点窗口标识和规范营销服务用语，提高了网点服务的质量和效率。采取“高端介入、高层营销”方式，开展对公存款营销。以“总量控制、确保重点、优化结构”为指导思想，合理把握信贷投放，把有限的信贷资金用于优质资产业务的拓展。提出确保“三农”和县域信贷业务不低于10%的增幅目标，加大对农业产业化龙头企业、县域优质中小企业的支持力度。面向“三农”，积极稳妥推进普洱市金穗惠农卡发行工作。采取设立专项费用、完善考评激励机制、运用法律手段等方式清收不良贷款。开展“强化内控管理、全员防范案件”专项治理活动，着力强化内控和基础管理，风险防范和控制能力明显增强。以“围绕业务抓党建、抓好党建促发展”为方针，切实加强党的建设、队伍建设和企业文化建设。

四、中国银行普洱市分行。紧密围绕省分行确定的三年发展战略目标和“保先争位创双八”的经营目标，及时转变思想观念，调整经营管理思路和发展方式，以提升核心竞争力和经营效益为主线，稳妥发展优质资产业务，加大不良资产的清收力度，持续推进内控管理。做到“稳中求进”、“好字优先”，以求实现“又好又快”的可持续发展。制定了2008年各项经营任务指标，并把指标任务层层分解到每一个部门、支行和员工，把业务部门分为五个竞赛小组，以经营指标任务完成进度为目标，在行内的部门与部门、员工与员工之间开展竞赛活动。牢固树立“存款立行”的理念，与政府职能部门建立了良好的合作关系。采取全员营销、联动营销、高层营销、跟踪营销、关系营销、交叉营销的方式，努力挖掘客户资源。在有效控制风险的前提下，重点支持市委、市政府确立的重点建设项目和“茶、林、电、矿”四大支柱产业以及中小企业的发展。深入优质项目开发商、优质大客户进行全方位营销。因地制宜大力发展中间业务，成功办理了辖内首笔人民币结构性理财业务。在公司业务部以考核竞聘的方式选聘了风险经理，在综合管理部新聘了合规经理，把业务发展部分设为个人金融部和公司业务部，并对部分内设部门和网点的负责人实行了轮岗、换岗，理顺了条线管理的流程，进一步提高了经营管理水平和工作效率。坚持依法合规、风险防范的原则，扎实开展“治陋除违”专项治理，全力打造合规文化。在全辖各营业网点开展了“合规操作、实现双无”的内控合规主题竞赛活动，设置了“网点榜样奖”、“合规标兵”等奖项，对活动期间较大差错和重大差错为零、一般差错率控制在0.1‰以内的网点以及违规行为扣分记录为零的员工进行表彰奖励。举办内控合规员培训班，对全辖的内控合规员进行内控合规及反洗钱工作培训。通过销售奥运会门票、利用奥运系列产品以及销售奥运特许商品、贵金属等开拓业务，为客户创造价值，提供优质服务，充分提升中国银行产品创新能力和金融服务水平。通过开展突出奉献社会主题的系列活动、文明优质服务工作、“争先创优”活动以及形式多样的文体活动，抓好企业文化建设。按照“操作标准化、管理精细化、流程规范化、考核制度化”的要求，狠抓文明优质服务。在全行员工中逐级签订了防案责任书、党风廉政建设责任书，并与员工的绩效考核挂钩，年终通过防案问责后兑现绩效工资，增强了全行职工的防案责任意识。

五、建设银行普洱市分行。树立了新的银企合作理念、市场和客户理念、整体营销与服务理念、风险与收益匹配理念、自我素质提高与人才理念。向市级财政“量身定做”城市居民医疗保险财政专户金融服务方案，取得了普洱市和部分县区的城市居民医疗保险财政专户开立。加强与财政、移民等重点客户的关系，促进了对公负债的持续发展。开展“建行金融业务大讲堂”及基金定投推广活动、自助存款抽奖活动、“幸运邮天下”等系列营销活动，促进了个人负债业务的快速发展。分别制定对公业务发展指导意见，建立经营团队和任务型团队，实施精细化经营和管理。坚持“突出优势、做出特色”的原则，积极营销个人住房贷款。参与市银监局组织的全市小企业调研活动，从中寻找目标客户。采取产品挂价考核、联动营销、捆绑营销等方式拓展中间业务。紧密结合本地市场和客户实际，大力拓展代理保险业务、国际业务、银行卡业务和电子银行业务。对资产质量相关指标进行纵向分解下达，并制定考核办法，清收不良资产。制定绩效工资考核办法、产品买单制考核办法、单项业务考核办法，对支行、网点实行指标考核和等级考核，促进了经营效益提升。采取会计检查、效能监察、签订安全责任书等方式，从严治行，强化内控管理。加强党建和思想政治工作，维护队伍稳定。加大培训力度，提升了全员素质。加强民主管理和服务文化建设，巩固了企业良好形象。

六、邮政储蓄银行普洱市分行。中国邮政储蓄银行有限公司普洱市分行于2008年3月24日成立，下辖37个机构网点。开办了存款、贷款、汇兑以及代理保险等中间业务。该行抓住业务发展良机，采取强有力措施发展业务。在思茅区支行进行了分配制度试点改革，出台了岗位工资分等级并以业务收入和业务量为考核基础的考核办法。积极推进跨县区委托信贷业务，办理小额信贷。财务管理实行报账制。举办多期培训班对员工进行了银行业务培训。开展了“抓规模、夯基础、建规模”活动。对营业网点进行了装修和通信设备改造。各项业务正蓬勃发展。

七、普洱市农村信用社。从改变服务方式，提高服务效率入手，开展优质文明服务活动，树立了信合服务品牌。借助报刊、电视等媒体，向社会广泛宣传农村信用社办社宗旨、服务内容，开通客户反馈信箱，搭建与客户交流平台。加强与政府、相关部门的汇报联系，加大各级政府及部门的存款营销力度，增加财政存款。加强与农村经济组织、个体工商户和私营企业的联系，发展和巩固黄金客户群体。面向农村、立足农业、贴近农民，以更加扎实细致的工作作风服务好“三农”。围绕地方政府的农业发展规划，确定支农重点，按照优质化、专业化、规模化、区域化、外向化的要求，做好地方特色产业的信贷支持。以农户小额信用贷款和农户联保贷款为载体，大力推进信用村（镇）建设。以县域和城市社区为重点，加大对居民、个体工商户、中小企业的信贷支持。开办公职人员、个体户、小企业评级授信业务。实行星级柜员考核，增加网点硬件服务功能。实行综合费用率、费用限额管理办法，降低管理成本。加强权限管理，进一步完善内控机制。完善信贷管理制度，健全业务操作规程，实现信贷操作好管理的统一化、规范化、程序化、标准化。严格执行贷款“三查”制度。对大额超比例贷款逐笔制定压缩计划并落实责任人。按照“真实反映、防化并重、分级负责、绩效考核、严格奖惩”的管理原则，常年清收不良贷款。发挥信用社点多面广的优势，大力拓展中间业务。加大稽核审计及处罚力度，促进规范化管理。狠抓案件专项治理，从源头上防范安全隐患。狠抓党建和党风廉政建设，大力倡导合规文化和执行力文化建设。

【证券业务】

2008年，普洱市广发证券和太平洋证券2家证券营业部证券交易额40.4亿元，同比增长221.4%，其中：股票交易33.1亿元，同比增长266.4%；权证交易额6.2亿元，同比增长281.9%；基金交易1.1亿元，同比下降43.3%。

【保险业务】

2008年，普洱市13家保险机构（含财险与寿险）实现保费收入4.9亿元，同比增长40%，赔款支出1.6亿元，同比下降6%。

【大事记】

3月24日，中国邮政储蓄银行有限公司普洱市分行挂牌成立。年内辖区10个县（区）支行也相继成立。

普洱市9县1区农村信用社全额兑付了专项央行票据，成为云南省第3家全面完成兑付工作的州市之一。

普洱市首家农村资金互助组织在镇沅县成立。

促成地方政府制定了普洱市银行卡产业发展规划，成立银行卡产业发展领导小组，开展声势浩大的银行卡宣传月活动。

人民银行普洱市中心支行开展制度落实年活动，内部管理工作得到加强。

农业银行普洱市分行推出金穗惠农卡。

（撰稿　杨中法）

普洱市主要经济、金融指标

（2008 年）

单位：万元

项 目	金 额	比上年增减额	比上年增减幅度（%）
国内生产总值	1，798，569	283，489	12
工农业总产值	1，252，429	213，213	20.5
其中：工业总产值	379，515	87，555	26.2
农业总产值	872，914	125，658	8.5
地方财政收入	136，974	25，991	23.4
地方财政支出	593，404	35，382	6.3
社会消费品零售总额	519，804	431，923	20.3
商品零售价格指数	102.5	106.4	
金融机构各项存款	2，136，136	151，927	7.7
银行机构各项存款	1，359，378	27，818	2.1
财政存款	51，711	-27，607	-34.8
企业存款	389，654	-32，955	-7.8
储蓄存款	1，192，381	181，484	18
金融机构各项贷款	1，552，290	247，123	17.4
银行机构各项贷款	1，011，818	38，973	4
短期贷款	740，618	104，320	15.3
中长期贷款	803，830	159，761	22.3
现金投放（+）回笼（-）	22，145	-33，513	-41.1
保险费收入	48，519	13，862	40
保险赔款支出	15，662	-1，001	-6

西双版纳州

【金融运行情况】

2008年西双版纳州金融运行呈现出“四创新高，一个优化”的五大亮点：一是各项存款增长加快，新增储蓄存款创新高。2008年各项存款增幅逐月提高，12月末各项存款余额157.68亿元，同比增长14.9%，增幅同比提高5.6个百分点；受股市低迷、居民收入增长加快等影响，储蓄存款增加较多，全年储蓄存款增加16.91亿元，新增储蓄存款创历史新高，12月末全州储蓄存款余额95.46亿元，同比增长21.5%。二是各项贷款快速增长，新增贷款再创新高。2008年全州金融机构加大信贷投放，上半年在国家实行从紧的货币政策背景下，州人行坚持“有保有压，区别对待”原则，向农村信用社累计发放了4600万元支农再贷款，用于农业春耕生产和农民抗灾救灾；全州金融机构以强劲的信贷资金投入支撑全州经济较快增长，全年金融机构累计发放贷款70.3亿元，12月末金融机构各项贷款余额97.67亿元，同比增长29.9%，贷款增幅连续两年位居全省各地州之首；全年新增贷款23.26亿元，贷款增量在2007年创历史新高的基础上再创新高，金融支持地方经济发展的力度显著增强。三是现金净投放量再创新高。2008年全州金融机构人民币现金收入436.26亿元、现金支出465.82亿元，收支相抵累计净投放现金29.56亿元，年度现金净投放量再创新高。其中打洛口岸金融机构累计净投放现金9.42亿元，同比增长5.7倍，人民币现金跨境流出大幅增加是全州现金净投放量增加的一个主要因素。四是银行业信贷资产质量明显提高，经营利润再创新高。不良贷款实现“双降”，2008年全州金融机构不良贷款下降3.29亿元，不良贷款比率下降5.52个百分点；盈利能力不断增强，2008年全州银行业金融机构实现利润总额2.83亿元，同比增长83.8%，年度盈利额再创新高；2008年银行业实现利润总额相当于全州规模以上工业企业利润总额的61%，银行业成为全州财富创造的重要支柱。五是信贷支持民生领域明显增强，信贷结构得到进一步优化。全州金融机构积极支持重点项目建设、地方优势产业发展的同时，信贷支持民生领域明显增强。加大对“三农”的信贷支持力度，推进社会主义新农村建设，12月末金融机构农业贷款余额达22.39亿元，占全州贷款总额的22.9%，比上年末提高了3个百分点，全年新增农业贷款4.7亿元；大力支持助学、就业等民生领域，促进社会和谐发展，全州农村信用社累计发放生源地国家助学贷款43万元，支持44名贫困学生如愿走进大学校园；累计发放下岗失业人员小额担保贷款756万元，帮助239名下岗人员再就业。截止12月末金融机构生源地国家助学贷款余额45万元，下岗失业人员小额担保贷款余额899万元，同比分别增长13.9倍和8.5倍。

【货币信贷政策传导】

一是多层次、广覆盖，加强货币政策宣传。2008年，人行西双版纳州中心支行通过地方政府季度经济分析会议、金融联席会、重点企业联席会议等各级各类会议平台及印发专题宣传材料、刊发《金融政策动态》，开展调研、检查等多种方式及载体，加强政策宣传和舆论引导，积极促进了有关调控政策措施在辖内的贯彻落实。积极参加景洪市委组织的政企座谈会，向景洪市委市政府和150多家企业，详细介绍了全球金融危机根源、影响以及当前中国货币政策，对宣传货币政策、拓宽银企信息沟通渠道收到了良好的效果。

二是坚持有保有压，用好用足支农再贷款政策。深入调查农村信贷资金供需缺口情况。年初西双版纳橡胶产业遭受有史以来最严重的白粉病侵害，人行西双版纳州中心支行党委高度重视春耕生产和抗灾救灾工作，组织人员深入4个乡镇调查、了解橡胶树白粉病灾情，农村信用社支农信贷资金缺口和农户春耕生产、抗灾救灾资金需求情况。针对正值春耕生产，农村信用社支农信贷资金紧张问题，在国家实行从紧的货币政策背景下，西双版纳中支坚持“有保有压、区别对待”原则，用好用足支农再贷款政策，向农村信用社发放了4600万元支农再贷款，及时解决农村信用社支农信贷资金缺口，用于农业春耕生产和农民抗灾救灾。

三是突出重点、抓住热点，增强信贷政策的执行力。西双版纳中支抓住金融支持“三农”、助学、就业等民生问题，突出加强银政合作和对农村信用社信贷指导两个重点，强化“窗口指导”工作，着力推进财政政策与信贷政策协调配合，引导金融机构增加有效信贷投放，优化信贷结构，增强信贷政策的执行力。在助学、就业和再就业、新农村建设等信贷政策实施中，西双版纳中支加强向政府的工作汇报，紧紧依托政府部门的力量去推动；先后下发了《关于进一步推进下岗失业人员工作的通知》、《关于进一步落实生源地国家助学贷款政策的通知》和《关于加快落实生源地国家助学贷款政策的通知》等文件，提出贯彻信贷政策的具体措施。强化“窗口指导”工作，针对国家实行从紧的货币政策、西双版纳橡胶产业遭受严重自然灾害以及正值农业春耕生产时节农户贷款需求得不到满足等问题，西双版纳中支召集农村信用社主要领导紧急召开了“窗口指导”会议，要求农村信用社坚持“有保有压、区别对待”的原则贯彻执行从紧的货币政策，控制非农贷款，进一步加大对“三农”的信贷支持力度，确保使农业和农户贷款明显增加，涉农信贷投放比例明显提高。通过采取有效措施，2008 年各项信贷政策得到很好的贯彻落实，信贷结构得到进一步优化。金融机构加大对“三农”的信贷支持力度，着力推进新农村建设，全年累计发放短期农业贷款 14.9 亿元，12 月末金融机构农业贷款余额达 22.39 亿元，占全州贷款总额的 22.9%，比上年末提高了 3 个百分点。四是突出区域特色、完善监测制度，加强信息反馈工作。西双版纳中支把反馈金融宏观调控政策在辖区的实施效应、地方经济金融运行中的新问题、新情况等动态信息和完善金融政策建议工作放在突出位置，切实加强信息反馈工作；进一步完善监测制度，切实提高分析研究水平，2008 年中支新建立了橡胶、茶叶等地方特色产业和边境口岸发展等 8 项监测制度；通过完善监测制度、拓宽分析视野，分析水平得到进一步提高，据统计，2008 年全州人行系统上报的调研信息稿件被人总行 2008 年《金融研究》采用 2 篇，人总行外管局《外汇管理信息与调研》采用 1 篇，成都分行《中心支行行长调研》采用 2 篇，《金融信息》采用 6 条，《西南金融》采用 1 篇，被昆明中支《金融信息》采用 10 条，《信息专报》采用 2 条，被《时代金融》采用 10 篇；被省委领导送阅刊物《信息专报》采用 1 条，被省纪委《纪检监察信息》采用 2 条，被省外管局《云南外汇管理信息与调研》采用 4 条，《州委信息》（增刊）采用 2 条，《信息专报》采用 1 条。

【支持地方经济发展】

一是各项贷款快速增长。2008 年全州金融机构累计发放贷款 70.3 亿元，12 月末金融机构各项贷款余额 97.67 亿元，同比增长 29.9%，贷款增幅仍位居全省各地州之首；全年各项贷款增加 23.26 亿元，同比多增 0.73 亿元，在 2007 年新增贷款创历史新高的基础上 2008 年贷款增量再创历史新高。全州银行业金融机构各项贷款增速连续四年保持 20% 以上，贷款增速连续两年位居全省各地州之首，金融机构以强劲的信贷资金投入支撑了全州经济持续快速增长；2007-2008 年两年间金融机构新增贷款达 45.8 亿元，相当于 2007 年前 10 年的贷款增量总额，金融支持地方经济发展的力度显著增强。

二是着力优化信贷结构，促进经济结构调整。鼎力支持大项目建设，全年对电站、公路等大项目建设累计发放贷款 30.6 亿元，以大项目促大发展；加大对“三农”的信贷支持力度，推进社会主义新农村建设，2008 年累计发放短期农业贷款 14.9 亿元，12 月末金融机构农业贷款余额达 22.39 亿元，占全州贷款总额的 22.9%，比上年末提高了 3 个百分点，其中农村信用社农户贷款余额 14.68 亿元，比上年末增加 4.46 亿元。

【金融改革】

2008 年 3 月 20 日中国邮政储蓄银行西双版纳州分行正式挂牌成立，标志着全州金融体系进一步完善，版纳中支对其予以高度关注，并对其在支付结算、账户管理等业务方面提供了具体意见和金融服务，同时，版纳中支密切关注农业银行、农业发展银行分支机构改革，提供好相关金融服务。着力推进农村金融改革，认真组织做好农村信用社专项票据兑付工作，在全省率先完成兑付工作，并加强后续持续监测考核，促进其深化改革上台阶。认真贯彻落实上级行就北京奥运会、残奥会对维稳工作作出的一系列部署和要求，积极探索推进区域金融稳定评估工作，加强对农村信用社流动性监测，密切关注房地产政策变动对金融机构信贷资产的影响，高度关注社会突发性事件对金融稳定产生的影响，关注非法金融活动对金融稳定产生的影响，认真做好相关监测报告的拟写和报送，评估质量进一步提高。做好历史遗留资产处置管理，顺利完成我中支 218 万元历史资产挂账移交汇达资产管理公司工作。完成辖内三家城市信用社金融稳定再贷款申报核销请示工作。进一步推进辖区金融生态环境建设。

【外汇管理】

2008 年人民银行西双版纳州中心支局积极适应外汇形势发展和人民币区域化发展态势，紧紧抓住中国—东盟自由贸易区建设步伐加快和深入实现澜沧江—湄公河次区域经济合作的有利时机，按照“推改革、促流出、重监管、抓手段”的要求，进一步转变观念、开拓创新，改进和提高外汇管理服务及监管水平，推动西双版纳州涉外经济平衡发展。一是规范办理行政许可项目。及时规范办理进出口核销、外商直接投资项下外汇登记、付汇核准及年检等行政许可项目；积极做好银行即期或远期结售汇业务市场准入备案等审核工作，完成对辖内结售业务审批（备案）；继续加大对异常资金流入的检查力度，进一步规范处罚程序，坚持行政处罚内容集体审议制度，依法实施行政处罚。二是加强信息反馈，为上级部门决策提供依据。结合本辖区外汇收支运行、政策变化，以及周边国家政治、经济变化情况和热点、难点问题，积极开展特色调研，提出建设性意见，为上级部门决策提供了依据。信息调研工作连续5年在全省外汇管理信息与调研评比荣获第一名。三是加大政策宣传力度，扩大社会认识度。以颁布实施新的《外汇管理条例》为契机，结合“诚信兴商宣传月”活动的开展，立足实际，突出特点，通过媒体宣传、分发宣传单、银企座谈会、问卷调查等各种传播渠道，加强政策宣传力度，做到辖区内覆盖无遗漏、银行网点无空白，扩大了社会认知度，取得了良好的宣传效果。四是积极推动次区域货币金融合作。积极推动老挝发展银行与州农行就双方开通银行间边贸结算渠道进行了正式磋商，并就《中国农业银行云南省分行与老挝发展银行边境边贸结算合作总协议》、《中国农业银行云南省分行与老挝发展银行互开代理结算账户合作协议》、《中国农业银行云南省分行与老挝发展银行边境网银结算协议》、《中国农业银行省分行与老挝发展银行运送现钞合作协议》等具体事宜进行了深入的探讨。通过协商，双方已经原则上同意上述协议，只待对具体细节再做进一步的完善并上报各自国家主管部门批准后即可启动，上述协议将进一步细化两国银行间边贸结算合作的具体事宜，深化两国间银行结算合作，为解决困扰中老两国银行间边贸结算的问题迈出了实质性步伐。

【各金融机构的经营管理】

中国农业发展银行 2008年，中国农业发展银行西双版纳州分行面对新形势，立足全州新农村建设的实际需求，认真贯彻落实国家“三农”方针政策，推进新农村建设；加强资金计划管理，狠抓存款和中间业务；坚持稳健经营原则，采取有效措施，努力防范和化解信贷风险。截止12月31日，全行各项存款余额余额15，185万元，比年初减少1，375万元，减幅8.3%；各项贷款余额51，246万元，比年初增加11，465万元，增长28.82%；不良贷款余额为零；资产利润率为2.47%，同比增加0.88个百分点；收入成本率为25.54%，同比下降11.44个百分点。

中国工商银行 2008年，中国工商银行西双版纳州分行根据省分行提出的：加快提升全行核心竞争力，全面落实科学发展观，以“发展争速度、同业争占比、系统争位次、经营争效益、运行保质量、管理保平安”经营理念为指导，将分行建设成具有“一流的员工、一流的网点、一流的服务、一流的产品、一流的客户、一流的效益”为总体目标，积极探索优质信贷市场，全力拓展中间业务，加强风险管理和队伍建设，努力提升市场核心竞争力。截止12月末，各项存款余额233，150万元，比年初增加13，139万元；各项贷款余额149，681万元，比年初增加23，571万元；不良贷款余额54万元，较上年减少572万元，比上年下降0.46年百分点；中间业务收入1，617万元，实现拨备前利润5，182万元，扣除资产准备支出后利润完成5，614万元，净利润完成5，396万元。

中国农业银行 2008年，中国农业银行西双版纳州分行不断调整区域结构、客户结构和业务结构，优化全行资源配置，实施差异化发展战略过程，积极做好金融服务“三农”工作，加强对电力行业、房地产开发商、精品旅游景点、优势性资源性产业等重点行业重点客户的营销，积极探索面向“三农”的有效途径和模式，继续保持了各项业务的全面、快速、协调发展态势。年末，各项存款余额629，306万元，比年初62，143万元，增长10.96%；各项人民币贷款余额为359，492万元，较年初净增28，216万元（剥离34，235万元），增长8.5%；全行实现中间业务收入2，981万元，全年全行实现拨备前利润15，683万元，拨备后利润10，781万元。

中国银行 2008年，中国银行西双版纳州分行紧紧围绕“发展强健、管理精细、绩效卓越、人文和谐”的战略目标，以“奥运服务年”为契机，精心组织和加强应急演练，加大检查促改力度，确保“平安奥运”，树立全员营销意识，加强系统和岗位技能培训，提高全行员工的综合素质和服务水平，实现了预期目标，打好了新三年发展战略目标的开局一战。2008年末，各项存款余额108，869万元，比年初增加18，967万元，增长21.10%；各项贷款余额58，363万元，比年初增加32，032万元，增长121.65%。

中国建设银行 中国建设银行西双版纳州分行以提高市场竞争力为主线，增强信心，坚定转型，抢抓市场机遇，细化销售措施，不断提升经营管理水平，全面推动公司业务、个人银行业务、资产业务、中间业务、战略业务的发展；充分运用预警、风险提示手段，强化内控管理；精心组织综合经营机制建设，强化财务管理，促进各项业务协调快速发展，较好地实现了2008年的经营和管理目标。截止12月末，各项存款余额176，080万元，比年初增加21，318万元，各项贷款余额135，032万元，比年初增加50，

739万元；不良贷款余额294.35万元，比年初减少132万元，比年初下降0.29个百分点；实现账面利润4，433万元，比上年增加194万元，中间业务收入962万元。

农村信用社　2008年西双版纳州农村信用社全州农村信用社不断强化管理、严控风险，促进依法合规经营上，夯实基础、创新发展、进一步增强“根在农村、命在农业、情系农民”的理念，集中力量做好信贷支农工作，做好粮食直补“惠农一折通”的发放工作，继续推广农户小额信贷，积极拓展惠农新业务。年内，勐海联社获得1000万元专项中央银行票据兑付，至此版纳州三家联社全部圆满实现专项央行票据的兑付；全州农村信用社与中国人寿保险公司全作，在全辖范围内开展了“信贷+保险”农户小额信贷意外险业务，深受广大农户的欢迎。至12月末，各项存款余额292，412万元，比年初增加50，559万元，增长28.24%；各项贷款221，631万元，比年初增加51，776万元，增长42.86%；股本金余额5，656万元，较年初净增232万元，增长5.86%；中间业务收入236万元，比上年同期增加，195万元，增长82.63%；全年发行金碧卡42699张，累计发卡98712张。

邮政储蓄银行　截止2008年12月末邮政储蓄余额达106067万元，增年初增长23162万元；累计发放绿卡38291张，基金销售1175.94万元，全年累计发放小额质押贷款53笔，金额1296.13万元。

（办公室供稿）

西双版纳州主要经济、金融指标

（2008 年）

单位：万元

项 目	金 额	比上年增减额	比上年增减幅度（%）
国内生产总值	1228000	153000	10.2
工农业总产值	1044787	96461	16.5
其中：工业总产值	456583	52875	12.5
农业总产值	588204	43586	4.0
地方财政收入	95070	31453	49.1
地方财政支出	298613	81624	37.6
社会消费品零售总额	348933	57816	19.9
商品零售价格指数	107.6	2.2	
金融机构各项存款	1576763	204481	14.9
银行机构各项存款	1284351	153922	13.6
财政存款	21542	10770	100
企业存款	378320	-7909	-2.1
储蓄存款	954614	169144	21.5
金融机构各项贷款	976675	199027	25.6
银行机构各项贷款	755044	147251	24.2
短期贷款	407238	33762	8.9
中长期贷款	567127	204277	52.3
现金投放（+）回笼（-）	295602	4231	1.5
保险费收入			
保险赔款支出			

大理州

【金融运行情况】

2008年，大理州金融系统认真贯彻由稳健逐步转向适度宽松的货币政策，金融运行平稳，金融改革稳步推进，金融生态环境进一步改善，各项存款快速增长，各项贷款平稳增长，信贷结构明显优化，经营状况继续趋好。

一、各项存款快速增长。截止12月末，全州金融机构人民币各项存款余额3，803，376万元，较年初增加561，793万元，增长17.33%，比去年同期增长17.33%。各项存款所占比重较去年均有较大幅度调整。一是财政存款大幅增长，成为拉动各项存款增长的重要力量。12月末，全州财政存款比年初增加62，892万元，大幅增长87.98%。二是储蓄存款增长迅速且定期化趋势明显。12月末，全州储蓄存款余额高达216.16亿元，比年初增加38.46亿元，增长21.64%，其中定期储蓄比年初增加24.52亿元，增长26.41%。二是企业存款增长速度较为缓慢。12月末，全州企业存款余额84.27亿元，比年初增加7.06亿元，增长9.14%，其中活期存款减少5.69亿元；定期存款增加12.75亿元，涨幅高达140.05%。1-12月企业存款全年新增定期存款占比高达180.60%，企业存款定期化趋势明显。四是农业存款有所下降。12月全州金融机构农业存款余额23.01亿元，相比上月增加3.07亿元，增长15.41%，但其余额仅占到各项存款总量的6.05%，较比年初减少3.47亿元，降幅达13.10%。

二、各项贷款增长平缓，信贷结构变化显著。12月末，全州金融机构人民币各项贷款余额248.69亿元，比上月增加4.29万元，增长1.75%，比年初增加39.60万元，增长18.94%，存贷比达到全年65.37%的最低点。一是个人短期消费贷款大幅萎缩、中长期贷款变化不显著。随着货币政策的不断转型，贷款和货币供应量同比均下降很多，个人短期消费贷款连续几个月都有所萎缩，相比年初减少5，397万元，下降13.45个百分点。二是农业贷款、工业贷款以及基础建设贷款增长幅度较大。相比年初，三者分别增长60.29%、33.26%、21.55%。州发改委相关统计数据显示，2008年完成28.33亿元基础建设投资，并计划2009年增加128.98亿元投资用于基础设施和基础产业建设项目，配合4万亿刺激消费、拉动内需的财政政策，将加快城市建设的步伐。

【货币信贷政策传导】

在国际金融经济突变，全球金融危机扩散蔓延，国内外形势极其复杂的背景下，中国人民银行大理州中心支行密切关注国家宏观调控政策，积极主动、灵活地调整工作思路，及时向州委州府汇报货币信贷政策调整情况，时时引导督促金融机构认清形势，根据宏观调控的要求和地方党委、政府的经济发展重点，优化信贷结构，促进全州经济发展。

一、“窗口”指导力度加强，政策传导机制畅通。人行大理中支多次召开大理州金融联席会，及时出台支持全州重点项目、六大支柱产业、基础设施项目建设，支持全州经济又好又快发展的具体措施，受到州委、政府的高度肯定。

二、灵活运用货币工具，促进金融稳定发展支持农村信用社稳健经营。11月末，支农再贷款余额3，500万元，比年初减少700万元。做好农村信用社改革试点资金支持工作，年末，大理州12家农村信用社（含农村合作银行），已全部成功兑付央行票据，兑付金额9，441万元。

三、推动政策性贷款发放，促进发挥社会效益。11月末，全州累计发放小额担保贷款466笔，1，576万元，比上年增加1，213万元，增长3.34倍；生源地国家助学贷款取得较大进展，共向2，355人发放助学贷款，3，746万元，比上年增加712万元，增长23.5%。

四、整合资源搭建平台，加强金融宣传调研。建立长效金融宣传平台，整合宣传方式，通过在大理州政府开设的大理中支页面、114政府信息直通车、大理日报专栏、广播电视在线访谈等方式，增进了与新闻媒体的沟通与交流，及时向公众宣传金融新业务，引导公众了解金融新形势、新情况，为更好地履行央行职责营造了良好的舆论环境。

【支持地方经济发展】

2008年，大理州固定资产投资持续增长，投融资创新步伐加快推进，全社会固定资产投资完成154亿元，银政合作签约资金达10.6亿元，同比增长20%。虽然受全球金融危机影响，全州银行信贷仍然创下新高，加大力度推进重大经济发展项目。

一、大力推进全州重大经济项目

年初，州政府提出了60个重点发展项目，涉及银行贷款项目30个，9.06亿元。人行大理中支加强与全州商业银行沟通协调，逐项梳理分析，加大信贷支持力度。11月末，已发放贷款余额5.76亿元。

（一）农业银行支持情况

1. 云南清逸堂实业有限公司“日子”苦参系列升级版产品项目。累计发放贷款10，700万元，现有贷款余额4，400万元。

2. 云南大理东亚乳业有限公司乳品深加工项目（大理市）。已经给予贷款3，000万元，办理银行承兑汇票355万元。

3. 祥云飞龙实业有限责任公司技改扩建年产12.5万吨电解锌项目；技改扩建年产5万吨农产品深加工项目；年产10万吨电解锌生产项目。上述三个项目累计发放贷款20，000万元。

4. 祥云县红蜘蛛公司，银行与企业建立了良好的银企关系。

5. 云南云圆金属加工有限公司年产1万吨铝型材生产项目。银行与企业初步建立了银企关系。

6. 漾濞县跃进化工有限责任公司装机3，000KW余热发电、启动30万吨团球生产项目。银行与企业建立了良好的银企关系。

7. 弥渡县九顶山矿业有限公司铜钼矿技术扩建项目，银行与企业建立了银企关系。

8. 邓川碟泉乳业有限公司10万头乳牛基地建设项目。目前贷款余额6，000万元。

9. 云南大理洱宝实业有限公司青梅果酱高新技术产品规模化生产建设项目。累计发放贷款2，050万元，目前贷款余额1，950万元。

10. 洱源县军民彩印包装有限公司彩印包装纸制品生产加工技改项目。已有185万元贷款投入。

11. 巍山安厦有限责任公司利用尾矿新建年产次氧化锌1万吨生产线项目。累计贷款3，100万元。

12. 大理大钢钢铁有限公司年产100万吨钢材技改项目，银行曾经为该公司做过1，000万元的银行承兑汇票。

13. 云南省国资水泥剑川有限公司技改扩建项目。目前贷款余额2，000万元。

14. 云龙县银铜矿技改年产3，000吨电积铜搅拌生产线项目。银行与企业建立了良好的银企关系。

15. 雨丰水电有限公司云龙县宝丰电站总装机1万KW项目，已经发放5，000万元贷款。

（二）建设银行支持情况

1. 大理漾濞核桃有限责任公司核桃精深加工项目。经过调查，银行只能提供200—300万元的流动资金贷款，若企业进行项目投资，必须提供相应担保手续及市场可行性分析。

2. 洱源华龙钛业有限责任公司年产2万吨高钛渣环保设施和技改项目。已经贷款500万元，并将持续给予信贷支持。

3. 云南祥云润凯兴和淀粉有限公司年产6万吨变性淀粉加工生产项目。经过调查，目前贷款申报尚不成熟，待条件成熟后有望根据生产规模、销售情况确定相应的贷款额度和期限。

4. 祥云县红蜘蛛公司技改扩建年产7，000吨铜精矿项目。已经收集贷前资料，拟进行项目评估评价等工作，预计2009年1季度完成申报工作。

（三）中国银行支持情况

1. 大理矿业洱源钛业有限公司1万吨海绵钛精深加工项目。银行正在做前期准备工作。

2. 大理金江矿业有限责任公司年产5万吨无氢氟酸项目。银行正在做授信申报前期准备工作。

3. 云南地矿股份有限公司6万吨金矿采选生产线及配套建设项目。银行正在做授信申报前期准备工作。

（四）农村合作银行支持情况

1. 大理州医药公司年产5，000吨中药饮片及滇西中草药物流中心建设项目。已经发放贷款800万元。

2. 洱源县慧安水电站装机容量12，600千瓦时项目。洱源县联社已承贷1，400万元，近期将扩大到6，000万元，该笔贷款已上报省联社获得批复。

3. 云南地矿股份有限公司6万吨金矿采选生产线及配套建设项目。巍山县联社已介入前期调查，该项目暂不需要贷款。

4. 大理大钢钢铁有限公司年产100万吨钢材技改项目。农合行已发放2，000万元贷款。

5. 鑫宝石材精深加工项目，洱源联社已经发放贷款600万元。

6. 云南立帆骏马车辆有限公司，贷款余额为5，680万元，其中，农合行3，000万元，洱源联社2，680万元。

7. 弥渡县九顶山矿业有限公司，弥渡联社发放贷款1，300万元。

8. 祥云龙云经贸有限公司，属州内社团贷款，余额为

2，500万元。

9. 漾濞普坪电站项目贷款4，000万元，已经上报省联社获准批复。10. 东融公司申请6，000万元项目贷款，已经上报省联社获准批复。

（五）农业发展银行支持情况

大理州台宁麦芽有限责任公司年产5万吨麦芽生产线二线项目建设。已经发放980万元贷款，2009年贷款到期后，企业将续贷980万元。

二、继续做好支持“三农”工作

2008年，大理州各金融机构认真做好对农业产业化龙头企业的信贷投放工作，增加对农业产业化发展、特色农产业发展和农田水利基础设施建设的贷款，以支持产业化企业发展促进农民增收致富，抓住各地特色农产业发展资金需求，积极介入当地发展前景好的项目，以优势特色资源开发项目和企业为服务重点，提升市场竞争力和经营效益。同时对农田水利基础设施建设给予充足的信贷投放，积极参与扶贫贴息贷款的发放，支持贫困地区经济发展和贫困农户增收脱贫，支农力度不断扩大，农村合作金融机构农业贷款已占到贷款总额的八成以上。截止2008年末，全州农业贷款700，251万元，比年初增加263，381万元，增长60.29%，比去年同期增加300，759万元，增长75.29%。

【各金融机构的经营管理】

2008年，大理州各金融机构牢固树立科学发展观，强化经营理念，紧紧围绕加快发展这一主线，加快发展步伐，扩大市场份额，提高同业占比，提升系统位次，增强服务能力，加强内控管理，深化改革创新，抓住自身优势，突出特色，各项工作取得了新进展。

一、工行大理州分行强化“四争两保”经营理念，以“迎新春劳动竞赛”为抓手，采取“进一步梳理内设部门及岗位，减少中后台人员，充实前台和营销部门”，“进一步完善考核激励机制，激发经营活力”等十项措施，超额完成年内任务。截止2008年末，各项存款余额577，900万元，比上年末增长102，899万元，完成省分行下达全年计划的153.12%。各项贷款余额374，510万元，比上年末增长71，544万元，完成省分行下达全年计划的143.66%。

二、农行大理州分行坚持面向“三农”，商业运作的市场定位，认真贯彻农总行“改革、发展、控险”经营方略，统筹兼顾，转变经营理念，突出业务发展重点；扎实做好股改各项工作，稳步推进股改进程；积极开展各项活动，强化内控建设，有效落实案件专项治理工作；统一思想，认真组织，切实抓好惠农卡的发行工作。通过全年努力，中间业务稳步发展，内控建设进一步加强，经营效益大幅增长、质量效益明显提高，发展态势良好。截止2008年末，各项存款余额938，957万元，比年初增56，344万元；各项贷款余额667，812万元，比年初增5，260万元。

三、中行大理州分行坚持走以质量效益为中心的健康发展道路，扎实推进各项工作，狠抓授信业务风险管理，加大不良资产的清收力度，大力加强内控管理，狠抓风险控制和案件事故防范，经营规模持续扩大，盈利能力显著增强，风险防范和内控建设取得一定成效。截止2008年末，各项存款余额154，083万元，较年初增加33，627万元，增幅27.29%，完成省行年初下达目标任务的120.10%；各项贷款余额124，755万元，较年初增加32，972万元，增幅35.92%。

四、建行大理州分行通过全行努力，资产质量进一步改善，赢利能力增强，贷款结构逐步优化，资产负债业务平稳发展，综合经营计划和KPI执行情况总体良好，较好地完成全年各项工作任务。截止2008年末，各项存款余额为757，632万元，全州同业占比19.92%，四大商业银行占比31.21%；各项贷款余额为438，783万元，其中个人类贷款余额为92，921.75万元，完成年度新增计划的123.30%，自营性个人贷款在四大银行中的占比为42.00%，新增占比为68.50%，市场份额比年初上升2个百分点，排名第一。

五、大理州农村信用社紧紧围绕省联社年初工作会议和信贷工作会议精神，以及办事处制定的“抓好干部队伍建设、切实转变发展方式、推进企业文化建设、继续深化改革、加大稽核监督力度、执行从紧的货币政策”的工作意见，以科学发展观为指导，以改革创新为动力，以强化管理为手段，以科技兴社为支撑，以服务“三农”为宗旨，扎实工作，各项业务实现了又好又快的发展。截止2008年末，各项存款余额1，068，376万元，比年初增加166，191万元，增长18.42%，完成计划的187.36%；各项贷款余额784，910万元，比年初增加142，959万元，增长22.27%。

六、邮政储蓄银行大理州分行结合全州邮政储蓄余额规模小，金融新业务多，资金运营水平不高等现状，围绕业务快速发展和资金安全管理两个重点开展工作。截止2008年末，全州邮政储蓄余额规模达到136，218万元，市场占有率6.30%，全州绿卡持卡客户24.82万户；发放小额贷款2，189万元，未发生一笔不两贷款。2008年下半年与大理州烟草公司合作，启动全州卷烟资金大集中项目，实现了全州卷烟零售资金到大理州烟草公司账户的直通服务。

【证券业务】

2008年，大理州证券业完成总成交额187.28亿元，同比减少42.14亿元，下降15.42%。新开立资金账户5，364户，股东账户10，914户，资金总户数达27，316户。客户保证金余额1.32亿元，A股、基金托管市值6.13亿元。全年共实现营业收入6，279.26万元，同比减少1，079.57万元，其中净手续费收入5，411.48万元，其他业务收入617.38万元，利息净收入250.4万元，实现税前利润5，192.06万元。

【保险业务】

2008年，大理州保险业继续快速发展，保费收入合计8.76亿元，比上年增长53.27%；其中，财产险保费收入3.50亿元，同比增长15.24%，寿险保费收入5.27亿元，增长96.28%；全年保险理赔支出1.98亿元，比上年增长18.99%；其中，财产险赔付额1.77亿元，增长21%，赔付率50.81%；寿险赔付额2088万元，增长4.24%，赔付率3.97%；。全州保险深度2.35%，同比上升0.59个百分点，保险密度252元，同比增加88元。

（办公室供稿）

【大事记】

中国邮政储蓄银行大理州分行于3月18日正式挂牌成立，6月6日，州分行所辖十九个支行在全州十二个县（市）同时挂牌成立。

大理州主要经济、金融指标

（2008 年）

单位：万元

项 目	金 额	比上年增减额	比上年增减额幅度（%）
国内生产总值	3716977	502702	12
工农业总产值			
其中：工业总产值			
农业总产值	1573679	205753	15.04
地方财政收入	600679	106890	21.65
地方财政支出	750212	143072	23.56
社会消费品零售总额	1035272	194573	23.14
商品零售价格指数	104.9		
金融机构各项存款	3803376	561792	17.33
银行机构各项存款	2427245	296616	13.92
财政存款	134378	62892	87.98
企业存款	842688	70577	9.14
储蓄存款	2161635	384554	21.64
金融机构各项贷款	2486886	396014	18.94
银行机构各项贷款	1605862	231072	16.81
短期贷款	1389554	211234	17.93
中长期贷款	1079347	185601	20.77
现金投放（+）回笼（-）	-149927	6820	4.77
保险费收入	87609		53.27
保险赔款支出	19849		18.99

玉溪市

【金融运行情况】

2008年，中国人民银行玉溪市中心支行采取一系列有效措施，积极做好国家货币政策传导的职能作用，正确引导全市各金融机构紧跟中央宏观调控步伐，针对辖区经济发展形势变化，及时调整信贷政策，努力防控金融风险，保证了辖区金融平稳运行，促进了辖区金融业的平稳发展。

——存款增量再创新高。截至12月31日，全市金融机构人民币各项存款余额达到564.47亿元，比年初增加67.17亿元，增幅为13.50%，增量创历史新高，居全省第四位；同比多增28.10亿元，增幅加快4.97个百分点。

——贷款增速急剧下挫。截至12月31日，全市金融机构人民币各项贷款余额为281.10亿元，比年初增加28.87亿元，增幅为11.08%；同比少增17.56亿元，增幅同比减慢10.61个百分点。

——现金供应稳步增长。2008年，全市金融机构累计实现现金收入973.58亿元，累计实现现金支出1019.79亿元，净投放现金46.21亿元，同比增加8.0%。

【货币政策传导】

通过多种措施，积极发挥"窗口"作用。一是通过召开经济金融运行分析会等多种方式积极加强与市委、市政府的沟通。结合市委、市政府经济社会发展目标，改善金融服务，积极引导金融机构支持矿电企业、农业、乡镇企业等的发展，基础设施建设、贫困学生就学和下岗失业人员再就业。二是引导商业银行把握贷款投放节奏，保持区域信贷合理均衡增长。加强对商业性房地产信贷管理、经济适用住房开发贷款管理、农村地域下的"三农"服务等特定信贷政策的具体传导工作；加强对地方性中小金融机构的信贷指导工作，增强特定机构执行信贷调控的有效性。三是疏通货币政策传导渠道，促进社会各方正确理解和把握货币政策意图。开展多种形式的银企对接，着力落实银企信息互通，建立互惠互利的新型银企关系，成功举办的银企项目合作推介会上12户企业分别与5家银行签订了37700万元贷款协议。

【支持地方经济发展】

尽管2008年信贷增速与上年相比明显下降，但辖区金融机构对几大领域的支持力度仍表现突出：一是继续保持了对辖区重点建设项目和重点企业的支持力度。全年累计向政府性建设项目投放贷款25.67亿元，累计向17户重点监测的矿电企业投放贷款43.69亿元。二是加大了对居民消费的支持力度。全年个人消费贷款净增7.54亿元，同比多增3.38亿元。三是大力支持农业和乡镇企业发展。全年新增农业和乡镇企业贷款11.32亿元，占全市信贷贷款的39.21%。

截至年末，辖区共有银行业金融机构14家（农村信用社统一计算），总量在全省仅次于昆明，面对日益增加的竞争压力，各银行突出了运作重点，行际间差异较为明显。工行、中行、建行：全面支持基础设施建设和居民消费。年末，三家行基础设施建设贷款余额为33.67亿元，比年初增加10.24亿元，余额和增量分别占全市的85.0%和87.37%。三家行个人消费贷款余额为13.46亿元，比年初增加5.07亿元，余额和增量分别占全市的55.67%和67.24%。农行、农信社：短期和中长期贷款全面增长。两家行（社）短期贷款新增10.03亿元，占全市增量的55.23%，中长期贷款新增9.83亿元，占全市增量的66.69%。玉溪商业银行、农合行：信贷投放短期化趋势明显。两家行短期贷款净增8.42亿元（两家行全年贷款增量为8.22亿元），占全市短期贷款新增额的46.37%。股份制商业银行：贷款总量下降，但部分领域有所加强。年末四家股份制商业银行贷款余额比年初减少4.66亿元，但基本建设贷款增加了1.1亿元，个人消费贷款增加了0.8亿元。

【货币市场管理】

全市人民银行做好辖区货币市场运行的监测分析，密切关注货币市场利率走势、参与成员的市场操作和资金流动性状况，适时进行风险提示和预警。2008年，玉溪市金融机构资金成交4142919万元。其中融入资金2878039万元，融出资金1264880万元，净融入资金1613159万元。

【金融稳定和金融改革】

全市人民银行注重加强与政府有关部门、金融监管部门的沟通协调，有效把握涉及辖区金融稳定的相关信息；加强对辖区经济金融运行情况的分析，对热点和突发性问题有针对性地进行提示；加强调查研究，对区域11家地方性法人金融机构流动性风险状况实施监测；围绕阳宗海水污染事件，跟进落实对被制裁企业银行贷款存量情况的专题调查，并结合市政府污染源和污染隐患排查整治工作专项要求，对所涉及的金融机构资金管理工作进行风险提示；进一步加大金融生态环境建设的宣传力度，在中小企业融资、信用体系建设、中介服务体系规范、司法环境改善等方面寻找切入点，不断推进金融生态建设；开展央票申请兑付工作，全市八县一区农村信用社9个机构申请并获全额兑付专项中央银行票据资金11631.85万元，申请兑付率达100%。

【金融服务】

加强会计基础工作。加强和完善会计工作，组织完成了辖内会计联行检查工作和人民银行、银监会及其派出机构固定资产账务划转工作。配合中支纪检监察部门，完成对县支行集中监督现场检查任务。组织辖内以直联方式接入小额支付系统的商业银行做好依托小额支付系统办理银行本票业务的各项工作任务。认真做好人民币银行结算账户审批工作，切实履行依法行政职能。组织完成ABS、AAS升级换版以及会计报表系统的升级测试任务和ABSV5.0和AASV4.0系统的升级换版任务，大大提升了支付清算的速度和效率，更好地为社会经济发展服务。

强化国库管理工作。2008年全辖各级国库共办理预算收入292，222笔，同比增加24，467笔，增长9.12%；办理预算支出12，602笔，同比减少4，620笔，降低26.82%；办理预算收入退付2，514笔，同比减少1，309笔，降低34.24%。全市财税等部门共组织各级预算收入2，364，279万元，同比增加426，706万元，增长22.02%。2008年全辖共纳入财政改革的预算单位有1175家，占预算单位总数1285家的91.43%，比2007年增加41家，增长3.61%，各级国库共办理授权支付业务69，903笔，同比增加27，801笔，增长66.03%，清算资金177，809万元，同比增加66，711万元，增长60.04%。认真做好国债发行兑付管理工作。2008年度协助发行部门共收缴已兑付国债实物券10495元，并首次通过国债管理系统自行兑付1987年国家重点建设债券收款单两笔金额1000元，共上划本息款18946.10元。加强国库系统信息化建设和管理工作，完成“国家金库会计核算系统（4.0版）”及“国库统计分析业务系统（3.7版）”升级工作。

加强货币发行与管理。做好残损人民币的集中复点、销毁工作，提高流通中票面整洁度，共建立“两个网络”工作站72个，其中城市社区5个、乡镇31个、行政村36个；共聘用反假货币义务宣传员144人，构建反假货币长效机制。坚持“城市不放松，重点在农村”原则，开展形式多样的反假宣传活动。2008年，共组织反假货币活动30余场次；发放宣传资料60000余套，发放宣传品31000份；出动宣传车60车次、流动宣传点70场次。继续做好发行基金调拨工作，确保现金供应。加大现场监督力度，组成9个检查组，对辖区36个营业网点开展人民币收付业务和假币收缴鉴定管理办法执行情况进行现场检查，对营业网点存在的问题要求及时整改，进一步规范现金管理。四是加强科技服务。认真做好“奥运”安保工作。对“奥运”期间的系统进行实时监测、系统风险评估、系统等级保护安全技术测评以及项目建设等各块工作，督促玉溪市商业银行及辖区各支行做好计算机信息系统安全维稳工作。完成了远程培训系统二期项目建设的相关工作以及其他各应用系统的补丁升级工作。对辖区4个县支行开展信息安全检查，对检查中发现的问题要求各支行认真进行整改并督促其他支行做好自查。

【征信管理】

做好贷款卡发放、核准和年审工作，全年全辖共办理贷款卡258户、贷款卡年审1378户。完成辖内交行、华夏行个人信贷业务数据的核对工作。做好地方金融机构尤其是新成立金融机构接入个人征信系统的管理指导工作。规范个人信用报告查询及异议处理工作，2008年，个人信用报告查询118人次、异议申请8人次，查询量比去年大幅增长，增长3.72倍。推动中小企业信用体系建设，年末，全辖共收集中小企业信用档案信息564户，为258户中小企业办理了贷款卡，有122户原来未有贷款的中小企业在建立信用档案后获得贷款支持，金额168445万元。

2008年6月14日至7月14日，人民银行牵头组织全市10家银行机构开展了以“我与我的信用记录”为主题的玉溪市征信知识宣传月活动。开展了征信知识进学校、进农村、进企业、进商铺等系列活动，取得了较好的宣传效果。

【反洗钱】

组织市属各银行、保险、证券及辖内人民银行各县支行的分管行长（经理）和部门负责人共80余人召开全市金融系统反洗钱工作联络会，研究部署反洗钱工作，进一步统一思想、认清形势、明确责任；组织完成由各县支行分管行长、基础业务股负责人参加的反洗钱法规及业务知识培训任务，宣传贯彻反洗钱“一法四规”，提高辖内反洗钱工作水平；加强反洗钱现场检查，督促金融机构认真履行反洗钱义务。年内，共对全辖13家机构开展了反洗钱现场检查。

【外汇管理】

加强对资本金收结汇、贸易项下预收货款等的流入管理。做好银行结售汇统计分析工作，规范结售汇市场准入业务，2008年玉溪市结售汇总额首次突破2亿美元。积极推进直接投资外汇业务信息系统上线，严格资本金流入与结汇，对58家外商投资企业进行联合年检。推进经常项目外汇管理政策改革，做好进出口核销工作，进一步加强对服务贸易外汇业务的非现场监管，不断强化执法意识及政策执行能力，努力实现合规经营与稳健发展。2008年，全市跨境收支申报总额25393万美元，同比增加8758万美元，增长53%。全市银行结售汇总额25903万美元，增加7652万美元，增长42%。全年实际核销出口总额21280万美元，同比增加6740万美元，增长46%。（高燕供稿）

【大事记】

3月2日，国家外汇管理总局李东荣副局长一行到玉溪外管局进行考察。

6月27日，玉溪红塔区兴和村镇银行股份有限公司正式挂牌开业，成为云南省首家村镇银行。

9月12日，浦发银行昆明分行第一家异地支行——玉溪支行开业。

12月28日，玉溪市首家为中小企业和“三农”服务的首批试点小额贷款公司——易门县正阳小额贷款有限公司正式挂牌成立。

玉溪市主要经济、金融指标

（2008 年）

单位：亿元

项 目	金 额	比上年增减额	比上年增减额幅度（%）
国内生产总值	596.1	100.20	13.00
工农业总产值	1012.70	214.60	21.20
其中：工业总产值	910.70	195.50	27.30
农业总产值	102.00	19.10	6.80
地方财政收入	55.60	11.60	26.30
地方财政支出	75.70	11.90	18.80
社会消费品零售总额	94.90	16.70	21.40
商品零售价格指数（%）	106.70	6.70	106.70
金融机构各项存款	564.50	67.20	13.50
银行机构各项存款	564.50	67.20	13.50
财政存款	2.30	2.30	-49.45
企业存款	219.80	9.70	4.62
储蓄存款	266.20	54.8	25.9
金融机构各项贷款	281.10	28.90	11.08
银行机构各项贷款	281.10	28.90	11.08
短期贷款	154.30	18.20	12.80
中长期贷款	121.00	14.70	13.56
现金投放（+）回笼（-）	46.20	3.40	8.00
保险费收入	17.60	6.80	62.06
保险赔款支出	4.40	1.5	34.09

保山市

【金融运行情况】

一、存款情况

2008年末，全市金融机构本外币存款余额204.89亿元，比年初增加28.33亿元，同比增长16.05%，比2007年少增加3.31亿元，增幅降低5.78个百分点。其中金融机构人民币各项存款余额204.59亿元，比年初增加28.40亿元，增长16.12%，增幅降低5.78个百分点。各项存款中，储蓄存款余额127.08亿元，比年初增加22.75亿元，比2007年多增9.87亿元，增长21.77%，增幅提高7.69个百分点；企业存款余额38.4亿元，比年初减少7.97亿元，下降17.21%；农业存款余额8.04亿元，比年初增加2.82亿元，增长53.90%，增幅提高27个百分点；金融机构外汇存款2951万美元，比年初增长484.36%。

二、贷款情况

2008年末，全市金融机构人民币各项贷款余额141.14亿元，按可比口径计算，比年初增加23.64亿元，增长17.88%，比2007年增加8.92亿元，增幅提高6.11个百分点。各项贷款中，短期贷款60.00亿元，比年初增加7.97亿元，增长13.81%，增幅提高9.02个百分点；其中：短期农业贷款29.66亿元，比年初增加6.12亿元，增长25.55%；私营企业及个体贷款1.84亿元，比年初0.44亿元，增长31.41%；短期工业贷款11.69亿元，比年初增加1.69亿元，增长13.89%；短期商业贷款5.36亿元，比年初减少0.22亿元，下降3.37%。中长期贷款余额80.87亿元，比年初增加15.36亿元，比上年多增4.24亿元，增长20.85%，增幅提高3.07个百分点。

三、现金投放情况

1-12月，全市金融机构累计现金收入535.47亿元，比去年同期增加38.52亿元，增长7.75%，增幅下降4.49个百分点；累计现金支出522.94亿元，比去年同期增加34.93亿元，增长7.16%，增幅下降4.16个百分点；年累计净回笼现金12.53亿元，比去年同期多回笼8.16亿元。

四、外汇收支情况

2008年，全市跨境外汇资金收支和结售汇继续保持增长。跨境外汇收支总额5988万美元，同比增长6.83%；跨境资金流入5136万美元，同比下降7.63%；跨境资金流出872万美元，增长14倍；外汇收支顺差4368万美元，同比下降20.32%；银行结售汇总额为5320万美元，同比增加415万美元，增幅为8.46%。其中，银行结汇收入4443万美元，售汇支出877万美元，结售汇顺差3566万美元，比上年同期减少1033万美元，下降22.46%。外汇收入减少的主要原因是金属硅出口急剧下降、外汇投资减少；支出增加原因主要是支付外债及外债利息增加、个人因私购汇增加等。

【货币政策传导】

一、紧紧围绕国家宏观经济金融政策调整，切实加强货币政策传导的时效性和针对性，及时反馈政策实施效应，认真贯彻落实小额扶贫贷款、下岗失业小额担保贷款、助学贷款、民族贸易优惠利率贷款等各种信贷优惠政策。

二、组织召开货币政策传导会、金融联席会、银政、银企座谈会等，不断探索、创新货币政策传导方式，及时将国家宏观调控政策、货币政策、信贷政策传导到政府、金融机构及各微观经济主体，切实发挥基层央行的“窗口指导”作用。

三、引导金融机构积极承担社会责任，利用市场利率定价机制，合理确定信贷资金价格。2008年，在金融机构新增23.64亿元贷款中，其利率定价区间分布及占比情况是，执行基准利率以下（含基准）的占32.06%，其中基准利率占25.31%；基准利率以上（不含基准）的占67.94%，其中：上浮30%以内的占228.83%。农村信用社贷款利率执行基准利率至上浮2倍以内（不含基准）的占96.77%。

四、加强调查研究分析，及时反馈从紧、“一保一控”、适度宽松货币政策在辖内的贯彻实施效应。

五、全面完成“四县一区”农村信用社专项中央银行票据的考核兑付工作，6541.91万元专项中央银行票据全部按期兑付。其中：隆阳区农村信用社2769.5万元，腾冲县农村信用社1416.41万元，龙陵县农村信用社1000万元，施甸县农村信用社1000万元，昌宁县农村信用社356

万元。

【金融监管】

一、加强制度建设。一是制定实施观察员制度、季度监管通报制度、季度座谈会制度和高管人员履职考核制度等"四项制度"；二是进一步明确对监管办事处的授权，发挥办事处的主观能动性，提高监管效率；三是制定实施"服务承诺制"、"首问责任制"、"限时办结制""三项制度"，切实在落实上加强监督。

二、认真开展现场检查。一是完成"规定动作"。2008年共派出18检查组，完成了对中行保山市分行2007年常规现场检查整改情况后续跟踪等18个现场检查项目，投入672个工作日，检查机构23个，提出了监管建议156条，促使被监管单位进一步加强内控、完善信贷管理、规范业务流程，不断提高经营管理和风险防范能力。二是开展安全保卫工作检查。联合公安部门对辖内银行机构安防设施、枪支管理、规章制度、痕迹管理、应急预案等方面内容进行现场检查，共检查机构网点21个，现场整改100多处，提出限期整改意见4条。

三、强化风险预警监管。一是发挥非现场监管信息系统的"天气预报"功能和作用，健全完善大额贷款、大额不良贷款双向台账监测制度和客户风险监测预警系统，加大对不良贷款的防控和风险提示，切实提升非现场监管信息的应用能力，2008年年共发出监管提示通知73份，指出风险点119个，提出监管建议156条；二是在信息科技风险监管中注重做到"报备促动、检查推动、通报互动、问责震动"，最大限度地减少技术和管理的缺陷。

四、强化日常管理。2008年，共批准搬迁银行业金融机构9个（其中：撤销2个，搬迁2个，临时搬迁5个），核准银行业机构开业13个，换发许可证12个机构，审核新任高管19名。

五、稳步推进改革。一是密切关注城市信用社改革和发展，及时向地方党委和政府汇报改革情况；二是农村信用社央行票据兑付工作取得重大进展，全市5家联社6541.95万元央行票据已全部兑付，增强发展后劲；三是条件严格、程序合规的前提下，通过"送知识上门、送法规上门、送经验上门、送服务上门"的方式，促成邮政储蓄银行保山分行9个分支行5月28日前全部挂牌开业；四是密切关注农发行商业性业务进展情况，督促其在扩大办理商业性业务，促进地方经济发展的同时，完善风险管理，防范转型期风险。

【支持地方经济发展】

2008年，保山市各金融机构紧紧围绕市委、市政府提出的"云南走向南亚，保山先行一步"的发展战略，深入贯彻落实国家宏观经济政策、产业政策和金融政策，切实加大信贷投入扶持力度，支持社会主义新保山建设。重点加大对新农村建设、工业经济发展、旅游文化产业培育、固定资产投资、城镇体系建设和节能减排等六大工作的金融支持，努力促进保山国民经济又好又快发展和社会的全面进步。

一、基层央行认真贯彻执行国家宏观经济、金融政策，强化货币政策传导的有效性和针对性，促进地方经济发展与金融的良性互动。2008年，中国货币政策密集出台，为配合从紧、"一保一控"、适度宽松货币政策的实施，减少国家宏观调控政策对保山信贷投放可能产生的负面影响，人行保山中支积极采取措施，传导货币政策，引导金融机构合理均衡放贷，做到既严格贯彻执行货币政策，又保证金融对地方经济发展的信贷支持，力求贷款增长与地方经济发展相适应，支持地方经济又好又快发展。

二、各金融机构围绕地方经济发展规划，积极支持龙头产业和龙头企业的发展。大力支持辖内电力、能源、交通、烟草、糖业、城市建设等重点产业、行业的发展，支持企业技术创新，提高产品质量，增强地方经济发展后劲。同时，各金融机构结合自身业务特点筛选一批产品质量好、销售好、管理规范、成长性好的中小企业作为信贷支持对象，积极开办中小企业贷款、票据贴现、国内贸易融资和国际贸易融资等个性化融资产品服务，多渠道创造条件满足不同企业的融资需求。

三、突出区域特色，优先扶持"三农"发展，支持、推进社会主义新农村建设。涉农金融机构以农业产业化龙头企业为重点，优先支持龙头企业基地建设、技术改造和农副产品收购，支持农村基础设施和农村商品流通体系建设，积极探索"公司+基地+农户"运作模式，切实解决农户贷款难问题。同时，积极落实国家各项支农、惠农政策，全力支持保山"三农"发展。农行保山市分行注重强化面向"三农"的市场定位和责任，注重新兴业务拓展，加强风险防范与控制。农村信用社充分发挥支持服务"三农"的主力军作用，全年累计发放贷款33.94亿元，其中"三农"贷款为27.5亿元，占新发放贷款的81%；年末"三农"贷款余额已达39.34亿元，占各项贷款余额的83.12%。

【各金融机构的经营管理】

一、保山市存款类金融机构坚持存款立行、立社原则，积极创新服务方式，拓展存款来源渠道，保证了各项存款持续、稳步增长。2008年末，全市金融机构本外币存款余额达204.89亿元，比年初增加28.33亿元，同比增长16.05%。

二、加强贷款营销管理，提升营销水平。2008年，保山市各金融机构结合实际，不断创新、发展信贷服务品种，实现了近几年来贷款增长的最高增幅，年末全市金融机构人民币各项贷款余额达141.14亿元，按可比口径计算，比年初增加23.64亿元，增长17.88%。在实现贷款存量增加的同时，各金融机构按照风险管理体制要求，加强对重点行业、重点客户的风险监测，加大重点项目监管力度，切实推进操作风险与内部控制自我评估工作，年末实现了不良贷款绝对额和占比双降。2008年末全市金融机构不良贷款余额（五级分类法）为10.72亿元，比上年末减少15.65亿元，不良占比为7.60%，比年初下降12.35个百分点。下降原因是年内农业银行股改剥离不良贷款133471万元、建设银行年末不良贷款上划省分行13740万元等因素，仅此两项就使得全辖金融机构不良贷款减少了14.72亿元，在全辖金融机构不良贷款减少总额中的占比是94%。其中：农业银行不良贷款余额1.51亿元，不良率下降36.69个百分点。农业发展银行按照好中选优、严控风险、稳中求进的原则要求，在继续经营好农业产业化龙头企业贷款、地方食糖储备贷款和农业小企业贷款的基础上，紧紧抓住各级政府大力开展农村基础设施建设和农村能源建设的契机，以农村道路建设和小水电建设为重点，在农业综合开发贷款和农村基础设施建设贷款上实现突破。

三、积极发展银行卡、代理保险、代理基金、人民币理财等中间业务，不断优化、完善服务手段，增加中间业务收入来源，实现金融机构效益最大化。2008年，全市金融机构实现中间业务收入6850.4万元，同比增加661.8万元，增长10.69%。各项中间业务的开展情况与上年相比有很大差异，主要反映在：由于资本市场持续低迷，全市银行业基金销售大幅下挫，全市仅销售基金25387万元，仅为2007年的15.7%，实现收入536.85万元，仅为2007年的35%。在这种情况下，代理保险业务却呈现高速增长，全年完成15963万元，比上年增加6633万元，同比增长71%，实现收入483.11万元，比上年同期增加253.12万元，相当于2007年的两倍；另一方面，人民币理财产品也有较大幅度增长，年末余额3483.6万元，比上年增加993.6万元，增长40%；随着用卡环境的不断改善和宣传工作的加强，银行卡业务得到大力发展，覆盖面进一步扩大。截止2008年末，全市累计发放银行卡43.28万张，比上年增加12.43万张，增长40.3%；年末全市特约商户910户，2008年新增529台，POS终端共计1423台，比上年末增加924台，当年银行卡交易金额达255.21亿元。

四、银行业经营效益提高。2008年，全市银行业金融机构资产总额达到218.81亿元，同比增加31.23亿元，增长16.65%，并再度实现全行业盈利，当年结益共计35575万元，比上年度增加17412万元，增长96%。其中：建设银行盈利突破1亿元，连续4年保持全市第一。

【证券业务】

2008年末，股民户数总计12279户，比年初新增1307户，较去年同期少增3484户；股民保证金余额达0.52亿元，全年累计交易量达68.82亿元，同比减少5.49亿元，下降7.39%；当年实现利润1291万元，同比减少266万元，下降17.08%。

【保险业务】

2008年末，全市共有保险企业12家，全年实现保费收入总计4.84亿元，同比增加1.6亿元，增长49.35%，增幅比去年同期高15.27个百分点。其中：财产保险保费收入1.51亿元，同比增加0.18亿元，增长13.19%，；人身险保费收入3.22亿元，同比增加1.32亿元，增长69.22%。保险赔款给付总计1.45亿元，同比增加0.53亿元，增长57.79%；其中：财产保险赔付0.83亿元，同比增加0.26亿元，增长44.49%；人身保险赔付0.54亿元，同比增加0.20亿元，增长60.71%。

（周锦鳌供稿）

【大事记】

3月1日至12月15日，保山市5县区农村信用社认购的6541.95万元专项中央银行票据全部成功兑付。

3月3日，全市人民银行系统“制度落实年”活动正式启动，至2008年10月31日结束。活动期间共梳理制度382个，修订完善114个，新建制度69个，制定整改措施48条。

3月20日，中国邮政储蓄银行保山市分行挂牌成立。

3月27日，国家外汇管理局外汇检查工作会议在腾冲召开，北京、广东、福建等12个省市检查处负责人参加会议，国家外汇管理局检查司张生会司长到会并作重要讲话。

5月9日至11日，中国农业发展银行总行孟献斌副行长到保山指导工作。

10月，全市人民银行及银行业金融机构学习实践科学发展观活动拉开帷幕。

12月5日人民银行国库专业人才通道建设试点工作座谈会在腾冲召开，总行人事司司长韩平、国库局局长邵长年、昆明中支杨小平行长参会并作重要指示。

中国农业银行股份制改革前期工作在全市农业银行系统稳步推进。

12月22日，原保山正阳城市信用社被富滇银行股份有限公司吸收、合并；2008年12月28日，富滇银行股份有限公司保山分行正式挂牌。

保山市主要经济、金融指标

（2008 年）

单位：万元

项 目	金 额	比上年增减额	比上年增减额幅度（%）
国内生产总值	1940496	316717	13．1
工农业总产值	2096291	404139	
其中：工业总产值	1077043	221874	28．4
农业总产值	1019248	182265	8．69
地方财政收入	224935	33008	17．2
地方财政支出	492377	110148	28．8
社会消费品零售总额	583513	98731	20．4
商品零售价格指数			104．7
金融机构各项存款	2045913	284021	16．12
银行机构各项存款	1375362	143782	11．67
财政存款	62147	42513	216．52
企业存款	383882	-79826	-17．21
储蓄存款	1270847	227495	21．77
金融机构各项贷款	1411387	236387	17．88
银行机构各项贷款	917057	145519	15．84
短期贷款	599953	79722	13．81
中长期贷款	808748	156273	20．85
现金投放（+）回笼（-）	-125339	-35815	40．01
保险费收入	48434	16005	49．35
保险赔款支出	14489	5307	57．79

昭通市

【金融运行情况】

一、存款

2008年末，昭通市金融机构本外币各项存款余额298.67亿元，比年初增加60.26亿元，增长25.27%，同比多增24.63亿元，增幅提高7.70个百分点。存款年度净增额比历史最高年份2006年的37.80亿元高22.46亿元。其中：人民币各项存款余额298.59亿元，比年初增加60.24亿元，增长25.28%，同比多增24.56亿元，增幅提高7.67个百分点。储蓄存款余额150.01亿元，比年初增加31.52亿元，增长26.60%，同比多增19.35亿元，增幅提高15.16个百分点。企业存款余额66.31亿元，比年初增加了6.73亿元，增长11.29%，同比少增4.79亿元，增幅降低12.69个百分点。

二、贷款

2008年末，昭通市金融机构本外币各项贷款余额163.37亿元，按可比口径计算，比年初增加35.68亿元，增长25.75%，同比多增18.47亿元，增幅提高11.57个百分点。其中：人民币各项贷款余额163.37亿元，按可比口径计算，比年初增加35.81亿元，增长25.87%，同比多增18.61亿元，增幅提高11.68个百分点。短期贷款余额86.20亿元，按可比口径计算，比年初增加22.71亿元，增长34.32%，同比多增16.82亿元，增幅提高24.55个百分点。中长期贷款余额75.04亿元，按可比口径计算，比年初增加13.21亿元，增长18.86%，同比多增3.11亿元，增幅提高2.02个百分点。中长期贷款增幅比短期贷款的增幅低15.46个百分点。

三、现金

2008年1－12月，昭通市金融机构累计现金收入620.95亿元，同比增加27.40亿元，增长4.62%；累计支出641.85亿元，同比增加27.06亿元，增长4.40%，收支相抵，累计净投放现金20.90亿元，同比少投放0.34亿元，降低1.58%。

四、外汇

2008年末，全市结售汇6711万美元，同比增加4940万美元，增长278.92%，其中：结汇收入720万美元，同比减少583万美元，下降44.74%；售汇收入5991万美元，同比增加5523万美元，增长1180.1%。涉外企业产品出口收汇核销766万美元，同比增加49万美元，增长6.83%。涉外企业进口付汇核销7.21万美元，同比减少203.79万美元，下降96.58%。年末，全市金融机构外汇存款余额102万美元，比年初增加9万美元，增长10.84%。其中：外汇储蓄存款98万美元，占外汇存款总额的96.07%。外汇贷款余额0万美元，比年初减少186万美元。减少100%。

五、保险

2008年，昭通市保险业务增长较快，市场体系不断健全，业务结构不断优化。两大主力险种主导保险业发展的格局维持不变，为各类经济主体和人身风险承担了风险保障，有力地保障了全市经济社会的发展稳定。财险、寿险全年累计实现保费收入2.9亿元，同比增长12.5%。其中：财险保费收入17301万元，同比增长27.7%，完成省公司下达计划目标16164万元的107.03%。；赔款支出8383万元，综合赔付率为49.96%，比上年上升7.42个 百分点。寿险保费收入11659.88万元，同比增长57.%。

【金融资产质量】

2008年全市金融机构不良贷款余额为10.82亿元，比年初下降12.40亿元，降幅为10.14%。

工商银行昭通市分行在信贷审批和信贷管理部门的严格把关和积极催收下，信贷资产质量进一步得到了提高，不良贷款余额只有115万元，比年初减少367万元，不良率仅有0.037%，比年初下降0.13个百分点。主要做法是：一是风险防范与业务发展同步，在风险可控的前提下进行业务发展；二是认真执行信贷准入政策和贷款条件，加强贷前调查核实工作，不断提高工作效率；三是认真开展作业监督，发现问题及时整改；四是加大不良贷款清收力度，不断降低不良贷款余额。农业银行昭通市分行把握政策机遇，严谨落实改革工作。严格按标准，共剥离不良贷款11.22亿元，全年清收不良贷款1.14亿元。年末，五级分类的不良贷款余额为2.02亿元，占比为4.84%，较2007

年末下降28.65个百分点。建行昭通市分行针对全行不良现状，一是实行按月，分部门、机构下达资产质量控制计划，逐月对压缩回收不良贷款实行挂价考核；二是加大了依法收贷力度，紧扣年度经营目标把依法收贷作为风险管理的重要工作内容之一，大力压缩不良贷款；三是相关部门协调配合，严格按规定开展呆账项目的核销申报工作。按五级分类不良贷款额2002万元，比年初下降361.25万元，不良率为1.15%，完成省分行计划率为141%。

【金融创新】

创新金融服务及信贷产品，拓宽融资渠道，下大力气进行产品创新、流程创新和营销方式创新，开发了众多新产品。2008年，人行昭通中支大胆进行探索，努力拓宽中小企业融资渠道，组织各金融机构开展了“金融服务小企业”活动，组织商业银行、企业宣传培训应收账款质押贷款业务。全市应收账款质押贷款业务开展较好，在全省处于前列。截至12月末，昭通市在应收账款质押登记系统累计成功登记62笔，发放质押贷款11.59亿元，占昭通市2008年1–12月新增贷款35.68亿元的32.48%，有效促进了中小企业融资。积极争取政府的支持，在全市11个县区设立了下岗失业人员小额担保贷款担保基金，全年已发放小额担保贷款468万元，取得了突破。

工商银行昭通市分行开拓创新，加快中间业务发展步伐。一是重点发展银行保险业务和投资银行业务，进一步扩大理财、信用卡、电子银行、投资银行等高技术含量、高附加值和新业务收益的比重，促进中间业务收入结构的调整。二是以个人中间业务、信贷业务、银行卡业务为重点，加快新兴个人金融业务创新步伐。三是加大代理保险业务发展，将个人消费信贷与人身意外伤害保险实行捆绑销售和组合营销，实现期交型、保障型产品和财险业务新突破。四是充分利用先进优势提升电子银行发展层次，把电子银行打造成集金融交易、代理销售、收费缴费、理财服务、电子商务和营销推介于一体综合服务平台，使其成为核心竞争力业务。五是加强对牡丹卡、理财金账户、金融e通道等核心品牌的维护，加大营销推广工作，树立卓越的工行品牌形象，推进中间业务和新业务品牌战略的实施。通过努力，使全行中间业务业务工作迈入健康发展的轨道，成为经营效益的重要支柱业务。

农业银行昭通市分行顺应形势，把握商业金融市场定位，高层运作、高效率创新“三农”服务，形成良好社会效应。以倡导诚信和疏解担保难为结合点，为涉农信贷服务添声势扩空间，累计发放小企业贷款41户（笔）1.69亿元，涉农贷款净增6.76亿元。充分注重以金穗惠农卡搭建党政领导、金融主导、承接“三农”关联利益主体的现代农村金融体系，高层运作推动成立“昭通市金穗惠农卡服务‘三农’领导组”，市政府召开全市金穗惠农卡服务“三农”推广工作会议，金穗惠农卡推广发行进入了党政、行业、金融、产业等多方聚力发展的新时期。年末，发卡5.89万张，激活率99.71%，完成省分行计划的589%，发卡量位居全省首位。

【金融服务】

昭通市金融系统以提升金融服务水平，促进全市经济社会发展为己任，充分利用信息化成果，改善了金融服务质量，让广大人民群众共享现代金融服务建设成果。

一、资金汇划效率进一步提高。金融机构与相关部门密切配合，顺利完成了大额、小额支付系统和银行结算账户管理系统的推广建设工作，昭通市的支付清算环境得到极大改善。尤其是全市246个农村信用社营业网点全部开通农民工银行卡特色业务，有效解决了我市贫困边远地区“通汇难”的问题。

二、银行服务更加贴近百姓生活。针对银行“排长队”现象，全市银行营业网点认真开展服务创优活动，通过增加柜台人员，调整岗位分工，增加POS机投放和力推网上银行等措施，使这一问题得到有效缓解。代收付系统在昭通各银行业金融机构上线运行，通过该系统的“便民通”，广大居民可以选择任意一家商业银行代为办理缴费业务，无须再在不同银行之间奔忙。

三、财政资金使用效率得到改善。国库单一账户改革已在全市全面展开，市级预算单位已全部纳入单一账户体系管理，县（区）级预算单位已进入试点阶段。实行国库单一账户改革后，预算单位的资金全部集中于国库，预算支出所需资金由财政账户直接拨付，预算资金到位及时，效率提高，有效解决了收入与支出之间存在的季节性不均衡的矛盾，增强了地方政府的宏观调控能力。

四、银行服务覆盖面扩大，增强了社会诚信意识。举办中小企业征信知识讲座，根据中小企业信用档案建设要求，为911户中小企业建立了信用档案。有50家中小企业因为建立信用档案而顺利获得银行贷款，贷款总额3.51亿元，在全省各地州中排名第一。累计向企业办理贷款卡2555张，贷款卡年审率为88.93%。广大居民的日常生活越来越离不开银行服务，在同银行打交道的过程中居民诚信意识明显增强，人民银行个人征信系统积极为市民提供个人信用报告，老百姓对自己的信用状况关注度明显上升。

【金融支持地方经济发展】

面对年初“从紧”货币政策及宏观调控力度加大的形势，全市金融部门认真贯彻“区别对待、有保有压”的信贷方针，充分认识到昭通加快发展的内在要求，结合昭通资金需求的特点积极开展工作。人行昭通中支加强货币政策的传导和窗口指导，出台了《昭通市2008年信贷指导意见》等文件，推动商业银行在支持新农村建设、县域经济、中小企业等薄弱环节加大信贷支持力度，商业银行积极响应，采取多种措施，有效地增加了信贷投入。通过全市金融部门上下努力，2008年昭通信贷投放较快增长，累计发放人民币贷款163.34亿元，同比增加35.81亿元，增长25.87％。

一、增加了新农村建设的资金投入。昭通市农村信用社农业贷款余额395，374万元，占各项贷款65.6%，比年初增加110，049万元，增长38.6%。新增农业贷款占各项贷款增加额的78.2%。全年累计发放农业贷款520，044万元，比去年同期增加137，552万。2008年，昭通金融机构新增农、林、牧、渔业贷款14.08亿元，占全部新增的40.09%，重点加强了对县域经济、农业产业化龙头企业、优势传统产业的信贷投入，为全市农业生产力发展、农民增产增收、农村经济社会发展做出了贡献。

二、增强了房地产市场活跃度。建行昭通市分行在及时贯彻执行国家宏观政策的同时，采取公私联动营销、重点地区重点营销，全力营销优质楼盘，大力推广“乐得家”品牌产品，全年累计投放个贷22331万元，个贷余额51348万元，新增8776万元。2008年，全市金融机构净增个人消费贷款3.74亿元，占全部新增贷款的10.43%，其中八成以上投入了房地产市场，帮助部分居民圆了住房梦，推动了全市房地产市场的快速发展。

三、突出了对中心城市的支持。2008年，市府所在地昭阳区金融机构新增贷款19.65亿元，占贷款增加额的54.87%，同比多增5.64亿元；其余各县金融机构贷款均实现增长。

四、人行昭通中支积极指导各商业银行在控制信贷风险的基础上，多次向上级行申请调整昭通信贷规模。3次调增了全市农村信用社信贷规模共13.8亿元，并明确规定，对新增规模必须用于支持“三农”及中小企业，有效地增强了农村信用社服务“三农”和地方经济发展的能力。

五、2008年初，昭通市遭遇了特大低温冰冻自然灾害。人行昭通中支迅速向灾区金融机构增加1.4亿元支农再贷款指标，支持灾后恢复生产和春耕备耕，并及时下发了《抗击冰雪灾害信贷指导意见》，引导金融机构加大信贷投入，确保灾区经济金融稳定。在中支的指导下，全市各农村金融机构对农户发放抗灾救灾恢复建设及春耕备耕生产贷款8291.8万元，农业银行昭通市分行紧急发放春耕备耕及灾后重建贷款2.46亿元，电网及小水电恢复重建贷款4739万元。

【金融改革】

国有商业银行改革有序进行。2008年末，中国银行、建设银行、工商银行昭通市分支机构继续深化落实各项改革措施，经营管理方式更趋科学化。农业银行昭通市分行股份制改革步伐明显加快，在做好业务经营的同时，顺利完成了不良资产底数清查、不良贷款尽职调查、资产确权等股改基础工作。

农村信用社改革成效初显。2008年，全市11家联社已有10家改制为统一法人社，有一家改为农村合作银行，并已挂牌开业。产权制度改革初见成效，信用社的法人治理结构和内部管理制度进一步完善。人民银行稳步推进农村信用社改革试点资金支持工作，年末，有6家农村合作金融机构已顺利通过人民银行中央银行专项票据的兑付，兑付金额6799万元，兑付家数过半。

【外汇管理】

加强有效管理，做好进出口收付汇核销。一是加强对企业出口收汇核销的非现场监管，定期监测核销率变化情况，调查了解企业出口领单、出口收汇与企业生产、出口状况匹配情况。有针对性地开展资金双向监管，既防范企业无贸易背景收汇，又督促出口应收汇企业及时足额收汇。二是将已收汇未核销纳入出口收汇核销常规化管理，严格对出口预收货款的真实性审核，将贸易流入资金的监管与已收汇未核销的管理衔接起来，充分发挥出口收汇核销制度在外汇资金跨境流动中的“防火墙”作用。三是加大出口收汇核销管理力度，积极清理出口逾期未核销，出口收汇核销率得到不断提高。截至12月末，共发放出口核销单45份，收单52份，出口金额797.04万美元，核销收汇金额763.20万美元，出口核销率为99.20%。

加大了对进口核销的管理监督，完善资本项目外汇管理，促进投资便利化。不断改善外汇投资环境，进一步强化对昭通市资本流动的统计监测。严格按照《资本项目外汇管理业务操作规程》办理各项外资登记监测业务，办理外债还本付息核准14笔，金额377万美元；办理境内机构及个人收购外商投资企业外国投资者股权购付汇核准3笔，金额5247万美元。一是加强了进口付汇核销监管，强化了外汇指定银行真实性审核责任，方便了进口单位经营活动，提高了外汇局监管效率。二是根据进口企业信用情况，实行区别对待、分类管理，坚持寓服务于监管之中，在监管中加强服务。三是加强对外汇指定银行的指导与监督，明确要求各外汇指定银行严格按照有关要求为进口单位开证、付汇或承兑，提高了备案表跟踪核销的监控水平。

（办公室供稿）

【大事记】

12月6日，昭通昭阳富滇村镇银行正式挂牌开业。

昭通市主要经济、金融指标

（2008年）

单位：亿元

项 目	金 额	比上年增减额	比上年增减额幅度（%）
国内生产总值	272.28	46.94	11.1
工农业总产值	222.42	29.16	13.11
其中：工业总产值	177.77	21.68	12.2
农业总产值	44.65	7.48	6.5
地方财政收入	17.13	4.24	32.9
地方财政支出	88.3	25.24	40
社会消费品零售总额	71.87	12.64	21.3
商品零售物价指数（%）	105.07		5.07
金融机构各项存款	298.59	60.24	20.17
银行机构各项存款	176.33	29.49	16.72
财政存款	9.71	5.24	53.97
企业存款	66.31	6.73	10.15
储蓄存款	150.01	31.52	21.01
金融机构各项贷款	163.37	24.94	15.27
银行机构各项贷款	95.09	8.25	8.68
短期贷款	86.20	20.02	23.23
中长期贷款	75.04	5.02	6.69
现金投放（+）、回笼（-）	20.90	-0.34	-1.58

第二部分 各州市金融运行篇

德宏州

【金融运行情况】

2008年，德宏州各级金融部门认真贯彻落实国家宏观调控措施，全州金融运行总体保持平稳增长的态势，各项存款快速增长，增幅比2007年高出3.5个百分点；各项贷款稳中有升，增幅略有回落，信贷结构明显改善；现金投放适度，宏观调控成效显现，全州经济运行总体平稳，较好地支持了德宏州经济社会的全面发展。

一、存款快速增长，企业存款有所下降

2008年，德宏州各项存款稳定增长，其中企业存款下降，储蓄存款增势放大并趋于稳定，财政存款增势低于去年同期水平，农业存款增势回升。截止12月末，德宏州金融机构人民币各项存款余额为1，618，266万元，比年初增加204，317万元，增长14.45%；其中：企业存款余额为255，329万元，比年初减少18，058万元，下降6.61%；财政存款55，663万元，比年初增加15，478万元，增长38.52%；机关团体存款160，686万元，比年初增加34，310万元，增长27.15%；储蓄存款余额为1，061，720万元，较上年增加166，157万元，同比多增123，248万元，增长18.55%，增幅比去年同期高出13.52个百分点；农业存款68，041万元，比年初增加13，401万元，增长24.53%；其他存款16，751万元，比年初下降6，966万元，下降41.58%；全州外汇各项存款余额503万美元，比去年同期减少652万美元，下降56.43%。

二、贷款总体增长，但增幅有所回落

2008年，德宏州各项贷款走势呈现先扬后挫的特征，上半年较为平稳，9到11月有所下跌，随着国家宏观调控货币政策取向由“从紧”向“宽松”调整，政府扩大内需促进增长各项措施逐步落实，12月末，各项贷款增势回升，各项贷款平稳较快增长，增幅超过全州生产总值增幅3.56个百分点。截止12月末，全州金融机构人民币各项贷款余额1，022，194万元（按可比口径），比年初增加142，154万元，增长15.06%，同比少增69，205万元，增幅低于去年同期13.8个百分点。

从贷款的期限结构上看，中长期贷款增幅明显高于短期贷款增幅。

（一）短期贷款余额354，071万元，比年初增加31，370万元，增长9.23%。其中除乡镇企业贷款呈下降趋势外，工业、商业、农业、私营企业贷款增幅明显。

1. 工业短期贷款余额39，050万元，比年初增加3，266万元，增长7.56%；

2. 商业短期贷款余额53，569万元，比年初增加949万元，增长1.64%；

3. 农业短期贷款余额102，336万元，比年初增加19，622万元，增长23.02%；

4. 乡镇企业贷款余额29，262万元，比年初减少6，277万元，下降17.66%；

5. 私营企业及个体贷款余额46，908万元，比年初增加2，078万元，增长4.63%；

6. 其他短期贷款余额82，946万元，比年初增加11，732万元，增长15.98%。（其中：个人短期贷款余额为19967万元，比年初增加3615万元，增长22.10%。）

（二）中长期贷款余额668，123万元，比年初增加110，785万元，增长18.35%。

1. 基本建设贷款呈现大幅增长，余额达220，344万元，比年初增加73，853万元，增长50.41%；

2. 其他中长期贷款余额447，779万元，比年初增加36，932万元，增长8.08%。（其中：个人中长期贷款余额为88，648万元，比年初增加536万元，增长0.61%。）

（三）贷款分布情况。

1. 政策性银行贷款余额为88，848万元，占各项贷款余额的8.69%，新增贷款占各项贷款新增额的11.84%；

2. 股份制银行贷款余额为692，718万元，占各项贷款余额的67.77%，新增贷款占各项贷款新增额的59.33%；

3. 农村合作金融机构贷款余额为238，756万元，占各项贷款余额的23.36%，新增贷款占各项贷款新增额的27.55%；

4. 邮政储蓄银行贷款余额为18，720万元，占各项贷款余额的0.18%，新增贷款占各项贷款新增额的1.28%。

（四）新增贷款的主要分布情况。

1. 电力建设投资贷款仍保持较快增长。2008 年，德宏州商业银行投入该行业领域的贷款净增 11.32 亿元；

2. 支农力度递增，“三农”贷款继续增加。农村信用社“三农”贷款余额 16.51 亿元，占农村信用社各项贷款的 69.17%，比年初增加 1.96 亿元，增长 13.49%；

3. 新增农村基础设施建设及小水电开发贷款 1.55 亿元；

4. 新增粮油收购、储备、调销调控贷款 5，646 万元；

5. 正常因素调整收回，其中：制糖业归还贷款 1 亿元、电力行业归还 2.3 亿元。

三、银行业盈利能力明显增强

全州银行和信用社共实现盈利 3.51 亿元，较上年增长 129.4%；不良贷款实现了“双降”目标，金融机构不良贷款余额比上年减少 9.4 亿元，不良率为 7.45%，比上年下降 10.57 个百分点。

四、现金投放适度，增幅适度放大

2008 年，按照“合理调配，确保供应”的要求，结合德宏实际，共调拨资金 56.5 亿元。截止 12 月末，全州金融机构现金年累计收入为 4，907，406 万元，同比减少 196，927 万元，下降 3.86%，金融机构现金累计支出为 5，136，675 万元，同比减少 124，413 万元，下降了 2.36%，收支相抵累计净投放现金 229，269 万元，比上年多投放 72，513 万元，同比增长 46.26%。

五、外汇收支

截止 12 月末，全州银行结汇收入累计 14，923 万美元，较去年同期增加 2，320 万美元，增长 18.4%，其中：货物贸易项下结汇 12，237 万美元，较去年同期增加 3，773 万美元，增长 44.58%；服务贸易结汇 946 万美元，较去年同期增加 131 万美元，增长 16.07%；收益和经常转移 765 万美元，较上年同期增加 321 万美元，增长 72.3%；资本项目结汇 975 万美元，较上年同期下降 349 万美元，下降 55.7%；累计售汇支出 851 万美元，较上年同期下降 251 万美元，下降 41.75%；其中：货物贸易项下售汇支出 295 万美元，较上年同期下降 126 万美元，下降 74.61%；服务贸易支出 472 万美元，较上年同期增加 179 万美元，增长 61.09%。收益和经常转移 8 万美元，较上年增长 33.33%，资本项目其他投资 76 万美元。

六、保险业长足发展

据统计：2008 年 12 月末，全州保险机构实现保费收入 38，183.4 万元，比去年同期增加 9，398.3 万元，增长 32.65%；其中：财产保险实现保费收入 13，673.25 万元，占保费总收入的 35.8%；人寿保险实现保费收入 24，510.15 万元；占保费总收入的 64.2%。

（一）德宏人保财险公司实现保费收入 10，032.1 万元，同比增长 16.45%，首次实现了保费收入过亿元，市场份额为 73.37%；处理各种赔案 14732 件，同比增加 8.3%；已决赔款 5，429.5 万元，同比增长 23.05%；已决赔付率为 54.12%，同比上升 2.9 个百分点（其中机动车辆险赔付率 56.8%，同比上升 5.88 个百分点），上缴各种税收 577.41 万元。

（二）中国人寿保险德宏分公司全年实现总保费收入 19，126.39 万元，全年共给付、赔付 7，748.87 万元，其中赔款支出 883.2 万元，综合赔付率 88.5%。

（三）泰康人寿德宏中心支公司 2008 年累计实现规模保费收入 4，509.7 万元，上缴地方税收 65.29 万元，共计发生理赔大小案件 259 起，赔付金额 78.09 万元，赔付率为 0.17%。

（四）太平洋人寿保险德宏中心支公司 2008 年完成标准业务 1，727 万元，原始保费收入 110 万，同比增长 141.2%，全面完成了省公司下达的各项经营指标，共计给付保险赔付金额 81 万元整。

（五）大地财产保险公司德宏支公司 2008 年共实现保费收入 1，482 万元，保费规模比同期增长了 43%，市场份额为 10.8%，市场排名居地区行业中的第二位，全险种满期赔付率为 55.6%，实现财务报表利润 63.5 万元，利润率 4.29%。

（六）天安保险德宏中心支公司 2008 年累计实现保费收入 1，387 万元，完成年计划的 73%，较去年同期相比下降 13.33%，共支付赔款 1，087 多万元，综合赔付率达到 78%，综合赔付率较去年同期上升了 36 个百分点，市场份额为 10.14%。

（七）平安保险 2008 年保费收 548 万元，比去年同期增加 136%，全年共发生赔付案件 1178 起，支付赔款 195 万，实现利润 43 万元，市场份额为 4.01%。

（八）永安财产保险德宏支公司 2008 年保费收 132.56 万元；累计赔款支出 18.84 万元；上缴营业税金及附加 7.36 万元；代扣代缴车船税 7.8 万元，市场份额为 1%。

（九）阳光保险公司 2008 年保费收 87.28 万元，市场份额为 0.64%。

【金融服务与创新】

全州金融机构紧紧把握国家金融宏观调控政策，结合德宏实际，以发展为目标、以创新为手段，进一步加强和改进金融服务，金融服务水平不断提高。

一、全州人民银行把握机遇、转变理念、强化职能，突破金融服务的发展空间，推动金融服务向更精细、更科学、更高效的方向发展，努力实现“服务型央行”的发展目标。

（一）构建金融信息服务平台，准确提供信息服务。不断完善特色产业信贷监测制度、人民币跨境流动监测体系制度、德宏州金融统计月报制度、银行账户查询制度、金融调研制度、政务公开等制度，通过建立金融信息共享机制，为政府部门、金融机构和社会公众获取金融信息提供有效服务。

（二）强化国库核算手段，提高国库服务水平。全州人民银行以科技创新推动服务创新，全面推行库款报解新模式，实现国库资金零在途，顺利推进财政国库单一账户改革和政府收支分类改革，切实做好财税库行横向联网前期准备工作，并通过同城票据交换、国库内部往来、大小额支付系统上线运行，顺利运行国库会计核算系统、国库统计分析系统、国库综合业务系统和国债业务系统，建立独立的资金汇划和清算体系，构建了高效的国库服务体系，充分体现了地区财政资金聚散中心的地位和作用。截止12月末，全州国库累计办理中央预算收入合计33，393.44万元，省级预算收入合计16，097.65万元，地方预算收入合计628，961.04万元（含预算调拨收入289，645.85万元），办理预算支出620，898.01万元，办理出口退税34，300万元。

（三）完善手段，支付清算能力进一步加强。通过大额支付系统、小额支付系统、中央银行会计集中核算系统、支票影像交换系统的成功推广和安全运行，为德宏社会经济活动提供了“金融高速路”。进一步推行以支票、汇票、本票和银行卡为主体的非现金支付体系，改进了支付环境，圆满完成中央银行会计集中核算系统（ABS）升级换版工作。截止12月末，共办理支付往来业务6457笔，金额188.89亿元。

（四）推动德宏州银行卡产业健康、快速发展，改善银行卡受理环境，提高公众用卡意识和商户的受卡积极性。组织开展了“快乐刷卡，开心中奖在德宏”首次银行卡联合宣传活动，取得较好的宣传效果，为德宏建立“刷卡无障碍示范街”奠定了基础。

（五）完善涉农金融机构支付清算系统建立，全州农村信用社成功接入支付系统，从根本上解决了中小金融机构“通汇难”问题。特别是全州农村信用社90个营业网点“农民工银行卡特色服务”业务的开通，极大地方便了农村地区外出务工人员异地取款需求，改善了农村支付结算环境。

二、州工行不断改进服务方式、提升服务水平。以房地产开发贷款、电力流动资金贷款、进出口龙头企业流动资金贷款为重点，发放法人客户贷款20，300万元，带动相关业务不断发展，注重巩固和加强传统业务，个人金融等业务，中间业务产品营销取得稳步发展。

三、州农行坚持“服务地方经济、奉献社会公众”的服务宗旨，着力调整信贷结构，进一步强化为“三农”服务的市场定位与责任，继续加大对全州水利水电、“三农”建设的信贷支持，2008年末，电力贷款达20.78亿元，支持装机达60万KW；面向全州农户发放金穗惠农卡5587张，授信1900户，贷款900多万元；涉农贷款余额28.6亿元，比上年增加12，241万元，其中：发放农户贷款59，278万元，农村企业产业化贷款213，810万元，城市企业及各类组织涉农贷款13，400万元。

四、州中行始终坚持经济效益和社会效益的统一，强化大局和服务意识，切实增强服务奥运的政治责任感和使命感，将奥运金融服务作为年度工作的重中之重，认真抓好奥运服务的每个细节，借奥运之机更新服务理念，转变服务模式，提升品牌价值，加强自助设备、便民设施及无障碍设施管理，保证ATM、POS等银行卡受理设备正常运行。资产规模迈上新台阶，授信业务规模突破12亿元大关。截至2008年12月末，全辖累计实现人民币中间业务净收入1，337.80万元，同比增加453.56万元，增幅51.29%。

五、州建行新增设两个自助银行，新增加投入5台ATM机、3台自助循环机（CRS）、2台自助终端（BSM）和82台POS机。同时，积极推行网点转型，网点功能的增强使网点服务能力全面提高，客户总体满意度大幅提升。

六、州邮政储蓄银行丰富服务品种，完善网络服务功能，增强服务能力，从满足广大农村群众日益增长的金融服务需求出发，面向广大商户、农户开办联保、保证信用贷款，为中小企业、农民朋友提供生产资金；积极协助地方政府发放“农业人口独生子女家庭一次性奖励和补助金”、“退伍军人优抚金”，将政府的关怀、邮政的温暖直接传送到农民手中。

【金融改革】

一、在人行德宏州中心支行的积力推动下，德宏州中缅边境贸易人民币结算取得重大突破，缅甸经济银行在中国瑞丽中方银行开立人民币结算账户试点方案2008年12月31日获云南省外汇管理分局批准实施。

二、农业发展银行转型改革进展顺利，商业性贷款业务迅速拓展。

三、州工商银行机构网点整合稳步实施，撤销两个经营网点，推行机构人员改革，开展全州网点负责人、客户经理岗位竞聘，实行员工“双向选择”上岗机制，引导人员合理流动；实施服务考核实施办法、绩效考核办法，注重业绩贡献，强化业绩考核与服务考核；实行行领导与支行、网点对口挂钩、与高端客户营销维护挂钩，强化营销与服务。

四、农行体制改革进展顺利，股改前期准备工作圆满完成，股份制改革进程稳步推进，顺利完成股改前资产清理与不良贷款审核剥离工作，完成了999户不良资产剥离档案的审查移交工作，剥离11.12亿元。其中：不良资产本金6.9亿元，利息4.2亿元，清理出拟核销贷款本息8.6亿元。

五、州中行制定了《德宏分行2008年至2010年新三年业务发展规划及发展要点》，把2008年定为“目标管理年”和“创新发展年”，组织开展“开门红”竞赛活动，不断拓展经营规模；积极推行内部机构改革，稳步推进网点转型，撤销了风险管理部，将原业务发展部门设为公司业务部和个人金融部，将国内支付结算条线管理职能从计划财务部移交营业部，将出纳金库职能从营业部上收计划财务部，完成了目瑙纵歌路支行和勐焕路分理处的网点转型工作，提升了网点的外部形象。

六、德宏邮政储蓄银行改制工作有序开展，改制前评估、规划、筹建等工作扎实有效，顺利完成了邮储银行德宏州分行和2个一级支行、9个二级支行的组建开业工作，全州邮政储蓄银行体制改革迈出关键一步。

七、农村信用社实施“三项制度”改革，本着改革、发展、稳定的原则，各联社认真落实“三项制度”改革实施方案，公布岗位职数，组织员工考试、考核，改革工作进展顺利，通过开展“三项制度”改革，规范了劳动用工和收入分配制度，引入了正向激励机制，增强了干部员工的危机感和紧迫感，有效地推动了经营管理工作。

八、农信社央行票据兑付工作实现“满堂红”。2008年全州五家农村信用联社央行票据（4586.8万元）兑付工作全面完成，兑付率达100%。

九、保险机构不断发展壮大，保险经营范围不断拓展，全州保险机构已发展至13家，保险业充分发挥了经济“助推器”和社会“稳定器”的作用。

十、人保财队公司努力推动货运险的开办，积极探索开办西瓜货运保险、树化玉运输保险和物流公司的货物运输保险，收到良好效果。

【货币政策传导】

2008年人行德宏州中心支行全面分析国内国际经济金融形势，把握经济金融运行规律，充分履行基层人民银行职责，针对德宏加快发展动力较强而实现科学发展任务较重的实际，认真贯彻执行货币政策，货币信贷工作的有效性不断增强，有效促进了德宏经济持续健康发展。

一、全州人民银行积极适应政策变化需求，努力加强货币信贷工作指导力度，积极探索实现金融宏观调控措施的有效方法和载体，不断增强工作的有效性。

二、结合实际认真落实各项货币政策措施，建立科学的窗口指导工作机制，加强与政府部门、金融机构和企业等方面的政策沟通，草拟了《2008年德宏州金融工作指导意见》，提出了9条实施意见，德宏州人民政府批转在全州范围执行，建立和创新银企合作平台，年内先后两次召开德宏州金融工作座谈会，及时传导执行国家从紧和适度宽松的货币政策，积极宣传国家宏观调控货币政策由“从紧”向“适度宽松”的转变，切实落实扩大内需促进增长十项措施，推动各项金融调控措施有效落实。

三、注重加强与政府有关职能部门和各金融机构的协作，共同研究探索德宏经济金融发展规划，按照宏观调控要求落实各项信贷政策，坚持“有保有压、合理引导、有效投入”的方针，不断促进信贷结构的优化。

四、州银监分局引导银行业金融机构切实用好用足各项调整后的金融政策，积极向上级行争取信贷倾斜，适时调整信贷结构，加大对全州重点领域重点行业的信贷支持。鼓励和支持银行主动做好项目对接，积极搭建银企合作平台，引导银企加强沟通，为商贸流通企业和扩大内需型建设项目提供信贷支持。

五、探索金融服务“三农”的新举措，鼓励和引导中小企业金融服务创新，推动落实国家助学贷款、下岗失业人员小额担保贷款等涉及民生的专项信贷政策。

六、进一步完善经济金融形势分析工作机制，贴近微观主体，深入调查研究，探索建立科学的分析研究框架和有地区特色的监测指标体系。

七、加强与地方党政和相关部门的协调配合，大力推进金融生态环境建设。

八、有效履行金融稳定职能，切实防范和化解系统性金融风险，全州人民银行从维护金融稳定的职能出发，统筹兼顾，团结协作，不断提高总揽全局、协调各方的能力，不断加强金融风险监测和预警分析，全面开展风险监测和稳定评估工作，完成了《德宏州金融风险监测分析报告》，及时提出风险预警，有效维护地方金融机构的稳定与安全，充分发挥了“最终贷款人”对于稳定社会、保障金融安全的重要职能。

【金融支持地方经济发展】

2008年，全州金融机构认真把握国家货币政策重点，结合德宏实际，积极适应政策变化需求，采取一系列灵活、有效的政策措施，合理增加信贷投入，积极支持德宏经济又好又快向前发展。

一、通过加强窗口指导与政策传导，督促指导银行业服从服务国家宏观调控大局，积极支持德宏水电、糖业、农业、边贸企业、民族工业和社会事业建设，信贷投入稳步增加，余额达102.2亿元；其中：水电业贷款42亿元，占全部贷款余额的44%，比上年增长26.2%；糖业贷款8.29亿元，增长12.98%；小企业贷款1366户，余额15亿元，银行业在促进地方经济又好又快发展方面作出了突出的贡献。

二、信贷支持“三农”力度加大。以农户小额贷款为推手，进一步增强产业带动效益，有效推进农业产业化的发展，支持和加大甘蔗、茶叶、橡胶、咖啡、贡米和农资等主要产业的信贷投入。2008年末，全州农村金融机构农业贷款余额达10亿元，比上年增加1.7亿元，增长20%，增幅超过各项贷款平均增长率4.94个百分点，农户贷款3.58亿元，比上年增长25.74%，受益农户12.3万元，比上年增加4208户，增长3.5%。在支持“三农”经济发展中，为有效缓解农村信用社资金紧张的状况，人民银行对农村信用社累计发放支农再贷款1.32亿元，占农信社贷款净增额的33.67%，对支持全州“三农”经济发展发挥了重要作用。

三、加大私营及个体的信贷支持力度。2008年12月末，对全州私营及个体、个人消费等信贷投放持续增加。其中：私营企业及个体贷款增长4.63%，个人短期消费贷款增长22.1%。

四、保险业大力开拓农村农业保险业务。实现了全州农房火灾统保、政策性能繁母猪全部投保，完成了甘蔗保险试点的前期准备工作，使农业保险的增长率不断提高。

【外汇管理】

一是落实国家外汇管理改革措施。

二是支持边境地区企业实施“走出去”战略。

三是探索中缅边境贸易结算便利化新途径，构建中缅双方银行高层沟通平台，推动中缅边境贸易人民币结算和出口退税进程，引导和规范边境地区“地摊银行”民间兑换行为。

四是做好进出口核销管理工作，支持德宏进出口合理增长。2008年12月末，对辖区121户核销企业发放出口收汇核销单14，857份，收单核销15，297份，核销总额46，823万美元，其中一般贸易为8，090万美元，占核销总额的17.28%，边境小额贸易核销额38，464万美元，占核销总额的82.15%，边境小额贸易中外汇核销4，080万美元，人民币核销34，211万美元，进料对口、进料非对口、对外承包出口269万美元。贸易核销结构分别是外汇26.37%、人民币73.06%、进料对口、进料非对口、对外承包出口0.57%。

五是加强调查研究，加强内外部门的协调，务实创新，继续改进和提高外汇管理、服务和监管水平，为推动德宏经济又好又快发展贡献力量。

（兰军供稿）

【大事记】

3月18日，中国邮政储蓄银行德宏州分行正式挂牌成立。

3月20日-25日，应瑞丽市政府邀请，经缅甸中央政府批准，缅甸经济银行行长吴妙貌一行四人在瑞丽市政府副市长龙汝林、姐告管委副主任蔡映春、人行德宏州中心支行行长尹以庄、人行瑞丽市支行行长李锋等同志的陪同下到红河州河口县考察，了解中越边境贸易人民币结算模式。

5月16日-18日，国家联合调研组到德宏调研。全国人大、政协、人总行、国家税务总局及商务部组成的联合调研组一行15人在人总行国际司司长金琦同志的率领下，到瑞丽市进行中缅一般贸易使用人民币结算和出口退税问题调研。

12月31日，国家外汇管理局云南省分局正式批复同意缅甸国家经济银行在瑞丽市姐告经济开发区中国建设银行股份有限公司瑞丽姐告分理处、中国农业银行瑞丽市姐告支行开立人民币结算账户，用于存、取人民币现金，办理人民币转账结算业务。

德宏州主要经济、金融指标

（2008 年）　　　　单位：万元

项 目	金 额	比上年增减额	比上年增减幅度（%）
国内生产总值	996655	155004	11.5
工农业总产值	575836	88247	18.1
其中：工业总产值	280602	42128	11.3
农业总产值	295234	46119	8.0
地方财政收入	88679	9726	12.3
地方财政支出	365934	85852	30.7
社会消费品零售总额	381959	74233	24.1
商品零售价格指数	106.6	1.1	
金融机构各项存款	1618266	204318	14.45
银行机构各项存款	1618266	204318	14.45
财政存款	55663	15478	38.52
企业存款	255329	-18058	-6.61
储蓄存款	1061720 166158	18.55	
金融机构各项贷款	1022194	142154	15.06
银行机构各项贷款	1022194	142154	15.06
短期贷款	354071	31370	9.23
中长期贷款	668123	110785	18.35
现金投放（+）回笼（-）	229270	72514	46.26
保险费收入	38183	9398	32.65
保险赔款支出	15424	8792	132.57

临沧市

【金融运行情况】

2008年，临沧市各项存款增长迅速，其中以储蓄存款增长为主要拉动力；各项贷款投放总量不断扩大，信贷结构进一步优化；现金投放同比大幅下降，金融运行总体平稳。

一、各项存款情况

2008年末，临沧市各项存款余额1348499万元，比年初增加199615万元，增幅17.37%，但增速较去年同期下降5.52个百分点。

金融机构人民币各项存款同比增长率

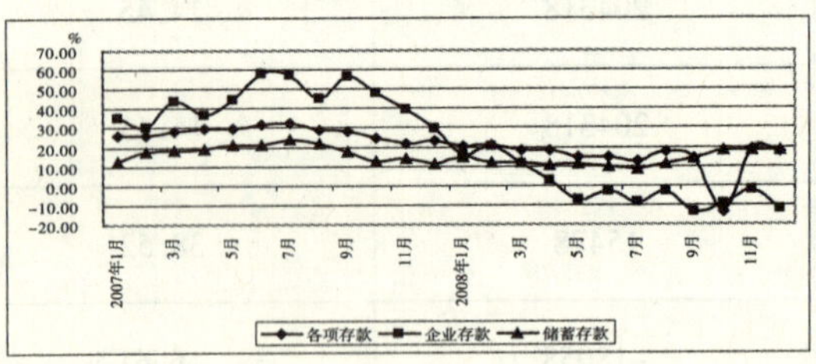

二、各项贷款情况

2008年末，临沧市各项贷款余额1119476万元，比年初增加135914万元，增长13.82%，增速较去年同期快7.19个百分点。

金融机构人民币各项贷款同比增长率

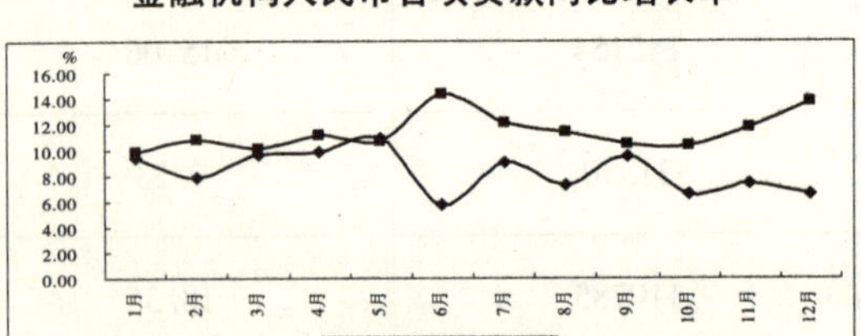

金融机构人民币各项贷款月度增加额

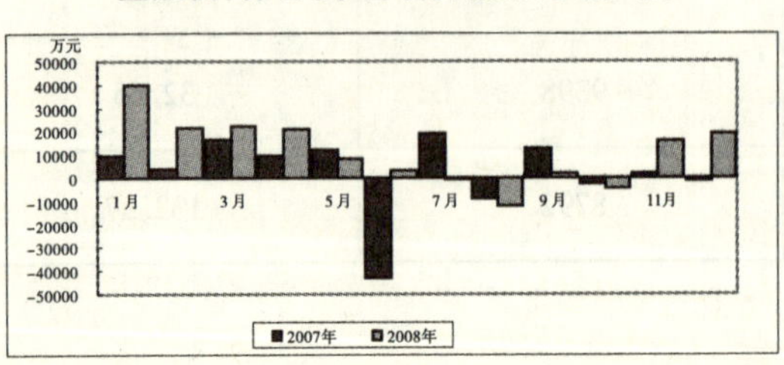

三、现金投放情况

2008年，临沧市金融机构累计现金收入3218829万元，比上年同期增加138741万元；支出3237561万元，比上年同期增加14160万元。收支相抵净投放现金18732万元，比上年同期减少124580万元，下降86.93%。现金投放的主要渠道有：储蓄存款支出2224061万元，农副产品采购支出222023万元，工资及对个人其他支出190776万元，其他支出275841万元。

【支持地方经济发展】

2008年末，临沧市各项贷款余额1119476万元，有力促进了地方经济社会的平稳健康发展。一是突出加大对“三农”的信贷投入。年末，农业贷款余额161685万元，比年初增加51567万元，增长46.83%，主要投向为：粮、糖、茶、胶、核桃等农业产业以及农田水利基础设施建设等方面，有力地促进了农村经济的发展；二是突出了对重点项目、重点产业的信贷支持。工业短期贷款余额189028万元，比年初增加48021万元，增长34.06%，主要是投向采矿、制造行业、重点水利项目建设；中长期贷款中个人中长期消费贷款比年初增加8055万元，增幅达5.1%；基本建设贷款比年初增加19456万元，增幅达19.41%，主要用于市内基础设施建设以刺激扩大内需。三是金融基础服务进一步完善。2008年，全市金融机构不断提升金融服务水平、切实改善和创新金融服务手段，先后完成了大小额支付清算系统、支票影像交换系统、信贷征信系统以及国库系统等金融服务系统的建设，大大加快了全市金融科技创新步伐，加速了金融电子化建设进程，为全市社会经济的健康快速发展提供现代化的金融服务平台。

金融机构人民币贷款投向情况　　单位：亿元

项 目	季末余额		比年初增减	
	余额	同比增减	累计增加	同比增减
基建贷款	11.94	1.42	1.9	5.0
农业贷款	16.17	5.1	5.2	2.4

项目	季末余额		比年初增减	
	余额	同比增减	累计增加	同比增减
个人消费贷款	17.66	0.9	0.9	-0.8
乡镇三资私营和个体贷款	3.18	-1.2	-1.2	-2.0
票据融资	0	0	-0.7	-0.7
其他贷款	54.58	4.8	0.09	0.7
合 计	103.53	11.02	6.19	4.6

【各金融机构的经营管理】

一、中国农业发展银行临沧市分行

2008年，农发行临沧市分行各项贷款、存款余额均增加，中间业务收入大幅增长，盈利能力显著增强，业务经营情况良好。年末，各项存款余额46318万元，增幅42.8%，各项贷款余额83652万元，增幅15.6%。实现中间业务收入698万元，全年实现盈利2516万元。

二、中国工商银行临沧市分行

2008年，工商银行临沧市分行加快培育和提升各项业务的核心竞争力，使主要核心业务保持了良好的发展势头，部分指标创了历史新高。年末，各项存款余额115556万元，增幅23.19%，各项贷款余额136243万元，增幅16.99%。实现中间业务收入1186.24万元，全年实现拨备前盈利4438万元。

三、中国农业银行临沧市分行

2008年，农业银行临沧市分行抓全局讲统筹，促进业务发展，强化股改准备工作，夯实发展后劲。年末，各项存款余额549762万元，增幅12.89%，各项贷款余额304709万元，增幅2.02%。实现中间业务收入2613万元，全年实现盈利39342万元，剥离不良贷款122386万元。

四、中国银行临沧市分行

2008年，中国银行临沧分行切实加强金融基础建设，不断完善内部管理，改善服务质量。年末，各项存款余额25012万元，增幅3.2%，各项贷款余额21196万元，增幅-6.07%。实现中间业务收入288万元，全年实现净盈利813万元。

五、中国建设银行临沧市分行

2008年，建设银行临沧市分行强化市场营销，推进结构调整，扎实推进转型，业务经营指标呈现良好发展态势。年末，各项存款余额182705万元，增幅6.01%，各项贷款余额187096万元，增幅34.19%。实现中间业务收入1233万元，全年实现税前盈利5490万元。

六、农村信用社

2008年，临沧市农村信用社坚持服务"三农"、强化管理，严控风险，改善农村金融服务，各项业务保持较快增长势头。年末，各项存款余额367620万元，增幅21.13%，各项贷款余额264198万元，增幅24.81%。全年实现拨备前盈利24413万元。

【央行职能履行】

2008年，人民银行临沧市中心支行针对国际国内宏观经济金融形势的变化，根据国家和上级行各个阶段的宏观调控政策，及时调整货币信贷措施，积极推进金融改革，加强和改进外汇管理，维护辖区金融稳定，努力提高金融服务水平，促进了金融与全市经济社会发展的良性互动，有效支持了临沧经济的平稳健康发展。

一是强化货币政策的宣传解释和舆论引导。针对今年货币政策变动起伏较大的特点，临沧中支在认真分析各阶段货币政策背景、意图、内涵和方向的基础上，重点宣传从紧货币政策转向适度宽松货币政策的重要性和必要性，取得地方政府、企业和金融机构的理解和支持。

二是加强"窗口指导"，督促和引导辖区金融机构加大信贷投入。积极鼓励和引导金融机构加强信贷产品创新，支持进一步加大对社会主义新农村建设和现代农业的金融支持。继续加强对中小企业、自主创新、节能环保以及就业等薄弱环节的信贷支持。同时，高度关注对临沧市经济社会发展有重大影响的重点项目、支柱产业的资金投入情况，积极探索金融支持的途径。配合政府经济管理部门，综合运用产业、财政、信贷等多种经济手段，严格控制对"两高一资"行业的信贷投入，促进资源合理开发利用和环境保护，促进临沧经济增长方式的转变。

三是完善经济金融形势分析制度，进一步提升金融运行分析水平。加强与综合经济部门、金融机构、企业的相互沟通，做好信息的收集和整理，逐步建立和完善经济金融运行分析监测指标体系和分析框架，提高对经济金融运行的分析判断水平和能力；完善信息传递渠道，及时向金融机构、有关经济管理部门和企业传达中央银行的货币政策意图和相关信息，提高各部门对经济金融形势的预判能力。

四是切实推进反洗钱工作。认真贯彻落实《反洗钱法》，引导和督促金融机构履行反洗钱义务，积极探索有效的反洗钱工作方式，不断完善反洗钱工作机制和协调机制，加强银行业及保险业反洗钱现场检查，加大金融机构反洗钱非现场监管业务培训，全辖反洗钱非现场监管报表数据覆盖率达100%。加大信息收集和分析力度，及时向有关部门移送可疑交易信息，强化反洗钱监测和管理，打击洗钱犯罪。

五是切实抓好支付清算工作，加强系统的建设。确保大额支付系统、小额支付系统及支票影像交换系统的安全稳定运行，严格制度落实，开展业务系统应急演练，切实

第二部分 各州市金融运行篇

防范支付风险。同时，积极改善农村地区支付结算服务，扩大农民工银行卡特色服务范围，圆满完成了奥运期间资金安全清算和支付系统的稳定运行任务。全年人民银行会计核算系统共处理支付业务21454笔，金额827.98亿元，支付系统安全稳定运行267个工作日。

六是认真履行经理国库职责，2008年累计完成各级预算收入19.32亿元、预算支出53.37亿元，办理预算收入退库0.31亿元。全年共发售凭证式国债五期，692.35万元；发售电子式国债二期，208.9万元；累计兑付凭证式国债1252万元。同时，拓展国库服务领域，积极推广中心支库直接办理无记名国债兑付业务。积极推进国库收付改革，全市7县1区全部开展了试点工作，172个预算单位参加纳入试点范围。

七是强化货币发行与管理，确保市场合理现金供应。加强流通中现金管理，做好残损人民币回收销毁工作，深入开展反假币宣传活动，积极拓展农村、城镇社区的反假货币宣传网络，全市共建立了15个城市社区反假货币工作站、77个乡镇反假货币工作站、86个行政村反假货币工作站。至年末，辖区货币投放18.42亿元，货币回笼17.94亿元，纯投放货币0.48亿元。共收缴假币60.76万元，抓获贩卖假人民币犯罪嫌疑人13人。

八是健全信贷征信体系。不断完善征信系统建设，加强与各有关部门的合作，不断扩大征信信息采集和服务范围，完善企业和个人信用信息基础数据库，积极拓展数据库的服务功能，做好信用信息查询业务等基础性工作。同时，加大对征信知识的宣传覆盖面，通过多种宣传方式，广泛宣传征信知识，在防范信用风险方面发挥了重要作用，提高了公众对征信体系建设重要性的认知度。

九是加强金融知识宣传，营造良好的金融工作环境。人民银行临沧市中心支行以辖区各项存贷款突破双百亿元为契机，制定了《临沧市金融宣传工作方案》，组织辖区各金融机构启动了2008年全市金融宣传活动，通过电视、广播、报刊等宣传载体及金融知识巡展、分发宣传资料、赠阅《金融知识国民读本》等多种宣传方式，广泛宣传国家金融政策、金融法律法规、人民币反假知识、征信知识、外汇管理知识、银行卡知识及其他金融基础知识，为优化金融生态环境建设，营造良好的经济金融工作环境发挥积极作用。

【金融稳定】

2008年，临沧市经济增长继续保持了健康、平稳和较快的发展态势，结构性调整初显成效，经济运行质量继续提高，区域经济发展的协调性进一步增强。伴随着辖内经济的持续快速发展，金融业改革不断深化，区域金融运行保持平稳；金融生态环境继续改善，基础性制度建设得到了加强，支付体系、征信体系等金融基础设施建设深入推进，区域内金融稳定的宏观环境得到了进一步优化；辖内各银行、保险机构业务实现大幅增长，资产规模不断壮大，盈利能力稳步提升，收入结构发生了积极变化，整体实力进一步增强，公司治理和内控机制逐步健全，风险防范能力进一步提高，区域内金融稳定的微观基础得到了进一步夯实。全年临沧市经济金融运行平稳，防范和化解金融风险的能力进一步增强。

一、积极支持和推动金融改革，保持辖区金融稳定

一是在关注农业发展银行商业性改革和农业银行股改进程的同时，完善信用社法人治理结构，重点做好农村信用社央行票据考核兑付工作，全市8家农村信用社7家通过了考核兑付，兑付金额6300万元，兑付率达86.3%，居全省前列，充分发挥了央行资金支持政策的正向激励作用，有力推动了农村信用社改革。同时，完善金融风险监测评估，保持辖区金融稳定和安全。二是抓制度建设，建立健全各项工作制度，落实金融稳定工作职责和岗位责任制，加强对县支行金融稳定工作的管理和指导。三是抓沟通协作，做好各项金融稳定政策的贯彻落实，及时向上级行反馈实际工作中存在的新情况、新问题。有效落实季度金融工作例会制度，加强部门沟通和交流，探索建立跨部门的金融稳定协调机制，及时掌握货币政策调整对辖区经济金融的影响及效果，保持辖区金融稳定。

二、加强对地方法人金融机构信贷指导

一是切实执行《2008年地方法人金融机构信贷规划》，严格落实规划执行进度和投向监测制度，分别于8月和11月两次增加临沧地方法人金融机构信贷规划6000万元。二是严格执行存款准备金政策。在及时传导存款准备金政策调整政策的同时，积极开展快速调查，了解掌握货币政策调整对辖区经济金融的影响及效果。严格执行地方法人金融机构流动性监测制度，引导金融机构建立适应新形势下的流动性监测制度。

【外汇管理】

2008年，临沧外汇形势的主要特点是外汇收入、支出大幅增长。资本项目收入增长较快、贸易收入持续平稳增长。临沧市外汇管理工作以促进国际收支平衡为目标，围绕货币政策调控政策和边境贸易发展实际，积极推进境外投资便利化，引导资金合理流动，简化境外投资资金流出审核手续，支持企业“走出去”，积极开展境外投资、毒品替代种植和对外经济技术合作。加强与辖内境外投资主管部门的沟通和合作，及时了解和掌握辖区境外投资企业发展变化情况，结合自身工作强化境外投资政策咨询、业务指导和督促，促进其规范发展。紧密结合宏观经济金融形势，加大对短期异常资金流入的检查力度。至年末，实现外汇收支金额5506万美元；增长64%，出口额2207.95万美元，办理出口收汇核销2135万美元，核销率达95.71%。办理结汇2182万美元、售汇65万美元，比上年同期分别增增长18%和44%。结汇顺差2052万美元。

【保险业】

2008年，临沧市保险服务领域总体赔付正常，保险业实际支付能力充足，业务发展正常。辖内保险业整体抗风险能力有所提高。但从市场规模、市场占有率、盈利能力和资本充足性等评价保险业抗风险能力的指标来看，临沧市保险业整体抗风险能力仍然偏低，经营规模较小，业务范围狭窄，收益率和资本充足率偏低，承受外部冲击的能力较弱。全年保险业累计实现保费及证券收入2.4亿元，同比增加0.29亿元，增长13.6%，累计保险给付支出0.82亿元。

（办公室供稿）

【大事记】

3月18日人民银行临沧是中心支行以辖区各项存贷款突破双百亿元为契机，组织辖区各金融机构启动了2008临沧金融宣传活动。

7月8日，人民银行临沧市中心支行综合档案室星级建设通过临沧市档案局现场评审验收，达政府综合档案室星级建设“四星级”标。

7月22日，临沧市各金融机构进行“同刷银联卡共享好生活”银行卡联合宣传启动仪式。

7月30日，昆明中心支行杨小平行长莅临临沧市中心支行检查维稳工作。

10月28日，中国人民银行临沧市中心支行深入学习实践科学发展观活动正式启动。

临沧市主要经济、金融指标

（2008 年）

单位：万元

项 目	金 额	比上年增减额	比上年增减幅度（%）
国内生产总值	1568740	210910	11.1
工农业总产值	1311562	233116	13.65
其中：工业总产值	368910	46213	17.7
农业总产值	942652	186903	9.6
地方财政收入	154589	21098	15.8
地方财政支出	491610	105583	27.4
社会消费品零售总额	469923	96316	25.8
商品零售价格指数	106.8	2.7	6.8
金融机构各项存款	1348499	199617	17.4
银行机构各项存款	980879	135021	15.96
财政存款	30289	16795	124.46
企业存款	219286	-30761	-12.3
储蓄存款	463471	73784	18.93
金融机构各项贷款	1119496	135913	13.8
银行机构各项贷款	855278	83403	10.81
短期贷款	558448	94616	20.4
中长期贷款	560773	48647	9.5
现金投放（+）回笼（-）	18732	-124581	86.93
保险费收入	24161	2894	13.6
保险赔款支出	8182	-4972	-40.1

迪庆州

【金融运行情况】

1. **存款**。2008年末，迪庆州金融机构本外币各项存款余额599426万元，比年初增加122098万元，同比增长25.58%，增速比上年同期高11.4个百分点。人民币各项存款余额598030万元，比年初增加120956万元，同比增长25.35%，增速比上年同期高10.84个百分点。其中，本外币企业存款余额189333万元，比年初增加10143万元，同比增长5.66%；储蓄存款余额为236989万元，比年初增加48131万元，同比增长25.49%。金融机构外汇存款余额为204万美元，比年初增加169万美元，同比增长482.86%。

2. **贷款**。2008年末，迪庆州金融机构人民币贷款余额524329万元，比年初增加97413元，同比增长12.03%，增速比上年同期高2.2个百分点。其中，短期贷款、中长期贷款分别比年初增加36968万元、61732万元，余额同比分别增长33.90%、7.40%。分机构看，国有商业银行人民币贷款增幅所占的比重较大，达到73.52%，农村信用社占19.43%，政策性银行有所下降，为7.06%。

3. **现金**。2008年末，迪庆州金融机构累计收入现金980423万元，比去年同期增加103070万元；累计支出现金1062016万元，比去年同期增加114012万元，收支相抵累计净投放现金81593万元，比上年同期多投放10941万元，增长15.49%。

4. **保险**。到2008年底，全州共有各类保险机构6家，全年共实现保费收入3552万元，比上年增加565万元，增长18.9%。

【金融监管】

2008年，结合迪庆藏区银行业实际，迪庆州银监局着力于加强监管能力建设，创新监管，监管有效性进一步提升。通过整合监管资源、健全规制办法，加强监管能力建设，同时坚持依法行政，严把市场准入关；进一步加大了现场检查力度，重点对票据业务、个人理财业务、操作风险及案件治理、个人消费贷款、央行票据兑付考核、贷款风险分类情况等内容开展现场检查15项，检查机构51个，投入现场检查1530工作日，提高了监管有效性；积极发挥对银行业的窗口指导作用，加强非现场监管，加强风险监测、分析和通报工作，年末，迪庆州银行业金融机构不良贷款余额比年初减少3.03亿元，不良贷款比率比年初下降7.43个百分点，实现了不良贷款“双降”目标。

【货币信贷政策传导】

2008年，面对发展变化的经济环境，人民银行迪庆州中心支行认真领会宏观调控政策意图，结合实际，及时传导，引导辖内金融机构认真贯彻执行国家宏观调控政策。一是认真做好货币政策的宣传解释和舆论引导。针对全州经济发展实际，制定下发《2008年迪庆州货币信贷指导意见》，指导辖内银行业金融机构保持信贷合理均衡增长。按季召开季度经济金融运行分析会议，对实施不同阶段币政策的必要性进行宣传，取得地方政府和金融机构的理解和配合；按照人民银行总行统一宣传口径，通过组织金融知识集中宣传活动，电视访谈等宣传解释相关货币政策，认真做好货币政策的宣传解释和舆论引导。二是加强对地方法人金融机构信贷指导。2008年迪庆州法人金融机构新增贷款规划限额为22850万元。至12月末实际新增18925万元，完成全年规划的82.82%。对流动性充足的法人金融机构及时办理特种存款，适当收回流动性。全年办理地方法人金融机构特种存款2500万元。三是严格执行存款准备金政策。进一步建立和完善存款准备金管理操作规程，督促地方法人金融机构严格执行存款准备金缴存的各项规定。引导金融机构建立适应新形势下的流动性管理制度，对流动性紧张的金融机构及早提出流动性预警。四是完善再贷款管理。配合执行从紧货币政策，严格控制辖内再贷款发放。2008年支农再贷款余额为零。

迪庆州各金融机构认真贯彻执行国家各项宏观调控政策，及时调整信贷结构，各项贷款合理增长，增速趋稳。分季度贷款情况看，全州金融机构一、二、三、四季度分别新增贷款14815、20725、36372、25500万元，分别较去年同期少增10939元、6743元、多增22362万元、19326万元，信贷投放在年度内前快后慢的现象明显改观，显现了“从紧”到“适度宽松”的货币信贷政策效果。

【支持地方经济发展】

2008年迪庆州各金融机构紧紧围绕州委、州政府工作重点，新增信贷资源向重点领域倾斜，对经济建设的信贷投入比上年有较大提高，全州经济金融实现了良性互动。中国农业发展银行迪庆州分行继续做好粮油信贷业务，同时积极地开办好商业性贷款业务。先后向迪庆州电网供电有限责任公司发放农村基础设施建设项目短期贷款9000万元；向香格里拉酒业股份有限公司发放农业产业化龙头企业短期流动资金贷款5000万元；积极加强农业小企业短期贷款的营销工作，全年完成了迪庆兴农绿色食品有限责任公司、维西县尚良聚龙湖酒厂等11家农业小企业短期贷款的调查、评估、审议和审批工作，共发放小企业贷款1780万元。中国工商银行香格里拉支行在贷款的营销管理过程中，积极做好优良客户的贷款营销工作，针对国电集团、浙江瓯能集团、县国投、县游投等重点企业，加大授信额度，主动营销贷款，重点营销项目贷款。中国农业银行迪庆州分行贷款主要投向迪庆的优势产业和行业，其中旅游、矿产、生物、水电四大产业贷款占累放数的71.25%。对水电开发企业累计发放贷款21420万元，对旅游、生物资源开发等发放贷款17040万元，对矿产开发企业发放贷款13810万元。中国建设银行迪庆州分行以地方加大基本建设项目为契机，强化重点营销，年内争取到了小中甸水库，纳帕海环境综合治理、香格里拉城市集中供暖等一批重点项目。迪庆州农村信用社积极加大支农信贷资金的投入，积极满足农民资金需求，引导农民发展高效农业，截止2008年12月末，全州农村信用社农业贷款余额49668万元，占总贷款的83.64%，累计发放农业贷款27268万元，受益农户达35151户。充分发挥了“联系农民的金融纽带”作用和经济发展助推器作用。

西藏拉萨“3.14”事件后，全州金融机构党委（党组）高度重视维稳工作，迪庆银监分局通过组织召开银行业金融机构安全保卫工作季度分析例会形势，对辖内金融机构安全保卫情况有针对性的提出预防和防范措施；各行从安防、检查、教育等方面入手采取了一系列维稳工作措施，保证了各项业务稳定、持续、健康的发展，维护了迪庆藏区经济社会稳定。

【各金融机构的经营管理】

人民银行迪庆州中心支行按照“以人为本，建和谐，维稳定；求真务实，抓管理，保安全；开拓创新，强调研，促发展”的三十字工作方针，扎实开展各项工作。一是加强“窗口指导”，及时传导宏观调控政策意图，金融宏观调控及有关政策措施得到积极贯彻落实，较好的促进了全州经济又好又快发展。二是加强金融风险监测，维护金融稳定。从年初开始建立了对所有银行业金融机构按旬监测制度；利率报备系统的成功上线，进一步提高了利率监测水平。三是外汇服务进一步提升。积极推动实施走出去战略，办理了我州第一家境外投资企业外汇登记及资金购汇业务，推动了我州涉外经济发展。四是金融服务质量和水平明显提高。完成支付信用信息查询系统和小额支付系统银行本票业务推广上线工作。积极采取有效措施，突破辖内支票影像交换系统零业务量的状态。组织开展银行卡受理市场专项检查，“2008年香格里拉刷银联卡体验月”宣传等活动，我州银行卡的受理环境进一步优化。及时开通绿色资金汇划通道，保障了雪灾救灾款项的及时支付。积极创新服务手段，办理无记名国债直接兑付业务，有效解决了长期以来迪庆州无记名国债兑付难的问题。有效应对雪灾、3.14事件等突发事件，确保现金供应。顺利完成了德钦、维西县支行的发行库撤库工作。进一步加强了反假货币长效机制建设，对3个城市社区及8个农村“爱护人民币”工作站进行了挂牌，构建了多层次、全方位的反假货币工作网络。通过“内控清理自查、岗位百日练兵”活动和“制度落实年”活动的连续开展，内控建设的制度基础进一步夯实，内部管理水平得到强化。

中国农业发展银行迪庆州分行以“好字优先，稳中求进”为主线，积极抓落实、促发展，各项工作情况正常，业务经营呈现良好态势。截止12月末，各项存款9174万元，比上年同期减少566万元，减幅3.84%；各项贷款61175万元，比上年同期增加6879万元，增幅12.67%；实现中间业务收入16万元，比上年同期增加7万元，增幅77.78%；收入成本率为21.49%，比上年同期下降4.57%；资产利润率为2.73%，比上年同期提高0.58%；不良贷款持续实现零增长；人均利润34.27万元，同比增加11.86万元；实现财务收入4579万元，支出2891万元，收支轧差实现账面盈余1688万元，创下了历史上实现账面盈利的新纪录。经营措施一是严格资金计划管理，切实做好资金运营管理。努力降低全行头寸占用，全年资金头寸月平均占用499万元，严格控制在省行核定的范围内。认真做好资金调拨，资金运用率112.22%，有效地提高了资金营运水平。积极营销各类存款，拉动存款规模扩大。二是加强信贷管理，有效防控信贷风险。年初与县支行签订了贷款“三包”责任书。认真开展贷款资格认定工作，加强信贷管理基础工作，认真开展粮食库存及贷款核查工作。同时，加强和完善财会管理制度机制，提升经营效益。努力推进牡丹金山卡、网银业务。

中国工商银行香格里拉支行以提升核心竞争力为主线，以“四争两保”经营理念为指导，以提高资产质量效益为目标，全行业务健康持续发展，壮大了经营规模，夯实了经营基础。年末，全行的各项贷款余额为101，604万元，比年初增加25，808万元，增长34.05%，增幅在16个地州中排名第四位，增量排名第九位；各项存款余额为99，882万元，比年初增加24，530万元，增长32.55%，年末实现中间业务收入481万元，占营业净收入10.43%，比上年增收25万元，增长5.48%，比前年增收入319万元，增长196.91%，中间业务实现了连年增收。一年来，工商银行香格里拉支行牢固树立效益观念，多策并举，在不断丰富和创新业务营销管理工作的同时狠抓内部管理，健全规章制度，完善执行、监督、检查机制。在服务管理中充分利用媒体等多种宣传方式，广泛开展银行业务，普及金融知识，推广各项金融产品。同时以迎奥运文明规范服务系列活动为契机，加快实施渠道建设、业务流程再造、整合细化服务标准规范三项工程，营业网点增加了大堂经理、贵宾理财中心、VIP服务通道、自助银行等功能，以一流的设施投入使用，为社会提供优质、文明、高效的规范服务。

中国农业银行迪庆州分行以“改革、发展、控险”为主题，积极实施“发展、控险、创新、强管、提质、增效”的业务经营方针，稳步推进股改各项工作，业务经营指标完成较好。各项存款余额214416万元，比上年增加23753万元，增长11.8%，各项贷款余额237496万元，比年初减少3824万元，剔除剥离贷款41127万元，各项贷款比年初增长37303万元，增长15.7%。实现经营利润7361万元，比上年增长1327万元，完成年计划的122.68%。中间业务收入716万元，比上年同期增收35万元。不良贷款清收成效显著，五级分类不良贷款余额27969万元，比年初减少28836万元，不良贷款占比11.78%。银行卡和代理业务有效发展。全年实现银行卡收入457万元。2008年信贷业务得到快速有效发展，总体是投量增加，突出支持迪庆的旅游、水电、矿产、生物四大支柱产业，重点支持了“三农”及中小企业发展。进一步加强了优质服务建设，树立农行窗口形象。年初开始结合“春天行动”走访慰问优良客户，加强农行业务品种和服务手段的宣传，积极拓展对公存款和个人储蓄领域，贷款有效投入增加，贷款余额、增量份额居全州排名首位。服务“三农”取得新进展，全面完成惠农卡发行工作，全行共发卡7647张，小额贷款3575户，9017万元，深受农民的欢迎。

中国建设银行迪庆州分行抢抓机遇、加快发展，全行资产负债、不良贷款控制、中间业务、电子银行等业务及人均指标取得了较好的成绩。截止2008年12月31日，各项存款余额为109，230万元，比年初增加17，188万元，完成计划的157%，各项贷款余额64，671万元，比年初新增8507万元，增幅为15.15%，按五级分类不良贷款余额1，190万元，中间业务收入完成329万元，电子银行新增客户数355户，网均、人均存款分别达到54，615万元、1，560万元，达到了全省建行同类地区平均水平以上，在迪庆同业处于领先，创造了较好业绩。主要经营措施一是强化高层营销，狠抓财政、社保及项目资金和“重要资金链客户群”营销工作，存款的稳定性明显增强。二是积极推进个人银行业务的发展。组织一系列营销活动，结合考核导向，细化任务，引导全行个金业务积极营销维系客户。积极拓展个人资产业务，实现在按揭业务方面的新突破。三是狠抓服务技能、服务质量，进一步加大网点转型力度。圆满完成了和平路分理处网点一代项目标准化的转型工作，通过网点内部流程的优化，销售能力和服务水务得到提升。四是推进服务创新，促进中间业务和电子银行业务的全面发展，积极销售投资联结保险业务，大力拓展造价咨询业务。五是加大不良资产的回收处置力度，截止12月31日，共处置不良贷款678.6万元，实现不良贷款现金回收428.6万元，超值现金回收329.5万元。不良贷款得到大幅下降。

迪庆州农村信用社2008年末各项存款持续增长，首次突破10亿元大关，再创历史新高。2008年末全州农村信用社资产总额为141325万元，比上年增加36954万元。各项贷款59384万元，比年初增加18925万，比上年增长47%，增速超全州金融机构平均水平。全州农村信用社实现营业收入5428万元，比去年增收1845万元，增幅达51.49%；财务收支轧差后实现利润总额610万元，比上午增加310万元，增幅103.33%。实现税后净利润304万元，比上年增加254万元。

【保险业务】

中国人民财产保险股份有限公司迪庆州分公司紧紧围绕进取性区域发展战略，加快实施三年发展规划，突出加快发展、优化服务、提高效益三大主题，牢固树立“促发展、防风险、保效益”的经营方针。2008年，累计实现签单保费收入3615万元，比上年同期增加630万元，增长21.1%。实收保费收入3520万元，完成省公司下达实收保费计划的100.19%，同比实收保费净增加570万元，增长比例为19.32%。主要经营措施一是全力以赴，狠抓业务发展。实施了车险考核激励措施，加强公关协调，大力开展宣传活动，提高车险业务的盈利水平，同时保持财产险、意外险、责任险等非车险业务快速健康发展。二是通过理赔效率提高，拓宽服务以“降赔提速”，努力实现客户价值和经营效益为目标，狠抓理赔管控，降低赔付成本，提高理赔效率。

中国人寿迪庆支公司认真贯彻落实省公司的各项方针政策，公司管理取得了长足发展，业务规模创造了历史新高。截止2008年末，中国人寿迪庆支公司共实现总保费2554.69万元，比去年同期1614万增长58.23%。主要经营成果一是个险业务取得突破性发展。利用“产说会”、“客户答谢会”等多种销售模式，抓住“金彩明天”等新险种强势上市的有利契机，取得丰硕成果。2008全年共实现首年期交保费418.99万元，首年期交保费规模达到历史最高峰。二是团体业务稳中有升在与多个竞争主体的交锋中，积极寻找新的业务增长点，努力打破前期业务发展低迷的状况，全年短期险保费253.9万元。三是中介业务再创辉煌，2008年中介业务最终完成保费744.7万元，创造了历史最好成绩。四是农村保险工作大提速。选定了香格里拉县建塘镇十多个行政村，开展了“中国人寿保险先进村”创建工作。

永安财产保险迪庆营销服务部2008年全年实现保费收入1049.4万元，和建司初期相比增长率达到406%。保费收入上百万元的营销部有2个占网点数的50%。

（办公室供稿）

【大事记】

7月8日，中国邮政储蓄银行迪庆香格里拉长征路支行正式挂牌成立。

9月26日，人民银行德钦县支行发行库、人民银行维西县支行发行库顺利撤库。

迪庆州主要经济、金融指标

（2008 年）

单位：万元

项 目	金 额	比上年增减额	比上年增减幅度（%）
国内生产总值	556760	116420	18.5
工农业总产值	249641	54183	15.1
其中：工业总产值	150670	45328	18.4
农业总产值	98971	8855	11.8
地方财政收入	32026	8460	35.9
地方财政支出	234888	48083	25.7
社会消费品零售总额	141998	21783	18.1
商品零售价格指数			105.9
金融机构各项存款	599426	122098	25.6
银行机构各项存款			
财政存款	41347	25049	153.69
企业存款	189333	10143	5.66
储蓄存款	236989	48131	25.49
金融机构各项贷款	524329	97413	12.03
银行机构各项贷款			
短期贷款	116289	36968	33.90
中长期贷款	408040	61732	7.40
现金投放（+）回笼（-）	81593	10941	15.49
保险费收入	3552	565	18.9
保险赔款支出			

怒江州

【金融运行情况】

2008年，怒江州金融运行保持了平稳增长的态势，金融机构各项存款平稳增长、贷款快速增长，信贷总量保持稳定增长，信贷投放重点突出，金融运行质量进一步提高，现金供应合理增长，较好地支持了怒江州经济的持续健康发展。

一、各项存款平稳增长，增势有所减缓

12月末，怒江州金融机构人民币各项存款余额为530 782万元，比上年同期增加24 808万元，同比增长4.9%。其中，企业存款余额为125 782万元，比年初减少44 313万元，下降26.09%；财政存款余额为19 010万元，比年初增加7 069万元，增长59.20%；储蓄存款余额为236 261万元，比年初增加22 851万元，增长10.71%。各项存款在企业存款快速下滑情况下，由于机关团体存款、财政存款高速增长和储蓄存款、农业存款较快增长支撑下实现平稳增长。

二、贷款情况

2008年12月末，怒江州金融机构各项贷款余额365 887万元，比上年同期增加78 734万元，增长24.87%，增速比全省平均水平19.29%高5.58个百分点，居全省第三位。其中，中长期贷款高速增长，余额为211 626万元，比年初增加45 712万元，增长24.37%，主要支持了二级公路建设、电网建设、中小水电开发企业扩大项目建设和个人住房贷款；短期贷款平稳增长，余额为144 051万元，比年初增加32 512万元，增长27.26%，主要满足了金六二级公路建设、金鼎锌业公司资金周转、农业生产、粮油收购、商品流通等领域对流动资金的需求；票据融资快速发展，余额为10 210万元，比年初增加510万元，增长5.26%，主要满足了企业临时性资金的需要，金融支持经济发展的力度不断增强。

三、现金投放情况

2008年，全州金融机构累计现金收入838 447万元，累计现金支出964 334万元，分别比上年同期增加38 499万元和29 008万元，增长4.81%和3.10%。收支相抵净投放货币125 887万元，比上年同期减少9 491万元，下降7.01%。现金支出较大的依次是工资支出、储蓄存款支出、行政企业管理经营费用支出、城乡个体经营支出、矿产品采购支出。

四、银行结售汇情况

全州跨境申报银行结汇152万美元，比去年同期增长400%，创怒江历史新高；个人结售汇4万美元，新增出口企业3个，发放出口收汇核销单42份；出口总额65.98万美元，比去年同期增长27%。

【金融监管】

怒江州金融监管部门不断增强金融监管的能力，切实提高监管有效性，平稳推进金融改革，大力促进金融创新，有效提升辖内金融机构的抗风险能力和整体竞争力，为实现怒江“二次跨越”提供良好的金融支撑。

一是制定了《金融风险处置操作规程》，完善了区域金融稳定监测指标体系。加大监测力度，积极开展反洗钱检查、人民币收付业务等检查，通过金融风险监测报告、利率执行情况反馈、金融机构流动性状况、金融市场业务交易情况的监测分析和现场检查，提高监测工作的前瞻性、预警性，防范系统性金融风险。二是规范行政许可操作流程，坚持高管人员资格审查与行为监管并重、市场准入与风险监管并重，强化市场准入监管，改善了金融机构对外服务形象。三是强化风险监管，促进审慎合规经营。坚持风险监管季度分析制度和金融监管风险季度分析通报制度，及时发现并跟踪风险环节和风险点，通过风险预警、约见谈话等方式适时进行窗口指导，有重点地组织现场检查，提出监管整改要求。四是积极探索非现场监管与现场检查有机结合的途径，充分发挥非现场监管预警作用，不断增强现场检查的针对性，努力提高监管有效性。五是突出监管重点，对不良贷款“双降”指标实施月度监测、季度考核，督促落实清收责任，并结合辖内实际情况对100万元以上的贷款和50万元以上的大额不良贷款实行台账跟踪。六是秉承寓监管于服务之中的理念，着力推进金融服务与

创新。以现有金融机构布局的优化调整为手段，引导银行业机构逐步提升网点经营层次和服务功能，促进其提供良好服务并保持经营效益持续增长。七是密切关注辖内金融机构改革情况，开展了金融生态环境建设情况、农业发展银行改革情况等专题调研。

【货币信贷政策传导】

2008年，针对急转直下的国际金融形势，国家宏观经济政策从年初实行从紧的货币政策到年中“保持经济平稳较快发展、控制物价过快上涨”，再到实行积极的财政政策和适度宽松的货币政策，发生了较大变化。

一、认真贯彻执行央行的利率政策。及时转发上级行下发的利率调整文件，并对利率调整后的各界反应进行调查。其中，一年期人民币存款基准利率由2008年初的4.14%降至2.25%，一年期贷款利率由7.47%降至5.31%。通过调查，调控效应已经逐步显现，贷款利率的连续下调，减少了居民的还贷负担，为稳定楼市起到一定的积极作用；有效地减轻了企业负担。

二、积极贯彻落实存款准备金调整政策。一是加强存款准备金管理，对法定存款准备金情况进行现场检查，确保法定存款准备金足额缴存。二是加强法人机构存款准备金的日常监测，关注法人机构超额准备的变化情况以及流动性状况。三是按规定及时转发上级行有关存款准备金率调整的文件，并对政策执行的情况以及对金融机构的影响开展调查。2008年央行连续10次调整金融机构法定存款准备金率，但考虑到我州农村信用社流动性偏紧的实际情况，将全州农村信用社作为A类社，上半年上调准备金率并未一同上调，下半年开始连续四次下调其准备金率，确保了存款准备金政策在怒江州的实施效果，农信社流动性紧张问题得到进一步缓解，盈利能力和抗风险能力增强，有力地支持了县域社会主义新农村建设和“三农”的发展。

三、加强对再贷款的规范化管理，全面提高再贷款管理水平。一是完善组织领导，严格审批管理。根据人员变化情况及时调整了支农再贷款审批领导小组。二是完善了再贷款台账管理。根据信用社报送的支农再贷款资金划拨合同，建立、完善了再贷款管理台账，认真登记再贷款限额的调增、调减、发放、收回情况，正确、及时地反映再贷款的发放、使用、管理情况。三是加强支农再贷款审批发放和检查监督。10月份向泸水县农村信用合作联社发放了1000万元支农再贷款，及时解决了其支农资金不足问题。4月份，对泸水县农村信用合作联社进行了支农再贷款现场检查，确保了支农再贷款的合规使用和央行资金安全。

此外，切实落实好民贸利差补贴政策、生源地国家助学贷款政策、下岗失业人员小额担保贷款政策。

【金融支持地方经济发展】

2008年，怒江州金融机构认真贯彻落实国家各项宏观调控政策，积极应对金融危机影响，紧紧围绕州委、州政府战略部署，切实把国家宏观调控要求和全州经济发展的实际结合起来，充分利用信贷资源，增加有效信贷投入，着力优化信贷结构，积极支持怒江州“三基地、一品牌”的发展战略，为怒江实现“二次跨越”提供资金支持。

一、存贷款保持增长，对地方经济发展提供了较大的金融支撑。2008年末，全州金融机构各项存款余额为531 048万元，比年初增长4.93%；各项贷款余额为365 887万元，比年初增长24.87%。存款增幅比全省平均水平17.4%低12.47个百分点，贷款增速高于存款增幅的19.94个百分点，高于全省平均水平19.29%高5.58个百分点。全年实现新增贷款78 734万元，累计发放各项贷款235 079万元，比去年多发放24 721万元，同比增长11.75%，信贷对地方经济支持力度不断加大。尤其是下半年，金融机构信贷投放力度明显加强，采矿、水电开发企业得到银行信贷大力支持，金融机构支持基础设施建设力度大大加强，票据融资业务快速增长，银企合作继续深入发展。

二、突出对支柱产业、重点行业的信贷支持。2008年各行把全州矿业、电力、基础设施、骨干项目作为贷款支持的重点，充分满足资金的需求。年末，全州采冶矿业贷款余额105 960万元，占全部贷款余额的28.96%。

三、高度重视小企业金融服务工作，加大小企业信贷支持。10月份，成功举办了怒江银行业小企业金融服务县域推介会和兰坪县政府与怒江银行业机构金融座谈会。州人民政府、兰坪县人民政府领导、州六家银行业金融机构主要负责人和相关部门负责人、小企业代表和新闻媒体共计48人参加了系列活动。四、涉农贷款大幅增长，积极支持农业产业化龙头企业、农业生产、新农村建设、农民增收。2008年末，全州农业贷款余额为25 800万元，同比增长41.84%；乡镇企业贷款余额为2 577万元，同比增长57.71%；农业产业化龙头企业贷款余额9 150万元。

【各金融机构的经营管理】

2008年怒江州金融机构积极提高金融服务质量，加大金融创新，稳步推进金融改革，经营效益明显改善，资产质量进一步提高。12月末，全州银行业金融机构实现净利润（未含邮储）10344万元，比上年同期增加2000万元，增长23.96%，盈利能力在全省同业比上年提高了一位。

一、中国农业发展银行怒江傈僳族自治州分行不断强化内部管理，坚持市场原则，将经营性业务与政策性业务分开经营，分类管理、分账核算、分别考核，为全面改革创造条件。在巩固传统粮油信贷业务主体地位的基础上，稳健积极地拓展非粮油信贷业务，提高经营绩效。全年各项财务收入3 124万元，各项支出1 697万元，收支相抵账面盈利1 427万元，同比增加764万元。截止2008年末，不良贷款比例为零，信贷资产质量良好。

二、中国工商银行股份有限公司怒江分行认真践行“发展争速度、同业争占比、系统争位次、经营争效益、运行保质量、管理保平安”的经营理念，积极转变增长方式，不断优化经营结构；积极推进金融创新，努力提升核心竞争力。全年实现拨备后利润3053万元，净增723万元，同比增长45.38%，并在国内贸易融资、房地产开发贷款、银行承兑汇票、法人理财产品、结构性存款、品牌金、个人汽车消费贷款、灵通快线理财产品等8项业务实现新突破。年末不良贷款仅24万元，不良贷款占比0.02%，较年初下降0.05个百分点，实现“双降”。

三、中国农业银行怒江傈僳族自治州分行以“改革、发展、控险”为主题，全面实施“发展、控险、创新、强管、提质、增效”的业务经营方针。全年共实现拨备前利润5 659万元，较上年增加639万元，增长12.88%。认真贯彻落实农业银行股份制改革实施方案，稳步推进农业银行股份制改造和内部改革，强化农业银行为“三农”服务的市场定位和支持县域经济发展的责任，积极稳妥地推进经营战略转型。认真实施不良资产剥离工作，共剥离了30 378万元不良贷款，年末不良贷款余额和占比分别为1192万元和1%。当年贷款到期收回率和现金收回率分别为96%和95%，同比有所提高，内部控制评价由上年的三类行全部提升为二类行。

四、中国建设银行股份有限公司怒江傈僳族自治州分行坚持以“改革、创新、合规、效率”为主题，强化科学发展理念，深化改革创新；成功实施了网点业务转型，促进质量提升和产品销售，财务顾问咨询和资金托管等业务实现新突破，审价业务快速增长，基础管理明显增强，经营管理能力得到进一步提升。实现税前利润1640万元，较上年增加312万元，增幅为23.49%。年末不良贷款余额和占比分别为206万元和0.49%，较年初减少26万元和下降0.21个百分点，实现“双降”。

五、怒江州农村信用社不断深化改革，抢抓发展机遇，强化基础管理，积极创新开拓，努力改善服务，各项工作成效显著。一是经营效益大幅增长。业务总收入为3 814万元，比去年增长1 062万元，业务总支出为3 685万元，比去年增长978万元。实现净利润129万元。二是中间业务收入增加。全州农村信用社实现中间业务收入？78万元，较去年增加43万元，增长55.1%，呈现逐年增长的良好态势。三是服务功能显著增强。开通了省内大结算渠道，开发了惠农一折通等多个金融产品，布放了ATM机9台，推广发行金碧卡18 250张。

六、邮政局认真贯彻落实国家金融政策，以“储蓄余额、绿卡、转账汇款、理财业务、商易通”带动邮政金融板块的发展，邮政金融业务保持了平稳增长。2008年全州邮政金融业务税后收入435.73万元，较去年同期增长5.47%。同时，以服务中小企业为突破口，做好代发工资业务的发展，截止2008年末全州代发工资单位总量达21个单位，月代发规模约300万元。以卡为载体的绿卡业务发展迅速，2008年全州累计发放邮政储蓄绿卡4 730张，期末卡户数16 856户。

【保险业务】

2008年怒江州保险业务持续较快增长，全年共实现保费收入6 192.33万元，比上年增加1 518.2万元，同比增长32.48%。其中，财产险保费收入3 356万元，同比增长43.6%；寿险保费收入1 642.52万元，同比增长12.5%；意外险保费收入436.54万元，同比增长76.3%；健康险保费收入581万元，同比增长19.5%。保险市场主体逐步增加。2008年1月10日，永安财产保险股份有限公司怒江支公司开业，至此，我州已有6家保险机构在怒江境内设立分公司或营业网点，共有保险从业人员253人。保险功能进一步得到发挥，全州2008年合计赔款给付3050.06万元，同比增长53.4%。妥善处理了大灾赔款，年初贡山县境内雪灾造成的保险财产得到了及时的赔付，客户反映比较满意。

（陈丽花供稿）

【大事记】

1月10日，永安财产保险股份有限公司怒江支公司开业。

7月15日，2008年怒江州金融工作会议在六库召开，怒江州州委书记段跃庆，州委常委、州政府副州长陈建平出席会议并作重要讲话。

8月4日，中国邮政储蓄银行怒江六库镇人民路支行挂牌成立。

10月17日，怒江银行业小企业金融服务县域推介会在兰坪县召开，会上，银行业机构宣传了各自富有特色的小企业金融服务产品，兰坪县政府向银行业机构推荐了12个涉及县域经济社会发展的项目，小企业代表全面了解了适合自身需求的贷款品种及银行的审贷流程。

怒江州主要经济、金融指标

（2008 年）

单位：万元

项 目	金 额	比上年增减额	比上年增减幅度（%）
国内生产总值	436 661	3. 8	
工农业总产值	442615	-76697	-14. 22
其中：工业总产值	355 050	-88531	-21. 65
农业总产值	87 565	11834	3. 06
地方财政收入	52 100	4311	7. 3
地方财政支出	210 600	36443	20. 93
社会消费品零售总额	108 700	17355	6. 3
商品零售价格指数			6. 3
金融机构各项存款	530 782	24 808	4. 9
银行机构各项存款	530 782	24 808	4. 9
财政存款	19 010	7 069	59. 2
企业存款	125 512	-44 313	-26. 09
储蓄存款	236 261	22 851	10. 71
金融机构各项贷款	365 887	78 734	24. 87
银行机构各项贷款	365 887	78 734	24. 87
短期贷款	144 051	32 512	29. 15
中长期贷款	211 626	45 712	27. 55
现金投放（+）回笼（-）	125887	-9 491	-7. 01
保险费收入	6192. 33	1518. 2	32. 48
保险赔款支出	3050. 06	1061. 7	53. 4

第　三　部　分

专题与调研篇

中国人民银行昆明中心支行

2008 年全省金融业运行概况和特点

调查统计处

2008 年，为积极应对国际金融危机、国内严重自然灾害等不利影响，云南省金融业认真贯彻落实国家各项宏观调控政策和措施，确保了全省金融运行的平稳发展，为全省经济社会发展提供了有力支持。

银行业：各项存款平稳增长、贷款增速明显加快，存、贷款结构呈现多样化

一、人民币各项存款平稳增长，结构变化明显，稳定性增强

2008 年 12 月末，全省金融机构本外币各项存款余额 8470.46 亿元，比年初增加 1255.18 亿元，同比增长 17.39%。人民币各项存款余额 8418.94 亿元，比年初增加 1248.4 亿元，同比增长 17.4%。全省金融机构外汇存款余额为 7.54 亿美元，比年初增加 1.42 亿美元，同比增长 23.2%。

（一）储蓄存款增势强劲

2008 年 12 月末，储蓄存款余额 3783.78 亿元，比年初增加 737.38 亿元，同比多增 545.69 亿元，同比增长 24.2%。在证券市场深幅调整及房地产市场观望气氛日益浓重的环境下，储蓄再度成为居民金融资产保值增值的重要选择。此外，经济发展不确定性因素的增加使得居民即期消费意愿减弱，也在一定程度上加速储蓄存款的增加。

（二）财政存款负增长

2008 年 12 月末，财政存款余额 240.17 亿元，同比下降 2.68 个百分点，比年初减少 7.81 亿元。今年四季度以来，财政存款波动明显，受经济增速下滑的影响，企业盈利水平下降，税收增长放缓，加上年末财政账户资金的集中拨付，导致财政存款出现负增长。

（三）企业存款少增，增速大幅下降

2008 年 12 月末，企业存款余额 2882.69 亿元，同比增长 11.78%，比年初增加 303.85 亿元，同比少增 212.91 亿元，企业存款增速同比下降 13.01 个百分点。企业存款下降主要受以下几方面因素的影响：一是受经济增长放缓的影响，部分企业处于停产、半停产状态，企业亏损面有所扩大；二是原材料购进价格涨幅与工业品出产价格涨幅“剪刀差”不断扩大，企业利润空间被压缩。

（四）定期存款多增，存款稳定性增强

2008 年 12 月末，全省定期存款较年初增加 718.06 亿元，同比多增 596.04 亿元，同比增长 33.99%。其中，企业定期存款同比多增 109.07 亿元，定期储蓄存款多增 486.97 亿元。1-12 月，全部新增定期存款占全部新增存款的比重达 57.52%，同比提高 45.06 个百分点，存款稳定性增强。

二、人民币各项贷款增速明显加快，贷款期限结构继续改善，贷款投放呈现明显的翘尾特征，新增贷款行业分布重点突出，外汇贷款出现负增长

2008 年 12 月末，云南省金融机构本外币各项贷款余额 6821.08 亿元，同比增长 18.96%，比年初增加 1087.19 亿元。人民币各项贷款余额 6765.49 亿元，同比增长 19.29%，比年初增加 1093.83 亿元。其中，短期贷款余额 2505.45 亿元，比年初增加 455.42 亿元，同比增长 21.43%；中长期贷款余额 3817.03 亿元，比年初增加 543.65 亿元，同比增长 16.16%；票据融资余额为 271.27 亿元，同比增长 53.96%。12 月末，全省外汇贷款余额为 8.13 亿美元，比年初减少 1.91 亿美元，同比下降 4.58%。

（一）贷款投放呈现两头高中间低

分季度贷款情况看，今年四个季度新增贷款分别为 311.37 亿元、259.49 亿元、210.25 亿元和 312.6 亿元，分别较去年同期少增 34.09 亿元和 11.98 亿元、多增 36.4 亿元和 235.22 亿元，季度新增额分别占全年新增贷款的 28.47%、23.72%、19.22% 和 28.59% 呈现出两头高中间低的特征。

（二）贷款期限结构继续改善，期限错配现象进一步缓解

2008 年 1～12 月，短期贷款和中长期贷款分别新增 455.42 亿元和 543.65 亿元，分别占各项新增贷款的 41.64% 和 49.7%，分别较去年同期提高 14.44 百分点和下降 23.44 个百分点，短期贷款投放较多，有利于满足经济社会发展的流动资金需求。12 月末，全部人民币定期存款新增额占全部新增额的比重为 57.52%，比去年同期提高 45.8 个百分点；中长期贷款新增额占全部贷款新增额的比重为 49.7%，比去年同期下降 23.44 个百分点。银行资金来源的稳定性增强，资产负债期限错配问题进一步缓解。

（三）新增贷款行业分布重点突出

2008 年，全省电力燃气及水的生产供应业、制造业、水利环境和公共设施管理业、交通运输仓储和邮政业、农林牧渔业分别新增贷款 268.39 亿元、128.57 亿元、103.79 亿元、91.9 亿元和 89.73 亿元，上述 5 个行业合计新增贷款 682.38 亿元，占全部各项新增贷款的 62.38%，对我省基础行业和重点建设提供了有力支持。

（四）金融机构存贷比小幅上升

2008 年 12 月末，全省金融机构余额存贷比为 80.36%，较去年同期上升 1.27 个百分点，比 11 月末小幅上升 0.39 个百分点。其中，地方法人金融机构余额存贷比为 69.45%，同比上升 2.02 个百分点。在一系列宏观调控政策的影响下，金融机构信贷投放动力的加强是存贷比出现小幅上升的主要原因之一。

（五）贷款运转效率有所下降

2008 年 1～12 月，全省金融机构累计发放贷款 5646.69 亿元，比去年同期多发放 505.5 亿元；累计收回贷款 4552.71 亿元，同比多收回 282.07 亿元；贷款平均余额 6227.92 亿元，比去年同期高 871.32 亿元。1-12 月，贷款周转次数为 0.73 次，同比下降 0.07 次，周转天数 500 天，比去年同期多 44 天，贷款周转速度有所下降。

（六）各类金融机构贷款均同比多增

2008 年全年云南省各类金融机构新增人民币贷款是去年的 1.26 倍，四类金融机构均为同比多增。其中，国有商业银行和股份制银行贷款新增较多，分别新增 446.46 亿元和 221.68 亿元，同比分别多增 76.97 亿元和 83.18 亿元。

（七）消费贷款增速减缓，同比少增

2008 年 12 月末云南省消费贷款余额为 689.65 亿元，比年初增加 79.79 亿元，增长 12.99%，同比下降 11.94 个百分点，同比少增 42.75 亿元。其中，短期消费贷款余额为 55.13 亿元，比年初增加 14.73 亿元，增长 36.37%，同比下降 3.07 个百分点，同比多增 3.28 亿元；中长期消费贷款余额为 634.51 亿元，比年初增加 65.05 亿元，增长 11.34%，同比下降 12.68 个百分点，同比少增 46.02 亿元。消费贷款呈现以下特点：

一是个人住房贷款增速减缓，占比下降。12 月末，云南省个人住房消费贷款比年初增加 54.87 亿元，同比少增 59.87 亿元，增幅同比下降 18.9 个百分点，个人住房贷款占全部新增消费贷款的比例下降 24.87 个百分点。

二是汽车消费贷款有所升温。12 月末，云南省汽车消费贷款余额为 16.04 亿元，比年初增加 4.42 亿元，增长 34.37%，同比多增 5.36 亿元。

三是助学贷款业务增平稳发展。12 月末，助学贷款余额为 4.41 亿元，比年初增加 0.48 亿元，增长 12.21%。

四是耐用消费品贷款持续减少。12 月末，耐用消费品贷款余额为 313 万元，比年初减少 272 万元，下降 46.49%。

（八）分地区来看，贷款投放的不均衡性依然突出

截至 2008 年 12 月末，昆明市各项贷款余额为 4012.41 亿元，占比为 60.85%，昆明市贷款存量在省内一枝独大的局面没有改变。从增量上看，各州市均为正增长，其中，昆明增加 701.76 亿元，占全部新增贷款的 64.16%。从增速来看，版纳、昭通、怒江、楚雄、昆明和迪庆的增速较高，同比增幅均在 20% 以上。

（九）外汇贷款负增长

2008 年 12 月末，外汇贷款余额为 8.13 亿美元，比年初减少 0.39 亿美元，同比下降 4.58%，今年以来首次出现负增长，主要原因包括：一是受全球经济增长放缓导致外部需求下降等因素的影响，出口企业订单增长减缓，外汇贷款需求相对减弱；二是近期市场对人民币升值的预期减弱，企业套利套汇动机下降。

证券业：后续发展呈现出健康的良好势头

上市公司新增直接融资 61.18 亿元（累计直接融资 281.50 亿元），且占全国 A 股市场融资的比例由去年同期的 1.2% 提高到 1.5%；拟上市公司通过私募股权投资直接融资 3.92 亿元，5 家上市公司拟直接融资近 81 亿元，申报材料已获证监会正式受理，其中两家发行申请已获通过；另有 5 家企业正在积极推进上市工作；已有 32 家证券营业部、24 家服务部（其中昆明有 28 家营业部、4 个服务部），有 31 家盈利，累计实现税前利润 78020.42 万元；累计开户数 134 万户，新增开户数约 24 万户；可喜的是，红塔证券和太平洋证券这两家公司净资本充足、资本流动性稳定，各项风险控制指标持续达标，公司合规管理体系逐渐完善，在 2008 年分类评价中，红塔证券跻身全国 31 家 A 类券商之列，太平洋证券获得 B 类 BB 级；同时，证券公司“走出去，引进来”发展战略取得突破，一方面引进 5 家有实力的证券期货经营机构，增强市场活力和服务水平；另一方面，证券公司网点布局在优化的同时，进一步拓宽了市场范围，目前太平洋证券在东部、中部较发达城市新设 6 家营业部，红塔证券在珠三角设立 3 家营业部，云南资本市场后续发展呈现出健康的良好势头。

保险业：各方面都取得了突破性进展

共实现保费收入 165.39 亿元，同比增长 47.86%，其中：财产险保费收入 55.2 亿元，同比增长 14.67%；人身险保费收入 110.19 亿元，同比增长 72.94%；中介渠道实现保费收入 114.34 亿元，同比增长 51.91%，占全省规模保费的 69.13%。同时，保险深度为 2.9%，比上年上升 0.52 个百分点；保险密度为 364.1 元/人，比上年增加 116.3 元；保险公司总资产达 232.22 亿元，较年初增加 38.2 亿元。另外，市场体系逐步健全，主体结构日益优化；中介市场更加成熟规范；市场集中度进一步趋向合理；功能和作用发挥较好，特别是在资金融通方面取得了突破性进展。

（调查统计处供稿）

2008 年云南经济发展与全国及西部地区对比分析的金融思考

2008 年，云南经济续保持了平稳发展的格局，但在与全国及西部地区对比中情况如何？下面，我们一一分解，并在对比分析后，就如何发挥金融在促进经济续发展中这一重要作用提出几点金融思考。

一、主要经济指标对比

（一）GDP

——总量比重在下降。2008 年，云南实现地区生产总值（GDP）5700.1 亿元，占全国的比重为 1.86%，比 2007 年下降 0.06 个百分点；占西部十二省区市的比重为 9.78%，比 2007 年下降 0.17 个百分点，且自 2004 年开始已连续四年下降；居全国第 23 位，西部地区第 5 位（见图 1）。

图 1 13 年来云南 GDP 占西部的比重及增速走势

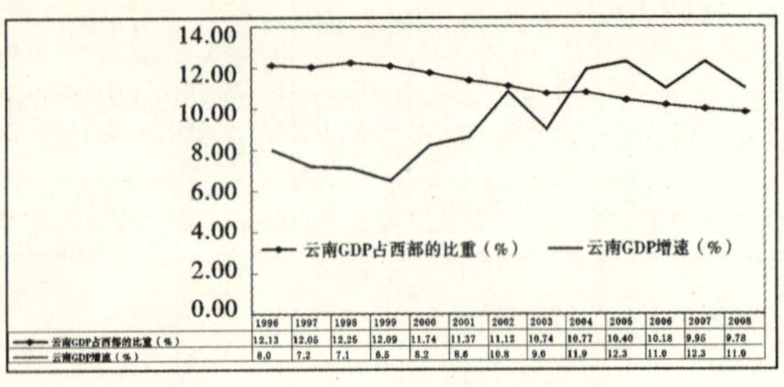

表 1 11 年来云南 GDP 增速在西部位次情况

区	1998	1999	2000	2001	2002	2003	2004	2005	2006	2007	2008
重庆	8.4	7.6	8.5	9.0	10.3	11.4	12.2	11.5	12.2	15.6	14.3
四川	9.1	5.6	9.0	9.2	10.6	11.8	12.7	12.6	13.4	14.2	9.5
贵州	8.5	8.3	8.7	8.8	9.1	10.1	11.4	11.5	11.5	13.7	10.2
云南	8.0	7.2	7.1	6.5	8.2	8.6	10.8	9.0	11.9	12.3	11.0
西藏	10.	9.6	9.4	12.8	12.9	12.1	12.3	12.2	13.4	14.0	10.1
陕西	9.1	8.4	9.0	9.1	9.7	10.9	12.9	12.6	12.7	14.4	15.6
甘肃	9.2	8.3	8.7	9.4	9.4	10.1	11.0	11.7	11.4	12.1	10.0
青海	9.0	8.2	9.0	12.0	12.4	12.1	12.3	12.2	12.2	12.5	12.7
宁夏	8.5	8.7	9.8	10.1	10.2	12.2	11.0	10.3	12.5	12.4	12.2
新疆	7.3	7.1	8.2	8.1	8.1	10.8	11.1	10.9	11.0	12.2	11.0
内蒙古	9.6	7.8	9.7	9.6	12.1	16.3	19.4	21.6	18.0	19.0	17.2
广西	9.1	7.7	7.3	8.2	10.5	10.2	11.8	12.7	13.5	14.9	12.8
云南在西部位次	11	10	12	12	11	12	12	12	9	10	7

——增速高于全国平均水平，在全国和西部的位次上升。2008 年，云南 GDP 增长 11.0%，比全国 9.0% 的平均水平高 2 个百分点，增速居全国第 19 位，比 2007 年上升 6 位，居西部第 7 位，比 2007 年上升 3 位。金融危机下，云南经济增速回落幅度整体上小于全国和西部（见表 1）。

（二）需求

1. 总投资。

——投资率高于全国。2008 年云南名义投资率（全社会固定资产投资/GDP）达 61.88%，比全国投资率高 4.57 个百分点。1996 年-2008 年的 13 年，云南投资率与全国同步攀升至期间国家一轮投资高峰期的最高点；2003 和 2004 年，受国家紧缩政策影响，云南投资率回落至全国平均水平以下。但 2005 年以来，云南投资率又逐步回升，且一直高于全国的幅度，且逐年扩大（见图 2）。

图 2 13 年来云南投资率和全国投资率走势

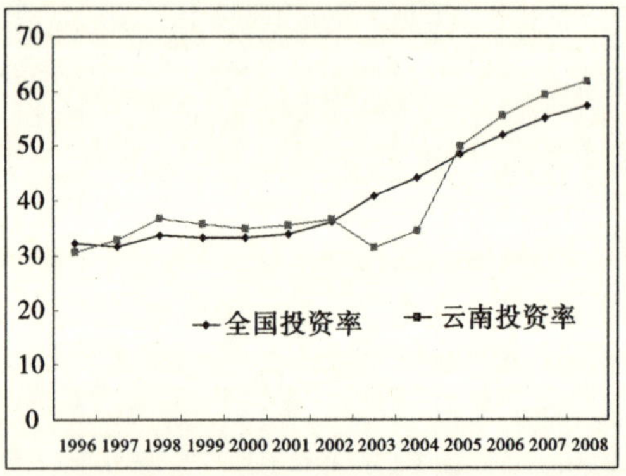

——银行贷款对固定资产投资的支撑作用显著高于全国，但企业自筹资金、吸引外资、债券融资能力均明显低于全国。从云南与全国固定资产投资资金来源构成看，自 2004 年开始，云南固定资产投资资金来源构成中，银行贷款的比重大幅高于全国，1995－2008 年的平均比重高于 20%，高于全国近 5 个百分点。与全国一致，2008 年云南固定资产投资资金最大的资金来源是自筹资金，比重为 50.95%，比全国低 11.26 个百分点，其中企事业单位自筹资金比重为 20.46%，比全国低 11.97 个百分点，投资领域

中企业自筹能力显著低于全国平均水平，反映出云南投资仍以政府主导为主，多元化投资主体格局尚未形成，投资活力和可持续性低于全国。此外，利用外资、债券融资在投资资金来源的比重不足 1%，外源性融资、间接融资能力仍旧较弱（见表 2）。

表 2　2007-2008 年云南及全国投资资金来源构成情况

	全国		云南	
各类到位资金增速（%）	2007	2008	2007	2008
国家预算内资金	22.5	35.1	16.5	69.9
国内贷款	17.3	11.4	39.8	-6.4
利用外资	19.8	3.1	-20.7	39.8
自筹资金	31.4	31	44.5	45.6
其他资金	31.8	-6.2	40	32.5
各类到位资金占比（%）				
国家预算内资金	4.17	4.7	6.71	8.79
国内贷款	16.93	15.72	30	21.9
利用外资	3.5	2.99	0	0.67
自筹资金	57.04	62.21	45	50.95
其他资金	18.36	14.39	17	17.44

——固定资产投资中银行贷款占比下降，且降幅高于全国，但银行贷款对投资的支持力度仍然高于全国。从 2008 年各地区固定资产投资资金来源构成看，云南银行贷款占固定资产投资资金来源的比重为 21.9%，虽较 2007 年回落 8.4 个百分点，但仍比全国高出 6.2 个百分点。

2. 房地产投资。

房地产开发投资增幅高于全国及东中西部各地区，商品房销售下降幅度低于全国及东中西部各地区，商品房供求失衡程度低于全国。2008 年，云南房地产开发投资增长 31.9%，比全国增速高 11 个百分点，分别比东部、中部、西部增速高 14.8 个、0.2 个和 9.2 个百分点，与新疆并列全国第 9 位，西部第 4 位；商品房销售面积下降 16.8%，降幅比全国低 2.9 个百分点，分别比东部、中部、西部低 5.1 个、0.1 个和 1.8 个百分点；商品房供求失衡程度低于全国，商品房供求比（商品房施工面积+竣工面积）/销售面积为 3.91：1，比全国的 5.36：1 低 1.45 个百分点，市场供过于求的程度低于全国。

3. 消费。

名义消费、实际消费增速加快，增速均高于全国。2008 年，云南社会消费品零售总额 1719 亿元，居全国第 24 位，西部地区第 6 位，增长 23.2%，高于全国 1.6 个百分点，列全国第 12 位，比 2007 年上升 6 位。扣除价格因素后，2008 年云南消费实际增长 17.5%，自 2008 年 4 月开始已连续 9 个月加速增长，比 2007 年上升 6.1 个百分点，比全国 15.7% 的实际增速高 1.8 个百分点（见图 3）。

图 3

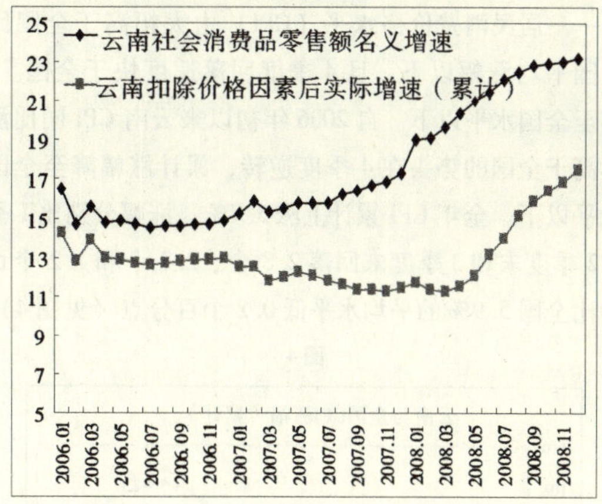

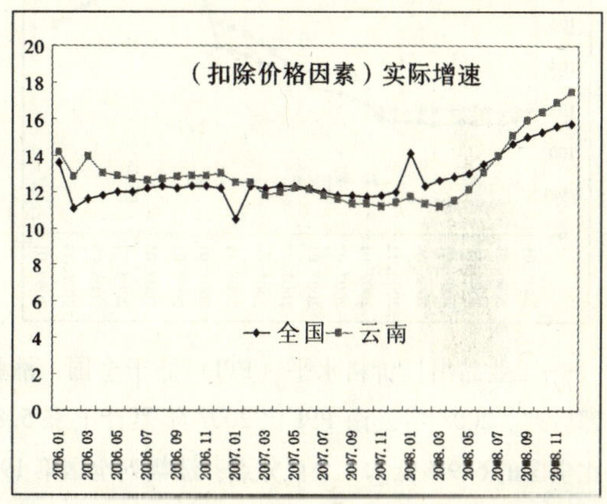

表 3　2008 年云南及西部各省区市进出口增长情况

地　区	进出口总额	规模位次	同比增长	增速位次
重　庆	95.21	5	28.0	7
四　川	220.38	2	53.3	3
贵　州	33.68	9	48.4	4
云　南	96.05	4	9.2	12
西　藏	7.65	11	94.5	1
陕　西	83.68	7	21.5	6
甘　肃	60.86	8	10.2	11
青　海	6.88	12	12.5	10
宁　夏	18.79	10	18.8	8
新　疆	222.17	1	62.0	2
内蒙古	89.34	6	15.5	9
广　西	132.80	3	43.4	5

4. 进出口。

进出口增速回落至全国后列，西部末位。2008 年，全省外贸进出口总额 96 亿美元，增长 9.0%，比 2007 年回落 32 个百分点，比全国 17.6% 的平均增幅低 8.8 个百分点，回落幅度比全国高2.8个百分点，增幅列全国倒数第2位，仅高于广东（7.7%），列西部地区末位（第12位）（见表3）。

（三）价格

——居民消费价格水平（CPI）由大幅高于全国回落至全国平均涨幅以下，且4季度回落速度快于全国。CPI回落至全国水平以下。自2006年初以来云南CPI同比涨幅持续高于全国的势头在4季度逆转，累计涨幅降至全国平均水平以下。全年CPI累计上涨5.7%，涨幅分别比1季度末、2季度末和3季度末回落2.8个、2.7个和1.2个百分点，比全国5.9%的平均水平低0.2个百分点（见图4）。

图4

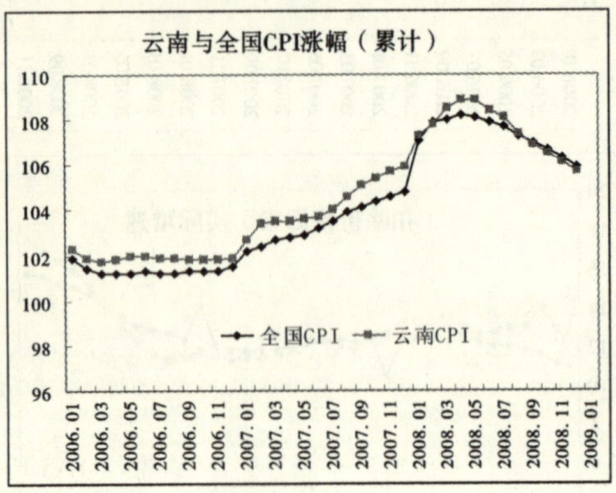

——工业品出厂价格水平（PPI）低于全国，涨幅处于西部后列。2008年云南PPI比2007年累计上涨5.8%，涨幅比全国的6.9%低1.1个百分点；涨幅列全国第19位，与重庆并列西部第9位。（见表4）

表4 2008年云南及西部各省区市价格情况

地区	居民消费价格指数CPI	位次	工业品出厂价格指数PPI	位次
重庆	105.6	11	105.8	9
四川	105.1	12	109.3	5
贵州	107.6	6	112.4	4
云南	105.7	8	105.8	9
西藏	105.7	8	105.6	11
陕西	106.4	7	108.4	7
甘肃	108.2	2	104.9	12
青海	110.1	1	107.6	8
宁夏	108.5	3	112.9	2
新疆	108.1	4	116.4	1
内蒙古	105.7	8	112.5	3
广西	107.8	5	109.0	6

（四）供给

——第一产业增速居全国前列，西部首位。2008年，云南第一产业完成增加值为1021亿元，增长7.6%，增速比全国和西部分别高2.1个和0.8百分点，与陕西并列居全国第4位，西部第1位；增加值位次居西部第3位，次于四川（2366亿元）和广西（1454），占西部的比重为11.26%，较2007年上升0.07个百分点；第一产业在整个三产中的比重为17.91%，高于全国6.61个百分点（见表5）。

表5 2008年云南及西部各省区市第一产业增加值及其位次

地区	增加值（亿元）	位次	增长率（%）	位次
重庆	575.40	7	6.8	6
四川	2366.15	1	3.0	12
贵州	547.85	8	6.5	7
云南	1020.94	3	7.6	1
西藏	60.51	12	6.0	9
陕西	753.72	5	7.6	1
甘肃	463.00	9	7.2	4
青海	105.58	11	3.9	11
宁夏	120.00	10	7.2	4
新疆	691.10	6	6.4	8
内蒙古	906.98	4	7.5	3
广西	1453.90	2	5.1	10

——第二产业增速高于全国，但规模在西部的位次下滑。2008年，云南第二产业完成增加值为2451亿元，增长11.4%，增速比全国9.3%的平均增速高2.1个百分点，列全国第21位，西部第9位，仅高于贵州（8.9%）、甘肃（8.4%）和西藏（7.9%）；增加值位次居全国第23位，西部第5位，次于四川（5790亿元）、内蒙古（4271亿元）、陕西（3842亿元）和广西（3037亿元），占西部的比重为8.75%。其中，云南规模以上工业增加值增长12.6%，分别列全国和西部第23位和第9位。第二产业在整个三产中的比重为43.0%，低于全国5.6个百分点（见表6）。

表6 2008年云南及西部各省区市第二产业增加值及其位次

地区	增加值（亿元）	位次	增长率（%）
重庆	2433.27	6	18.0
四川	5790.10	1	12.9
贵州	1408.71	9	8.9
云南	2451.09	5	11.4
西藏	115.76	12	7.9
陕西	3842.08	3	18.8
甘肃	1471.43	8	8.4
青海	529.40	11	16.5
宁夏	581.24	10	14.3
新疆	2086.74	7	13.9
内蒙古	4271.03	2	20.5
广西	3037.74	4	17.4

——第三产业增速高于全国，但比重略低于全国。2008年云南第三产业完成增加值2228亿元，增长12.1%，比2007年提高0.3个百分点，增速比全国平均增速高2.6个百分点，列全国第15位，西部第7位；增加值位次居全

国第 22 位，西部第 5 位，占西部的 10.52%。第三产业在整个三产中的比重为 39.09%，低于全国 1.01 个百分点（见表 7）。

表 7　2008 年云南及西部各省区市第三产业增加值及其位次

地　区	增加值（亿元）	位次	增长率（%）
重　庆	2087.99	6	12.4
四　川	4350.00	1	8.3
贵　州	1376.84	8	12.9
云　南	2228.07	5	12.1
西　藏	219.64	12	12.4
陕　西	2255.52	4	13.0
甘　肃	1241.68	9	13.2
青　海	326.55	11	10.0
宁　夏	397.27	10	11.0
新　疆	1425.57	7	9.7
内蒙古	2583.79	3	15.5
广　西	2679.94	2	11.7

（五）财政收入

回落幅度低于全国，增速在全国和西部的位次上升。2008 年云南财政总收入完成 1360.2 亿元，比 2007 年增加 248.9 亿元，增长 22.3%，增速比 2007 年回落 1.9 个百分点。其中，地方一般预算收入完成 614 亿元，增长 26.1%，居全国第 18 位，西部第 3 位，次于四川（1042 亿元）和内蒙古（650 亿元），增速居全国第 10 位，西部第 6 位，分别比 2007 年上升 8 位和 4 位（见表 8）。

表 8　2008 年云南及西部各省区市地方一般预算收入及其位次

地　区	财政收入	位次	增长率（%）
重　庆	577.24	5	30.4
四　川	1041.67	1	22.4
贵　州	349.53	8	22.6
云　南	613.63	3	26.1
西　藏	24.88	12	23.5
陕　西	591.28	4	24.4
甘　肃	264.94	9	38.8
青　海	71.56	11	26.2
宁　夏	95.02	10	18.7
新　疆	361.05	7	26.3
内蒙古	649.58	2	31.9
广　西	518.68	6	23.8

（六）居民收入

——城镇居民收入水平及增幅居西部前列。2008 年云南城镇居民可支配收入为 13250 元，增长 15.3%，比全国人均 15781 元低 2531 元，居全国第 15 位，西部第 4 位，次于内蒙古（14431 元）、重庆（14368 元）、广西（14146 元）；增速扣除价格因素，实际增长 9.4%，比全国快 1 个百分点，与河南并列全国第 8 位，居西部第 5 位（见表 9）。

表 9　2008 年云南及西部各省区市城镇居民可支配收入及其位次

地　区	城镇居民人均可支配收入（元）	位次	增长率（%）
重　庆	14368	2	14.1
四　川	12633	7	13.8
贵　州	11759	9	10.1
云　南	13250	4	15.3
西　藏	12482	8	12.1
陕　西	12858	6	19.5
甘　肃	10969	12	9.6
青　海	11648	10	13.4
宁　夏	12932	5	19.1
新　疆	11432	11	10.8
内蒙古	14431	1	16.6
广　西	14146	3	15.9

——农村居民收入水平仍居全国及西部后列，但增速列全国前列。2008 年云南农村居民人均纯收入 3103 元，增长 17.8%，比全国人均 4717 元低 1614 元，居全国第 28 位，西部第 9 位，仅高于青海（3062 元）和甘肃（2725 元）；增速扣除价格因素，实际增长 9.1%，比全国高 1.1 个百分点，与贵州、青海并列全国第 3 位，仅次于安徽（18.2%）、陕西（18.2%）（见表 10）。

表 10　2008 年云南及西部各省区市农村居民人均纯收入及其位次

地　区	农民人均纯收入	位次	增长率
重　庆	4126	2	17.6
四　川	4121	3	16.2
贵　州	2797	11	17.8
云　南	3103	9	17.8
西　藏	3176	7	13.9
陕　西	3137	8	18.6
甘　肃	2725	12	17.0
青　海	3062	10	14.1
宁　夏	3680	5	15.7
新　疆	3505	6	10.1
内蒙古	4657	1	17.8
广　西	3692	4	14.5

（七）企业收入

工业企业经营状况欠佳，利润总额减少较多，亏损企业面扩大，两项资金占用水平进一步上升。2008 年，云南工业企业实现利润 289.1 亿元，利润总额比 2007 年减少 20.4%，增幅下降至全国第 27 位，比全国平均水平低 25.3 个百分点；亏损企业 1019 个，居全国第 17 位，亏损企业比 2007 年增长 19.6%，增幅上升至全国第 12 位，比全国平均水平高 5.8 个百分点；应收账款 434.5 亿元，比 2007 年增长 31.3%，增幅居全国第 5 位，比全国平均水平高 19 个百分点；产成品库存 355.3 亿元，比 2007 年增长 32.4%，增幅居全国第 12 位，比全国平均水平高 7.4 个百分点。全省工业企业整体经营状况下滑。

（八）金融业

1. 银行业。资产总额增长较快，存贷款总量居西部前列，金融化进程快于全国和西部平均水平，但存贷款增速位次持续下降。

——资产规模增长较快，但机构个数和从业人员同比减少。2008年末，云南银行业资产总额10330.75亿元，比2007年增长24.52%，增幅较2007年上升10.16个百分点；云南银行业金融机构5026个，比2007年减少98个；从业人员60378人，比比2007年减少1868人。

——存贷款总量居西部前列，位次较GDP靠前。2008年末，云南省金融机构人民币各项存款余额8419亿元，占全国存款总量的1.81%，存款总量居全国第19位，在西部12省区市中居第3位；人民币各项贷款余额6594亿元，占全国贷款总量的2.17%，贷款规模居全国第16位，居西部第2位。存贷款规模位次较GDP靠前，GDP占全国GDP总量的1.91，居全国第23位，居西部第5位。

——贷款与GDP的比率继续攀升，金融化进程总体上高于全国和西部平均水平。2008年云南贷款占GDP的比率超过全国平均水平0.17个百分点，高于西部平均水平0.31个百分点，在西部与重庆基本相当。实际上，2000-2008年云南贷款占GDP的比重分别为0.99、1.02、1.05、1.16、1.15、1.20、1.21、1.40，呈逐年攀升态势，一定程度上反映了近年来云南银行业发展的良好势头（见表11）。

表11 云南与西部部分省区市金融发展水平情况

（以贷款/GDP比例表示）

	各项贷款余额（亿元）			贷款占GDP的比重（%）	
	2006年	2007年	2008年	2006年	2008年
全国	225285	246278	303468	1.17	1.23
西部	37209	40650	51431	0.96	1.08
云南	4804	5328	6594	1.15	1.40
重庆	4144	4632	6189	1.14	1.60
四川	7842	8511	11184	0.91	1.12
贵州	2696	2911	3569	1.19	1.37
广西	3595	3986	5067	0.75	0.89
陕西	4490	4925	6096	1.08	1.19
内蒙	3205	3563	4528	0.68	0.79
甘肃	2112	2280	2732	0.99	1.03
新疆	2413	2442	2827	0.86	0.84

——存、贷款增速在西部及全国的位次下降。2008年末，云南人民币存款增速比全国低2.33个百分点，与2007年相比，位次下降至全国第28位和西部第11位；人民币各项贷款增速位于全国平均水平，与2007年相比，位次下降至全国第15位和西部第9位。

——信贷投放主要支持地方基础设施建设，较好地服务了西部大开发和新农村建设。2008年，云南贷款增量居前6位的分别是电力燃气及水的生产供应业、制造业、水利、环境和公共管理业、交通运输业、农林牧渔业和批发零售业，分别新增贷款273.03亿元、128.19亿元、104.95亿元、92.25亿元、93.97亿元和92.79亿元，这些行业的新增贷款占全省新增贷款的86.53%。其中，新增基本建设贷款335.17亿元，比2007年多增175.50亿元，占整个西部新增贷款的比重为16.14%，新增规模居全国第14位，西部第2位。

——实现利润增幅较高，信贷资产质量总体进一步优化。2008年，云南银行业金融机构实现净利润144.65亿元，比2007年增长41.52%；云南银行业金融机构信贷资产质量总体进一步优化，2004年、2005年、2006年和2007年，银行业金融机构五级分类不良贷款率分别比全国平均水平低3.34、1.16、2.12和0.66个百分点，2008年，这一指标比2007年再度下降2.95个百分点。

2. 证券业。市场交易活跃度明显下降。2008年末，云南证券业市场交易活跃度较2007年明显下降。其中，当年新增开户数减少16888户，客户保证金余额比年初减少24.19亿元，A股、基金托管市值比年初下降136.68亿元，证券总成交量较年初减少57.47亿元。

3. 保险业。发展活力持续增强，主要指标高于全国平均水平。2008年，云南保险市场实现保费收入165.39亿元，比2007年增长47.86%，增幅较2007年上升30.46个百分点，较全国平均水平高8.80个百分点；全省赔付支出63.40亿元，比2007年增长32.77%，增幅较全国平均水平高1.60个百分点。

二、经济结构和经济增长方式对比

（一）国民经济所有制结构不尽合理，多种所有制经济发展程度较低

从云南法人单位、产业活动单位的数量及构成来看，现阶段云南国有经济的分量较重，私营经济发展相对滞后，多种所有制经济发展的程度较低，对外开放水平不高。

一是以内资单位为主，全省内资单位和产业活动单位所占比重分别比全国平均水平高出2.2和2.1个百分点；

二是港、澳台投资经济和外商投资经济弱小，所占比重分别比全国平均水平低1.1和1.2个百分点；

三是从内资经济结构看，国有单位是主体，国有法人单位和产业活动单位分别占到全部内资单位的36.9%和48.7%，分别比全国平均水平高出15.5和19.4个百分点；私营企业分别占28.3%和19.4%，分别比全国平均水平低12.1和13个百分点。从地区看，全省16个州市中，非公有制经济高于全省平均比重的仅有6个州市。

（二）产业结构调整任务繁重，工业化、城市化进程滞后

云南产业结构的调整始终滞后于全国的平均水平甚至滞后于西部的平均水平。从第三产业增加值占GDP的比重来看，由2001年的20.4：43.4：36.2调整至2008年的17.9：43.0：39.1。第一产业占比超过全国平均水平6.6个百分点，第二产业占比比全国平均水平低5.6个百分点，第三产业占比比全国平均水平低0.97个百分点。此外，云南一半左右的劳动者在初级产业就业，劳动力需要大规模转移，全省就业人员在第一、二、三产业所占比重分别为71.3%、9.1%和19.6%。虽然全省城镇化率由2001年为24.9%提高到2008年的33%，但仍比全国平均水平低13.5个百分点，仅相当于略高于全国1995年的水平（30%）。

（三）投资高增长、低效率，投资与消费结构不合理

2008年，云南全社会固定资产投资占全省GDP的比重已达61.87%，高于全国平均水平4.57个百分点。作为典型的投资拉动和资源开发型省份，一方面，在经历了“九五”、“十五”投资高速增长期后，全省投资的可持续发展面临严峻挑战，一是投资的项目、资金等支撑条件相对减弱；二是高能耗与GDP的低增长不协调，“十五”期间全省能耗年均增长12.2%，高于同期GDP年均增长9%的水平，单位GDP能耗的攀升，不仅加剧了全省“煤电油运”瓶颈矛盾，也制约了全省经济增长方式的转变。三是缺乏新兴支柱产业，投资吸引力下降。除电力行业正在成为支柱产业外，缺乏更多的投资增长点，从投资环境看，在2008年全省城镇固定资产投资资金来源3299.4亿元中，利用外来投资（含省外）约为22.05亿元，仅占城镇固定资产投资额的0.67%，其中外商直接投资仅为10.03亿元，比重仅为0.3%。在十余年来投资持续高增长的同时，全省投资与消费结构失衡，居民消费倾向逐年降至0.59，投资对消费产生了明显的“挤出效应”。

（四）县域经济整体实力较弱，发展不平衡，竞争力不强

2007年全国县域经济评测结果显示，云南县域经济基本竞争力居全国第28位，仅高于甘肃、青海和西藏，比西部平均值低2.3个百分点。全省县域平均人口、GDP总值、地方财政收入和人均GDP指标，分别仅相当于全国县域各项平均值的68%、41%、58%和65%，在全国排第23位、26位、22位和29位。在2008年第九届全国县域经济基本竞争力百强县（市）中，云南没有一个县；在西部百强县（市）中，也仅有10个，分别比四川、内蒙、新疆少13个、10个和2个。

农业产业化发展方面，一是农产品加工业不发达，农产品附加值率低。云南农产品加工业增加值占全省农林牧渔业增加值的比重仅为15%左右，远低于全国平均水平；二是农业产业化龙头企业和知名品牌少，市场占有率低，竞争力弱。2008年末，全省农业产业化组织4500户，无论在数量和质量方面，都与发达省市存在较大差距。此外，全省有效灌溉面积也仅为36%，低于全国平均水平7.5个百分点。

（五）农村市场启动困难，对结构调整、工业化、城市化与经济增长形成牵制

一是城乡居民收入失衡，差距较大。2008年全省城镇居民人均可支配收入13250元，农民人均纯收入3103元，两者差距由1978年的197元扩大到2008年的10147元。

二是农村居民消费结构层次仍然较低，消费结构亟待升级。全省农村居民消费的恩格尔系数达54.5%，比全国平均水平高9个百分点，也比西部平均水平高出4.6个百分点。占总人口80%的农村居民的低收入和低消费水平造成的有效需求不足直接制约云南经济的快速发展。

（六）非公经济和外向型经济相对弱小，经济增长的外生动力不足

云南非公有制经济对全省国民经济增长的贡献率达到45%，但与重庆等西部省区相比仍然相对较低。2008年云南非公有制经济增加值仅相当于重庆的76%，占GDP的比重比重庆低17个百分点，对国民经济增长的贡献率比重庆低26个百分点。从云南外向型经济看，2008年，云南外商实际直接投资7.8亿美元，仅列西部第5位，仅相当于四川、重庆、内蒙的25.26%、28.58%和29.72%，而且主要集中于昆明等发达城市。同时，云南进出口总额与四川、新疆等省区的差距不断拉大，2008年云南进出口总额仅相当于新疆、四川、广西的43.25%、43.6%和72.4%，在西部的位次由1996年的第3位下滑至第4位。2008年全省进出口总额仅占全国的0.38%，远低于云南生产总值在全国的占比。

三、促进云南经济发展的金融思考

要统筹区域经济发展，缩小云南与西部其他地区乃至全国之间的经济发展差距，就应该在区域经济政策的制定中，充分重视金融市场的重要作用。具体讲：

一要将地方金融发展纳入国民经济系列统筹规划，高度重视改善金融生态环境对增加信贷投入、促进经济可持续发展这一工作。一是切实从促进经济金融协调发展的角度出发，结合云南经济发展实际和西部大开发战略制定地方金融产业发展规划，将金融业纳入国民经济系列统筹规划，统筹处理银政企三方面利益的均衡关系；二是应积极转变职能，通过完善地方政策法规、健全信用管理体系，做好对市场主体的各项社会服务；三是加紧建立以政府为领导，以人民银行信贷征信系统为依托，工商、财税、司法、金融机构等相关部门分工负责、相互配合的工作体系，综合运用经济、行政、法律等多种手段促进云南社会信用制度建设，为云南经济又好又快发展创造良好金融生态环境；四是积极争取、制定和落实各项金融优惠政策，加速处理国有企业不良债务；五是有步骤地发展地方法人金融机构，加紧组建具有云南区域特色的省级商业银行，使之发展成为立足西部、面向东盟的全国性金融机构，并适时择机上市；六是培育、发展服务于特色优势产业和高新技术产业的产业投资基金、证券投资基金和风险投资基金。

二要更加重视金融杠杆的作用，充分发挥其作用加快结构调整和工业化、城市化进程。在重视政府行为的同时，应积极发挥货币信贷政策调整经济结构的作用，充分发挥金融杠杆作用以此最大限度地运用好各个时期的货币政策。一是要根据国家和云南发展战略和产业政策，加强贷款投向方面的研究，有效引导商业银行贷款的投向。二是各金融机构要切实改善对民间投资者的金融服务。三是采取适当的优惠政策，引导鼓励企事业单位和个人投资经营小城镇基础设施建设，创新小城镇基础设施建设的投融资管理体制，利用参资入股、经营权转让等产权经营方式，吸引其他投资主体参与小城镇基础设施建设。四是金融机构应紧密结合云南“十一五”规划，加大对重点城市群、二线城市、小城市和建制镇发展的支持力度，形成多层次的地区性经济增长点。

三要加强金融支持“三农”和县域经济发展的力度，有效启动农村市场。一是抓住农村金融机构准入门槛降低的机遇，积极争取国家农村金融服务体系改革试点，研究制定鼓励、支持各类资本发展多种所有制形式农村金融组织的办法和措施。二是应以贯彻落实《农民专业合作社法》为契机，积极组建符合农村经济需求的评估担保机构，组建各种形式的信用担保基金，大力发展农村互助担保组织，建立区域性的信用再担保机构。三是建立对金融机构“三农”信贷投入的激励和补偿机制。对支农贷款占比达到一定比例以上的金融机构，可适当给予营业税优惠。四是开发农业贷款损失补偿险种，对商业性保险公司按照农业保险业务比重给予相应的保费补贴、免交涉农保险营业税等优惠政策。五是对影响金融机构支持“三农”的评估收费、抵押登记收费等问题加大规范或减免力度，适当减免农村地区金融机构抵贷资产处置环节的税费，降低资产处置成本。通过这些做法，积极培育、引导、规范农村金融市场的发展，使金融支持“三农”和县域经济发展的力度不断加强，真正有效地启动农村市场。

四要将提高资金使用效率作为金融工作重点，促使企业强化管理，提高企业效率和市场竞争力。金融机构应以企业债权人身份参与生产要素流动过程，积极参与地方企业产权转让、企业集团发展等相关工作。结合产业政策和合理配置生产要素的要求，积极参与规划制定、意向性接触、可行性分析、资产清理评估、落实银行债权、弥补资产损失等过程；督促企业落实弥补企业资产亏空计划，确保银行债权得到落实。遵循以市场规律配置信贷资金的准则，促使企业严格按照市场需求组织生产经营。同时，为企业提供快捷、灵活的金融服务，缩短结算周期，加速资金周转，为企业提高效益创造有利条件。

（调查统计处供稿）

人民币区域化与使用人民币跨境直接投资研究

——中越、中老、中缅次区域个案研究

课题组

摘要 人民币国际化是大势所趋，在全球金融危机进一步演进并对国际货币体系进行强烈冲击的时局下，正是人民币区域化战略布局的大好时机。本课题以货币国际化理论为指导，以人民币区域化实践为背景，探寻人民币国际化和区域化一般理论，立足云南省人民币跨境直接投资实际情况，提出推进人民币对外投资的战略设想，并针对现实情况提出一些可操作的政策建议，为人民币对外投资成为人民币区域化的重要途径之一做前期探索。

主题主题词：货币国际化　人民币区域化　人民币跨境投资

前　言

当今国际货币体系在全球金融危机的冲击下，正在发生着剧烈变动。人民币国际化是大势所趋，在这个大趋势中，有一个渐变的过程，在此过程中既有市场自发的力量，也有人们主动进行制度安排的推动，两种功能不断交相作用，逐步将人民币推向国际，最终实现人民币全球化。目前，从总体上看，人民币还不是一个标准的国际货币，这是因为国际贸易中以人民币计价的交易数量微乎其微，人民币境外流通范围较为狭小，人民币直接对外投资数量极少，作为国际投资交易货币、国际储备货币的表现都非常弱。总之，人民币目前所能发挥的国际货币职能相当有限，而且多限于周边经济体，所以人民币国际化尚处于初级阶段。然而，人民币国际化的初级化，并未妨碍人民币区域化的蓬勃发展，这是缘于周边经济体对人民币接受度不断提高，导致人民币在这一区域不断深入，当然这也就成为人民币国际化的切入点，成为人民币国际化的地域伸展和功能扩大，也就是人民币国际化的发展。因而人民币国际化问题，往往转变为人民币区域化问题；人民币国际化进程，常常演变为人民币区域化进程。人民币区域化的首要目标是人民币在周边国家广泛流通和使用，成为通用的价值尺度、支付手段、结算手段、价值储藏手段和区域化货币，它是当前和未来一段时间推进人民币国际化的战略目标。

要推进人民币区域化，至少有以下几条路径选择：1. 边境贸易人民币结算；2. 一般贸易人民币结算；3. 人民币对外直接投资；4. 区域内国家经济主体货币合作；5. 发行人民币计价的区域债券；6. 借助香港金融市场拓展人民币离岸业务。目前这六条路径都有所开拓，只不过各条道路的进程前后有别。就云南省来说，边境贸易人民币结算已开展多年，尤其是2004年实行边贸出口人民币结算退税政策以后，人民币稳定地成为主要结算货币；一般贸易人民币结算也于2006年开始在中泰之间实验；人民币民间对外投资近年来出现了快速上升的趋势。综合来看，推进人民币区域化的前三条路径在云南省都已经打开。

本课题以货币国际化理论为依据，以人民币区域化实践为背景，立足云南省人民币民间对外投资实际情况，提出推进人民币对外投资的战略设想，并针对现实情况提出一些可操作的政策建议，为人民币对外投资成为人民币区域化的重要途径之一而做前期探索。

一、人民币国际化的演进逻辑

（一）对现有文献与主要观点的综述

以往文献对人民币国际化没有一个成熟和统一的解释框架，主要有以下几个不同的理论观点。

1. 国家竞争战略观点

陈雨露等（2005）认为，货币国际化利益主要表现为国际铸币税收益以及运用境外储备投资的金融业收益。实证研究表明，可计量的美元国际化利益至2002年底已累计高达9530亿美元。他们同时估算，若2010年实现人民币区域国际化，则10年内可获得近7500亿元人民币的货币

国际化利益。陈雨露等人还强调，货币国际化利益的存在并不构成谋求货币国际化的充分必要条件。国际货币发行国在享受货币国际化利益的同时，不可避免地付出内外政策协调困难、金融市场易受冲击等代价。他们的结论是，政策制定者应全面权衡利弊，人民币国际化要避免超越中国现实的经济水平和政策能力，绝不能人为拔高人民币的国际化程度而使自己陷入巨大的逆转风险。

2. 一般均衡分析

张青龙（2005）建立了一般均衡模型，分析了在固定汇率制和浮动汇率制下人民币国际化的经济效应及其政策含义。在固定汇率制下，人民币的境外流通不对中国宏观经济变量以及货币、财政政策造成直接影响，但会造成中国储备水平的变动，间接地影响货币供应量的变动。即在固定汇率制下，人民币国际化会导致中国国际储备的大幅波动，并使货币政策效力降低。而在浮动汇率制下，人民币国际化对中国的宏观经济变量（收入、利率和汇率）以及货币、财政政策产生直接影响，而且人民币在境外流通规模的增加会降低货币政策的效力。

3. 成本—利益的分析

何帆和李婧（2004）提出，本币国际化是双刃剑，既带来收益，也带来成本，成本与收益的对比将可能成为中国政府确定人民币国际化战略的重要参照。人民币国际化的潜在收益主要有：（1）降低汇率风险，为区域贸易提供便利；（2）为国际收支赤字融资；（3）灵活性优势；（4）收入优势；（5）提升人民币在国际货币体系中的地位。人民币国际化的主要成本有：（1）限制国内金融政策选择范围；（2）约束人民币汇率政策；（3）面临“特里芬两难”。刘力臻和徐奇渊（2006）分析了人民币国际化所带来的利弊，人民币国际化的收益主要有：（1）从其他国家和地区获得铸币税收入；（2）减少汇率风险，降低交易成本，弥补结算手段的不足，促进国际贸易；（3）提高我国的国际地位。而人民币国际化的成本主要有：（1）加大货币政策调控的难度，影响调控效果；（2）国内经济遭受外部冲击的可能性加大；（3）面临“特里芬难题”。但以上作者并没有对人民币国际化的收益和成本进行定量的计算。

4. 国际经验比较与借鉴

姜波克等（2003）从国际货币职能的角度指出人民币要经历从初步国际化的货币到完全国际化的国际货币再到国际中心货币的漫长演进过程，这一过程将伴随着我国的汇率政策由稳定走向浮动和资本账户的逐步开放。李晓（2005）指出，“日元国际化”的困境反映着当今国际经济体系中“贸易国家”的困境，而中国作为一个新兴的“贸易国家”，在人民币国际化道路上应汲取“日元国际化”的经验教训，走“人民币亚洲化”的货币国际化道路。

（二）人民币国际化的阶段

货币国际化可以分为三个阶段：国际计价货币和结算货币阶段——国际金融工具阶段——国际储备货币阶段。国际计价货币和结算货币阶段主要指货币作为国际贸易的计价和结算货币；国际金融工具阶段主要指货币作为国际投融资的货币，主要是货币作为投资、借贷和外汇买卖的工具；国际储备货币阶段主要指货币作为国际官方储备货币。这一过程，既反映了国际货币从货币到资产的演变过程，也是一国货币由初级国际化到高级国际化的过程。国际金融工具是以国际计价货币和结算货币为基础的，而国际储备货币是以国际金融工具为基础的。与此相对应，国际货币依次经历了贸易货币—投资货币—储备货币三种形态。人民币对外直接投资和发行人民币债券，是货币国际化的国际金融工具阶段。一种货币在国际投资和国际信贷活动中被使用的比重是货币国际度指数的组成部分。①

中国的改革开放是以渐进性和实验性为特征的，人民币国际化也应遵循渐进性和实验性的策略，逐步实现由区域货币——国际货币——世界货币的演进。按照上述人民币国际化服务于中国的经济发展战略和对外开放战略的基本思路，人民币在当前要服务于平衡发展战略以及“走出去”战略和自由贸易区战略。自从2002年中国-东盟自由贸易区建立以来，中国-东盟战略伙伴关系不断加强，成为了继欧盟、北美自贸区之后世界第3大区域性经济体。2008年，中国与东盟双方贸易额达2311亿美元，比2007年同期增长14%，超过中美贸易10.5%和中日贸易13%的增速。按照目前的发展态势，东盟很有可能在未来几年内成为中国第三大贸易伙伴。在中国-东盟自由贸易区内，大湄公河次区域国家，特别是越南、老挝和缅甸三国境内人民币已经广泛流通，是人民币区域化的最佳区域。②

从双边贸易和投资看，中国对大湄公河次区域国家除了泰国以外均存在贸易顺差，而对外直接投资除了泰国外均存在逆差，（见表1、图1）。这和国际储备货币国家的对外贸易逆差和对外投资顺差形成了明显的对比。直接使用人民币投资，可以导致人民币的回流，维持国际收支平衡和人民币汇率的稳定。

---

① 刘力臻，徐奇渊，《人民币国际化探索》，人民出版社，2006年版，第48-50页。

② 中国人民银行昆明中心支行课题组，2006年，《人民币跨境使用与我国区域合作战略研究——中越、中老、中缅次区域个案研究》；中国人民银行昆明中心支行课题组，2007年，《人民币区域化与边境贸易结算研究——中越、中老、中缅方案研究》。

表 1　中国对大湄公河次区域国家的双边贸易和投资

单位：亿美元

	对外贸易（2008 年）			对外直接投资（累计）（2007 年）		
	出口	进口	贸易差额	对外投资	引进外资	投资差额
缅甸	19.78	6.48	+13.31	1.34	0.76	-0.58
老挝	2.68	1.47	+1.21	1.46	0.17	-1.29
泰国	156.05	256.47	-100.42	3.02	29.65	+26.63
柬埔寨	10.94	0.39	+10.56	1.9	0.84	-1.06
越南	151.22	43.43	+107.97	3.79	1.08	-2.71

资料来源：国家发改委、外交部、财政部，商务部《中国参与大湄公河次区域经济合作国家报告》

图 1　中国对越南、老挝、缅甸的贸易差额　单位：亿美元

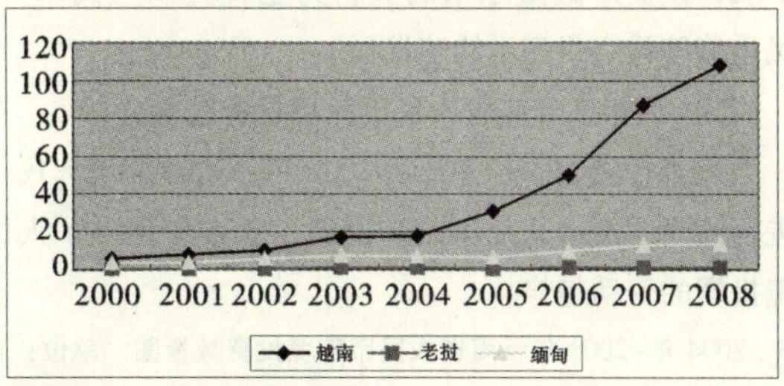

资料来源：国家商务部

人民币国际化的战略要与“走出去”战略和自由贸易区战略协同并进。在中国-东盟自由贸易区和大湄公河次区域经济合作的快速发展背景下，人民币国际化在越南、老挝和缅甸具有天然的优势。作为金融工具的国际货币，人民币可以作为对外直接投资的货币和发行国际债券的货币。显而易见，发行人民币国际债券只能在香港、新加坡等国际金融中心进行，而人民币对外直接投资则可从东盟国家开始。把人民币的国际度指标与美元、欧元和日元的国际度指标相比较，目前人民币的国际化程度还很低，人民币的境外职能除了支付手段、清算货币和少量充当计价货币外，“金融交易品种”货币量和国际储备量还不大。①

因此，人民币对外直接投资相对滞后，具有很大的发展空间和潜力。

（三）人民币国际化的模式

如何实现开放条件下的宏观经济均衡，这是摆在中国面前一个重大的理论与实践问题，这又与人民币国际化的模式密切相关。货币国际化有两类模式：1. 金融渠道投放，贸易渠道回流；2. 贸易渠道投放，金融渠道回流。中国现在处于“世界工厂”地位，国际贸易顺差不断增加，中国的经济增长方式呈现出出口导向型模式，这一发展模式在短期内很难转变，因此人民币国际化应该从模式 1 开始。首先在与周边国家的对外贸易中逐步采用人民币标价和结算，人民币投放主要靠中国的对外投资，包括直接投资、证券投资和国际信贷，从而使周边国家持有的人民币资产不断增加，人民币回流主要靠周边国家购买中国的商品和服务。中国对周边国家的对外经济格局表现为商品、资本同时净输出，国际收支平衡表上表现为经常项目顺差、资本与金融项目逆差，中国成为周边国家的生产者和债权国。在中国经济发展方式转型之后，人民币国际化应逐步转变为模式 2，即中国成为周边国家的消费者和债务国。2007 年中国对越南、老挝和缅甸存在对外直接投资的逆差，而对外贸易存在顺差，但两者存在很大的非对称性。另据人民银行昆明中心支行的监测数据，2007 年云南省通过非正规渠道流出流入上述三个国家的人民币是 28.5 亿元，按 2007 年末人民币对美元汇率中间价 1 美元兑 7.3046 元人民币计算，合 3.9 亿美元。这说明人民币对外直接投资不但存在着坚实的基础，而且还应有很大的发展空间。在最近的几年内，人民币在周边国家的环流应当如图 2 所示。人民币对外直接投资与信贷流出成为人民币的主要流出渠道，而对外贸易成为人民币主要回流渠道。同时，要加强国际协调，规范非正规渠道的资金流出，实现人民币跨境流动的规范化和合法化。在今后，当中国经济从出口导向型增长模式转向平衡发展型增长模式后，人民币国际化可以从模式 1 转变为模式 2。

图 2　中国与越南、老挝、缅甸的人民币环流图

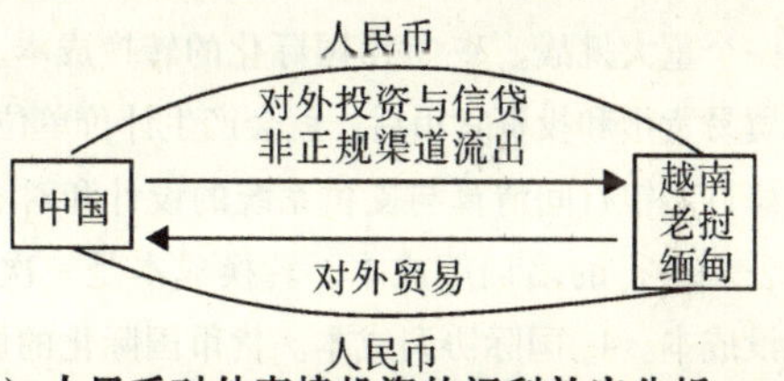

（四）人民币对外直接投资的福利效应分析

人民币国际化均有成本和收益。因此，货币国际化存在一个最优货币国际化水平，即货币国际化的边际收益等于边际成本时获得最优货币化水平。人民币国际化的主要收益有：1. 获得铸币税。2. 减轻了货币当局进行外汇市场干预而产生的冲销压力。3. 降低对外投资的汇率风险。4. 节约外汇储备，降低外汇储备成本。人民币在国际支付体系中的地位相对弱势，人民币兑美元升值后，通过资产的估值效应使得美元计价的外汇储备资产价格明显缩水，人民币国际化可以减少这一损失。5. 降低交易成本。Gros 和 Thygesen（1998）认为，全球用于外汇兑换的支出约占全球贸易的 6.5%。这些成本包括汇率风险、汇兑成本以及为了避免外汇风险而进行套期保值的成本。以 2007 年中国与其他大湄公河次区域国家的双边贸易额共 529.94 亿美元

① 2002 年人民币国际度指标是 0.222，而美元、欧元和日元分别是 10.25、2.27 和 1.17。刘力臻，徐奇渊，《人民币国际化探索》，人民出版社，2006 年版，第 175-177 页。

计算，如果中国与大湄公河次区域国家的双边贸易都以人民币结算，每年可节约汇兑成本约34.45亿美元。另外，中国企业在进行对外贸易和投资时就可以直接用人民币进行结算，从而避免了汇率风险、汇兑成本以及为了避免外汇风险而进行套期保值的成本。6. 金融部门的收益会增加。随着人民币国际运用的扩张，使得贷款、投资和商品、服务的购买都将通过该货币发行国的金融机构进行，从而为本国金融机构带来更高的收益。

Tavalas（1998）认为货币国际运用的成本主要体现在：1. 在钉住汇率制下，外国人偏好的转移可能会导致大量的资本流动，破坏货币当局控制基础货币的能力并影响国内经济活动；2. 在浮动汇率制下，这种转移导致汇率的大幅度变动，可能也会限制货币当局的国内政策能力。3. 无论在钉住汇率制还是浮动汇率制下，都必须考虑到本国资产的外国持有者对本国金融政策的影响。人民币国际化的成本主要有：1. 影响货币政策的传导机制。人民币国际化意味着人民币开始走向自由兑换、人民币汇率的自由浮动和资本自由流动。这三个方面均会对货币政策带来重大影响。2. “特里芬难题”。任何一种国家货币，当成为国际货币时，都会存在“特里芬难题”，即货币信心与国际清偿力之间的内在矛盾。如何协调这一矛盾，对货币国际化国家而言是一个重大挑战。3. 货币国际化的转换成本。在人民币充当贸易货币和投资货币后，就会产生计价单位的修改、合同的修订、银行间清算与支付系统的设计和对金融机构员工和公众进行的培训等成本。转换成本是一次性成本，属于沉没成本。4. 国际协调成本。货币国际化的协调成本主要包括两个方面，一是在金融政策和金融监管机构之间的协调，另一方面是金融机构和商业制度之间的协调。

二、云南省人民币跨境投资情况分析

（一）云南省人民币跨境投资历程

云南与周边国家山同脉，水同源，民族跨境而居，语言相通，习俗相近，以本币进行跨境投资自古有之。新中国成立以来到改革开放以前，人民币跨境投资稀少，几乎没有资料记载。改革开放以来，人民币跨境投资逐渐增多，到目前为止走过了两个发展阶段。

1. 尝试阶段：2000年以前——民间自发对外投资阶段。

十一届三中全会以后，我国进入改革开放时期，个私经济出现，边境口岸开放，边境旅游和边境贸易的发展速度及规模逐年增长，人民币跨境投资也随之增多。中国边民从最初跨境到国外开餐馆、杂货店等传统投资领域，到后来发展到在境外发展种植业及采矿业等，人民币对外投资雏形基本形成。

2. 起步阶段：2000年后——企业自愿与政府引导相结合阶段。

随着中国经济的快速发展，国内经济结构和产业结构都发生了巨大的变化。为适应新情况和解决新问题，2000年开始，党中央确立实施“走出去”战略，坚持“引进来”和“走出去”同时并举、相互促进。在地方政府引导下，云南省企业积极响应，人民币民间对外投资呈现快速增长，投资领域由传统领域转向农业合作、矿产资源开发、机械加工，原材料加工、机械及轻工制造、印刷、替代种植、医药及交通运输等现代领域发展，投资档次不断提升，投资规模逐年扩大，投资主体从个人向民营企业和国有企业扩展，投资形式由原来的实物为主转为以人民币为主，人民币跨境投资得到了快速发展。

（二）近年来云南省人民币跨境投资数量分析

人民银行昆明中心支行从2004年开始对跨境人民币投资进行监测，通过这几年跟踪监测，基本捕捉到了人民币跨境投资的变动趋势。

图3 2004年–2008年云南省人民币跨境投资数量图 单位：亿元

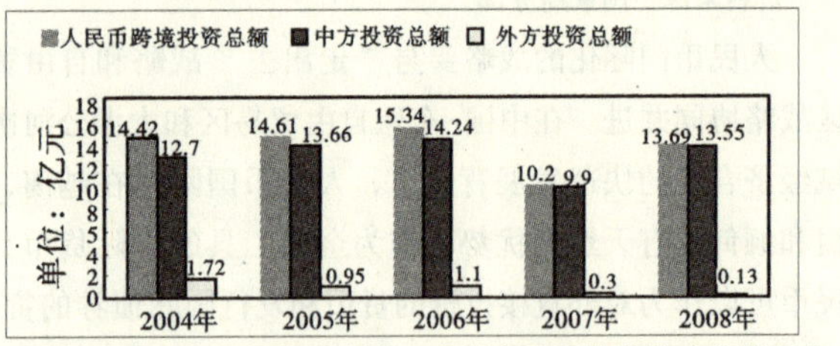

资料来源：人民银行昆明中心支行人民币跨境流动监测报表

2004年至2006年三年间，人民币跨境投资呈现平稳增长的势态。2007年由于中缅两国采取限制缅甸境内的木材和矿产资源投资开发的政策，造成当年人民币跨境投资额下降幅度较大，但并没有改变人民币跨境投资的市场发展趋势，2008年又重拾升势。这是因为以人民币跨境投资的风险度、便利性、市场化程度不仅没有改变，还有所增强，一旦政策发生变化，或新政策措施出台，人民币跨境投资数量便会进入一个长期快速的增长时期。另一方面，中方企业境外人民币投资占跨境人民币总投资的90%以上，而且呈稳步增长之势；外方企业到我境内的人民币投资不仅占比极小，而且数量呈递减态势。这说明人民币跨境投资是以中方为主导的格局（见图3）。

（三）云南省人民币跨境投资结构分析

1. 投资行业分析

2004年—2008年间，云南省人民币跨境投资主要领域由比较单一的农业和服务加工业向资源开发、交通、房地产等多元化行业过渡，而以农业和资源开发为主要内容。在这四年间，农业类投资占人民币跨境投资总额的比例分别为55%、9%、29%、46%、53%，平均为38%；资源开发类投资占比为14%、63%、16%、42%、19%，平均为31%。此二类投资占整个人民币跨境投资的七成，构成人民币跨境投资的主体行业。之所以形成这样一种局面，是与禁毒和国内经济发展密切相关的。农业类投资主要与禁毒事业相关，为从源头上消除毒品的危害，从20世纪90年代起，政府支持国内企业在缅甸和老挝开展罂粟替代种植，在原种植罂粟的土地和新开垦的土地上推广种植甘蔗、橡胶、茶叶、木薯，同时引入籽种、农机、化肥、农药，由此带出大量人民币投资。资源类投资则是近几年中国经济高速增长形成对资源类产品的强烈需求，以及资源类产品国际价格的大幅上涨，促使国内企业到周边国家寻求新的资源产地而发生的投资行为（见图4）。

图4 2004年—2008年云南省人民币跨境投资行业分布图

单位：万元

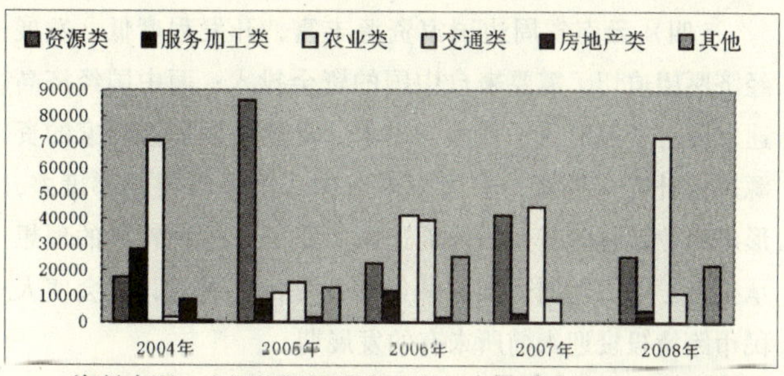

资料来源：人民银行昆明中心支行人民币跨境流动监测报表

外方以人民币对我境内投资则主要集中在房地产业。2004—2008年外方投资房地产行业占投资总额比例分别为83%、53%、16%、82%、76%，平均为62%。之所以集中在房地产业，是因为美元和周边国家本币贬值速度快，幅度大，非居民为保持资产价值，将一部分资产固化于中国边境的商品房和商铺（见图5）。

图5 2004年—2008年外方人民币对内投资行业分布图

单位：万元

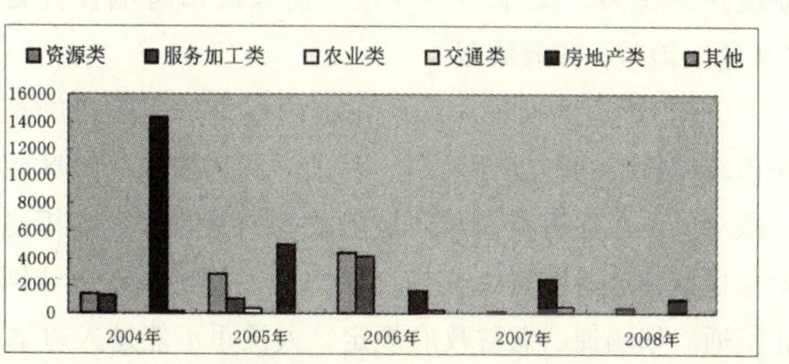

资料来源：人民银行昆明中心支行人民币跨境流动监测报表

2. 投资国别分析

在云南省人民币跨境投资的越南、老挝、缅甸三个国家中，中缅占据主体地位。2004年—2008年，中方企业投资缅甸的占人民币跨境投资总额的比例分别为92%、93%、85%、66%、83%。外方以人民币对云南省投资也主要是缅方。2004年-2008年，缅方以人民币对云南省投资占外方对内人民币投资总额比例平均在90%以上。造成这一格局的主要原因，一是缅甸矿产、林产、土地等自然资源十分丰富，劳动力、土地等生产要素成本相比国内存在比较优势，农业和资源开发潜力很大，吸引着众多的中方企业；二是缅甸是云南省第一大贸易伙伴，人民币跨境投资基数原本就大；三是中缅边境大部分区域为缅甸地方武装自治区，人民币在这些区域内是主要流通货币，占据着90%以上的市场份额，是周边国家中流通比例最大的区域，给人民币跨境投资带来了良好的市场化基础（见图6）。

图6 2004年—2008年云南省人民币跨境投资国别分布图

单位：万元

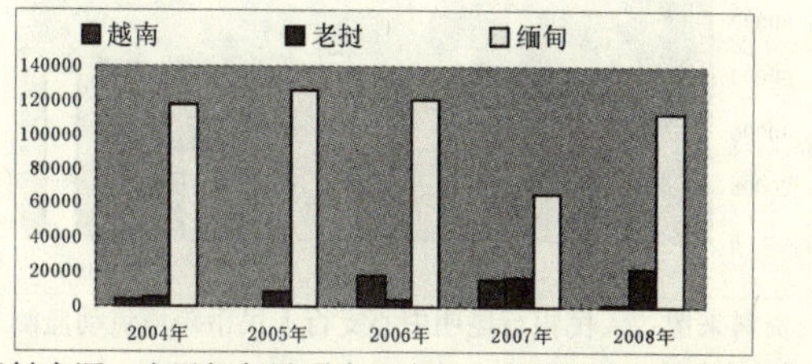

资料来源：人民银行昆明中心支行人民币跨境流动监测报表

3. 投资主体分析

2004年-2008年，在云南省人民币境外投资中，国营企业所占份额平均不到10%，主要是民营企业和个体工商户。随着个体工商户投资量逐年下降，民营企业投资量稳步上升，民营企业已经成为人民币跨境投资的主体。这种变化是符合我国经济发展实际情况的，同时也反映出人民币跨境投资在规模和档次上正在发生着快速变化，即从过去简单的餐馆、小杂货店等服务类项目，向一定规模的开发性项目过度（见图7）。

图7 2004年——2008年云南省人民币跨境投资主体图

单位：家

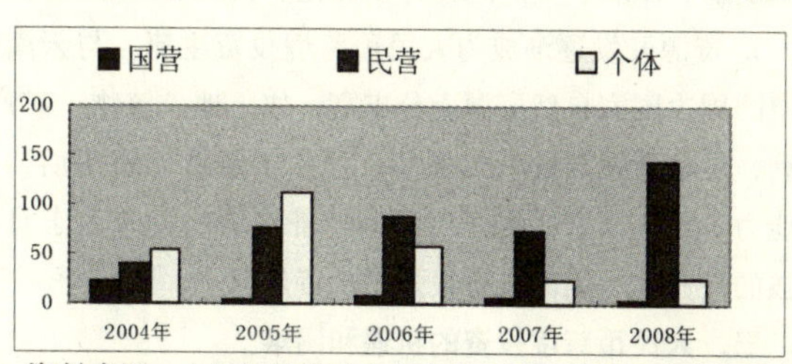

资料来源：人民银行昆明中心支行人民币跨境流动监测报表

4. 投资形式分析

2004年-2008年间，中方人民币跨境投资形式呈现出现金第一但占比逐步下降，实物第二但是占比有所上升，境内转账第三但是占比基本不变的状态。这说明，投资方式与人民币结算渠道的开通有密切关系，也就是说现实投资活动对人民币结算渠道有着很强的需求。其一，中老、中缅至今未开通人民币结算通道，人民币投资只能采用现金和实物方式；其二，人民币投资项目总会带来一定比例的设备、材料等基础物资的采购，而这些采购大部分需从中国取得，于是现金投资转变为实物投资；其三，2005 年起云南省试行中缅边贸易人民币结算境内转账业务，一部分人民币投资借用此渠道进行结算，但资金并未进入缅方境内，给对方使用带来不便。可以预见，在人民币跨境银行结算渠道尚未建立之前，现金和实物投资方式仍将继续作为人民币跨境投资的主要形式（见图8）。

图8 2004 年—2008 年云南省人民币跨境投资出资形式图

单位：万元

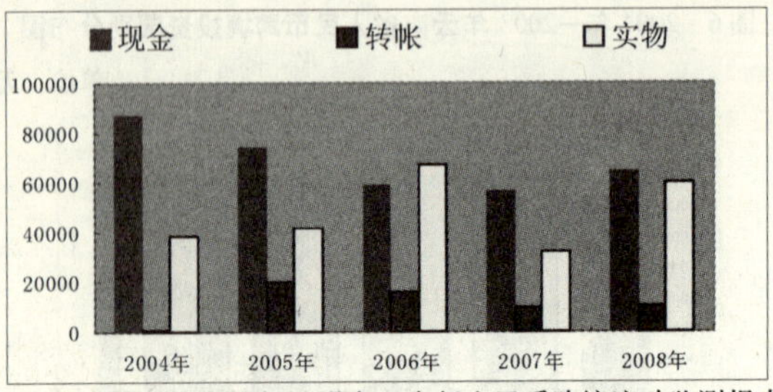

资料来源：人民银行昆明中心支行人民币跨境流动监测报表

（四）综合分析

1. 人民币跨境投资还处于试验性时期。其一，自 2004 年以来，虽然人民币跨境投资规模逐年递增，但总体规模很小，始终在每年 13-15 亿元左右。其二，使用人民币跨境投资并未得到中国及周边国家的正式认可，受政策变动的影响非常大。其三，依然是以民间为主体的投资行为。其四，以罂粟替代种植为主要内容，并配套了一些政策，除此以外的其他商业性投资步履维艰。

2. 人民币跨境投资层次逐渐提高。云南省人民币跨境投资由最初到国外开餐馆、杂货店等单一、低层次的投资，逐步发展到现在的农业合作开发、矿产资源开发、机械及轻工制造、印刷、交通运输等多元化、较大规模的投资。

3. 资源开发逐渐成为人民币跨境投资主流。与云南省接壤的周边国家自然资源十分丰富，如土地、植物、矿产、水利，虽然有强烈的开发愿望，但由于经济比较落后，开发能力不足，而这些资源对我国经济发展的资源需求具有很强的补充性，因而具有很强的投资热情。

三、人民币跨境投资的机遇和困难

（一）由美国次贷危机引发的全球金融危机正在进一步演化，这场危机对世界货币体系的冲击正在进行，全球货币格局必将迎来一次重大调整。在这场危机中，中国由于长期固守资本项目严格管制，适时进行国内宏观政策调整，虽然在经济上难免遭受一些影响，有的金融机构出现一些坏账，但整个金融体系并未受到动摇，人民币币值依然坚挺，经济发展依然保持了较高的速度。历史经验证明，世界性经济金融危机正是战略布局的良好时机，在这场危机中，中国能够独善其身地挺立于世界，正好是人民币走向世界的大好时机。

（二）1997 年亚洲金融危机以后，人民币币值稳中有升，美元不断贬值，使盯住美元的大湄公河次区域各国货币跟随走软，通货膨胀连年不断，人民币逐步取得“第二美元”的地位。2005 年人民币汇率改革以后币值稳步上升，次区域各国货币币值继续下滑，2005 年到 2007 年人民币兑越南盾、老挝基埔、缅甸元分别升值 13.22%、2.33%、48.76%。人民币在大湄公河次区域已经确立了硬通货的地位。

（三）随着人民币跨境流动规模的不断扩大，人民币由一般性贸易结算需求逐步扩大至信贷交易、货币交易、投资交易、储备货币领域，将是一个长期发展的大趋势，人民币跨境投资规模在这个过程中也将得到持续扩大。

（四）云南省周边国家资源丰富，开发程度低，发展经济愿望迫切，需要来自中国的资金投入；而中国经济高速发展对资源形成了强大的需求，需要开发周边国家的资源进行补充。再者，中国与周边国家产业发展的梯度差，形成产业转移的需要；而周边国家正好是这种转移的理想承接者。中国与周边国家间经济发展的互补性，将会使人民币跨境投资迎来前所未有的发展期。

（五）无论是边境贸易人民币结算、一般贸易人民币结算，还是人民币跨境投资，都是市场自发选择的结果。在这个过程中没有强制，没有垄断，没有自私自利。中国政府和民众所做的只是顺应市场需要，修桥铺路而已。因而人民币无论是市场接受度，还是本身的亲和力都很高，在其区域化的过程中，并未让周边小国受到刺激。

按照以上分析，人民币跨境投资正值前所未有的机遇。但是由于人民币跨境投资尚处于初始阶段，政策没有配套，制度缺乏保障，操作不够规范，使人民币跨境投资处于“灰色”地带，步履维艰。

（一）周边国家对人民币在本国投资的管制措施是人民币跨境投资的制度性障碍。目前，周边国家和地区政府一般对人民币在边境有限区域内使用持默许态度，用途主要是边贸和旅游消费中充当交易媒介，超过限制区域则禁止流通。如缅甸、老挝政府规定，人民币不能进入边境 20 公里以外地区，但在边境 20 公里以内地区依然可以自由使用或流通。但是，对于人民币直接投资，即使是在默许流通的限制区域内，周边三国政府也实行严格管制。据调查，境内投资者在这些区域以人民币投资只能通过将人民币兑换成可自由兑换货币，或这三个国家的货币，否则其投资无法通过当地政府部门的批准。只有一个例外，就是在缅甸地方武装控制的地盘上，军政府允许以人民币进行直接投资，但这里仅代表地方政府，中央政府并不承认和支持。

（二）国内政策支持不足。使用人民币跨境投资未纳入我国现行对外投资管理范围，此类投资行为游离于监管范围之外。尽管《国家外汇管理局关于边境地区境外投资外汇管理有关问题的通知》（汇发［2005］14号），可对边境地区投资主体以人民币进行境外投资的进行补登记。但此政策既无强制性也无相关配套政策，对使用人民币对外投资的主体既无约束又无吸引力，使该政策空置而无收效。而对外国投资者以人民币到我国境内投资，我国也无任何政策规定。

（三）没有建立人民币跨境投资监管体制。国内外汇管理等部门对外汇投资有着十分严密的监管体系，对资本项目实行严格管制，但是对人民币对外投资却未纳入有效监管范围，更未建立起一套人民币跨境投资的管理体制。这既让非法转移人民币资产或变相资本外逃有空可寻，也造成实际上对人民币跨境投资不支持，在一定程度上阻碍了此项事业的开展。

（四）人民币跨境结算体系不健全。虽然云南省目前已经建立了滇越本币跨境结算渠道和滇缅境内账户转账结算渠道，但是人民币结算后都没有“落地”到对方境内，这对于贸易结算并不会对进出口企业带来多少影响，但对于以货币形式直接对外投资的行为来说，这些结算方式，还不如现金和实物方式更简单方便。

四、人民币跨境投资战略设想

人民币跨境投资是人民币区域化战略的一个主要组成部分。在人民币区域化进程中，其地位和秩序，仅次于人民币进出口贸易结算，也就是说，当人民币由边境贸易结算逐步扩展到一般贸易结算的过程中，人民币跨境投资随后就将逐渐展开。在人民币经常项目可兑换之后，人民币资本项目的可兑换自然成为一个有待实现的战略目标，在这个战略阶段，人民币跨境投资是先行者和探路者，它的任务就是要探索人民币资本项目可兑换的策略、步骤，引发一系列制度改革和制度创新。

（一）战略原则

尊重市场的原则 迄今为止，无论是边境贸易人民币结算，还是人民币跨境投资，都是市场自发形成的，政府在此过程中从未有过强制性的政策或措施，政府往往都是在市场自发运作到一定阶段，需要在制度上进行配套的时候才出台相关政策措施。这样做虽然总是国家政策慢半拍，但它避免了对实体经济的干扰，避免了对周边国家的刺激，有利于平和推进人民币区域化，在处理人民币跨境投资战略问题时，是应该遵守的一个必要原则。

防范风险的原则 人民币跨境投资虽然目前只是民间的和极小区域的活动，但它却是人民币资本项目可兑换的开始。从历次金融危机的发生来看，其危机根源无不与资本项目的开放有着密切而直接的关系。所以在人民币资本项目可兑换的试验过程中，始终要把风险防范作为一个必要原则。

稳步推进的原则 先做好基础性工作，再向前推进；市场运作一段时间，总结实践经验，补充完善制度，然后再向前推进一步。

先易后难的原则 先从比较容易的老、缅开始，重点是从已初具规模和成效的罂粟替代种植项目开始，以此为切入点，再逐步放大到其他项目。

先近后远的原则 先从边境地区开始，逐步向纵深地区发展，即先从越、老、泰北部和缅甸西部开始，逐步向中心城市扩展。

（二）战略步骤

第一，选择老北、缅北地区作为人民币跨境投资试点区域，明确规定人民币可以作为投资货币在试验区内进行跨境投资。

第二，与老挝、缅甸政府协商，在限定区域内两国政府承认人民币作为直接投资计价货币，确立人民币对外投资的合法地位。

第三，在限定区域试验基础上，进一步推动人民币投资由边境地区向周边国家全境延伸，实现人民币实业投资在周边三国正规化。

第四，在大湄公河次区域内实现人民币实业可投资。

五、规范和推进人民币跨境投资的措施

规范和推进人民币跨境投资的措施，目前最重要的是要建立起人民币跨境投资的管理体制。对于人民币跨境投资活动，现在不是要不要规范，要不要监管的问题。因为实际经济中已经和正在发生着人民币跨境投资的活动，从资本管制的角度，从金融稳定的角度，从防范风险的角度来说，启动人民币跨境投资的正式监管已是当务之急。根据云南省的实际情况，我们认为当前应该采取以下几项基本措施。

1. 补登记。政府应尽快出台《人民币境外投资管理办法》，对已经形成的人民币跨境投资进行补登记，使原已存在的人民币境外投资项目“暗翻明”，将其纳入规范管理之中。

2. 新项目审批。对于新发生的人民币境外投资项目实行审批制，审批机关仍为各级商务部门，纳入境外投资项目审批管理系统，按照现行管理体制，简化国内审批手续，撤销资金来源审查。

3. 项目登记。项目单位持商务部门的批准文件和批准证书到当地外汇管理部门办理项目登记和投资资金登记手续。人民币投资资金需要通过银行汇出境外的，持外汇局核发的登记证直接到银行办理，由银行将相关信息反馈外汇局进行登记；人民币投资资金需要携带出境的，由项目单位向外汇局办理投资资金申报，外汇局比照外汇携带证核发人民币携带证，海关审验后放行。

4. 资金流出入申报。通过银行结算渠道流出入的投资资金，由项目单位通过银行比照国际收支申报办理投资资金流出入申报，银行定期将申报信息报外汇局；通过现金携带流出入的投资资金，由项目单位向外汇局办理投资资金流出入申报，投资资金流出时项目单位应向海关出示外汇局核发的携带证，投资收益流入向海关申报时，项目单位应向海关出示外汇局核发的投资项目登记证，项目单位向外汇局办理投资收益流入申报时需出示海关申报单。

以上是对国内企业向外进行人民币投资的基本规范。对于境外企业向国内的人民币投资活动，基本上可比照外汇投资的操作方式予以规范。只不过在实际操作中，对于投资人的人民币来源合法性及投资者身份认定存在一定困难，建议从两方面入手对其规范化。一是对境外非居民在边境地区长期从事生产经营活动所获取的人民币利润再投资的，由其提供资金来源合法性来源和相关身份证明材料，由中介机构和商务部门对其进行确认后，可视同外商投资企业，并享受外商投资企业待遇，外汇局可比照外商投资企业为其进行验资询证业务。二是对境外非居民持人民币到境内投资的，由其提供人民币合法来源和身份证明相关材料，依实际情况办理。

六、相关政策建议

（一）设立云南省人民币跨境投资试验区

目前，中国与周边国家的边境贸易已广泛采用了人民币进行结算，在云南省周边三国，边境贸易人民币结算份额已占到了90%以上。2008年以来受全球金融风暴冲击，越南和缅甸方面都通过不同渠道，向中方表达了使用人民币进行一般贸易结算的愿望，而泰国北部与云南省的人民币贸易结算已于2006年开始试验。2008年12月24日，国务院决定对广东和长三角地区与港澳地区、广西和云南与东盟的货物贸易进行人民币结算试点。人民币由边境贸易结算扩展到一般贸易结算已经启动，而人民币跨境投资也将进入议事日程。这一切都是市场选择的结果。作为人民币的主权国家，作为人民币的管理者，我们只有顺应客观实际，一方面进行相应的制度安排，一方面积极主动地研究和探索，才能够满足现实的需要。考虑到实行人民币对外投资是一项比较复杂的工作，本着上述战略原则，我们建议将云南省设立为人民币跨境投资的实验区，让其先行一步，通过摸索实践，找到人民币对外投资的一般规律，为全局性的工作安排提供经验，为人民币资本项目可兑换进行前期探索。

（二）建立健全云南与周边三国人民币结算体系

人民币跨境投资必然带来人民币在对方国家“落地”的问题，而现有的人民币银行跨境结算方式，均不能实现人民币到对方国家“落地”，因为人民币资金在跨境时已经换成了对方国家的货币。要实现人民币跨境投资银行结算，就必须对现有银行结算体系进行改造。鉴于目前云南省与周边三国的人民币结算体系情况各异，需要区别对待，分别采用不同的办法予以解决。

1. 健全中越银行本币结算体系。中越本币结算体系已建立和运行了多年，其运行方式一直建立在双方对开账户（我方在越方开越南盾账户，越方在我方开人民币账户）的基础上，为实现人民币跨境投资银行转账，必须在此基础上增设我方在越方人民币账户，方能解决人民币“落地”的问题。本着公平对等的原则，中越双方应该在对方同时开立本币账户。

2. 建立中缅银行人民币结算渠道。鉴于中缅双方还未签订两国金融合作协议，建议人总行积极与缅甸央行接触和协商，尽快签署双方金融合作协议，为中缅商业银行建立人民币银行结算关系扫除障碍。在前项工作尚未完成之前，建议人总行以恰当的形式，允许中方商业银行为缅方商业银行开立人民币账户，通过此账户实施双方贸易和投资人民币结算。正式协议签订之后，中缅双方银行再正式建立人民币银行结算渠道。

3. 建立中老银行本币结算体系。中老金融合作协议早于2002年就已经签订，近来中老双方银行积极接触，商议建立双方本币银行结算体系事宜。由于中国在老挝北部地区有相当数量的罂粟替代种植项目，由于引发大量的人民币投资结算问题，所以在建立中老本币银行结算体系之时，应该事先考虑人民币投资项下的结算需求，预设人民币直接“落地”结算功能。

4. 短期变通的结算办法。在上述人民币投资结算渠道尚未建立健全之前，为方便中国企业对周边三国较大规模的人民币投资结算，建议允许我方商业银行为承接投资的外方企业在国内开立人民币离岸账户，视同外汇账户进行结算和管理。

（三）增强国内金融机构对人民币跨境投资的服务功能

1. 国家开发银行。作为政策性投资银行，国家开发银行应对云南省企业在周边国家投资的资源型项目，特别

“罂粟替代种植”项目给予扶持；同时结合国家开发银行境外业务发展战略，发挥其中外企业的纽带作用，在投资决策、风险防范、经营发展方面给予帮助。

2. 中国信保公司。云南省周边三国家国力弱，信用环境差，投资风险较大，需要加强境外投资保险。建议中国信保总公司与云南省政府签署合作协议，中国信保对云南的项目在国家限额、承保政策、保费费率等方面给予优惠，并逐年提升对云南项目的国家限额。

3. 商业银行。目前，我国金融机构在老挝、缅甸还未设分支机构，境外企业在东道国的筹资能力普遍较弱，需要借助国内母公司的信用进行融资。建议开拓国内商业银行离岸金融业务，通过此项业务以“全球统一授信额度”等方式实现境内外资金联动，解决境外中资企业的资金需求。

课题组主持人：杨小平

课题组成员：雷一忠 杨长明 胡列曲 潘为红

增强证券业反洗钱监管工作有效性的研究

课题组

2007年1月1日，《中华人民共和国反洗钱法》颁布实施，中国的反洗钱监管领域从银行业扩大到证券业和保险业。因证券业有着与银行业迥然不同的业务模式，因此，如何有针对性地开展对证券业的反洗钱监管工作？成为学术界与实务界共同关心的重要课题。本文从证券业发展的实际出发，结合证券业洗钱风险的诸多特征，就下一步增强证券业反洗钱监管工作的有效性进行了研究，并提出相应的思考。

一、证券业洗钱风险特征

自20世纪90年代中国上海证券交易所和深圳证券交易所开业以来，中国的证券市场到2008年已经走过了十八个年头，并实现了跨越式的发展。如今，在中央政府不断健全完善资本市场制度和法律、国内经济环境总体趋好和百姓投资意识日益增强的支持下，中国证券市场已经成为一个朝气蓬勃，欣欣向荣，高速发展的市场，在国际上的影响力与日俱增，日益为全世界所关注。但目前，有可能影响到中国证券市场稳定、合规、健康发展的一个负面因素便是洗钱犯罪活动。

2007年1月1日，《中华人民共和国反洗钱法》颁布实施，把有效防范和坚决打击利用证券市场进行洗钱犯罪活动摆在了我们的面前。

根据《反洗钱法》的阐释，反洗钱是指为了预防通过各种方式掩饰、隐瞒毒品犯罪、黑社会性质的组织犯罪、恐怖活动犯罪、走私犯罪、贪污贿赂犯罪、破坏金融管理秩序犯罪、金融诈骗犯罪等相关犯罪所得及其收益的来源和性质的洗钱活动，依照《反洗钱法》规定采取相关措施的行为。

证券业由于自身所特有的一些行业特性，具备不同于其他金融业的交易模式，在当前的现实条件下，存在被洗钱犯罪分子所利用的可能性，犯罪分子可能利用便捷的交易手段、多样的交易品种、快速的资金流动从而实现非法所得的清洗和转移，证券业的洗钱风险不容忽视。具体而言，证券业具备的六个特征，可能为洗钱犯罪分子所利用：

（一）证券交易品种繁多

目前，能够在我国公开的证券交易市场上市交易的品种，包括股票、债券、权证、基金及期货等。其中，股票有A、B股，债券有国债、金融债、公司债、企业债等，权证有认沽权证、认购权证，基金有开放式与封闭式、指数式和ETF等，期货有多种商品期货、黄金期货及将开设的股指期货。此外，还有场外市场，高新技术产业区的代办股份转让系统以及各地的产权交易所，在这些非实时交易场所进行的证券交易也不在少数。目前，为了提高交易效率，减少投资者的交易成本，活跃交投，世界范围内都在掀起一场投资便捷化的运动，中国同样如此。只需要开设一个股票账户和一个基金账户，以及申请期货交易编码，就可以方便地、足不出户地进行多种证券产品的投资。这对于洗钱分子来说同样是一种极大的便利。洗钱分子的目的就是要隐瞒和转移非法资金，如果犯罪分子借鉴投资分散化以规避风险的投资理念，将黑钱分规模、分投资方向地投入到不同的证券市场和不同的证券品种中去，并频繁买卖操作，在较短时间内将资金转换为各种证券产品，又迅速变现，再进行交叉操作，将资金投入到其他市场，其他证券产品中去并反复如此操作。由于资金与证券产品之间的转换具有快速性、多样性、复杂性；而跨市场、跨证券品种之间的交易监控在技术上也确实有相当难度。这样一来，犯罪分子将资金在证券产品之间进行尽可能多的转换，既方便快捷，又能起到掩人耳目，模糊监管者视线的作用，给顺藤摸瓜，追查资金来龙去脉带来一定程度的干扰，从而借助证券市场的所谓收益，顺利实现黑钱的“漂白”。

（二）交易手段多样化

过去，买卖股票必须到证券公司的营业部，手工填写交易委托单，既不方便，也容易出错。为了方便投资者，尽可能地减少投资者的不便，以吸引投资者买卖证券产品，券商陆续开通了电话委托交易与网上交易，乃至手机移动交易。这些新的交易委托手段的开通，确实是方便了投资者，但另一方面，也给券商的客户身份识别工作带来一定困难。在开设证券交易账户环节，近几年，合规监管力度持续加大，一方面，对于新开立账户的投资者，都需要出示并留存身份证明文件，填写尽可能详细的个人资料，并留存客户照片头像。另一方面，对于历史遗留的不规范账户，证监会也要求按时清理完毕，能补充客户资料的，一定要客户亲自到现场补充资料，无法完善资料的，一律冻结交易。在新开账户环节的客户身份识别工作日趋规范。但是，由于电话、手机、网上交易方式的大行其道，又给证券经营机构的持续客户身份识别工作带来相当程度的干扰。在调研过程中，券商都表示，在电话、网络交易时，仅需要账号及密码即可进行交易，只要知道账号、密码，是否是客户本人在进行交易，无法判定。但洗钱犯罪分子往往是团伙作案，如果犯罪分子借用、盗用合法身份证件开设多个账户，利用电话、网络在不同地点、不同时间、不同操作手法隐蔽洗钱，由于网络、电话的非现场性，券商无法进行持续的客户身份识别，是否属于可疑交易也难以确认，洗钱风险确实较难防范。

（三）市场的规范程度仍有待提高

由于中国证券市场所固有的一些历史性制度痼疾，以及市场信用体系不完善，体制不健全，监管的手段不能及时更新，再加上"新兴加转轨"的特殊性，多年来，市场的规范程度备受诟病，广受非议。特别是各种操纵市场的行为屡见不鲜，内幕交易不绝于道，圈钱手法不断翻新，大小庄家层出不穷，被一些人称之为"赌场"。言论未免偏激，却也确实道出了中国证券市场的几分实情。从"中科创业"到"银广夏"，从"蓝田股份"到"杭萧钢构"，德隆系，科龙电器，南方证券，汉唐证券，闽发证券，云南证券。每一件都是违法违规，每一件都是操纵市场，内幕交易，挪用客户保证金。而在这一起起事件背后，却是中小股民利益受损，大股东资产迅速膨胀，甚至国有资产"合法"地流失到个人身上。观诸中国证券市场的现实，"借鉴"各种操作手法，洗钱犯罪分子颇有漏洞可钻。收买上市公司高管，进行内幕交易；与上市公司、证券公司或基金公司合谋，联合坐庄，低吸高抛；自买自卖，影响价格；联手对敲，完成证券、资金流转；散布虚假消息，吸引投资者接盘。基于证券市场本身的复杂性，信息披露不够透明，操纵市场行为难以根绝，监管存在一定死角等等现实因素短期内难以根本改观。因此，在中国证券市场规范程度没有根本改善的情况下，证券市场给洗钱犯罪分子提供了具有一定技术含量的洗钱通道。操纵证券市场，从而完成洗钱犯罪，在国际上也不乏先例。例如在1997年，以俄罗斯移民为主组成的某黑社会犯罪组织成立了一个虚假信息公司，并在巴哈马和加勒比等地注册了空壳公司，开立了离岸银行账户。此后，该公司通过空壳公司将上市股票出售给普通投资者，并一直人为推动股票价格上涨。该公司控制的股票价格，当年从1月每股0.25美元上涨到9月每股8美元。进入10月份以后，在该公司控制之下，其股票价格骤然下跌至每股0.4美元。许多合法投资者利益受到损失，而犯罪组织获利所得则被存入离岸账户，又被迅速转移到犯罪组织成员的手中。这种利用空壳公司进行证券欺诈的行为，使该犯罪组织短短数月非法获利数十万美元。

（四）证券市场高收益，为巨额非法资金提供了掩护

中国证券市场各种财富神话层出不穷，加之中国经济长期相好，在这种形势下，几百万、几千万的资金进入证券市场都不再稀罕，而从证券市场上获得巨额收益也被认为是理所当然。这样，就对非法资金进出市场起到了极大的掩护作用，原属可疑交易的行为在这样的市场条件、氛围下也不再可疑。可见，股市的高收益有助于犯罪分子掩饰、隐瞒洗钱行为，也为犯罪分子转移非法资金提供了天然的掩护。

（五）证券价格对信息的高度敏感性，为洗钱与恐怖融资提供了可能

证券市场价格受到多种因素的影响，其中最重要的因素之一便是信息。股市之所以被称为"经济晴雨表"，就是因为其价格能综合反应国家层面、行业层面以及企业自身层面的多方信息。一旦任何有关国家政策变动，或是企业重大经营状况变动的信息发布，其证券价格便会迅速予以反映。特别是在中国这个尚不成熟的市场里，提前获取内部信息或是散布虚假信息以操纵价格一向是庄家的惯用伎俩。因此，洗钱犯罪分子完全可以通过操纵信息从而完成洗钱。尤其是随着中国证券市场的发展，制度体系与产品体系的进一步完善，融资融券制度以及股指期货必定要推出，这样的话，中国证券市场的单边市局面就将结束，卖空机制就将形成。如不严加防范，卖空机制可能为洗钱乃至恐怖融资提供新的便利操作手法。众所周知，恐怖分子制造恐怖事件会在公众当中形成恐慌情绪，对局部地区以及特定行业和特定公司造成重大影响，从而导致市场恐慌，大量抛售，相关证券价格大幅波动。如果恐怖分子提前卖空相关股票，就可以"合法、迅速、快捷"地为恐怖犯罪融到巨额资金。根据《Money Laundering Alert》文章刊载，在"9.11"袭击之后，有报道宣称，为了在恐怖袭击后航空公司股价跌落时获利，基地组织成员提前卖空了航空公司类股票。又如2007年2月，斯里兰卡的泰米尔猛虎组织（Tamil Tiger）就是通过建立虚假公司在印度证券市场来融资的。可见，卖空机制的建立，证券价格对信息的高度敏感，非常容易为洗钱犯罪与恐怖融资所利用。

（六）证券业逐步的对外开放，为资金以可交易证券形式实现跨境转移提供了可能

按照中国加入WTO时所作的国际承诺，中国一直在加快着金融市场开放的步伐，允许外资以QFII合格境外投资者的形式投资中国证券市场，允许内资以QDII合格境内投资者的形式投资境外证券市场，允许境内经审批符合资格银行所发售的理财产品，投资香港、新加坡、英国、美国与日本的证券市场，以及积极推进境内居民投资香港股市，即港股直通车（虽然由于种种原因，目前暂时搁浅，但境内许多个人或机构投资者通过种种地下渠道投资香港股市，却是不争的事实。）都成为现实。可以说，人民币资本项目下的管制正在以种种形式放松。这对于洗钱犯罪分子，同样提供了一个跨境资金转移的通道。一方面，目前QFII审批严格，必须是国外具备良好声誉，资金实力雄厚，证券投资经验丰富的境外机构投资者。但在审批所要求的条件中，并未强调反洗钱因素，欠缺的这一条件，有可能形成潜在隐患，为境外非法资金以投资形式进入国内提供了可能。另一方面，国内资金也可利用现有投资渠道，以可交易证券形式流入境外。特别是在准许个人投资者直接投资境外市场后，一旦制度设计稍有漏洞，不能形成严密的封闭资金循环流动渠道，或是银行、券商等交易中介有意、无意放松警惕，让资金游离出体外，则其中潜藏的洗钱风险也是不言而喻的。

二、人民银行对证券业实施反洗钱监管的必要性

基于证券业的风险特征，以及当前中国证券市场所处的发展阶段，证券业洗钱风险是客观存在的。为了督促证券行业金融机构全面履行法定反洗钱义务，防止证券业洗钱风险积聚并扩大，增强证券行业经营的合规度，提高其全行业反洗钱工作水平，构筑证券业反洗钱安全网，人民银行依法履行对证券业反洗钱工作的监督管理职责是必要的。这主要基于四点：

（一）证券业反洗钱工作开展较晚，反洗钱意识和能力普遍不强

中国的证券、期货业开始全面、完整履行反洗钱义务，是在2007年《反洗钱法》颁布实施之后，距离现在不过几年。在这较短时间内，一方面证券业对于反洗钱工作的重要意义认识还不到位，没有充分领会人民银行一系列反洗钱规范文件的精神，没有从思想上深刻认识到洗钱犯罪行为的巨大危害，没有意识到洗钱行为会形成法律风险和声誉风险，会影响到金融体系的稳定，乃至影响到其自身的生存。体现在行动上，就是对反洗钱工作缺乏积极性，互相推诿，敷衍了事，没有履行或没有正确履行法定义务；另一方面，反洗钱工作目前已经形成一个相对完善、多层次、多维度的制度体系，国内的证券业在相对较短的时间内，要完全熟悉、认知、掌握这个制度体系，确实有一定困难，而对制度体系的陌生，必然会严重影响证券业金融机构履行反洗钱义务的能力。

（二）成本、收益的不匹配，弱化了证券行业开展反洗钱工作的积极性和主动性

证券行业是一个市场化程度较高、竞争性较强的行业，因而面对着严格的硬性成本约束，对于成本增加的敏感度比较高。而反洗钱工作是一项全新的任务，在面对这项工作时，作为一个理性的经济主体，证券业金融机构会权衡成本与收益之间的关系，采取使自身利益最大化的行为。

实际上，反洗钱工作对于证券业金融机构来说，属于典型的成本收益不匹配的工作。从成本方面来讲，由于法律规定了证券业金融机构要履行一系列反洗钱义务，为了达到监管机构的要求，证券业金融机构需要付出许多成本，包括人员的培训、宣传工作的开展、采集大额与可疑交易信息系统的开发、客户身份识别与交易记录保存等等，上述的一系列工作需要证券业金融机构设置专门的人员、机构，转换全体工作人员的经营意识，公司的业务系统要依据最新要求重新开发、流程要再造。每一项都需要付出时间成本、经济成本、机会成本。反观之，反洗钱工作所带来的收益主要是打击了犯罪，维护了金融体系的稳定。也就是说，反洗钱工作的收益是有利于整个社会的，有益于整个金融体系的，但并不能直接转化为某一家证券公司的有形经济利益，也不能直接体现在其会计报表上。

所以说，反洗钱工作对于证券业金融机构体现出明显的成本的内生性，与收益的外生性。西方著名经济学家、诺贝尔经济学奖获得者科斯对这类问题作过经典分析。理性经济主体在面对这类问题时，必然会做出有利于自身的最优选择，但从社会整体来看，却可能是次优选择。因此，证券业金融机构采取各种方法，回避实质性的工作，尽量避重就轻，做一些表面文章也就成为其选择。

（三）高度竞争的外部环境，有可能诱使证券业金融机构违规经营

当前中国的证券市场是一个买方市场。投资者根据自身的经济实力，投资需求和风险偏好，可以在大量的投资中介中进行选择。反映到证券市场上，就是证券经营主体为了赢得客户，不得不面对激烈的竞争。证券公司的经纪业务、资产管理业务、投行业务、投资顾问业务，基金管理公司的基金运作业务，期货公司的经纪业务，都必须争取到大量客户才能维持生存。特别是中国证券市场有其自

身所处的初级发展阶段所具备的一些特殊性，比如，盈利结构单一，靠天吃饭模式长期没有得到改变。对于证券公司来说，经纪业务仍然是其最主要的利润来源。一旦客户大量流失，则难免会濒于亏损。此外，业务模式高度雷同，差异化证券产品较少，无法满足不同客户的不同投资需求，不能靠开发设计差异化证券产品获取利润，只能依赖经营客户，维持渠道来保证利益。

面对这种局面，证券业金融机构从上到下都面对着巨大的压力。而为了争取客户，留住客户，证券业采取了高度业绩导向的薪酬政策。许多证券业金融机构工作人员的底薪并不高，更多的是靠业绩提成和年终奖励。在这种情况下，一旦有洗钱犯罪分子携带巨额资金，投入到证券经营实体，则从一线业务人员到管理层，都是难以抵御这种诱惑的。接受这笔业务，是否会被监管机构、执法部门查处，属于未知之数，但要将客户拒之门外，自身丧失巨大利益则是必然的。所以，证券业金融机构会抱有侥幸心理，希图瞒天过海，有意无意放松客户身份识别，乃至积极配合进行洗钱。

（四）缺乏内部的监督制约，需要外部强化监管

当前，中国的证券业反洗钱工作正在稳步开展。但是基于多方面因素，证券业反洗钱工作体系还不够健全，仍存在制度设计上的盲点与漏洞。根据人民银行总行下发的反洗钱非现场监管报表的填报和我们日常监管与专项调研发现，证券公司基本上都没有开展过专项反洗钱内部审计。公司内部的审计与监督由于具有常态性和及时性，可以提高证券业金融机构反洗钱职能部门的履职动力，及时发现问题，防止内控失效，避免问题恶化，意义重大。

总之，以上问题的存在表明，为了强化证券市场的合规性，加强反洗钱工作，人民银行履行对证券业反洗钱的监督管理职责是必然之举。

三、证券业反洗钱监管工作开展的现状

目前，在中国人民银行总行的统一部署安排下，证券行业反洗钱监管工作正在稳步开展，并取得了实效。

（一）监管框架体系初步确立

2007年1月1日，《中华人民共和国反洗钱法》颁布实施，以法律的形式对证券行业反洗钱监管工作做出了明确界定，主要包括现场检查和非现场监管。此后，为了更全面地掌握证券业反洗钱监管工作的实际情况，人民银行总行积极推动反洗钱非现场监管工作，使反洗钱监管框架体系逐步建立，并发挥有效作用。以云南省为例，在人民银行总行的指导下，在先期调研与培训的基础上，2007年度人民银行昆明中心支行对云南省3家证券公司进行了反洗钱现场检查，包括两家证券营业部及一家法人经营机构；2008年度又对两家证券营业部进行了反洗钱现场检查。通过现场检查，对于证券行业特性有了更直观的认知，对于需要集中关注的证券业洗钱风险点有了初步掌握，对于如何有针对性地开展证券业反洗钱现场检查也逐渐摸清了规律。经过一段时间的摸索、交流与指导，目前，云南省辖内证券业金融机构接受反洗钱非现场监管的情况逐步改善，初步做到了按时报送报表，报表填报质量也有了一定提高，一个以现场检查和非现场监管为支柱的反洗钱监管框架体系已经逐步建立，并日渐发挥作用。

（二）监管协调机制初步建立

由于证券行业的监管单位是中国证监会，而中国人民银行所负责的是反洗钱专项监管，因此，做好反洗钱监管工作，需要两个部门通力合作，互相配合。也就是说，只有证监会与人民银行共同强化对证券业金融机构的内控检查，形成了监管合力，有了这一双重保险，才能有效防范证券业金融机构违规的风险。目前，中国人民银行与中国证监会已经建立了协调机制，地方人民银行分支机构也与当地证监局建立了监管协调机制，就信息的共享，监管的协调等问题建立了通报、会商制度，从而强化了对于证券业的反洗钱监管。证券业协会作为证券行业的会员组织，自律性单位，也积极配合人民银行反洗钱工作，根据人民银行反洗钱规章，发布实施细则与操作指引。如《中国证券业协会会员反洗钱工作指引》于2008年上半年发布，根据该指引，证券业协会要求各证券公司和基金管理公司建立健全反洗钱内部控制制度体系，设立反洗钱专门机构或者指定内设机构负责反洗钱工作。《指引》还要求，会员单位在办理资金账户、股票账户、转托管、代办开销户、修改密码或基本信息等业务时，应执行客户身份识别制度。根据《指引》，会员单位还应根据中国人民银行《金融机构大额交易和可疑交易报告管理办法》相关规定，监测客户现金收支或款项划转情况，对符合大额交易标准的，在该大额交易发生后5个工作日内，向中国反洗钱监测分析中心报告。

（三）监管效果初步体现

证券业正式纳入反洗钱监管范围的时间并不长，但是在中国人民银行总行的主导下，在证券监管部门的协助下，在全体反洗钱工作人员的努力下，具有开创意义的证券业反洗钱监管工作目前已经初显成效，主要表现在三个方面：一是证券业反洗钱法律意识初步树立。从不知反洗钱为何物，到对于“一法四规”都有所了解，从对洗钱缺乏警惕到有所警觉，从对人民银行监管的不予理睬到主动配合，证券业金融机构的守法意识、学法意愿、知法水平都确实有了提高。二是反洗钱内控制度成型，组织机构与人员到位。通过调研和现场检查了解到，证券业金融机构基本上都在总公司层面制定并推行了反洗钱的内控制度，并设立了或指定了专门的机构与人员负责反洗钱工作，反洗钱的组织准备工作比较充分。三是大额与可疑交易报告启动。大额与可疑交易报告时发现洗钱线索的重要来源，也是证券业金融机构必须履行的法定职责。目前，证券业金融机构的总公司，都在中国反洗钱监测分析中心的指导下，按照《金融机构大额交易与可疑交易报告管理办法》开发了上报系统，囿于时间短、经验欠缺，识别可疑交易能力薄弱，证券业金融机构上报的可疑交易屈指可数，但毕竟已经开始了可疑交易的判别、分析与上报工作，迈出了宝贵的一步，而且在上报的可疑交易中不乏有一定价值的线索。

（四）人民银行客观遇到的一些问题

一是监管信息渠道不畅通，信息掌握不全面，信息更新不及时。原因是：人民银行与证券业金融机构之间缺乏实时、快捷、方便的信息沟通平台。目前的信息沟通主要依靠各自反洗钱专职人员进行，因证券业是一个知识密集型行业，工作人员数量有限，专职反洗钱工作人员往往需要身兼数职，难免顾此失彼；同时，证券行业的高度市场化与竞争性，又使得人员流动性高，专职反洗钱人员往往变动频繁，信息沟通始终难以做到顺畅，高效，甚至信息传递的内容也不准确、常会出现信息理解的错谬，使得双方的沟通成本大为增加，从而极大干扰了人民银行反洗钱监管人员对证券业金融机构合规性的正确分析判断，影响了监管工作的有序开展。

二是监管范围扩大与监管手段滞后、监管人员不足的矛盾突出。人民银行反洗钱监管范围扩大到证券业后，监管对象急剧增加，新增了证券公司、期货经纪公司与基金管理公司。可目前可以采用的反洗钱监管手段主要还是以人为主的现场检查与非现场监管，由于缺乏信息化的检查手段，现场检查人员不得不采用手工检查的办法，需要检查的信息量非常庞大，效率自然难以提高。同时，非现场监管报表需要报送大量数据，目前也缺乏自动化、信息化的电子报送系统，因此，大量数据也只能采取手工方式逐笔填报，效率极低，又易出错。与此同时，反洗钱工作人员却普遍不足。以云南省为例，目前，省级证券业经营机构达到23家，加上全省的证券营销部和服务部，数量更为庞大，而且监管对象数量的继续增长又是必然的趋势。但人民银行昆明中心支行承担监管金融系统反洗钱工作的专职部门——反洗钱处仅有10名工作人员，在监管任务繁重、手段滞后和监管对象迅速增多的情况下，人员不足的矛盾日益突出，监管效率的低下也就难以避免。

三是监管针对性不强、有效性不足。证券业的反洗钱监管对于人民银行反洗钱工作人员来说是一个全新的监管领域。由于证券业有其自身的特殊性，交易模式、资金流动、业务系统都与银行业金融机构颇为不同，适合银行业金融机构的常用监管方式可能并不适用于证券业。比如，在报送反洗钱非现场监管报表时，许多证券业金融机构都反映难以填写，特别是客户身份识别情况统计表，证券业金融机构认为与证券业的实际操作情况相去甚远，多数证券业金融机构仅能填报新客户总数，其余一律空白。但经过调研与现场检查，我们发现由于近几年合规要求的提高，证券业金融机构在识别客户身份方面颇有一些新举。比如强制性要求客户本人亲自开户，留存身份证件的复印件或影印件，并通过数码影像留存客户照片，与一些科技研发单位合作，开发识别客户身份证件真伪的工具等等。不可否认其现行客户身份识别操作方式与反洗钱所规范的客户身份识别，两者导向并非完全吻合，但这些情况，如果仅从报表中观察，就完全无从掌握，也无法了解证券业的实际客户身份识别工作情况。因此，如果依据现行监管模式，而不从证券业其自身特点出发进行监管，我们就难以全面、真实、准确掌握证券业反洗钱工作状况，就会出现以偏概全的情况，影响到监管工作的有效性，难免事倍功半，无法真正有效防范洗钱风险。

四、全面提高证券业反洗钱监管工作有效性的思考

（一）严格审查新设机构与新推交易品种的反洗钱合规性，把好市场准入关

金融领域是反洗钱工作的主阵地，金融机构能否审慎经营、严格执行反洗钱法律法规直接关系到反洗钱工作的成效问题，特别是对于高风险的证券业来说更是如此。为此，人民银行要做好事前预警，防止带病入市，只有严格符合反洗钱法律法规的新设机构和新推交易品种才能允许其推向市场。具体而言，就是要强化人民银行对于新设机构与新推交易品种的反洗钱合规审查。目前，证券行业新设机构与新上市交易品种都由中国证监会审批，但考虑到反洗钱工作的重大意义，以及国际上普遍存在的发展趋势，对于新设机构与新上市交易品种的反洗钱属性进行全面、严格审查有利于提高监管的前瞻性，而在这一方面，只有人民银行最具权威性，人民银行总揽反洗钱工作，对于反洗钱合规性的认识也最为深刻、全面，对新设机构与新推交易品种的反洗钱属性审查也才最为有效。所以，未来可根据形势发展和监管协调工作机制的完善，强化人民银行对于证券业金融机构的反洗钱合规性审查，把好市场准入关，从源头上防止洗钱风险。从操作上来说，一方面要对新设证券业金融机构的高管与反洗钱工作人员的反洗钱法律法规认知度进行审查，对新设机构的反洗钱内控制度进

行审查，对新设机构股东或投资者的真实背景进行审查；另一方面，在推出新的证券交易品种时，要严格审查其反洗钱属性，要由证券业金融机构向人民银行提供产品设计与交易具体规程、防范洗钱风险的有效措施，并经反复模拟运行以全面考察其是否存在漏洞，从而评估产品的洗钱风险程度，只有完全合规后，才能向其颁发金融经营许可证或批准其产品上市交易。

（二）加强培训，提高素质，逐步推行强制认证上岗制度

人是一切工作的根本，归根到底，做好反洗钱工作最终还是要落实到是否有熟悉法规、素质过硬、应对自如、高度敏锐的反洗钱专业人才身上。俗话说：隔行如隔山。因此，不论是人民银行，还是证券业金融机构，都又必须具备有专业证券知识、熟悉证券市场操作、懂得相关法规的人才，才能做好证券业的反洗钱工作。按照这一要求和目标，人民银行和证券业金融机构都要采取循序渐进、分步推进的手段，逐步提高各自从事证券业反洗钱工作人员的综合素质，才能保证整个证券业反洗钱工作取得实效。从趋势来讲，在初期，主要是靠加强培训与交流来提高；在中期，主要是强化对高管与专职人员的考察，推行述职制度，如果不能适应工作要求，应及时调离；在远期，主要是推行专职制度，即建立证券业反洗钱资格认证考试，只有通过考试并按规定完成后续教育，并具备一定年限实际工作经验的人员，才能颁发资格认证证书，也才有资格担任相应职务。

（三）构建多层次监管体系，扩大监管效用覆盖面

证券业是一个风险程度较高的行业，市场状况瞬息万变，市场流动性极高，加之交易品种、规则较复杂，因此，为了全面监管，防范风险，清除制度死角，中国形成了以中国证监会负责行政监管、交易所负责市场一线监管、证券业协会形成行业自律机制以及证券业经营机构自我约束的多层次监管体系。各个主体在这一监管体系中居于不同位置，各负其责，又互相呼应。人民银行在履行反洗钱监管职能时，有必要通过制度安排来加强与证券业监管机构的互动，形成监管合力，加大监管力度。中国证监会负责机构与产品的审批，拥有行政调查权与处罚权。通过与中国证监会的信息互通，可以充分掌握了解证券经营机构的各方面信息，有利于人民银行评估其反洗钱合规性。如果出现严重违规问题，中国证监会作为行业主管部门，拥有吊销其经营许可证并追究高管与相关连带人员责任的权力，也有利于迅速停止违规机构经营，防止洗钱风险进一步扩大。由于洗钱活动与各种市场违规行为具有高度关联性，因此，人民银行应该加强与交易所的合作关系，交易所对市场异动有可能涉及洗钱犯罪的，及时通报人民银行，这样的话，就可以提高信息的时效性，有助于预防和锁定洗钱犯罪。证券业协会是证券业的行业组织，对外可以代表证券业开展活动，对内也有对证券业机构一定的管理权限。所以，加强与证券业协会的互动，促使其建立行业反洗钱审查标准与自律惩戒机制，并设立专职的反洗钱分会履行职能，有助于在证券业业内形成合规、自律的行业风气。此外，人民银行还应积极引导证券经营机构开展专项反洗钱内审，自查自纠，检查制度漏洞，提高反洗钱工作水平；还应与执行外部审计的会计师事务所加强联系、沟通，并在政策层面上推行反洗钱审计制度，证券业经营机构每年公布的会计报表的附表必须有公司反洗钱内审的内容，注册会计师签字认可的审计报告也应包含对公司反洗钱的评价内容，否则，不能视为完整有效的会计报表。

（四）加大违规成本，对违规机构与人员实施零容忍

由于无法保证不出现某些证券经营机构或人员有意、无意违规，从而产生洗钱风险的问题。因此，监管部门只有加大了违规成本，加大处罚力度，才能促使证券业金融机构及其工作人员兢兢业业，毫不懈怠地履行反洗钱职责。具体操作，除了依照《反洗钱法》，实行双罚制外，还应建立违规记录的黑名单，实施“亮牌制度”，对违规达到一定次数或违规情节达到一定程度的，区分其性质，较轻微的，对机构实行业务限制，对人员实施一定年限市场禁入，而对于严重的，一定要坚决停止营业，强行退出市场，高管与具体负责人员实施终身市场禁入。如果是有意违规，则一定要严格依照法律，追究其刑事责任。只有加大违规成本，对违规机构及人员实施零容忍，才能使理性的证券业经营机构与从业人员同时做出既符合其自身利益，也符合社会公共利益的正确行为选择。

（五）搭建电子信息平台，实施符合行业特征、依据风险程度的差异化监管

反洗钱非现场监管报表是全面了解掌握证券业反洗钱工作状况信息的主要渠道，但由于目前需要手工填报，因此效率低下，差错率高。为了提高报送效率，方便在海量数据中进行选取分析，未来应搭建人民银行与证券业金融机构之间互相联通的电子信息平台，非现场监管报表的报送通过电子方式进行，这样就可以提高效率，减少差错率，也方便人民银行反洗钱工作人员分析研究。另外，还应在调查研究的基础上，对非现场监管报表进行改进，依据证券行业的实际情况，为其量身打造符合行业特征的监管报表，以更准确、全面反映证券业的反洗钱状况。在搭建电子平台，优化报表后，报表报送的数据质量就能提高，数据可信度也会增强，我们就可以方便地建 立数据库，从而依据报表报送的数据，还有通过证监会、交易所、证券业协会、会计报表与审计报告，以及新闻媒体等渠道得到的信息，建立评价体系，量化评估指标，科学合理，定性与定量相结合来划分证券业金融机构的洗钱风险等级，并根据风险等级配置监管资源，分类监管，差异化监管，最终实现由合规性监管向风险导向监管的转变。

课题组主持人：李升高

课题组负责人：苏俊宏

课题组成员：龙森森 代蓉 谢琼 敖学文（执笔）

参考文献

1. 参见 恐怖分子在证券市场的赌博成为真实威胁，《Money Laundering Alert》，July 2007

2. 参见 刘兴龙：上半年证券市场融资2437亿元，中国证券报，2007年7月1日

中国银行业监督管理委员会云南监管局

认真贯彻落实十七届三中全会精神为云南农村经济发展提供有力的金融保障

局长　李保上

党的十七届三中全会通过的《中共中央关于推进农村改革发展若干重大问题的决定》，明确了农村金融在现代农村经济中的核心地位，提出了新形势下金融机构支持农村改革发展的历史使命。作为银行业监督管理部门，贯彻落实全会精神就是要以科学发展观为指导，深入研究农村金融体制中的重大理论和实践问题，特别是要结合当地“三农”发展的实际，有针对性地探索加强农村金融服务的新思路、新举措。多年来，云南银行业金融机构对全省农民、农业和农村经济投入了大量资金，为促进“三农”经济发展和小康社会建设作出了重要贡献。与此同时，农村金融服务现状与农村经济发展的需求相比还有很多差距，如何通过有效的金融支持扎实推进农村经济平稳较快发展，是金融部门必须承担的历史责任和必须面对的重大课题。

一、云南银行业支持“三农”发展取得积极成效

近年来，云南银行业金融机构各项业务发展迅猛，2008年末资产负债总额均突破万亿，分别达10330.75亿元和10052.24亿元，存贷款余额分别达8470.73亿元和6649.30亿元，五年来存贷款年均增速分别达17%和18%，持续有力地支持了云南经济发展。各银行业金融机构注重结合自身特点，在积极支持云南省烟、粮、茶、胶、林、畜牧等传统优势产业的同时，采取不同方式大力发展生物资源和绿色食品等新兴优势产业，持续支持农村饮水、农业灌溉、乡村公路、农村电网、农村综合能源利用等基础工程建设，农业信贷投入逐年增加。2008年末全省金融机构涉农贷款余额占全部贷款总额的比例上升到29%，当年新增涉农贷款306亿元，贷款支持的项目惠及广大农村、农业和农民生产生活，为促进全省农业增产、农民增收、农村发展和抗灾救灾、恢复重建做出了积极贡献。与此同时，近年来云南银行业在支持“三农”发展过程中还呈现出一些新特点和新趋势：

一是支农领域不断拓展。随着农业及相关产业的外延扩张，各银行业金融机构按照农村经济发展的实际需求积极调整信贷结构，不断扩宽了支农领域。农业银行结合农业产业化结构调整，与全省156户国家及省级龙头企业中的115户建立了业务合作关系，金融服务覆盖率达73%，其中60户重点扶持企业2008年实现税利10亿元。农业发展银行在积极支持国家粮食安全体系建设和各类粮油收购的同时，坚持“立足省情，以农为本，服务特色”，支农范围拓展到农田水利、农村路网以及云南药业、花卉、生物制药等领域，2008年末粮油商业性贷款达89亿元。各银行业金融机构围绕农村市场流通体系建设，结合云南省“万村千乡市场工程”，择优支持农业生产资料经营企业、农村专业市场建设和新兴物流企业；结合云南省旅游“二次创业”发展规划，加大了对加旅游小城镇、农村公路及农村城镇化建设的支持力度。农村信用社有力发挥了支农主力军作用，对全省农户的贷款面扩大到75%，短期农业贷款余额和增量分别占全省金融机构的91.8%和98.7%。2008年刚刚成立的三家村镇银行坚持以支持“三农”经济为本，采用“公司加农户加银行”三位一体的支农授信模式，不失时机地拓展农村市场，半年内共发放贷款6338万元，积极支持了“三农”发展。

二是支农服务水平不断提高。农业银行启动了“金融服务三农”试点工作，创新支行经营机制，在产品服务、业务流程、担保方式等方面开展创新试点，在资源配置、激励机制等方面给予倾斜，2008年开展试点工作的三家支行累放贷款101.57亿元。针对“三农”客户服务需求多元

化、服务层次差异化的特点，农行各级机构推广了季节性收购贷款、小企业简式快速贷款等金融服务，按照“以农户为重点，以惠农卡为载体，以小额信贷为推手”的模式积极推进了惠农卡发行工作，发卡已覆盖全省105个县，授信农户5万余户，授信率名列全国第一。全省农村信用社继续深入推广农户小额信贷和联保贷款，截至2008年末贷款余额已达134.7亿元，比年初净增30.6亿元，增幅达29.4%，大大缓解了农民贷款难问题，深受农户好评和欢迎。省联社通过努力建成覆盖全省县域及农村地区的网络系统，加快了农村地区资金流动，服务功能得到实质性增强；全省农村信用社先后开办了“农民工创业贷款”、“农村个人综合消费贷款”等新业务，金碧卡发卡量累计达351万张，POS机、ATM机的安装数量大大增加；依托网络平台，农村信用社中间业务全面拓展，代扣代缴税费、医疗保险费等近50亿元，通过“惠农一折通”业务向852万户农户发放了各类财政补助款46.6亿元。

三是农村信用社通过改革壮大了支农实力。通过多年的努力，农村信用社改革取得重要进展和阶段性成果。管理体制上，云南省农村信用联社及14个州市办事处相继完成组建，管理机构和服务平台功能逐步发挥；产权制度上，目前已组建4家农村合作银行、123家农村信用社县级法人机构；机构整合上，通过多方积极协调和努力，2005年完成对工商银行云南省分行45个县域支行66个机构向信用社的整体移交工作，三年来所有移交机构均实现稳健运行，切实壮大了全省农信社的实力。政策扶持上，中央和地方的扶持政策逐步落实，专项央行票据兑付工作顺利推进，2008年末全省农村合作金融机构已累计兑付105家，取得兑付金额13.3亿元，占应兑付数的83.18%。截至2008年末，全省农村合作金融机构各项存款比2004年增长2.69倍，各项贷款增长了2.66倍，利润增长了17.73倍，历年亏损挂账全部消化完毕，实现了县县盈余，进入了历史最好发展时期，农村合作金融机构的支农服务能力得到实质性提高。

二、影响云南农村金融发展的几个主要问题

从云南的实际情况看，当前农村经济环境仍然欠佳，农村金融机构自身还存在许多困难和问题，与新形势下农村金融服务的需求相比，各银行业金融机构在体制上、机制上、服务方式上还不能较好地适应。

一是农村金融环境欠佳。云南省城乡二元化经济结构突出，农业人口占比达83%，传统农业占主导地位，2/3的耕地处于中低产状态，经济基础薄弱，农村贫困面大，全省共有国家级贫困县73个，绝对扶贫人口228万人，分别占全国的10%和12%。由于农村经济市场化发展缓慢，存款来源有限，贷款有效需求不足，银行机构生存土壤贫瘠。2008年以前的四年间，云南省县及县以下农村地区银行业机构网点减少近450个，目前全省1329个乡镇中，“零金融机构乡镇”尚有120多个。

二是农村金融运行成本高。云南省山区半山区面积占94%，农村地区地广人稀，增加了人力成本和其他综合成本；农业贷款单笔金额小，不具规模效益，农村金融机构收益低、风险大，放贷积极性不高。从云南省最大的民族自治州红河州的情况看，支农主力机构农业银行逐年收缩农贷，2008年末农业贷款余额仅0.95亿元，仅占全州农业贷款的1.4%。临沧地区四家国有银行共吸收存款104.25亿元，而农贷资金仅0.5亿元，国有银行分支机构成了“储蓄点”和“抽水机”，支农压力越来越集中于尚存有形网点的农村信用社。

三是农村金融体制改革滞后。随着粮棉流通体制市场化改革的深化，农发行阶段性历史使命已完成，传统政策性业务大大萎缩，由于职能定位不明确，其支农服务功能迟迟未得到有效发挥。农村信用社建立了“三会一层”的管理框架，但仍形似神非，省联社有合作制的外形但没有合作制的基础，可以干预信用社的人财物，但又不对经营业绩负责，独立企业法人与行业管理体制存在矛盾，影响了其健康发展。邮储银行虽已成立，但资产业务发展缓慢，实行自营网点和邮政企业代理网点并存的模式，既不利于其发展又存在较大风险隐患。由于综合改革滞后，目前云南农村金融服务业务品种缺乏，主要仍是存、贷、汇“老三样”，创新能力不足，服务方式单一，结算手段落后，难以满足多元化的金融服务需求。农村金融机构普遍存在人员素质不高、管理薄弱等问题，案件数量普遍高于城市，近三年来云南省农村金融机构发案数量一直占整个银行业案件总数的80%以上。

四是农村融资政策支持不足。在税收政策方面，从事农业贷款业务与非农贷款业务实行无差别税赋；在财务制度方面，农村贷款与城市贷款实行无差别的贷款损失及核销制度。在业务考核方面，金融机构对农业贷款与非农业贷款实行无差别考核，必然引导资金流向非农业部门。在风险补偿方面，抵押担保法律政策不健全，农业保险缺失，基层政府尚未建立起长效的发展基金、救灾补助、贷款贴息等补偿机制。种种因素阻碍了多元化、竞争性农村金融市场的培育和发展。

三、以十七届三中全会精神和科学发展观为指引，为云南农村经济发展提供有力的金融支持

十七届三中全会的决议，标志着我国城乡统筹开发和开辟中国特色农业现代化建设进入了一个全新的历史阶段。

当前，“三农”地位之重、重农理念之新、惠农政策之全都是前所未有的，农村经济发展面临千载难逢的好机遇，同时也对农村金融服务提出了新的更高的要求。对此，我们必须坚持围绕全会的决议，坚持以科学发展观为统领，立足云南经济金融和自身实际，确立新思维，明确新要求，采取新举措，通过有效的金融支持扎实推进全省农村经济发展。

（一）确立新思维

做好新形势下农村金融服务工作，必须深入贯彻落实科学发展观，密切联系“三农”实际，着力转变不适应不符合科学发展观的思想观念和做法，最大限度地实现服务“三农”和商业运作的统一，确保农村金融服务工作取得实质性突破和进展。

一是要坚持用发展的眼光看待农村金融市场。当前，我省农业农村正在发生深刻变革，农村经济结构在更高领域、更高层次上展开，农业生产经营方式向区域布局化、专业生产化、管理标准化推进，农业产业化覆盖率已超过70%。农业生产组织形式趋向多元化，农业产业化龙头企业和农民专业化合作组织达到4600多家，非烟农产品加工产值逾700亿元，农村经济发展活力明显增强，农村生产力水平和农民收入水平都有了大幅度提高。我们决不能以老眼光看待不断发展变化的“三农”金融市场，而应到实践中去把握当前农村金融需求的特点和方向，积极采取措施，拓展发展空间。

二是要坚持用全面协调可持续的要求促进自身发展。全会确定的农村改革发展目标任务的实现过程，也必将是农村金融最为活跃、最有作为的历史机遇期。推进城乡统筹发展，通过工业反哺农业，城市帮助农村，既有利于农村金融市场环境的改善，也为银行业机构更好地发挥支农作用提供了有利条件。建设社会主义新农村，必将极大地促进我省农业和农村经济的持续、快速发展，并由此推动农村市场的进一步发育，连锁拉动农村多元化的金融服务需求。农村经济补偿机制的建立，将为农村金融业发挥资源配置、调节经济、支持发展的功能提供巨大的支持。农村土地改革政策的实施，将进一步增强农民信心，促进、推动农村金融需求的增加。只要抓住这些机遇，银行业金融机构就能赢得进一步发展的广阔空间和良好平台，实现自身的可持续发展，只有不断满足不同层次的农村金融需求，农村金融改革才能取得真正的突破和进展。

三是要坚持着眼大局，统筹兼顾。云南是农业大省，农村经济发展对于促进边疆经济发展、维护民族地区社会稳定有着重要意义。银行业承担着维护经济安全、社会稳定和群众利益的公共职责，银行业也不可能脱离经济而自我发展。因此，在追求自身经济效益的同时，也要履行对社会及公众应该承担的责任和义务，要充分认识解决好广大农民贷款难问题的紧迫性和重要性，关注民生，支持改善民生。既要为优势产业、大中型企业和发达地区提供金融服务，也要加大对种养业、广大农民、微小企业和欠发达地区的金融支持，在农村教育、社会保障、医疗卫生、扶贫开发、基础设施建设以及农民工就业等方面发挥更大作用，为建设和谐边疆做出积极的贡献。

（二）明确新要求

新的发展阶段对农村金融服务提出了新的要求。当前，发展现代农业，需要提供综合性、现代化的金融服务；促进农民增收，需要推出好用实用的信贷产品与服务方式；建设社会主义新农村，需要健全涉农信贷资金投入机制，提高对农村基础设施和社会事业发展的金融服务水平；推进城镇化发展，需要切实加大对农村中小企业和县域骨干支柱产业的扶持力度，努力服务好小城镇建设。农村金融服务工作任务十分艰巨，银行业监管部门以及银行业金融机构要切实把思想统一到十七届三中全会精神上来，统一到中央对推进农村改革发展和经济社会发展的总体部署上来，扎实做好对“三农”的金融服务。

1. 加大对“三农”经济发展的有效信贷支持。要紧紧把握云南县域经济发展、农业战略性结构调整和农村城镇化建设的有利时机，加大对现代农业的金融支持力度，促进农业产业化经营，推动云南省传统农业向现代农业转变。

一是要依托资源优势，突出支持有云南特色的现代农业发展。结合云南省实施的“百亿公斤粮食增产计划”和优势生物产业推进计划，积极支持全省200个粮食高产示范区建设，把生物产业放在更加突出的位置，支持做大做强烟草、橡胶、生物药等12类主导生物产品，大力发展特色林产业和绿色食品种植，助推“品牌兴农”战略；支持优质原料基地、南药产业基地、花卉基地以及特色化的农产品加工基地建设，提高集约化生产水平，努力形成区域特色经济优势。

二是优化资源配置，积极培育壮大龙头企业。重点支持全省156个国家和省级龙头企业及500个具有地方特色的农业产业化企业，扩大龙头企业发展成果对农村、农民的利益辐射面。对带动作用强、经济效益好、市场竞争优势明显、科技含量高的新兴企业，要在资金上给予优先安排，推动基地化生产、公司化经营。

三是大力拓展农村优质企业和项目，支持农村二、三产业发展。结合云南创建“旅游大省”的规划，鼓励支持发展农业观光、生态旅游和民族文化旅游；配合“万村千乡市场工程建设”，开发以仓储、配送、分销等为主要内容的农村物流服务类型贷款；支持农业综合开发科技推广项目，提高科技对农业的支撑能力，支持外向型农业企业，提高特色农产品外销出口能力。支持具有山区特色的劳动密集型产业，拓展农村就业空间，拓宽农民增收新渠道。

四是拓宽信贷服务领域，积极支持农村基础设施建设。结合云南省政府关于建设一批“传统加工业小镇、特色农业小镇、商贸小镇、旅游小镇”的新村镇建设规划，对区位条件好、产业支撑有力的小城镇及县城城区基础设施建设项目予以信贷支持。支持农村“五小”水利、电网改造和能源建设，大力发展农村循环经济，逐步改善农村生产生活环境。

2. 加快推进农村金融产品和服务方式创新。推进农村金融产品和服务方式创新，是解决农村金融服务供给不足与日益增长的“三农”金融需求之间矛盾的根本出路。关于金融服务创新问题，银监会已明确提出，“凡是有利于改进支农服务的产品和服务方式，都要鼓励大胆探索和试验；凡是有利于构建适度竞争农村金融市场的工作，都要积极支持和推动；凡是支农服务创新成效明显的机构，都要在业务准入上开绿灯，扶持政策上给优惠。”按照这一原则，银行业金融机构要坚持贴近“三农”实际需要，因地制宜，积极探索，在风险可控的前提下大胆创新实践。

一是鼓励创新信贷产品和信用模式。适应土地承包经营权流转需要，积极创新土地金融产品和服务，支持农业发展适度规模经营，配合集体林权改革，加快推进林权质押贷款。实施对农业产业化龙头企业的政策倾斜，采取动态授信或特别授权方式开展信用业务，实行票据贴现、订单贷款等更多的融资方式。在信贷产品设计上，根据县域经济资金需求特点创新业务流程和服务品种，探索以股权、仓单、应收账款、特约经销商经营权、专利权等有效物权作担保抵押的信贷方式。

二是提升小额农贷和联保贷款品牌，为一般农户架起致富桥梁。对符合贷款条件的种养大户、产业化组织、个私经济组织，可通过联保贷款、评优授信等方式提供资金支持，充分发挥其在农村经济建设中的示范带动作用。结合实际情况，小额农贷服务对象可由传统耕作养殖户拓展到与其他种养、加工、商运和从事各类产业经营的农户；对信誉较好的农户，可适当提高授信额度。

三是围绕农业发展的新要求、新变化，适时创新适合“三农”需要的金融服务品种。积极开展有利于促进消费的金融创新，加大对汽车、家电、旅游、服务业等消费需求的支持，有效促进城乡消费和消费升级。积极拓展信用卡、理财服务，开办代收费、代发民政补助款、扶贫款、代理保险等以手续费为重点的中间业务。充分利用先进技术，加快推进农村金融机构信息化、网络化，提高农村建设资金使用效率，积极开办流动银行服务，研发适应农村特点的新型自助银行设备，在农村地区推广手机银行、电话银行等电子银行业务，让更多农民获得多层次、低成本的金融服务。

四是加强多方合作创新服务方式。建立健全农村金融机构合作机制，共同组织涉农和县域大型项目银团贷款，开展代理和批发性融资服务。促进大银行和小额信贷机构加强业务合作和资本联合，把大银行的规模优势、专业优势与小银行的信息优势、地缘优势有机结合起来，延伸农村金融服务触角。鼓励涉农银行机构与保险公司合作，探索开发“信贷+保险”的金融服务新产品。

3. 推进农村信用体系建设。要继续深入开展以“信用户”、“信用村”、“信用乡（镇）”为重点的农村信用工程建设，对信用户实行“服务优先、贷款优先、利率优惠”的鼓励政策；信用村镇农户的信用放款额度适当高于其他村镇，信用村镇的贷款投放总量适当大于其他村镇，形成动态调整的长效机制。要指导农村信用社逐步建立对全省所有农户的经济档案，评定信用户400万户，信用村3000个，信用乡镇100个。同时，以各级法院集中清理执行积案工作为切入点，推动地方政府加强农村社会信用建设、优化法律环境，加大执法力度，严厉打击各种逃废金融债务行为，切实维护金融债权。以政府部门开展构建诚信云南活动为契机，在农村广为宣扬信用观念，促进社会主义新农村诚实守信的乡风文明建设，巩固和促进农村信用环境建设。

（三）采取新举措

当前，仅仅依靠现有商业银行和农村信用社并不可能有效解决“三农”的资金需求问题，必须从农村金融体系整体着眼，加强多方协作，为农村经济发展提供有力的政策保障和良好的外部环境。

1. 建立多层次、广覆盖的农村金融体系。加快建立商业性金融、合作性金融、政策性金融相结合的农村金融格局，鼓励已有的农村金融机构进一步发挥其支农作用，在此基础上加快发展多种形式新型农村金融组织和以服务农村为主的地区性中小银行，不断完善农村金融服务。

农业银行完成股改后，要正确处理好服务“三农”和商业化运作的关系，抓牢包括农业产业化龙头企业、农村科技园区、农村基础设施建设和县域规模较大的工商企业在内的“三农”高端客户。要通过建立和不断尝试“三农”事业部，把经营决策中心下沉，给基层农行以更大的决策权，使其能够真正立足农村开发和推广新产品。要逐步恢复农行在县以下中心集镇的机构网点，将其业务定位于县域经济和农村中小企业金融服务上。

农业发展银行要在支农中扮演更重要的角色，在业务范围上，可以逐步从粮棉油收购等产后业务扩展到产前和产中环节，把农业产业化纳入支持范围；进一步加大对农业生产基础设施、农业科技自主创新和推广应用、农村综合开发、农业资源开发等领域的中长期信贷支持，增强农业发展后劲。

农村信用社要继续深化改革，在管理体制上，逐步理顺省级政府与省级联社的职责定位、省级联社与基层信用社的权责关系，保持县（市）社法人地位稳定，构建有利于其贴近农民、贴近农村、发展县域金融业务的管理体制。在产权制度上，按股份制要求重构存量股权安排，支持引导各类投资参股，构建加快建立现代金融企业制度的产权基础。在内部管理上，要加快建立科学的业务管理系统，降低经营风险。要在坚持为“三农”服务宗旨不动摇的前提下，把农村信用社改造成为产权明晰的社区性农村金融机构，真正发挥好为农民服务的主力军作用。

继续加大新型农村金融机构试点工作，适当放宽欠发达地区村镇银行的准入政策，允许经营比较规范的非银行金融机构和金融中介组织投资控股村镇银行。要充分发挥邮储银行连接城乡经济社会的强大网络优势，尽快扩大邮政储蓄银行涉农业务范围，将其发展为农村金融服务的又一支柱。此外，要积极发展多种形式的农村金融组织和以服务农村为主的地区性中小银行，发展适合农村需求的各种微小金融服务，形成分工合理、投资多元、功能完善、服务高效的农村金融体系。

2. 加大对农村金融的政策支持力度。现阶段不能单纯靠市场机制作用来解决农村资金需求问题，也不能仅靠银行履行社会责任来解决农村信贷投入不足问题，必须发挥国家政策的激励和引导作用。

一是加大货币政策支持力度。继续发挥存款准备金、支农再贷款、利率等货币政策工具作用，对涉农贷款比例较高的农村金融机构制定更为优惠的存款准备金政策，继续坚持支农再贷款政策，保持适当的资金规模，实行更为灵活的利率政策，增加主产区支农再贷款额度。

二是加大财税政策支持力度。扩大金融机构享受优惠政策的范围，对农村信用社以外的金融机构发放的涉农贷款，给予同样的财税优惠政策；放宽金融机构对涉农贷款的呆账核销条件，提高金融机构发放涉农贷款的积极性；依靠财政资金建立农村信贷风险补偿机制，对特殊领域的贷款给予一定数量的财政贴息和呆账损失弥补；对县域金融机构适当减免营业税、所得税和其他行政性收费，引导国有商业银行增设农村网点，开拓农村金融业务，培育竞争性的农村金融市场。

三是创新财政、金融支持“三农”方式，引导和改善农村金融资源配置。在完善目前已有的“贷款+贴息”方式的基础上，推动政府有关部门探索建立具有地方特色的农村资金稳定投入长效机制，对于政府认为应当给予政策扶持的农户、项目或市场，可以采取发放涉农贷款费用补贴方式，将补贴资金直接发放到户，提升农户、涉农企业的资信实力，带动信贷资金跟进。

四是积极探索建立资金回流农村的约束机制，根据《决定》明确的“县域内银行业金融机构新吸收的存款，主要用于当地发放贷款”的原则，抓紧制定鼓励县域内银行业金融机构吸收的存款主要用于当地发放贷款的实施办法，建立配套考核机制，从根本上杜绝资金外流，真正保障农村发展资金来源并用在实处。

五是建立健全农村信贷风险担保机制。依靠财政资金和社会资金尽快在有条件的地方设立农业担保机构，积极拓展符合农村特点的担保业务；针对农户和农村中小企业实际情况，探索多种有效担保形式，鼓励担保机构和担保方式创新，扩大有效抵押品的范围，增加存货、应收账款等动产抵押和权利质押，逐步解决农业资金需求大、抵押难的问题；出台管理制度，规范担保机构运作，防范相关的金融风险。

六是积极发展农业保险。鼓励商业性保险公司在农村设立网点，争取成立地方性的政策性农业保险公司，为农村种养行业提供多形式、多渠道的保险服务，分散和降低农业生产的自然风险，充分发挥保险在农村金融服务中的作用。

深入贯彻落实科学发展观 全面提高银行业履行社会责任意识

副局长 李 超

树立科学发展思想，以科学发展观作为我们做好银行监管工作的行动纲领和根本保证，促进银行业的健康有序发展和安全稳健运行，以金融稳定促发展，充分发挥银行支持经济社会发展的促进作用，是银行业履行社会责任的职责所在。当前全球金融危机对我国经济造成严重的冲击而出现下滑，经济下行对银行业的发展提出了严峻挑战，对此，银行业必须以高度社会责任感，积极投身到"保增长、促发展"的中央决策部署上来。这既是贯彻科学发展的要求，也是银行实现自我发展的必然选择。这不仅是道德层面的问题，更是关系银行生存与发展的问题，也是关系社会和谐进步的政治问题。

总结回顾云南银监局近年来履行社会责任状况，肯定成绩，明确定位有重要的承前启后的作用。整理和查找存在问题，及时调整思路和方法，有着强烈的针对性和建设性。

一、云南银监局促进银行业履行社会责任取得积极成效

（一）引导银行业把支持地方经济发展作为履行社会责任的首要任务，抓实做好。五年来，云南银监局将支持地方经济发展作为实现银行稳健发展，有效防范风险的前提，引导辖区银行业加大服务地方经济社会的力度和水平，促使银行业紧密配合地方经济发展规划和产业重点，科学合理把握信贷投放，努力增加有效信贷投入，有力地支持了地方经济发展。从2003年至2008年，全省银行业本外币存、贷款余额年平均分别增长17.15%和17.66%，分别高于全国平均增速0.38个百分点和4.13个百分点，全省银行贷款增幅高于同期GDP增长，同时银行业实现了自身的壮大和稳健发展，同期全省银行业利润增长18倍，主要银行结构不良资产减少281亿元，下降13个百分点，银行业案件减少了一半，保持了经济金融的协调发展。

（二）指导银行业把提升金融服务作为履行社会责任的基础，抓出成效。云南银监局坚持以开展金融服务创新活动为载体，指导银行业积极践行社会责任，赢得了广泛的社会认同，创造了良好的社会环境和舆论氛围。五年来，坚定地推进了六项系统性工程，打了"六个大战役"。一是"百户企业评银行活动"，将银行服务推向企业监督之下，增强了银行的责任意识，不断改进服务方式，提高服务效率。二是"金融服务与创新年活动"，增进了金融消费者对金融创新产品的认识和自我防范风险的意识，促进了银行业加大金融服务创新和开展有序竞争的环境。三是"加强农村金融工作支持社会主义新农村建设活动"，改进了银行业对农村地区的金融服务手段、方式、方法，有针对性地创新服务产品，满足农村金融多样化需求，增强了银行业支持新农村建设的使命感和责任感，加大对建设新农村的金融支持力度，实现农业信贷投入逐年增加。四是"送金融知识下乡活动"，提高了广大农民群众的金融知识，银行深入了解农业、农村、农民所需，强化服务意识，加大了对"三农"的金融服务力度。五是"创建银行业优质服务示范窗口活动"，促使银行整合服务资源、强化服务管理，采取综合治理措施，有效改善窗口服务排长队，切实维护广大金融消费者的利益。六是"提升小企业金融服务系列活动"，采取小企业金融产品展示会、推介会、媒体见面会、走访企业、调研座谈、开辟服务绿色通道、开展小企业服务周活动等方式，各银行机构围绕小企业"六项机制"建设，实行"一行一策"，主动而为、积极而为、创新而为，把发展小企业授信业务作为履行社会责任和自身业务转型的战略选择，取得了小企业贷款增幅连续四年高于贷款总额的增幅。

（三）推动银行业把贯彻落实国家宏观调控政策作为履行社会责任的关键，宽严相济。云南银监局一直以来始终从服从大局、服务地方出发，及时跟踪分析国内外经济金融大势，科学研判辖内经济金融运行情况，贯彻落实国家宏观调控的各项政策措施不走调，服务地方经济发展体现针对性和有效性。一是引导银行业积极探索绿色信贷机制建设，将项目环评作为信贷评审的核心要素，实行环评不达标一票否决，严格“两高一资”信贷准入限制。二是督促银行业积极配合云南省关停高耗能、高污染企业，对云南银监局与云南省环保局联席会议通报挂牌督办的环保企业限制信贷投放；努力保全和清收高耗能、高污染和环保事件关停企业信贷资产，如阳宗海环境污染事件，各家银行采取措施积极保全银行信贷资金2.11亿元。三是督促银行业严格贯彻国家对房地产市场的调控政策，促进房地产市场健康发展。四是指导银行业依据国家和地方产业指导政策，加强对重点行业、重点领域及重大基础建设项目的支持。

（四）督促银行业把维护金融消费者合法权益作为履行社会责任的重点，诚信经营。云南银监局积极督促辖内银行机构秉承依法经营、合规经营、诚信经营的理念，树立大局意识、服务意识，坚持以客户为中心，加强内控管理，不断完善服务体系建设，自觉维护金融消费者权益，营造诚信经营环境。一是督促各银行机构以规范经营、强化管理为主线，加强了制度建设，坚持依法合规运作。近几年来，现场检查和非现场监管暴露出的银行重大违规违法经营行为呈逐年下降趋势，银行发案数量和涉案金额大幅下降，银行业依法、合规经营意识普遍增强。如华夏银行提出“四个不搞”的经营方针，即“账外经营不搞、违法违规不搞、小金库不搞、高息揽存不搞”。二是督促各银行机构广泛深入开展金融消费和投资者教育。各银行利用宣传栏、报刊、广播、电视、开设金融知识讲堂等方式，广泛宣传金融知识、金融业务、金融产品，充分揭示理财和金融衍生产品风险，信用卡诈骗风险，认真履行告知责任和义务，加强金融消费者风险教育和自我保护意识。三是督促各银行机构进一步完善客户投诉快速处理机制，银行客户投诉处理工作的质量和效率明显提高。各银行营业网点均设置意见簿、意见箱，公示投诉电话，并专人负责客户投诉处理反馈意见，建立了良好的银行与客户的沟通。四是督促各银行机构不断完善服务体系建设。形成营业网点与电话银行、网上银行、手机银行、自助银行等现场与非现场、多种渠道并举的多元化服务体系，为金融消费者提供便捷服务。同时，一些边远农村地区网点在长期亏损状态下仍坚持做好农村金融服务。

（五）引领银行业把社会公益事业作为履行社会责任的日常工作体现，回馈社会。云南银监局注重发挥自身的引领作用，积极开展送温暖、献爱心活动，引领各银行机构在努力提高自身经济效益的同时，注重发扬扶贫济困的传统美德，支持社会公益事业、关爱社会弱势群体，尽其能力回馈社会，履行社会责任，促进和谐发展。一是响应省委、省政府“扶贫帮困”和“兴边富民”号召，下派村建工作辅导员，建立扶贫联系点，积极发放扶贫贷款，帮助农民脱贫致富。二是积极开办助学贷款，设立助学基金，开展捐资助学，兴建“希望小学”，帮助困难学生就学。三是发放小额信贷、创业贷款等，帮扶农民工、下岗失业者创业和再就业，改善弱势群体金融服务。四是组织应对冰雪、地震等自然灾害，确保灾区金融服务不断，秩序不乱，开展灾后恢复重建，优先支持灾区恢复生产、生活的资金需求。五是开展各种形式的社会公益捐助。五年来云南银监局系统干部职工参与各种形式的社会公益捐助活动60多次，累计捐款150多万元，物资近4万件，带动了银行机构积极参加社会捐助活动。如全省农村信用社，2005年至2007年三年共捐助“扶贫济困”资金达1007万元，兴业银行昆明分行2008年捐助希望工程100万元。六是积极参与“禁毒”、“禁赌”工作，进一步阻断毒犯、赌徒非法利用POS机进行犯罪的行为。

二、当前我省银行业履行社会责任存在的主要问题

有效履行社会责任是一项长期、综合、复杂的工程，更是一项不可有丝毫忽视的政治责任。对照检查不足，有如下几方面。

一是对履行社会责任的观念需进一步转变，意识有待增强。多数银行仅将履行社会责任视作慈善公益事业，社会义务，没能作为银行实现可持续发展的基础在经营战略中加以统筹规划，履行社会责任职能在经营战略和经营方式中体现不足。

二是大局意识不够强，落实国家宏观调控措施有待进一步加强。如自身利益与社会责任统筹兼顾不够，过多追求经济利益最大化，习惯以投资大项目、大企业和大集团为重点，信贷投放大客户集中度偏高，小企业授信比重较低。2008年末辖内银行机构大客户贷款和小企业贷款占比分别为67%和7%。小企业金融服务工作有待向纵深推进。

三是农村金融服务体系有待完善，弱势群体金融服务有待增强。边远农村地区银行网点撤并，银行服务出现缺失，2008年全省有121个乡镇无金融服务网点；商业银行转换经营机制，实行集约化经营，削弱了对县域经济和“三农”支持力度。下岗职工再就业贷款、贫困学生助学贷款、小额扶贫贷款等弱势群体金融服务工作在基层银行机构出现萎缩，甚至停办。如昭通、迪庆等地的小额扶贫贷款已停办多年，红河州的小额下岗再就业贷款也因不良率偏高而被总行叫停等。邮储银行资产业务开拓不足，资金回流农村效果不明显，2008年末邮储银行存贷比仅

为2%。

四是银行业整体服务质量和水平有待提高。部分银行窗口“排长队”仍存在；金融消费者与银行金融服务纠纷日益增多，2008年度，云南银监局系统共收到群众来信来访1419件，其中72.56%属业务纠纷。开展理财业务风险揭示不充分，存在不规范、不当销售；银行代理保险业务的宣传有偏差；中间业务手续费收费不合理；办理信用卡个人资料审查不严；银行投诉快速处理不到位，首问负责制不落实，相互推诿，客户意见大。

五是银行间协作机制建设有待加强。银行间资产业务开展银团合作意愿不强，负债业务和中间业务不良竞争行为时有发生，变相提高利率争抢存款，竞相下调利率争夺大企业、大集团，增加银行间资源消耗，在一定范围滋生了不正之风。

六是银行内部绩效考核有待改善。存在激励约束考核机制失衡，过重强调利润，缺乏兼顾当前和长远、业务拓展和风险控制、经营效率和利润相协调的多维度考核机制。绩效考核不恰当，过多强调短期经营目标，强化规模扩展和当期收益，弱化综合实力的提升和长远发展的培育，存在管理粗放，有待改善。

七是农村信用社法人治理结构有待规范。法人信用社三会一层履职不清，社员代表大会虚设，监事会缺乏独立性，理事长与主任权责不明，部分法人社理事长成为经营的实际一把手。法人信用社独立法人地位未能有效体现，业务开拓不足。

三、进一步大力推动银行业履行社会责任，促进云南经济平稳较快发展

科学发展是银行业最有效的风险防范和化解指导思想，不科学发展是最大的金融风险。银行业要进一步认识到发展不充分、发展不平衡、发展质量不高是云南发展中的突出问题。这充分表明加快云南发展是解决云南一切问题的关键。银行应将履行社会责任的理念融入经营战略当中，将履行社会责任切实融入业务发展中，并作为一贯坚持的经营原则，形成企业文化的一部分，把对经济、社会和环境和谐发展的统一追求纳入发展目标，实现经营效益和社会效益“双赢”。

（一）要以促进科学发展为履行社会责任的首要目标，加大对地方经济发展的支持力度。银行业要结合省情把支持地方经济社会发展作为首要社会责任，以科学发展观为指导，紧密配合地方发展规划和发展重点，在有效控制风险的基础上，努力加大信贷投入，为云南经济发展提供强有力的金融支撑。各银行要抢抓历史机遇，以银监会调整部分信贷监管政策促进经济稳健发展十项措施，央行放开规模控制为契机，增强创新意识，开拓创新，积极开展并购贷款，银团贷款，贷款重组，扩大项目贷款范围的实践探索，开展信贷资产转让，腾出资金，努力优化信贷投向，增加对重点领域的支持。要结合地方重点资金需求，积极向各自上级行争取信贷倾斜，增加信贷投入，努力争取实现省政府提出2009年增加1600亿元信贷投放目标，支持全省国民经济实现10%以上增长目标。

（二）要顾全大局，全面落实国家“保增长、促发展”战略部署。在当前特殊时期，银行业贯彻宏观调控政策既是银行业落实社会责任、促进经济稳定发展、建设和谐社会的现实要求，也是银行业强化管理、防控风险、实现又好又快发展的大好时机。银行业要围绕“国十条”、“金九条”和云南省扩内需保增长“二十项措施”，加强统筹协调，尽快梳理省内银行业要调整的监管政策，落实具体措施，加大对民生工程、“三农”、中小企业、重大工程建设、灾后重建、节能减排、科技创新、技术改造、兼并重组和消费需求、区域协调发展的信贷支持。要继续限制“两高一资”贷款，着力优化信贷结构，保证重点资金需要。既要抓住机遇，加快发展，又要坚持审慎经营，防止任意放宽信贷评审标准，一哄而上，重复建设。

（三）要采取切实有效措施，加大对小企业信贷投入。小企业是吸纳社会就业的主力，在当前就业压力十分严峻的形势下，支持小企业发展是银行履行社会责任的重要体现。银行业要紧紧围绕银监会“六项机制”建设，按照小企业融资特点，加大小企业金融服务创新，切实把小企业金融服务工作做深、做细、做扎实。积极推动银行建立专门为中小企业提供信贷服务的专营机构，各银行分支机构要根据各自总行的部署建立独立的小企业专营管理指导部门，逐步创造条件向专营机构过渡，发挥专业化经营优势，增加对中小企业的信贷投放，确保小企业贷款增幅高于全部贷款增幅的基础上，努力提高小企业贷款比重。要加强与相关部门的协作配合，充分利用政府优惠政策，开展与多层次担保机构合作，分散信贷风险，更好地扶持小企业发展。

（四）要改善农村金融服务，加大对“三农”信贷支持。银行业要以高度的社会责任，积极投身到农村金融服务中，创新和完善涉农金融服务新机制，全面提升农村金融服务水平，促进农业增产、农民增收和农村经济繁荣发展。一是涉农银行机构要科学合理规划农村金融基层网点布局、完善农村金融服务网络。要积极参与村镇银行、农村资金互助社、贷款公司等新型农村金融机构的设立；要积极探寻改善金融服务缺失乡镇金融服务的新路子，要创造条件逐步恢复和建立网点，不具备设立网点条件的要通过加强流动服务方式，切实改善边远农村地区金融服务。二是积极开展农村金融产品和服务方式创新，积极探索扩大林权及农村的有效担保物范围，加大对“三农”的有效信贷投入，满足农村多元化的金融服务需求，让农民得到更实惠、更便捷的金融服务，大力支持和促进社会主义新农村建设。三是农村信用社要完善法人治理结构，深化改革，加强制度建设，增强经营实力，继续增强发挥支农主力军作用。

（五）要加强金融服务创新，做好优质文明服务。银行业要从建设和谐社会的高度，充分认识金融服务的重要性。各银行机构要通过提高业务素养，加强市场调研，加大金融创新，满足不同客户的差异化、个性化产品和服务需求；诚实守信，自觉维护金融消费者权益，做好金融产品与服务的风险提示和信息披露，尤其是代客理财、衍生产品及创新业务等，就其风险因素向消费者作出客观真实的说明并给予明确的提示，不欺骗和误导消费者，避免不当销售行为发生；畅通客户投诉渠道，高效处理客户投诉；在提供融资服务的同时，努力为企业发展提供多方位的指导和协调，帮助企业解决遇到的困难和问题；采取多种形式开展金融知识普及教育活动，扩大金融知识受众面，不断增强社会公众的金融意识和风险意识；坚持依法合规经营，开展有序竞争，自觉维护良好金融秩序；强化资本约束机制，改革和创新内部控制体系，有效控制风险，全方位履行好银行业社会责任，实现科学、持续、稳健发展。

中国农业银行云南省分行

省分行携优异成绩共同推进云南省经济快速发展

依托云南省经济又快又好发展的强劲东风，2008年在社会各界的关心支持下，中国农业银行云南省分行简称“省分行”的改革发展取得了新的成效，各项业务快速健康发展：人民币各项存款、贷款余额分别达到1603亿元和1080亿元，分别较年初增加138亿元和144亿元，存、贷款总量在云南省金融同业排名第一位。在业务经营保持持续、快速发展的同时，省分行的体制、机制改革在稳步推进，内部管理得到新的加强。

2008年是农业银行推进股份制改革的关键之年，也是实施“3510”发展战略的开局之年。面对机遇和挑战，省分行明确将“改革、发展、控险”作为全行当年及今后一段时期的三大工作主题，要求全行上下统一思想，坚定改革的信心和决心，在按时、按质做好股改各项基础工作的同时，绝不放松有效发展，绝不放松风险控制。同时，为深入贯彻落实科学发展观和正确业绩观，省分行结合全省农业银行改革发展实际，提出“全行要进一步增强‘五个意识’，即：责任意识、忧患意识、创新意识、风险意识和人本意识；处理好‘五个关系’”，即：改革与发展、城市业务与“三农”业务、传统业务与新兴业务、业务发展与风险防范、业务经营与队伍建设的关系，避免顾此失彼和厚此薄彼；在业务发展进程中，突出“五个更加注重”，即：更加注重对“三农”的服务，更加注重对新兴业务的拓展，更加注重对风险的防范与控制，更加注重内部经营机制改革，更加注重队伍素质的提升，努力形成全面、协调、可持续发展的新格局。

为确保工作目标的顺利实现，省分行党委从做好股改各项基础工作，加快业务有效发展，推进内部经营机制改革，强化内控管理，加强领导班子建设、员工队伍建设和企业文化建设等五个方面提出了具体要求。全省各级农业银行认真按照省分行党委的安排部署，并结合本行实际，明确了工作目标，制定了工作措施。一年来，全行上下真抓实干，奋力拼搏，各项业务经营实现了高质、持续、快速发展。

在夯实基础，推进“三农”试点上，省分行积极拓展“三农”和县域蓝海市场。4月，积极促成总行与云南省政府签署了战略合作协议，进一步深化了银政合作，有力推动了金融服务“三农”工作向纵深迈进。全省农业银行涉农和县域信贷业务均呈上升态势，初步探索出了适合云南实际的服务“三农”和县域的有效发展模式，为下一步全面实施“三农”和县域蓝海市场发展战略奠定了坚实的基础。

在积极推进经营战略转型上，省分行牢固树立“存款立行、存款强行”理念，狠抓好存款组织工作，进一步增强了负债业务市场竞争力；合理把握信贷投放的力度、节奏和结构，大力拓展优质资产业务；把加快中间业务发展放到加快经营战略转型的高度，大力拓展银行卡、保险代理、国际业务、电子银行等重点业务，力促业务经营和收入结构多元化发展；深入推进了不良贷款专项治理货币清收竞赛活动，充分运用各种手段，不断挖掘不良资产经营潜力，促进资产质量进一步提高。

在强化内控管理，防范风险上，省分行进一步加强了对重点业务、重点部位和重点环节内控管理和风险控制。并针对“两高一剩”行业，建立了信贷分散、减持、退出机制，有效控制了信贷风险；进一步规范贷前调查行为，强化调查责任，前移风险控制关口；着力强化贷后管理，进一步加强了对贷后管理责任、限制性条款执行、贷款担保抵押落实等情况的监督和检查；继续做好信贷档案管理、资金监控、风险预警等工作，准确把握客户的重大变动事项和风险状况。

在深化内部经营机制改革，提高可持续发展能力上，省分行进一步完善了综合绩效考评机制。对省会城市行和其他二级分行实施差异化的考核模式，促进各行因地制宜加快发展，引入平衡计分卡战略管理工具，实现长期与短期、外部与内部、过程与结果、财务与非财务的多维平衡，不断提高全行可持续发展能力。在信贷资源配置上，适度拉开了行际间差距，确保信贷规模向优势区域和行业及低风险业务倾斜，并合理满足县域经济及涉农贷款投放需要。在费用资源配置上，强化效益意识和全面成本观念，进一步提高营运费用配置标准，设置服务“三农”费用，增加重点业务拓展费用，有效促进业务增长方式的转变。在固定资产资源配置上，优先保证股改对固定资产资源的需求，大力支持以“三农”业务发展为重点的固定资产投入，着力加强营业网点建设、安防设施和电子化建设投入，进一步优化固定资产配置。

在加强党建和企业文化建设上，省分行认真遵循“围绕业务经营抓党建，抓好党建促进业务经营又好又快发展”的方针，深入推进“云岭先锋”工程，建立了党建工作与业务工作的互动机制，通过党建工作目标管理量化考核等办法，将党建工作与业务工作同部署、同检查、同考核，充分发挥了基层党组织的战斗堡垒和党员先锋模范作用。在企业文化建设上，按照总行部署，从4月中旬至10月底，在全辖范围内集中开展了企业文化建设大讨论。各级行积极动员，层层发动，采取多种形式，认真组织学习，仔细查找问题，圆满完成了大讨论活动，为积极营造依法合规经营、规范操作业务、制度执行有力的良好企业文化奠定了坚实基础。

展望2009年，省分行将按照中央和省委、省政府加快经济社会发展的各项战略部署，充分发挥连接城乡的网络网点优势，不断提高金融服务的质量和效率，不断加大对“三农”和地方经济建设的信贷支持力度。我们相信，有省委、省政府及社会各界一如既往地关注和支持，省分行各项业务经营一定会实现又好又快发展，一定能为云南省社会经济发展作出更大的贡献！

（办公室供稿）

中国建设银行云南省分行

“王者之邦”的优秀基层行会计工作者——陈志勤

“南诏”是云南大理的古称，也是大理作为的一个注脚。中国建设银行南诏支行（简称“南诏支行”）是中国建设银行云南省大理白族自治州分行（简称“大理州分行”）资产负债规模最大的机构，在全省系统内也享有颇高的知名度。作为南诏支行的委派会计主管，陈志勤在全省系统内更是有不小的知名度。

提起陈志勤，大理州分行的员工就会想起一张温和的笑脸和一个默默奉献的身影。自1992年1月分配到大理州分行工作，十几年来，陈志勤一直从事建设银行基层行会计业务的经办及管理工作，并一直在基层会计岗位上尽职尽责、爱岗敬业，充分发挥了基层机构会计负责人的职责，对加强建设银行基层行会计基础管理工作起到了突出的带动和示范作用。

在平凡的岗位上忘我工作

陈志勤热爱本职工作，对待工作精益求精，干一行、爱一行，钻一行、精一行，十多年以来，始终保持了旺盛的工作热情，在平凡的岗位上忘我工作。

面对日复一日、年复一年繁重而枯燥的工作，她始终牢记一个信念：自己的一举一动直接影响着建设银行的声誉。因此，她凭着自己强烈的责任心和敬业精神，为维护和提升建设银行企业的形象不懈努力。在日常工作中，她除了注重工作效率外，更注重工作质量，细心负责，客户交办的每一件事都记在心里，当作一种责任落实在行动上，并且想方设法地去办好。一线网点作为一个服务窗口，是集中展现一个行整体素质和形象的聚焦点，她以身作则，做客户的朋友，使客户来办理业务时都有宾至如归的感觉。因为，她时时刻刻牢记“我的微小疏忽，可能给客户带来很大麻烦；我的微小失误，可能给建设银行带来巨大失误”这一警言。

2004年7月，通过严格的考试和竞聘，陈志勤走上了支行委派会计主管这个岗位。在3年多的履职过程中，她积极融入受派行的经营管理活动当中，在感受着其中酸、甜、苦、辣的过程中不断成长，始终以饱满的工作热情和严谨的工作态度，遵守纪律，踏实认真，以身作则，出色完成本职工作以及领导交办的其他任务，得到了领导、同事的认可和支持。

委派会计主管的十八条职责，每一条职责都紧扣着前台业务规范操作，防范操作风险。陈志勤在履行十八条职责的过程中，每天都是天还没亮就赶着去上班，又往往是天空中的星星伴随着她一起回家。每天要对20多个柜员的业务进行授权指导，对网点现金、重空的管理进行监督检查，对柜员提出的疑难问题要解决，对各部门通过电子邮件下发的临时性工作要完成，接受各部门的检查，整改所检查出来的各种问题，新业务的学习和培训……各种日常事务充斥、分割着她的时间，遇到重大事项，更需要她花费百分之百的精力来面对。

虽然她每天都忙到很晚，但还是觉得时间不够用，甚至连晚上做梦都会梦到工作，但她仍勤勤恳恳地做好每一项工作，经过自己勤奋努力，汗水终于换来了回报，受派行的会计质量不断得到提升，业务工作不断得以发展。

默默奉献赢来丰硕收获

陈志勤不仅熟悉业务，还具备处理各种复杂问题的能力。为提高自己的业务素质和管理技能，她利用休息时间不断充实自己，学习新业务、掌握新知识，总走在员工的前面。她都是自己先弄懂后，再组织大家学习，规范所在行的业务操作，确保员工能熟练掌握新业务知识，让每一项新业务都能顺利开展。对于新入行的员工，她更是手把手地进行言传身教，使他们尽早顺利上岗。

每天，她总是提前二十五分钟第一个到班，从不迟到，这样一个习惯足足坚持了十多年，潜移默化地感染着周围的人和事。她这种吃苦耐劳、勤勤恳恳、兢兢业业、默默奉献的思想品德在大理州分行可以说是有口皆碑。

作为支行的会计主管，陈志勤在抓好管理的同时，还带动、影响了其他二十多位同事。他们共同在工作中积极践行“以客户为中心”的服务理念，努力为客户提供高效、优质的金融服务，塑造出建设银行良好的企业品牌和外部形象，以优质服务促进业务发展的效果非常突出。

2003年以来，南诏支行先后荣获大理州分行“2003年‘新系统、新功能、新服务创优争佳’劳动竞赛活动”第一名；“2004年‘百日增存’劳动竞赛活动”第一名，“2004年度会计工作”第三名；2005年“‘百日增存’劳动竞赛活动”第二名，“2005党风廉政建设量化管理责任制”考核“优秀单位”，“2005年年终决算”二等奖，“2005年会计工作优秀单位”，“2003至2005年先进集体”；“2006年‘新年、新家、新生活’旺季营销劳动竞赛活动”第一名，“2006年党风廉政建设量化管理责任制”考核“优秀单位”；“2007年‘新年、新家、新生活’旺季营销劳动竞赛活动”第三名。另外，还先后荣获“2003至2005年度省分行先进集体”；“2006年省分行企业文化建设示范点”；“2005至2006年度省分行女职工文明示范岗”；“2006年度总行级青年文明号”等荣誉称号。

一分耕耘，一分收获，陈志勤和她的同事们在日常的工作中为完成好每一项营销工作、做好服务工作中的每一个细节、或者是实施某一项管理活动，都要付出许多的艰辛，但是，付出的努力，也有了丰硕收获。所以，再苦再累，大伙的心里总是有暖呼呼的成就感和进一步做好工作的决心和信心。尤其是陈志勤出色的工作，更赢得了组织的信任以及同事和客户的赞誉，并获得省级和州分行级“先进工作者”、“青年岗位能手”、“巾帼建功标兵”、“优秀共产党员”、“DCC项目建设突出贡献奖”、“优秀委派会计主管”、“先进工作者标兵”、“十大优秀青年”等一系列光荣称号。

（办公室供稿）

人民银行各州（市）中心支行

对推进楚雄州金融生态环境建设的调查与思考

人民银行楚雄州中心支行行长 马绍波

近年来，人民银行楚雄州中心支行及辖内各县支行把改善金融生态环境作为为地方经济发展服务的一项重要工作，立足实际，积极探索，在抓好工作机制建设、宣传及规划方案的制定和完善的基础上，针对金融生态环境建设工作中的具体情况，突出重点，扎实推进，取得了积极进展，但在整体工作的推进过程中尚有许多问题需要认真研究解决。为弄清辖内金融生态建设工作的现状、找准存在问题，进一步推动此项工作的扎实开展，我们对此进行了调查。

一、金融生态建设工作推进过程中的难点和存在问题

虽然经过各级政府、人民银行和金融机构的共同努力，楚雄州辖内金融生态环境建设取得了初步成效，但金融生态环境建设作为一项长期性、系统性、社会性的庞大工程，不可能一蹴而就，并且由于地区间经济发展的差异性，在推进过程中仍然面临许多难点和问题。

（一）金融生态建设工作整体推进不够，联动机制运行不畅。一是宣传力度需要进一步加大。主要表现在，少数基层人民银行和金融机构对金融生态建设的理解比较片面，大部分宣传仅局限于对诚信建设、反假人民币、反洗钱等业务知识的宣传活动，而对金融生态建设的相关背景、意义、内涵等内容没有涉及。二是工作意见操作性不强，部门之间的协调配合不够。各地制定的金融生态建设工作意见过于笼统，对各部门如何在推动金融生态环境建设过程中各司其职，各负其责，缺少具体的可操作性强的实施方案，对其不履职或履职不到位也缺少相应的监督制约机制。同时，在实际工作推进过程中，政府和相关部门缺少参与和推动工作的主动性和积极性，形成人民银行、金融机构单打一局面，地方金融生态建设领导协调机制的作用没有得到有效发挥。如在进行金融生态建设宣传过程中，往往只是金融机构针对涉及自身业务的内容进行宣传，与金融生态建设密切相关的经济、税务、司法、社会保障、中介服务等部门并没有参与进来，造成社会公众对金融生态建设知识的了解不系统、不全面。

（二）地区经济运行质量不高，形成良好金融生态环境的经济基础不扎实。一是产业结构不合理。2007 年，楚雄州全州生产总值达 253.57 亿元，第一、二、三产业的占比为 25 ：40.4：34.3。从本地烟草、天然药、冶金化工、绿色食品、文化旅游五大支柱产业来看，当年全州烟草产业实现增加值 48.9 亿元，冶金化工业 59 户规模以上工业企业（全州规模以上企业共 134 户）实现工业增加值 29.36 亿元，两项合计占全州生产总值的 30.86%，成为带动地方经济发展的主导力量，但这两大产业仍是传统的、高耗能的低附加值行业，产业链条不长，产品初级化，技术含量不高，并且目前都受到国家宏观调控的限制和影响，如何进一步长足发展面临困境。而其他三大产业均处于起步发展阶段，普遍存在产业整体实力不强，技术创新能力和市场开发能力较弱，资金投入不足、高技术人才缺乏等问题，如何提升其对地方经济发展的拉动作用，还需要进一步研究探索。二是经济外向程度低，外向需求对经济的拉动作用较弱。2007 年，楚雄州引进州外资金 33.9 亿元，实际利用境外资金 495 万美元；实现海关进出口总值 4186 万美元；贸易顺差 3729 万美元。当年直接利用外资额不足全省的 1.2%；外贸净出口对经济增长呈负向拉动。三是企业实力较弱，“企业难贷款，银行贷款难”依然是制约地方经济发展的瓶颈问题。大多数企业规模较小，产品影响力不大，内部管理制度不健全，企业融资渠道单一，发展后劲不足。辖内至今没有一家上市公司。

（三）社会信用程度不高，拖欠、逃废银行债务的行

为时有发生。一是社会诚信意识和金融风险意识比较淡薄，部分企业和个人对征信体系建设不理解、不支持，参与积极性不高。2007年，全州贷款卡年审率仅为78.34%。二是大部分企业信用水平低。据统计，2007年，辖内各金融机构在本地区对企业的最高信用评级情况分别为：工商银行AAA级企业1户；中国银行A类企业7户；建设银行AAA级企业2户；农业银行AAA级企业8户；农村信用社A级企业28户；交通银行5级企业18户，企业信用整体情况与经济发展要求严重不相适应。三是政府信用难以兑现，企业、个人恶意逃废金融债务的现象比较严重，政府和司法部门联合金融机构对逃废金融债务行为进行惩治的力度不够。截止2007年底，楚雄州辖内6家金融机构不良贷款余额共计120，802.5万元，不良贷款率占比达8.86%。

（四）清收不良贷款难度大。调查中发现，在金融机构的不良贷款中，由于“私贷公用”形成的不良贷款难以得到清偿；政府部门的抵贷资产处置难度大；破产企业的不良贷款受相关法律规定的清偿程序影响等因素，导致大部分债权难以得到清偿，基本形成损失。对于政府部门和公职人员拖欠金融机构的贷款，大部分地区，地方政府仅加大了对拖欠农村信用社部分的清收力度，对其他银行机构的欠债并未列为其中。仅靠金融机构单方面努力，清收不良贷款难度较大。而银行不良资产占比高，资产质量低又直接影响了商业银行自身的发展，制约了其对地方经济发展的支持力度。如由于楚雄宏源化工有限公司一笔本金202万元，利息53.3万元的贷款长期拖欠不还，形成不良贷款，致使楚雄州工商银行被其上级行认定为小企业信贷业务四类行，即只能办理符合总行规定的低风险担保和AA+以上企业担保的信贷业务，从而无法发放中小企业贷款。

（五）司法维权难。据统计，2005-2007年间，楚雄州辖内各金融机构向法院提起维权案件共187起，胜诉186起，诉讼标的为22741.25万元，到目前为止，实际收回资金9407.17万元，仅占胜诉标的的41.37%。抵债资产收回率低，大大降低了金融机构通过法律机制追回债权的效率，同时也严重挫伤了金融机构的投贷积极性。

（六）中介机构缺位，现有中介机构相关配套服务与金融需求差距较大，收费过高。一是中介机构发展不平衡。目前，楚雄州辖内9县1市共有律师事务所16个，会计师事务所7个，担保公司6家，其中就有17家在楚雄市。以担保公司为例，由楚雄州政府出资1000万元组建的中小企业融资担保有限责任公司从2003年成立至今，仅为581户个人、3户企业提供了信用担保，历年累计业务收入共23万余元，现在已经停止办理业务；而有两家民营担保有限责任公司自成立以来从无经营业务发生。整体资本实力较弱，经营范围窄、业务量小。二是中介机构管理不规范，部分中介机构的评估结论权威性不够、缺乏社会公信力，银企信息不对称，银行难以获取企业的真实信息数据，为业务的开展带来一定风险。三是中介费用较高，增加了企业和个人申请贷款的成本。据了解，借款人在办理土地、房屋抵押评估、登记过程时，需要支付以下费用：评估费为标的物价值的0.5%，房屋土地登记费为每宗标的物80元，印花税为贷款总额的0.005%，贷款保险费为贷款总额的0.3%，综合费率高达0.5%~0.7%。

（七）缺少成熟的金融生态环境评价体系，对金融生态建设所取得的成效难以进行全面、科学的评价。金融生态环境建设作为一项系统性工作，涉及到社会生活的方方面面，包括金融机构、金融市场、金融监管机构等金融主体，还涉及金融产品和服务的消费者、社会、经济、法治和文化环境。但是迄今为止，对于如何评价和衡量金融生态建设工作是否取得成效以及取得成效的程度，仍没有形成一套科学完善的、可操作的理论体系。

（八）县域金融服务功能弱化，金融系统内部科学管理、有序竞争的良好氛围没有完全形成。一是随着国有商业银行大力收缩机构设置，截止2008年4月，楚雄州辖内9个县中有5个县只设有农业银行、农村信用社和邮政储蓄，在乡镇一级大多只有农村信用社营业网点，支持“三农”的任务大部分落在农村信用社一家身上，出现农村信用社“一农支三农”的局面。而农村信用社由于历史包袱较重、内部管理体制不健全、服务品种单一、业务技术落后、员工队伍素质参差不齐等因素，在一定程度上削弱了其支持县域经济发展的能力。二是国有商业银行建立了严格的授权授信、贷款审批程序以及责任追究制度，同时，对于客户准入条件、信用评级等标准实行“一刀切”，忽视了地区经济发展水平的差异性和各地客户的实际情况，致使州县一级机构业务范围明显收窄。三是金融机构为争取优质客户，出现了不惜降低门槛，放松对客户账户、现金使用监管等现象，在一定程度上造成了金融秩序的混乱。

二、工作措施和建议

（一）基层人民银行应进一步提高认识，明确定位，加大协调力度，促进金融生态环境建设工作机制的完善。一是人民银行要继续主动将影响金融生态建设进展的中介机构缺位、评估费用较高；相关法规制度不健全；金融机构不良贷款占比高、维权难影响其支持地方经济发展等问题及时向地方政府反映，请求给予理解和支持，充分发挥政府在推进地方金融生态建设过程中的主导地位，通过完善地方法律法规、健全信用管理体系，推进体制改革、培养市场，做好对市场主体的各项社会服务。二是积极搭建银政、银企沟通平台，通过组织项目可行性论证、经济金融运行分析会议、金融工作会议等方式，为地方经济的发展共同出谋划策。主动加强与工商、税务、财政、公安、司法等部门的沟通联系，制定具体的工作指导意见，明确各部门在推进金融生态建设过程中的职责和应当采取的各项工作措施，确定联席会议制度，定期通报工作进展情况，充分发挥部门合力，真正形成“政府主导、人民银行推动、金融机构积极参与、相关部门协调配合、企业和个人自律”的良好互动工作机制。

（二）要进一步突出重点，扎实抓好相关工作的推进。一是要积极争取地方政府的支持，协调相关部门继续对金融生态建设工作进行系统的社会宣传，建立工作长效机制，在利用传统宣传手段的同时，充分借助网络、电话彩铃等新型宣传渠道，以人民群众比较关注的反假币、征信、银行卡等与日常生活密切相关的业务宣传辐射带动其他金融生态建设知识在社会公众中的知晓率和影响力。二是继续加强对两大征信系统的建设，完善系统功能，解决数据录入的及时性、准确性和时效性问题，充分利用征信系统的网络优势和技术优势，为金融机构开展业务提供重要依据。

（三）各金融部门要积极发挥作用，支持地方经济的持续稳定发展。一是人民银行要积极引导金融机构认真贯彻执行国家宏观货币政策，进一步优化信贷结构，突出支持重点，贯彻“有保有压、区别对待”的政策，充分发挥金融宏观调控作用，引导地区经济结构的战略性调整。二是金融机构要坚定“服务地方经济就是壮大自我”的理念，通过主动与政府相关部门、企业进行沟通，积极参与到项目可行性论证环节，结合本地经济发展的实际情况，找准地方产业政策和国家信贷政策之间的结合点和切入点，积极向上级行争取有利政策，拓展业务范围、创新业务种类，加大对有市场、有效益、有信用的企业以及地方龙头企业、支柱产业的支持力度，营造良好的投资环境，吸引境内外资金流入，形成资金“洼地”效应，以此不断促进企业自身的发展壮大，增加地方财政收入，降低地方经济发展对金融机构贷款的依赖度，同时也为自身发展营造良好的经济基础，在推动地方经济发展的过程中真正实现银政企三方获利。三是人民银行和银监机构要加强沟通协作，加大对银行业金融机构在业务开展过程中违法违规行为的惩处力度，维护金融稳定，营造辖区良好的金融秩序。

（四）要进一步营造良好的社会信用环境，对逃废、拖欠银行债务等不诚信行为给予严厉打击。一是要进一步向地方政府进行汇报和协调，加大清收政府部门及公职人员拖欠金融机构债务的力度，提高政府公信力，树立政府部门良好形象。二是要继续推动信用乡镇、信用企业、信用户的评级工作，加大对守信企业的信贷支持力度，增加信用状况良好个人信用额度；采取联合制裁、多管齐下的方式，对有逃废、拖欠银行债务等失信行为的企业和个人进行严厉的经济和行政惩戒。三是进一步加大征信宣传，提升征信系统的运用水平，扩大信用记录的社会影响力，增进公众对建立良好信用记录的重视，在社会上形成“良好的信用记录就是无形的信誉财富”、“守信走遍天下，失信寸步难行”的共识。

（五）加强对金融生态环境建设工作的研究和探索，不断推进科学的评估体系的建立。要在政府的统一领导下，充分调动金融生态环境建设工作领导小组成员单位的积极性和参与性，整合部门资源，加强对影响地区金融生态环境建设的各项因素和指标进行科学的分析整理，充分把握工作规律，及时建立金融生态环境建设工作评估体系。

（六）金融部门要加强内部管理和风险控制，提高员工队伍素质，提升核心竞争力。一是金融机构要加强内控建设，查找业务风险点，堵塞漏洞，防范责任事故和案件的发生。要加强信贷人员对相关法律法规的学习，以及新业务、新技术的培训，提高财务分析水平，全面了解借款人的财务状况和经济状况，防止贷后风险的产生。进一步完善对信贷项目的后续跟踪问效机制，加强贷款风险管理。同时，建立健全奖惩分明的信贷激励机制，增强员工拓展业务的积极性和主动性。二是商业银行要认真开展调查，及时调整、制定符合各地经济发展实际的信贷支持政策，加大对经济欠发达地区经济发展的支持力度。三是农村信用社要充分发挥支持农村经济发展主力军的作用，加快业务技术水平的不断提升，拓展业务范围，提升金融服务质量和水平，积极改善资产质量，加快央行票据兑付步伐，建立适应新形势下“三农”经济发展趋势的经营管理体系。三是金融机构要在服务地方经济发展过程中，加强沟通合作，规范经营行为，有序竞争，维护辖区良好的金融秩序。

（七）加强对不良贷款的清收力度，提高辖区金融机构资产质量，增强金融机构支持地方经济发展的实力。要加强与司法部门的沟通协调，寻求解决不良贷款回收难、法律维权难的有效途径，多措并举，盘活金融机构的不良资产，提升金融机构抵御风险能力。

欠发达少数民族地区财政转移支付制度及实践效果探析

——楚雄州财政转移支付情况调查

人民银行楚雄州中心支行副行长　杨　军

为全面了解近年来财政转移支付制度在民族地区执行情况和实践效果，完善民族地区财政转移支付制度，有力推动民族地区经济社会发展，我们对楚雄州财政转移支付制度、现状和执行中存在的问题进行了深入调查。

一、楚雄州财政基本情况

（一）2007 年财政收支情况

2007 年，楚雄州财政总收入 54.2 亿元，比上年增长 25%。其中：上划收入 36.3 亿元，比上年增长 24.8%，占财政总收入的 67%；地方财政一般预算收入 17.9 亿元，比上年增长 25.4%，占财政总收入的 33%。

2007 年，楚雄州地方财政一般预算支出 57.1 亿元，比上年增长 31.4%。其中，工资福利支出、商品和服务支出、对个人和家庭的补助支出共计 477，042 万元，占一般预算支出的 83.55%。扣除人员支出、运转经费后，当年可安排经济建设、社会事业发展财力为 172，928 万元。

（二）财政转移支付收支情况

近年来，中央及省财政对楚雄州财政转移支付力度不断加强，主要集中在专项补助、税收返还、调整工资性转移支付等方面。2006 年，楚雄州财政转移支付收入 293，410 万元，2007 年增加到 391，881 万元，增长 33.7%，呈现快速稳定增长态势，分别占当年一般预算支出的 68% 和 69%，有效弥补了财政缺口。

二、财政转移支付产生积极效应

（一）增强地方财力，确保政府职能的有效行使

近年来，由于人员经费、社会保障、“三农”等方面的刚性支出增长远远超过地方财力增长，地方财政收支不平衡现象加剧。通过对比楚雄州人员、运转支出执行情况（见表）可以看出，靠自有财力，楚雄州保吃饭，保运转都很困难，实行财政转移支付制度以来，有效弥补了地方财政收支缺口，保证政府工资足额发放、机构正常运转，维护了社会稳定，逐年逐步兑现历年挂账，为地方政府正常运转，有效行使各项职能提供保证。

表　楚雄州人员、运转支出情况　单位：万元

项目 / 年份	财政供养人员	公用经费支出合计	占一般预算支出比例	工资性支出	占一般预算支出比例	机构运转支出	占一般预算支出比例
2006 年	95,461	401,056	90%	199,833	45%	201,173	45%
2007 年	95,999	411,150	72%	239,787	42%	171,363	30%

（二）破解三农难题，落实支农惠农政策，增加农民收入

“三农”的难题在于资金，地方政府利用专项转移支付资金着力解决农村公路、村民饮用水、生产生活用电、农田水利建设、文化设施建设等等农民迫切希望解决的现实问题，各项支农惠农政策得到积极落实。利用农村税费改革补助等转移支付资金，落实中央和地方农村税费改革各项措施，在全部免除农业税基础上，为农户发放种粮补贴、农机具补贴、退耕还林等补贴，充分调动了农民生产积极性。2007 年，扣除物价上涨因素后，楚雄州农民人均可支配收入 2665.28 元，较上年增加 347.29 元，增长 9.40%。

（三）推动社会事业发展，提升公共服务水平

大量转移支付资金投入到城市建设、教育和卫生事业，全面提升了公共服务水平。一是城市建设快速发展。2007 年，楚雄州对城市建设投入资金 5.98 亿元，对城市道路、供排水、燃气、垃圾污水处理等进行全面改造，改善了城市环境，完善了城市功能，为经济社会发展奠定了基础。二是教育事业长足发展。2007 年，楚雄州教育支出 10.46 亿元，主要是在全面保障教育事业各项经费支出的基础上，

加大中小学校校舍维修和清偿教育负债力度，积极推进“两免一补”工作，为家庭贫困学生提供生活补助，有力促进了教育事业快速发展。三是卫生事业健康发展。随着资金投入的增加，楚雄州覆盖城乡居民的医疗服务体系基本建立，医疗综合服务能力明显增强，新型农村合作医疗稳步推进，群众看病难、看病贵问题得到一定程序缓解，人民健康水平进一步提高。

（四）关注民生，完善社会保障体系

财政转移支付对落实各项社会保障政策，解决关系民生的一系列问题，维护民族地区和谐稳定都起到了积极的作用。2007年，楚雄州社会保障和就业支出共计7.32亿元，保证了全州3.3万名离退休人员基本养老保险按时足额发放，确保失业人员能按时领取救济金，并将全州基本医疗保险覆盖面扩大至97%，让各类人员平等地享有社会保障。

三、财政转移支付中存在的问题和困难

（一）财税分配制度不合理，地区不均衡现象加剧

一是楚雄州的财政收入主要以“两烟”为主体，收入大多上划中央，而对地方税收返还则采用“基数”加“增长”的分配方式，即以1993年地方净上解收入为“基数”，对增长部分按全国统一的1：0.3系数进行分配。这种分配方式容易形成“富的越富，穷的越穷”的“马太效应”，不利于欠发达民族地区发展。2005年以来，楚雄州税收返回比例为68%、57%、36%，逐年下降，占转移支付比重不高。

二是分税制改革以来，税源集中，稳定性强的主体税种大多划归中央收入，而税源分散，征管难度大，成本高的税种则由地方征管，由于收入分配的不合理，削弱了地方财力，打击了地方培植财源税源的积极性。

（二）转移支付制度不尽合理，地方可支配财力有限

一是虽然近年来转移支付额度不断提高，但大部分资金是人员经费、维持机构运转和上级专项拨款，地方财政自行安排的财力仍然较少。2007年，可供楚雄州支配的一般性转移支付和缓解县乡财政困难奖补资金共计21，401万元，占上级各项补助总额391，881万元的比重为5.46%，调节地区间财力均等化作用有限。

二是现行的分税制财政管理体制下，中央集中了大量财力，但集中后的资金实际上大量作为专项转移支付分配到各个部门，且越往基层比重越大，由于专项转移支付大都限制了资金使用方向，使地方难以统筹安排各项支出。2007年，上级对楚雄州专项转移支付147，066万元，占各项补助总额的37.53%，是一般性转移支付和缓解县乡财政困难奖补资金的5.87倍。

（三）未突出民族地区特殊性，地方财权与事权不对等

民族地方政府不仅要负责社会保障、医疗、教育等明显具有外溢性的公共服务，还承担着边疆稳定，民族团结、民族进步的任务。分税制改革以来，财权上收的同时并没有相应的上调事权，给民族地区自治政府造成了沉重的财政压力。主要表现：一是垂直管理单位需要地方财政承担经费过多，范围过广，有的驻地方垂直管理单位，从部门利益考虑，要求地方承担配套“双重财政预算管理”，使地方承担许多不合理支出。二是上级配套支出过多。地方政府为满足上级配套要求，只能挤占其他建设和项目的资金，影响转移支付资金的使用效率。

（四）监督机制尚未健全，缺乏预算约束作用

一是资金预算编报不完整。楚雄州对一般性转移支付和缓解县乡财政困难奖补资金的审计过程中发现，2007年，楚雄州本级预算共编报一般性转移支付和缓解县乡财政困难奖补资金11，147万元，仅为省财政实际补助20，525万元的54.3%，本级预算编报的两项资金仅为上年执行数的76.5%，未编入预算的这部分资金实际上脱离了本级人大的审查监督。

二是转移支付资金支出预算不细化。2007年，楚雄州县级财政安排部分一般性转移支付和缓解县乡财政困难奖补资金时，作为整体列入其他支出或项目支出，未细化一般性转移支付和缓解县乡财政困难奖补资金1，458万元，占省财政实际补助的7.1%，削弱了预算的约束力，容易产生资金分配的随意性，不利于对这部分资金的监督管理。

四、完善民族地区财政转移支付制度的建议

（一）优化财政管理体制，加大转移支付力度

一是建议上级充分考虑欠发达少数民族地区的现状，逐步调高欠发达少数民族地区的“两税”返还系数，完善对地方税收返还采取的“基数”加“增长”的分配方式，增加“因素法”在转移支付测算中所占的比重。二是建议增加民族地区增值税等税种的分享比例，增强地方培植税源财源的积极性。三是加大对民族地区转移支付力度，实行“放水养鱼”政策，帮助地方政府“消赤减债”，发挥转移支付在平衡政府财力，实现公共服务均等化方面的作用。

（二）完善转移支付制度，优化转移支付结构

一是要转变转移支付制度理念，体现公平性、照顾特殊性、讲求科学性、强调激励性、坚持法制性，使转移支付成为缩小地区差距、实现共同富裕、构建和谐社会的推动力。二是调整优化转移支付结构，增加一般性转移支付，减少专项转移支付，通过均衡性转移支付手段将财政资金

使用权交给下级。三是建议中央和省级财政提前一个预算年度明确各地转移支付数额，使地方政府在年初就知道未来一年有多少钱，可以办多少事。

（三）充分考虑民族地区特殊性，合理划分政府间财权事权

一是考虑到民族地区行政成本明显高于非民族地区的实际，适当调增民族地区标准财政供养人数。二是规范垂直管理单位经费供给，明确界定经费供给方式和供给范围。三是对转移支付经费配套要求进行清理，减少配套经费的种类和额度，切实减轻民族地区负担。四是结合国家可持续发展的战略，加大对民族地区生态环境补偿的转移支付力度，调整产业结构，鼓励民族地区做好生态环境保护工作，发展绿色产业。

（四）强化转移支付资金管理，建立健全监督奖惩机制

一是逐步实现转移支付和各级政府的预算同步，把转移支付纳入各级预算管理，接受各级人大监督。对各项目进展和资金使用情况，要向社会公开，接受社会舆论监督。二是明确转移支付管理职能部门，结束多头管理，责权不清的现状。三是进一步引入转移支付惩罚激励机制和有偿使用机制，充分调动下级政府的主动性和积极性，消除下级政府对财政转移支付的依赖性，增强其财政自求平衡的能力。

红河州农村金融发展与经济增长的关系研究

人民银行红河州中心支行行长　赵　波

摘要：研究农村经济与金融之间的互动关系对于建设新农村具有重大的理论和现实意义。本文选用1989-2007年红河州农村经济金融时间序列数据，采用协整-误差修正模型和格兰杰因果关系检验，对红河州农村金融的发展与农村经济增长的关系进行实证研究，并针对农村金融发展中存在的问题提出了政策建议。

一、红河州农村经济、金融发展基本情况

红河州是云南省农业大州，农业基础地位十分重要。2007年末，全州总人口418.64万，其中农业人口344.68万，占82.33%；地区生产总值429.75亿元，其中第一产业实现总值78.85亿元，占18.35%；农作物播种面积51.95万公顷，同比增长1.9%；全年粮食产量131.11万吨，同比增长1.5%；大牲畜存栏99.11万头，同比增长0.7%；农民人均现金收入3，658元，同比增长14.9%；农村居民生活消费支出人均2，311元，同比增长16.1%。

2007年末，全州金融机构在县域机构网点数共408个，从业人员4，611人。其中：农信社在县域机构网点数共199个，占全辖网点的48.77%；从业人员1，608人，占全辖34.87%。全州共发放农业贷款49.44亿元，占全州贷款的16.88%；共为54.38万户农户办理了贷款证，占全州农户总数的66.01%，同比提高了1.63个百分点；获取农村金融服务的农户数56.1万户，同比增长2.34%。共有48个农业龙头企业共获得银行贷款5.79亿元，平均获贷1，206万元。

二、关系研究

红河州属边疆民族农业地区，社会主义新农村建设尤为重要，坚持为“三农”服务是农村金融改革和发展的出发点和落脚点。但从实践来看，农村金融发展与经济增长之间是相互促进、单向促进，还是毫无关系？农村地区是否存在金融抵制、农村经济增长是否带动金融发展？为此，有必要对两者之间的关系进行实证分析，以实际的结果分析新农村建设应采取的措施。

（一）文献综述

在农村金融发展与农村经济增长的关系方面，董晓林、王娟通过建立基于农村地区金融发展和经济增长相互影响的内生增长模型，利用1985～2002年间的金融发展和经济增长相关资料分析了两者之间的关系，认为农村贷款投放的增加能够促进农村经济的增长，金融支持对农村经济发展具有推动作用。姚耀军作了基于VAR模型和协整分析，利用Granger因果关系检验方法对中国农村1978～2002年间金融发展与经济增长之间的关系进行实证研究。他的研究发现，农村金融发展是农村经济增长的Granger原因，而农村经济增长并不是农村金融发展的Granger原因。陈小威、张杰、李宁芳基于计量经济学分析方法中的单位根检验和协整检验分析，利用Granger因果关系检验方法，对云南省1990-2004年间农村金融发展和农村经济增长的关系分析进行实证分析，结果表明：云南省农村经济增长与农村金融发展之间存在一种长期均衡关系，农村经济增长是农村金融发展的Granger原因；农村金融发展不是农村经济增长的Granger原因。

（二）指标与数据

为了分析红河农村金融发展与经济增长的关系，本文将采用金融相关率作为农村金融发展的指标，农村人均GDP增长率作为衡量农村经济发展的指标。

1. 金融相关率指标。金融相关率是衡量金融发展水平的一个重要指标，主要表现为金融资产规模相对于国民财富的扩展，国际上通常采用戈氏和麦氏这两种指标来进行衡量。戈德史密斯（1969）提出金融相关率（financial interrelations ratio，FIR）概念，金融相关率是指“某一时点上现存金融资产总额（含有重复计算成分）与国民财富--实物资产总额加上对外净资产之比”。通常人们将其简化为金融资产总量与GDP之比。麦金农（1973）在衡量金融发展水平时，主要使用货币存量（M2）与国民生产总值的比重这一指标，并认为“货币负债对国民生产总值的比率--

向政府和私人部门提供银行资金的镜子--看来是经济中货币体系的重要性'实际规模'的最简单标尺。"通常人们将其简化为M2与GDP之比。众多国内外学者在他们的实证分析中发现金融相关率存在很多问题：Levine & Zervos（1998）认为，M2与GDP的货币化之比既不能度量负债的来源，也不能度量金融系统的资源配置，实际上它与经济增长之间没有必然的理论联系，经济的增长主要依赖金融部门的功能。他们认为，银行信用是度量金融发展的有效指标。王毅（2002）的研究发现，麦氏指标不能准确衡量中国的金融深化程度。李广众、陈平（2002）认为，中国的麦氏指标较高也许更应该归因于长期的通货膨胀、交易手段的落后以及支付体系的效率低下，而非较高的金融发展水平的直接表现。2001年，Arestis、Demetriades 、Luintel考虑到在不发达国家国内信贷的作用，设计了L/GDP（即贷款余额/GDP）指标。李广众、陈平（2002）以及史永东、武志等（2003）利用该指标对我国金融发展与经济增长的关系进行了分析。姚耀军（2004）将该指标演变成RL/ RGDP，其中RL表示农村贷款余额，RGDP表示农村GDP，记作RLG。本文将采用Loan表示农村贷款余额，采用Rcapi=Loan/GDP，（农村贷款余额占GDP的比重），来反映红河州农村金融的发展规模。

2. 农村经济增长指标。在金融发展与经济增长关系的研究中，一般用GDP增长或人均GDP的增长来测量经济的增长。Heston（1994）指出，人均GDP数据要比总GDP数据出现的错误少很多，因为一些影响GDP水平的估计错误也会影响对人口的估计，这样错误可以被抵消。姚耀军（2004）在他的研究中分别使用过农村人均GDP（RGDP）指标和农村GDP（GDP）增长率指标。本文将使用农村人均GDP的环比增长率（RRGDP）来反映红河州农村经济的增长。

考虑到乡镇企业在农村经济中比重越来越大，对农村经济发展的影响日益显著，因此在农村经济的发展中应充分考虑乡镇企业的因素，在设计指标时，需要把乡镇企业的有关金融和经济增长数据纳入。在上述指标当中，农村贷款余额= 农业贷款余额+ 乡镇企业贷款余额。姚耀军（2004）的研究中，农村GDP等于全国GDP乘上农村GDP占全国GDP的比重。全国GDP数据直接来源于《中国统计年鉴（2003）》，农村GDP占全国GDP的比重直接来源于历年《中国农村经济绿皮书》。由于缺少红河州农业GDP占全州的比重，本文将设计另一种计算农村GDP的方法，即：农村GDP= 农业GDP+乡镇企业增加值。由于无法获得乡镇企业增加值的数据，本文采用估计方法得到：乡镇企业增加值= 乡镇企业营业收入＊18%，18%为云南省乡镇企业增加值/乡镇企业的营业收入的平均值。文中1989年—2000年的相关数据均来源于相应年份的《红河统计年鉴》。按照上述指标的定义和计算方法，最终得到各指标时间序列数据如表1所示。

表1　红河州农村经济与金融、人口的原始数据

年份	农业GDP	乡镇企业收入	农村人口数	农业贷款	乡镇企业贷款
1989	108044	65299	3025772	29517	9761
1990	118154	68477	3078746	34018	10158
1991	126946	76082	3118470	37625	10835
1992	138647	105620	3136765	47228	11341
1993	161712	159532	3154353	47359	24298
1994	206203	240549	3164850	22222	30037
1995	287567	400828	3178466	25558	29194
1996	337541	634241	3198702	32956	36384
1997	351988	903510	3217413	63084	47796
1998	360857	1139540	3235963	87675	35456
1999	372996	1385765	3238647	106390	47258
2000	383036	1032223	3243848	115916	43484
2001	396326	1227991	3255602	137260	46385
2002	415028	1421704	3274442	168709	48914
2003	444856	1679576	3295329	198350	46562
2004	524117	2064201	3318283	239984	49931
2005	573971	2420141	3337089	291463	46876
2006	632196	2873818	3390576	348307	39263
2007	788471	3393685	3446847	494415	47763

（三）模型和方法

1. 平稳性检验

在进行时间序列分析时，传统上要求所用的时间序列必须是平稳的，否则将会产生伪回归。但是，在现实经济中的时间序列通常都是非平稳的。为了使回归有意义，可以通过差分得到平稳化的序列，然后再进行回归。然而这样做通常会忽略一些有用的信息。为了解决这一问题，可以采用协整理论，在进行协整分析之前，必须要进行单位根检验。进行单位根检验有很多种方法，如DF检验、ADF检验、PP检验，本文采用ADF检验。

2. 协整检验

有些时间序列，虽然它们自身非平稳，但其某种线性组合却平稳，这个线性组合反映了变量之间长期稳定的比例关系，即协整关系。两个变量之间的协整关系的前提是它们的单整阶数相同，但两个以上变量之间的协整关系允许它们具有不同的单整阶数。对于两变量之间的协整检验，一般用Engle和Granger（1987）的EG两步法，对于多变量之间的协整关系的检验，则需要采用Johansen协整检验法。

3. 格兰杰因果关系检验

协整检验结果告诉我们变量之间是否存在长期的均衡关系，但是这种关系是否构成因果关系还需要进一步验证。格兰杰（Granger）提出了一个简单的检验程序，习惯上称为格兰杰因果关系检验（Granger test of causality）。

对两变量Y与X，格兰杰因果关系检验要求估计以下回归：

$$Y_t=\sum_{i=1}^{m}\alpha_i X_{t-i}+\sum_{i=1}^{m}\beta_i Y_{t-i}+\mu_{1t} \quad (1)$$

$$X_t=\sum_{i=1}^{m}\lambda_i Y_{t-i}+\sum_{i=1}^{m}\delta_i X_{t-i}+u_{2t} \quad (2)$$

若（1）中y的滞后项的系数是联合显著的，就说明y是x的Granger原因，同理对（2）也有同样的结果。格兰杰检验是通过受约束的F检验完成的。如针对X不是Y的格兰杰原因这一假设，即针对（1）式中X滞后项前的参数整体为零的假设，分别做包含与不包含X滞后项的回归，记前者的残差平方和为，后者的残差平方和为；再计算F统计量：

$$F=\frac{(RSS_R-RSS_U)\ /m}{RSS_U/\ (n-k)} \quad (3)$$

（3）式中，m为X的滞后项的个数，n为样本容量，k为包含可能存在的常数项及其他变量在内的无约束回归模型的待估参数的个数。

如果计算的F值大于给定显著性水平α下F分布的相应的临界值F_α（m，n-k）则拒绝原假设，认为X是Y的格兰杰原因。

4. 误差修正模型

根据Engle定理，如果一组变量之间有协整关系，那么协整回归总是能被转换为误差修正模型。误差修正模型（ECM）是由Engle和Granger（1987）提出的。在误差修正模型中，长期调节和短期调节的过程同样被考虑进去，因而，误差修正模型的优点在于它提供了揭示长期关系和短期调节的途径。

（四）实证分析

1. 变量的平稳性检验

在进行协整分析之前，首先需要对变量的平稳性进行检验，也只有在变量均是一阶（或二阶）平稳的条件下，才能进行协整分析。本文采用ADF单位根检验方法来检验相关变量的平稳性，检验结果列于表2和表3。

表2 RRGDP和Rcapi的平稳性检验

变量	检验类型（c，t，k）	ADF值	5%的临界值	1%的临界值	结论
RRGDP	（0，0，0）	-1.0009	-1.9614	-2.6998	非平稳
Rcapi	（c，0，1）	-1.7845	-3.0522	-3.8868	非平稳

注：（1）检验类型中的（c，t，k）分别表示具有常数项、趋势和滞后阶数；（2）表中滞后期的阶数根据SIC准则确定；（3）数据的处理和计算均使用的是EViews5.1；（4）如无特别说明，后文中表的说明均同表1。

表3 RRGDP和Rcapi的一阶差分序列的平稳性检验

变量	检验类型（c，t，k）	ADF值	5%的临界值	1%的临界值	结论
D（RRGDP）	（c，0，0）	-4.0223	-3.0521	-3.8868	平稳
D（Rcapi）	（0，0，0）	-2.8588	-1.9628	-2.7081	平稳

通过ADF检验，在5%的显著性水平下，接受序列RRGDP、Rcapi有单位根的假设，但拒绝这2个序列的一阶差分具有单位根的假设，所以序列RRGDP、Rcapi都是一阶单整。它们均能通过单位根检验，可进一步检验它们之间是否存在长期协整关系。

2. 协整回归和协整检验

检验协整性其实就是检验协整回归方程的残差项是否存在单位根。如果两个序列不是协整的，残差中一定存在单位根，这就是非协整性零假设。如果这两个序列是协整的，残差项将是平稳的。关于协整关系检验和估计的方法主要有Engle- Granger两步法和Johansen极大似然法。本文采用Engle- Granger两步法法来检验序列RRGDP与Rcapi之间的协整关系。

考虑到金融发展与经济增长之间存在滞后关系，经试验，在滞后2阶的情况下，得到最佳回归模型（见表4）：

表4 回归模型的参数估计

Dependent Variable：RRGDP				
Variable	Coefficient	Std. Error	t-Statistic	Prob.
C	0.109582	0.077675	1.410778	0.1818
RCAPI	-0.850127	0.369955	-2.297920	0.0388
RCAPI（-1）	-0.559283	0.548467	-1.019720	0.3265
RCAPI（-2）	1.553137	0.388935	3.993307	0.0015
R-squared	0.733273	Mean dependent var		0.147307
Adjusted R-squared	0.671720	S.D. dependent var		0.113497
S.E. of regression	0.065029	Akaike info criterion		-2.425650
Sum squared resid	0.054974	Schwarz criterion		-2.229599
Log likelihood	24.61802	F-statistic		11.91297
Durbin-Watson stat	1.618927	Prob（F-statistic）		0.000495

下面对回归模型的残差进行单位根检验：检验结果见表5：

表5 残差单位根检验（检验类型（c，0，0））

	t-Statistic	Prob. *
Augmented Dickey-Fuller test statistic	-3.317313	0.0315
Test critical values：1% level	-3.920350	
5% level	-3.065585	
10% level	-2.673459	

协整检验结果显示，红河州农村经济增长与农村金融的发展规模存在协整关系。从表4的协整方程可知，红河州农村经济增长与当期和前一期的农村金融发展具有反向的影响作用。这似乎与人们认为的“农业金融发展有利于经济增长的观点”相背离。但滞后2期的农村金融发展规模对农村经济增长具有正向的影响。当农村贷款额在GDP中的比重每增加1%，红河州当年农村人均GDP将降低0.85%，随后第一年的农村人均GDP将降低0.56%，随后的第二年的农村人均GDP将增加1.55%。

3. 误差修正模型

误差修正模型基本形式是由Davidson、Hendry、Srba和Yeo于1978年提出的，因此，又称为DHSY模型。它的基本思路是如果变量之间存在协整关系，则表明这些变量之间存在长期均衡的关系，而这种长期均衡关系是在短期波动过程的不断调整下得以实现的。也就是说，大多数经济时间序列具有长期的均衡关系是因为有一种调节机制（即误差修正机制）一直在起作用，防止了长期均衡关系出现较大的误差。在协整回归的基础上，对序列建立误差修正模型，其结果如下（表6）：

表6 误差修正模型的参数估计

Dependent Variable：D（RRGDP）				
Variable	Coefficient	Std. Error	t-Statistic	Prob.
D（RCAPI）	-0.849540	0.355987	-2.386438	0.0344
D（RCAPI（-1））	-0.464537	0.354170	-1.311619	0.2142
D（RCAPI（-2））	1.332912	0.341488	3.903242	0.0021
ECM	-0.903769	0.312591	-2.891216	0.0135
R-squared	0.717651	Mean dependent var		0.008334
Adjusted R-squared	0.647064	S. D. dependent var		0.106010
S. E. of regression	0.062979	Akaike info criterion		-2.479710
Sum squared resid	0.047596	Schwarz criterion		-2.286563
Log likelihood	23.83768	Durbin-Watson stat		1.956642

误差修正模型的回归系数显著性强，认为通过显著性检验。误差修正项（ECM）系数为负，符合误差修正项机制。另外，模型中间有些变量不显著主要是因为在一个方程中同一变量多个解释值产生了多重共线性。

从误差修正模型可以看出，就农村经济增长本身而言，农村人均GDP增长率的短期波动一方面取决于农村贷款规模的短期波动以及其前期波，另一方面取决于ECM项，它反映了对偏离长期均衡的调整力度。此处ECM项的系数为0.903，表示农村人均GDP增长率的短期波动中90.3%的可经误差修正项调整。

4. 格兰杰因果关系检验

由协整检验结果可知，红河州农村金融发展与农村经济增长存在长期均衡关系，但这种关系是否构成因果关系以及因果关系的方向如何，还需做进一步的分析。我们对模型的相关变量进行Granger因果关系检验，具体的检验结果如表7所示：

表7 Granger因果关系

Lags：2			
Null Hypothesis：	Obs	F-Statistic	Probability
RCAPI does not Granger Cause RRGDP	17	7.47931	0.00778
RRGDP does not Granger Cause RCAPI		0.78623	0.47768
Lags：3			
Null Hypothesis：	Obs	F-Statistic	Probability
RCAPI does not Granger Cause RRGDP	16	5.26390	0.02268
RRGDP does not Granger Cause RCAPI		1.03367	0.42309

从滞后2阶和3阶的检验结果可以看出，就Granger因果关系而言，红河州农村金融发展是农村经济增长的Granger原因，但农村经济增长不是农村金融发展的Granger原因。

（五）主要结论

1. Granger因果检验结果说明，至少从短期Granger因果关系上看，红河州农村金融的发展促进了农村经济增长，但农村经济增长没有带动农村金融发展。

2. 协整检验结果显示，红河州农村经济增长与农村金融的发展规模存在协整关系，但农村金融发展对农村经济的影响具有二期滞后效应。当农村贷款额在GDP中的比重每增加1%，总体影响农村人均GDP将增加0.14%；短期来看，农村贷款额在GDP中的比重每增加1%，农村人均GDP将增加0.02%。

三、红河州农村金融发展中存在的问题

（一）金融服务主体缺位，对“三农”支持力度不足

一是国有商业银行实行集约化经营后，县域机构网点大量撤并，农村金融服务战线大幅收缩，县市级分支机构贷款功能弱化，在农村经济发展中的作用逐渐减弱。二是农业发展银行的定位和有效经营模式仍在探索，业务整体格局较小，支农范围狭窄，功能发挥不充分。三是邮政储蓄正处于市场化改革的完善阶段，在资金运作、抗风险能力、经营管理等方面仍较欠缺，信贷业务较为单一。四是农村信用社作为农村金融服务的主力军，历史包袱严重、资金实力有限，法人治理结构不完善的问题仍较为突出，限制了支农功能的进一步发挥。五是农业政策性保险发展滞后，农业项目面临的自然风险不能得到有效分散，影响了金融机构信贷支农的积极性。

（二）农村信贷资金供给渠道狭窄，资金外流趋势增强

农村信贷资金供给渠道狭窄，除人民银行少量的支农再贷款和有限的农村信用社贷款外，尚缺乏其他资金注入渠道。同时，由于农村经济产业收益率较低，农村贷款交易成本高、风险大，国有商业银行多存少贷、拆借资金或异地投放贷款等，使金融资金从农村尤其是贫困落后地区加速流向中心城市和经济发达地区，大量农村资金“非农化”，农村资金“失血”严重。

（三）农村融资模式效果欠佳，难以发挥支农效力

九十年代以来，红河州先后出现了小额扶贫贷款、非金融小额信贷等农村融资模式，但由于制度设计侧重扶贫、政策宣传不到位、政府部门干预较多、相关制度不健全、缺乏持续发展的动力和条件等原因，实施效果欠佳。以辖内金平县为例，1998 年农业银行根据相关政策开展小额扶贫贷款，由于回收率过低于 2001 年初停办。截至 2000 年末，累计发放小额扶贫贷款 1，375 万元，累计回收 197 万元，回收率仅为 14.34%，远低于 90% 的政策标准。1995 年以来，该县先后引入联合国开发计划署、国际农业发展基金会、联合国人口基金和上海帮扶小额贷款等项目资金 717.2 万元，对农村贫困人口给予信贷支持。上海帮扶小额贷款项目因亏损已于 2001 年撤出，现存三个项目受规模限制和历史不良贷款的影响，业务进展缓慢，农户受惠面较窄。

（四）农村征信体系不尽完善，金融生态环境不佳

由于电子化建设水平落后，农村信用社缺少完备的信用信息披露和查询制度，征信体系建设相对滞后，信息不对称影响了金融机构对“三农”的支持力度。同时，部分农户信用观念淡薄，乡镇企业借改制之机人为逃废债务，金融债权难以保全。据对各金融机构网点调查，62.62% 的被调查机构认为当地的信用状况一般，金融生态环境不佳，缺乏有效的失信惩罚机制，金融债权得不到有效保护。

（五）农村金融品种单一，金融服务水平较低

目前农村金融基础设施建设滞后，农村金融机构业务经营范围仍然主要局限于传统的存、贷、汇业务，适合农业发展的中间业务和结算种类相对较少，电子化、票据化程度较低，支付结算体系落后，金融服务产品和工具贫乏，金融服务功能未能得到有效发挥。

四、对策建议

（一）推进农村经济改革，实现经济与金融的良性互动

红河州地区总体经济处于农业经济状态，应赋予并保护好农村经济与农村金融的产业地位，坚持州委、州政府提出的分类指导、梯度推进的发展方针，推进农村改革发展，强化农业基础，调整农村经济结构调整，突出重点产业和优势产业，积极发展现代农业，提高农业综合生产能力，为金融优化资金配置创造条件。同时，要认真分析农业经济薄弱性决定农村金融服务成本必须低廉的现实，努力提供满足农村基本需求的存款、贷款、汇兑、保险等金融服务，扩大农村金融的覆盖面，并逐步缩小城乡间的金融服务差异，建立健全适应“三农”特点的多层次、广覆盖、可持续的农村金融体系，使金融发展促进农村产业结构的优化、农村经济增长促进金融总量和效率的提升。

（二）坚持农信社“支农”定位，强化政策性和商业性金融支农力度

一是深化农村信用社改革，促使其做好机制和法人治理结构的转换，在利率、再贷款、税收等方面对贴近“三农”的信用社给予政策优惠和支持，引导其始终坚持服务“三农”的宗旨，充分发挥农村金融主力军作用。二是扩展农业发展银行的金融服务职能，积极开办粮油产业化经营贷款，并逐步开办扶贫开发项目贷款、农业综合开发贷款、农村基本建设和技术改造贷款等业务，发挥政策性金融机构在农业发展中的导向作用。三是强化商业性金融支农力度，支持并推进农业银行等在农村地区分支机构经营机制的建立健全，加强各行社之间服务“三农”的沟通协作，创新发展农村特色的银行卡、银团贷款、协议存款、邮政储蓄小额贷款等服务品种，引导信贷重点投向农业产业化经营、优质中小企业以及农村基础设施和生态环境建设等。四是积极推进小额信贷组织试点，探索培育村镇银行等新型农村金融机构，完善现行小额信贷模式，进一步规范和引导民间借贷，加强金融监管，培育良好的农村竞争性信贷市场。

（三）加快农村金融基础设施建设，创新和丰富支农金融产品

一是加快农村金融机构信息化、网络化进程，提高农村资金结算水平，为农民工开辟特色金融服务的结算渠道，使农村地区享受多层次、低成本的金融服务。二是创新符合农村经济发展要求的金融产品，积极拓展中间业务，在结算、财务管理、信息咨询、投资理财等方面为农村经济提供多方面金融服务，满足不同层次的农村经济主体的金融需求。三是积极寻找高效农业产业化的信贷载体，根据不同农业项目和生产周期合理确定限额、期限、利率浮动幅度，大力发展订单农业，鼓励开展与订单农业相结合的农村信贷产品创新。

（四）构建农村金融风险管理和补偿机制，分散、减少贷款风险和损失

一是完善利率价格补偿机制，适时放开农村信用社贷款利率上限，使金融机构能够根据自身经营成本和管理能力自主定价，实现利率覆盖经营风险和成本。二是建立健全为“三农”服务的担保机构，增加如存货、应收账款等动产抵押和权利质押有效抵押品的范围，为农户和农村中小企业创造有效的担保形式和途径。三是加大政府支持力度，建立政策性农业保险和商业性农业保险相结合的农村保险机制，运用财政、税收、金融、再保险等经济手段支持和促进农业保险发展，提高农村经济保障水平。

（五）构建金融资源配置的互动机制，推进农村信用工程建设

一是建立健全资信记录、管理、评价和披露制度的农村征信体系，逐步扩大企业和个人信用信息基础数据库在农村地区的信息采集和使用范围，降低农信社经营成本，减少农民的融资成本。二是完善农村信用管理教育和信用观念培育机制，推进信用村（镇）、组、户的创建，加强信用宣传力度，构建具有特色的农村信用文化。三是建立守信褒奖和失信惩戒机制，加强对逃废金融债权的处置，维护金融机构合法权益。

参考文献：

[1]（美）雷蒙德＊W＊戈德史密斯，金融结构与金融发展［M］，上海三联出版社，1990.

[2]（美）爱德华＊肖，经济发展中的金融深化［M］，上海三联出版社，1988.

[3]（美）罗纳德＊麦金龙，金融发展中货币与资本［M］，上海三联出版社，1988.

[4]陈伟国，张红伟，金融发展与经济增长－基于1952－2007年中国数据的再检验，当代经济科学，2008年5月，49－56.

[5]孙亚超，金融发展经济增长的实证研究－基于湖北的时间序列分析，现代管理科学，2008年第3期，106－108.

[6]王会宗，金融深化与经济增长－西部地区“悖论”的实证，统计与信息论坛，2008年6月，61－65.

[7]杨飞虎，我国金融发展与经济增长的关联性探析，金融与经济，2007年第3期，32－34.

欠发达地区农村金融深化改革初探

——以曲靖市调研情况为视角

人民银行曲靖市中心支行行长　朱　斌

欠发达地区农村金融体系普遍存在不完善、体制不适应、功能不健全等问题，成为制约农村经济社会发展的重要因素。党的十七届三中全会将构建和完善农村金融体系列为农村改革和发展的重要内容之一，健全完善农村金融体系、有效发挥其功能作用，对缩小城乡差距、统筹城乡发展和破解城乡二元经济意义重大。对此，笔者就曲靖市农村金融体系及服务现状进行了调研，对如何健全完善欠发达地区农村金融体系及功能作用提出建议。

一、曲靖市农村金融服务现状

1. 从机构体系设置上看：曲靖市农村金融服务机构以农村信用社为主，邮政储蓄银行、部分国有商业银行和农业发展银行等机构为辅，零星保险代理机构为补充的总体构架。农村金融业务主要以存贷款、汇兑为主，金融机构和金融服务产品单一。既无专为农村服务的村镇银行、贷款公司、小额贷款公司、农村互助基金组织；也无专为农村服务的保险组织，至于为农村居民个人服务的投资渠道、机构则更是为零。

2. 从网点布局上看：目前，曲靖市农村信用社 240 个营业网点中有 165 个布局在乡镇及以下农村地区，基本覆盖全市所有乡镇，是农村金融服务的主要提供者；邮政储蓄银行在除县级政府所在地的乡镇共有支行和储蓄所 23 个，是曲靖市农村金融服务的重要潜在力量；国有商业银行对农村地区的网点进行了不同程度的撤并，农村金融服务职能有所下降；乡镇及以下农村地区基本没有保险机构，农业保险发展严重滞后。

3. 从体制设置上看：改革开放前受国家高度计划经济的影响，我国资金分配长期体现“大财政、小银行”的模式，较长一段时间施行“大一统”和“专业化”的银行体制，农业保险自 1958 年起经历了 22 年的空白，农村金融没有得到应有的重视，长期处于边缘化。受此影响，曲靖市金融体制设置长期重工业、商业，轻农业；重城市，轻农村；农村金融过分强调和依赖“形似神异”的合作制，体制僵化、效率低下的问题较为突出，导致农村金融主体单一，农村金融业务发展缓慢，资源配置作用不明显。当前随着国有商业银行经营管理体制和经营目标的变化，曲靖市农村地区国有商业银行不仅网点减少，各种权限也被不同程度上收，进一步禁锢了其在农村地区金融活动的开展，降低了农村金融运行效率。

4. 从功能作用发挥上看：曲靖市农村地区金融机构功能作用发挥有限，主要以经济功能为主，社会功能有待加强。在经济功能上，基本上也只发挥信用中介、即资金融通功能和部分支付结算的功能，尚有诸如降低交易成本并提供金融便利、风险转移和管理等功能需要进一步发掘。社会功能还有待加强，主要体现在：配合国家政策合理引导资金流向和流量，促进区域、促进城乡协调发展的力度不够；促进“以人为本”的社会发展观，努力保障公民享受就业和教育的权利的支持不足；对直接经济效益不十分突出的农业基础设施、农村医疗体系建设等投入不积极等。

二、存在问题

1. 资金供给总量有限、来源缺乏。一方面，农民人均收入增长缓慢，与曲靖市 GDP 增长不匹配。2004～2008 年，曲靖市地区生产总值由 372 亿元增长到 787.6 亿元，增长 118%，同期农民人均纯收入由 1898 元增长到 3166 元，只增长了 66.8%，表现出绝对值小，且增长慢的特点，农村金融资金吸储极为有限。另一方面，目前曲靖市统一实行“单一账户改革”、乡财县管后，统由县级财政部门管理的资金集中，滞留农村资金更为匮乏，而其中大部分乡镇集体存款规定只能在原国有商业银行开户存储。多种因素制约，造成目前农村信用社资金来源结构不合理、单一的状况，主要是农户储蓄、极少部分乡镇集体存款、乡镇企业、个体经营业主存款等。

2. 资金外流严重。一是城区国有商业银行的特色服务、吸储揽存模式和较为丰富的投资渠道，吸引了大部分农村资金。近几年来，依靠国家改革开放、涉农惠农金融等政策，通过个体经营、积累了一定财富的个体业主，其富有资金或是存到国有商业银行，或是转移到城市创业，资金逐利性使农村资金外流。二是新成立的邮政储蓄银行在农村有强大的网络优势，但其提供的农村金融服务有限，吸储的农村资金大部分转移到城市，形成农村资金流失的一大“漏斗”。三是到城市储蓄的农户数量增多。抽样调查数据显示，目前到城市储蓄的农户占比达18%左右，一部分是基于“财不外露”等传统观念影响，一部分是基于商业银行服务与农村信用社服务比较更优越，更多的是出于经济活动范围的扩大和亲人在外存取款便利，而选择到城区开户。

3. 商业性与政策性的矛盾突出。农业是弱势产业，农村金融具有一定的政策扶持性，与商业银行的盈利性有所冲突。根据资本的逐利性，银行资金会由低收益部门向高收益部门流动，金融服务也会向高收益地区倾斜。农业由于其周期长、风险大、收益低的特性，在很长一段时间内不会成为资金流向的洼地，反而会导致农村地区的资金向高收益地区流出，在一定程度上弱化了农村信用社的合作制原则，商业性与非赢利性矛盾加剧。

4. 体制不适应，金融机构单一。长期以来的计划体制和城乡金融发展的不协调，农村金融的边缘化，造成农村金融机构单一，金融业务发展缓慢，极不适应当前农村社会经济日益发展的多元化需求。主要体现在：

（1）农村信用社一农难支“三农”。2008年末，曲靖市农村信用社农业贷款余额78亿元，占全市银行业农业贷款余额的98%。农村信用社处于支农主力地位，面临诸多问题：一是农业信贷规模有限，与曲靖市“三农”发展以及社会主义新农村建设所需信贷资金有较大差距；二是农村地区日益多样化的金融需求与农村信用社相对单一的业务品种存在矛盾；三是农村信用社经营管理与商业银行相比仍有差距，农村金融服务总体水平不高。

（2）邮政储蓄机构综合业务发展缓慢，角色尚未完全转变。中国邮政储蓄银行曲靖市分行于2008年4月8日正式挂牌，于2008年5月14日在宣威市试点开办小额贷款业务，目前在曲靖4个县（市、区）开展小额贷款业务，尚有5个县没有开展此项业务。2008年末，各项贷款余额3700万元，存款余额191496万元，存贷比例严重失衡，造成农村资金大量外流，不利于农村金融的循环、可持续发展。

（3）农业保险严重滞后。曲靖市农业人口众多，农业产值比重较大，但农业基础薄弱，抗风险能力弱，农业保险发展存在较大空白。2008年，全市保险机构保费收入、受保对象等指标城镇居民均占90%以上，但只有中国人寿和人保产险在农村有营销服务机构，来自农村的保费收入占其公司总收入不到二成，农业、农村保险份额位列各险种之末，农业保险覆盖面和保费收入水平较低，与实际需求极不相称。

三、欠发达地区农村金融深化改革的思考

（一）体系网络设计

从曲靖市农村金融服务体系的现状和曲靖市农村社会经济发展的角度来考虑，作为欠发达地区的农村金融体系，应当从构建符合农业、农村、农民最实际金融服务需求出发，建设“区域性、社会性、低成本、规模适当”的农村金融体系。包括：不同层次的资金供应主体，高效的现代支付结算体系，较为丰富的金融服务产品、投资渠道，较为完善的农业保险体系。在形成基本金融体系的基础上，考虑扩大金融主体范围，逐步放开农村金融机构贷款利率，构建适当竞争的农村金融市场，最终实现可持续发展的高效农村金融服务体系，使其真正担负起支持农业产业化、规模化、现代化的历史使命。

（二）具体措施

1. 实现支农责任的社会化

“三农”问题的解决需要举全社会之力，金融支农也需要社会各界创造良好的外部环境，以减低金融支农成本，提高金融支农效率。一是降低或适当免除农村金融机构的税费，减轻农村金融机构的经营负担；二是政府成立扶持基金，鼓励发展农村金融机构；三是大力引导财政资金、民间资本和国有资本参与农村金融体系建设；四是推进城乡经济发展融合，坚持工业反哺农业，城市支持农村，健全农业投入机制，加大各方面支农、惠农工作改革力度，促进农村社会全面进步，实现农村经济与金融相互促进、协调发展。

2. 出台协调城乡金融发展的金融政策

由于国家没有明确的金融发展规划和政策，带来“头痛医头，脚痛医脚”的短期效应和“改革”不断的局面。建议出台符合当前城乡经济发展需要的金融政策，对金融产业发展方向、产业结构安排、产业技术手段提高等有关金融业发展的一系列重大问题提供明确指引，使金融发展具有明确的目标约束，减少金融发展的盲目性和随意性。鉴于长期以来农村金融欠账和一段时期内解决“三农”问题的紧迫性，金融政策的制定应当体现对农村地区的倾斜，采取经济、政策措施重点鼓励发展农村金融，以适应农村经济社会的多元化金融需求，逐步缩小城乡金融差距。

3. 加快农村金融立法

长期以来，农村金融组织的法律地位不明确，各方利益均得不到明确保护。一是应制定《农村金融机构组织

法》，明确农村金融组织的法律地位，对农村金融机构的目的、组织形态、市场准入、管理方式、业务种类、业务范围、经济核算、国家政策扶持、监管部门的审计监督、贷款担保等方面作出明确具体的规定，使农村金融机构的行为及监管部门的监管有法律依据。二是加快推出“放贷人条例”，促进民间金融阳光化，激活民间资本。

4. 解决商业性和政策性的矛盾

科学区分农村金融商业性和政策性范围。把农业基础设施建设、改善农村医疗卫生和教育投入、脱贫项目、灾害重建和农户基本生产等金融需求纳入政策性范围，对这部分需求金融机构应当以社会效益最大化为出发点提供相应的金融支持，财政也应当给予必要的补助，在一定程度上解决政策性与商业性的矛盾。

5. 积极发展政策性和商业性相结合的农业保险

目前，我国的农业保险仍然是政府指导下的商业行为，未被纳入国家的农业政策支持体系。应把一部分关系农民生存发展大计的农业保险从商业保险中分离出来，实行非盈利性的政策性经营。经营的方式可有三种选择，首选方式是开办专门的政策性农业保险公司；其次是由商业性保险公司代办政策性农业保险公司，由政府承担补贴和代办费，或是赋予商业保险公司农业保险、农村财险、寿险捆绑式经营的权力，以赢利性强的险种弥补农业保险的亏损；再次是建立农业保险风险补偿基金制度，成立相应的基金会，确保农业保险补贴资金的落实。另外，为分散农业保险的经营风险，还应设立再保险公司，对政策性农业保险、商业性涉农保险及互助性保险，实行与一般商业保险有区别的再保险。同时鼓励保险公司开发多样的商业性农业险种，满足不同层次农民的保险需求，并加强营销管理，培育农村市场，鼓励有条件的农户积极投保，培养保险意识。

6. 积极构建适合“三农”实际需要的农村金融体系

构建较为完善的农村金融体系，首先要改革现有农村金融体制、系统整合和充分发掘现有金融资源，其次按照“区域性、社会性、低成本、规模适当”的体系涉及，优先发展具有地方特色，以立足地方社会经济发展特别是农村社会经济发展为经营理念，依靠科技、财政扶持来提供成本低廉的金融服务的地方性金融机构。发展初期应以小型、微型贷款公司为主，以提供便利的、低成本的资金供给为目的，在满足农村社会经济发展的需求基础上，应当着力解决农村社会经济发展对金融服务产品需求多样化的客观需求，最终形成主体多元、产品多样、交易便利、成本低廉、机制合理和保障有力的农村金融体系，形成高效、快捷、适度竞争和可持续发展的农村金融市场。

启动农村消费市场背景下完善农村支付结算建设的思考

人民银行曲靖市中心支行副行长 逮拥军

党的十七届三中全会做出了《关于推进农村改革发展若干重大问题的决定》，把推动农村经济的发展当作一项重大问题来抓，现代支付结算工具在农村的发展和应用，对促进我国新型农村经济的发展具有重要作用。为深入了解当前农村地区支付结算中存在的问题，提升农村地区现代支付结算水平，拉动农村消费，促进农村经济的发展，笔者对曲靖市辖内农村金融机构支付结算工作进行了调查。

一、当前辖内农村地区支付结算体系建设基本情况

曲靖市位于云南省东部，是云南第二大城市，全市国土面积28904平方公里，2008年，全市实现地区生产总值787.6亿元，其中，第一产业实现增加值151.5亿元，同比增长8%。当前，随着曲靖金融生态环境不断改善，各类金融服务不断创新和提高，为曲靖经济快速发展提供了强大动力。社会经济活动中的非现金支付结算工具在全市农村经济发展中的应用越来越广泛，已基本形成了以储蓄存折、银行卡为主，支票、汇兑等结算为补充的支付体系，其特点表现如下：

（一）现代支付结算体系发展不平衡，农村地区推进缓慢

总体看，曲靖市支付结算系统建设大体分为两个层次，即：城市城郊支付体系和和农村支付体系。其中，城市城郊支付体系已初具规模，并趋于发达。农村支付体系建设主要以农村信用社为主、农业银行和邮政储蓄共同支撑，目前处在进一步完善和改进中。同时，农村信用社和邮政储蓄网点基本能够覆盖到全市各个乡镇。

（二）农村对现代化支付结算工具有需求，存在发展潜力

随着农村经济文化的不断发展，现代化的支付结算手段已经进入到农村。各种银行卡的使用在农村、特别是城乡结合部和外出务工人员聚居地已很常见，农民支付结算意识逐渐加强，在生产活动中利用非现金支付结算工具的意识逐渐加强。农村信用社开通农民工银行卡特色服务，为农村广大外出务工人员带来了极大方便和快捷，深受民众欢迎，大小额支付结算系统上线，进一步促进了农村非现金支付结算的发展。经对曲靖市罗平县的抽样调查表明，仅2008年9月，该县银行卡（折）发生交易笔数为18707笔，涉及金额约9395万元。其中：本行卡ATM机取现7053笔，金额339万元；本行卡它行取现3061笔，金额170万元；POS机交易244笔，金额231万元；柜面取现5787笔，金额4026万元；柜面存现2288笔，金额2827万元；转账185笔，金额1791万元；代理它行农民工卡82笔，金额11万元；农民工卡它行代理8笔，金额0.5万元。

二、当前农村支付结算体系建设存在的问题

调查发现，曲靖市支付结算水平近年来虽然有了一定发展，但由于受农村金融机构少、金融产品单一、设施落后、渠道不畅等问题影响，农村地区特别是在偏远农村地区推广现代支付结算工具极为困难，一定程度上制约着农村经济的进一步发展，主要表现为：

（一）硬件投入不够，导致农村支付结算结算工具推广缓慢

一是非现金支付结算服务的覆盖率低。尤其是县区以下地区的金融机构设置相对单一，仅依靠农村信用社、邮政储蓄网点和少数农业银行分理处支撑农村金融服务市场，难以满足农村日益增长的支付结算需求。随着商业银行的股份制改革，经济效益较差的农村网点不断被撤并，逐步退出农村市场。目前在曲靖辖内县城以下的农村地区金融机构覆盖情况为：农村信用社在每个乡镇都有营业网点，农行和邮政储蓄在少数乡镇设有营业网点。

二是从占据农村金融服务绝大比重的农村信用社看，由于网络建设相对滞后，通存通兑业务只能在省内实现，结算系统不健全，提供农村支付结算服务多是传统支付结算方式，虽点多面广，但覆盖能力仍然有限。农业银行在部分乡镇设营业网点，但规模较小，服务能力远不及城区营业部，甚至比不上农村信用社，政储蓄银行刚成立不久，支付结算系统建设更需要完善。

三是农村地区支付结算基础设施落后。农村信用社使用的运用系统相对落后，金融机构在农村没有设置POS

机、ATM 机，银行卡使用也只能到网点办理，农村信用社跨系统资金汇划效率较低，客户通常需要到县城办理业务。

四是支付结算渠道缓慢。如大小额现代化支付系统建成使用后，由于受人员、内控因素、客户意识等客观条件制约，使得大小额支付系统的功能不能充分发挥，甚至部分农村信用社营业网点未开通。同时，目前，农村信用社只能在省内实现通存通兑，在使用大小额支付系统时，资金到账时间长，约为 5 至 6 小时，使用者更愿意选择其他实时到账的商业银行或者是采取现金支付。

（二）宣传普及推广不足，群众对现代支付结算工具认可度低

虽然在农村已有少部分人开始接受现代化的支付结算工具，但大部分人依然存在了解不足、避而不用或者节约成本、不愿使用的情况。对非现金支付工具的使用者大多数在有需要时才会进行咨询了解，且多限于私营企业或者工商个体户，普通民众对现代支付结算知之甚少。如对罗平县板桥镇工商个体户和居农户随机调查显示，对支付结算工具有一点了解并使用过的人只占 5%，对支付结算工具了解一点但自己没用过的人占 10%，而对支付结算工具完全不了解的占 85%。支付结算工具在农村的社会认知度极低，使用情况非常少，仅限于个别经营情况较好的工商个体户。

（三）对象群体的特定性从根本上制约支付结算工具的推广

农村支付结算工具使用群体大都为当地农民群众，这一群体的特定性决定了现代支付工具在推广上困难重重。首先，各金融机构对非现金结算普遍实行收费制度，如转账手续费、跨行交易手续费、结算账户银行卡年费等，对农村地区使用者特别是农民来说，结算业务量较小，相对而言结算手续费偏高，为节省费用，更愿意使用现金交易，既直观又简便，而不愿使用其他支付结算工具。同时，相比现金结算，非现金支付结算工具和结算方式环节相对较多，资金在途时间较长，手续多，农民群众更喜欢现金结算，直接，省事，简单。

（四）特定支付环境影响农村支付结算服务的推广

对曲靖市罗平县的调查发现，该县农村地区大量出产黄姜、辣椒、油菜子等农产品，大多都是销往省外，有大量的支付结算需求。如该县板桥黄姜交易市场的黄姜产品大多销往中亚、日本等国家和地区，年交易量 3 亿元左右，受金融危机影响，2008 年全镇累计黄姜库存市值约 2 亿元，表面看支付结算需求大。但实际情况是由于受商品市场流通的影响，许多农产品收购企业购买黄姜、辣椒等农产品使用现金结算可以享受折扣的价格，弱化了非现金结算需求。同时，由于商户选择面窄，大部分情况下只可以选择农村信用社作为支付中介，规模较大的少数经营户也有选择农业银行或者邮政储蓄，但大多办理业务都是到县城办理，导致许多经营者考虑到效率和成本问题而放弃使用非现金支付结算。

三、改进农村支付结算体系建设的对策及建议

（一）加大资金投入，完善农村支付结算基础设施建设

针对农村地区金融机构少，金融结算产品单一，支付结算基础设施投入落后的现状，财政、通讯、金融机构等部门应通力合作，加大硬件设施建设等资金投入，有选择、分步骤在相对发达的农村集镇安装配备 POS 机具和 ATM 机，提高资金汇划效率，方便农村群众办理结算，最大限度地满足农村经济和社会发展的需要。同时，加大结算支付工具的创新，开发出多种科技含量高使用方便的结算产品，提高支付功能，为市场提供更多方便快捷的支付结算工具和支付结算服务，从而为农村提供更方便快捷的金融服务。

（二）针对性开展宣传，提高非现金结算工具社会认知度

对农村地区而言，人们对现金使用存在偏好，对非现金结算工具普遍缺乏了解，需要金融机构加大非现金结算工具和结算知识的宣传，尤其是非现金结算工具在减少假币混入，防盗、防抢、方便保管、携带等优势方面的宣传。通过宣传，增加公众对非现金结算工具的了解，自觉感受非现金结算工具的优点，自觉学习并掌握银行卡等结算工具的使用知识和技能，增强非现金结算工具使用的认可度。

（三）加快农村金融服务体系建设，因地制宜开发农村金融产品

构建功能完善、分工合理、有序竞争的多元化农村支付结算服务组织体系，需要充分发挥农村信用社在农村支付结算服务中的主导作用，利用农村信用社机构点多面广的优势，扩大现代大小额支付系统覆盖率，改进结算方式，提高结算效率，完善服务功能，同时，应积极创新金融产品，以点带面，从推动农民工银行卡特色服务入手，引导农民工减少现金使用，逐步养成非现金结算的习惯，不断提升服务手段和能力，活跃农村经济市场。

（四）实行有差别的结算收费体制，降低农村支付结算成本

目前，各金融机构对现金存取业务基本是不收费用的，而转账业务基本上都要收取金额不等的一定费用，存在着一定的不合理性，也阻碍了非现金结算方式的推广。需要进一步改革现行的结算业务收费模式，对现金业务区分不同的业务种类进行收费，降低非现金结算收费标准，以鼓励非现金结算工具的广泛使用，提高民众对非现金结算工具的使用偏好，促进农村支付结算工具的发展。

人民币在边境地区结算的难点与对策

人民银行普洱市中心支行行长　谢云辉

位于云南省普洱市西南的孟连县，国境线全长133.399公里，与缅甸掸邦第二特区的政治、经济中心——邦康市隔江相望。长期以来，由于缅币不稳定，邦康市等佤帮控制区一直以人民币为主要流通货币，流通量逐年增加的趋势较为明显。据测算，仅邦康市就大约有10亿人民币流通。随着贸易的不断扩大，人民币结算问题越来越突出。

一、缅甸佤帮银行概况

1996年，缅甸掸邦第二特区政府成立了地方政府银行——佤邦银行，其总行设在邦康市，下辖邦康市分行、南邓分行两个分行，共有人员32人。其中：总行4人，邦康市分行15人，南邓分行13人。建行初期，与中国工商银行孟连县支行合作，请其代为培训业务人员、设置账户、制定操作流程，使业务得以开展。目前，该银行主要以经营人民币为主，到2008年6月末，其存款余额大约4.7亿元人民币，其中：邦康市分行4.3亿元，南邓分行0.7亿元。存款利率约在4.5%左右。贷款余额约为1.1亿元，其中邦康分行1亿元，南邓分行400多万元。由于孟连县金融部门与佤帮银行未建立人民币结算关系，仅佤帮银行邦康市分行库存现金就达4亿左右。

二、孟连县人民币跨境结算需求快速增长的原因

（一）替代种植

2006年4月，国务院下发了《关于在缅甸老挝北部地区开展境外罂粟替代种植发展替代产业问题的批复》（以下简称《批复》），对在缅甸老挝北部开展罂粟替代种植发展替代产业问题制定了一系列扶持政策和措施。如，从事农业替代种植的返销农产品，免征进口关税和进口环节增值；对国内企业从事替代种植、发展替代产业申请的银行贷款给予全额贴息；简化手续，为替代种植及替代产业项下人员、货物出入境提供便利等等。这些政策的出台，极大的调动了投资者的积极性。

1. 替代种植投资，人民币出入境增加。从1992年开始，普洱市企业从孟连口岸出境，采取合资、独资、合作方式帮助缅甸掸邦第二特区种植农业经济作物铲除毒源，在境外经济作物替代种植和经济合作方面做了大量工作，特别是在毒品替代种植方面，种植的品种已增至20多种，替代种植总投资接近5亿人民币，目前已形成了一定规模。截止2008年末普洱市共有从事罂粟替代种植企业43家，替代种植总规划面积513万亩。2006—2008年累计种植面积124万亩。其中：橡胶77万亩、甘蔗9万亩、玉米7万亩、小桐籽6万亩、水稻5万亩、茶叶4万亩。

2. 替代种植返销，人民币出入境增加。近年来，随着替代种植产品收获返销国内，人民币出境金额逐年增加。由于孟连县与缅甸掸邦第二特区未建立人民币结算关系，人民币现金2万元的出入境限制等原因，使人民币跨境流通极其艰难，严重影响了替代种植工作的正常开展。主要投产返销产品为：橡胶7万吨，约12600万元；甘蔗5万吨，约1000万元；糖2万吨，约2000万元。总计收购返销产品约需人民币15600万元。

（二）边境贸易发展

2008年末普洱市边贸进出口总额6052万美元（进口5001万美元、出口1051万美元）。其中：孟连进出口总额为3379万美元，占全市进出口总额的55.8%。孟连县边境贸易大多以人民币结算，使人民币的进出口需求发展较快。

（三）民间往来需要增加

孟连县边民与缅甸掸邦第二特区边民之间长期和睦相处，往来频繁，民间探亲访友出入边境口岸较为平常，随着边民经济状况的改善，边民出入境人数和携带人民币金额也随之增加。

三、急需解决的主要问题

（一）替代种植企业的人民币投资渠道和替代产品返销不畅的问题。在境外替代种植过程中，由于土地开挖、种苗定植、支付劳务费以及产品收购等需支付大量人民币现钞，但由于银行间结算渠道不通，款项无法从国内银行汇至境外银行，只能携带大量人民币现钞出境，每次少则

三、四十万，多则两、三百万，但由于人民币现钞出入境2万元限额的规定，迫使替代种植企业只能采取非正常渠道将人民币现钞携带出境，如请人从山间小路将人民币现钞带出境外及将人民币现钞藏匿在进出境的车辆上携带出入境。这些携带人民币现钞出入境的方式给替代种植企业的资金带来极大风险，一旦被相关部门查获，可能被没收，同时还可能涉及相关法律责任，并增加人民银行对边境人民币流通的监测难度。

（二）缅甸佤帮银行经营人民币困难的问题。由于境外人民币现钞的正常回流渠道不畅通，人民币现钞大量滞留在境外，仅佤邦银行就存有4亿左右的人民币现钞，使佤邦银行增加了保管人民币现钞的成本和风险，也不利于人民币在缅甸掸邦第二特区范围内的流通使用。

（三）境外人民币的管理问题。孟连县境外大量人民币流通和滞留，给当地人民银行带来了管理上的困难。一是人民币回笼困难。给当地人民币币值稳定监测带来了难度，为孟连县的金融稳定工作带来了一定的隐患；二是人民币残损券的回收困难。据调查，境外人民币由于长时间反复流通使用，票面陈旧的情况比较普遍，对人民币的声誉不利；三是给人民币反假工作带来困难。由于缅甸佤帮银行对人民币反假工作薄弱，缅甸群众对假币的识别能力较低，孟连县人民银行和各金融部门对境外人民币的反假工作鞭长莫及。

（四）反洗钱监测工作中存在的问题。由于孟连县跨境结算问题未解决，以人民币现钞方式的洗钱活动当地人民银行难以开展有效的监测。

四、金融支持的建议

（一）促进替代种植工作的正常开展。建议尽快建立银行结算平台和境外人民币现钞正常回流渠道，在双方银行无法直接通汇的情况下，境外企业与中方边贸企业发生进出口贸易后，其资金结算均通过双方银行提供的相应凭证办理相关账务处理手续，为边境贸易和替代种植企业提供便捷的资金结算服务，促进边境贸易和替代种植的健康发展。

（二）放宽替代种植企业的人民币现钞出入境限额。一是对从事边境贸易和境外毒品替代种植企业的人民币现钞出入境不限额；二是由境外替代种植企业、边贸企业向商务局、海关等部门申报人民币出境额度，并核发相关证明文件供边防查验。二是对佤邦银行的人民币现钞出入境视同国内银行调运人民币现钞出入境管理，海关凭中国人民银行当地分支机构的批件办理验放手续。

（三）解决人民币局部跨境结算中的特殊问题。建议出台我国边境县与外国城市之间人民币的区域结算管理办法，降低区域跨境人民币结算的条件，把区域跨境人民币结算的审批权下放到省、市或者县人民银行。积极推动与毗邻外国地区签订双边支付结算协定，支持境内中方银行与佤邦银行在平等互利的基础上建立代理行关系，开通人民币跨境银行结算渠道。

（四）建立银行间定期磋商机制。认真贯彻《普洱市人民政府关于转发云南省政府金融支持“走出去”战略实施意见的通知》精神，中方由当地人民银行牵头，各商业银行、社参加，定期与佤邦银行进行会谈交流，解决合作过程中存在的问题，并为佤邦银行提供人才培训、规范制度建设等援助，使佤邦银行的人员素质得到提高，内部控制得到规范和强化，资金风险进一步降低，为双方银行的合作奠定良好的基础。

对中缅边境贸易结算问题的思考

人民银行德宏州中心支行行长　尹以庄

边境贸易是中缅经济贸易的重要组成部分，是未来中缅经贸合作发展方向之一。现阶段，人民币在中缅边境贸易（以下简称“边贸”）结算中居主导地位，呈现出强劲的区域化势头，但只是一种自发性的市场现象，不是双方制度化区域货币金融合作的结果。因此中缅边贸结算基本上是非政府的区域化，绝大多数处于民间或地下状态。目前，中国云南省德宏傣族景颇族自治州（以下简称“德宏”）作为中缅最大陆路口岸地区，区域国家间的经济合作与新的合作方式不断发展深化，“境内关外”模式的建立又为人民币区域化发展和贸易的进一步发展搭建了更好的平台，通畅中缅边贸结算将成为现实发展的必然。为此，笔者以德宏为例，对中缅边境贸易结算体系中存在的问题进行深入调查研究并提出相应的政策建议。

一、中缅边贸发展概况及边贸结算现状和成因

中缅两国于1950年建交，自1971年11月两国签订贸易协定，双方相互给予最惠国待遇以来，两国间的双边贸易额逐年不断增长。据缅甸方面统计，目前中国已成为其仅次于泰国之后的第二大贸易伙伴国。德宏作为中缅两国最大的边境陆路口岸地区，也成为两国贸易的“中转站”和“集散地”。

（一）边贸发展的基本概况。德宏地处云南省西部，辖潞西、瑞丽两市，梁河、陇川、盈江三县。东、南、西三面与缅甸接壤，边境线长503.8千米，拥有瑞丽、畹町两个国家一级口岸，盈江、章凤两个国家二级口岸及多个省级口岸。独特的口岸优势，决定了德宏是连接“两亚”（东南亚、南亚）和走向印度洋的重要门户。中华人民共和国成立后的50余年，德宏边贸走了一条曲折迂回的发展道路，出现了“三开两关”（1951-1964年开放；1965-1978年关闭；1979-1982年3月开放；1982年4月-1982年8月关闭；1982年9月开放至今）的局面。1957年8月，成立德宏对外经济贸易局，下设“中国进出口公司云南分公司畹町办事处”和“瑞丽进出口小组”，主要经营边境小额贸易进出口商品和承担国家对外贸易的进口商品，其时年经营规模为180多万元，这段时期德宏边贸发展缓慢。1978年党的十一届三中全会后，德宏边贸开始了长足的发展，逐步形成“以小额贸易为主体、边民互市、地方贸易并存的边贸体制”，一举成为中国最早开发的内陆口岸。至1995年，全州边贸进出口总额达27.45亿元，跃居云南省之首。2000年经国家计委批准，在德宏瑞丽市姐告设立边贸区，实行全国唯一的“境内关外”管理模式。瑞丽作为新兴的边境商贸城市，已建成中国西南最大的内陆口岸，发挥着日益突出的辐射作用，以此为龙头，地处亚洲三大经济圈结合部的德宏，已逐步成为中国内陆开发的最前站。经贸快速发展，边贸进出口总额从1984年的3788万元发展到2006年的60.2亿元，增长了158.9倍。

（二）中缅边贸结算的现状及成因。从结算地域划分，目前中缅边贸结算方式主要分为境内和境外两种结算方式：

1. 境内边贸结算方式。一是贸易双方在中方银行开立的银行账户（人民币）转账结算。目前转账结算已成为边贸的主要结算方式，该方式下的人民币资金一部分来源于境外商人在中方银行存款，据相关部门调查测算，现在瑞丽市金融机构的存款中有40%来源于缅甸等境外商人的储蓄存款；另一部分来源于缅商通过“地摊银行”或地下钱庄兑换取得；还有一部分是从境外携入人民币现金；二是直接用人民币现金进行结算。由于人民币是硬通货，而缅甸政局及币值不稳定，中缅贸易和民间交往中仍然大量使用人民币现钞结算。三是易货贸易，差额找补人民币现金。四是现汇贸易，以欧元结算为主。过去，中缅贸易中，大贸一般都以美元为主进行结算，但从2000年起以美国为首的西方国家对缅甸实施金融制裁，2006年1月20日，美联储冻结了缅甸外贸银行、缅甸投资银行和缅甸商业银行在北京的美元账户，缅甸政府宣布用欧元结算，并默许货款从第三国转汇。目前鉴于西方国家金融制裁因素，欧元结算举步维艰。

2. 境外贸易结算方式。一是信用证和电汇（用于大贸，因大贸不能用现金和人民币结算）。作为一种应用极其广泛的国际结算方式，信用证（亦称“信用证书”）目前在德宏州结算处理的主要流程为：缅甸仰光国家外贸银行或国家开发银行根据缅商即进口方（申请人）的要求和指示，向中国商人或机构即出口方（受益人）开立一定金额；在一定期限内按规定条件付款的保证文件或证书，通过某国外清算代理银行（目前仅新加坡的大华银行办理），经中国上海商业银行和云南省商业银行（后者负责对证书进行真实性审批），最后送达德宏州某银行，并由该行根据云南省商业银行的特快邮件通知商人来办理结算（目前德宏州仅中国银行办理该项业务），如果是进口业务则结算流程反之。二是“地下钱庄”。“地下钱庄”不仅存在于境内，境外同样长期活动着一定规模一定数量的类似机构，相互间还能有条件的实现互动，为境外缅商提供资金兑换服务和相应的结算业务。

3. 形成中缅边贸结算方式的成因。形成目前中缅边贸结算方式的原因，既有国内、国际因素，又有政治、经济原因，其中地理、政治、金融因素起主导作用。一是地理因素。德宏与缅甸山水相连，边民互市自古有之，客观上为这样的结算方式的产生创造了得天独厚的地理条件。二是政治因素。缅甸，全称“缅甸联邦”（The Union of Burma），于1948年摆脱殖民统治成为一个独立的主权国家后，由于在政治和经济上长期奉行闭关锁国政策，极大影响了广大人民的生产积极性，经济增速缓慢，矛盾激化，社会动荡不安，多次发生政变，特别是1988年发生的政治大动乱和2007年发生的僧侣事件，在国内掀起了声势浩大的群众运动，人民对社会的长治久安心存顾虑。三是金融因素。缅甸中央银行不能独立地施行货币政策，一切按政府计划安排行事，实际成了政府的出纳机构，为解决政治经济矛盾，缅政府过去曾在1964年5月15日、1985年11月3日、1987年9月5日三次突然宣布废止部分大额钞票流通，使各阶层蒙受了不同程度的损失，令国民对缅币丧失了信心，至今人们仍心有余悸。加之，中国经济迅猛发展，综合国力的不断增强，人民币币值持续坚挺，对周边东南亚国家影响不断扩大，在缅甸和老挝，人民币已然成为硬通货。各种因素的相互影响、相互作用，最终形成了中缅目前特殊的自发性贸易结算方式。

二、中缅边贸结算中存在的问题

（一）结算渠道不畅，阻碍边贸发展，现金管理难度加大。由于中缅边贸结算中没有经营人民币与缅币的合法兑换交易机构，两国间商业银行也没有建立代理行关系，无法获得结算所需的对方国家的货币，它还必须首先从“地摊银行”购买所需的外币后才能实现付款，造成其边贸结算业务效率低下。因为为了确定汇率问题，它必须在“地摊银行”与客户之间来回询价，有时会因为在汇率问题上无法达成一致而放弃该笔业务，客观上阻碍了边贸经济的发展。同时，“地摊银行”交易方式以现金交易为主，现金需求极大且支取频繁。部分金融机构往往以放松大额现金提取限制来吸引客户，使大额现金收付报备制度流于形式，现金管理制度难以得到落实，从而导致对“地摊银行”现金收支缺乏有效监管。

（二）扩大了国际收支统计误差，对人民币进出境统计信息难以做出有效监管判断。国家的进出口货运值以海关的统计为准，海关的统计以进出口报关单的价值为准，然而中缅贸易以现金交易为主，于是便出现了这样的问题：出口货物难以通过海关换回等价货币，客观上造成了海关对进出口的逆顺差的统计缺乏准确性，金融机构方面也很难实施有效的精确统计，扩大国际收支统计误差。

（三）助长了非法现金交易。由于私自进境的人民币现金逃离了外汇管理局和海关的监管视线，某些货币走私行为不易被发现，部分资本项目下的跨境交易是通过地下钱庄、地下汇兑实现的，从而增强了走私、赌博、贩毒等活动的可能性，使人民银行反洗钱工作面临严峻形势。并且还可能会使假币顺畅地流出或流入，影响金融稳定秩序，损害人民币的良好形象。

（四）由于法规在一些方面的可操作性不强，无法对边贸和结算账户的真实性实行有效监管。一是目前涉及边贸外汇管理的法规只有2003年开始实施的《边贸外汇管理办法》（以下简称《办法》）。该《办法》的实施对于规范与边贸相关的外汇管理起了重要的作用。但由于该《办法》中只是对边贸的外汇管理作原则性的规定，在一些方面的可操作性不强，以致无法对边贸的真实性实行有效的监管。二是现今人民银行人民币结算账户管理工作的主要政策依据是2003年9月1日颁布实施的《人民币银行结算账户管理办法》（以下简称《账户管理办法》），《账户管理办法》针对的对象主要是国内法人或自然人，对外籍人开户仅提出了一些原则性条款，可操作性不强。由于没有畅通的结算渠道，但为确保贸易往来活动的顺利进行，境外贸易者不得不想方设法在境内银行开立结算账户，客观上这类存款人又为地方经济、金融的发展起着一定的促进作用，使得国内银行陷入两难境地，致使这类存款人披上国内同类账户的“外衣”，道貌岸然地扮演起人民币结算账户的角色。

三、建议和思考

（一）规范名称标识，切实搞好缅籍存款人账户管理。目前缅籍外商在我边境一线开立的储蓄及个人结算户，所提供的“出、入境通行证”、“临时通行证”、缅籍“马邦丁”分别属于公安、边防、缅甸开出，所谓“证出多门”，不利于管理。而缅甸身份证“马邦丁”是外事或公安部门通常凭个人口述的姓名，译音翻译，常出现同一存款人在不同的银行开立“音同字不同”的个人账户，难以分辨真假。因此，必须认真规范名称标识，切实加强缅籍存款人账户管理工作。

（二）加强现金管理，鼓励转账结算，遏制现金大进大出。在对账户检查中发现，还有利用假名账户进行大存大取现钞的现象。因此，必须加强对大额现金的规范管理，对20万元（含20万元）以上的现金取款实行预约审批制度，对100万元（含100万元）以上的必须采取转账方式进行结算，以减少大额现金的频繁流动，降低现金存取风险，防止出现利用假名账户进行洗钱等违法犯罪行为的发生。

（三）加强协作，多方携手，力促规范“地摊银行”的试点措施出台。鉴于缅甸目前国内国际形势，短期内实现中缅两国银行建立正常结算关系的条件还不成熟。因此建议有条件地选择少数“地摊银行”充当过渡性“货币交易中心”。其理由：一是“地摊银行”不属于国家或银行当局批准的金融机构，它是一种为市场的需要和银行的“补充”而存在的贸易结算形式，在充当两国边贸结算支付手段时，具有“自成体系、自我管理、自负盈亏、自担风险、自我调节”特点，可以在试点中逐步加以引导和规范，让其在一定的范围和时间内发挥作用。二是“地摊银行”对开展边贸结算业务有着十分明显的优势。“地摊银行”开展边贸结算的历史悠久，有着比较固定的客户群。早在新中国成立初期“地摊银行”就已经存在，许多“地摊银行”都有自己固定的客户，业务发展十分顺利。边贸经营者会更多地选择“地摊银行”办理边贸结算。三是填补了中缅银行业金融机构未开通货币兑换业务的空白。四是为一些企业提供了手续简单、快捷，借贷金额、利率、贷款方式自行商定的资金支持。五是由于缅甸银行业金融机构政策不畅，“地摊银行”通过联合机制，既填补了这一结算环节的缺失，保证了中缅双方经贸结算的通途，又提高了中缅双方商贸结算资金使用效率。六是提供了人民币出境回流渠道，平衡了缅北边境地区人民币流通，为人民币逐步走向跨境流通和向可自由兑换创造了条件和试验平台。然而，由于“地摊银行”自身存在合法性未确定及业务不规范等问题，同时也存在洗钱等犯罪行为的可能性。为使其发挥边贸结算作用的同时，又能有效规避风险，因此建议：第一，利用目前经营的“地摊银行”，选择信誉好、资金实力强、兑换汇兑规模大的两家进行试点。由政府牵头，金融、工商、公安、税务、物价等部门共商对策，尽可能地确认“地摊银行”的合法身份，促其合法规范经营；第二，“地摊银行”的身份可以考虑定位为公司（名称自定），经营的资金自筹，形式不限。日常经营的资金根据币种的不同，采取不同形式：人民币和可自由兑换货币的资金要求在银行开立账户存储，划转、结汇由银行操作；其他外币（缅币）由其自行在市场兑换调剂；第三，“地摊银行”可以用公司名义，自己选择银行开立结算账户，并与银行签订相关协议。双方按协议要求保密，并报相关部门知悉备案，保护其正当权益；第四，账户、资金管理方面应考虑其特殊性。“地摊银行”经营人员应了解相关贸易、金融政策；开户银行要指导其日常业务；监管部门要监督检查业务合规性。使其发挥过渡性“货币交易中心”的功能，以解决中缅边贸目前结算渠道不畅的现状。

（四）改进大贸境外结算迟缓的现状。目前境外贸易转账结算主要是信用证和少量电汇，而大贸不能用现金和人民币结算，缅甸仅在仰光两家（国家外贸银行和国家开发银行）银行机构可开信用证，正常情况下也需要两个月到账，而且需要商人交100%的保证金才能开出，增大了企业的交易成本，影响了商人做大贸的积极性和大贸的发展。如果通过双方协作促成缅甸国有银行，甚至私营的诺玛银行、甘宝萨银行也能开信用证，将会更好地促进贸易的发展。

（五）开展中缅双方银行结算试点。由中缅双方中央银行通过积极磋商达成合作协议，在瑞丽——木姐首先开展结算行试点，尽快建立双方的代理行关系，开通银行直接结算渠道，增加结售汇网点，增加外币业务品种，引导边境地区居民与非居民到银行开立外汇、人民币结算账户，办理支付结算，进一步完善人民币结算体系，为边贸企业提供方便快捷的结算服务。

（六）建立中缅银行定期磋商制度，推动建立人民币结算机制。针对目前中缅两国结算渠道不畅的现状，围绕人民币结算战略，建立中缅银行间的定期谈判磋商机制，逐步解决阻碍中缅边贸结算的问题，在边境一线中缅金融机构中签订初步边贸代理结算协议，由浅入深，由表及里，积极推动双边银行的互信、互惠、互利的人民币结算模式。

（七）进一步修订各项管理法规及完善相关操作系统建设。境内央行应在深入调研的基础上，充分考虑到法规的全面性、针对性和可操作性，进一步修订各项管理法规。如：根据缅甸籍存款人证件种类及期限的多样性，建议修订《人民币银行结算账户管理办法》，从法规层面明确证件的合法性，以便有法可依。针对中缅贸易外汇管理法规不全，可操作性不强等问题，补充完善《边贸外汇管理办法》。同时，完善现有操作系统建设，建议增设灵活性强、便以监督管理和人性化的操作程系。如在账户管理系统中增设类似临时存款账户，有期限限制，便于适时监管的外籍人士存款账户，从而实现对这部分存款人账户的归集管理，这样既有利于人民银行和开户银行适时掌握这类存款人的开销户情况，同时也必将大大增强人民银行反洗钱工作实时监测力度等，最终实现促进边贸发展和有效监管的双赢局面。

民族贸易和民族用品生产贷款萎缩的调查

——以怒江州为例

人民银行怒江州中心支行调研组

怒江州是一个集边疆、民族、贫困、山区、宗教为一体的少数民族自治州，辖内四个县均为国家民委于1991年确定的民族贸易县，州内现有36个民族贸易企业和民族用品定点生产企业。长期以来，这些企业承担着少数民族特需用品、生产生活必需品、药品、书籍的经销以及少数民族农副产品的收购任务，对满足少数民族群众生产生活的特殊需要、加强民族团结、促进少数民族地区的经济社会发展发挥了重要作用。

一、民贸优惠贷款政策沿革

1991年10月9日，人民银行总行印发《中国人民银行关于民族贸易县贷款实行优惠利率的通知》（银发［1991］274号），规定对农业银行发放的民贸贷款从1991年9月21日起按年利率2.88%给予补贴。

1997年10月24日，人民银行总行印发《关于民族贸易和民族用品生产贷款继续实行优惠利率的通知》（银发［1997］437号），规定对中国工商银行1998年1月1日后新发放的民贸优惠贷款，也给予年利率2.88%的利息补贴。

2003年1月9日，人民银行总行印发《中国人民银行民族贸易和民族用品生产贷款利率事宜的通知》（银发［2003］8号），决定增加中国银行、中国建设银行为执行优惠利率的承贷银行，并规定了原享受优惠利率政策的民族贸易县内国有和集体所有制民贸企业改制后继续享受优惠利率政策。

2005年11月4日，人民银行总行批复《中国人民银行关于民族贸易和民族用品生产优惠贷款利差补贴问题的批复》（银复［2005］96号），同意因工商银行和农业银行机构网点撤并而划转到农村信用社的民族贸易和民族用品生产贷款享受优惠利率政策。

2006年9月6日，人总行印发《中国人民银行关于"十一五"期间民族贸易和民族用品生产贷款利率有关事宜的通知》（银发［2006］315号），规定在"十一五"民贸贴息新办法出台前，各国有商业银行继续对民族贸易和民族特需商品定点生产企业实行优惠利率政策。

二、怒江州民贸优惠贷款政策执行情况

2003年以来，怒江州先后有5家民贸企业和1家民族用品定点生产企业在工商银行、农业银行获得贷款2200万元。5年来，这6家企业累计享受到了人民银行贴息221.33万元，这部分贴息资金极大地缓解了民贸企业和定点生产企业流动资金不足的局面。但是近年来怒江州民贸优惠贷款余额逐年下降，随着2007年3季度最后一笔民贸贷款的归还，人民银行利差补贴工作全面停止，民贸优惠贷款余额至今仍为零。

怒江州民族贸易和民族用品生产优惠贷款情况表

单位：万元、%

	2003年	2004年	2005年	2006年	2007年三季度
民族优惠贷款余额	2108.5	1894.5	577	360	200
优惠贷款利差补贴	99.83	67.05	36.15	14.3	4

目前，在怒江州，向民贸企业发放贷款的金融机构仅有农村信用社和怒江州农业发展银行。经统计，在这两家贷款的民贸企业共有18户，贷款金额共计2348万元。这些企业原来均享受过优惠利率，现在却由于民贸贷款优惠政策中承贷机构只限于工、农、中、建四大商业银行的规定，而无法获得贷款贴息。

怒江州民贸企业贷款情况　　单位：万元

金融机构	民贸企业开户数	贷款户数	民贸贷款余额	执行利率
国有商业银行	10	0	0	—
农业发展银行	4	4	1250	基准利率
农村信用社	14	14	1098	上浮 20%-40%

三、政策执行过程中存在的问题

（一）民贸企业难以获得商业银行信贷支持，无法继续享受优惠利率。一是民贸企业改制后，企业规模小、市场承受力差、短期内经营效益不佳，达不到商业银行信贷准入门槛。二是怒江州原享受优惠利率的民贸企业中，有几户企业的贷款在商业银行改革中被剥离至资产管理公司，在企业征信系统中已形成不良信用记录，过不了信用评估关。三是商业银行基层网点大量撤并，加之县级机构信贷审批权限上收，导致县级民贸企业只能从农村信用社、农业发展银行获取贷款，而无法获得利差补贴。

（二）享受优惠政策的民贸企业少，利差补贴金额低。怒江州内现有 6 个民贸公司、27 个基层供销合作社、3 个民族定点生产企业，加上改制后的民贸企业，符合优惠条件的企业约有 45 家。但自 2003 年以来，仅有 6 家企业享受了优惠政策，贷款额最高的一家企业每季仅获 4.3 万元的贴息资金。一方面，由于政策宣传不到位，很多民贸企业和民族用品生产企业没有向相关部门提出申请，致使民贸贷款企业少，被列入定点生产企业的民族企业数量也十分有限。另一方面，优惠利差补贴比例低，自 1991 年出台来一直执行 2.88% 的标准，由于怒江州民贸企业规模小，贷款金额不高，基本上在 600 万元以内，每季返还的利差补贴资金少，用以补充企业流动资金的作用不明显。

（三）政策性业务与商业银行市场化经营原则相矛盾。从盈利性的角度来看，由于民贸优惠贷款执行基准利率，各金融机构对发放此类贷款没有积极性。在调查中了解到，有的金融机构因为“贷款利率不得上浮”的规定，而不愿意帮助民贸企业申请此项优惠政策。另外，商业银行改制后，经营战略调整，信贷营销重点转向了优质行业和重点企业，在小企业信贷业务上设置了抵（质）押、担保等诸多门槛。怒江州民贸企业底子薄、经营管理落后、效益差，容易受市场冲击，在缺乏政策强制性的前提下，各金融机构对发放民贸贷款相当审慎。并且，由于信贷审批权上收，对于此类贷款，基层金融机构即便逐级向上申报也很难在全省（国）一盘棋的背景下获得授信。

四、对民贸优惠贷款政策的相关建议

（一）建立健全对民贸优惠利差贴息工作的领导，加大对民贸、民品企业的引导。一是政府牵头，建立由民委、财政局、人民银行共同组成的工作协调领导小组，形成信息沟通机制，共同研究工作中遇到的新问题和新情况。二是相关管理部门要充分发挥职能，加强政策宣传，并努力创造条件，提供技术和人才支持，引导民贸企业提高市场竞争力，确保国家优惠政策的执行效果。

（二）扩大民贸贷款优惠企业面和承办金融机构的范围。一是以服务对象来界定民贸企业，只要是服务于少数民族且有利于改善少数民族生产生活条件的企业均纳入优惠政策享受范围；只要是产出品主要在少数民族地区销售或生产原料来源于少数民族地区和群众的均可纳入优惠范围。二是将发放民贸优惠贷款的金融机构由商业银行延伸到农村信用社、政策性银行、地方性商业银行等金融机构。只要是民贸企业和民族用品生产企业，不论在哪家金融机构贷款，均能享受到此项优惠政策，从而最大限度地提高民贸贷款优惠政策覆盖面。

（三）提高优惠贷款的利差补贴比例，并允许民贸优惠贷款利率在一定范围内上浮。一是随着人民币贷款利率的调整而相应调整民贸优惠贷款利差补贴比例，并根据各民族地区的经济发展程度和民贸企业的发展前景差异，确定不同的利差补贴标准。二是修改“优惠贷款利率一律不得上浮”的相关规定，允许金融机构按照利率市场化的内在要求，根据企业的资产质量、资金运用状况、生产经营情况等因素决定民贸优惠贷款利率浮动水平。三是鉴于民贸企业的特殊性，商业银行有必要对改制后经营运转正常、内部管理规范、财务制度健全的企业，设立统一的、区别于其他中小企业的贷款条件，以支持民贸企业的持续性发展。

（四）改变利差补贴方式，设立民贸企业担保基金。一是将民贸利差补贴工作由央行按季补贴改为财政每年一次性补贴，以便于此项政策与其他财政贴息政策相互衔接，贴息资金的集中支付也更能体现政策的扶持效应。二是在财政部门设立民贸企业优惠贷款担保基金，规定各行（社）发放的民贸优惠贷款中的不良贷款在一定比例内由担保基金先为代位清偿，并由担保部门负责不良资产的监督管理工作，以减少金融机构的政策性损失。

欠发达地区农村信用社小额信贷发展存在的问题及建议

——以怒江州为例

人民银行怒江州中心支行调研组

小额信贷是指专向农村低收入阶层提供的小额度、持续的信贷服务活动，其在推动农民脱贫和农村经济发展方面起到了积极作用。目前，怒江州的小额信贷有三种类型：农户小额信用贷款、农户联保贷款、小额扶贫到户贴息贷款，这三类小额信贷均由金融机构向农户提供。在属边远贫困地区的怒江州，做好小额信贷工作意义十分重大。人行怒江中支对怒江州农村信用社的小额信贷工作开展情况进行了深入调查了解，分析其中存在的问题，力求找出怒江州农村信用社小额信贷可持续发展的新途径。

一、怒江小额信贷发展现状

怒江州全州四县均为国家扶贫开发工作重点县，有19个扶贫攻坚乡，农民人均纯收入为1232元，绝对贫困人口还有12.4万人（人均纯收入在625元以下）。州内98%以上的土地都是高山峡谷，可耕地面积非常少，农业机械化程度相当低，农业受洪涝、泥石流等自然灾害影响较重，基本上靠天吃饭。农民增收难，贫困面、贫困程度及返贫率居全国之首，扶贫攻坚任务十分艰巨。

（一）农户小额信用贷款。目前，全州农村信用社共评定信用村6个（泸水县六库镇庄房村、上江乡河边寨村、老窝乡荣华村，福贡县上帕镇腊竹底村、匹河乡老姆登村、芭蕉村）、信用组19个、信用户634户，发证农户数13939户。兰坪县联社和贡山县联社虽然尚未开展信用村（组）的评定工作，但建立了农户经济档案，核定了农户贷款额度，对大部分农户贷款仍按小额信贷的操作规程办理。截止2008年8月末，全州农村信用社农户贷款余额25350万元，贷款农户75205户，农贷面达到了75.28%。其中，农户小额信用贷款余额1333万元，比年初增加165万元，同比增加257万元。

六库镇赖茂村李加坪三社的农民三大波扒，以原有的土地征用费2万元买了12头牛，2006年11月向信用社贷款10，000元，建盖了牛圈，发展养殖业，如今牛群已发展到了27头，预计今年可实现销售收入14，000元，三大波扒家年人均纯收入已达到了2，000元。

（二）农户联保贷款。截止8月份，全州农村信用社共有联保农户616户，分别为泸水县联社3户、福贡县联社613户，贷款余额379万元，比年初增加10万元，同比增加97万元。

福贡县施底益村马子组农户友路三等五户，每户于2007年11月向福贡县农村信用联社贷款5000元，用于种桑养蚕、加工漆油和菜子油、养黑山羊、种植草果，均已见效益，平均每户年增收500元。其中，友路三已提前归还了全部贷款本息，农户开里叶和普生恒已归还了80%的贷款本金。

（三）小额扶贫到户贴息贷款。目前，除了福贡县的扶贫贴息贷款继续由农业银行承担外，泸水、兰坪、贡山三县均由农村信用社负责发放。泸水县联社作为云南省扶贫到户贷款贴息方式改革试点县经办金融机构，2005年10月获得了600万元的扶贫到户贴息贷款规模。2006年兰坪县联社和贡山县联社也开始办理此项业务，三个县共获得了扶贫办下达的贷款规模1800万元，2007年和2008年三个县每年均获得贷款规模3000万元，每年的贷款规模都足额发放完毕，截止8月末，泸水、兰坪、贡山三个县的小额扶贫到户贴息贷款余额为3743万元。

贡山县普拉底乡农户陈正亮利用扶贫到户贴息贷款30万元，建设了120亩草果基地，开挖了4亩鱼塘。他长期雇佣农村富余劳动力8人，每年临时用工20多人，均从本村招收。2007年草果产值32.6万元，促进农民工人均增收400元，极大地带动了周边农民脱贫。

二、小额信贷的基本做法

（一）农户小额信用贷款

农村信用社小额信贷业务的基本流程是：客户经理（或信贷员，下同）入户了解农户的资金需求情况→有资金需求农户向农村信用社申请办理贷款证→客户经理进行实地调查并填制农户基本情况调查表→资信评定小组对农户进行资信等级评定→农村信用社核定农户的信用额度→农村信用社核发小额农贷证→农户填写借款凭证（合同）→贷款发放→贷后管理→按期收回贷款本息。

农村信用社对于持证农户贷款，直接从填写贷款凭证开始，并全面推行上柜台办理，具体为：在营业室设立信贷专柜，指派一名内勤人员专门负责贷款咨询、预约考察、办理业务等环节，持证农户可随时在营业室办理贷款，办贷时间由原来的1天缩短为几分钟，可随用随贷、周转使用，既简化了贷款手续，又减少了农户利息支出，深受广大农户欢迎。

（二）农户联保贷款

以农户联保贷款开展较好的福贡县农村信用联社为例，由符合贷款管理办法规定的农户组成联保小组，一般5至10户为一组，每户贷款最低额度5000元，最高限额1万元。联保贷款发放坚持择优扶持、专款专用、控制风险、注重效益的原则，在发放过程中注重建立健全农户档案，并严格做好对每户农户的评级和授信工作，实行综合权衡、分户授信、多户联保、责任连带的方式，且允许联保户在确定的授信额度和一定期限内，多次提取、随借随用、循环使用、到期归还。

（三）小额扶贫到户贴息贷款

农村信用社发放小额扶贫到户贴息贷款时，首先按照扶贫办提供的贫困农户花名册逐一进行贷前审查，对经审查符合贷款条件的，发放小额扶贫贷款，然后将获贷农户登记造册交由乡（镇）人民政府，由乡（镇）人民政府负责贴息审批表的填报工作。具体的贴息方式为：农户在结清贷款利息后，持农村信用社计息凭证回单联到当地乡（镇）财政所兑现应得的贴息部分。这样能让农户在资金一出一进中感受到自己确确实实得到了实惠，从而提高使用小额贷款的积极性，也有利于督促农户按时还本付息，真正体现了“守信用”的价值所在。

三、小额信贷执行过程中存在的问题

（一）农村信用社方面

1. 信用村（镇）创建工作滞后。怒江州4县29个乡镇260个村民委员会中，仅有6个信用村，兰坪县和贡山县还尚未开展此项工作。主要原因是信用社创建信用村、评定信用户工作成本较高，工作量大，需要投入大量的人力、物力，如果得不到地方党政部门的支持，创建工作将很难在全县范围内有效推广。在泸水县和福贡县，创建工作进展也很缓慢，从2002年试点至今，每个县仅发展了三个信用村，在全县村寨总数中占比还不到10%。

2. 信贷人员少，管理手段落后。怒江州多数基层信用社只有三个人（连主任在内），人均负责上百户农户的贷款管理工作，再加上科技建设滞后，设备不全，没有专业的操作系统来协助贷后管理工作，纯手工操作也增加了很大的工作量。一到贷款催收季节，信用社只能留一个人在柜台办理业务，另两人上山收贷。如：泸水县上江乡信用社2名信贷员负责全乡6个村委会5000多户农户的贷款发放和管理工作。村寨之间相距较远，可以说每个村寨各占一个山头，信贷员催收一次贷款要跋山涉水，耗费很长时间。

（二）农户方面

1. 农户认识有偏差，信用意识淡薄。由于久居深山，信息闭塞，大部分农户对国家的金融政策不甚了解，认为信用社的钱就是国家的钱，不用白不用，往往贷款时积极还款时不积极。农村信用社收贷款时，农户故意以各种方式躲避债务，逃废债现象逐渐增加，还有个别农户贷款时就没打算还，一些农户存在观望心理，能拖则拖，能赖则赖，给信用社的贷款回收工作带来了很大的阻力，也直接导致了农村信用环境的恶化。

2. 农户对贷款的需求度不同。农村信用社小额贷款营销的重点是从事种植、养殖、加工业的农户。目前，在农村中经济条件相对较好，发展思想较明确，有较强的扩大再生产意愿的种养大户，已不满足于小规模的保守经营，对于几千元的小额贷款不感兴趣，不愿从信用社贷款。而大多数农户的贷款是用于日常生活开支，主要是看病、子女读书费用等，获贷后难以发挥资金的使用效益，导致无法按期归还贷款本息，也使信用社信贷员产生了“惧贷”心理。

（三）其他因素

1. 操作风险。有些联社至今仍未制订信用村（镇）创建方案，已制订方案的联社中，有的基层社没有把联社制定的评定信用村、信用户的管理办法落到实处，发放小额贷款未执行贷款证制度，逆操作规程办理小额贷款，致使发放出去的贷款存在较大的风险隐患。

2. 抵押担保风险。农民作为小额信用贷款的使用对象，一般都缺少有效的抵押担保。小额信贷能否收回很大程度上依赖于农户的生产经营状况及个人信用程度。由于小额信用贷款大多数用于种植业、养殖业及其他与自然条件密切相关的小规模生产经营，不可预测的自然灾害使得贷款回收存在较大风险。

3. 农户缺少生产项目和致富门路。怒江州是典型的边疆贫困山区，农业生产基础条件差，生产科技含量低。农民以手工劳动为主，劳动投入多，产出少，效率低。另外，大多数乡村交通落后，信息传播渠道不畅，农户缺乏致富信息，没有适合的生产项目，也没有专业人员的指导，信贷资金的使用效益很难发挥出来。

4. 小额信贷的高成本影响了小额信贷的可持续发展。首先，小额信用贷款单笔金额较小，涉及农村千家万户，在放贷-贷后监测-收贷的环节中，农村信用社要投放大量的人力物力，而贷款利率一直处于较低水平，不仅增加了经营成本，同时也给农信社信贷管理造成了巨大压力。另外，同其他产业相比，农业属于弱势产业，受自然环境影响较大，农民收入具有不稳定性，国家对"三农"的相关扶持政策尚未完全到位，风险保障机制不健全，农信社的金融债权得不到应有的保障。

四、怒江州小额信贷发展的政策建议

（一）整顿信用环境，加大信用村（镇）创建工作力度，构建良好的农村金融生态环境。一是农村信用社要积极争取地方政府的创建工作的支持，争取把创建工作列入地方党政议事日程，并把农村、农户的金融诚信程度作为文明村、文明户评选的内容之一，从政府推动的角度来为信用村（镇）创建工作创造有利的条件。二是农村信用社要坚持"穷可贷，富可贷，不讲信用不可贷"的贷款发放原则，并建立"不守信用"农户黑名单，对于不守法、不诚信的农户，实行联合抵制和制裁。三是政府有关部门要通过广泛深入的宣传、教育，以守信的典型事例激励人，以失信的案例警示人，增强全社会的诚信意识，信用观念，形成"诚信光荣、失信可耻"的浓厚氛围，切实提高整个农村的信用意识，努力构建诚信的金融生态环境。

（二）进一步完善小额信用贷款管理办法，加快电子化管理进程，促进小额农贷持续发展。农村信用社要建立和完善农户小额信用贷款配套制度，对农户小额信贷的授信额度、执行利率和期限管理不搞"一刀切"。并适当延长小额信用贷款期限，放宽小额信用贷款额度。确定合理的贷款利率。实行利率市场化，由农信社和客户双方自主协商定价，改变小额农贷微利或损失状况。进一步改进贷款方式，简化贷款手续，为农民送科技信息，帮助农民选项目，最终实现农民增收、信用社增利的"双赢"目的。另外，农村信用社要向省联社反映，争取政府、人行、银监部门的支持，开发一套集信贷管理、农户资信评定等为一体的农户信用信息系统，实现对农户信用和贷款的动态管理，为持续推广小额信用贷款提供信息支持。

（三）建立健全政府政策扶持措施。贫困地区农业广种薄收靠天吃饭的高风险决定了农村小额信贷风险大、受益低的特点，农业自身局限性是小额信贷需要政策扶持的首要原因。小额信贷点多、面广、零星分散的特点致使其管理成本过高。另外，我国农村小额信贷主要依靠政府推动的特征决定了一些地区业务量可能达不到盈亏平衡点。在这种情况下，政策支持就显得十分必要。而当前农村信用社除了在税收上享受比商业银行优惠的税率外，基本上没有其他的政策性扶持措施。建议政府应成立专门的小额信用贷款风险补偿基金用于补贴农信社一定比例的小额信用贷款风险损失。同时，建立政府贴息基金，通过采取财政贴息的形式，在一定程度上降低农信社的经营成本，也减轻农民的利息支出，逐步实现小额信用贷款利率市场化。

加大金融支持力度　打造经济发展新平台

——维西县兰花产业发展与金融支持调研

人民银行迪庆州中心支行　张潇文

地处“三江并流”世界自然遗产腹地的维西傈僳族自治县，东邻迪庆藏族自治州府驻地香格里拉县，东南连国际旅游城市丽江，南接兰坪，西与贡山、福贡交界，东北及北面与德钦衔接，自古以来就是通往印、缅、康藏的驿运孔道之一和古代滇西北“茶马互市”的汇集点。他地处低纬高原，属西藏——华西类康滇区的亚热带与温带季风高原山地气候，由于受地理环境影响，立体气候的特点尤为显著。境内群山绵亘、江河纵横、资源丰富，是有名的“药材之乡”、天然的“杜鹃花园”其中，最为靓丽的一棵奇葩就是集“三江”灵气于一身的维西兰花。

近10年，随着社会经济发展和道路、通讯的逐步改善，维西人对兰花经济价值的认识有了很大转变——过去视为草如今视为宝。今天的维西人家家养兰，户户栽花。在实地走访农户过程中，时常可以听人们提到“兰花房子”、“兰花车子”，这些年，一大批农民在兰花养殖和经营中获得了实惠，增加了收入，有了能力建房，购车。据统计，近年来，维西每年仅在兰花节期间的兰花交易额就达500多万元，占维西县GDP的0.5%，有的兰苑，仅一户的交易额就超过百万。维西农户，40%都受益于兰花的栽培和经营，有的销售收入占到家庭收入的60%左右，几乎构成了家庭收入的主要来源，年人均收入达到3400元。有了养兰的收入，使得他们的家庭净收支状况基本平衡，甚至略有盈余。由此可见，兰花种植、经营在改善维西农民经济状况，提高其生活水平方面起了不可忽视的作用，兰花产业，作为当前维西县四大支柱产业之一——生物产业的一个分支，拥有丰富的自然资源优势，可成为新农村经济发展的新亮点，兰花产业的发展对推动维西经济不断向前迈进具有重要意义。因此，加大金融支持兰花产业发展的力度，实现金融与经济协调发展，成为维西经济发展进程中值得研究和解决的重要课题。

一、维西县兰花产业的发展现状

（一）资源现状

维西是中国细叶莲瓣兰的原生地和主产地，是“兰花仙子”的摇篮，维西细叶莲瓣兰在兰艺界独树一帜，海内外兰花爱好者对维西兰花情有独钟。目前，维西县境内现已查明的兰花有150个原生种，80余个特色名兰和200多个新种。被载入“三江并流”世界自然遗产保护区、云南重点保护植物名录一级保护的云南素心兰属国兰中的佼佼者，其原生种源产地就是维西；主要高山花卉名录中的杓兰有5个优质原生种源，同样是维西独有。维西是滇兰，尤其是细叶莲瓣兰天然原生种源特产基地。自2000年以来，维西向省内外兰花博览会上送展兰花30多次，获得各类奖项近200枚次，其中获金奖达50枚次之多。在全省、全国兰花博览会上挂金夺银的许多莲瓣兰、豆瓣兰精品，如太白素、领带花（黄金海岸）、玉兔、丽江星蝶、倚天奇蝶、国色天香、炎黄子孙、奥运牡丹、大丽之华、金玉良缘、碧龙奇莲、心心相印、白雪公主、三江麒麟以及天雨流芳、三阳开泰、中国龙等原产地都出自维西，有的品种还通过内地远销到中国台湾、香港地区，以及日本、韩国等地，都充分展示了维西优势的国兰资源。

（二）生产现状

近年来，维西兰花栽培有很大发展，已经初步形成以农户为单位，自主栽培，自主经营的兰花经济链。自1998年起，受韩国、日本、“台湾”及广东等地兰商纷纷到滇西选购莲瓣兰等因素刺激，维西兰花市场也快速升温，兰价一涨再涨，小雪素从100元上涨至400元，莲瓣兰中的“财神献宝”从80元上涨至30000元。维西兰花从此进入自1989年——1993年高峰期后的第二次发展高峰，热炒热卖一直持续到2005年。从2005年起，维西兰市开始降温，至2008年调查之日，兰花市场价格一直呈下降调整趋势，兰花栽培营销趋于理智与稳定发展。

维西兰协成立于1983年，并始终致力于维西兰花产业的发展。兰协大力开展各类兰艺学术交流，宣传普及兰花知识，强化资源保护意识，积极加强与省内外兰协及兰友的交流与合作。2001年以来，维西兰协共举办兰艺学术交流座谈会30余次，利用科技三下乡及科普培训等形式开展兰花栽培与鉴赏培训班15期，编印和发放《维西兰花栽培与鉴赏》技术资料2000份，培训人数达5000多人次。在兰协的牵头下，维西养兰规模不断扩大，养兰队伍不断增多，养兰技术也不断提升。据初步调查估计，维西县现存兰花栽培数量达110万盆，约1000万株左右，县内兰花栽培经营农户有6580户，从业人数达7100人，占全县农户数的70％。投资100万元以上规模养植户约有35户，按当前市价年产值超过3亿元，部分兰花还走出国门，远销韩国、日本、新加坡及港澳台等国家和地区。同时，随着种植规模的扩大，还涌现出幽香兰苑、雪龙兰苑等具有一定规模和档次的兰园、兰苑30多个，一个资源价值上亿元的绿色生物产业已经基本形成。

维西县委和县政府对兰花产业发展也给予了很大支持，在财政资金困难的情况下，克服各种困难，拨出专项经费支持兰协举办一年一度的“香格里拉维西兰花节”。平均每年的兰花节上都会有4000盆兰花展出，观众达3000多人次。在前几年全国兰市兴旺时，维西兰花仅在兰展期间的交易额每年均在500万元以上，就算在今年这种全国兰市被兰界称为市场冰点的低迷时期，维西兰花市场仍然人财两旺。据不完全统计，自今年二月以来，已有50万株普通兰花被外地客商买走，许多高档兰花也因今年价格较低而交易活跃，全县兰花交易额接近500万元。

（三）存在的主要问题

1. 认识不足。维西拥有丰富的兰花资源，也具备良好的兰花生产条件，同时也面临全省花卉产业升级的发展机遇，但怎样利用现有基础、怎样把握良好机遇，怎样保护兰花种质资源，把资源优势转化为经济优势方面，尚未形成全面明确统一的认识。

2. 科技滞后。在调查中，被调查农户都认为花卉种植技术对兰花种植效益的提高非常重要，农户普遍反映，他们会通过书报网络或向亲戚朋友学习一些花卉种植技术，但他们所掌握的种植技术水平还是相对很低，就目前的生产方式，不但繁殖率低，而且生长缓慢，极难适应商品化生产要求。因此，科技进步，尤其是资源保护与快繁技术的突破和应用已经成为维西兰花产业发展首要解决的问题。

3. 产业化水平低。据调查显示，目前维西县兰花产业主要以农户小规模自主经营为主，兰花的种植80％主要依靠自己，有20％会请家人或亲戚种植，尚无雇工养植的情况。在被调查者中，有两位农户曾经从事过定单生产，但数量不多。兰花销售方面，90％的兰花都是农户自己在市场上销售，也有客商到农户家里选购以及被厂商收购的情况，但比率很小，约占10％。缺乏花卉种植销售龙头企业，花农合作经济组织，以及处于庭院式小生产和分户式分散营销的初级水平构成了当前维西兰花生产的突出问题。

4. 资金投入不足。当前，维西县投入兰花产业的资金规模小，资金来源渠道十分狭窄。据调查显示，种植兰花的资金70％主要来源于农户的自有资金，农户家里有多少钱就投资多少于兰花种植，约26％的农户会向亲朋好友借款来投资发展自己的兰花种植，向金融机构贷款投资兰花产业的为数不多。据兰协介绍，截止2008年3月末，农户向金融机构贷款用于兰花产业投资300万，仅占全县兰花产业总投资额的4％。因为花卉产业自身固有的风险性，农户担心难以取得花卉贷款，往往以其他理由申请贷款投资兰花种植，所以花卉产业贷款实际情况无法从金融机构全部得到反映。但即便如此，所反映出来的问题仍然是该县用于兰花产业的资金投入，不论从融资渠道上还是投资数额上都不足。

5. 管理体系不健全。多年来，维西县除了兰协外，并没有明确的花卉生产管理机构和科技服务机构，虽然县委、县政府大力支持维西兰花产业发展，但因县政府财政困难，没有充足的专项经费，从而不同程度的阻碍了兰花产业的发展。

二、金融支持维西县兰花产业的现状及制约因素分析

（一）金融支持现状

课题组对维西县的2家金融机构（农村信用社、农业银行）分别就金融支持兰花产业的情况进行了调查，相关金融支持情况具体见表2-1。

表2-1 信贷支持花卉产业结构调整调查表 单位：万元

类别＼余额＼机构	农村信用社	中国农业银行
各项贷款	9730	28047
农业贷款	7892	20289
其中：花卉产业贷款		
农户贷款	7892	7176
企业贷款	1021	19116

注：数据为各金融机构截至2008年3月末的各类贷款余额

从表2-1中可以看出，金融机构对“三农”经济重视度较高。农村信用社截至2008年3月末，各项贷款余额为9730万元，比年初增加771万元，增长8.61%。其中农业贷款（全部贷给农户）为7892万元，占各项贷款余额的81.11％，比年初增加430万元，增长5.76%。中国农业银行截至2008年3月末，各项贷款余额为28047万元，其中农业贷款为20289万元，占各项贷款的72.34 %，农户贷款为7176万元，占各项贷款的25.6 %。农业银行和农村信用社发放的农业、农户贷款主要用于种、养殖业，还有春耕、备耕所需要的农药、化肥、塑料薄膜等。表2-1显示，农业银行和农村信用社并没有对花卉产业发放过贷款。其实，贷款用于投资兰花的情况是有的，只不过申贷农户专款不专用，他们以建房、养殖为用途申请贷款，然后用来投资兰花，因此实际的花卉信贷信息就不能在金融机构信贷情况中得以反映。但即便如此，投资于兰花产业的贷款数额还是很小，据兰协统计，截至2008年3月末，投资于兰花产业的金融机构贷款大约为300万，仅占全县兰花种植投资的4%，与全县金融机构贷款规模相比，仅占各项贷款的0.76%，仅占农业贷款的1.06%。不管从投资占比还是信贷占比来看，目前维西县兰花产业的信贷融资还处于较低水平，金融机构支持兰花产业发展力度明显薄弱。

（二）制约因素分析

1. 贷款期限与兰花产业发展的生产周期不一致。目前，金融机构贷款期限大多在1年以内，而要培育出一株性状稳定并且有经济价值的兰花，从种植培育到产生经济效益一般需要1-3年以上，而且由于花卉产业的特殊性，产出存在很大的不确定性，今年的投资明年不一定能全部实现收益，所以，由于贷款期限短，花农很难在贷款期限内实现收益并还本付息，作为承贷主体的金融机构风险加大，贷款清收难度加大。由于金融机构在经营上强调风险管理，因此，在一定程度上就抑制了金融机构对兰花信贷的有效投入，制约了金融机构对兰花产业的金融支持。

2. 社会信用体系不健全，制约了金融机构对兰花产业发展的有效支持。课题组在对农户和金融机构进行调查的过程中，发现了一个共同的问题，在申请和办理贷款的过程中，农户和金融机构都认为抵押、担保落实难。农户普遍反映，银行贷款门槛高、要求苛刻、贷款审批时间长、手续烦琐，并过分地强调抵押和担保。银行也反映，农户担保、抵押不实，很难准确把握其信用度和还款能力。目前，迪庆州境内没有一家信用评级机构，没有针对农户贷款的担保机构，双方由于信息不对称，信用评级难，抵押、担保难落实，而兰花产业也是一个未来收益不完全确定、风险相对较高的产业，金融机构出于自身利益考虑，因此往往不愿意向其提供融资服务，从而很大程度上制约了金融机构对兰花产业的信贷支持。

此外，社会信用环境差，贷款违约率高。从调查中了解到，截至2008年3月末，农村信用社各项不良贷款余额为992万元，农业不良贷款余额为801万元，全部为农户不良贷款，占各项不良贷款余额的80.75%；农业银行的各项不良贷款余额为12454万元，农业不良贷款为9583万元，占各项不良贷款余额的76.95%，农户不良贷款为1645万元，占农业不良贷款的17.17%，占各项不良贷款余额的13.2%（见表2-2）。由于对市场经济条件下资金使用的有偿性缺乏深刻的认识，资金筹措行为普遍短期化，只管借不管还的思想在一些个人中还广泛存在，社会信用意识淡薄，借款人逃避银行的资金监管、赖账不还的失信行为不可避免地存在。信用环境不良必然给当地的金融信贷带来了较高的运行成本和坏账损失风险，金融部门自然不会轻易发放贷款，这也就成为制约花卉信贷支持的瓶颈之一。

表2-2　金融机构不良贷款结构情况表　单位：万元

类别 ＼ 余额占比 ＼ 机构	不良贷款	
	农村信用社	农业银行
各项贷款	992	12454
农业贷款	801	9583
花卉产业贷款		
农户贷款	801	1645
企业贷款	191	9041

注：表中数据为各金融机构截至2008年3月末的各类不良贷款余额

3. 农业保险缺位，加剧了金融供给紧张状况。农业保险是指专为农业生产者在从事种植业和养殖业生产过程中，对遭受自然灾害和意外事故所造成的经济损失提供保障的一种保险。农业保险是稳定农业生产、保障经营者利益的有力手段，它提高了农业经营者的收益保障程度，有利于改善农业和经营主体的经济地位，便于其获得贷款，引导农业金融资本的流入，促进农业生产扩大规模、提高集约化生产水平和降低资金融通成本。目前，迪庆州境内的保险公司都没有开展农业保险业务。由于农业保险的缺位，在一定程度提高了金融机构对农业风险程度的评估，加剧了农村信贷供给紧张状况。农业保险市场的滞后发展，导致风险分散机制的缺失，使农业信贷风险几乎都由银行来承担，造成收益和风险的不匹配，因此抑制了金融机构对农业，具体到对兰花产业信贷的积极性。

4. 农村信用社发放的小额信用贷款的作用没能得到充分发挥。农户小额信用贷款是指信用社基于农户的信誉，在核定的额度和基础内向农户发放的不需抵押、担保的期限在一年期以内的贷款。这样的信贷政策能给那些难以提供抵押、担保的困难农户以极大的融资便利。但是，由于政策宣传普及力度不够，大多数农户都未曾申请得到过小额信贷，表现在，被调查的10户农户中，只有一户得到过小额信贷，其余9户都未曾得到过小额信贷，因为他们反映根本不知道有这项优惠政策。而调查中，获得过小额信贷的农户反映，小额信贷期限过短，金额偏小（维西县在3000元及以下），而对于兰花产业，若要培育经济价值高的品种，资金投入量是很大的，一般的小额信贷很难满足资金需求。因此，这在一定程度上影响了金融对兰花产业的支持。

三、维西县兰花产业发展的路径选择

（一）政府方面

政府作为地方发展的"主心骨"，在兰花产业中，也应实施一定的扶持政策。首先，政府应牵头，突出生态、绿色理念，保护环境和野生兰花种质资源不受破坏，制止过度采挖兰花生草的行为，并加强市场的监管，禁止生草大量转出。第二，政府应鼓励科技部门举办花卉专业人员技术培训，直接指导农户生产，为花农提供各种技术服务。同时利用国际互联网开办公益性的技术咨询服务，引进、消化、吸收国际先进技术，尽快提高总体生产水平。第三，政府应加强指导经济、服务经济的职能，督促引导农牧、农林、工商等有关部门职能的协调，不断加强协调服务，制定兰花生产优惠政策，建立专项扶持基金，成立相应的花卉管理机构，并加强对兰花协会的监督和管理，使兰花协会积极发挥"桥梁"纽带作用，及时为花农提供花卉供求及市场价格波动信息，促进政府、花农间的交流与协作，共同促进花卉业的快速发展。第四，财政部门在年度预算中要设立专项资金投入花卉生产，扶持和培植一批有经济实力，花卉栽培、营销经验，可在兰花生产方面起带头作用的龙头企业。由龙头企业带领农户实施兰花的科学种植经营，切实提高兰花产业化水平，同时要维护好生态环境，保护好兰花资源，并在竞争激烈的花卉市场中树立自己的品牌。第五，提高财政资源整合效率，对兰花产业发展提供适当的财政支持，通过建立担保基金的方式，以有限的财政资源吸纳更多的资金投入，调动金融机构对兰花产业支持的积极性。第六，在优化金融生态环境方面，政府应全力支持金融部门维护金融债权，加大对欠、赖、逃债行为的打击力度。

（二）金融支持方面

目前维西兰花产业发展中的资金问题比较突出。如果有了充足的资金，就能充分发挥维西兰花的资源优势，提升兰花产业化水平，解决农户小规模生产与社会化大市场之间的矛盾，促进兰花科学种植技术推广应用，提高兰花种植效率，增加农民收入，加快维西县新农村建设进程。可见，加大兰花产业的金融支持力度，在一定程度上可以缓解现阶段维西兰花产业发展中存在的问题和矛盾，不论对兰花产业发展，还是维西经济发展，都有重要的意义，因此，应结合维西实际，适度加大对兰花产业的金融支持力度。

1. 加大金融创新力度，提供优质金融服务

创新是金融业发展的动力，也是金融业改革与发展的主旋律。加强金融创新，一是提高市场研发能力，加快产品创新步伐。各金融部门应结合维西实际增强产品业务功能，明确信贷支持方向，根据兰花产业资金需求的独特性和差异性，灵活设计制定金融信贷产品的期限和金额，在兰花生产旺季的时候，在金融机构风险控制的前提下，适当增加信贷资金发放，以有效地满足兰花产业的资金需求。二是提升服务能力。金融部门应加强服务设备和服务科技含量等硬件设施建设，加快电子化和网络化建设的步伐，提高业务处理能力和运作效率，在信息咨询方面为兰花产业提供全方位的金融咨询服务。

2. 改善金融生态环境，拓宽营销渠道，加大对兰花产业化发展的信贷投放力度

一是建立完善的风险预警系统。通过多种渠道更多地收集包括个人品行，信用记录，对外担保等信息的一手资料，准确把握农户的经营、经济状况的真实性。二是改变目前单一强调抵押贷款的做法，逐步建立银行、农户双方相互接受和认可的多元化风险保证体系。三是建立信用担保机构，完善信用担保体系。这样可以排除个人向金融机构融资时担保品、抵押品不足的障碍，可以弥补个人信用的不足，分散金融机构的信贷投放风险，促进融资交易的发生，实现金融机构对兰花产业的金融支持。四是加大对信贷人员市场营销、预测等现代金融及花卉知识的培训力度，切实提高信贷人员的综合素质，为正确评估信贷资金风险奠定基础。五是加大对失信者的信贷制裁力度。六是提高金融信贷宣传力度。大力宣传各种金融信贷知识，提高人们对金融信贷的认识，解决人们对金融信贷的认识的疑点、盲点。

3. 充分发挥农业保险在支持农业发展方面的重要作用

现在，国外很多国家为了支持农业发展，大都有健全的农业保险制度，并且由于农业保险风险过大，成本较高，在农业保险的发展过程中，都有政府的支持和推动，而且，大多都制定农业保险法，确定其基本法律依据。就目前来看，我国农业保险发展缓慢，保险公司大多不愿接受农业保险，尚无一套完整的法律予以扶持。因此，应加快建立健全农业保险制度，加强农业保险立法，大力鼓励现有商业性保险公司进入农业保险市场，政府给予一定的支持。通过农业保险制度，切实保障促进种兰农户稳定增收，确保农村、农业的利益。

4. 进一步完善农户小额信贷管理办法，扩大贷款额度和期限

农村信用社要壮大资金实力，根据兰花产业的实际情况，合理确定农民的贷款期限，适当增加贷款额度，坚持以“市场为导向、以效益为中心”，适度加大对兰花产业发展的金融支持力度。

5. 央行要充分发挥“窗口”指导作用

一是要积极协调各行社对逃废债务的企业或个人实施制裁，使逃债者无款可贷，无处贷款，切实为银行的信贷行为提供一个优良的信用环境。二是要鼓励信用社适当加大农户小额信用贷款的投放力度，切实解决农户种植兰花资金不足的问题。三是要引导金融机构转变信贷营销观念，在有效规避风险的前提下，满足种兰户在兰花生产旺季时对流动资金的需求。四、结束总之，金融是经济的命脉，兰花产业的发展，需要一定的资金支持。因此，兰花产业经营发展还必须发挥金融的重要作用，努力营造良好的融资环境，吸引更多资金的参与和支持。只有为兰花产业提供金融支持，推动一批兰花龙头企业、合作经济组织形成，由龙头企业、合作经济组织带动农户发展兰花产业，才能把维西兰花的资源比较优势真正转化为竞争力，从而实现维西城乡经济发展和金融成长“双赢”。

迪庆有色金属产业发展现状及金融支持情况调查报告

人民银行迪庆州中心支行调研组

迪庆州位于青藏高原南延部分的横段山脉腹地，世界自然遗产“三江并流”风景区的核心区。在这块古老而又神奇的土地上，高山大川与古高原携手并肩，形成了“三山挟两江”的雄奇地貌：梅里雪山山脉、云岭雪山山脉、中甸雪山山脉横亘天际，澜沧江、金沙江自北而南贯穿全境。特殊的地理条件形成了迪庆无与伦比的自然景观，同时也使幅员辽阔的迪庆高原成为一块资源富集的宝地，蕴藏着极为丰富的矿产资源，是有名的“三江成矿带”腹心地带。特别是铜、钨等有色金属储量可观。探明铜金属储量达500多万吨，具有相当高的开发价值。

近年来，迪庆州政府以优势资源为依托，以国内外市场为导向，以国家产业政策调整为依据，不断完善发展思路，加快产业建设步伐。《迪庆藏族自治州全面建设小康社会规划纲要》进一步明确了“生态立州、文化兴州、产业强州、和谐安州”的发展思路，提出要进一步加强旅游、生物、水电、矿产四大支柱产业建设。经过政府各项政策方面的大力扶持和培育，金融部门对支柱龙头产业的有效支持，迪庆的四大支柱产业已初具规模，产业建设已初见成效。以有色金属为主的矿产作为四大支柱产业之一，在“十五”期间有了长足发展，正逐步成为支撑迪庆经济社会发展的重要力量。

一、迪庆有色金属产业发展现状

（一）有色金属资源现状

迪庆位于滇藏版块和华南板块的结合部，地质活动强烈，岩浆活动频繁，地质构造环境对成矿极为有利，是全国十大矿产资源富集区之一，到目前共计发现铜、钨、钼、铅锌、锑、金、银、铁、锡等三十多种矿，其中探明和发现有色金属十几种；共计发现矿床矿点300多处，其中羊拉铜矿、普郎铜矿、红山铜矿、拖顶铜矿、雪鸡坪铜矿、安乐铅锌矿等达到大中型矿床的规模。全州已发现铜矿床和矿点42处，探明的铜金属储量达500多万吨。从成矿远景看，根据地质调查和普查，全州铜矿资源远景储量可以达到1000万金属吨以上，有望成为全国最大的铜资源基地。铜矿资源主要分布在格咱普朗、红山矿区及羊拉铜矿及其外围。钨钼矿点发观5处，探明储量92277吨，居全省第一，主要分布在桥头麻花坪矿区。铅锌矿床点发现29处，探明铅锌金属储量130多万吨，主要分布在里仁卡、康普、安乐等矿区。

迪庆州的矿产资源与全国其他地区相比，具有富集程度高，分布集中，品位高，规模大，矿种配套性好，资源潜力大的特点，从而使迪庆从整体上成为具有世界级成矿规模的地区。据专家测算，全州探明的矿产储量，潜在价值高达2400亿元，21世纪迪庆有望成为中国西部有色金属及贵金属基地。丰富的矿产资源为实现州委州政府提出的走“矿电结合”产业路子，把矿业培育成支柱产业，把迪庆建成中国最大的铜业基地的目标提供了良好的资源保障。

（二）有色金属产业发展现状

迪庆州的矿产资源开发起步晚，上世纪90年代才得以发展。钨、钼、铜、铅锌等建立了部分采选厂，以出售原矿及选后的精矿为主。截止2000年，全州有各类矿山59个，都为小型矿山。主要矿产品及产量：铜916金属吨、铅锌1903金属吨，精钨650吨。矿业从业人员有3280人，产值7560万元，占全工业产值（28022万元）的27%，是工业中继水电业之后的重要产业。

“十五”期间迪庆州的矿业开发，尤其是有色金属产业有了长足的发展。到2003年，全州共有各类金属非金属矿山企业71家。开发利用铜、钨、锌、铅、钼，锑等有色金属矿产，铜目前年采选能力可达25万吨，铅锌年采选能力可达30万吨，钨年产量达250吨钨精矿，桥头钨矿厂、格咱神川公司、安乐铅锌矿厂等一批企业实现了规模生产和矿产资源的综合利用，年均产值在1000万元以上。

2003年6月，省政府在迪庆州召开现场办公会，把矿业作为迪庆州继旅游、电力、生物后的又一支柱产业来发展，积极引进具有雄厚资金、技术力量强的企业集团开发迪庆矿业。

2007年年底，由云铜集团投资的云南迪庆羊拉铜矿2万吨铜精矿正式投产，奠基开工了3万吨的选厂，成为我州最大的铜矿采选基地。迪庆羊拉、普朗铜矿是我省迄今为止发现的最大矿区。到“十一五”期末，云铜集团将多渠道投入17亿元资金，完成对羊拉铜矿进行的两期建设。从而形成年产5万吨精铜、500公斤黄金、50吨白银的生产规模，工业产值近30亿元，利税5亿元的企业。

迪庆州依托丰富的铜矿资源，以市场为导向，重点开发红山、羊拉、普朗铜矿，着力把迪庆尽快建成滇西北最大的铜业基地。到2007年末，全州仅铜矿业产值就达4亿元人民币，增值税达4000万元，同比增长50%。预计铜精矿产量2010年达到8万吨，2020年达到16万吨。

随着交通、水电等基础设施的不断发展，加快发展矿业产业的条件日趋成熟，矿产业的支撑作用明显增强。2007年，矿产业实现总产值5.7亿元，其中有色金属铅锌行业实现利润上亿元，占规模以上工业企业利润总额的70%左右。矿产业带动相关产业收入0.6亿元，从业人员超过5000人。矿产业已成为国民经济的重要经济增长点。

迪庆矿产行业在发展的同时，坚持州委州政府提出的“在保护中开发、在开发中保护”总方针及国家有关产业政策，力求做到生态规划、生态设计、生态施工、生态运行。为了保护生态环境，结合迪庆所处的区位特点，迪庆的铜矿资源进行特殊的模式——委托加工，分散采，定点选，集中炼。即在迪庆开矿，选矿就近，但冶炼不放在迪庆。云铜集团在迪庆建了采选厂，羊拉铜矿采选过的铜矿拉到云南铜业位于昆明的冶炼厂进行冶炼。但是，云南铜业对冶炼后的电解铜无权销售，只收取冶炼加工费。迪庆矿业与云南铜业签订了一个委托加工的协议，销售电解铜的收入算入迪庆州的税收。既解决了云南铜业重复投资的问题，又解决了迪庆州的财税问题，同时减少了对生态环境的破坏。

（三）迪庆有色金属产业发展中存在的问题

多年来，迪庆在发展有色金属产业方面做了不少努力，取得了较好成绩。但在有色金属矿产资源开发利用中存在很多问题：

一是地质矿产勘查工作滞后于经济和社会发展的需要。由于地质勘察投入不足，矿产资源“家底”不清，我州地质矿产勘查程度低于全国平均水平。如在开采的主要矿山中，目前只有羊拉铜矿、普朗铜矿等达到一定的勘探程度，其余大部分矿山企业仍处于普查和预查阶段。

二是矿产资源开发利用方式粗放，设备简陋，工艺落后，技术力量不足。规模矿山过少，矿产资源开发集约化程度低。除去几个龙头企业外，目前绝大多数矿山企业规模小，技术装备和生产工艺落后，经营粗放。开发布局不够合理，大矿小开、采富弃贫、重复建设等问题较突出。

三是矿产资源综合利用水平和深加工能力低。由于缺乏完备的政策法规保障，评价体系不健全，科技投入不足等原因，大部分矿山资源综合开发利用、尾矿综合利用、矿物原料的深加工和资源的二次利用较差。基本上处于销售矿物原料和初加工的矿业经济初级阶段，未形成规模产业和产业链。

四是经济增长和矿山生态环境之间的矛盾问题突出。迪庆矿区自身生态环境脆弱，在矿业开发中“三废”乱堆乱放严重，诱发的滑坡、塌陷、泥石流时有发生。生态环境恢复治理率低，土地复垦率低，矿山植被、土地、水环境恶化等问题较为突出。

五是探矿权管理工作有待进一步加强。部分探矿存在“跑马圈地”争夺探矿权，利用手中的探矿权滥采乱挖，将探矿权进行倒卖，从中谋取不正当利益等行为。

六是经济欠发达，交通不便，矿业投入相对不足。迪庆属滇西北边远高寒山区，交通运输运距过长、运力有限，极为不便，如矿山只有简易公路运输，无其他运输条件，电力建设滞后等问题，已严重制约了矿业的发展。

二、金融支持迪庆有色金属行业发展情况

（一）金融支持有色金属产业现状

为实现产业强州的目标，迪庆州委州政府加大了对有色金属矿产业的培育建设力度，在政策、资金等方面给予大力支持。加强电力、交通、通讯等基础设施建设资金投入，为矿业开发创造有利条件。

2007年，水电、市政、旅游、矿业等重点领域完成固定资产投资43.66亿元，占全社会固定资产投资的83%。其中，水电开发完成投资13.48亿元，矿业开发完成投资12.31亿元。

2008年1-9月，对全州矿产等重点领域建设项目投资持续增长。全州电力燃气及水的生产供应业、采矿业、农林牧渔业、个人贷款、制造业、交通运输仓储和邮政业6个行业合计新增贷款61289万元，占全部各项新增贷款的85.26%。其中，采矿业新增贷款16955万元，占全部新增贷款的23.59%。

表一　2008年1-9月主要行业人民币贷款投向表　单位：万元

	报告期余额	累计新增
1. 农、林、牧、渔业	92663.0	11980.0
2. 电力、燃气及水的生产和供应业	155513.0	20049.0
3. 交通运输、仓储和邮政业	8947.0	291.0
4. 水利、环境和公共设施管理业	6577.0	0.0
5. 个人贷款	93068.0	9041.0
6. 制造业	13769.0	2973.0
7. 采矿业	44003.0	16955.0
合　计	414540.0	61289.0

通过调查，迪庆辖内获得金融机构信贷支持的矿山企

业最多时有15家。截止2008年9月末，获得信贷支持的有色金属矿山企业为12家，信贷余额33578万元。获得信贷支持的冶炼加工企业有4家，信贷余额135万元。

（二）存在的主要问题

随着国家“西部大开发”战略的不断推进，云南省委、省政府及各金融机构对迪庆州的支持力度不断加大，云南铜业有限公司等大公司的积极介入，使迪庆的有色金属矿产业的投资环境不断优化，矿山企业初具规模，矿产业对带动迪庆经济发展起到了很大的作用，但是还存在一些问题：一是有色金属矿产业勘查开发资金投入不足，矿业勘查程度不能满足矿业发展的需求。二是投融资渠道单一，有待拓宽。三是矿产企业的资金需求与金融机构的信贷支持不足相矛盾。

三、政策建议

保护资源的目的不是不用资源，而是要科学、合理地利用资源，以最小的资源代价创造出更大的效益，要充分关注并正确认识保护资源与保障发展的关系。树立起科学发展观就是要求“转变经济发展方式”，推进经济结构的战略调整，推动产业结构优化升级，提高资源利用效率和效益，保障我州经济社会又好又快发展，实现迪庆跨越发展和长治久的奋斗目标。

（一）迪庆有色金属行业可持续发展有效途径

1. 加快地质勘察步伐，弄清资源家底，为矿业支柱产业的发展提供资源保障。

矿山建设地质工作先行。要积极争取国家公益性、基础性和战略性地质找矿项目，同时鼓励商业性、风险性地质勘察。

2. 实施“科技兴矿”战略，提高矿产资源利用率。

用科技改造矿业，优先引进先进技术和设备。通过科技进步提高矿业勘查与开发的整体水平。开展对矿业资源开发利用中重点、难点问题的科技攻关，运用采、选、冶和环保、节能降耗、降低污染和资源综合利用的新技术、新工艺，提高矿石的采、选综合回收率，实现有色金属等矿的深加工，延伸产业链，带动相关产业发展。

3. 加强科技人才培养，建立以资本和利益分配为纽带的产、学、研结合的矿业科研体系，提高矿业开发及环境保护的科技水平。使矿产资源勘查、开发走上健康、有序的发展之路。

4. 加快资源开发整合步伐，集中解决矿山开发布局不合理，实现资源开发规模化、集约化，走新型工业化道路。

5. 充分利用水能资源优势，加快推进“矿电结合”的产业路子，扩大矿电结合产业规模，建立利益共同体。

6. 加强监管力度，增强现行法规的操作性，防止管理流于形式。使矿产资源有序、合理开发利用。

7. 科学发展，合理开发，使矿产资源开发利用的经济效应与社会效应、生态效应相结合，走可持续发展之路。

（二）金融支持迪庆有色金属行业发展的对策建议

1. 加强对矿山企业的信贷支持力度。

有色金属产业是未来全球性经济加快发展的基础，也是金融机构有效的贷款增长点。因此，金融机构要深入挖掘有色金属经济，集中资金支持一批有色金属经济和支柱产业。继续大力支持具有地方有色金属的主导产业及其龙头企业。选择一批产权明晰、符合当地产业结构调整要求，并有利于发展有色金属经济的中小及民营企业作为信贷支持的重点，扶持其发展为龙头企业。对产权清晰、管理规范、市场前景好、守信用的改制企业，要引导金融机构解放思想，强化发展意识，积极给予信贷支持。重点支持机制灵活、管理规范、政策到位、发展前景良好的有色金属园区等工业经济园区建设。

2. 进一步完善中小矿产企业的抵押担保机制，解决其担保难的问题。金融机构根据企业产权制度、业务性质和资产特点，采取灵活的抵押担保措施。同时，金融机构要重视对企业的信用分析。

3. 拓宽投、融资渠道，改革和健全矿产资源勘查、开发投资机制。鼓励国内外、省内外高新技术产业或集团进行融资性勘查和开发。鼓励矿山企业通过发行股票、债券等融资渠道从事商业性勘查。

总之，要按照科学发展观的要求，坚持以空间换时间，以资源换产业，以存量换增量的发展理念，及以金融信贷支持作为有力的保障，加强矿产开发与管理，提高矿产资源的综合开采水平和资源利用率，加快发展迪庆有色金属产业。

第 四 部 分

机构、人员情况篇

金融管理机构

人民银行昆明中心支行机构人员情况

截至2008年12月31日，中国人民银行昆明中心支行辖内共有机构13个，其中省会城市中心支行1个，县级支行12个；职工总数765人，其中，中心支行职工482人，占全行职工总数的63%，12个县支行职工283人，占全行职工总数的37%。

班子配备情况：中心支行机关领导班子按编制应配备党委书记兼行长1名，副行长5名、纪委书记1名、工会主任1名。目前领导班子实际配备情况为，党委书记兼行长1名、副行长4名、纪委书记1名、工会主任1名，领导班子平均年龄49岁，学历均为本科以上。

机关处室处级干部及县支行班子配备情况：机关内设机构按编制为28个，编制处级领导干部72名。机关目前现有正、副处长50名、处级非领导干部28名。12个县支行按编制设党组书记兼行长12名，副行长12名，纪检组长12名，目前现有行长9名、主持工作副行长3名，副行长12名，纪检组长11名。

职工年龄结构：年龄56～60岁的37人，占职工总数的4.83%；46～55岁的187人，占职工总数的24.4%；36～45岁的384人，占职工总数的50.2%，35岁以下的157人，占职工总数的20.5%。全行职工平均年龄41.8岁，其中，中心支行机关平均年龄42.5岁，县支行职工平均年龄40.6岁。

职工学历结构：硕士及以上学历68人，占职工总数的8.9%；本科学历413人，占职工总数的54.0%；专科学历225人，占职工总数的29.4%；中专及以下学历的59人，占职工总数的7.6%。

职工专业技术职务结构：高级专业技术职务人员24人，占职工总数的3.1%；中级专业技术职务人员399人，占职工总数的52.2%；初级专业技术职务人员227人，占职工总数的29.7%。

全辖岗位分布情况：综合管理类179人，占职工总数23.4%；调查研究类81人，占职工总数10.6%；外汇管理类38人，占5.0%；金融服务类394人，占51.8%；党群工作类23人，占3%；后勤服务类50人，占6.5%。

中心支行负责人名录

行领导

杨小平　行长
段会全　副行长
李升高　副行长
于　华　副行长
刘　莹　副行长
陆　豪　纪委书记
王建东　工会主任

处室负责人

田灿钧　办公室主任
王春艳　办公室副主任
王春桥　货币信贷处处长
字　军　货币信贷处副处长
李宇专　金融稳定处处长
邹兰仙　金融稳定处副处长
李　晟　金融稳定处副处长、团委书记
张　宇　调查统计处处长
李晋彪　调查统计处副处长
赵聪聪　会计财务处处长
徐　滔　会计财务处副处长
彭　明　支付结算处处长
洪丕莉　支付结算处副处长
穆海涛　科技处处长
肖建刚　科技处副处长
王粟斋　货币金银处处长
李绍明　货币金银处副处长
许卫东　钞票处理中心副主任（主持）
关治安　钞票处理中心副主任

陈文彩 国库处处长
张晓云 国库处副处长
保光友 内审处处长
李 银 内审处副处长
葛明炊 人事处处长
淦 江 人事处副处长
雷一忠 金融研究处处长
李亚玲 征信管理处处长
吕 品 征信管理处副处长
陈 青 国际收支处处长
武耀昆 国际收支处副处长
文 坚 经常项目处处长
杨长明 资本项目处处长
刘 虹 资本项目处副处长
王敏华 事后监督中心主任
董丽华 事后监督中心副主任
吴明辉 反洗钱处处长
苏俊宏 反洗钱处副处长
张跃雄 保卫处副处长（主持）
郝 杰 保卫处副处长
汤振华 离退休干部处副处长（主持）
胡忠诚 纪委副书记、纪检监察室主任
李伟明 工会办公室主任
罗萍萍 机关工会办公室主席
高 烽 宣传群工部部长
申开富 后勤服务中心主任
王治宪 后勤服务中心副主任

直属单位

杜云春 营业部主任
艾 琳 营业部副主任
邱云武 清算中心主任
龙锐琼 清算中心副主任

县（市）、区支行

罗玉荣 官渡区支行副行长（主持）
李彦宏 官渡区支行副行长
肖 蔚 官渡区支行党组成员
马 驷 西山区支行行长
杨金欧 西山区支行副行长
胡海文 西山区支行纪检组长
娄忠东 安宁市支行行长
张 京 安宁市支行副行长
陈光云 安宁市支行纪检组长
杨云光 晋宁县支行行长
费 翔 晋宁县支行副行长
蔡敢林 晋宁县支行纪检组长
汤又新 嵩明县支行行长
张 琦 嵩明县支行副行长
袁志春 嵩明县支行纪检组长
付正明 寻甸县支行行长
李 凯 寻甸县支行副行长
王 瑞 寻甸县支行纪检组长
虞金安 东川支行行长
赵 霆 东川支行副行长
卢汉东 东川支行纪检组长
杨 杰 呈贡县支行行长
李红伟 呈贡县支行副行长
刘 红 呈贡县支行纪检组长
金卫民 宜良县支行行长
李 彬 宜良县支行副行长
刘文仙 宜良县支行纪检组长
张舒平 石林县支行行长
管水仙 石林县支行副行长
杨宏铭 石林县支行纪检组长
李双明 富民县支行副行长（主持）
王光武 富民县支行副行长
陈述文 富民县支行纪检组长
张明贤 禄劝县支行副行长（主持）
袁 冬 禄劝县支行副行长
刘德伟 禄劝县支行纪检组长

中国银行业监督管理委员会
云南监管局机构、负责人名录

中国银行业监督管理委员会

云南监管局

局　长：李保上

电　话：（0871）3610499

巡视员：彭志强

电　话：3637420

副局长：李　超

电　话：3636635

副局长：马　驰

电　话：3622966

副局长：郭　雁

电　话：3611089

纪委书记：黄朝杰

电　话：3116738

副局长：李　波

电　话：3638227

副巡视员：王焰红

电　话：3101279

邮　编：650021

地　址：昆明市正义路69号

办公室

主　任：杨　民

电　话：3618964

副主任：赵　明

电　话：3603297

副主任：梁　辉

电　话：3638662

副主任：袁　震

电　话：3644081

副主任：宴祥辉

电　话：3626037

政策法规处

处　长：邱丽梅

电　话：3637615

副处长：山绍芳

电　话：3212110

副处长：吴纯勇

电　话：3212471

国有银行监管一处

处　长：苗泽林

电　话：3611771

副处长：汤兴莲

电　话：3212696

副处长：段敏玲

电　话：3212612

副处长：吴丽玮

电　话：3212613

国有银行监管二处

处　长：高丽娟

电　话：3610418

副处长：于志国

电　话：3212521

股份制银行监管处

处　长：高午春

电　话：3635206

副处长：杨存光

电　话：3212521

副处长：杨海静

电　话：3212109

城市商业银行监管处

处　长：孔祥丹

电　话：3130432

副处长：陈志新

电　话：3130425

政策性银行外资银行邮政储蓄监管处

处　长：陈　霞

电　话：3100862

副处长：马　毅

电　话：3100882

非银行金融机构监管处

处　长：窦俊祥

电　话：3615809

副处长：周建云

电　话：3212112

合作金融机构监管处

处　长：张庆琦

电　话：3116035

副处长：朱应涛

电　话：3183307

副处长（正处）：黄正晖

电　话：3178821

统计信息处

处　长：黄万灵

电　话：3631519

副处长：戴　林

电　话：3212681

财务会计处

处　长：朱和平

电　话：3633153

副处长：林　红

电　话：3615389

党委组织部（人事处）

处　长：刘加甫

电　话：3645460

副处长：徐南渊

电　话：3212282

监察室（纪委办公室）

主　任：沈　湛

电　话：3176193

副主任（正处）：赵远华

电　话：3176256

机关党委办公室（党委宣传部）

主　任：韩常裕

电　话：3116039

宣传部长：程世豪

电　话：3179809

后勤服务中心

主　任：王应坚

电　话：3618890

副主任：王　兵

电　话：3212298

昆明管理处

处 长：候兴德

电　话：3171987

副处长：孙燕飞

电　话：3120377

官渡办事处

主　任：崔志松

电　话：7173748

西山办事处

主　任：陈雄杰

电　话：8107323

安宁办事处

主　任：陆澄宇

电 话：8697069

呈贡办事处

副主任：刘　焱

电　话：7473284

晋宁办事处

主　任：钟　群

电　话：7807724

宜良办事处

副主任：杨林超

电　话：7524184

石林办事处

主　任：刘　俊

电话：7793429

寻甸办事处

副主任：刘树芬

电　话：2657967

嵩明办事处

主　任：孙燕飞

电　话：7921759

东川办事处

主　任：江玉美

电　话：2121714

富民办事处

主　任：王磊森

电　话：8812900

禄劝办事处

主　任：孙燕玲

电　话：8918138

中国银行业监督管理委员会昭通监管分局

局　长：李永兴
电　话：（0870）2832901
副局长：李元鹏
电　话：（0870）2832911
副局长：唐芳玲
电　话：（0870）2832929

中国银行业监督管理委员会曲靖监管分局

局　长：杨汝荣
电　话：（0874）3337786
副局长：王定堪
电　话：（0874）3313776
副局长：颜乔安
电　话：（0874）3315389

中国银行业监督管理委员会楚雄监管分局

局　长：王建安
电　话：（0878）3110588
副局长：张　宏
电　话：（0878）3110088
副局长：段有明
电　话：（0878）3117399

中国银行业监督管理委员会玉溪监管分局

局　长：穆云川
电　话：（0877）2026885
副局长：杨　杰
电　话：（0875）2026176
副局长：包宏立
电　话：（0875）2026031

中国银行业监督管理委员会红河监管分局

局　长：韩荣锋
电　话：（0873）3736655
副局长：梁　艳
电　话：（0873）3726122
副局长：夏长宏
电　话：（0873）3734444

中国银行业监督管理委员会文山监管分局

局　长：胡文伟
电　话：（0876）2189102
副局长：李波平
电　话：（0876）2182590
副局长：李红旗
电　话：（0876）2192595

中国银行业监督管理委员会思茅监管分局

局　长：龚毅敏
电　话：（0879）8888201
副局长：冯新宏
电　话：（0879）8888203
副局长：车豫晖
电　话：（0879）8888202

中国银行业监督管理委员会西双版纳监管分局

局　长：唐东宁
电　话：（0691）2131411
副局长：马　云
电　话：（0691）2131413
副局长：郑宁华
电　话：（0691）2136216

中国银行业监督管理委员会大理监管分局

局　长：何显海
电　话：（0872）2320699
副局长：吕　华
电　话：（0872）2132678
副局长：魏德光
电　话：（0872）2326733

中国银行业监督管理委员会保山监管分局

局　长：杨志全
电　话：（0875）2218676
副局长：寸待荣
电　话：（0875）2218609
副局长：杨庆林
电　话：（0875）2218296

中国银行业监督管理委员会德宏监管分局

局　长：鲁建华
电　话：（0692）2103096
副局长：杨国胜
电　话：（0692）2103022
副局长：袁虹英
电　话：（0692）2103069

中国银行业监督管理委员会丽江监管分局

局　长：黄德宾
电　话：（0888）5189631
副局长：朱云生
电　话：（0888）5106148
副局长：李灼全
电　话：（0888）5123300

中国银行业监督管理委员会怒江监管分局

局　长：肖红宇

电　话：（0886）3637208
副局长：赵杏权
电　话：（0886）3637501
副局长：陈　晓
电　话：（0886）3637301

中国银行业监督管理委员会迪庆监管分局

局　长：张煦
电　话：（0887）8233996
副局长：斯那央宗
电　话：（0887）8232101
副局长：赵赞华
电　话：（0887）8232996

中国银行业监督管理委员会临沧监管分局

局　长：施泽儒
电　话：（0883）2142166
副局长：霍红杰
电　话：（0883）2142266
副局长：许少洋
电　话：（0883）2142299

云南省银行业机构人员情况表（分地区）

（2008/12/31）单位：个，人

地区＼项目	机构数	人数
云南省	5026	60378
昆明	1178	20330
昭通	362	3720
曲靖	477	5391
玉溪	385	4239
红河	430	4433
文山	280	2661
普洱	245	2601
西双版纳	134	1301
楚雄	320	3833
大理	353	3766
保山	264	2417
德宏	171	1823
丽江	128	1783
怒江	54	651
迪庆	66	668
临沧	179	1926

注：1. 本表未包含金融资产管理公司和人民银行数据；2. 农村金融机构数为法人数，其他金融机构数为持证机构数，职工数为在册正式职工数。

中国证券监督管理委员会云南监管局

邮编：650051
传真：（0871）5135263
电话：（0871）5135262
地址：昆明市北京路577号

局　长：范辉
副局长：张玉祥、熊军

办公室（党办）

主任：刘佳
电话：5135038

上市处

处长：李鲜
电话：5135160

机构处

处长：李刚
电话：5135197

期货处

处长：李锦庆
电话：5197285

稽查处

处长：李刚（兼）
电话：5135197

中国保险监督管理委员会
云南监管局机构、负责人名录

局　长：侯建新
电　话：3145696
副局长：华日新
电　话：3145399
副局长：余祖典
电　话：3145489

办公室
副主任：张乃谦
电　话：3142135
副主任：丁江萍
电　话：3142543

财产保险监管处
处　长：赵　睿
电　话：3142137

人身保险监管处
处　长：樊　青
电　话：3142540

中介保险监管处
处　长：张洪国
电　话：3143892

统计研究处
处　长：吴昌健
电　话：3142088

人事教育处
处　长：苏嘉琼
电　话：3142276
邮　编：650051
传　真：（0871）3145499
地　址：昆明市人民东路6号新华大厦9-10楼

云南保险业通讯录

产险公司

公司名称：中国人民财产保险股份有限公司云南省分公司
地址：云南省昆明市春城路277号
邮政编码：650011
联系电话：3526308
传真：3526298

公司名称：中国太平洋财产保险股份有限公司云南分公司
地址：云南省昆明市圆通街23号太平洋大厦
邮政编码：650031
联系电话：5136331
传真：5136331

公司名称：中国平安财产保险股份有限公司云南分公司
地址：云南省昆明市沪国路2-4号广业大厦16-17层
邮政编码：650021
联系电话：3210350
传真：3210347

公司名称：华泰财产保险股份有限公司云南省分公司
地址：云南省昆明市拓东路45号世博大厦10层
邮政编码：650011
联系电话：3155333
传真：3189002

公司名称：天安保险股份有限公司云南省分公司
地址：云南省昆明市青年路432号天恒大酒店7楼
邮政编码：650021
联系电话：3158308
邮编：3159339

公司名称：永安财产保险股份有限公司云南分公司
地址：云南省昆明市人民中路33号巨龙大厦21-22层
邮政编码：650021
联系电话：3164816
邮编：3162899

公司名称：中国大地财产保险股份有限公司云南分公司
地址：云南省昆明市北京路408号中国大地保险4、5楼
邮政编码：650011

联系电话：3180629
邮编：3129929
公司名称：中国出口信用保险公司云南分公司
地址：云南省昆明市北京路155号附1号红塔大厦22层、23层
邮政编码：650011
联系电话：3518340
传真：3518345
公司名称：华安财产保险股份有限公司云南分公司
地址：云南省昆明市人民东路115号水电科技大厦3楼
邮政编码：650051
联系电话：3120338-0
传真：3188533
公司名称：安邦财产保险股份有限公司云南分公司
地址：云南省昆明市五华区富春街98号都市名园A座5楼
邮政编码：650021
联系电话：8051167
传真：8051172
公司名称：阳光财产保险股份有限公司云南省分公司
地址：云南省昆明市官渡区塘双路205号1-5层
邮政编码：650011
联系电话：3138663
传真：3138929
公司名称：永诚财产保险股份有限公司云南分公司
地址：云南省昆明市东风西路280号文贸大厦三层
邮政编码：650031
联系电话：3126999-6118
传真：3170388
公司名称：都邦财产保险股份有限公司云南分公司
地址：云南省昆明市东风西路280号文贸大厦14楼
邮政编码：650031
联系电话：5326180
传真：5326003
公司名称：太平保险有限公司云南分公司
地址：云南省云南省昆明市东风东路47号建业大厦B区18楼
邮政编码：650041
联系电话：8156005
传真：8156000
公司名称：中国人寿财产保险股份有限公司云南省分公司
地址：云南省昆明市白塔路131号汇都国际B座7楼
邮政编码：650011
联系电话：3155366
传真：3155366
公司名称：渤海财产保险股份有限公司云南分公司
地址：云南省昆明市祥云街55-59号银佳大厦14楼
邮政编码：650021
联系电话：3618897
传真：3618840
公司名称：中银保险有限公司云南分公司
地址：云南省昆明市东风西路16号中国银行大厦13楼
邮政编码：650011
联系电话：3624777
传真：3628883

寿险公司

公司名称：中国人寿保险股份有限公司云南省分公司
地址：云南省昆明市拓东路80号
邮政编码：650011
联系电话：3189999-870
传真：73179225
公司名称：中国太平洋人寿保险股份有限公司云南分公司
地址：云南省昆明市圆通街23号太平洋大厦
邮政编码：650031
联系电话：5138709
传真：5196068
公司名称：中国平安人寿保险股份有限公司云南分公司
地址：云南省昆明市青年路389号志远大厦10-11层
邮政编码：650021
联系电话：3142578
传真：3142757
公司名称：泰康人寿保险股份有限公司云南分公司
地址：云南省昆明市白塔路131号金石广场写字楼九、十楼
邮政编码：650011
联系电话：3116422
传真：3116360
公司名称：新华人寿保险股份有限公司云南分公司
地址：云南省北京路612号银海国际公寓2、3楼
邮政编码：650051
联系电话：3142261
传真：3166569
公司名称：中国人民健康保险股份有限公司云南分公司
地址：云南省昆明市青年路53号滨江大厦1-2楼
邮政编码：650051
联系电话：5165988-8198
传真：5140838
公司名称：平安养老保险股份有限公司云南分公司
地址：云南省昆明市五华区青年路389号志远大厦22楼

邮政编码：650021
联系电话：3142101
传真：3139726
公司名称：太平人寿保险有限公司云南分公司
地址：云南省云南省昆明市东风东路47号建业商务中心5、6层
邮政编码：650041
联系电话：3186127
传真：3186107
公司名称：中国人民人寿保险股份有限公司云南省分公司
地址：云南省昆明市白塔路131号金石广场A座12楼
邮政编码：650011
联系电话：3132977
传真：3132748
公司名称：阳光人寿保险股份有限公司云南分公司
地址：昆明市金碧路265号云津大厦4楼
邮政编码：650011
联系电话：3165347
传真：3165343

专业中介

公司名称：云南福大保险经纪股份有限公司
地址：昆明市华一广场八楼
邮政编码：650021
联系电话：3178408
传真：3178339
公司名称：云南友联保险经纪有限公司
地址：昆明市青年路389号志远大厦8楼A-2
邮政编码：650021
联系电话：3110208
传真：3110278
公司名称：云南高胜保险经纪有限公司
地址：昆明市人民西路328号院内
邮政编码：650118
联系电话：8336396
传真：8336396
公司名称：云南同昌保险经纪有限公司
地址：昆明市新闻南路84号
邮政编码：650034
联系电话：4179659
传真：4164209
公司名称：云南博联保险经纪有限公司
地址：昆明市武成路天昊大厦
邮政编码：650051
联系电话：5633266
传真：5633266
公司名称：云南大洲保险经纪有限公司
地址：关上宝海路13号宝海豪园兰轩B座3-4楼
邮政编码：650000
联系电话：3560358
传真：3560368
公司名称：云南珺安保险经纪有限公司
地址：昆明市明通路67号昆明市教育服务中心大楼裙楼5楼
邮政编码：650000
联系电话：13888365788
公司名称：昆明嘉人信保险代理有限公司
地址：昆明市西昌路848号恒兴酒店15楼E座
邮政编码：650021
联系电话：5328488
传真：5328488
公司名称：云南省邮政保险代理有限公司
地址：吴井路139号云南省邮政局综合楼18楼
邮政编码：650011
联系电话：3019530
传真：3019455
公司名称：云南长江保险代理有限公司
地址：安康路168号鹤兴阁酒店5楼
邮政编码：650032
联系电话：4179659
传真：4179659
公司名称：云南新华保险代理有限公司
地址：昆明市北京路612号银海国际公寓2、3楼
邮政编码：650051
联系电话：3142272
传真：3166569
公司名称：云南合众保险代理有限公司
地址：昆明市南屏街96号（四号楼）B座25楼2503号
邮政编码：650021
联系电话：3150097
传真：8026160
公司名称：云南弘邦保险代理有限公司
地址：东风西路280号文贸大厦18楼
邮政编码：650031
联系电话：5358566-8029
传真：9062
公司名称：云南联汇保险代理有限公司
地址：昆明市北京路金童花园B座5号商铺
邮政编码：650224

联系电话：5645688
传真：5645700
公司名称：昆明昱鑫保险代理有限公司
地址：昆明市盘龙区青云街道办事处云山村455号
邮政编码：650216
联系电话：5611698
传真：5612963
公司名称：云南空港保险代理有限公司
地址：机场云南民航电信公司院内云南空港业务综合楼四层
邮政编码：650031
联系电话：7116346
传真：7116345
公司名称：昆明泰坦保险代理有限公司
地址：昆明市江滨西路51号
邮政编码：650031
联系电话：3117072-0
传真：3117072-0
公司名称：昆明嘉富逸安保险代理有限责任公司
地址：昆明鸿城广场1603室
邮政编码：650031
联系电话：5638239
传真：5632252
公司名称：昆明邦泰吉安保险代理有限公司
地址：昆明市护国路57号华尔贝大厦8楼B2座
邮政编码：650031
联系电话：3156180
传真：3156047
公司名称：昆明强林保险代理有限公司
地址：昆明市滇池路福海办事处杨家居委会田家地二社
邮政编码：650031
联系电话：4615690
传真：4619887
公司名称：昆明年安保险代理有限公司
地址：昆明市官渡区环城南路262号佳路达大酒店一楼
邮政编码：650031
联系电话：8014450
传真：3537883
公司名称：云南千益保险代理有限责任公司
地址：东三环市委党校抽水房旁
邮政编码：650031
联系电话：3806368
传真：3806368
公司名称：昆明正宇保险代理有限公司
地址：金碧路26号云津大厦19楼
邮政编码：650031
联系电话：8023158
传真：8023157
公司名称：云南中誉保险代理有限公司
地址：环城南路108号东来大厦21楼D座
邮政编码：650031
联系电话：3328876
传真：3352014-19
公司名称：昆明周阳晖保险代理有限公司
地址：春城路62号证券大厦主楼601、608
邮政编码：650031
联系电话：3115156
传真：3115924
公司名称：云南杜昌保险代理有限公司
地址：昆明市虹山北路44号
邮政编码：650031
联系电话：5353975
传真：5348326
公司名称：昆明康进保险代理有限公司
地址：人民中路武城商业步行街南楼6层s7号
邮政编码：650031
联系电话：3645988
传真：3645988
公司名称：昆明龙辉弘保险代理有限公司
地址：东风西路490号，昆房写字楼11楼1108号
邮政编码：650031
联系电话：7368006
传真：7368006
公司名称：昆明亿言九鼎保险代理有限公司
地址：世纪广场c2幢9层c号
邮政编码：650031
联系电话：6334697
传真：6334691
公司名称：昆明福安保险代理有限公司
地址：昆明市环城南路133号
邮政编码：650031
联系电话：3335155
传真：3335177
公司名称：昆明教悦保险代理有限公司
地址：昆明市明通路67号教育培训中心
邮政编码：650031
联系电话：3531079
传真：3532192

公司名称：云南德豪保险代理有限公司
地址：昆明市白塔路359号
邮政编码：650031
联系电话：3150811
传真：3126385
公司名称：昆明领先保险代理有限公司
地址：昆明市北京路404号建设大厦14楼
邮政编码：650031
公司名称：云南富滇保险代理有限责任公司
地址：昆明市云康园一期联商4幢10号
邮政编码：650222
联系电话：13708711585
传真：5825175
公司名称：昆明丰泽保险代理有限公司
地址：昆明市白龙路429号世博车市大厅2-17
邮政编码：650000
联系电话：5012129
传真：5010458
公司名称：昆明超驰保险代理有限公司
地址：云南省昆明市盘龙区桃源街29号附16号
联系电话：6754952
传真：5378720
公司名称：云南顺安保险代理有限责任公司
地址：昆明市人民中路常春花园10楼F座
联系电话：3137285
传真：3105365
公司名称：云南大童保险代理有限公司
地址：昆明市祥云街55-59号国资银佳B座9楼
联系电话：3625346
传真：3625346
公司名称：云南融通保险代理有限公司
地址：昆明市新闻路129号金马源大厦5楼B座
联系电话：13008665818
公司名称：玉溪金泰保险代理有限公司
地址：玉溪市红塔区南北大街43号“玉溪汇溪大厦”第5层1室
联系电话：13908891388
公司名称：昆明德立信保险公估有限公司
地址：关上中路银海雅苑1-3-8A座
邮政编码：650021
联系电话：7162785-801
传真：7199693
公司名称：昆明公衡保险公估有限公司
地址：新闻南路84号3号楼
邮政编码：650032
联系电话：4145401
传真：4145317
公司名称：云南天一保险公估有限公司
地址：昆明市新闻南路84号新联宾馆内
邮政编码：650021
联系电话：4179659
传真：4164209
公司名称：江泰保险经纪有限公司昆明分公司
地址：昆明市人民中路216号丰园大厦12楼1208室
邮政编码：650032
联系电话：5357456
传真：5357456
公司名称：北京联合保险经纪有限公司云南省分公司
地址：学府路2号
邮政编码：650223
联系电话：5111960
传真：5111960
公司名称：韦莱浦东保险经纪有限公司昆明分公司
地址：昆明市青年路448号华尔顿大厦2508号
邮政编码：650021
联系电话：3159889
传真：3159889
公司名称：长安保险经纪有限公司云南分公司
地址：证券大厦主楼1402号
邮政编码：650011
联系电话：3192685
传真：3192856
公司名称：大连江山保险经纪有限公司昆明分公司
地址：昆明市环城南路675号汕头大厦A座1806室
邮政编码：650228
联系电话：13888638287
公司名称：五洲（北京）保险经纪有限公司云南分公司
地址：新华大厦
邮政编码：650051
联系电话：8157020
传真：8157026
公司名称：深圳民太安保险公估有限公司云南分公司
地址：昆明市白云路470号金色年华广场B
邮政编码：650224
联系电话：5741992
传真：5749408
公司名称：深圳市弘正达保险公估有限公司云南分公司
地址：董家湾大厦6楼

邮政编码：650000
联系电话：3315239
传真：3315239
公司名称：北京金诚国际保险经纪有限公司昆明分公司
地址：昆明市白云路28号凯悦时代香舍A座210室
邮政编码：650223
联系电话：3352977
传真：3352977
公司名称：上海东大保险经纪有限责任公司云南分公司
地址；昆明市北京路645号小城故事A座807室
邮政编码：650000
联系电话：5110500
传真：5110960
公司名称：华信保险经纪有限公司云南分公司
地址：昆明市西山区兴苑路人保财险西山支公司二楼207室
邮政编码：650000
联系电话：3101929
传真：3101929

金融经营机构

国家开发银行云南省分行

电　话：3634094
传　真：3634001
邮　编：650031
地　址：昆明市东风西路158号
行领导：
行　长：邓廷铎
副行长：胡丽琼　钟书俊　洪　兴
纪委书记：洪　兴（兼）
工会主席：黄玉兰
高级客户经理：陈　晖

办公室

副主任（主持工作）：邓　敏
电　话：3634120
副主任：谷吉圣
电　话：3636621

经营管理处（业务发展处、信息科技处）

处　长：王　毅
电　话：3634164
副处长：闫　烽
电　话：3634190
副处长：杨　杰
电　话：3634139
副处长：李海玲
电　话：3636613

金融合作处

副处长（主持工作）：张　蕾
电　话：3634123
副处长：李　晔
电　话：3634047

风险管理处

处　长：蒋莉苓
电　话：3634217

评审处

处　长：尹舒伟
电　话：3636636
副处长：刘琦飚
电　话：3636521
副处长：刘洛军
电　话：3634261

法律事务办公室

主　任：孟志勇
电　话：3634052

副主任：吕　华
电　话：3634250
客户一处
处　长：恽　峻
电　话：3636620
副处长：高达一
电　话：3634137
副处长：戴时清
电　话：3634255
客户二处
处　长：王宝忠
电　话：3634233
副处长：张志云
电　话：3634219
客户三处
副处长（主持工作）：罗　胜
电　话：3634225
副处长：叶敏霞
电　话：3636503
客户四处
处　长：王　瑞
电　话：3634033

副处长：赵　铨
电　话：3636535
高级客户经理助理：刘　斌
电　话：3636590
国际业务合作处
处　长：段绍华
电　话：3634030
副处长：饶　薇
电　话：3634225
副处长：孟　浩
电　话：3634257
财会处
处　长：黄子军
电　话：3634101
副处长：殷　璐
电　话：3634124
人事处
处　长：顾新伟
电　话：3634009
纪检监察（审计举报）办公室
主　任：肖思东
电　话：3634092

中国工商银行股份有限公司
云南省分行机构、负责人名录

中国工商银行股份有限公司云南省分行
行　长：蒋玉林
电　话：3158666-95401
纪委书记兼工委主任：陶　云
电　话：3158666-98032
副行长：合　杰　邵苏江　周　玮　苑书义
电　话：3158666-98572　3158666-98812
　　　　3158666-98031　3158666-98812
巡视员：唐　宏
电　话：3158666-98572
邮　编：650021
地　址：昆明市青年路395号邦克大厦
办公室
主　任：黎跃辉
电　话：3158713
管理信息部
总经理：王　贵
电　话：3158365

机构业务部

总经理：崔　巍

电　话：3158509

电子银行部

总经理：张　勇

电　话：3158979

财务会计部

总经理：钱良模

电　话：3158522

资产负债管理部

总经理：宋　琪

电　话：3132733

个人金融业务部

总经理：林锡山

电　话：3158096

银行卡中心

总经理：张　勇

电　话：315669

公司业务部

总经理：凤兆龙

电　话：3158268

国际业务营销中心

主　任（副总经理级）：林京源

电　话：3158894

结算与现金管理部

总经理：张型虹

电　话：3158877

授信审批部

总经理：平　凡

电　话：3158454

信贷管理部

总经理：倪锦忠

电　话：3158506

风险管理部

总经理：杨伟云

电　话：3158404

运行管理部

总经理：毛　群

电　话：3158850

内控合规部

总经理：邓晓丽

电　话：3158170

法律事务部

总经理：雷雅雯

电　话：3158210

信息科技部

总经理：沈　跃

电　话：5166312

人力资源部

总经理：余　良

电　话：3133608

监察室

主任兼纪委副书记：王跃屏

电　话：3158086

保卫部

总经理：尹德富

电　话：3158884

党委宣传部

部长兼机关党委副书记：王　焰

电　话：3132607

工会办公室

工会办公室主任：林家慧

电　话：3158747

离退休人员管理中心

主　任：程建生

电　话：3137515

云南金融培训学校

校　长：邬鸣放

电　话：4121370

中国工商银行股份有限公司云南省分行营业部

总经理：周　玮（省分行副行长兼营业部总经理）

电　话：3158666-98031

邮　编：650011

地　址：昆明市青年路395号邦克大厦

中国工商银行股份有限公司曲靖分行

行　长：何　宇

电　话：0874-3146898

邮　编：655000

地　址：曲靖市麒麟东路6号

中国工商银行股份有限公司玉溪分行

行　长：瞿长富

电　话：0877-202611

邮　编：653100

地　址：玉溪市玉兴路21号

中国工商银行股份有限公司昭通分行

行　长：黄　强

电　话：0870-2220835

邮　编：657000

地　址：昭通市昭阳区学生路 123 号

中国工商银行股份有限公司红河分行

行　长：张力克

电　话：0873-2123937

邮　编：661000

地　址：个旧市中山路 58 号

中国工商银行股份有限公司文山分行

行　长：杨晓宇

电　话：0876-2185799

邮　编：663000

地　址：文山县普阳路 114 号

中国工商银行股份有限公司普洱分行

行　长：陈维方

电　话：0879-2124116

邮　编：665000

地　址：普洱市凤新街 88 号

中国工商银行股份有限公司西双版纳分行

行　长：李建伟

电　话：0691-2123866

邮　编：666100

地　址：景洪市宣慰大街 112 号

中国工商银行股份有限公司临沧分行

行　长：赵　勇

电　话：0883-2122418

邮　编：677000

地　址：临沧市临翔区后寨 1 号

中国工商银行股份有限公司楚雄分行

行　长：喻明忠

电　话：0878-3136777

邮　编：675000

地　址：楚雄市龙泉路 78 号

中国工商银行股份有限公司大理分行

行　长：杨秀慧

电　话：0872-2124317

邮　编：671000

地　址：大理州大理市下关建设西路 30 号

中国工商银行股份有限公司丽江分行

行　长：杜　鸣

电　话：0888-5168877

邮　编：674100

地　址：丽江市古城区福慧路

中国工商银行股份有限公司怒江分行

行　长：赵友斌

电　话：0886-3626566

邮　编：673100

地　址：泸水县六库镇人民路 197 号

中国工商银行股份有限公司保山分行

行　长：吴灿华

电　话：0875-2120666

邮　编：678000

地　址：保山市隆阳区正阳北路 129 号

中国工商银行股份有限公司德宏分行

行　长：刁文利

电　话：0692-2125255

邮　编：678400

地　址：德宏州潞西市友谊路中段

中国工商银行股份有限公司香格里拉支行

行　长：黄河静

电　话：0887-8222383

邮　编：674400

地　址：香格里拉县长征路 71 号

中国工商银行云南省分行机构、人员统计表

2008 年末　单位：个、人

单位名称	在岗职工人员	机构数
营业部	2618	138
昭通分行	376	17
曲靖分行	735	38
玉溪分行	442	20
红河分行	639	33
文山分行	215	12
普洱分行	248	9
西双版纳分行	142	8
楚雄分行	371	17
大理分行	553	24
保山分行	334	16
德宏分行	162	9
丽江分行	235	11
怒江分行	117	6
香格里拉支行	81	3
临沧分行	126	7
省分行机关	395	3
全省合计	7789	371

中国农业银行云南省分行

行　长：字如钧
电　话：（0871）3203518
纪委书记：吴佩锋
电　话：3203466
副行长：刘文彬
电　话：3203566
副行长：杨光廷
电　话：3203666
行长助理：沈锐
电　话：3203588
行长助理：任雷波
电　话：3203418
邮　编：650051
地　址：昆明市人民中路1号

办公室

主　任：郝云康
电　话：3203428
副主任：李慧芬　张文才　崇凌俊
电　话：3203426　3203427　3203783
股改办常务副主任（正处）：王箭
电　话：3203716

法律与合规处

副处长：杨　阳　闫　政
电　话：3203710　3203495

计划财务处

处　长：乐江云
电　话：3203429
副处长：许代乐
电　话：3203456

会计结算处

处　长：杨文举
电　话：3203468
副处长：张立发　杨怀玉
电　话：3203465　3203467

公司业务处

处　长：王小平
电　话：3203476
副处长：苏丽军
电　话：3203478
处长助理：陶　颖
电　话：3203487

个人业务处

处　长：吕发昌
电　话：3203498
副处长：李申德　田茂山　赵云虹
电　话：3203067　3203497　3203499

机构业务处

处　长：张永富
电　话：3203519
副处长：戴　彦　潘文昆
电　话：3203517

农业信贷处

处　长：马玉平
电　话：3203525
副处长：李丹平
电　话：3203527

房地产业务处

处　长：龙幼辉
电　话：3203648
副处长：陈显杰
电　话：3203647

信贷管理处

处　长：姚梦龙
电　话：3203546
副处长：杨宗敏　宋　耘
电　话：3203556　3203557

资产处置部

主　任：姜耀平
电　话：3203569
副主任：李涛　罗培芳
电　话：3203568　3203817

保险代理部

总经理：冯　宁
电　话：3203649
副总经理：周　曦
电　话：3203650

科技处

处　长：徐自文
电　话：3061509
总工程师：余志坚
电　话：3061586
副处长：罗　剑　陈柳滢
电　话：3061566　3061590

人事处

处　长：林发洪
电　话：3203571
副处长：刘　达　高　震
电　话：3203572　3203573

监察室

主　任：王显斌
电　话：3203662
副主任：刘　昆
电　话：3203667

保卫处

处　长：李元春
电　话：3203669
副处长：孙学慧　杨志敏
电　话：3203670

审计处

处　长：刘星照
电　话：3203688
副处长：董汝汇　赵国有
电　话：3203678　3203689

工委办（含机关党委）

工委办主任、机关委员会副书记：张益荣
电　话：3203700

国际业务部

主　任：邹世榕
电　话：3203586
副主任：谭晓燕
电　话：3203587
主任助理：张　琼
电　话：3203589

银行卡部

主　任：邓炳初
电　话：3203636
副主任：邓小东
电　话：3203637

电子银行处

处　长：张学耀
电　话：3203800
副处长：李鸿滨
电　话：3203638

总务处

处　长：周　杰
电　话：3203722
副处长：李　葛　冯家政
电　话：3203744　3203726

风险管理处：

处　长：杨志刚
电　话：3203096
副处长：李咏竹
电　话：3203070

省分行培训学校

校　长：赵克田
电　话：（0878）3212699
副校长：褚忠生
电　话：（0878）3211599
邮　编：675000
地　址：楚雄市鹿城南路 940 号

云南省分行营业部

总经理：杨志刚
电　话　（0871）3193690
副总经理：王跃华　刘乙蓁　王庆清　曾　勇
电　话：3151281　3153248　3153206　3155408
邮　编：650021
地　址：昆明市青年路 383 号（华一广场）

护国支行

行　长：刘泽富
电　话：3155751
邮　编：650021
地　址：昆明市青年路 383 号

盘龙支行

行　长：朱　磊
电　话：3203101

邮　编：650051
地　址：昆明市人民中路7号

潘家湾支行
行　长：张勇强
电　话：5323010
邮　编：650031
地　址：昆明市西昌路274号

春城支行
行　长：武兵
电　话：3619309
邮　编：650021
地　址：昆明市三市街6号

拓东支行
行　长：熊文
电　话：3155010
邮　编：650011
地　址：昆明市白塔路131号汇都国际B座11楼

长春支行
行　长：熊建平
电　话：5316346
邮　编：650031
地　址：昆明市人民西路132号

北市区支行
行　长：牛国华
电　话：5193380
邮　编：650051
地　址：昆明市环城北路239号

双龙支行
行　长：周佐武
电　话：3113722
邮　编：650011
地　址：昆明市塘双路199号

经济区支行
行　长：杨　海
电　话：8062161
邮　编：650200
地　址：昆明市关上宝海路8号

度假区支行
行　长：钟建涛
电　话：4151559
邮　编：650034
地　址：昆明市西园南路4号

西山区支行
行　长：滕海琦
电　话：8062201
邮　编：650031
地　址：昆明市春苑小区阳春里1号

官渡区支行
行　长：杨国林
电　话：7173756
邮　编：650200
地　址：昆明市关上中路193号

呈贡县支行
行　长：郭春生
电　话：7471669
邮　编：650500
地　址：呈贡县双龙路35号

安宁市支行
行　长：潘宏飞
电　话：8696854
邮　编：650300
地　址：安宁市连然镇中华路133号

晋宁县支行
行　长：李云鹏
电　话：7802988
邮　编：650600
地　址：晋宁县昆阳镇昆阳大街159号

富民县支行
行　长：李晓辉
电　话：8817661
邮　编：650400
地　址：富民县永定镇环城南路21号

嵩明县支行
行　长：杜少明
电　话：7921787
邮　编：651700
地　址：嵩明县嵩阳镇秀嵩街13号

宜良县支行
行　长：段鹏贵
电　话：7524079
邮　编：652100
地　址：宜良县匡远镇迎宾路106号

禄劝县支行
行　长：钱学兴
电　话：8911192
邮　编：651500
地　址：禄劝县屏山镇金融街25号

石林县支行

行　长：谭继荣
电　话：7792458
邮　编：652201
地　址：石林县鹿阜镇阿诗玛东路106号

东川区支行

行　长：陈自开
电　话：2152088
邮　编：654100
地　址：东川区铜都镇春晓路15号

寻甸县支行

副行长：杨正科
电　话：2666481
邮　编：655200
地　址：寻甸县翠苑西路1号

昭通地区分行

行　长：陈大强
电　话：0870-2233518
副行长：李太勇　温凤祥　陈　肯　马建华
电　话：2233519　2232388　2233186　2236001
邮　编：657000
地　址：云南省昭通市昭阳区258号

鲁甸县支行

行　长：李国云
电　话：(0870) 8121714
邮　编：657100
地　址：云南省昭通市鲁甸县文屏西路28号

巧家县支行

行　长：王　涛
电　话：(0870) 7122242
邮　编：654600
地　址：云南省昭通市巧家县白鹤滩镇新华北路29号

大关县支行

行　长：李长淮
电　话：(0870) 5620398
邮　编：657400
地　址：云南省昭通市大关县翠华镇辕门街27号

绥江县支行

行　长：曾　聪
电　话：(0870) 7627696
邮　编：657700
地　址：云南省绥江县中城镇金江街281号

彝良县支行

副行长：罗时红（主持工作）
电　话：(0870) 5121471
邮　编：657600
地　址：云南省昭通市彝良县角奎镇振兴路6号

盐津县支行

行　长：王兴林
电　话：(0870) 6632401
邮　编：657500
地　址：云南省昭通市盐津县盐井镇津民路18号

永善县支行

行　长：杨中友
电　话：(0870) 4122152
邮　编：657300
地　址：云南省昭通市永善县溪洛渡镇玉泉路145号

镇雄县支行

行　长：邓书俊
电　话：(0870) 3120688
邮　编：657200
地　址：云南省昭通市镇雄县乌峰路22号

威信县支行

行　长：张跃
电　话：(0870) 6123339
邮　编：657900
地　址：云南省昭通市威信县扎西镇人民路27号

水富县支行

副行长：肖富臻（主持工作）
电　话：(0870) 8637618
邮　编：657800
地　址：云南省水富县向家坝镇人民东路20号

中国农业银行曲靖市分行

行　长：陈建华
电　话：(0874) 3290466
副行长：刘国姬　李东鸿　殷福安
电　话：(0874) 3290299　8999216　8999188
行　助：赵彤心
电　话：(0874) 8889626
邮　编：655000
地　址：曲靖市麒麟东路1号

马龙县支行

行　长：马乔先
电　话：(0874) 8889166
邮　编：655100
地　址：马龙县龙泉路

陆良县支行

行　长：李成云
电　话：(0874) 6334996

邮　编：655600

地　址：陆良县同乐大道180号

师宗县支行

行　长：周金生

电　话：(0874) 5757360

邮　编：655700

地　址：师宗县通源大街1号

罗平县支行

行　长：田劲松

电　话：(0874) 8212213

邮　编：655800

地　址：罗平县云贵路202号

富源县支行

行　长：李红卫

电　话：(0874) 4612309

邮　编：655500

地　址：富源县金城路200号

宣威市支行

行　长：李毅

电　话：(0874) 7138918

邮　编：655400

地　址：宣威市振兴街3号

会泽县支行

行　长：张　辉

电　话：(0874) 5122293

邮　编：654200

地　址：会泽县钟屏路248号

沾益支行

行　长：郭汝安

电　话：(0874) 3056099

邮　编：655331

地　址：沾益县望海小区

中国农业银行楚雄州分行

行　长：张利生

电　话：(0878) 3120999

副行长：尹建华　张　斌　李炳光　李兰林

电　话：(0878) 3121766　3133913　3137577　3124116

邮　编：675100

地　址：楚雄市鹿城南路76号

双柏县支行

行　长：杨林英

电　话：(0878) 7711918

邮　编：675100

地　址：双柏县妥甸镇兴贸路1号

牟定县支行

行　长：王宏

电　话：(0878) 5211306

邮　编：675500

地　址：牟定县共和镇新南路

南华县支行

行　长：苏长虹

电　话：(0878) 7221891

邮　编：675200

地　址：南华县龙川镇龙泉东路28号

姚安县支行

行　长：卜其明

电　话：(0878) 5722998

邮　编：675300

地　址：姚安县栋川镇西正街

大姚县支行

行　长：杨峰

邮　话：(0878) 6222991

邮　编：675400

地　址：大姚县金碧镇白塔路221号

永仁县支行

行　长：王正亮

电　话：(0878) 6712098

邮　编：651400

地　址：永仁县永定镇建设路18号

元谋县支行

行　长：华秀勇

电　话：(0878) 8216646

邮　编：651300

地　址：元谋县元马镇发祥路96号

武定县支行

行　长：白爱平

电　话：(0878) 8711394

邮　编：651600

地　址：武定县狮山镇中山路7号

禄丰县支行

行　长：周明阳

电　话：(0878) 4124380

邮　编：651200

地　址：禄丰县金山镇金源街

中国农业银行玉溪市分行

行　长：杨　华

电　话：(0877) 2663633

副行长：史莉萍　许　朋　杨　清

电　话：(0877) 2666079　2666080　2073399
行　助：朱旭鹏
电　话：(0877) 2666166
邮　编：653100
地　址：玉溪市东风中路2号

红塔支行
行　长：李卫雄
电　话：(0877) 2065936
邮　编：653100
地　址：玉溪市州城镇玉兴路23号

江川县支行
行　长：余　鸿
电　话：(0877) 8017868
邮　编：652600
地　址：江川县大街镇星云路8号

通海县支行
行　长：施利平
电　话：(0877) 3011895
邮　编：652700
地　址：通海县秀山镇西大街66号

华宁县支行
行　长：吴建兵
电　话：(0877) 5011742
邮　编：652800
地　址：华宁县宁州镇宁阳路中段

澄江县支行
行　长：彭朝伟
电　话：(0877) 6916696
邮　编：652500
地　址：澄江县凤麓镇凤翔路南4号

峨山县支行
副行长：李新发（主持工作）
电　话：(0877) 4011057
邮　编：653200
地　址：峨山县双江镇江南路9号

易门县支行
行　长：罗明海
电　话：(0877) 4961413
邮　编：651100
地　址：易门县龙泉镇易兴路14号

新平县支行
副行长（主持工作）：郭东灿
电　话：(0877) 7771220
邮　编：653400
地　址：新平县桂山镇新平大道13号

元江县支行
副行长：李亚雄（主持工作）
电　话：(0877) 6011823
邮　编：653300
地　址：元江县澧江路10号

中国农业银行红河州分行
行　长：王兴昌
电　话：(0873) 3730111
副行长：张云晋　王觉民　张　灿　普文学
电　话：(0873) 3730112　3730138　3730139　3730113
邮　编：661100
地　址：云南省蒙自县银河路13号

个旧市支行
行　长：罗　勇
电　话：(0873) 2122731
邮　编：661000
地　址：云南省个旧市人民路91号

蒙自县支行
行　长：罗方旭
电　话：(0873) 3722946
邮　编：661100
地　址：云南省蒙自县天马路44号

开远市支行
行　长：张诺飞
电　话：(0873) 7225301
邮　编：661600
地　址：云南省开远市灵泉东路461号

建水县支行
行　长：张建平
电　话：(0873) 3181966
邮　编：654300
地　址：云南省红河州建水县迎晖路62号

石屏县支行
行　长：张鹤锐
电　话：(0873) 4857533
邮　编：662200
地　址：云南省石屏县异龙镇焕文路3号

弥勒县支行
行　长：向　俊
电　话：(0873) 6122668
邮　编：652300
地　址：云南省弥勒县弥阳镇髯翁西路58号

泸西县支行

行　长：李荣堂
电　话：（0873）6653222
邮　编：652400
地　址：云南省泸西县中枢镇迎宾路

屏边县支行

行　长：赵泓波
电　话：（0873）3221430
邮　编：661200
地　址：云南省屏边县玉屏镇人民路3号

河口县支行

行　长：李红川
电　话：（0873）3421788
邮　编：661300
地　址：河口县天香街

元阳县支行

行　长：舒向红
电　话：（0873）5643988
邮　编：662400
地　址：云南省元阳县南沙新区常青路9号

金平县支行

行　长：黄东伟
电　话：（0873）5222853
邮　编：661500
地　址：云南省红河州金平县金河镇金沙小区金穗路2号

红河县支行

行　长：丁树伟
电　话：（0873）4621386
邮　编：654400
地　址：云南省红河县迤萨镇西门街70号

绿春县支行

行　长：刘兴国
电　话：（0873）4221021
邮　编：662500
地　址：云南省绿春县大兴街41号

红烟支行

行　长：杨增伟
电　话：（0873）6195693
邮　编：652300
地　址：云南省弥勒县桃园路50号（红河烟厂）

中国农业银行文山州分行

行　长：许　琨
电　话：（0876）2120588
副行长：梁　永　李千里　李　涛　李绍鸿
电　话：（0876）2122770　2126890　2120883　2123393
行　助：戴　晔
电　话：（0876）2122404
邮　编：663000
地　址：云南省文山县开化镇开化中路145号

砚山县支行

行　长：罗建文
电　话：（0876）3122713
邮　编：663100
地　址：云南省砚山县砚华中路38号

西畴县支行

行　长：蒋元忠
电　话：（0876）7622940
邮　编：663500
地　址：云南省西畴县西洒镇金玉路49号

麻栗坡县支行

行　长：金连跃
电　话：（0876）6623447
邮　编：663600
地　址：云南省麻栗坡县麻栗镇玉尔贝180号

马关县支行

行　长：张祥华
电　话：（0876）7123256
邮　编：663700
地　址：云南省马关县马白镇园中西路11号

丘北县支行

行　长：马振
电　话：（0876）4122293
邮　编：663200
地　址：云南省丘北县锦屏镇人民路10号

广南县支行

行　长：杨立新
电　话：（0876）5150544
邮　编：663300
地　址：云南省广南县莲城西路130号

富宁县支行

行　长：蒙　凯
电　话：（0876）6121000
邮　编：663400
地　址：云南省富宁县团结路8号

普洱地区分行

行　长：陈宝安
电　话：（0879）2144660
副行长：高　捍　李鸿康　周　敏　李　刚

电　话：（0879）2124108　2136204　2126099　2163129

邮　编：665000

地　址：云南省普洱市思茅区茶城大道61号

宁洱县支行

副行长：孙宏（主持工作）

电　话：（0879）3232056

邮　编：665100

地　址：云南省普洱市宁洱县宁洱镇春场街42号

墨江县支行

副行长：方世祥（主持工作）

电　话：（0879）4232105

邮　编：654800

地　址：云南省墨江县新建路4号

景东县支行

行　长：李　洪

电　话：（0879）6221752

邮　编：676200

地　址：云南省普洱市景东县锦屏镇景川路131号

景谷县支行

行　长：李　松

电　话：（0879）5221963

邮　编：666400

地　址：云南省景谷县威远镇人民路91号

镇沅县支行

副行长：郭知海（主持工作）

电　话：（0879）5811620

邮　编：666500

地　址：云南省镇沅县恩水路6号

澜沧县支行

行　长：许光辉

电　话：（0879）7222802

邮　编：665600

地　址：云南省澜沧县勐朗镇东朗路104号

孟连县支行

行　长：杨云柱

电　话：（0879）8721389

邮　编：665800

地　址：云南省孟连县城莲花路南侧

西盟县支行

副行长：李勇（主持工作）

电　话：（0879）8343999

邮　编：665700

地　址：云南省西盟县勐卡路105号

江城县支行

行　长：宋　华

电　话：（0879）3724888

邮　编：665900

地　址：云南普洱市江城县勐烈大街82号

西双版纳州分行

副行长：江崇云（主持工作）

电　话：（0691）2123416

副行长：杨　逵　陶　慧　尤新玲

电　话：（0691）2124340　2124182　2131291

邮　编：666100

地　址：云南省景洪市宣慰大道100号

勐海县支行

行　长：周　兴

电　话：（0691）5122893

邮　编：666200

地　址：云南省勐海县象山新街14号

勐腊县支行

行　长：王万清

电　话：（0691）8125997

邮　编：666300

地　址：云南省勐腊县景岗街1号

大理州分行

行　长：杨旭新

电　话：（0872）2317550

副行长：赵泽润　赵俊峰　李竹安

电　话：（0872）2317499　2317522　2312561

党委委员：李长淮

电　话：（0872）2317540

邮　编：671000

地　址：云南省大理市云岭大道中段

漾濞县支行

行　长：王有荣

电　话：（0872）7521301

邮　编：672500

地　址：云南省漾濞县苍山西镇苍山中路29号

祥云县支行

行　长：杨金寿

电　话：（0872）3121255

邮　编：672100

地　址：大理州祥云县祥城镇龙翔路12号

宾川县支行

行　长：杨志军

电　话：（0872）7148705

邮　编：671600

地　址：云南省宾川县金牛镇侨乡路202号

弥渡县支行

行　长：陈启斌

电　话：（0872）8160788

邮　编：675600

地　址：云南省弥渡县弥城镇政通街24号

南涧县支行

副行长：史钧（主持工作）

电　话：（0872）8521896

邮　编：675700

地　址：云南省南涧县南涧镇振兴南路10号

巍山县支行

副行长：雷杰（主持工作）

电　话：（0872）6122184

邮　编：672400

地　址：云南省巍山县南诏镇西新街6号

永平县支行

副行长：杜文琼（主持工作）

电　话：（0872）6526916

邮　编：672600

地　址：云南省永平县博南镇博南路30号

云龙县支行

行　长：傅兴红

电　话：（0872）5520648

邮　编：672700

地　址：大理州云龙县诺邓镇人民路48号

洱源县支行

行　长：段金宝

电　话：（0872）5123773

邮　编：671200

地　址：云南省洱源县茈湖镇兴源路33号

剑川县支行

行　长：杨树荣

电　话：（0872）4521675

邮　编：671300

地　址：云南省剑川县金华镇鼎新街2号

鹤庆县支行

行　长：赵栋才

电　话：（0872）4121541

邮　编：671500

地　址：云南省鹤庆县云鹤镇兴鹤路31号

保山市分行

行　长：杨怀尧

电　话：（0875）2134330

副行长：李永纯　范正明　金光治

电　话：（0875）2140685　2120857　2134332

邮　编：678000

地　址：保山市隆阳区上巷街19号

腾冲县支行

副行长：解其旺（主持工作）

电　话：（0875）5162824

邮　编：679100

地　址：腾冲县腾越镇秀峰社区凤山小区15号

昌宁县支行

行　长：邱祖云

电　话：（0875）7131888

邮　编：678100

地　址：昌宁县右甸东路6号

施甸县支行

行　长：张荣江

电　话：（0875）8125188

邮　编：678200

地　址：施甸县甸阳镇人民路5号

龙陵县支行

副行长：赵杨炼（主持工作）

电　话：（0875）6122966

邮　编：678300

地　址：龙陵县龙山镇远征路2号

德宏州分行

副行长：郑守廉（主持工作）

电　话：（0692）2121758

副行长：欧润湘　许连存　王健骅

电话：（0692）2111008　2125456　2133196

邮　编：678400

地　址：云南省潞西市芒市镇目瑙纵歌路39号

梁河县支行

行　长：陈云峰

电　话：（0692）6161088

邮　编：679200

地　址：云南省梁河县遮岛镇先锋北路38号

盈江县支行

行　长：杨万明

电　话：（0692）8180736

邮　编：679200

地　址：盈江县平原镇永胜西路10号

陇川县支行

行　长：谭柏阳

电　话：（0692）7173125

邮　编：678700

地　址：云南省陇川县章凤镇三象北路 1 号

瑞丽市支行

行　长：屈永胜

电　话：(0692) 4141645

邮　编：678600

地　址：云南省瑞丽市珠宝街南侧 3 号

丽江地区分行

行　长：傅灼良

电　话：(0888) 5150566

副行长：张志宏　张　平　杨宏峰　雷文英

电　话：(0888) 5184658　5150519　5150536　5150543

邮　编：674100

地　址：云南省丽江市古城区福慧路 328 号

永胜县支行

行　长：张国强

电　话：(0888) 6521519

邮　编：674200

地　址：云南省永胜县永北镇东街文明北路 2 号

华坪县支行

行　长：谭建华

电　话：(0888) 6128896

邮　编：674800

地　址：云南省华坪县中心镇东路 124 号

宁蒗县支行

行　长：何静东

电　话：(0888) 5521552

邮　编：674300

地　址：云南省宁蒗县大兴镇万格路 557 号

怒江州分行

行　长：褚学君

电　话：(0886) 3624955

副行长：王　涛　蒋学才　张信茂

电　话：(0886) 3637304　3622986　3625001

行　助：杨文勇

电　话：3627287

邮　编：673100

地　址：怒江州泸水县六库镇人民路 77 号

兰坪县支行

副行长：和红山

电　话：(0887) 3212780

邮　编：671400

地　址：怒江州兰坪县城区沧江路 44 号

福贡县支行

副行长：桑和义

电　话：(0887) 3411169

邮　编：673400

地　址：怒江州福贡县上帕镇娃底街 41 号

贡山县支行

行　长：施木辉

电　话：(0887) 3511486

邮　编：673500

地　址：怒江州贡山县茨开镇茨开路 250 号

迪庆州分行

行　长：蔡忠义

电　话：(0887) 8222938

副行长：和丽群　高学文　海金春

电　话：(0887) 8231080　8228221　8222007

邮　编：674400

地　址：云南省香格里拉县城长征路 121 号

德钦县支行

行　长：兰志坚

电　话：(0887) 8413100

邮　编：674500

地　址：云南省德钦县升平镇南坪街 97 号

维西县支行

行　长：邵丽强

电　话：(0887) 8626801

邮　编：674600

地　址：云南省维西县保和镇杆香村 52 号

临沧市分行

行　长：杨伟章

电　话：(0883) 2166601

副行长：陈保邦　陈光和　宋家兴　刘　勇

电　话：(0883) 2166607　2166608　2166576　2166578

邮　编：677000

地　址：云南省临沧市临翔区世纪路 334 号

凤庆县支行

行　长：伍金学

电　话：(0883) 4211175

邮　编：675900

地　址：云南省临沧市凤庆县凤山镇太平街 45 号

云县支行

行　长：杨慰疆

电　话：(0883) 3211109

邮　编：675803

地　址：云南省临沧市云县爱华镇草皮街云保公路口

永德县支行

副行长：候 敏

电 话：（0883）5211884

邮 编：677600

地 址：云南省临沧市永德县德党镇德党上街

镇康县支行

行 长：董世泽

电 话：（0883）6621481

邮 编：677700

地 址：云南省临沧市镇康县南伞镇公主路

双江县支行

行 长：王正泽

电 话：（0883）7622738

邮 编：677300

地 址：云南省临沧市双江自治县勐勐镇北路

耿马县支行

行 长：黄从德

电 话：（0883）6121729

邮 编：677500

地 址：云南省临沧市耿马自治县耿马镇青年路40号

沧源县支行

行 长：何朝云

电 话：（0883）7121756

邮 编：677400

地 址：云南省临沧市沧源自治县勐懂镇勐懂街

中国建设银行

中国建设银行云南省分行

行 长：潘念宁

副行长：麦仲山 马亦凌 何 跃

纪委书记：董晓威

风险总监：陈 义

总审计师：刘 平

行长助理：王晶武

资深专家：帅晋昆

资深专员：范京云

邮 编：650021

地址：昆明市金碧路中段建行大厦

办公室

主 任：蒋远平

电 话：（0871）3060001

计划财务部

总经理：张勋蓉

电话：（0871）3060048

人力资源部

总经理：普 跃

电话：（0871）3060066

风险管理部

总经理：庞明祥

电 话：（0871）3060126

信贷审批部

总经理：马锦林

电 话：（0871）3060339

会计部

总经理：杨谷存

电 话：（0871）3060188

公司业务部

总经理（兼）：王晶武

电 话：（0871）3060688

机构业务部

总经理：郭 莲

电 话：（0871）3060266

个人金融部

总经理：马 跃

电 话：（0871）3060388

住房金融与个人信贷部

总经理：范永平

电　话：（0871）3060832

资产保全部

总经理：李　斌

电　话：（0871）3060456

信息技术管理部

总经理：吴　彪

电　话：（0871）3060511

电子银行部

副总经理：王亚雄

电　话：（0871）3060468

营运管理部

总经理：杨义军

电　话：（0871）3060606

法律事务部

总经理：童晓军

电　话：（0871）3060619

安全保卫部

总经理：张文才

电　话：（0871）3061646

纪检监察部

总经理：周力明

电　话：（0871）3060638

公关企化部

总经理：李培芳

电　话：（0871）3060649

系统工会

副主任：傅红宁

电　话：（0871）3060656

离退休人员管理部

总经理：杨兴才

电　话：（0871）3060718

滇龙支行

行　长：许颖

电　话：（0871）3060502

邮　编：650021

地　址：昆明市南屏街综合大楼

新兴支行

行　长：徐建华

电　话：（0871）3100388

邮　编：650011

地　址：昆明市北京路404号

建业支行

行　长：李爱萍

电　话：（0871）3153053

邮　编：650021

地　址：昆明市青年路385号

省分行营业部

副总经理：周　力

电　话：（0871）3060766

邮　编：650021

地　址：昆明市金碧路中段建行大厦

城东支行

行　长：窦和平

电　话：（0871）3183686

邮　编：650051

地　址：昆明市东风东路38号

城北支行

行　长：秦以贵

电　话：（0871）3128990

邮　编：650021

地　址：昆明市人民中路美亚大厦西裙楼

城南支行

行　长：于凡

电　话：（0871）3127782

邮　编：650011

地　址：昆明市书林街新桥村2-3号

城西支行

行　长：陈泽明

电　话：（0871）3640369

邮　编：650031

地　址：昆明市东风西路158号

官渡支行

行　长：李玉成

电　话：（0871）7168968

邮　编：650200

地　址：昆明市官渡区

安宁市支行

行　长：杨　兵

电　话：（0871）8699444

邮　编：650300

地　址：安宁市中华路153号

北京路支行

行　长：昂扬

电　话：（0871）3120713

邮　编：650051

地　址：昆明市北京路501号

正义路支行

行　长：赵　鹏
电　话：(0871) 3623372
邮　编：650021
地　址：昆明市正义路152号

呈贡县支行

行　长：张小波
电　话：(0871) 7476119
邮　编：650500
地　址：呈贡县光明路23号

宜良县支行

行　长：刘　强
电　话：(0871) 7527768
邮　编：652100
地　址：宜良县匡远镇清远街178号

石林县支行

行　长：刘兴荣
电　话：(0871) 7796153
邮　编：652200
地　址：石林县石林中路40号

晋宁县支行

行　长：洪　源
电　话：(0871) 7892083
邮　编：650600
地　址：晋宁县昆阳镇郑和路189号

石林县支行

行　长：刘兴荣
电　话：(0871) 7796153
邮　编：652200
地　址：石林县石林中路40号

晋宁县支行

行　长：张小波
电　话：(0871) 7892083
邮　编：650600
地　址：晋宁县昆阳镇郑和路189号

中国建设银行昭通市分行

行　长：张家林
电　话：(0870) 2221800
邮　编：657000
地　址：昭通市昭阳区昭阳大道365号

大关县支行

行　长：牛　刚
电　话：(0870) 5621363
邮　编：657400
地　址：大关县翠华镇顺城北路1号

溪洛渡支行

行　长：邹　凡
电　话：(0870) 4122354
邮　编：657300
地　址：永善县溪洛渡镇振兴大街127号

镇雄县支行

行　长：罗　杨
电　话：(0870) 3120487
邮　编：657200
地　址：镇雄县乌峰镇南广路277号

水富县支行

行　长：杨　勇
电　话：(0870) 8637606
邮　编：657800
地　址：水富县向家坝镇团结路

中国建设银行曲靖市分行

行　长：吴灿文
电　话：(0874) 3312789
邮　编：655000
地　址：曲靖市麒麟区翠峰路中段

南宁支行

行　长：杜建平
电　话：(0874) 3132449
邮　编：655000
地　址：曲靖市南宁北路104号

沾益支行

行　长：廖靖文
电　话：(0874) 3163626
邮　编：655000
地　址：沾益县西平镇东风北路39号

宣威市支行

行　长：李　庆
电　话：(0874) 7203088
邮　编：655400
地　址：宣威市向阳西街85号

会泽县支行

副行长：毕　奎
电　话：(0874) 5123188
邮　编：654200
地　址：会泽县钟屏镇钟屏街323号

陆良县支行

行　长：陈石昆
电　话：(0874) 6336566

邮　编：655600
地　址：陆良县开发区同乐大道

富源县支行

行　长：吴柱邦
电　话：（0874）4612352
邮　编：655500
地　址：富源县中安街140号

罗平县支行

行　长：张存昌
电　话：（0874）8212133
邮　编：655800
地　址：罗平县罗雄镇文笔路17号

师宗县支行

行　长：曾建民
电　话：（0874）5751088
邮　编：655700
地　址：师宗县丹凤镇漾月东路12号

马龙县支行

行　长：张　灿
电　话：（0874）8880937
邮　编：655100
地　址：马龙县通泉镇龙泉东路117号

中国建设银行玉溪市分行

行　长：潘春雄
电　话：（0877）2029677
邮　编：653100
地　址：玉溪市玉兴路66号

玉兴路支行

副行长：宋　喆
电　话：（0877）2034552
邮　编：653100
地　址：玉溪市玉兴路66号

红塔支行

行　长：桑庆红
电　话：（0877）2070469
邮　编：653100
地　址：玉溪市红塔区秀山路44号

建设支行

行　长：张松平
电　话：（0877）2159345
邮　编：653100
地　址：玉溪市迎春街1号

开发区支行

行　长：郭新华
电　话：（0877）2060988
邮　编：653100
地　址：玉溪市红塔大道40号

玉龙支行

行　长：邵　兵
电　话：（0877）2028483
邮　编：653100
地　址：玉溪市人民路130号

南北大街支行

行　长：殷秀玉
电　话：（0877）2014876
邮　编：653100
地　址：玉溪市南北大街23号

江川县支行

行　长：金亚明
电　话：（0877）8011719
邮　编：652200
地　址：江川县大街镇星云路5号

通海县支行

行　长：徐正明
电　话：（0877）3013345
邮　编：652700
地　址：通海县秀山镇西街93号

澄江县支行

行　长：王利辉
电　话：（0877）6911819
邮　编：652500
地　址：澄江县凤麓镇仙湖路东7号

峨山县支行

行　长：龚长江
电　话：（0877）4011719
邮　编：653200
地　址：峨山县双江镇桂峰路45号

元江县支行

副行长：张玉宇
电　话：（0877）6016588
邮　编：653300
地　址：元江县澧江镇兴隆街3号

新平县支行

行　长：华　明
电　话：（0877）7011571
邮　编：653400
地　址：新平县桂山镇东菜园128号

易门县支行

行 长：桂登云
电 话：（0877）4961547
邮 编：651100
地 址：易门县龙泉镇易兴路 7 号

华宁县支行

行 长：汪 敏
电 话：（0877）5013519
邮 编：652500
地 址：华宁县宁州镇宁阳路 30 号

中国建设银行红河州分行

行 长：杨忠富
电 话：（0873）3648199
邮 编：661100
地 址：蒙自县天马路 4 号

个旧市支行

行 长：卢晓彬
电 话：（0873）2123170
邮 编：661000
地 址：个旧市金湖西路 380 号

开远市支行

行 长：王晓洁
电 话：（0873）7222425
邮 编：661600
地 址：开远市灵泉路 336 号

蒙自县支行

行 长：戴 诚
电 话：（0873）3650218
邮 编：661100
地 址：蒙自县天马路 4 号

建水县支行

副行长：钟晓玲
电 话：（0873）7652298
邮 编：654300
地 址：建水县朝阳北路 75 号

石屏县支行

行 长：汤文伟
电 话：（0873）4858242
邮 编：662200
地 址：石屏县焕文路 68 号

弥勒县支行

行 长：杨坤伟
电 话：（0873）6122522
邮 编：652300
地 址：弥勒县冉翁西路 54 号

泸西县支行

行 长：杨 军
电 话：（0873）6633326
邮 编：652400
地 址：泸西县九华路 66 号

元阳县支行

副行长：白志刚
电 话：（0873）5643838
邮 编：662400
地 址：元阳县新街镇

河口县支行

副行长：何宏伟
电 话：（0873）3421954
邮 编：661300
地 址：河口县天香街

中国建设银行文山州分行

行 长：孙绍洪
电 话：（0876）2816877
邮 编：663000
地 址：文山县开化镇普阳路 121 号

砚山县支行

行 长：陈 伟
电 话：（0876）3122798
邮 编：663100
地 址：砚山县江那镇建设路

丘北县支行

副行长：张进林
电 话：（0876）4125591
邮 编：663200
地 址：丘北县锦屏镇人民路 2 号

广南县支行

行 长：朱春勇
电 话：（0876）5155216
邮 编：663300
地 址：广南路莲城西路 99 号

富宁县支行

行 长：黄雪松
电 话：（0876）6122333
邮 编：663400
地 址：富宁县新华镇振兴小区二巷 20 号

麻栗坡县支行

行 长：高正斌
电 话：（0876）6629378
邮 编：663600

地　址：麻栗坡县麻栗镇麻船路6号

马关县支行

副行长：李永铭

电　话：(0876) 7124798

邮　编：663700

地　址：马关县马白镇园中路8号

中国建设银行普洱市分行

行　长：舒家禾

电　话：(0879) 2162792

邮　编：665000

地　址：普洱市人民东路1号

宁洱县支行

行　长：张卫国

电　话：(0879) 3232873

邮　编：665100

地　址：宁洱县宁洱镇春场街34号

墨江县支行

副行长：杨云峰

电　话：(0879) 4232612

邮　编：654800

地　址：墨江县联珠镇回归大道

糯扎渡电站支行

行　长：谭晓东

电　话：(0879) 2868099

邮　编：665625

地　址：思茅区思茅港镇糯扎渡第一村

景谷县支行

副行长：陈德勇

电　话：(0879) 5221051

邮　编：666400

地　址：景谷县新建路2号

中国建设银行西双版纳州分行

行　长：李玉兰

电　话：(0691) 2143721

邮　编：666100

地　址：景洪市民航路36号

景洪民航路支行

行　长：王东

电　话：(0691) 2143723

邮　编：666100

地　址：景洪市民航路36号

旅游度假区分理处

主　任：李跃文

电　话：(0691) 2126816

邮　编：666100

地　址：景洪市勐泐大道51号

勐海县支行

行　长：米云跃

电　话：(0691) 5122376

邮　编：666200

地　址：勐海县勐海镇象山新街15号

中国建设银行楚雄州分行

行　长：吴秉勤

电　话：(0878) 3019888

邮　编：675000

地　址：楚雄市鹿城东路142号

大姚县支行

行　长：张思梭

电　话：(0878) 6222146

邮　编：675400

地　址：大姚县金碧镇正街25号

禄丰县支行

行　长：李建武

电　话：(0878) 4122120

邮　编：651200

地　址：禄丰县金山镇南路136号

牟定县支行

行　长：贾　武

电　话：(0878) 5211676

邮　编：675500

地　址：牟定县共和镇新南路

中国建设银行大理州分行

行　长：李　林

电　话：(0872) 2281999

邮　编：67100

地　址：大理市泰安路泰安桥北

祥云县支行

行　长：杨　云

电　话：(0872) 3121395

邮　编：672100

地　址：祥云县祥城镇八里路

宾川县支行

副行长：陈建华

电　话：(0872) 7142148

邮　编：671600

地　址：宾川县牛井镇环城南路

南涧县支行

行　长：李官章

电 话：(0872) 8521341
邮 编：675700
地 址：南涧县城富民街

巍山县支行

副行长：忽昭明
电 话：(0872) 6122767
邮 编：672400
地 址：巍山县巍城西路

漾濞县支行

行 长：陈代章
电 话：(0872) 6122767
邮 编：672400
地 址：巍山县巍城西路

洱源县支行

副行长：洪渭清
电 话：(0872) 5124346
邮 编：671200
地 址：洱源县城新区洱周路

鹤庆县支行

行 长：王 伟
电 话：(0872) 4121823
邮 编：671500
地 址：鹤庆县西门外新大街

中国建设银行保山市分行

行 长：邝 钧
电 话：(0875) 2160879
邮 编：678000
地 址：保山市隆阳区正阳南路 11 号

昌宁县支行

行 长：王 华
电 话：(0875) 7135988
邮 编：678100
地 址：昌宁县田园镇兴宁街 108 号

龙陵县支行

行 长：董书忠
电 话：(0875) 6121240
邮 编：678300
地 址：龙陵县兴农路 51 号

施甸县支行

行 长：罗振旺
电 话：(0875) 8121103
邮 编：678200
地 址：施甸县甸阳中路

腾冲县支行

行 长：刘川云
电 话：(0875) 5182008
邮 编：679100
地 址：腾冲县秀峰社区融腾小区 59 号

中国建设银行德宏州分行

行 长：杨庆华
电 话：(0692) 2121996
邮 编：678400
地 址：潞西市芒市镇阔时路 43 号

瑞丽市支行

行 长：李 季
电 话：(0692) 4148530
邮 编：678600
地 址：瑞丽市姐岗路 12 号

盈江县支行

行 长：赵治江
电 话：(0692) 8180758
邮 编：679300
地 址：盈江县平源镇永胜路南牌 44 号

中国建设银行丽江市分行

行 长：张步荣
电 话：(0888) 5121098
邮 编：674100
地 址：丽江市福慧路东段

古城支行

副行长：和 昱
电 话：(0888) 5122543
邮 编：674100
地 址：丽江市古城区玉水花园旁

大研支行

行 长：赵丽春
电 话：(0888) 5122177
邮 编：674100
地 址：丽江市福慧路东段

玉龙支行

行 长：和春力
电 话：(0888) 5105019
邮 编：674100
地 址：丽江市雪山中路南段

永胜县支行

行 长：赵永华
电 话：(0888) 6561153
邮 编：674200
地 址：永胜县新大街 56 号

华坪县支行

行　长：江元朝

电　话：（0888）6121520

邮　编：674800

地　址：华坪县中心镇正东街101号

中国建设银行怒江州分行

副行长：张金柱

电　话：（0886）3623804

邮　编：673100

地　址：泸水县六库镇桥东南巷八号

兰坪县支行

行　长：王迎春

电　话：（0886）3211481

邮　编：671400

地　址：兰坪县城沧江路43号

中国建设银行迪庆州分行

行　长：黄志斌

电　话：（0887）8222167

邮　编：674400

地　址：香格里拉县建塘镇池慈卡街46号

中国建设银行临沧市分行

副行长：赵安植

电　话：（0883）2137978

邮　编：677000

地　址：临翔区南塘街399号

凤翔支行

行　长：赵玉芳

电　话：（0883）2122462

邮　编：677000

地　址：临翔区南塘街399号

耿马县支行

行　长：岳永兴

电　话：（0883）6121821

邮　编：677500

地　址：耿马县耿宣镇振兴路

小湾电站支行

行　长：俸明安

电　话：（0883）4691412

邮　编：675909

地　址：凤庆县小湾镇

云县支行

行　长：李治松

电　话：（0883）3211552

邮　编：675800

地　址：云县爱华镇草皮街

漫湾电站支行

行　长：李国美

电　话：（0883）3814248

邮　编：675815

地　址：云县漫湾镇

大朝山电站支行

行　长：彭林祥

电　话：（0883）3891006

邮　编：675811

地　址：云县大朝山西镇

交通银行云南省分行机构负责人名录

交通银行云南省分行

副行长、党委副书记（主持工作）：李大军

副行长：李智斌、刘国强

纪委书记：陈志拴

高级督察：陈广业

邮 编：650021

电 话：0871-3107673

传 真：0871-3107584

地 址：昆明市护国路67号

办公室（党委办公室、宣传部）

主任（部长）：李先龙

电 话：3106609

主任助理：黄立京

电 话：3109019

人力资源部（党委组织部）

总经理（部长）：朱嘉喜

电 话：3107226

副总经理（副部长）：高占鹏

电 话：3171607

资产负债管理部

副总经理（主持）：韩平

电 话：3106622

预算财务部

总经理：陶 彦

电话：3151633

公司业务部（大客户部）

总经理：周 东

电 话：3151385

副总经理：李 俊

电 话：3151303

总经理助理：刘 敏

电 话：3151303

个人金融业务部

总经理：张 颖

电 话：3106475

副总经理：郭 雄

电话：3105227

总经理助理：张力中

电 话：3105181

总经理助理：周俊波

电 话：3105227

国际业务部

副总经理：杨 涛

电 话：3105217

总经理助理：杨 扬

电 话：3108409

电子银行部

总经理：熊良宾

电 话：3102612

授信管理部

副总经理（主持）：刘 嘉

电 话：3104607

总经理助理：石一洲

电 话：3172579

零售信贷管理部

副总经理（主持）：常 春

电 话：3105177

总经理助理：武 俊

电 话：3102066

风险管理部（法律合规部）

副总经理（主持）：牛 毅

电 话：3151236

总经理助理：赵 璐

电 话：3172208

资产保全部

总经理：袁 荣

电 话：3185805

副总经理：熊志培

电 话：3192667

会计结算部

总经理：梁楚华
电　话：3107221
总经理助理：刘　征
电　话：3174448
账务中心
主　任：曾尔树
副主任：陈秀华（正职级）
电　话：3105133
审计部
总经理：方　毅
电　话：3198043
信息技术部
总经理：古勇坚
电　话：3636802
监察室
主任助理：周小戈
电　话：3191280
保卫部
总经理：王政武
电　话：3184742　7428　13708437531
工会办公室
主　任：赵　虹
电　话：3191235
服务管理办公室
主　任：李　萍
电　话：3106190
督察组
组　长：李新民
电　话：3182713
信用卡中心昆明直销办事处
总经理：杨保亚
电　话：3640819
公司业务拓展部
总经理：王　征
电　话：3155056
总经理助理：马俊龙
电　话：3175770
公司业务拓展二部
总经理：尤　卫
电　话：3190988
总经理助理：刘红松
电　话：3151617
个贷营销中心
主　任：周绍武
电　话：3618747

昆明市营业机构

护国支行
行　长：任静云
电　话：3189318
行长助理：边　庆
电　话：3185319
行长助理：刘　莹
电　话：3185319
邮　编：650021
地　址：昆明市护国路67号
正义支行
行　长：沈晓燕
电　话：3632630
副行长：李旻昊
电　话：3628002
行长助理：张力中
电　话：3643078
邮　编：650021
地　址：昆明市人民中路82号
五华支行
行　长：陈保和
电　话：3646159
副行长：韩　竹
电　话：3614713
行长助理：张　帆
电　话：3614713
邮　编：650031
地　址：昆明市东风西路137号
北辰支行
行　长：陈晓娴
电　话：3134196
副行长：陈永红
电　话：3135364
副行长：刘卫东
电　话：3135347
邮　编：650224
地　址：昆明市北辰财富中心
高新支行
行　长：章　皓
电　话：8311869
行长助理：王　健
电　话：8311598
邮　编：650106

第四部分　机构、人员情况篇

地 址：昆明市海源中路高新招商大厦

白龙路支行

行 长：李旻昊

电 话：5636356-25

行长助理：段 飞

电 话：5635362-24

邮 编：650224

地 址：昆明市白龙路375号

北区支行

行 长：罗 云

电 话：5192621

行长助理：周迎春

电 话：5198616

邮 编：650051

地 址：昆明市北京路657号

圆通支行

行 长：刘颖健

电 话：5127096

行长助理：顾云松

电 话：5174022

行长助理：李 伟

电 话：5148665

邮 编：650031

地 址：昆明市圆通街31号

官渡支行

行 长：莫宏伟

电 话：7189951

副行长：李纯云

电 话：7151272

行长助理：骆建伟

电 话：7164165

邮 编：650200

地 址：昆明市民航路官渡广场426号

西区支行

行 长：伍文智

电 话：8225891

副行长：刘 洁

电 话：8223589

副行长：陆 坤

电 话：8223723

邮 编：650118

地 址：昆明市兴苑路88号

世纪城支行

行 长：李 进

电 话：8031809

副行长：姚 勇

电 话：8031804

行长助理：冯 娟

电 话：8031811

邮 编：650214

地 址：昆明世纪城春城佳墅

穿金路支行

行 长：李 坤

电 话：8157933

副行长：吴 林

电 话：8157939

邮 编：650051

地 址：昆明市穿金路193号

柏联支行

行 长：付一平

电 话：3613839

副行长：卢芝平

电 话：3618122

邮 编：650021

地 址：昆明市柏联广场

翠湖支行

行 长：段锦宏

电 话：5374472

副行长：周利坚

电 话：5375473

邮 编：650031

地 址：昆明市翠湖南路69号

建设路支行

行 长：吴云松

电 话：5325911

行长助理：鞠立剑

电 话：3114460

邮 编：650031

地 址：昆明市东风路494号

东风东路支行

行 长：罗云川

电 话：3328679

副行长：高 龙

电 话：3321687

邮 编：650041

地 址：昆明市环城东路266号

春城路支行

行 长：王海波

电　话：3110358
副行长：朱　芸
电　话：3123942
邮　编：650041
地　址：昆明市春城路64号

永昌支行

行　长：王　华
电　话：4147045
副行长：熊明霞
电　话：4175008
邮　编：650034
地　址：昆明市环城南路788号

官南支行

行　长：于少萍
电　话：8058988
行长助理：杨全华
电　话：8058966
邮　编：650200
地　址：昆明市官南大道玫瑰湾小区

西园路支行

行　长：毕金红
电　话：4147301
副行长：贾晓琳
电　话：417261
邮　编：650032
地　址：昆明市西华园路西华商住楼

金星支行

行　长：李　旗
电　话：5711923
副行长：林春红
电　话：5394325
邮　编：650051
地　址：昆明市金星小区金星路111号

拓东路支行

行　长：晏元川
电　话：3122834
行长助理：王海燕
电　话：5747962
邮　编：6500341
地　址：昆明市拓东路75号

新迎支行

行　长：张　宇
电　话：3382738
副行长：端木瑾
电　话：3334920
邮　编：650233
地　址：昆明市新迎路203号

人民东路支行

行　长：刘　丰
电　话：3121459
副行长：沈航燕
电　话：3160375
邮　编：650051
地　址：昆明市人民东路135号

滇池支行

行　长：肖志军
电　话：4606292
副行长：成　黎
电　话：4606293
邮　编：650228
地　址：昆明市日新西路滇池境界

交通银行安宁支行

行　长：山汝霖
电　话：8690868
行长助理：杨荣华
电　话：8690786
邮　编：650300
传　真：8697969
地　址：安宁市百花东路10号

营业部

经　理：冯仁钰
电　话：8695510

湖滨支行

行　长：何　云
电　话：8688135
副行长：柴云涛
电　话：8699754
邮　编：650300
地　址：安宁市金方路9幢35号

昆钢支行

行　长：杨永华
电　话：8652248
副行长：史　俊
电　话：8663366
邮　编：650301
地　址：安宁市昆钢建设街中段

交通银行曲靖分行

行　长：王亚平

电　话：(0874) 8988577
副行长：黄文辉
电　话：(0874) 8988576
副行长：孙丹兵
电　话：(0874) 8988579
行长助理：陶洁燕
电　话：(0874) 8988563
邮　编：655000
传　真：(0874) 8988555
地　址：曲靖市麒麟南路与文昌街交叉口

营业部

经　理：郑　楠
电　话：(0874) 8988528
副经理：陈　健
电　话：(0874) 8988531

南宁路支行

行　长：郑伟顶
电　话：(0874) 3130716
副行长：袁丽萍
电　话：(0874) 3110628
邮　编：655000
地　址：曲靖市南宁北路 1 号

西城支行

行　长：张劲丽
电　话：(0874) 3411991
副行长：徐　静
电　话：(0874) 3411993
邮　编：655000
地　址：曲靖市翠峰西路西苑小区

潇湘支行

行　长：邓惠兰
电　话：(0874) 3210619
副行长：夏志坚
电　话：(0874) 3219245
邮　编：655000
地　址：曲靖市麒麟南路南城门

官坡寺支行

行　长：金雪玉
电　话：(0874) 8988596
副行长：代春龙
电　话：(0874) 3145540
邮　编：655000
地　址：曲靖市麒麟北路老龄委综合楼

金麟支行

行　长：杨得素
电　话：(0874) 3110208
副行长：贺　娇
电　话：(0874) 3110309
副行长：缪迪章
电　话：(0874) 3110135
邮　编：65000
地　址：曲靖市麒麟南路 5-7 号

交通银行玉溪分行

行　长：陈建平
电　话：(0877) 2051166
副行长：郭亚红
电　话：(0877) 2055799
副行长：王　丽
电　话：(0877) 2054438
副行长：陈永庆
电　话：(0877) 2051555
行长助理：夏立成
电　话：(0877) 2056988
邮　编：653100
传　真：(0877) 2056555
地　址：玉溪市红塔区玉兴路 61 号

营业部

经　理：李　耿
电　话：(0877) 2050699
副经理：乔艳梅
电　话：(0877) 2053299

玉江支行

行　长：谢宏喜
电　话：(0877) 2021820
副行长：李　牧
电　话：(0877) 2028282
邮　编：653100
地　址：玉溪市凤凰路 77-1 号

红塔支行

行　长：杨　阳
电　话：(0877) 2061295
副行长：魏玉红
电　话：(0877) 2060080
邮　编：653100
地　址：玉溪市红塔大道 53-12 号

玉兴支行

行　长：马　艳
电　话：(0877) 2018286

副行长：者 红
电 话：（0877）2034507
邮 编：653100
地 址：玉溪市南北大街 43 号

大营街支行
行 长：刘懿萱
电 话：（0877）2774044
副行长：王利民
电 话：（0877）2770821
邮 编：653100
地 址：玉溪市大营街镇南北街 1 号

交通银行楚雄分行
行 长：张 颖
电 话：（0878）3127971
副行长：莫 凡
电 话：（0878）3131843
行长助理：何春明
电 话：（0878）3131778
行长助理：罗健华
电 话：（0878）3114177
传 真：（0878）3121712
邮 编：675000
地 址：楚雄市北浦路 102 号

营业部
经 理：王翠珠
电 话：（0878）3132856

西路支行
行 长：秦 华
电 话：（0878）3121996
邮 编：675000
地 址：楚雄市鹿城西路 143 号

桃源支行
行 长：杨铭东
电 话：（0878）3134992
邮 编：675000
地 址：楚雄市鹿城东路 45 号

东新支行
行 长：毕绍发
电 话：（0878）3123910
邮 编：675000
地 址：楚雄市中大街 2 号

开发区支行
行 长：马雪峰
电 话：（0878）3397510
邮 编：675000
地 址：楚雄市开发区德江路 122 号

交通银行云南省分行机构人员统计表

机构总数（个）		45	
机构类别	省分行	1	
	省辖分行	3	
	支行	41	
地区分布	昆明市	29	
	曲靖市	6	
	玉溪市	5	
	楚雄州	5	
人员总数（人）		1166	
用工结构	正式在岗员工	1005	86%
	派遣制员工	130	11%
	内退员工	31	3%
性别结构	男职工	544	47%
	女职工	622	53%
民族结构	汉族	1063	91%
	少数民族	103	9%
职称结构	高级职称	10	1%
	中级职称	313	27%
	初级职称	320	27%
	无职称	523	45%
学历结构	研究生	44	4%
	本科	559	48%
	大专	341	29%
	其他	222	19%
政治情况	中共党员	447	38%
	共青团员	293	25%
	民主党派	2	0%
	其他	424	36%
年龄结构	30 岁以下	385	33%
	31-40 岁	497	43%
	41-50 岁	218	19%
	51-59 岁	66	6%

招商银行昆明分行机构、负责人名录

招商银行昆明分行

邮　编：650051

地　址：昆明市东风东路48号金泰大厦

办公室

主　任：雷耀辉

电　话：(0871) 3177015

人力资源部

总经理：杨　强

电　话：(0871) 3188318

计划财务部

副总经理（主持工作）：徐宗伟

电　话：(0871) 3182209

信贷管理部

总经理：王晓敏

电　话：(0871) 3182364

授信审批部

总经理：陈　越

电　话：(0871) 3106930

副总经理（主持工作）：邱介茗

公司银行部

总经理：叶　辉

电　话：(0871) 3182267

中小企业部

副总经理（主持工作）：张　旗

电　话：(0871) 3182212

个人信贷部

副总经理（主持工作）：阎　劲

电　话：(0871) 3182898

营业部

总经理：杨明波

电　话：(0871) 3172189

滇池路支行

行　长：孙　瑜

电　话：(0871) 4186698

茭菱路支行

行　长：付烨冰

电　话：(0871) 5368055

春城路支行

行　长：张冀平

电　话：(0871) 3115800

拓东路支行

行　长：雷建凡

电　话：(0871) 3180632

关上支行

行　长：胡　钢

电　话：(0871) 7152755

东风西路支行

行　长：高　云

电　话：(0871) 3622787

霖雨路支行

行　长（主持工作）：徐瑞丽

电　话：(0871) 5884373

阳光支行

副行长（主持工作）：刘吉萍

电　话：(0871) 4633810

零售银行部

总经理：舒静宜

电　话：(0871) 3182588

国际业务部

副总经理（主持工作）：李　燕

电　话：(0871) 3182361

审计部

副总经理（主持工作）：周恩桓

电　话：(0871) 3188735

监察保卫部

总经理：郭明杰

电　话：(0871) 3182066

法律与合规部

电　话：5636999

地　址：昆明市新迎小区白云路153号

邮　编：650233

高新支行

行　长：兰银山

电　话：8326798

地　址：昆明市高新技术开发区科医路50号

邮　编：650106

官渡支行

行　长：罗　敏

电　话：7158357

地　址：昆明市关上中路37号

邮　编：650200

红塔支行

行　长：杨忠华

电　话：3575036

地　址：昆明市北京路155号附1号红塔大厦

邮　编：650011

大观支行

行　长：李　鷗

电　话：5388128

地　址：昆明市西昌路708号

邮　编：650032

华山支行

行　长：田　莉

电　话：3621016

地　址：昆明市华山东路1号

邮　编：650021

东风支行

行　长：赵　斌

电　话：5374499

地　址：昆明市东风西路富春大厦西侧

邮　编：650031

滇池支行

行　长：陈　雯

电　话：4602569

地　址：昆明市滇池路田家地英茂大厦B座

邮　编：650228

翠湖支行

行　长：杜　东

电　话：3154509

地　址：昆明市青云街1号俊园一层

邮　编：650031

金康支行

行　长：赵　坚

电　话：5731968

地　址：昆明市金江路金康园三号门旁

邮　编：650224

广福支行

行　长：黄　红

电　话：4566301

地　址：昆明市南市区十里长街省工商局大楼附楼

邮　编：650200

营业部

主　任：段海丽

电　话：3606999

地　址：昆明市威远街98号

邮　编：650021

华夏银行人员结构表

项目	分类	人数	比例（%）	合计
性别	男	257	48.03%	535
	女	278	51.96%	535
年龄结构	30岁以下	272	50.84%	535
	31-40岁	195	36.44%	535
	41-50岁	59	11.02%	535
	50岁以上	9	1.68%	535
政治面貌	中共党员	196	36.63%	535
	团员	172	32.15%	535
	群众	167	31.21%	535
学历结构	研究生	64	11.96%	535
	大学	304	56.82%	535
	大专	152	28.41%	535
	中专及以下	15	2.8%	535
职称结构	高级职称	7	1.3%	535
	中级职称	82	15.32%	535
	初级职称	58	10.84%	535
	其他	388	72.52%	535

广东发展银行

广东发展银行昆明分行

行　长：朱灿璋
电　话：4154433
副行长：范　刚
电　话：4143983
纪委书记：徐渊哲
电　话：4167245
工会主席：郑大霖
电　话：4143767
地　址：昆明市滇池路2号

办公室

主　任：王建生
电　话：4163536

纪检监察室

主　任（兼）：徐渊哲
电　话：4167245

人力资源部

总经理：李兴才
电　话：4106811

行政保卫部

副总经理（主持工作）：段灵庆
电　话：4104287

科技部

总经理助理（主持工作）：张笑峰
电　话：4154540

电子银行部

总经理：杨　阳
电　话：4163311

稽核部

总经理：饶惠琼
电　话：4106810

资产管理部

副总经理（主持工作）：孟　筠
电　话：4162160

财务管理部

总经理：申　彰
电　话：4192152

信贷管理部

副总经理（主持工作）：孔爱云
电　话：4152436

信贷审查部

负责人：洪　源
电　话：4178935

个人贷款审批中心

总经理助理（主持工作）：武　艺
电　话：4126092

同业合作与资金部

总经理：张晓霞
电　话：4165957

会计结算部

总经理：吕艳杰
电　话：4126352

合规部

总经理：孙海鹏
电　话：4190871

公司银行部

副总经理（主持工作）：刘向东
电　话：4165867

票据保理业务部

总经理：戴　丽
电　话：4140453

零售银行业务部

总经理（兼）：范　刚
电　话：4143983

银行卡中心

负责人：蒲斯伟
电　话：4103317

国际业务部

总经理：孙　刚
电　话：4196383

营业部

总经理：王　翩

电　话：4132723

第一支行

行　长（兼）：郑大霖

电　话：3113866

邮　编：650051

地　址：昆明市人民中路2号

第二支行

行　长：李建美

电　话：3510083

邮　编：650041

地　址：昆明市吴井路33号

第三支行

行　长：王少锋

电　话：5371647

邮　编：650031

地　址：昆明市人民中路丰园大厦

金碧路支行

行　长：李　璐

电　话：3627914

邮　编：650032

地　址：昆明市金碧路194号

江岸支行

行　长：张海波

电　话：5721675

邮　编：650223

地　址：昆明市白云路606号

东风路支行

行　长：曹春静

电　话：3115775

邮　编：650041

地　址：昆明市东风东路47-49号

护国广场支行

行　长：景红光

电　话：3175597

邮　编：650021

地　址：昆明市南屏街4号国托大厦

大商汇支行

副行长（主持工作）：资晓路

电　话：4667413

邮　编：650228

地　址：昆明市官南大道陈家营469号大商汇B区31栋1号

国贸支行

行　长：王　磊

电　话：7171878

邮　编：650200

地　址：昆明市关上中路117号

龙华路支行

行　长：肖　洁

电　话：5643189

邮　编：650224

地　址：昆明市龙华路1号

北京路支行

行　长：和文彬

电　话：5111936

邮　编：650051

地　址：昆明市北京路601号驰宇大厦

广东发展银行玉溪支行

行　长：李凤媛

电　话：（0877）2064662

邮　编：653100

地　址：玉溪市东风南路1号

广东发展银行曲靖支行

行　长：何　苗

电　话：（0874）3130882

邮　编：655000

地　址：曲靖市建设路1-3号

深圳发展银行

深圳发展银行昆明分行

行　长：万安培
电　话：3159308
副行长：周万军
电　话：3159775
财务执行官：胡宏敏
电　话：3159899
信贷执行官：李由文
电　话：3159910
工会主席：陈云鹤
电　话：3159312
邮　编：650021
地　址：昆明市青年路450号华尔顿大厦

办公室

副总经理（主持工作）：李勇卫
电　话：3159232

计划财会部

副总经理（主持工作）：罗波
电　话：3159918

信贷管理部

副总经理（主持工作）：彭海峰
电　话：3159033

公司银行部

副总经理（主持工作）：陈以志
电　话：3159591

零售银行部

总经理助理（主持工作）：徐立
电　话：3159869

信息科技部

总经理助理：李建辉
电　话：3159606

合规部

负责人：刘恩成
电　话：3159879

市场一部

总经理：董艳红
电　话：3159822

市场二部

负责人：邵敏
电　话：3159565

市场三部

负责人：胡波
电　话：3159187

市场四部

负责人：张淑芳
电　话：3159956

市场五部

负责人：史军
电　话：3159860

营业部

负责人：官强
电　话：3159876

官渡支行

行　长：黄国良
电　话：7010198
地　址：昆明市关上民航路493号昆磨大厦

高新支行

行　长：何汝绍
电　话：8336886
地　址：昆明市人民西路368号

北京路支行

行　长：王　涛
电　话：5734990
地　址：昆明市北京路延长线云南省森林公安大厦

拓东支行

副行长（主持工作）：张瑜
电　话：3138096
地　址：昆明市岔街45号2号铺面（昆明市鸿运都市别墅）

滇池支行

负责人：徐　晗
电　话：4162112
地　址：昆明市环城南路658号

颐高支行
行　长：陈　平
电　话：5732655
地　址：昆明市盘龙区北京路898号昆明颐高数码中心二期

日新支行
行　长：杨康荣
电　话：7164186
地　址：昆明市日新东路天耀雅苑

上海浦东发展银行

上海浦东发展银行昆明分行
行　长：李卫星
电　话：5391759
副行长：丁广燕、徐平、潘岭、张云峰
电　话：　5390196、5390508、5391756、5392288
邮　编：650031
地　址：昆明市东风西路156号环球金融大厦

办公室
主　任：许新春
电　话：5390186

人事部
总经理：曹廷伶
电　话：5394215

运营管理部：
总经理：李玉平
电　话：5376625

资金财务部：
总经理：和桂英
电　话：5394208

财务核算中心：
负责人：张丽英（主持工作）
电　话：5391008

总行驻昆明分行审计特派办
审计特派员：谢　军
电　话：5380968

交易产品部
总经理：周　静
电　话：5394203

风险管理部
总经理：范涵敏
电　话：5390119

授信审查部
总经理：吴理平
电　话：5390015

合规部
总经理：耿东杰
电　话：5390071

信用运营中心
副总经理：董凤琼（主持工作）
电　话：5390070

信息科技部
总经理：何　耀
电　话：5391765

公银业务管理部
总经理：杨志新
电　话：5390266

个人信贷部：
副总经理：纳坚（主持工作）
电　话：5390067

银行卡及渠道部
总经理助理：蔡英（主持工作）
电　话：5399655

财富管理部
总经理助理：陈德江（主持工作）
电　话：5390037

公司银行客户二部

总经理：唐一丹
电　话：5391763

白龙路支行
行　长：王浚召
电　话：3306159
邮　编：650233
地　址：昆明市白龙路1号

人民中路支行
行　长：刘崑
电　话：3196376
邮　编：650011
地　址：昆明市人民中路39号附一、二楼

严家地支行
行　长：李峻涛
电　话：4158993
邮　编：650032
地　址：昆明市西园南路21号

人民西路支行
行　长：董　钧
电　话：5317522
邮　编：650031
地　址：昆明市人民西路320号

北京路支行
行　长：蒋炜
电　话：5717663
邮　编：650021
地　址：昆明市北京路920号

拓东路支行
行　长：李仙周
电　话：6108127
邮　编：650021
地　址：昆明市拓东路270号

关上支行
行　长：郝斌
电　话：4166056
邮　编：650012
地　址：昆明市国贸路“君悦兰亭”项目3号商铺

霖雨路支行
行　长：张誉竞
电　话：5886687
邮　编：650024
地　址：昆明市北市区霖雨路156号

玉溪支行
行　长：周国庆
电　话：0877-2012387
邮　编：
地　址：玉溪市龙马路26号

兴业银行

兴业银行昆明分行
行　长：陈　伟
电　话：（0871）3061866
副行长：袁　伟
电　话：3061877
副行长：张辉进
电　话：3061966
邮　编：650011
地　址：昆明市拓东路138号拓东大厦

综合部
总经理：郑友齐
电　话：3061979

计划财务部
副总经理：马志葵
电　话：3061908

风险管理部
副总经理：程永锋
电　话：3061830

零售业务部
总经理：王　峰

电　话：3061901

企业金融部

总经理：吴　玲

电　话：3061821

营业部

总经理：黄　蓓

电　话：3061998

业务拓展一部

副总经理：王海东

电　话：3061886

业务拓展二部

副总经理：高　昀

电　话：3061936

业务拓展三部

副总经理：蔡　耀

电　话：3061832

翠湖支行

副行长：夏　蓉

电　话：5151188

地　址：昆明市青云街3号

北京路支行

副行长：唐　隽

电　话：5713330

地　址：昆明市北京路延长线金童花园2期07—09号

官渡支行

副行长：周谧

电　话：7197123

地　址：昆明市国贸路中段君悦兰庭一楼

人民西路支行

副行长：郑友齐

电　话：8356667

地　址：昆明市人民西路332号

中国民生银行昆明分行机构、负责人名录

中国民生银行昆明分行

副行长（主持工作）：谭万刚

电　话：3565898

副行长：嵘庆云

电　话：3565828

副行长：郑爱民

电　话：3565016

邮　编：650011

地　址：昆明市环城南路331号

分行营业部

总经理：符　鉴

电　话：3565720

邮　编：650011

地　址：昆明市环城南路331号

高新支行

副行长（主持工作）：周存亮

邮　编：650011

地　址：昆明市高新区科锦路35号

关上支行

副行长（主持工作）：毕玉泽

邮　编：650011

地　址：昆明市关上民航路406号

北京路支行

副行长（主持工作）：朱晓涵

邮　编：650011

地　址：昆明市北京路645号

民生街支行

副行长（主持工作）：刘文华

邮　编：650011

地　址：昆明市胜利广场民生街

北市区支行

副行长（主持工作）：段瑜洁

邮　编：650011

地　址：昆明市金夏路15号金实小区华信园

拓东路支行

副行长（主持工作）：李茜

邮　编：650011
地　址：昆明市拓东路27号

滇池路支行

副行长（主持工作）：樊珈羽
邮　编：650011
地　址：昆明市滇池路银海山水间7-9号

云南省农村信用社联合社

云南省农村信用社联合社

理事长：梁希勇
电　话：0871-5106919
主　任：任树云
电　话：0871-5109266
党委副书记：李春晖
电　话：0871-5106597
副理事长：王建中
电　话：0871-5109166
副主任：万仁礼
电　话：0871-5106907
副主任：章观麟
电　话：0871-5106918
副主任：王汉松
电　话：0871-5108099
主任助理：高　波
电　话：0871-3148883
邮 编：650031
地 址：昆明市青云街俊园E3幢

昆明市

昆明市农村信用合作联社

理事长：高　波
电　话：0871-3148883
地　址：昆明市兴仁街50-54号
邮　编：650031

官渡区农村合作银行

董事长：施增荣
电　话：0871-7171064
地　址：昆明市官渡区关上南路217号
邮　编：650200

五华区农村信用合作联社

理事长：宋文斌
电　话：0871-3612460
地　址：护国路48号
邮　编：652100

盘龙区农村信用合作联社

理事长：黄凤仪
电　话：0871-5702111
地　址：昆明市北京路1250号（金色家园．锐空间）
邮　编：650224

西山区农村信用合作联社

理事长：李品涛
电　话：0871-8317158
地　址：昆明市二环西路419号
邮　编：650100

呈贡县农村信用合作联社

理事长：赵嘉贵
电　话：0871-7479193
地　址：呈贡县古云路呈贡信合大厦6楼
邮　编：650500

安宁市农村信用合作联社

理事长：李　勇
电　话：0871-8695545
地　址：安宁市百花东路37号
邮　编：650300

晋宁县农村信用合作联社

理事长：张　磊
电　话：0871-7894081
地　址：昆明晋宁县昆阳镇大东门
邮　编：650600

富民县农村信用合作联社

理事长：杜崇武
电　话：0871-8817666
地　址：富民县永定镇环城南路25号
邮　编：650400

宜良县农村信用合作联社

理事长：李红坤
电 话：0871-7522642
地 址：宜良县匡远镇清远街208号
邮 编：652100

嵩明县农村信用合作联社
理事长：李凤能
电 话：0871—7921549
地 址：嵩明县城彩云路83号
邮 编：651700

石林县农村信用合作联社
理事长：陈世能
电 话：0871—7792041
地 址：石林县城阿诗玛南路195号
邮 编：652200

禄劝县农村信用合作联社
理事长：朵召华
电 话：0871—8913451
地 址：禄劝县城五星路645号
邮 编：651500

东川区农村信用合作联社
理事长：杨 诚
电 话：0871—2161826
地 址：昆明市东川区春晓路西段
邮 编：654100

寻甸县农村信用合作联社
理事长：杨永庆
电 话：0871-2662763
地 址：寻甸县城过境路中段
邮 编：655200

昭通市

昭阳区农村合作银行
董事长：余 平
电 话：0870—2220003
地 址：昭通市昭阳区海楼路83号
邮 编：657000

鲁甸县农村信用合作联社
理事长：杨 舜
电 话：0870—8122068
地 址：鲁甸县文屏东路27号
邮 编：657100

巧家县农村信用合作联社
理事长：陈 斌
电 话：0870—7124057
地 址：巧家县新华北路57号
邮 编：654600

镇雄县农村信用合作联社
理事长：彭 艺
电 话：0870—3123870
地 址：镇雄县乌峰镇建设街9号
邮 编：657200

彝良县农村信用合作联社
理事长：洪国辉
电 话：0870—5122332
地 址：彝良县角奎镇人民街
邮 编：657600

威信县农村信用合作联社
理事长：周清松
电 话：0870—6123494
地 址：威信县扎西镇人民路25号
邮 编：657900

盐津县农村信用合作联社
理事长：饶世金
电 话：0870—6620217
地 址：盐津县盐井镇县大街
邮 编：657500

大关县农村信用合作联社
理事长：张举香
电 话：0870—5620604
地 址：大关县翠华镇顺城路41号
邮 编：657400

永善县农村信用合作联社
理事长：李顺先
电 话：0870—4126789
地 址：永善县溪洛渡镇新华街
邮 编：657300

绥江县农村信用合作联社
理事长：刘学会
电 话：0870—7622644
地 址：绥江县中城镇县府街
邮 编：657700

水富县农村信用合作联社
理事长：彭兴宇
电 话：0870—8631467
地 址：水富县云富镇团结路
邮 编：657800

曲靖市

曲靖市农村信用合作联社
理事长：李 梅

电　话：0874—3386766

地　址：曲靖市廖廓北路中段

邮　编：655000

麒麟区农村信用合作联社

理事长：王石所

电　话：0874—3143392

地　址：曲靖市南宁北路中段

邮　编：655000

宣威市农村信用合作联社

理事长：岳德宽

电　话：0874—7122633

地　址：宣威市城双路33号

邮　编：655400

沾益县农村信用合作联社

理事长：桂宝顺

电　话：0874—3166633

地　址：沾益县拓新路7号

邮　编：655031

马龙县农村信用合作联社

理事长：熊石云

电　话：0874—8880585

地　址：马龙县通泉镇环城西路

邮　编：655100

富源县农村信用合作联社

理事长：苏文春

电　话：0874—4612329

地　址：富源县建设路62号

邮　编：655500

陆良县农村信用合作联社

理事长：万乔富

电　话：0874—6338977

地　址：陆良县中枢镇芙蓉路2号

邮　编：655600

师宗县农村信用合作联社

理事长：黄书平

电　话：0874—5768444

地　址：师宗县丹凤镇丹凤东路

邮　编：655700

罗平县农村信用合作联社

理事长：缪元清

电　话：0874—8212287

地　址：罗平县红星路258号

邮　编：655800

会泽县农村信用合作联社

理事长：王兴美

电　话：0874—5122920

地　址：会泽县钟屏西路18号

邮　编：654200

玉溪市

云南红塔区农村合作银行

董事长：王伟华

电　话：0877—2617977

地　址：玉溪市红塔区东风中路120号

邮　编：653100

通海县农村信用合作联社

理事长：杨鸿寿

电　话：0877—3802703

地　址：通海县秀山镇西大街兴文巷

邮　编：652700

江川县农村信用合作联社

理事长：朱文忠

电　话：0877—8011478

地　址：江川县星云路西段2号

邮　编：652600

澄江县农村信用合作联社

理事长：张正祥

电　话：0877—6685756

地　址：澄江县凤麓镇仙湖路东30号

邮　编：652500

华宁县农村信用合作联社

理事长：樊兴录

电　话：0877—5313747

地　址：华宁县宁州镇宁锦路中段

邮　编：652800

易门县农村信用合作联社

理事长：赵家云

电　话：0877—4861016

地　址：易门县龙泉镇易兴路54号

邮　编：651100

峨山县农村信用合作联社

理事长：旃启宏

电　话：0877—4010475

地　址：峨山县桂锋路

邮　编：653200

新平县农村信用合作联社

理事长：魏崇铭

电　话：0877—7011077

地　址：新平县桂山镇桂山路93号

邮　编：653400

元江县农村信用合作联社

理事长：姜思田

电　话：0877—6011895

地　址：元江县澧江路10号

邮　编：653300

保山市

隆阳区农村信用合作联社

理事长：朱应洲

电　话：0875—2218333

地　址：保山市隆阳区

邮　编：678000

施甸县农村信用合作联社

理事长：王国辉

电　话：0875—8121383

地　址：施甸县甸阳镇甸阳路

邮　编：678200

腾冲县农村信用合作联社

理事长：黄国维

电　话：0875—5185163

地　址：腾冲县腾越镇秀峰社区新闻一小区3号

邮　编：678100

龙陵县农村信用合作联社

理事长：杨新甲

电　话：0875—6121500

地　址：龙陵县龙山镇龙山路57号

邮　编：678300

昌宁县农村信用合作联社

理事长：李　鹏

电　话：0875—7131055

地　址：昌宁县宝丰路8号

邮　编：678100

楚雄州

楚雄市农村信用合作联社

理事长：张绍坤

电　话：0878—3132188

地　址：楚雄市府后街115号

邮　编：675000

双柏县农村信用合作联社

理事长：杜如斌

电　话：0878—7712010

地　址：双伯县人民路37号

邮　编：675100

牟定县农村信用合作联社

理事长：黄志彪

电　话：0878—5217162

地　址：牟定县城新南路

邮　编：675500

南华县农村信用合作联社

主　任：刘建琼

电　话：0878—7221459

地　址：南华县龙泉路

邮　编：675200

姚安县农村信用合作联社

理事长：马　新

电　话：0878—5713868

地　址：姚安县栋川镇宝城路34号

邮　编：675300

大姚县农村信用合作联社

理事长：张如栋

电　话：0878—6221578

地　址：大姚县金碧镇环城北路5号

邮　编：675400

永仁县农村信用合作联社

理事长：黄　平

电　话：0878—6711183

地　址：永仁县永定镇建设路4号

邮　编：651400

元谋县农村信用合作联社

理事长：杨钰章

电　话：0878—8216266

地　址：元谋县元马镇发祥路90号

邮　编：651300

武定县农村信用合作联社

理事长：胡兴荣

电　话：0878—8711984

地　址：武定县中山路26号

邮　编：651600

禄丰县农村信用合作联社

理事长：张国平

电　话：0878—4122799

地　址：禄丰县金山镇文兴路4号

邮　编：651200

红河州

个旧农村信用合作联社

理事长：潘炳寿

电　话：0873—2120226

地　址：个旧市金湖西路南段419号

邮 编：661000

开远市农村信用合作联社

理事长：李学圣

电 话：0873—7223882

地 址：开远市灵泉西路165号

邮 编：661600

蒙自县农村信用合作联社

理事长：雷 云

电 话：0873—3728055

地 址：蒙自县银河路46号

邮 编：661300

建水县农村信用合作联社

理事长：毛家红

电 话：0873—7652139

地 址：建水县临安镇朝阳东路8号

邮 编：651100

石屏县农村信用合作联社

理事长：王 勇

电 话：0873—4859445

地 址：石屏县异龙镇焕文路8号

邮 编：662200

弥勒县农村信用合作联社

理事长：李学文

电 话：0873—6221082

地 址：弥勒县髯翁西路

邮 编：652300

泸西县农村信用合作联社

理事长：刘丽波

电 话：0873—6621142

地 址：泸西县中枢镇九华路78号

邮 编：652400

红河县农村信用合作联社

理事长：邓清福

电 话：0873—4621356

地 址：红河县迤萨镇安帮路

邮 编：654400

屏边县农村信用合作联社

理事长：袁红清

电 话：0873—3221079

地 址：屏边县玉屏镇建设路24号

邮 编：661200

河口县农村信用合作联社

理事长：白金林

电 话：0873—3425334

地 址：河口县槟榄路38号

邮 编：661300

元阳县农村信用合作联社

理事长：郭继兴

电 话：0873—5643285

地 址：元阳县南沙镇五亩路10号

邮 编：662400

金平县农村信用合作联社

理事长：杨国宏

电 话：0873—5222659

地 址：金平县金河镇广街13号

邮 编：661500

绿春县农村信用合作联社

理事长：牛增平

电 话：0873—4221016

地 址：绿春县城正街西段

邮 编：662500

文山州

文山县农村信用合作联社

理事长：杨培龙

电 话：0876—2192000

地 址：文山县普阳路云龙商场

邮 编：663000

砚山县农村信用合作联社

理事长：李 奎

电 话：0876—3122341

地 址：砚山县新丰路1号

邮 编：6631000

西畴县农村信用合作联社

理事长：赵显能

电 话：0876—7623254

地 址：西畴县西洒镇金玉路50号

邮 编：663500

麻栗坡县农村信用合作联社

理事长：李立友

电 话：0876—6621244

地 址：麻栗坡县麻栗镇玉尔贝路191号

邮 编：663600

马关县农村信用合作联社

理事长：王卫松

电 话：0876—7127620

地 址：马关县马元镇园中西路

邮 编：663700

丘北县农村信用合作联社

理事长：刘志超
电　话：0876—4122877
地　址：丘北县锦屏镇人民路25号
邮　编：663200

广南县农村信用合作联社
理事长：陆正军
电　话：0876—5150480
地　址：广南县莲城西路81号
邮　编：663300

富宁县农村信用合作联社
理事长：农成照
电　话：0876—6128028
地　址：富宁县迎宾路46号
邮　编：663400

普洱市

思茅区农村信用合作联社
理事长：罗正明
电　话：0879—2303299
地　址：普洱市茶城大道南38号
邮　编：665000

宁洱县农村信用合作联社
理事长：汪　华
电　话：0879—3232175
地　址：宁洱县风新街
邮　编：665000

墨江县农村信用合作联社
理事长：王庆国
电　话：0879—4231744
地　址：墨江县新建路82号
邮　编：654800

景东县农村信用合作联社
理事长：罗忠敏
电　话：0879—6337952
地　址：景东县城景川路

景谷县农村信用合作联社
理事长：周平荣
电　话：0879—5221513
地　址：景谷县威远路58号
邮　编：666400

镇沅县农村信用合作联社
理事长：杨光宗
电　话：0879—5811836
地　址：镇沅县迎宾路
邮　编：665000

澜沧县农村信用合作联社
主　任：彭先志
电　话：0879—7336792
地　址：澜沧县勐郎镇温泉路
邮　编：665600

西盟县农村信用合作联社
主　任：张　坤
电　话：0879—8343439
地　址：西盟县勐卡路
邮　编：665700

孟连县农村信用合作联社
理事长：杨乔生
电　话：0879—8720695
地　址：孟连县白象街3号
邮　编：665800

江城县农村信用合作联社
理事长：刀红学
电　话：0879—3723083
地　址：江城县勐烈东路14号
邮　编：665900

西双版纳

景洪市农村信用合作联社
理事长：赵明山
电　话：0691—2147759
地　址：景洪市旅游度假区
邮　编：666100

勐海县农村信用合作联社
理事长：岩坦囡
电　话：0691—5120766
地　址：勐海县沿河路63号
邮　编：666200

勐腊县农村信用合作联社
理事长：谢宗海
电　话：0691—8122635
地　址：勐腊县曼它拉路84号
邮　编：666300

大理州

大理市农村合作银行
董事长：桓锦胜
电　话：0872—2162831
地　址：大理市龙溪路131号
邮　编：671000

弥渡县农村信用合作联社
理事长：陈跃明

电　话：0872—8163141

地　址：弥渡县弥城镇建设东路51号

邮　编：675600

祥云县农村信用合作联社

理事长：李耀东

电　话：0872—3122319

地　址：祥云县祥城镇八里镇

邮　编：672100

宾川县农村信用合作联社

理事长：余　海

电　话：0872—7143005

地　址：宾川县金牛镇金牛路21号

邮　编：671600

巍山县农村信用合作联社

理事长：陈家文

电　话：0872—6350876

地　址：巍山县南诏镇华新街100号

邮　编：672400

南涧县农村信用合作联社

理事长：李思忠

电　话：0872—8521068

地　址：南涧县南涧镇富民街54号

邮　编：675700

鹤庆县农村信用合作联社

理事长：郝荣华

电　话：0872—4121809

地　址：鹤庆县云鹤镇环城东路南段

邮　编：671500

洱源县农村信用合作联社

理事长：孙富芳

电　话：0872—5122192

地　址：洱源县河滨路67号

邮　编：671200

剑川县农村信用合作联社

理事长：余　海

电　话：0872—4523271

地　址：剑川县永丰路18号

邮　编：671300

云龙县农村信用合作联社

理事长：杨立宝

电　话：0872—5524588

地　址：云龙县石门镇文笔路29号

邮　编：672700

永平县农村信用合作联社

理事长：张海金

电　话：0872—6520673

地　址：永平县老街镇新光街

邮　编：672600

漾濞县农村信用合作联社

理事长：赵鹏翱

电　话：0872—7521219

地　址：漾濞县上街商业街

邮　编：672500

德宏州

潞西市农村信用合作联社

理事长：杨剑忠

电　话：0692—2121713

地　址：潞西市芒市镇东风西路中段

邮　编：678400

瑞丽市农村信用合作联社

理事长：彭明昌

电　话：0692—4144116

地　址：瑞丽市人民路西面7号

邮　编：678600

梁河县农村信用合作联社

理事长：王兴军

电　话：0692—6161179

地　址：梁河县遮岛镇振兴路53号

邮　编：679200

盈江县农村信用合作联社

理事长：易岩保

电　话：0692—8180559

地　址：盈江县振兴路2号

邮　编：679300

陇川县农村信用合作联社

理事长：杨　莉

电　话：0692—7171780

地　址：陇川县三象路

邮　编：678700

丽江市

古城区农村信用合作联社

理事长：何树恒

电　话：0888—5169325

地　址：丽江市福慧路中段

邮　编：674100

永胜县农村信用合作联社

理事长：杨桂林

电　话：0888—6521530

地　址：永胜县永北镇环城东路97号
邮　编：674200

华坪县农村信用合作联社
理事长：蔡芝明
电　话：0888—6121569
地　址：华坪县中心镇河东新城区滨河路
邮　编：678400

宁蒗县农村信用合作联社
理事长：吴龙文
电　话：0888—5524923
地　址：宁蒗县大兴镇大兴中街153号
邮　编：674300

玉龙县农村信用合作联社
理事长：沈相思
电　话：0888—5392326
地　址：玉龙纳西族自治县丽水园28栋7号
邮　编：674100

怒江州

泸水县农村信用合作联社
理事长：李雄文
电　话：0886—3623059
地　址：泸水县六库镇穿城路100号
邮　编：673100

福贡县农村信用合作联社
理事长：和海军
电　话：0886—3411939
地　址：福贡县上帕镇福兴路
邮　编：673400

兰坪县农村信用合作联社
理事长：杨志鹏
电　话：0886—3211883
地　址：兰坪县环城南路
邮　编：671400

贡山县农村信用合作联社
副主任：孟明辉
电　话：0886—3511995
地　址：贡山县县城
邮　编：673500

迪庆州

香格里拉县农村信用合作联社
理事长：金旭东
电　话：0887—8223695
地　址：香格里拉县建塘镇长征路7号
邮　编：674400

德钦县农村信用合作联社
理事长：阿支
电　话：0887—8412410
地　址：德钦县升平镇南坪街32号
邮　编：674500

维西县农村信用合作联社
理事长：秦仪尧
电　话：0887—8627207
地　址：维西县保和镇复兴村
邮　编：674600

临沧市

临翔区农村信用合作联社
理事长：赵天伦
电　话：0883—2139042
地　址：临沧市临翔区南天路301号
邮　编：677000

云县农村信用合作联社
理事长：杨开贵
电　话：0883—3211594
地　址：云县爱华镇草皮街
邮　编：675800

凤庆县农村信用合作联社
理事长：龚正康
电　话：0883—4211138
地　址：临沧市凤庆县凤山镇接官亭
邮　编：675900

永德县农村信用合作联社
理事长：李正发
电　话：0883—5213601
地　址：永德县德党镇永安区
邮　编：677600

镇康县农村信用合作联社
理事长：杨学明
电　话：0883—6630911
地　址：镇康县南伞镇
邮　编：677700

耿马县农村信用合作联社
理事长：李荣春
电　话：0883-6129628
地　址：耿马县城青年路31号
邮　编：677500

沧源县农村信用合作联社
理事长：刘金城
电　话：0883-7121115

地　址：沧源县广允路
邮　编：677400

双江县农村信用合作联社

理事长：张新强
电　话：0883-7621188
地　址：双江县城南路
邮　编：677300

国泰君安证券股份有限公司昆明人民中路证券营业部

负责人名录

单位名称：国泰君安证券股份有限公司昆明人民中路证券营业部
单位地址：昆明市人民中路9-2号金牛大厦
电　话：95521
邮　编：650051
网　址：www.yngtja.com
总经理：陈　扬
电话：0871-3107159

客户服务部

业务董事：刘曦晖
电　话：0871-3190150
助理业务董事：张涛
电　话：0871-3104408

理财服务部

业务董事：王俊东
电　话：0871-3107149
助理业务董事：陈　怡
电　话：0871-3102486
助理业务董事：陈　岚
电　话：0871-3103282

机构客户部

业务董事：秦嘉学
电　话：0871-3102460
助理业务董事：刘　锐
电　话：0871-3107146

办公室

综合管理：苏海燕
电　话：0871-3102776

财务部

经　理：白　莹
电　话：0871-3189753

后　台

营运经理：张　俊
电话：0871-3189754
电脑主管：余　锐
电　话：0871-3189754
柜台主管：刘静波
电　话：0871-3189755
柜台主管：孟　丹
电　话：0871-3196511

中国信达资产管理公司昆明办事处

中国信达资产管理公司昆明办事处

主　任：黄继林

副主任：陈卫红

主任助理：牛　珍

地　址：昆明市祥云街59号国资银佳大厦19楼

邮　编：650021

综合管理部负责人：王培良（执行高级经理）

电　话：0871—3638666

业务经营部负责人：章伟勇（高级副经理）

电　话：0871—3643687

资金财务部负责人：杨志美（高级副经理）

电　话：0871—3643696

中国太平洋财产保险股份有限公司

中国太平洋财产保险股份有限公司

云南分公司

总经理：马光华

电　话：5131166

副总经理：王军

电　话：5126066

副总经理：陆俊柏

电　话：5126099

副总经理：张淳

电　话：5110209

副总经理：王德

电　话：0877-2031808

办公室

主　任：冷少萍

电　话：5190599

传　真：5136331

人力资源部

经　理：曾昆平

电　话：5153610、5196320

稽核部

经　理：杨国庆

电　话：5190536

计划财务部

经　理：孔云霞

电　话：5110378 5196349

中介业务部

经　理：把志平

电　话：5110581 5136376

业务一部、二部、三部、四部、五部

经　理：刘纳俊、李志宁、杨爱莉、杨颖、刘云强

电　话：5196329、5136355、5110376

国际业务部

副经理：贺　旺

电　话：5110863

货运险部

经　理：刘文庆

电　话：5158007

信息技术部

经　理：姜阳

电　话：5136370

客户服务中心

经　理：李兴明

电　话：5136372

报案电话：5136199 95500

业务管理中心

经　理：王　云

电　话：5118891 5136340

高风险业务部

经　理：李永萍

电　话：5110748

春城支公司

经　理：鲍胜尧

电　话：3116096 3116326

邮　编：650032

地　址：昆明市护国路2—4号广业大厦

官渡支公司

经　理：宁　俊

电　话：7156087 7151747

邮　编：650200

地　址：关上西路34号宏兴大厦

盘龙支公司

经　理：袁　波

电　话：5639008 5639318

邮　编：650225

地　址：白云路418号

晋宁支公司

经　理：瞿长春

电　话：7897993 7897996

邮　编：650600

地　址：晋宁县昆阳街32号

宜良支公司

经　理：陈有贵

电　话：7526417 7526243

邮　编：652100

地　址：宜良县迎宾路112号

安宁支公司

经　理：钱美琴

电　话：8690816 8690814

邮　编：650300

地　址：安宁市中华路富安大厦

玉溪中心支公司

总经理：王　德

电　话：（0877）2034509 2013312

邮　编：653100

地　址：玉溪市棋阳路

元江支公司

副经理：李　超

电　话：（0877）6018960

地　址：元江县环城西路5号

曲靖中心支公司

总经理：杨亚平

电　话：（0874）3117988 3130340

邮　编：655000

地　址：曲靖市麒麟区文化路

楚雄中心支公司

总经理：刘纳俊

电　话：（0878）3394156 3395156

邮　编：675000

地　址：楚雄市经济技术开发区

红河中心支公司

总经理：任伟民

电　话：（0873）5118989 5118868

邮　编：674100

地　址：个旧市中山路96号

大理中心支公司

总经理：杨爱平

电　话：（0872）2139296 2139301

邮　编：671000

地　址：大理市苍山路48号

丽江中心支公司

总经理：李正康

电　话：（0888）5118989 5118868

邮　编：674100

地　址：丽江市香格里大道

保山中心支公司

总经理：章　清

电　话：（0875）2219666 2219776

邮　编：678000

地　址：保山市隆阳区九龙南路

思茅中心支公司

总经理：陈品伟

电　话：（0879）2150767 2150768

邮　编：654100

地　址：思茅市振兴中路太平桥

西双版纳中心支公司

总经理：李　凌

电　话：（0691）2123611 2139308

邮　编：666100

地　址：景洪市旅游度假开发区

文山中心支公司

总经理：曲建忠

电　话：（0876）2133191

邮　编：676100

地　址：文山县城新闻路中段

德宏中心支公司

总经理：韩昌宪

电　话：（0692）2291888 2291666

邮　编：678400

地　址：德宏州芒市啊露窝罗路26号

2008年12月止太保产险云南分公司机构人员表

机构数	机构名称	总人数	未转正	内退	退休	返聘	转正且签订合同人数	备注
分公司（数量1）	中国太平洋财产保险云南分公司	280	23	8	6	13	230	
中心支公司（数量10）	中国太平洋财产保险玉溪中心支公司	87	18		1	1	67	
	中国太平洋财产保险曲靖中心支公司	63	5			3	55	
	中国太平洋财产保险楚雄中心支公司	35	0		1	1	33	
	中国太平洋财产保险大理中心支公司	56	8	1			47	
	中国太平洋财产保险红河中心支公司	51	8				43	
	中国太平洋财产保险丽江中心支公司	59	15				44	
	中国太平洋财产保险保山中心支公司	51	22			2	27	
	中国太平洋财产保险版纳中心支公司	41					41	
	中国太平洋财产保险思茅中心支公司	33	0			3	30	
	中国太平洋财产保险文山中心支公司	32	13			1	18	
支公司（数量6）	春城支公司	42	16	1			25	
	官渡支公司	21	2			1	18	
	盘龙支公司	29	5			2	22	
	宜良支公司	14	3				11	
	安宁支公司	16	2				14	
	晋宁支公司	10					10	
部门	办公室	22		2	2	3	15	
	人力资源部	5		1			4	
	企划宣传部	1					1	
	稽核部	3					3	
	计财部	17	1	1		1	14	
	中介部	3					3	
	信息技术部	7					7	
	业务管理中心	29	4	2		1	22	
	客户服务中心	101	12	1	3	8	77	
	大项目招标办	3					3	
	独立调查办	1					1	
	国际业务部	13		1			12	
	高风险业务部	6					6	
	铁货险部	4					4	
	业务一部	15	1				14	
	业务二部	34	3		1		30	
	业务三部	6					6	
	业务四部	10	2				8	
全省合计		920	140	9	8	28	735	

中国太平洋人寿保险股份有限公司

中国太平洋人寿保险股份有限公司云南分公司

总经理：姚向东

电　话：(0871) 5136066

副总经理：尹建宏

电　话：(0871) 5138705

副总经理：李鸿

电　话：(0871) 5138708

总经理助理：石乃文

电　话：(0871) 5136086

传　真：(0871) 5196068

地　址：昆明市圆通街23号

邮　编：650031

办公室

总经理：刘一兵

电　话：(0871) 5110092

人力资源部

总经理：王凯

电　话：(0871) 5136342

计划财务部

副总经理：许靖华

电　话：(0871) 5196369

合规风险管理部：

总经理：陆其杭

电　话：(0871) 5110255

营运中心

主任助理：鲁　静

电　话：(0871) 5123857

信息技术部

总经理：何朝明

电　话：(0871) 5141803

团体业务部

总经理：张　蓉

电　话：(0871) 5195866

副总经理：李泽慧

电　话：(0871) 5196327

银行保险业务部

总经理：陈玉凤

电　话：(0871) 5138446

总经理助理：吴国强

电　话：(0871) 5126532

个人业务部

总经理：蒋文珍

电　话：(0871) 5142996

总经理助理：杨竞霞

电　话：(0871) 5138446

中国太平洋人寿保险股份有限公司云南分公司营业总部

总经理：张晋明

电　话：(0871) 5114359

总经理助理：张　宇

电　话：(0871) 5114301

总经理助理：朱　瑜

电　话：(0871) 5114321

总经理助理：王　锐

电　话：(0871) 5114330

地　址：昆明市圆通街南廊欧禄文化城6楼

邮　编：650031

中国太平洋人寿保险股份有限公司玉溪中心支公司

总经理：金　霞

电　话：(0877) 2031088

邮　编：653100

地　址：玉溪市玉兴路7号

中国太平洋人寿保险股份有限公司曲靖中心支公司

总经理：李培彦

电　话：(0874) 3366889

邮　编：655000

地　址：曲靖市南宁西路368号

中国太平洋人寿保险股份有限公司楚雄中心支公司

副总经理：罗正海

电　话：(0878) 3391577

邮　编：675000

地　址：楚雄市经济技术开发区永兴小区 A6 幢 2 楼

中国太平洋人寿保险股份有限公司大理中心支公司

总经理：郭漫江

电　话：（0872）2131047

邮　编：671000

地　址：大理市苍山路 9 号

中国太平洋人寿保险股份有限公司红河中心支公司

总经理：赵发明

电　话：（0873）2148895

邮　编：661400

地　址：个旧市中山路江川巷 5 号、9 号

中国太平洋人寿保险股份有限公司保山中心支公司

党委书记：刘一兵

电　话：（0875）2207626

邮　编：678000

地　址：保山市隆阳区正阳北路 178 号

中国太平洋人寿保险股份有限公司思茅中心支公司

总经理：周晓良

电　话：（0879）2150696

邮　编：665000

地　址：思茅市振兴中路 21 号

中国太平洋人寿保险股份有限公司丽江中心支公司

总经理：周卫东

电　话：（0888）5116889

邮　编：674100

地　址：丽江市古城区香格里大道南段

中国太平洋人寿保险股份有限公司德宏中心支公司

总经理：程善东

电　话：（0692）2123199

邮　编：678400

地　址：德宏州潞西市 800 兆大楼

中国太平洋人寿保险股份有限公司文山中心支公司

总经理：和英姿

电　话：（0876）2189933

邮　编：663000

地　址：文山州开化镇秀峰路一号

中国太平洋人寿保险股份有限公司昭通中心支公司

总经理：张朝辉

电　话：（0870）2232636

邮　编：657000

地　址：昭通市昭阳区海楼路 28 号

中国太平洋人寿保险股份有限公司西双版纳中心支公司

总经理：蔡金泉

电　话：（0691）2122840

邮　编：666100

地　址：景洪市民航路 34 号

中国大地财产保险股份有限公司

中国大地财产保险股份有限公司云南分公司

总经理：陈　勇

电　话：0871-3166696

副总经理：袁淑鹏

电　话：0871-3122885

副总经理：付正宇

电　话：0871-3170720

副总经理：纪　东

电　话：0871-3107137

办公室主任：李孟坪

电　话：0871-3121009

值班电话：0871-3180629

传　真：0871-3129929

邮　编：650011

地　址：昆明市北京路 408 号 4、5 楼中国大地保险云南分公司

中国大地财产保险股份有限公司云南分公司营业部

总经理：杨红丽

电　话：0871-8115866

邮　编：650011

地 址：明市北京路408号4楼

中国大地财产保险股份有限公司昆明市五华支公司

经 理：王 娅

电 话：0871-5882188

邮 编：650224

地 址：昆明市烟草路江东耀龙康城11幢3单元102号

中国大地财产保险股份有限公司昆明市盘龙支公司

经 理：左安甫

电 话：0871-8065375

邮 编：650031

地 址：昆明市建工大楼28层

中国大地财产保险股份有限公司昆明市西山支公司

经 理：李 静

电 话：0871-8050380

邮 编：650118

地 址：昆明市人民西路368号二楼

中国大地财产保险股份有限公司昆明市官渡支公司

经 理：杨学辉

电 话：0871-8050415

邮 编：650200

地 址：昆明市关上民航路428号

中国大地财产保险股份有限公司昆明高新技术开发区支公司

经 理：叶凌

电 话：0871-8050350

邮 编：650018

地 址：昆明市刘家营小区7幢2楼

中国大地财产保险股份有限公司昆明市经济开发区支公司

经 理：林慧

电 话：0871-8093530

邮 编：650051

地 址：昆明市环城东路6号游龙大厦5楼

中国大地财产保险股份有限公司昆明新城区营销服务部

经 理：龚志忠

电 话：0871-3106339

邮 编：650011

地 址：昆明市北京路408号4楼

中国大地财产保险股份有限公司昆明度假区营销服务部：

经 理：李 莉

电 话：0871-5625085

邮 编：650221

地 址：昆明市盘龙区白龙路白龙小区商业街A幢1-8轴三楼9号房、轴四楼6号房

中国大地财产保险股份有限公司安宁支公司

经 理：韩愿飞

电 话：0871-8699590

邮 编：650300

地 址：中国工商银行安宁市支行办公大楼一楼

中国大地财产保险股份有限公司大理中心支公司

总经理：杨荣灿

电 话：0872-2329109

地 址：大理市开发区云岭大道16号

邮 编：671000

中国大地财产保险股份有限公司宾川支公司

经 理：阮兆辉

电 话：0872-7310473

邮 编：671600

地 址：宾川县金牛路中段鑫亚酒店临街面一层

中国大地财产保险股份有限公司祥云支公司

经 理：杨绍卫

电 话：0872-3133266

邮 编：672100

地 址：祥云县祥城镇清红路中段电信大楼一楼

中国大地财产保险股份有限公司鹤庆营销服务部

经 理：刘智炳

电 话：0872-6871097

邮 编：671500

地 址：云南省大理州鹤庆县云鹤镇鹤阳西路25号（县电信公司大楼一楼）

中国大地财产保险股份有限公司洱源营销服务部

经 理：杨炬明

电 话：0872-5127048

邮 编：671200

地 址：云南省大理州洱源县茈碧湖镇洱周路

中国大地财产保险股份有限公司弥渡营销服务部

经 理：汪乃波

电 话：0872-8165269

邮 编：675600

地 址：云南省大理州弥渡县弥城镇建宁路电信公司办公楼（公安局对面）

中国大地财产保险股份有限公司南涧营销服务部

经 理：张 平

电 话：0872-8520859

邮　编：675700

地　址：云南省南涧县振兴南路103号

中国大地财产保险股份有限公司巍山营销服务部

经　理：范瑞霞

电　话：0872-6125877

邮　编：672400

地　址：云南省巍山县南诏镇东新街31号

中国大地财产保险股份有限公司永平营销服务部

经　理：齐健军

电　话：0872-6522390

邮　编：672600

地　址：云南省永平县博南镇博南东路44号

中国大地财产保险股份有限公司玉溪中心支公司

总经理：莫宁阳

电　话：0877-2789616

邮　编：653100

地　址：玉溪市南北路43号玉溪汇溪大厦10楼

中国大地财产保险股份有限公司通海支公司

经　理：黄家平

电　话：0877-3804001

邮　编：652700

地　址：通海县秀山镇许家营邮政生产楼一楼

中国大地财产保险股份有限公司玉溪市红塔区支公司

经　理：牟从昆

电　话：0877-2789523

邮　编：653100

地　址：玉溪市南北路43号玉溪汇溪大厦10楼10-12室

中国大地财产保险股份有限公司新平支公司

经　理：梁红英

电　话：0877-7771158

邮　编：653400

地　址：新平县桂山镇新平大道中段新平电信大楼一楼

中国大地财产保险股份有限公司易门营销服务部

经　理：杨　林

电　话：0877-4861918

邮　编：651100

地　址：易门县易兴路31号

中国大地财产保险股份有限公司峨山营销服务部

经　理：马伊磊

电　话：0877-4017059

邮　编：653200

地　址：峨山县双江镇昆洛路

中国大地财产保险股份有限公司江川营销服务部

经　理：龚绍春

电　话：0877-8032767

邮　编：652600

地　址：江川县明珠路114号

中国大地财产保险股份有限公司元江营销服务部

经　理：李　辉

电　话：0877-6517177

邮　编：653300

地　址：元江县澧江镇香江路23-53号

中国大地财产保险股份有限公司曲靖中心支公司

总经理：陈　敏

电　话：0874-3146966

邮　编：655000

地　址：曲靖市麒麟区南宁北路“曲靖通优”B幢1-2层

中国大地财产保险股份有限公司罗平支公司

经　理：李云学

电　话：0874-8219906

邮　编：655800

地　址：罗平县罗雄镇振兴街16号中国工商银行罗平县支行办公大楼1楼、6楼

中国大地财产保险股份有限公司陆良支公司

经　理：张万武

电　话：0874-6222668

邮　编：655600

地　址：陆良县北门外326国道旁陆良县光明汽车修理厂铺面

中国大地财产保险股份有限公司宣威支公司

经　理：孙熙宏

电　话：0874-7204196

邮　编：655400

地　址：宣威市振兴街北段振兴花园218号

中国大地财产保险股份有限公司富源营销服务部

经　理：张　志

电　话：0874-4623528

邮　编：655500

地　址：富源县中安镇胜境大道

中国大地财产保险股份有限公司会泽营销服务部

经　理：汪　泱

电　话：0874—5687929

邮　编：654200

地 址：会泽县通宝路202号烟厂住宅区黄蕊私宅

中国大地财产保险股份有限公司马龙营销服务部

经 理：杜 欣

电 话：0874-8886977

邮 编：655100

地 址：马龙县龙泉路

中国大地财产保险股份有限公司师宗营销服务部

经 理：杨孝飞

电 话：0874-5769555

邮 编：655700

地 址：师宗县通源路

中国大地财产保险股份有限公司沾益营销服务部

经 理：姚 勇

电 话：0874-3166907

邮 编：655500

地 址：云南省沾益县小河底（检测站旁）

中国大地财产保险股份有限公司红河中心支公司

总经理：罗 玲

电 话：0873-3739002

邮 编：661100

地 址：云南省红河州蒙自县天马路与文萃路口易购大厦5楼

中国大地财产保险股份有限公司个旧支公司

经 理：程 文

电 话：0873-2229155

邮 编：661000

地 址：红河州个旧市金湖东路电信大楼12楼

中国大地财产保险股份有限公司弥勒营销服务部

经 理：山琼翠

电 话：0873-6138229

邮 编：652300

地 址：弥勒县弥阳镇吉山南路

中国大地财产保险股份有限公司开远营销服务部

经 理：尹 静

电 话：0873-7237589

邮 编：661600

地 址：开远市东新路金兰家园庆丰大院1号商住楼一层1、2、3号商铺

中国大地财产保险股份有限公司建水营销服务部

经 理：杨 振

电 话：0873-7621418

邮 编：654300

地 址：云南省建水县清远路延长线建水运政所一楼铺面

中国大地财产保险股份有限公司普洱中心支公司

总经理：李忠频

电 话：0879-2162700

邮 编：665000

地 址：普洱市振兴中路18号世纪广场电信大楼一楼

中国大地财产保险股份有限公司景谷支公司

经 理：刘虹利

电 话：0879-5111779

邮 编：666400

地 址：景谷县振兴路大桥头坤华宾馆一楼

中国大地财产保险股份有限公司景东营销服务部

经 理：田海燕

电 话：0879-6225998

邮 编：676200

地 址：景东县建设路农试站5-6号

中国大地财产保险股份有限公司墨江营销服务部

经 理：胡 磊

电 话：0879-4239306

邮 编：654800

地 址：墨江民俗商贸街D区8号

中国大地财产保险股份有限公司澜沧支公司

经 理：陈凤英

电 话：0879-7221122

邮 编：665600

地 址：澜沧县民族街华隆大酒店1层

中国大地财产保险股份有限公司宁洱营销服务部

经 理：吕沛文

电 话：0879-3238980

邮 编：665100

地 址：宁洱县茶源商业街3-112

中国大地财产保险股份有限公司怒江支公司

总经理：刘育松

电 话：0886-3632899

邮 编：673100

地 址：怒江州泸水县六库镇向阳南路232号

中国大地财产保险股份有限公司兰坪营销服务部

经 理：李雪峰

电 话：0886-3213501

邮 编：671400

地 址：兰坪县团结路38号

中国大地财产保险股份有限公司昭通支公司

总经理：张碧丹

电 话：0870-8882070

邮　编：657000

地　址：昭通市昭阳区海楼路民欣花园小区 A 组团 5 幢 20-22 号

中国大地财产保险股份有限公司水富营销服务部

经　理：林叙锋

电　话：0870-8635580

邮　编：657800

地　址：水富县沙坪南路 125 号

中国大地财产保险股份有限公司保山中心支公司

总经理：谢跃荣

电　话：0875-2190191

邮　编：678000

地　址：保山市隆阳区永昌镇永昌商贸园西南片 A 区 30-2 号

中国大地财产保险股份有限公司腾冲营销服务部

经　理：刁春红

电　话：0875-5165590

邮　编：679100

地　址：腾冲县腾越镇满邑社区菜园坡小区 30 号

中国大地财产保险股份有限公司昌宁营销服务部

经　理：李明轩

电　话：0875-7128077

邮　编：678100

地　址：保山市昌宁县右甸镇右甸东路北侧 1-（08）-72 号

中国大地财产保险股份有限公司施甸营销服务部

经　理：余金会

电　话：0875-8121171

邮　编：678200

地　址：施甸县甸阳镇河头一期十单元第一间

中国大地财产保险股份有限公司龙陵营销服务部

经　理：魏永华

电　话：0875-6124447

邮　编：678300

地　址：龙陵县汇源路中段

中国大地财产保险股份有限公司临沧支公司

总经理：曹学明

电　话：0883-2162398

邮　编：677000

地　址：临沧市临翔区世纪路中段临翔区财政局办公楼 1-2 层

中国大地财产保险股份有限公司耿马营销服务部

经　理：张文明

电　话：0883-6126989

邮　编：677500

地　址：耿马县鑫能公司耿马大街 264 号

中国大地财产保险股份有限公司云县营销服务部

经　理：杨文远

电　话：0883-3226778

邮　编：675800

地　址：云县人民银行对面

中国大地财产保险股份有限公司德宏支公司

总经理：郑　军

电　话：0692-2218687

邮　编：678400

地　址：德宏州潞西市芒市华丰国际商城

中国大地财产保险股份有限公司瑞丽营销服务部

经　理：王任飞

电　话：0692-4126177

邮　编：678600

地　址：瑞丽市瑞宏路 69-3 号

中国大地财产保险股份有限公司盈江营销服务部

经　理：尹敏长

电　话：0692-8186699

邮　编：679300

地　址：盈江县永胜路农场总场上段 100 米

中国大地财产保险股份有限公司陇川营销服务部

经　理：熊新友

电　话：0692-7171555

邮　编：678700

地　址：陇川县章凤镇三象路兴国宾馆一楼

中国大地财产保险股份有限公司梁河营销服务部

经　理：杨云春

电　话：0692-6166000

邮　编：679200

地　址：云南省梁河县遮岛镇龙兴路 18 号

中国大地财产保险股份有限公司丽江支公司

总经理：李雪凌

电　话：0888-5134188

邮　编：674100

地　址：丽江市古城区香格里大道南段主干道东侧——丽江市气象局多普勒天气雷达信息处理综合楼 1 楼

中国大地财产保险股份有限公司华坪营销服务部

经　理：李光彬

电　话：0888-6128749

电　话：0871-7796285

邮　编：652200

地　址：石林县石林中路221号石林会议中心

中国大地财产保险股份有限公司东川营销服务部

经　理：李　祥

电　话：0871-2150609

邮　编：654100

地　址：东川区桂苑街南段

中国大地财产保险股份有限公司禄劝营销服务部

经　理：胡春才

电　话：0871-8915590

邮　编：651500

地　址：禄劝县掌鸠河西路路口

中国大地财产保险股份有限公司海口营销服务部

经　理：黄庆云

电　话：0871-8591288

邮　编：650114

地　址：海口中滩街208号

中国大地财产保险股份有限公司宜良营销服务部

经　理：俞大鹏

电　话：0871-7529777

邮　编：652100

地　址：宜良县[illegible]桥路108号

中国人民健康保险股份有限公司云南分公司

中国人民健康保险股份有限公司云南分公司

总经理：常　杰

电　话：0871-5165288

副总经理：徐　芸

电　话：0871-5167588

[illegible]总经理：[illegible]

电　话：0871-5158458

传　真：0871-5165988

值班电话：0871-5165988-8110

投诉电话：0871-5140838

邮　编：650031

公司地址：昆明市青年路33号[illegible]大厦A座1-2楼

红河中心支公司

副总经理：[illegible]

电　话：0873-3742979

邮　编：661100

地　址：蒙自县护国路1号[illegible]一楼3号

楚雄中心支公司

副总经理：[illegible]

电　话：0878-3379866

邮　编：675000

地　址：楚雄市开发区鹿城北路14[illegible]号

普洱中心支公司

副总经理：李宏林

电　话：0879-2828[illegible]

邮　编：665000

地　址：普洱市思茅区茶城大道[illegible]

临沧营销服务部

负责人：刘　[illegible]

电　话：0883-216[illegible]

邮　编：677000

地　址：临沧市社会和劳动保障局（内）

安宁营销服务部

地　址：安宁市[illegible]大厦

第 五 部 分

附　　录

云南省各地区金融机构存贷款余额

单位:亿元

地区	Region	各项存款				各项贷款		
		余额	比年初增减	#居民储蓄存款 余额	#居民储蓄存款 比年初增减	余额	比年初增减	#农业贷款
会泽县	Huize	466067	61619	285603	43443	197083	33425	90036
沾益县	Zhanyi	355651	39573	197342	41946	500254	28633	67730
宣威市	Xuanwei	957164	203161	607424	147507	551558	97555	134014
玉溪市	Yuxi	5644867	671593	2661610	547598	2811003	288731	670353
红塔区	Hongta	3399284	341599	1274663	265710	1640826	94338	217681
江川县	Jiangchuan	361813	44694	223462	42807	201331	17258	51925
澄江县	Chengjiang	258088	33662	157624	33595	147425	38701	37479
通海县	Tonghai	463867	76320	326894	59621	230672	33357	100008
华宁县	Huaning	195833	35501	126254	26346	92140	26290	35752
易门县	Yimen	231986	34467	146859	32949	127391	18036	81945
峨山县	Eshan	267023	41809	150646	30730	119499	27676	45095
新平县	Xinping	284581	46734	155535	34055	154998	22643	47111
元江县	Yuanjiang	182392	16807	99673	21785	96721	10432	53357
保山市	Baoshan	2045913	284021	1270847	227495	1411387	222647	296603
隆阳区	Longyang	879938	79777	520316	88544	687171	51898	106595
施甸县	Shidian	155727	37224	100853	19975	62687	13028	23051
腾冲县	Tengchong	605816	100184	417076	84990	397142	106419	109902
龙陵县	Longling	203427	26213	124403	22188	147714	41137	30257
昌宁县	Changning	200996	40701	108199	11800	116672	10165	26798
昭通市	Zhaotong	2985923	602432	1500095	315172	1633696	358141	337399
昭阳区	Zhaoyang	1123295	233810	460985	104111	691626	196500	69012
鲁甸县	Ludian	105616	24317	60235	13702	75917	15715	21676
巧家县	Qiaojia	157321	33110	87980	17081	60285	11895	23418

云南省各地区金融机构存贷款余额

单位:亿元

地　区　Region		各项存款				各项贷款		
				# 居民储蓄存款				# 农业贷款
		余额	比年初增减	余额	比年初增减	余额	比年初增减	
盐津县	Yanjin	159639	18799	97879	18276	61094	125	19014
大关县	Daguan	124802	26573	67308	14964	40119	5139	16332
永善县	Yongshan	238810	57883	132253	31911	82665	-8367	35929
绥江县	Suijiang	125201	29016	81583	20009	35359	11207	17299
镇雄县	Zhenxiong	345250	97157	186648	49597	136848	19254	51668
彝良县	Yiliang	199369	21343	112968	9601	68353	13628	32604
威信县	Weixin	172396	41839	103261	19624	62826	25475	29620
水富县	Shuifu	234224	18585	108995	16296	318604	67570	20827
丽江市	Lijiang	1705211	324730	940513	201494	1166882	108180	183352
古城区	Gucheng	994828	141223	501488	94840	912453	69780	80496
玉龙县	Yulong							
永胜县	Yongsheng	264583	61370	177784	40863	118775	3925	42879
华坪县	Huaping	315727	87594	200494	51581	107472	28046	46619
宁蒗县	Ninglang	130073	34543	60855	14318	28182	6429	13358
普洱市	Pu'er	2136136	151927	1192381	181484	1552290	247123	323382
思茅区	Simao	799795	42621	395629	76836	836342	154114	54393
宁洱县	Ning'er	173465	-10444	119748	9676	120209	13835	40632
墨江县	Mojiang	184959	421	106241	12688	92880	6073	20280
景东县	Jingdong	166630	30488	103769	15622	80346	8375	33583
景谷县	Jinggu	190951	6354	119083	15724	148504	14542	48348
镇沅县	Zhenyuan	133968	19573	87843	14807	76069	13070	51980
江城县	Jiangcheng	82372	3664	44772	5784	54608	26364	11768
孟连县	Menglian	132688	8889	96727	13642	57498	6364	32847

云南省各地区金融机构存贷款余额

单位:亿元

地区	Region	各项存款				各项贷款		
		余额	比年初增减	#居民储蓄存款 余额	#居民储蓄存款 比年初增减	余额	比年初增减	#农业贷款
澜沧县	Lancang	219506	42732	99501	14149	73440	2504	23905
西盟县	Ximeng	51797	7627	19065	2557	12394	1890	5646
临沧市	Lincang	1348499	199615	743313	115566	1119476	135914	161685
临翔区	Linxiang	442858	53570	196133	37141	367345	21822	23367
凤庆县	Fengqing	174544	19434	106840	13036	195028	10647	20330
云县	Yunxian	172731	21725	113127	17228	123522	-5358	20329
永德县	Yongde	113731	22813	68487	10587	81237	2791	8627
镇康县	Zhenkang	114056	20396	59380	8150	71726	-714	15009
双江县	Shuangjiang	84953	17192	43267	5773	53308	-5341	39328
耿马县	Gengma	163062	29762	110368	19313	68509	-2747	22903
沧源县	Cangyuan	81953	14500	45709	4337	36412	-7571	5853
楚雄州	Chuxiong	2967505	543764	1574931	337268	1576165	307526	458565
楚雄市	Chuxiong	1392680	216420	592717	131854	891088	157486	155219
双柏县	Shuangbo	94734	20971	60819	16696	34020	888	12738
牟定县	Mouding	124571	24342	83914	18395	52083	17825	24289
南华县	Nanhua	147629	32513	86411	16579	100482	8010	33547
姚安县	Yao'an	128602	26622	86980	16280	53069	8129	28282
大姚县	Dayao	201802	47440	115222	20093	96451	9883	34670
永仁县	Yongren	90286	22379	45048	9499	25936	3226	11047
元谋县	Yuanmou	149523	32232	95199	17559	49211	8454	25738
武定县	Wuding	193554	40755	115622	26651	90318	11404	44295
禄丰县	Lufeng	443858	79823	292899	65580	188530	21175	74793

云南省各地区金融机构存贷款余额

单位:亿元

地区	Region	各项存款				各项贷款		
				#居民储蓄存款				#农业贷款
		余额	比年初增减	余额	比年初增减	余额	比年初增减	
红河州	Honghe	5320845	778972	3170064	540515	3199935	389383	673555
个旧市	Gejiu	1211526	149652	798713	132597	554683	43350	63233
开远市	Kaiyuan	784533	110579	419584	68242	573804	106651	67981
蒙自县	Mengzi	793583	137044	368957	78769	639968	-33163	76164
屏边县	Pingbian	81566	12176	48514	6897	30568	3748	21886
建水县	Jianshui	548776	77668	425571	50020	211337	27658	90023
石屏县	Shiping	278370	48309	212323	35168	98738	20777	48298
弥勒县	Mile	715526	94955	321650	67754	662208	42135	130226
泸西县	Luxi	311414	61648	218143	48001	188345	31587	79413
元阳县	Yuanyang	131121	20975	80350	9016	47058	3275	24190
红河县	Honghe	87588	16760	53312	10347	28647	4667	13557
金平县	Jinping	128662	20893	72563	14199	65205	5757	16190
绿春县	Luchun	65842	11057	34219	4879	33621	4981	8817
河口县	Hekou	182338	17256	116165	14626	65753	9131	33577
文山州	Wenshan	2391489	313288	1377083	226005	1867917	281949	271369
文山县	Wenshan	910585	115856	465020	73899	881541	119753	73814
砚山县	Yanshan	273775	45315	168316	26671	175298	12913	52787
西畴县	Xichou	131632	34906	72359	14781	61750	12144	17243
麻栗坡县	Malipo	219934	8262	136631	29349	138678	18940	14459
马关县	Maguan	238455	24431	169291	19991	203731	49312	52286
丘北县	Qiubei	156616	30716	100230	21521	103876	18846	21571
广南县	Guangnan	262086	43135	151051	24720	167262	24705	27414
富宁县	Funing	198406	10667	114185	15073	135781	25336	11795

云南省各地区金融机构存贷款余额

单位:亿元

地 区	Region	各项存款				各项贷款		
				#居民储蓄存款				#农业贷款
		余额	比年初增减	余额	比年初增减	余额	比年初增减	
西双版纳州	Xishuangbanna	1576767	204486	954616	169146	976675	232552	177418
景洪市	Jinghong	978045	143334	594975	121897	764274	186288	96068
勐海县	Menghai	274585	27046	135993	22036	105029	25305	28217
勐腊县	Mengla	324136	34106	223647	25213	107372	20927	56361
大理州	Dali	3803376	561793	2161635	384555	2486886	396014	700251
大理市	Dali	1948503	245941	1025590	170483	1460060	223411	302713
漾濞县	Yangbi	80997	13311	41894	6447	36281	2616	16462
祥云县	Xiangyun	353494	68768	221638	39967	155557	33779	51512
宾川县	Binchuan	220120	51200	130255	34252	146531	33979	46317
弥渡县	Midu	182600	35611	128834	26056	66777	11632	41517
南涧县	Nanjian	121332	9462	64461	14430	185117	8306	25918
巍山县	Weishan	164952	13822	105872	15973	61858	7862	37471
永平县	Yongping	101002	15249	60860	12185	51067	19735	22627
云龙县	Yunlong	115628	17205	61633	10851	83366	38002	48248
洱源县	Eryuan	147201	12828	95682	14335	72703	4596	35896
剑川县	Jianchuan	114421	13843	74901	12277	51744	2236	29151
鹤庆县	Heqing	253121	64548	150013	27298	115825	9859	42420
德宏州	Dehong	1618297	204304	1061721	166116	1022193	142153	102336
瑞丽市	Ruili	588956	94493	469797	77647	220638	22782	26681
潞西市	Luxi	531490	37016	299320	59861	456895	83216	38250
梁河县	Lianghe	96056	6037	61189	8275	72100	1774	18668
盈江县	Yingjiang	255407	40267	143909	7461	200706	35289	29014
陇川县	Longchuan	146388	26492	87504	12872	71853	-2508	19088

云南省各地区金融机构存贷款余额

单位:亿元

地区	Region	各项存款				各项贷款		
		余额	比年初增减	#居民储蓄存款 余额	#居民储蓄存款 比年初增减	余额	比年初增减	#农业贷款
怒江州	Nujiang	530782	24807	236261	22851	365887	78733	25800
泸水县	Lushui	259252	52469	96634	15762	186195	44549	10194
福贡县	Fugong	46193	8945	18410	3503	22133	2128	4377
贡山县	Gongshan	33126	4155	13106	1115	18222	6268	1476
兰坪县	Lanping	192211	-40762	108111	2471	139337	25788	9753
迪庆州	Diqing	598030	120956	236914	48151	524329	97413	42570
香格里拉县	Shangri-La	428789	78757	163957	34914	472745	87056	33383
德钦县	Deqin	70585	17519	25717	2115	19384	228	3380
维西县	Weixi	98673	24702	47240	11122	32200	4459	5807

云南金融机构(不含外资)人民币按行业分类表

行业名称	2008-01-31	2008-02-29	2008-03-31	2008-04-30	2008-05-31	2008-06-30	2008-07-31	2008-08-31	2008-09-30	2008-10-31	2008-11-30	2008-12-31
贷款总计	58393887	59286148	59830294	61129261	61908181	62425269	63016056	63523192	64527732	64789869	64597659	65943329
A.农、林、牧、渔业	4815681	4948442	5177412	5256084	5312054	5339517	5389316	5432549	5389151	5466269	5286091	5274380
B.采矿业	2100956	2340345	2114938	2304076	2285005	2276881	2395785	2319266	2315678	2392599	2522025	2524783
C.制造业	8482784	8415312	8753371	8982170	9120785	9044879	8940028	8905100	8992647	9115102	8697646	8734565
D.电力、燃气及水的生产和供应业	10685635	11074757	11325722	11738288	11861561	12293554	12447760	12632939	12650818	12609713	12770068	12750310
E.建筑业	1743282	1747462	1598868	1671604	1709418	1580774	1608008	1655060	1710046	1710711	1712676	1764017
F.交通运输、仓储和邮政业	7329233	7535065	7626548	7708857	7741077	7808063	7905125	8029402	8153493	8171306	8296042	8437609
G.信息传输、计算机服务和软件业	748264	471954	451354	414198	358804	350729	346835	322695	344208	335072	359118	376544
H.批发和零售业	3128532	3065085	3084952	3051831	3263564	3189273	3181470	3330921	3556661	3510872	3369180	3683826
I.住宿和餐饮业	284396	279861	282625	278965	280775	279058	266557	269509	275388	307046	241314	257152
J.金融业	450384	572633	531650	472298	499141	497737	483086	463484	414659	363902	303322	392851
K.房地产业	2422786	2466998	2475140	2489499	2453147	2424465	2434676	2345849	2389753	2359423	2327461	2345687
L.租赁和商务服务业	1157247	1194852	1175903	1202046	1254388	1207478	1297170	1393077	1421069	1647061	1411221	1372469
M.科学研究、技术服务和地质勘查业	266420	266518	286482	259904	263629	265663	264724	262425	265404	83271	308394	374897
N.水利、环境和公共设施管理业	3815172	3921321	3814504	3996382	4017938	4209205	4169034	4228228	4361932	4370476	4620977	4788986
O.居民服务和其他服务业	775226	745477	704736	725650	713206	704738	703142	726394	767416	783199	892173	1033156
P.教育	763269	800288	811955	820146	832589	840465	869039	892197	919211	889769	891519	923201
Q.卫生、社会保障和社会福利业	293245	277250	276090	279481	283182	301477	307523	313059	321618	336601	317081	327995
R.文化、体育和娱乐业	142225	142445	155018	134260	138375	140118	139514	133518	135873	131900	114638	119012
S.公共管理和社会组织	571421	576790	576044	603981	615931	633308	655107	681744	702159	681017	585569	625301
T.国际组织												
对境外贷款			10000	10000	20000	20000	20000	20000	20000	20000	70000	70000
个人贷款	8417730	8443292	8596984	8729542	8883612	9017885	9192156	9165776	9420548	9504560	9501147	9766590
其中:个人消费贷款	6237229	6261907	6339684	6416572	6537044	6650931	6657028	6678354	6782622	6796369	6793412	6896505
附:信托贷款 委托贷款												

云南省金融机构现金统计月报表

（2008 年 12 月 31 日）

单位:万元

收入项目	实际数		比去年同期增减		比去年同期增减%	
	本月份	年累计	本月份	年累计	本月份	年累计
一、商品销售收入	1038723	12127415	-63334	612	-5.75	0.01
二、服务业收入	573375	6415064	-32410	-219189	-5.35	-3.30
三、行政税费收入	94627	1065444	9027	159049	10.55	17.55
四、城乡个体经营收入	252655	2762231	1443	46949	0.57	1.73
五、储蓄存款收入	9743093	110563636	-636330	1193777	-6.13	1.09
六、其他金融性公司收入	35604	524547	3317	76466	10.27	17.07
七、居民归还贷款收入	405652	3526232	-24626	249944	-5.72	7.63
八、汇兑收入	67017	728183	-1328	16550	-1.94	2.33
九、有价证券及其他投资性收入	8571	212713	-22792	-156729	-72.67	-42.42
十、其他收入	1386234	14163186	180637	1805662	14.98	14.61
其中:兑换外币收入	7750	73812	2905	24944	59.96	51.04
收入合计	13605551	152088652	-586397	3173090	-4.13	2.13

云南省金融机构现金统计月报表

（2008 年 12 月 31 日）

单位:万元

支出项目	实际数		比去年同期增减		比去年同期增减%	
	本月份	年累计	本月份	年累计	本月份	年累计
一、工资性及个人其他支出	861626	8357016	-11642	86139	-1.33	1.04
二、农副产品采购支出	302609	4371233	-35090	88453	-10.39	2.07
三、工矿及其他产品采购支出	253862	2961613	-35210	-98820	-12.18	-3.23
四、行政企业管理与经营费支出	511019	4582690	51581	132961	11.23	2.99
五、城乡个体经营支出	364203	3653434	-28610	-10443	-7.28	-0.29
六、储蓄存款支出	9773353	108742319	-572950	760692	-5.54	0.70
七、其他金融性公司支出	19910	317665	-5680	-15584	-22.20	-4.68
八、居民提取贷款支出	178547	2138750	2491	13245	1.41	0.62
九、汇兑支出	32603	411059	-6728	51996	-17.11	14.48
十、有价证券支出	8178	282848	-14923	-113780	-64.60	-28.69
十一、其他支出	1677723	16801447	278288	2041498	19.89	13.83
其中:兑换外币支出	5195	96207	-4758	-45179	-47.81	-31.95
支出合计	13983634	152620074	-378471	2936357	-2.64	1.96
投放(+)、回笼(-)	378082	531422	207926	-236733	122.20	-30.82
附:代发工资	943157	23711713	-7738770	9878077	-89.14	71.41

云南省国有商业银行人民币可比口径信贷运行情况表

（2008年12月31日）

单位：万美元

栏目 / 运用项目名称	本月	比上月		比年初	
	余额	增减	增减%	增减	增减%
一、各项贷款	31648673	507900	1.63	4464556	16.42
1.短期贷款	9287520	5274	0.06	1298445	16.25
（1）工业贷款	4369981	-123011	-2.74	602065	15.98
（2）商业贷款	743284	41855	5.97	152301	25.77
（3）建筑业贷款	336969	9315	2.84	-18896	-5.31
（4）农业贷款	596153	30980	5.48	36294	6.48
（5）乡镇企业贷款					
（6）三资企业贷款	50952	-600	-1.16	6814	15.44
（7）私营企业及个体贷款	267193	22129	9.03	19374	7.82
（8）其他短期贷款	2922987	24607	0.85	500492	20.66
其中：个人短期消费贷款	126843	10853	9.36	13639	12.05
2.中长期贷款	21477753	307098	1.45	2739707	14.62
（1）基本建设贷款	9763474	209174	2.19	2142397	28.11
（2）技术改造贷款	136303	-2996	-2.15	13622	11.10
（3）其他中长期贷款	11577976	100920	0.88	583688	5.31
其中：个人中长期消费贷款	4753021	27676	0.59	372241	8.50
3.票据融资	878527	195026	28.53	423638	93.13
其中：贴现	878527	195026	28.53	423638	93.13
4.各项垫款	4873	502	11.48	2766	131.26
二、有价证券及投资	436618	-5580	-1.26	-68209	-13.51
三、应收及预付款	146194	-1908649	-92.89	90354	161.81
其中：应收利息	108697	-90297	-45.38	26976	33.01
四、买入返售资产		-22515	-100.00	-110	-100.00
五、存放中央银行准备金存款	661735	247228	59.64	-116771	-15.00
六、存放中央银行特种存款					
七、缴存中央银行财政性存款	104532	15607	17.55	12368	13.42
八、同业往来	1	-5	-78.41	-11421	-99.99
1.存放同业	1	-5	-78.41	-7609	-99.98
2.拆放同业				-3812	-100.00
九、系统内资金往来	16061510	1209704	8.15	2587437	19.20
十、代理金融机构贷款	28415			8000	39.19
其中：代理人行专项贷款					
十一、库存现金	307301	-11296	-3.55	-20705	-6.31
十二、外汇占款	3215	-6776	-67.83	1465	83.77
资金运用总计	49398195	25618	0.05	6946966	16.36

云南省国有商业银行外汇可比口径信贷运行情况表

（2008年12月31日）

单位：万美元

栏目 来源项目名称	本月	比上月		比年初	
	余额	增减	增减%	增减	增减%
一、各项存款	43050	-821	-1.87	1063	2.53
1.单位活期存款	11523	-1407	-10.88	1510	15.08
其中：中资企业存款	8907	261	3.02	1507	20.37
外商投资企业存款	1	-1	-47.47	-56	-98.54
2.单位定期存款	2374	-272	-10.29	1102	86.58
其中：中资企业存款	315	-19	-5.78	-258	-45.09
外商投资企业存款	1000			1000	
3.储蓄存款	27942	573	2.09	-1558	-5.28
其中：定期存款	19803	724	3.79	-334	-1.66
4.其他类存款	1210	286	30.99	9	0.74
5.境外存款					
二、境内中长期借款					
三、卖出回购资产					
四、境外筹资	1696	123	7.82	38	2.32
五、向中央银行借款					
六、中央银行存款					
七、应付及暂收款	1008	-444	-30.58	-1733	-63.23
其中：应付及预提利息	379	-130	-25.56	-13	-3.24
八、同业存放	4424	111	2.58	2050	86.31
（1）境内同业存放	4074	111	2.81	1701	71.65
（2）境外同业存放	350			349	
九、同业拆入	177	-485	-73.26	177	
（1）境内同业拆入					
（2）境外同业拆入	177	-485	-73.26	177	
十、委托基金存款（净）	-359	-32	9.62	-359	
十一、外汇买卖	458	39	9.33	65	16.65
其中：结售汇	469	-1045	-69.01	233	98.38
十二、境内联行存放					
十三、境外联行存放	326	105	47.51	326	
十四、各项准备	365	32	8.64	-12	-3.37
其中：贷款损失准备	365	32	8.72	-11	-3.01
十五、所有者权益	1520	51	3.32	-360	-23.66
其中：实收资本					
当年结益	1520	51	3.32	1520	100.00
十六、其他	3430	-893	0.24	-301	-8.06
资金来源总计	56095	-2214	-1.96	954	1.73

云南省国有商业银行外汇可比口径信贷运行情况表

（2008年12月31日）

单位:万美元

栏目 运用项目名称	本月	比上月		比年初	
	余额	增减	增减%	增减	增减%
一、各项贷款	31492	1292	4.15	-12740	-28.23
1.短期贷款	2622	79	2.81	1488	105.66
（1）境内短期贷款	2622	79	2.81	1488	105.66
其中:中资企业贷款	2620	79	2.81	1828	171.55
其中:外商投资企业贷款				-186	-100.00
（2）境外短期贷款					
2.中长期贷款	16485	974	6.05	-13484	-44.12
（1）境内中长期贷款	16485	974	6.05	-13484	-44.12
其中:中资企业贷款	14374	767	5.40	-13388	-47.22
外商投资企业贷款					
（2）境外中长期贷款					
3.进出口贸易融资	6795	48	0.71	-242	-3.44
4.票据融资	1	-5	-81.82	1	746.15
其中:贴现					
5.各项垫款				3	7.97
6.境外筹资转贷款	5589	196	3.63	-506	-8.30
二、投资					
1.购买有价证券					
其中:购买境外有价证券					
2.其他投资					
其中:投资境外					
三、应收及预付款	399	-1171	-293.37	-81	-20.24
其中:应收及预付利息	385	-169	-44.03	-57	-14.71
四、买入返售资产					
五、存放中央银行					
其中:缴存准备金					
六、存放同业	6			4	299.28
（1）存放境内同业					
（2）存放境外同业	6			4	299.28
七、拆放同业					
（1）拆放境内同业					
（2）拆放境外同业					
八、存放境内联行	22659	-2117	-8.87	13741	171.42
九、存放境外联行					
十、库存现金	1540	-218	-12.40	29	1.94
资金运用总计	56095	-2214	-1.96	954	1.73

第五部分 附录

云南省政策性银行人民币信贷运行情况表

（2008 年 12 月 31 日）

单位:万元

栏目 / 来源项目名称	本月 余额	比上月 增减	比上月 增减%	比年初 增减	比年初 增减%
一、各项存款	913599	−463908	−33.68	202454	28.47
1.企业存款	893001	−465400	−34.26	193828	27.72
（1）活期存款	811461	−244810	−23.18	154753	23.56
（2）定期存款	81540	−220590	−73.01	39075	92.02
2.机关团体存款					
3.储蓄存款					
（1）活期储蓄					
（2）定期储蓄					
4.农业存款					
5.其他存款	20598	1492	7.81	8626	72.05
二、代理财政性存款	188187	−38405	−16.95	25465	15.65
三、金融债券					
其中:政策性金融债券					
四、应付及暂收款	30061	9202	44.11	11954	66.02
其中:应付及预提利息	3857	−370	−8.76	3140	437.73
五、卖出回购资产					
六、向中央银行借款					
七、同业往来	751704	93757	14.25	666066	
1.同业存放	751704	93757	14.25	666066	
2. 同业拆借					
八、系统内资金往来	8284462	329418	4.14	892802	12.08
九、委托存款及委托投资基金(净)					
1.委托存款及委托投资基金					
2.减:委托贷款及委托投资					
十、代理金融机构委托贷款基金	428			315	278.76
其中:中央银行委托贷款基金					
十一、各项准备					
其中:贷款损失准备金					
十二、所有者权益	182445	−17674	−8.83	28543	18.55
其中:实收资本				−13182	−100.00
当年结益	182445	15272	9.14	182445	
十三、其他	−9738	−1511	18.37	13419	−57.95
资金来源总计	10341149	−89123	−0.85	1841018	21.66

云南省政策性银行人民币信贷运行情况表

（2008年12月31日）

单位：万元

栏目 运用项目名称	本月 余额	比上月 增减	比上月 增减%	比年初 增减	比年初 增减%
一、各项贷款	10062687	-7487	-0.07	1619271	19.18
1.短期贷款	1510561	-33746	-2.19	238186	18.72
(1)工业贷款					
(2)商业贷款	901573	25522	2.91	153897	20.58
(3)建筑业贷款					
(4)农业贷款					
(5)乡镇企业贷款					
(6)三资企业贷款					
(7)私营企业及个体贷款					
(8)其他短期贷款	608988	-59268	-8.87	84289	16.06
其中：个人短期贷款					
2.中长期贷款	8552126	26259	0.31	1381085	19.26
(1)基本建设贷款	5913683	28090	0.48	869884	17.25
(2)技术改造贷款					
(3)其他中长期贷款	2638443	-1831	-0.07	511201	24.03
其中：个人中长期贷款	278	89	47.14	167	150.76
3.票据融资					
其中：贴现					
4.各项垫款					
二、有价证券及投资	11962				
三、应收及预付款	17199	-94335	-84.58	2438	16.52
其中：应收利息	16778	-93376	-84.77	2361	16.38
四、买入返售资产					
五、存放中央银行准备金存款	44508	13522	43.64	17840	66.89
六、存放中央银行特种存款					
七、缴存中央银行财政性存款					
八、同业往来	201405	-212	-0.11	200647	
1.存放同业	201405	-212	-0.11	200647	
2.拆放同业					
九、系统内资金往来					
十、代理金融机构贷款	428			315	278.76
其中：代理人行专项贷款					
十一、库存现金	2488	-158	-5.97	612	32.62
十二、外汇占款	471	-452	-48.96	-105	-18.24
资金运用总计	10341149	-89123	-0.85	1841018	21.66

云南省股份制商业银行人民币信贷运行情况表

（2008 年 12 月 31 日）

单位:万元

栏目 / 来源项目名称	本月	比上月		比年初	
	余额	增减	增减%	增减	增减%
一、各项存款	13257643	1596421	13.69	2093066	18.75
1.企业存款	8456588	978352	13.08	1269489	17.66
（1）活期存款	5328623	766446	16.80	216076	4.23
（2）定期存款	3127965	211906	7.27	1053413	50.78
2.机关团体存款	491690	26431	5.68	110828	29.10
3.储蓄存款	2591492	344209	15.32	670215	34.88
（1）活期储蓄	1107383	207555	23.07	105840	10.57
（2）定期储蓄	1484109	136654	10.14	564375	61.36
4.农业存款	626	182	40.99	-3602	-85.19
5.其他存款	1717247	247247	16.82	46136	2.76
二、代理财政性存款	5751	1562	37.29	4341	307.87
三、金融债券					
其中:政策性金融债券					
四、应付及暂收款	253674	6099	2.46	63335	33.27
其中:应付及预提利息	71884	2266	3.25	27494	61.94
五、卖出回购资产	887778	-236904	-21.06	887778	
六、向中央银行借款					
七、同业往来	601150	-13581	-2.21	-469094	-43.83
1.同业存放	601150	-13581	-2.21	-469094	-43.83
2.同业拆借					
八、系统内资金往来					
九、委托存款及委托投资基金(净)	266868	-199071	-42.72	151743	131.81
1.委托存款及委托投资基金	761613	-208078	-21.46	264847	53.31
2.减:委托贷款及委托投资	494745	-9008	-1.79	113104	29.64
十、代理金融机构委托贷款基金	10				
其中:中央银行委托贷款基金	10				
十一、各项准备	137942	4025	3.01	33964	32.67
其中:贷款损失准备金	134554	4024	3.08	33899	33.68
十二、所有者权益	287199	21248	7.99	121948	73.80
其中:实收资本					
当年结益	314966	29666	10.40	314966	
十三、其他	-7300	-161703		6134	
资金来源总计	15690714	1018095	6.94	2893216	22.61

云南省股份制商业银行人民币信贷运行情况表

（2008 年 12 月 31 日）

单位:万元

运用项目名称 \ 栏目	本月余额	比上月增减	比上月增减%	比年初增减	比年初增减%
一、各项贷款	11340768	526040	4.86	2216769	24.30
1.短期贷款	5094050	134994	2.72	1109232	27.84
（1）工业贷款	2528654	34384	1.38	615587	32.18
（2）商业贷款	631296	21110	3.46	184565	41.31
（3）建筑业贷款	130104	27670	27.01	28636	28.22
（4）农业贷款	1700	500	41.67	-5300	-75.71
（5）乡镇企业贷款					
（6）三资企业贷款	37600	600	1.62	3700	10.91
（7）私营企业及个体贷款	78844	-840	-1.05	47991	155.55
（8）其他短期贷款	1685852	51570	3.16	234053	16.12
其中:个人短期消费贷款	181250	18854	11.61	93552	106.67
2.中长期贷款	5018893	103685	2.11	640474	14.63
（1）基本建设贷款	1685565	53480	3.28	373844	28.50
（2）技术改造贷款	93751	7000	8.07	19951	27.03
（3）其他中长期贷款	3239577	43205	1.35	246679	8.24
其中:个人中长期消费贷款	972833	27234	2.88	154818	18.93
3.票据融资	1226912	287814	30.65	471428	62.40
其中:贴现	1226912	287814	30.65	471428	62.40
4.各项垫款	913	-453	-33.16	-4365	-82.70
二、有价证券及投资	146806	9740	7.11	-91151	-38.31
三、应收及预付款	102017	-58816	-36.57	33538	48.98
其中:应收利息	14744	-46566	-75.95	4168	39.41
四、买入返售资产	970349	-76455	-7.30	814845	
五、存放中央银行准备金存款	300006	90988	43.53	-128477	-29.98
六、存放中央银行特种存款					
七、缴存中央银行财政性存款	952	211	28.43	-114	-10.72
八、同业往来	3247	1630	100.80	-2886	-47.06
1.存放同业	3247	1630	100.80	1214	59.71
2.拆放同业				-4100	-100.00
九、系统内资金往来	2757911	509647	22.67	50619	1.87
十、代理金融机构贷款	10				
其中:代理人行专项贷款	10				
十一、库存现金	68268	9130	15.44	778	1.15
十二、外汇占款	381	5981	-106.80	-704	-64.90
资金运用总计	15690714	1018095	6.94	2893216	22.61

云南省股份制商业银行外汇信贷运行情况表

（2008年12月31日）

单位：万美元

来源项目名称 \ 栏目	本月余额	比上月增减	比上月增减%	比年初增减	比年初增减%
一、各项存款	26517	5703	27.40	9702	57.70
1.单位活期存款	9920	4469	81.99	8255	495.77
其中：中资企业存款	5803	4239	271.04	4679	416.28
外商投资企业存款	222	89	66.86	80	56.29
2.单位定期存款	4937	1542	45.42	2931	146.17
其中：中资企业存款	2207	1587	255.97	1900	
外商投资企业存款	450	–120	–21.05	450	
3.储蓄存款	9503	351	3.83	–661	–6.50
其中：定期存款	5875	382	6.96	103	1.78
4.其他类存款	2157	–659	–23.41	–824	–27.65
5.境外存款					
二、境内中长期借款					
三、卖出回购资产					
四、境外筹资					
五、向中央银行借款					
六、中央银行存款					
七、应付及暂收款	7067	904	14.67	5414	327.58
其中：应付及预提利息	123	–3	–2.13	–7	–5.65
八、同业存放	1835	2	0.11	1427	349.75
（1）境内同业存放	1835	2	0.11	1427	349.75
（2）境外同业存放					
九、同业拆入					
（1）境内同业拆入					
（2）境外同业拆入					
十、委托基金存款(净)	409	–1	–0.24	16	4.02
十一、外汇买卖	58	854	–107.32	–99	–62.96
其中：结售汇	52	854	–106.50	–100	–65.81
十二、境内联行存放					
十三、境外联行存放					
十四、各项准备	374	–110	–29.43	86	23.08
其中：贷款损失准备	374	–110	–29.43	86	23.08
十五、所有者权益	635	158	24.86	363	57.19
其中：实收资本					
当年结益	635	158	24.86	635	100.00
十六、其他	3746	–253	–6.33	–285	–7.08
资金来源总计	40641	7257	21.74	16624	69.22

云南省股份制商业银行外汇信贷运行情况表

（2008年12月31日）

单位:万美元

栏目 / 运用项目名称	本月余额	比上月增减	比上月增减%	比年初增减	比年初增减%
一、各项贷款	6753	898	15.34	-4134	-37.97
1.短期贷款	2509	1094	77.31	-1036	-29.22
(1)境内短期贷款	2509	1094	77.31	-1036	-29.22
其中:中资企业贷款	2509	1094	77.31	-1036	-29.22
其中:外商投资企业贷款					
(2)境外短期贷款					
2.中长期贷款	1059				
(1)境内中长期贷款	1059				
其中:中资企业贷款	516				
外商投资企业贷款					
(2)境外中长期贷款					
3.进出口贸易融资	3184	-196	-5.80	-3086	-49.22
4.票据融资	1			-12	-92.31
其中:贴现					
5.各项垫款					
6.境外筹资转贷款					
二、投资					
1.购买有价证券					
其中:购买境外有价证券					
2.其他投资					
其中:投资境外					
三、应收及预付款	5519	-309	-5.30	4288	348.32
其中:应收及预付利息	69	34	99.05	36	108.70
四、买入返售资产					
五、存放中央银行					
其中:缴存准备金					
六、存放同业	702	-94	-11.79	-461	-39.66
(1)存放境内同业	702	-94	-11.79	-461	-39.66
(2)存放境外同业					
七、拆放同业					
(1)拆放境内同业					
(2)拆放境外同业					
八、存放境内联行	26813	6784	33.87	17020	173.80
九、存放境外联行					
十、库存现金	855	-22	-2.56	-88	-9.35
资金运用总计	40641	7257	21.74	16624	69.22

云南省城市商业银行人民币信贷运行情况表

（2008年12月31日）

单位：万元

来源项目名称 \ 栏目	本月	比上月		比年初	
	余额	增减	增减%	增减	增减%
一、各项存款	3691546	203076	5.82	679987	22.58
1.企业存款	2528391	95114	3.91	491655	24.14
（1）活期存款	2026556	95616	4.95	330255	19.47
（2）定期存款	501835	-502	-0.10	161400	47.41
2.机关团体存款					
3.储蓄存款	822925	85486	11.59	194699	30.99
（1）活期储蓄	412154	65956	19.05	89666	27.80
（2）定期储蓄	410771	19530	4.99	105033	34.35
4.农业存款	7645	601	8.53	4511	143.94
5.其他存款	332585	21875	7.04	-10878	-3.17
二、代理财政性存款	4734	796	20.21	3802	407.94
三、金融债券					
其中：政策性金融债券					
四、应付及暂收款	68172	16937	33.06	19044	38.76
其中：应付及预提利息	19025	4732	33.11	2073	12.23
五、卖出回购资产	102000	-340960	-76.97	-137950	-57.49
六、向中央银行借款					
七、同业往来	377760	66957	21.54	272529	258.98
1.同业存放	367760	86957	30.97	262529	249.48
2. 同业拆借	10000	-20000	-66.67	10000	
八、委托存款及委托投资基金（净）	3607	-471	-11.55	1594	79.19
1.委托存款及委托投资基金	556098	-31798	-5.41	219142	65.04
2.减：委托贷款及委托投资	552491	-31327	-5.37	217548	64.95
九、代理金融机构委托贷款基金	200				
其中：中央银行委托贷款基金	200				
十、各项准备	90853	30681	50.99	55138	154.38
其中：贷款损失准备	88622	30681	52.95	57610	185.77
十一、所有者权益	331624	37829	12.88	81166	32.41
其中：实收资本	270282	60990	29.14	66950	32.93
当年结益	19423	-28909	-59.81	19423	
十二、其他	-28315	-17333		-83058	
资金来源总计	4642181	-2488	-0.05	892252	23.79

云南省城市商业银行人民币信贷运行情况表

（2008 年 12 月 31 日）

单位:万元

栏 目 / 运用项目名称	本月	比上月		比年初	
	余额	增减	增减%	增减	增减%
一、各项贷款	2681090	120579	4.71	565149	26.71
1.短期贷款	1080751	41537	4.00	315192	41.17
（1）工业贷款	219020	–1352	–0.61	88841	68.25
（2）商业贷款	221181	14985	7.27	87471	65.42
（3）建筑业贷款	67465	–5114	–7.05	20717	44.32
（4）农业贷款	5713	–29	–0.51	3073	116.40
（5）乡镇企业贷款	650	650		650	
（6）三资企业贷款	2000	–2000	–50.00	–95	–4.53
（7）私营企业及个体贷款	175809	16924	10.65	75798	75.79
（8）其他短期贷款	388913	17473	4.70	38737	11.06
其中:个人短期消费贷款	35835	–722	–1.97	–2289	–6.00
2.中长期贷款	1056440	59367	5.95	207647	24.46
（1）基本建设贷款	218316	53328	32.32	128139	142.10
（2）技术改造贷款	1335	501	60.07	505	60.84
（3）其他中长期贷款	836789	5538	0.67	79003	10.43
其中:个人中长期消费贷款	148600	–166	–0.11	14822	11.08
3.票据融资	543807	21280	4.07	43765	8.75
其中:贴现	543807	21280	4.07	43765	8.75
4.各项垫款	92	–1605	–94.58	–1455	–94.05
二、有价证券及投资	1081319	–214459	–16.55	172126	18.93
三、应收及预付款	5343	–18363	–77.46	–10958	–67.22
其中:应收利息	3891	–720	–15.61	–3923	–50.20
四、买入返售资产				–71498	–100.00
五、存放中央银行准备金存款	629291	45111	7.72	109496	21.07
六、存放中央银行特种存款				–1000	–100.00
七、缴存中央银行财政性存款	8047	5489	214.58	5840	264.61
八、同业往来	200300	62793	45.67	124085	162.81
1.存放同业	199300	62793	46.00	133085	200.99
2.拆放同业	1000			–9000	–90.00
九、代理金融机构贷款	350				
其中:代理人行专项贷款	150				
十、库存现金	35250	–2410	–6.40	–912	–2.52
十一、外汇占款	1191	–1228	–50.76	–76	–6.00
资金运用总计	4642181	–2488	–0.05	892252	23.79

云南省外资银行合计外资银行外汇信贷收支表

（2008 年 12 月 31 日）

单位:万美元

栏　目 来源项目名称	本　月 余　额	比上月		比年初	
		增减	增减%	增减	增减%
一、各项存款	208	2	0.94	-47	-18.46
1.单位活期存款	29	-1	-4.22	-117	-80.27
其中:中资企业存款					
外商投资企业存款	29	-1	-4.22	-117	-80.27
2.单位定期存款					
其中:中资企业存款					
外商投资企业存款					
3.储蓄存款	66			-1	-1.39
其中:定期存款	56	1	2.24	5	10.89
4.其他类存款	114	3	2.90	71	167.29
5.境外存款					
二、境内中长期借款					
三、卖出回购证券					
四、境外筹资					
五、向中央银行借款					
六、中央银行存款					
七、应付及暂收款	54	42	-43.45	29	110.42
其中:应付及预提利息	15	5	54.20	-10	-39.66
八、同业存放					
(1)境内同业存放					
(2)境外同业存放					
九、同业拆入					
(1)境内同业拆入					
(2)境外同业拆入					
十、委托基金存款(净)					
十一、外汇买卖					
其中:结售汇					
十二、境内联行存放	86	35	68.31	86	
十三、境外联行存放	84			5	6.49
十四、各项准备	15			-73	-82.95
其中:贷款损失准备	15			-73	-82.95
十五、所有者权益	1535	-12	-0.78	-9	-0.55
其中:实收资本	1250			-172	-12.07
当年结益	16	-12	-42.87	16	
十六、其他	1672	-984	-37.04	87	5.47
资金来源总计	3655	-1001	-21.50	77	2.15

云南省外资银行合计外资银行外汇信贷收支表

（2008年12月31日）

单位：万元

栏 目 运用项目名称	本 月 余 额	比上月 增减	比上月 增减%	比年初 增减	比年初 增减%
一、各项贷款				–2432	–100.00
1.短期贷款					
(1)境内短期贷款					
其中：中资企业贷款					
其中：外商投资企业贷款					
(2)境外短期贷款					
2.中长期贷款				–2432	–100.00
(1)境内中长期贷款					
其中：中资企业贷款					
外商投资企业贷款					
(2)境外中长期贷款				–2432	–100.00
3.进出口贸易融资					
4.票据融资					
其中：贴现					
5.各项垫款					
6.境外筹资转贷款					
二、投资					
1.购买有价证券					
其中：购买境外有价证券					
2.其他投资					
其中：投资境外					
三、应收及预付款	44	6	14.51	–7	–14.46
其中：应收及预付利息	31	2	6.71	–21	–40.23
四、买入返售证券					
五、存放中央银行	11			–92	–88.96
其中：缴存准备金	10			–3	–20.16
六、存放同业	3094	–1008	–24.57	2606	
(1)存放境内同业	3062	–1016	–24.91	2621	
(2)存放境外同业	32	8	31.09	–16	–32.93
七、拆放同业	500				
(1)拆放境内同业	500				
(2)拆放境外同业					
八、存放境外联行					
九、库存现金	5	2	56.56	4	245.52
资金运用总计	3655	–1001	–21.50	77	2.15

云南省农村合作机构人民币信贷运行情况表

（2008年12月31日）

单位:万元

来源项目名称 \ 栏目	本月	比上月		比年初	
	余额	增减	增减%	增减	增减%
一、各项存款	14821972	602806	4.24	2714295	22.42
1.企业存款	619254	1238	0.20	115168	22.85
(1)活期存款					
(2)定期存款	619254	1238	0.20	115168	22.85
2.机关团体存款	143954	22260	18.29	11796	8.93
3.储蓄存款	10031186	214644	2.19	2071263	26.02
(1)活期储蓄	4463259	187586	4.39	850155	23.53
(2)定期储蓄	5567927	27058	0.49	1221108	28.09
4.农业存款	3994543	365132	10.06	524745	15.12
5.其他存款	33035	-468	-1.40	-8677	-20.80
二、代理财政性存款	27143	10879	66.89	-5662	-17.26
三、金融债券					
其中:政策性金融债券					
四、应付及暂收款	405380	11970	3.04	17396	4.48
其中:应付及预提利息	294059	40292	15.88	80663	37.80
五、卖出回购资产	115204	-420889	-78.51	115204	
六、向中央银行借款	17618	1300	7.97	-9626	-35.33
七、同业往来	14972	94	0.63	-142556	-90.50
1.同业存放	6693	94	1.42	-2436	-26.68
2. 同业拆借	8279			-140120	-94.42
八、委托存款及委托投资基金(净)	23143	17547	313.56	10312	80.37
1.委托存款及委托投资基金	113801	19910	21.21	37720	49.58
2.减:委托贷款及委托投资	90658	2363	2.68	27408	43.33
九、代理金融机构委托贷款基金	10215	-5268	-34.02	-2577	-20.15
其中:中央银行委托贷款基金					
十、各项准备	298683	62269	26.34	130502	77.60
其中:贷款损失准备	271997	56039	25.95	104093	62.00
十一、所有者权益	718007	13780	1.96	211657	41.80
其中:实收资本	298630	20209	7.26	28489	10.55
当年结益	152266	-18631	-10.90	152266	
十二、其他	-313523	20236		21331	
资金来源总计	16138814	314724	1.99	3060276	23.40

云南省农村合作机构人民币信贷运行情况表

（2008 年 12 月 31 日）

单位:万元

栏目 运用项目名称	本月 余额	比上月 增减	比上月 增减%	比年初 增减	比年初 增减%
一、各项贷款	10177087	204507	2.05	2063817	25.44
1.短期贷款	8049031	156321	1.98	1584491	24.51
(1)工业贷款					
(2)商业贷款					
(3)建筑业贷款					
(4)农业贷款	6861533	79929	1.18	3025839	78.89
(5)乡镇企业贷款	5595	-4187	-42.80	-1620492	-99.66
(6)三资企业贷款					
(7)私营企业及个体贷款	37927	2871	8.19	14050	58.84
(8)其他短期贷款	1143976	77708	7.29	165094	16.87
其中:个人短期消费贷款	205972	13120	6.80	40970	24.83
2.中长期贷款	2064651	55792	2.78	467368	29.26
(1)基本建设贷款					
(2)技术改造贷款					
(3)其他中长期贷款	2064651	55792	2.78	467368	29.26
其中:个人中长期消费贷款	470440	6174	1.33	108565	30.00
3.票据融资	63405	-7606	-10.71	11958	23.24
其中:贴现	63405	-7606	-10.71	11958	23.24
4.各项垫款					
二、有价证券及投资	1589002	-154428	-8.86	310622	24.30
三、应收及预付款	51472	-11786	-18.63	-3504	-6.37
其中:应收利息	24928	9458	61.14	9888	65.74
四、买入返售资产	6040	6040		6040	
五、存放中央银行准备金存款	3246836	635512	24.34	654062	25.23
六、存放中央银行特种存款	44626	-9700	-17.86	-234945	-84.04
七、缴存中央银行财政性存款	2912	1045	55.97	1261	76.38
八、同业往来	714896	-350603	-32.91	252287	54.54
1.存放同业	713627	-350598	-32.94	331312	86.66
2.拆放同业	1269	-5	-0.39	-79025	-98.42
九、代理金融机构贷款	10585	-5123	-32.61	326	3.18
其中:代理人行专项贷款					
十、库存现金	295358	-740	-0.25	10310	3.62
十一、外汇占款					
资金运用总计	16138814	314724	1.99	3060276	23.40

云南省金融机构(不含外资)人民币可比口径信贷收支表

(2008 年 12 月 31 日)

单位:万元

栏目 来源项目名称	本月	比上月		比年初	
	余额	增减	增减%	增减	增减%
一、各项存款	84189434	1277417	1.54	12484044	17.41
1.企业存款	28826903	985771	3.54	3038488	11.78
(1)活期存款	20988075	963559	4.81	688930	3.39
(2)定期存款	7838828	22212	0.28	2349559	42.80
2.财政存款	2401735	-2224661	-48.09	-78102	-3.15
3.机关团体存款	5930475	668797	12.71	1039651	21.26
4.储蓄存款	37837849	1224885	3.35	7373811	24.20
(1)活期储蓄	17373272	961246	5.86	2542803	17.15
(2)定期储蓄	20464578	263639	1.31	4831007	30.90
5.农业存款	4020381	367791	10.07	531912	15.25
6.信托存款					
7.委托存款	302796	-179304	-59.22	171444	56.62
8.其他存款	4869296	434138	8.92	406841	8.36
二、金融债券	113			-1	-0.99
三、应付及暂收款	1703156	144724	9.29	502076	41.80
其中:应付及预收利息	831900	29011	3.61	287101	52.70
四、同业往来	1082744	-206731	-16.03	243633	29.03
五、行内资金往来					
六、各项准备	1057778	289758	37.73	412872	64.02
其中:贷款损失准备	1000548	284377	39.71	405265	68.08
七、所有者权益	2231482	79325	3.69	560616	33.55
其中:实收资本	616912	77905	14.45	78963	14.68
当年结益	1630535	32740	2.05	1630535	
八、其他	-8188593	524160		-918952	
资金来源总计	82076113	2108653	2.64	13284288	19.32

云南省金融机构(不含外资)人民币可比口径信贷收支表

(2008年12月31日)

单位:万元

运用项目名称 \ 栏目	本月余额	比上月增减	比上月增减%	比年初增减	比年初增减%
一、各项贷款	65943329	1345669	2.03	10938315	19.29
1.短期贷款	25054491	298272	1.17	4554195	21.45
(1)工业贷款	7117655	-92534	-1.24	1304338	21.51
(2)商业贷款	2497334	97904	3.70	570888	26.23
(3)建筑业贷款	534538	30855	5.98	28717	5.54
(4)农业贷款	7471836	114571	1.54	3066643	68.49
(5)乡镇企业贷款	6245	-3537	-36.16	-1619842	-99.62
(6)三资企业贷款	90552	-2000	-2.16	10419	13.00
(7)私营企业及个体贷款	584181	41359	7.62	168934	40.68
(8)其他短期贷款	6752150	111655	1.65	1024098	17.43
其中:个人短期消费贷款	551333	42170	8.27	147305	36.37
2.中长期贷款	38170309	552440	1.43	5436525	16.15
(1)基本建设贷款	17581038	344072	1.98	3514264	24.70
(2)技术改造贷款	231389	4505	1.99	34078	17.27
(3)其他中长期贷款	20357882	203863	0.97	1888184	9.82
其中:个人中长期消费贷款	6345172	60922	0.96	650613	11.34
3.信托贷款					
4.融资租赁					
5.委托贷款					
6.票据融资	2712651	496514	22.40	950649	53.95
其中:贴现	2712651	496514	22.40	950649	53.95
7.各项垫款	5878	-1556	-2.25	-3054	-4.33
二、有价证券及投资	3278348	-366129	-10.01	330090	11.14
三、应收及预付款	331879	-343486	-50.48	114939	51.76
其中:应收利息	169074	-233711	-58.00	39650	30.59
四、同业往来	3320	1450	37.23	-5416	-50.33
五、行内资金往来	10510736	1380644	18.74	1813024	26.14
六、金银占款					
七、外汇占款	5258	-2476	-32.01	580	12.40
八、固定资产	1262891	89265	7.61	101344	8.72
九、库存现金	740352	3716	0.50	-8590	-1.15
资金运用总计	82076113	2108653	2.64	13284288	19.32

云南省金融机构(不含外资)本外币可比口径信贷收支表

(2008 年 12 月 31 日)

汇率:6.8346 单位:万元

项目 \ 栏目	本月余额	比上月增减	比上月增减%	比年初增减	比年初增减%
一、各项存款	84704552	1342504	1.61	12551831	17.40
1.企事业单位存款	29056910	1047426	3.74	3153853	12.18
(1)活期存款	21168114	1016537	5.04	778271	3.82
(2)定期存款	7888796	30889	0.39	2375583	43.09
2.储蓄存款	38099582	1231144	3.34	7336369	23.85
(1)活期储蓄	17453783	959976	5.82	2522660	16.90
(2)定期储蓄	20645799	271168	1.33	4813710	30.40
3.信托存款					
4.委托存款	303135	-179526	-59.22	168912	55.72
5.其他存款	17244925	-756540	-4.39	1892696	10.98
二、所有者权益	2255616	80495	3.70	562586	33.23
其中:实收资本	622434	77905	14.31	78583	14.45
当年结益	1649147	34546	2.14	1649147	
三、其他	-19383211	-92211	21.56	-2347118	15.34
资金来源总计	67576956	1330788	1.90	10767299	18.39

云南省金融机构(不含外资)本外币可比口径信贷收支表

(2008 年 12 月 31 日)

汇率:6.8346 单位:万元

项目 \ 栏目	本月余额	比上月增减	比上月增减%	比年初增减	比年初增减%
一、各项贷款	66493015	1355345	1.97	10871887	18.96
1.短期贷款	25316821	296728	1.15	4604085	21.47
2.中长期贷款	38351250	563370	1.46	5360224	15.80
3.信托贷款					
4.委托贷款					
5.其他贷款	106400	323	0.30	-39938	-37.54
6.票据融资	2712665	496480	22.40	950567	53.95
7.各项垫款	5878	-1556	-2.24	-3051	-4.31
二、有价证券及投资	1083941	-24557	-2.19	-104588	-8.70
资金运用总计	67576956	1330788	1.90	10767299	18.39

第五部分 附录

云南省金融机构(含外资)本外币可比口径信贷收支表

(2008年12月31日)

单位:万元

栏目 项目名称	本期	比上月		比年初	
		增减	增减%	增减	增减%
一、各项存款	84707339	1343317	1.61	12552752	17.40
1.企事业单位存款	29058407	1048218	3.74	3154283	12.18
(1)活期存款	21169611	1017329	5.05	778701	3.82
(2)定期存款	7888796	30889	0.39	2375583	43.09
2.储蓄存款	38100096	1231143	3.34	7336394	23.85
(1)活期储蓄	17453856	959907	5.82	2522611	16.89
(2)定期储蓄	20646240	271236	1.33	4813783	30.40
3.信托存款					
4.委托存款	303135	-179526	-59.22	168912	55.72
5.其他存款	17245701	-756518	-4.39	1893162	10.98
二、所有者权益	2276109	80412	3.66	571801	33.55
其中:实收资本	640978	77904	13.84	86743	15.65
当年结益	1649256	34463	2.13	1649256	
三、其他	-19406491	-92942	21.53	-2375021	15.52
资金来源总计	67576956	1330788	1.90	10749532	18.36

云南省金融机构(含外资)本外币可比口径信贷收支表

(2008年12月31日)

单位:万元

栏目 项目名称	本期	比上月		比年初	
		增减	增减%	增减	增减%
一、各项贷款	66493015	1355345	1.97	10854119	18.92
1.短期贷款	25316821	296728	1.15	4604085	21.47
2.中长期贷款	38351250	563370	1.46	5342457	15.74
3.信托贷款					
4.委托贷款					
5.其他贷款	106400	323	0.30	-39938	-37.54
6.票据融资	2712665	496480	22.40	950567	53.95
7.各项垫款	5878	-1556	-2.24	-3051	-4.31
二、有价证券及投资	1083941	-24557	-2.19	-104588	-8.70
资金运用总计	67576956	1330788	1.90	10749532	18.36

云南省金融机构(不含外资)外汇可比口径信贷运行情况表

(2008年12月31日)

单位:万美元

栏目 来源项目名称	本月	比上月		比年初	
	余额	增减	增减%	增减	增减%
一、各项存款	75370	9526	14.47	14130	23.07
1.单位活期存款	26342	7751	41.70	13925	112.16
其中:中资企业存款	19117	8729	84.04	9854	106.39
外商投资企业存款	223	88	65.52	24	12.14
2.单位定期存款	7312	1270	21.02	4034	123.04
其中:中资企业存款	2522	1568	164.35	1642	186.57
外商投资企业存款	1450	-120	-7.64	1450	
3.储蓄存款	38295	918	2.45	-2662	-6.50
其中:定期存款	26515	1103	4.34	-662	-2.44
4.信托存款					
5.委托存款	50	-32	-65.56	-343	
6.其他类存款	3371	-381	-10.15	-824	-19.65
7.境外存款					
二、境外筹资	1696	123	7.82	38	2.32
三、向中央银行借款					
四、中央银行存款					
五、同业存放	4158	194	4.90	3157	315.47
其中:境外同业存放	350			349	
六、应付及暂收款	8097	464	6.09	3656	82.33
其中:应付及预提利息	525	-128	-19.64	-45	-7.92
七、同业拆入	177	-485	-73.26	177	
其中:境外同业拆入	177	-485	-73.26	177	
八、外汇买卖	722	656		-92	-11.23
其中:结售汇	696	-144	-17.25	130	22.88
九、境内联行存放				-9979	-100.00
十、境外联行存放	326	105	47.51	326	
十一、证券业务款项					
十二、各项准备	738	-79	-10.62	73	10.01
其中:贷款损失准备金	738	-79	-10.58	75	10.18
十三、所有者权益	3531	171	4.85	497	14.07
其中:实收资本	808				
当年结益	2723	264	9.70	2723	100.00
十四、其他	7161	-1235		-1067	
资金来源总计	101976	9440	17.01	10916	11.99

云南省金融机构(不含外资)外汇可比口径信贷运行情况表

(2008年12月31日)

单位:万美元

运用项目名称 \ 栏目	本月余额	比上月增减	比上月增减%	比年初增减	比年初增减%
一、各项贷款	80427	1419	1.78	-3861	-4.53
1.短期贷款	38383	-224	-0.58	9318	31.76
(1)境内短期贷款	34783	-3824	-9.84	5718	19.49
其中:中资企业贷款	34781	-3824	-9.84	6058	20.89
外商投资企业贷款				-186	-100.00
(2)境外短期贷款	3600	3600		3600	
2.中长期贷款	26474	1600	6.28	-8704	-24.33
(1)境内中长期贷款	17582	974	5.66	-17596	-49.19
其中:中资企业贷款	14928	767	5.20	-17500	-53.00
外商投资贷款					
(2)境外中长期贷款	8892	626	7.58	8892	
3.进出口贸易融资	9979	-148	-1.46	-3960	-28.41
4.票据融资	2	-5	-70.21	-11	-84.01
其中:贴现					
5.融资租赁					
6.信托贷款					
其中:境外					
7.委托贷款					
8.各项垫款				2	7.97
9.境外筹资转贷款	5589	196	3.63	-506	-8.30
二、有价证券及投资					
其中:境外					
三、应收及预付款	6786	-1780	-26.22	4181	61.62
其中:应收及预付利息	514	-426	-82.80	-46	-8.95
四、存放中央银行	47	-5	-9.62	-20	-29.85
其中:缴存准备金	47	-5	-9.62	-20	-29.85
五、存放同业	222	127	57.21	-452	-204.45
其中:存放境外同业	222	127	133.68	-452	-67.15
六、拆放同业					
其中:拆放境外同业					
七、存放境内联行	11998	9916	839.33	11097	
八、存放境外联行					
九、证券业务占款					
十、库存现金	2496	-237	-8.69	-29	-1.14
资金运用总计	101976	9440	17.01	10916	11.99

外资银行合计云南省外资银行人民币信贷收支表

（2008年12月31日）

单位:万元

栏目 来源项目名称	本月 余额	比上月 增减	增减%	比年初 增减	增减%
一、各项存款	1363	800	142.08	1363	
1.企业存款	1300	800	160.05	1300	
(1)活期存款	1300	800	160.05	1300	
(2)定期存款					
2.机关团体存款					
3.储蓄存款	63			63	
(1)活期储蓄	3	-60	-95.70	3	
(2)定期储蓄	60	60		60	
4.农业存款					
5.其他存款					
二、代理财政性存款					
三、金融债券					
其中:政策性金融债券					
四、应付及暂收款					
其中:应付及预提利息					
五、卖出回购资产					
六、向中央银行借款					
七、同业往来					
1.同业存放					
2.同业拆借					
八、委托存款及委托投资基金(净)					
1.委托存款及委托投资基金					
2.减:委托贷款及委托投资					
九、代理金融机构委托贷款基金					
其中:中央银行委托贷款基金					
十、各项准备					
其中:贷款损失准备					
十一、所有者权益	10000			10000	
其中:实收资本	10000			10000	
当年结益					
十二、其他	-9941	49	-0.49	-9941	
资金来源总计	1421	849	148.43	1421	

外资银行合计云南省外资银行人民币信贷收支表

（2008年12月31日）

单位:万元

栏目 运用项目名称	本月 余额	比上月 增减	比上月 增减%	比年初 增减	比年初 增减%
一、各项贷款					
1.短期贷款					
（1）工业贷款					
（2）商业贷款					
其中:收购贷款					
（3）建筑业贷款					
（4）农业贷款					
（5）乡镇企业贷款					
（6）三资企业贷款					
（7）私营企业及个体贷款					
（8）其他短期贷款					
其中:个人短期贷款					
2.中期流动资金贷款					
3.中长期贷款					
（1）基本建设贷款					
（2）技术改造贷款					
（3）其他中长期贷款					
其中:个人中长期贷款					
4.票据融资					
其中:贴现					
5.各项垫款					
二、有价证券及投资					
三、应收及预付款					
其中:应收利息					
四、买入返售资产					
五、存放中央银行准备金存款					
六、存放中央银行特种存款					
七、缴存中央银行财政性存款					
八、同业往来	1361	861	172.10	1361	
1.存放同业	1361	861	172.10	1361	
2.拆放同业					
九、代理金融机构贷款					
其中:代理人行专项贷款					
十、库存现金	61	-12	-16.44	61	
十一、外汇占款					
资金运用总计	1421	849	148.43	1421	

人民银行(云南)人民币信贷收支表

(2008年12月31日)

单位:万元

项目 栏目	本月	比上月		比年初	
	余额	增减	增减%	增减	增减%
一、财政存款	2123487	-2179388	-50.65	-118758	-5.30
其中:中央财政存款					
地方财政存款	2123487	-2179388	-50.65	-118758	-5.30
二、金融机构存款	4882834	938435	23.79	576934	13.40
1.政策性银行存款	44510	13519	43.62	17840	66.89
2.国有商业银行存款	661768	163827	32.90	-116818	-15.00
3.其他商业银行存款	300006	91759	44.06	-124376	-29.31
4.城市商业银行	615637	31555	5.40	95842	18.44
5.城市信用社	12455	3878	45.21	1177	10.44
6.农村信用社	2957580	635765	27.38	668067	29.18
7.资产管理公司					
8.其他金融机构存款	290878	-1868	-0.64	35201	13.77
三、金融机构特种存款	55626	-9700	-14.85	-224950	-80.17
四、邮政储蓄转存款	321	153	90.68	-679722	-99.95
五、商业银行划来财政性存款	119846	23820	24.81	19767	19.75
六、卖出回购证券					
七、中央银行债券					
八、货币发行					
九、国家资本					
十、当年结益	-175358	-37621	27.31	-175358	
十一、其他	-6789704	1265600	-15.71	592461	-8.03
资金来源总计	217053	1300	0.60	-9626	-4.25

人民银行(云南)人民币信贷收支表

(2008 年 12 月 31 日)

单位:万元

项目 \ 栏目	本月	比上月		比年初	
	余额	增减	增减%	增减	增减%
一、金融机构贷款	217053	1300	0.60	-9626	-4.25
1.政策性银行贷款					
2.国有商业银行贷款					
3.其他商业银行贷款					
4.城市商业银行贷款					
5.城市信用社贷款	3183				
6.农村信用社贷款	17711	1300	7.92	-9626	-35.21
7.资产管理公司贷款					
8.其他金融机构贷款	196159				
9.再贴现					
其中:国有商业银行					
二、专项贷款					
三、金银占款					
四、外汇占款					
五、有价证券及投资					
六、买入返售证券					
七、存放金融机构					
资金运用总计	217053	1300	0.60	-9626	-4.25

云南省农村合作银行人民币信贷运行情况表

(2008 年 12 月 31 日)

单位:万元

栏目 / 来源项目名称	本月	比上月		比年初	
	余额	增减	增减%	增减	增减%
一、各项存款	1693805	63376	3.89	187678	12.46
1.企业存款	135271	6041	4.67	61684	83.82
(1)活期存款					
(2)定期存款	135271	6041	4.67	61684	83.82
2.机关团体存款	4796	2988	165.27	3107	183.96
3.储蓄存款	1022422	20110	2.01	188625	22.62
(1)活期储蓄	342654	20753	6.45	59064	20.83
(2)定期储蓄	679768	-643	-0.09	129561	23.55
4.农业存款	525060	34023	6.93	-63860	-10.84
5.其他存款	6256	214	3.54	-1878	-23.09
二、代理财政性存款	2	-51	-96.23	-5	-71.43
三、金融债券					
其中:政策性金融债券					
四、应付及暂收款	41159	-15869	-27.83	2254	5.79
其中:应付及预提利息	29284	3463	13.41	7506	34.47
五、卖出回购资产		-32000	-100.00		
六、向中央银行借款					
七、同业往来	4980	-1016	-16.94	-2255	-31.17
1.同业存放	4980	-1016	-16.94	-2255	-31.17
2.同业拆借					
八、委托存款及委托投资基金(净)	3	-1	-25.00	-60	-95.24
1.委托存款及委托投资基金	20383	-1		4340	27.05
2.减:委托贷款及委托投资	20380			4400	27.53
九、代理金融机构委托贷款基金	9862	-114	-1.14	494	5.27
其中:中央银行委托贷款基金					
十、各项准备	24287	2126	9.59	8023	49.33
其中:贷款损失准备	22753	1722	8.19	6489	39.90
十一、所有者权益	123707	20997	20.44	37615	43.69
其中:实收资本	55319	14752	36.36	15522	39.00
当年结益	25157	9724	63.01	25157	
十二、其他	-260025	-53925		-34372	
资金来源总计	1637780	-16477	-1.00	199372	13.86

云南省农村合作银行人民币信贷运行情况表

（2008 年 12 月 31 日）

单位:万元

栏目 运用项目名称	本月	比上月		比年初	
	余额	增减	增减%	增减	增减%
一、各项贷款	1203208	34503	2.95	201893	20.16
1.短期贷款	1020110	37649	3.83	188826	22.71
（1）工业贷款					
（2）商业贷款					
（3）建筑业贷款					
（4）农业贷款	937343	36754	4.08	690004	278.97
（5）乡镇企业贷款	5595	-4187	-42.80	-516831	-98.93
（6）三资企业贷款					
（7）私营企业及个体贷款	9717	3726	62.19	8397	
（8）其他短期贷款	67455	1356	2.05	7256	12.05
其中:个人短期消费贷款	24145	2624	12.19	21776	
2.中长期贷款	171648	3903	2.33	15021	9.59
（1）基本建设贷款					
（2）技术改造贷款					
（3）其他中长期贷款	171648	3903	2.33	15021	9.59
其中:个人中长期消费贷款	36115	3644	11.22	7510	26.25
3.票据融资	11450	-7049	-38.10	-1954	-14.58
其中:贴现	11450	-7049	-38.10	-1954	-14.58
4.各项垫款					
二、有价证券及投资	120037	-8689	-6.75	7336	6.51
三、应收及预付款	3288	-2292	-41.08	-168	-4.86
其中:应收利息	1522	-29	-1.87	621	68.92
四、买入返售资产					
五、存放中央银行准备金存款	275663	-590	-0.21	30680	12.52
六、存放中央银行特种存款				-19100	-100.00
七、缴存中央银行财政性存款	193	154	394.87	193	
八、同业往来	7256	-38780	-84.24	-23894	-76.71
1.存放同业	6696	-38775	-85.27	-23889	-78.11
2.拆放同业	560	-5	-0.88	-5	-0.88
九、代理金融机构贷款	9812			497	5.34
其中:代理人行专项贷款					
十、库存现金	18323	-783	-4.10	1935	11.81
十一、外汇占款					
资金运用总计	1637780	-16477	-1.00	199372	13.86

信托投资公司人民币信贷运行情况表

（2008 年 12 月 31 日）

单位:万元

栏目 来源项目名称	本 月 余 额	比上月 增减	比上月 增减%	比年初 增减	比年初 增减%
一、各项存款					
1.信托存款					
2.委托存款					
(1)委托存款					
(2)委托投资基金					
3.保证金存款					
4.其他存款					
二、金融债券					
三、应付及暂收款	21524	-393	-1.79	1526	7.63
其中:应付及预提利息					
四、长期借款					
五、证券业务款项					
六、卖出回购资产					
七、向中央银行借款					
八、同业往来					
1.同业存放					
2.同业拆借					
九、代理金融机构贷款基金					
其中:中央银行委托专项贷款基金					
十、各项准备					
其中:贷款损失准备					
十一、所有者权益	77729	-246	-0.32	7296	10.36
其中:实收资本	48000				
当年结益	33675	-92	-0.27	33675	
十二、其他	-4271	-7		-914	
资金来源总计	94982	-646	-0.68	7908	9.08

信托投资公司人民币信贷运行情况表

（2008 年 12 月 31 日）

单位:万元

栏目 / 运用项目名称	本月	比上月		比年初	
	余额	增减	增减%	增减	增减%
一、各项贷款					
1.信托贷款					
其中:中长期信托贷款					
2.委托贷款					
3.抵押贷款					
4.票据融资					
其中:贴现					
5.融资租赁					
6.各项垫款					
7.其他贷款					
二、委托投资					
三、投资	12641	–1402	–9.98	–6913	–35.35
1.短期投资	2986	–1402	–31.95	–6913	–69.84
2.长期投资	9655				
四、应收及预付款	9584	–1870	–16.33	–1150	–10.71
其中:应收利息					
五、证券业务占款					
六、经营租赁	6119	–24	–0.39	–284	–4.44
七、买入返售资产					
八、存放中央银行准备金存款					
九、存放中央银行特种存款					
十、同业往来	66636	2650	4.14	16264	32.29
1.存放同业	66636	2650	4.14	16264	32.29
2.拆放同业					
十一、代理金融机构贷款					
其中:代理人行专项贷款					
十二、库存现金	2			–9	–81.82
十三、外币占款					
资金运用总计	94982	–646	–0.68	7908	9.08

第五部分 附 录

云南省农村合作金融机构2008年末各项存款统计分析表

单位：万元、%

地区	本期余额	比年初		其中：①对公存款				②储蓄存款				存贷款比例%
				本期余额	占总存款比重%	比年初		本期余额	占总存款比重%	比年初		
		增减	增幅%			增减	增幅%			增减	增幅%	
云南	14821793	2714275	22.42	4790607	32.32	643012	15.50	10031186	67.68	2071263	26.02	68.66
昆明	4267236	619975	17.00	1754080	41.11	146583	9.12	2513156	58.89	473392	23.21	70.44
昭通	956157	214612	28.94	353286	36.95	75619	27.23	602871	63.05	138993	29.96	63.04
曲靖	1475754	355859	31.78	441361	29.91	88511	25.08	1034393	70.09	267348	34.85	66.83
玉溪	1329028	231961	21.14	420442	31.64	20093	5.02	908586	68.36	211868	30.41	63.32
红河	1360233	297105	27.95	373405	27.45	98982	36.07	986828	72.55	198123	25.12	66.17
文山	615126	78446	14.62	142686	23.20	−645	−0.45	472440	76.80	79091	20.11	76.38
思茅	776758	124118	19.02	246898	31.79	31747	14.76	529860	68.21	92371	21.11	69.58
版纳	292412	50559	20.90	93933	32.12	15820	20.25	198479	67.88	34739	21.22	75.79
楚雄	810049	186276	29.86	221861	27.39	45634	25.90	588188	72.61	140642	31.43	61.41
大理	1068376	166191	18.42	307015	28.74	15813	5.43	761361	71.26	150378	24.61	73.47
保山	637893	141514	28.51	111247	17.44	31572	39.63	526646	82.56	109942	26.38	74.20
德宏	320378	52197	19.46	75209	23.48	13626	22.13	245169	76.52	38571	18.67	74.52
丽江	359937	88817	32.76	88562	24.60	19643	28.50	271375	75.40	69174	34.21	66.16
怒江	75333	11438	17.90	29283	38.87	3775	14.80	46050	61.13	7663	19.96	69.92
迪庆	109503	30612	38.80	43551	39.78	13425	44.55	65942	60.22	17187	35.25	54.23
临沧	367620	64595	21.32	87778	23.88	22814	35.12	279842	76.12	41781	17.55	71.87

云南省农村合作金融机构2008年末各项存款统计分析表

单位：万元、%

地区	本期余额	比年初		其中：①对公存款				②储蓄存款				存贷款比例%				
		增减	增幅%	本期余额	占总存款比重%	比年初增减	比年初增幅%	本期余额	占总存款比重%	比年初增减	比年初增幅%					
云南	1693805	187678	58	671383	39.64	–947	–0.14	1022422	60.36	188625	22.62	71.04	1506127	672330	833797	1203208
官渡合行	739444	62500	9.23	310514	41.99	–4748	–1.51	428930	58.01	67248	18.59	72.34	676944	315262	361682	534949
昭阳合行	194132	35665	22.51	74167	38.20	9664	14.98	119965	61.80	26001	27.67	72.19	158467	64503	93964	140146
红塔合行	403929	46924	13.14	160968	39.85	–10451	–6.10	242961	60.15	57375	30.92	60.18	357005	171419	185586	243080
大理合行	356300	42589	13.58	125734	35.29	4588	3.79	230566	64.71	38001	19.73	80.00	313711	121146	192565	285033

云南省农村合作金融机构 2008 年末各项贷款统计分析表

单位:万元、%

地区	各项贷款			其中:①农业贷款			②其他贷款		
	余额	比年初增减	增幅%	余额	比年初增减	增量占各项贷款比重%	余额	比年初增减	增量占各项贷款比重%
云南	10177087	2063816	25.44	8020088	1714809	83.09	2156999	349007	16.91
昆明	3005784	613557	25.65	2354253	501803	81.79	651531	111754	18.21
昭通	602767	140790	30.48	395374	110049	78.17	207393	30741	21.83
曲靖	986237	213420	27.62	871134	194864	91.31	115103	18556	8.69
玉溪	841477	160796	23.62	732342	141655	88.10	109135	19141	11.90
红河	900025	180634	25.11	730612	151456	83.85	169413	29178	16.15
文山	469812	69506	17.36	311588	34752	50.00	158224	34754	50.00
思茅	540472	92156	20.56	359414	77291	83.87	181058	14865	16.13
版纳	221631	51776	30.48	158271	47540	91.82	63360	4236	8.18
楚雄	497487	136030	37.63	422911	115049	84.58	74576	20981	15.42
大理	784910	142959	22.27	654509	140941	98.59	130401	2018	1.41
保山	473330	92151	24.18	393387	71839	77.96	79943	20312	22.04
德宏	238756	39171	19.63	165137	19631	50.12	73619	19540	49.88
丽江	238142	42582	21.77	203646	35865	84.23	34496	6717	15.77
怒江	52675	16852	47.04	34145	10407	61.76	18530	6445	38.24
迪庆	59384	18925	46.78	49668	20341	107.48	9716	–1416	–7.48
临沧	264198	52511	24.81	183697	41326	78.70	80501	11185	21.30

云南省农村合作银行2008年末各项贷款统计分析表

单位：万元、%

地区	各项贷款			其中：①农业贷款			②其他贷款		
	余额	比年初增减	增福%	余额	比年初增减	增量占各项贷款比重%	余额	比年初增减	增量占各项贷款比重%
云南	1203208	201893	20.16	1030346	173702	86.04	172862	28191	13.96
官渡合行	534949	65111	13.86	471795	58308	89.55	63154	6803	10.45
昭阳合行	140146	30519	27.84	72293	15667	51.34	67853	14852	48.66
红塔合行	243080	55974	29.92	220699	51480	91.97	22381	4494	8.03
大理合行	285033	50289	21.42	265559	48247	95.94	19474	2042	4.06

云南省农村合作金融机构2008年末资金来源、运用表

项目名称	本月余额	比年初	增幅%	项目名称	本月余额	比年初	增幅%
一、各项存款	14821793	2714275	22.42	一、各项贷款	10177087	2063816	25.44
1.集体存款	4757751	651806	16.40	(1)农业贷款	8020088	1714809	27.20
(1)活期存款	3994543	524842	15.13	①农户贷款	4564228	819132	21.87
其中:单位银行卡活期存款				其中:农户小额信用贷款	1236669	286539	30.16
(2)定期存款	619254	115168	22.85	农户联保贷款	111496	20579	22.63
其中:单位银行卡定期存款				②农业经济组织贷款	1380131	592367	75.20
2.机关团体存款	143954	11796	8.93	③农村工商业贷款	2075729	303310	17.11
3.储蓄存款	10031186	2071263	26.02	(2)其他贷款	2156999	349007	19.30
(1)活期储蓄存款	4463259	850155	23.53	其中:票据贴现	63405	11958	23.24
其中:个人银行卡活期存款	31604	4927	18.47				
(2)定期储蓄存款	5567927	1221108	28.09				
其中:个人银行卡定期存款				二、有价证券及投资	1589002	310622	24.30
4.农业存款				其中:短期投资	255431	37845	17.39
5.其他存款	32856	-8794	-21.11	长期投资	1326991	272899	25.89
6.代理财政性存款				入股联社资金	6580	-122	-1.82
二、金融债券				三、应收及预付款项	80665	4959	6.55
其中:政策性金融债券				其中:应收利息	24928	9887	65.73
三、应付及暂收款	404906	35206	9.48	四、买入反售证券	6040	6040	0.00
其中:应付及预提利息	294059	80611	37.77	五、缴存中央银行存款准备金	3246836	654061	25.23
四、卖出回购证券	115204	115204	100.00	六、存放中央银行特种存款	44626	-234945	-84.04
五、向中央银行借款	17618	-9626	-35.33	七、存放中央银行财政性存款	2912	1261	76.38
其中:借入中央银行支农再贷款	17618	-9626	-35.33				
六、同业往来	42296	-143360	-74.15	八、同业往来	770091	216600	39.13
1.同业存放	41578	-3360	-7.48	1.存放同业	768822	295625	62.47
2.同业拆借	718	-140000	-94.34	2.拆放同业	1269	-79025	-98.42
七、委托存款及委托投资基金	22773	7410	48.23	九、委托及代理资产业务	101243	27734	37.73
1.委托存款及委托投资基金	124016	35144	39.54	其中:代理人行专项贷款			
2.减:委托贷款及委托投资	101243	27734	37.73				
八、代理金融机构委托贷款基金				十、库存现金	295358	10314	3.62
其中:中央银行委托贷款基金				十一、外汇占款			
九、各项准备	298683	130502	77.60				
其中:贷款损失准备	298683	130502	77.60				
十、所有者权益	535054	47881	9.15	十二、存放联行款项	2582801	-769918	-22.96
其中:实收资本	278421	8278	3.06	十三、存放联社款项	2104089	598673	39.77
股本金	278409	8266	3.06	十四、调出调剂资金	37670	-308451	-89.12
当年结益	169172	169172	469.00	十五、其他资金运用	1142483	157389	15.98
十一、联行存放款项	2598277	-781636	-23.00				
十二、信用社上存联社款项	2072112	536972	34.98				
十三、调入调剂资金	65300	-298350	-82.04				
十四、其他资金来源	1174807	383677	53.11				
资金来源总计	22168823	2738155	14.10	资金运用总计	22168823	2738155	14.10

云南省农村合作银行2008年末资金来源、运用表

项目名称	本月余额	比年初	增幅%	项目名称	本月余额	比年初	增幅%
一、各项存款	1693805	187678	12.46	一、各项贷款	1203208	201893	20.16
1.集体存款	665127	931	0.14	(1)农业贷款	1030346	173702	20.28
(1)活期存款	525060	–63860	–10.84	①农户贷款	248829	31942	14.73
其中:单位银行卡活期存款				其中:农户小额信用贷款	51375	17962	53.76
(2)定期存款	135271	61684	83.82	农户联保贷款	340	221	185.71
其中:单位银行卡定期存款				②农业经济组织贷款	154666	69453	81.51
2.机关团体存款	4796	3107	183.96	③农村工商业贷款	626851	72307	13.04
3.储蓄存款	1022422	188625	22.62	(2)其他贷款	172862	28191	19.49
(1)活期储蓄存款	342654	59064	20.83	其中:票据贴现	11450	–1954	–14.58
其中:个人银行卡活期存款							
(2)定期储蓄存款	679768	129561	23.55				
其中:个人银行卡定期存款				二、有价证券及投资	120037	7336	6.51
4.农业存款				其中:短期投资	28400	9400	49.47
5.其他存款	6256	–1878	–23.09	长期投资	90877	–2064	–2.22
6.代理财政性存款				入股联社资金	760	0	0.00
二、金融债券				三、应收及预付款项	22121	–2062	–8.53
其中:政策性金融债券				其中:应收利息	1522	621	68.92
三、应付及暂收款	41124	8443	25.83	四、买入反售证券	0	0	0.00
其中:应付及预提利息	29284	7506	34.47	五、缴存中央银行存款准备金	275663	30679	12.52
四、卖出回购证券				六、存放中央银行特种存款	0	–19100	–100.00
五、向中央银行借款				七、存放中央银行财政性存款	193	193	0.00
其中:借入中央银行支农再贷款							
六、同业往来	4980	–2255	–31.17	八、同业往来	7256	–23894	–76.71
1.同业存放	4980	–2255	–31.17	1.存放同业	6696	–23889	–78.11
2.同业拆借				2.拆放同业	560	–5	–0.88
七、委托存款及委托投资基金	53	–63	–54.31	九、委托及代理资产业务	30192	4897	19.36
1.委托存款及委托投资基金	30245	4834	19.02	其中:代理人行专项贷款			
2.减:委托贷款及委托投资	30192	4897	19.36				
八、代理金融机构委托贷款基金				十、库存现金	18323	1935	11.81
其中:中央银行委托贷款基金				十一、外汇占款			
九、各项准备	24287	8023	49.33				
其中:贷款损失准备	24287	8023	49.33				
十、所有者权益	104923	22244	26.90	十二、存放联行款项	637829	34972	5.80
其中:实收资本	55319	15522	39.00	十三、存放联社款项	224242	11859	5.58
股本金	55319	15522	39.00	十四、调出调剂资金			
当年结益	18784	9315	98.37	十五、其他资金运用	120434	12189	11.26
十一、联行存放款项	638025	35066	5.82				
十二、信用社上存联社款项							
十三、调入调剂资金		–20000	–100.00				
十四、其他资金来源	152301	21761	16.67				
资金来源总计	2659498	260897	10.88	资金运用总计	2659498	260897	14.10

2008 年云南省银行卡跨行业务统计表

单位:万笔　万元　户　台　万张

日期	银行卡跨行交易量						商户数		POS 终端数		银行卡累计发卡量			
											信用卡		借记卡	
	清算笔数	清算金额	ATM 清算笔数	ATM 清算金额	POS 清算笔数	POS 清算金额	净增数	累计数	净增数	累计数	新增数	累计数	新增数	累计数
2008 年 1 月	375.27	581432.60	186.57	133305.55	161.49	441616.40	479	16522	671	23788	8	124	54	2457
2008 年 2 月	292.80	428342.88	138.26	108203.56	134.65	313516.11	406	16928	622	24410	7	194	46	2503
2008 年 3 月	381.09	571362.46	199.46	136725.82	155.83	426146.90	874	17802	1730	26140	31	163	57	2560
2008 年 4 月	382.47	531983.88	194.68	133810.32	161.01	388932.58	853	18655	1236	27376	7	172	50	2599
2008 年 5 月	400.39	588119.82	201.08	137430.04	170.79	440147.93	1214	19869	1720	29096	6	189	53	2649
2008 年 6 月	402.10	569800.70	200.82	136435.58	165.27	422353.29	678	20547	932	30028	9	194	53	2673
2008 年 7 月	438.39	579830.71	204.03	148130.25	188.47	419252.71	1264	21811	1297	31325	8	203	57	2733
2008 年 8 月	451.23	639394.13	206.75	155555.56	205.45	471100.08	982	22793	2129	33454	8	208	79	2773
2008 年 9 月	469.09	622976.95	235.52	160377.02	200.21	449536.82	1063	23856	1650	35104	14	214	73	2821
2008 年 10 月	489.92	592779.64	242.57	151872.48	216.16	418533.53	899	24755	1367	36471	13	223	77	2871
2008 年 11 月	510.06	592595.33	244.47	160915.88	230.63	418040.79	1389	26144	2179	38650	13	229	77	2939
2008 年 12 月	521.91	648466.21	243.65	166668.07	236.02	468138.38	1088	27232	1767	40417	9	242	58	3016
2008 年	5114.73	6947085.32	2497.86	1739430.13	2225.98	5077315.53	11189	27232	17300	40417	132	242	735	3016
2007 年	3235.32	5070122.57	1821.81	1141933.56	1322.79	3891627.44	5023	16043	7501	23117	70	131	675	2562
较 07 年增长率	58.09%	37.02%	37.11%	52.32%	68.28%	30.47%	122.76%	69.74%	130.64%	74.84%	88.12%	84.20%	8.89%	17.73%

2008年州市银行卡跨行业务统计表

单位：万笔 万元 户 台 万张

地区	银行卡跨行交易量												商户				POS终端			
	清算笔数		清算金额		ATM清算笔数		ATM清算金额		POS清算笔数		POS清算金额		净增商户		累计商户		净增POS终端		累计POS终端	
	清算笔数	同比增长率	清算金额	同比增长率	ATM清算笔数	同比增长率	ATM清算金额	同比增长率	POS清算笔数	同比增长率	POS清算金额	同比增长率	净增商户数	同比增长率	累计商户数	同比增长率	净增POS终端数	同比增长率	POS终端数	同比增长率
昆明	3239.52	45.92%	5161298.92	31.49%	1483.69	24.41%	1053720.59	38.47%	1755.83	44.64%	4107578.33	16.67%	4787	107.14%	12942	58.68%	9339	118.81%	22582	70.51%
曲靖	196.44	63.86%	306485.05	80.56%	127.49	43.01%	85105.40	60.17%	68.95	58.39%	221379.65	33.13%	834	119.47%	1827	83.99%	1018	101.19%	2357	76.03%
玉溪	149.09	81.59%	138027.95	78.73%	77.34	45.67%	42461.35	61.33%	71.76	98.66%	95566.60	29.06%	1038	287.31%	1765	143.11%	1213	315.41%	2143	130.68%
红河	180.44	71.90%	170115.47	116.75%	120.52	46.64%	84020.71	63.00%	59.92	89.28%	86094.76	109.94%	668	29.71%	2066	47.78%	864	52.92%	2462	54.07%
版纳	94.06	69.36%	147229.74	107.05%	65.97	51.24%	54350.96	66.44%	28.09	106.72%	92878.78	101.99%	259	40.00%	788	48.96%	341	48.26%	1048	48.23%
大理	172.10	64.76%	202772.96	39.74%	104.17	46.58%	71636.95	66.32%	67.93	51.58%	131136.01	-14.81%	842	83.44%	1983	73.79%	1045	92.10%	2478	72.92%
丽江	106.64	52.22%	100664.10	64.55%	67.29	35.40%	54217.81	45.19%	39.35	11.16%	46446.29	10.33%	260	8.79%	1203	27.57%	428	64.62%	1551	38.11%
昭通	80.06	52.82%	102450.16	33.70%	66.70	56.39%	46803.42	71.28%	13.36	71.10%	55646.74	16.69%	295	29400.00%	480	159.46%	347	6840.00%	583	147.03%
楚雄	101.16	62.93%	80974.08	109.88%	71.55	50.07%	36423.84	62.85%	29.61	62.85%	44550.24	51.15%	281	68.26%	737	61.62%	355	85.86%	916	63.28%
文山	92.84	65.16%	87403.28	81.15%	78.12	44.38%	48669.22	61.81%	14.71	179.97%	38734.06	65.04%	316	351.43%	577	121.07%	366	565.45%	689	113.31%
普洱	84.63	54.93%	66031.45	78.50%	69.25	39.45%	42827.23	54.55%	15.38	123.04%	23204.22	41.53%	506	106.53%	907	126.18%	587	106.69%	1048	127.33%
保山	54.36	68.66%	58430.29	95.70%	40.02	45.41%	25942.05	62.82%	14.34	106.41%	32488.24	45.91%	365	508.33%	661	123.31%	492	583.33%	846	138.98%
德宏	50.35	70.97%	81307.27	76.31%	33.18	39.64%	25050.24	50.84%	17.18	149.63%	56257.03	80.33%	239	174.71%	577	70.71%	325	80.56%	855	61.32%
怒江	24.57	86.13%	18734.77	106.03%	22.67	71.11%	16756.02	89.32%	1.90	558.12%	1978.75	175.10%	155	15400.00%	170	1033.33%	194	19300.00%	215	923.81%
迪庆	22.34	70.41%	21981.12	80.90%	17.55	61.06%	15118.42	74.14%	4.79	38.09%	6862.70	35.38%	47	4600.00%	122	62.67%	71	7000.00%	180	65.14%
临沧	56.24	80.94%	42026.42	93.91%	45.93	56.81%	31110.96	66.31%	10.31	269.85%	10915.46	200.78%	297	318.31%	427	228.46%	315	303.85%	464	211.41%
合计	5114.73	58.09%	6947085.32	37.02%	2497.86	37.11%	1739430.13	52.32%	2225.98	68.28%	5077315.53	30.47%	11189	122.76%	27232	69.74%	17300	130.67%	40417	74.84%

云南省证券业主要指标

（2008 年 12 月）

单位：万元

项目	本月余额	上月数	年初余额	增减数		增减幅度%	
				比上月	比年初	比上月	比年初
累计开户数(户)	1,229,363	1,334,772	1,109,245	-105,409	120,118	-7.90%	10.83%
新增开户数(户)	14,544	14,853	30,379	-309	-15,835	-2.08%	-52.12%
客户保证金余额	591,268.33	695,700.21	833,183.85	-104,432	-241,916	-15.01%	-29.04%
A 股、基金托管市值	2,983,763.79	2,527,886.01	4,350,555.46	455,878	-1,366,792	18.03%	-31.42%
总成交	4,493,390.25	3,883,719.14	5,068,115.69	609,671	-574,725	15.70%	-11.34%
A 股、基金成交	3,967,330.18	2,856,508.48	4,686,482.63	1,110,822	-719,152	38.89%	-15.35%
权证成交	458,876.48	973,289.95	342,899.59	-514,413	115,977	-52.85%	33.82%
B 股成交	4,889.98	3,626.09	15,534.99	1,264	-10,645	34.86%	-68.52%
网上交易量	3,568,545.63	3,951,010.49	3,722,932.11	-382,465	-154,386	-9.68%	-4.15%

2008年度云南辖区上市公司市值情况及主要经营指标

证券代码	证券简称	总股本[单位]亿股	总市值[单位]亿元	负债及股东权益总计[单位]亿元	所有者权益合计[单位]亿元	资产负债率[单位]%	每股净资产调整后[单位]元	主营业务收入[单位]万元	净利润[单位]万元	基本每股收益[单位]元	稀释每股收益[单位]元	每股经营活动产生的现金流量净额[单位]元	净资产收益率(摊薄)[单位]%
000538.SZ	云南白药	5.3405	183.767	49.3717	31.8664	35.4562	5.87	572319.8668	46353.1823	0.96	0.96	1.51	14.84
000807.SZ	云铝股份	10.5354	47.4095	74.3371	34.5518	53.5202	2.735	616099.6353	2146.311	0.07	0.07	0.497	2.42
000560.SZ	昆百大A	1.344	6.3168	24.7693	5.8355	76.4406	3.711	117622.3122	2486.3265	0.2747	0.2747	–1.7052	7.4
000667.SZ	名流置业	13.4715	45.9379	62.1686	46.8737	24.6023	3.48	102968.6169	31522.2776	0.24	0.24	–0.83	6.73
000878.SZ	云南铜业	12.5669	100.5351	217.046	44.3213	79.5798	2.84	2575453.397	–290501.7278	–2.22	–2.22	–4.1	–78.22
000903.SZ	云内动力	3.782	18.9856	37.5972	24.855	33.8915	6.49	179187.7396	11015.1561	0.358	0.358	0.33	5.52
000960.SZ	锡业股份	6.5072	61.428	68.5757	24.494	64.2818	3.7565	916291.0234	2361.8005	0.0397	0.0397	1.5502	1.05
002033.SZ	丽江旅游	0.9932	9.9124	6.9776	4.1396	40.6725	3.97	14611.7596	4882.6981	0.46	0.46	0.45	11.66
000948.SZ	南天信息	2.1055	13.8332	20.993	11.4559	45.4298	5.11	191779.1979	10733.4815	0.5375	0.5375	0.49	9.48
002053.SZ	云南盐化	1.8585	17.0611	23.077	10.1766	55.9016	5.018	135669.9239	–6485.8588	–0.302	–0.302	0.464	–6.01
002059.SZ	世博股份	2.15	10.6855	12.3909	8.1483	34.2399	2.65	49837.4054	6050.9267	0.13	0.13	–0.05	4.73
002114.SZ	罗平锌电	1.8385	12.4468	9.4491	4.7559	49.6675	2.55	86474.9793	–5240.5158	–0.29	–0.29	0.8	–11.22
002200.SZ	绿大地	0.8394	27.523	9.668	7.4775	22.6571	8.89	34194.7611	8679.9594	1.03	1.03	0.52	11.63
002265.SZ	西仪股份	2.9103	11.9903	7.8864	5.2454	33.4879	1.78	42890.406	3204.1795	0.14	0.14	–0.04	6.3
600096.SH	云天化	5.3635	94.6122	176.5621	54.3143	69.2379	6.8499	770420.1882	82356.4138	1.2253	1.1826	1.79	17.89
600239.SH	云南城投	2.9052	51.8	14.8893	8.5226	42.7602	2.66	42980.8117	5815.5119	0.1995	0.1995	–0.24	7.5
600265.SH	景谷林业	1.298	8.463	6.8586	3.9199	42.8471	2.99	26137.1222	846.8525	0.07	0.07	–0.48	2.24
600459.SH	贵研铂业	1.1174	9.5198	13.4423	5.3719	60.037	4.58	137837.5321	–9047.7573	–0.76	–0.76	–0.14	–16.7
600422.SH	昆明制药	3.1418	13.8866	11.5699	6.705	42.0475	1.93	131093.1341	3620.6552	0.1022	0.1022	0.29	5.3
600497.SH	驰宏锌锗	7.8	77.298	50.8779	24.3536	52.1333	3.01	464397.8632	14651.6895	0.2	0.2	1.642	6.5
600725.SH	云维股份	2.9013	28.0265	72.235	18.9463	73.7713	5.477	532887.0692	14704.6625	0.46	0.46	1.546	8.4
600792.SH	ST马龙	1.2623	8.1794	10.9045	0.8422	92.2764	0.26	182547.8773	3454.3548	0.12	0.12	0.74	45.53
600794.SH	保税科技	1.7826	6.7918	3.4606	2.5695	25.7509	1.37	11418.1506	3520.4806	0.2	0.2	0.32	14.5
600806.SH	昆明机床	4.2486	28.3385	19.1177	11.0571	42.163	2.45	156310.5398	28112.0114	0.65	0.65	0.28	26.56
600883.SH	博闻科技	2.3609	9.656	5.9327	4.8123	18.8864	2.03	5660.7891	33.44	0.0018	0.0018	–0.076	0.09
600995.SH	文山电力	3.9877	25.5214	15.2006	8.2221	45.9092	2.06	103123.5826	14829.3454	0.37	0.37	0.71	18.04
601099.SH	太平洋	15.0331	193.4764	34.9285	13.7984	60.4952	0.92	–38715.7377	–64525.2082	–0.429	–0.429	–0.97	–46.76
合计			119.4453	1123.4018	1060.2873	427.6321			8161499.946	–74419.3511			

云南省各保险公司业务状况简表

（2008 年 12 月）

项目	保费收入				赔（给）付			简单赔付率%
	本期累计（万元）	上年同期（万元）	同比（%）	市场占比	本期累计（万元）	上年同期（万元）	同比（%）	
财产保险公司	596832.44	513040.60	16.33	100.00	343625.07	250147.95	37.37	57.57
人保财险	317648.06	277779.23	14.35	53.22	199820.89	152715.30	30.85	62.91
平安财险	72116.01	59825.94	20.54	12.08	37497.45	30004.40	24.97	52.00
太保财险	63305.29	50577.71	25.16	10.61	29298.42	20613.73	42.13	46.28
大地财险	44245.73	44501.49	-0.57	7.41	23268.65	14981.44	55.32	52.59
天安保险	20386.59	23841.03	-14.49	3.42	15880.89	11766.70	34.96	77.90
永安财险	15074.44	15934.50	-5.40	2.53	11118.84	7830.67	41.99	73.76
都邦财险	11744.82	5593.72	109.96	1.97	7270.74	1640.95	343.08	61.91
阳光财险	10973.92	9106.46	20.51	1.84	4631.32	1554.90	197.85	42.20
国寿财险	9086.31		–	1.52	951.26		–	10.47
华泰财险	7324.62	6014.40	21.78	1.23	2504.55	2185.78	14.58	34.19
太平保险	5406.07	2242.85	141.04	0.91	2178.85	152.07	1332.80	40.30
出口信用	5338.81	1521.69	250.85	0.89	837.09	175.18	377.85	15.68
安邦财险	5135.19	8086.01	-36.49	0.86	3929.28	3762.72	4.43	76.52
永诚财险	4811.40	4629.81	3.92	0.81	2638.06	542.10	386.64	54.83
华安财险	2086.55	3385.76	-38.37	0.35	1534.26	2222.03	-30.95	73.53
渤海财险	1872.81		–	0.31	245.96		–	13.13
中银保险	275.81		–	0.05	18.54		–	
人寿保险公司	1057083.99	605532.16	74.57	100.00	290393.94	227399.03	27.70	27.47
国寿股份	418491.91	251818.93	66.19	39.59	144038.82	128446.10	12.14	34.42
太平洋人寿	157383.84	80975.24	94.36	14.89	29798.25	9134.43	226.22	18.93
泰康人寿	150090.50	91150.95	64.66	14.20	18315.94	7097.84	158.05	12.20
平安人寿	126455.64	87626.19	44.31	11.96	31230.60	26366.44	18.45	24.70
新华人寿	62057.33	35156.43	76.52	5.87	7943.12	2013.46	294.50	12.80
人保寿险	61951.44	606.25	10118.87	5.86	204.72	0.00	–	0.33
人保健康	47878.21	22619.50	111.67	4.53	16453.74	8002.58	105.61	34.37
国寿存续	23756.20	31441.89	-24.44	2.25	42355.86	46309.81	-8.54	178.29
太平人寿	7822.21	4136.78	89.09	0.74	52.77	28.38	85.94	0.67
阳光人寿	1183.22		–	0.11	0.12		–	0.01
平安养老	13.50		–	0.00	0.00	13.50	-100.00	–
总计	1653916.43	1118572.76	47.86	–	634019.01	477546.99	32.77	38.33

云南省保险业经营状况简表

（2008 年 12 月）

指标项目	保险公司合计		财产险公司		寿险公司	
	金额（万元）	同比增长（%）	金额（万元）	同比增长（%）	金额（万元）	同比增长（%）
一、原保险保费收入	1653916.43	47.86%	596832.44	16.33%	1057083.99	74.57%
1.财产险	552042.69	14.67%	552042.69	14.67%	—	—
其中：机动车辆保险	422844.97	13.90%	422844.97	13.90%	—	—
2.人身险	1101873.74	72.94%	44789.75	41.71%	1057083.99	74.57%
人寿保险	916928.21	82.43%	—	—	916928.21	82.43%
健康保险	123072.23	66.46%	20480.33	622.28%	102591.91	44.30%
意外伤害保险	61873.30	2.14%	24309.42	-15.51%	37563.88	18.11%
二、赔付支出	634019.01	32.77%	343625.07	37.37%	290393.94	27.70%
1.财产险	317418.46	37.05%	317418.46	37.05%	—	—
其中：机动车辆保险	246151.18	29.33%	246151.18	29.33%	—	—
2.人身险	316600.55	28.73%	26206.61	41.34%	290393.94	27.70%
人寿保险	237072.57	27.94%	—	—	237072.57	27.94%
健康保险	60621.13	68.04%	16644.24	667.83%	43976.89	29.70%
意外伤害保险	18906.86	-23.03%	9562.37	-41.60%	9344.48	14.07%
三、退保金	124406.14	-15.99%	—	—	124406.14	-15.99%
四、手续费及佣金支出	125059.31	38.75%	47222.05	22.99%	77837.26	50.45%
五、业务及管理费	203317.02	31.20%	122370.04	18.26%	80946.98	57.20%
六、预计利润（税前）	-133723.25	-66.19%	-1746.39	-154.35%	-131976.87	-57.73%
七、资金运用余额	0.00	—	0.00	—	0.00	—
八、应收保费	50398.80	18.05%	28818.28	15.03%	21580.52	22.35%
其中：人身保险业务	17658.84	29.66%	0.00	—	17658.84	29.66%
九、固定资产原值	137167.94	30.64%	78960.79	29.23%	58207.15	32.60%
减：累计折旧	47948.75	24.98%	31246.95	19.86%	16701.80	35.85%
固定资产净值	89219.19	33.89%	47713.83	36.20%	41505.36	31.33%
十、在建工程	553.14	-86.57%	0.00	-100.00%	553.14	-79.73%
十一、实收资本（股本）	0.00	—	0.00	—	0.00	—
十二、资产总额	2322159.56	19.69%	436882.31	22.98%	1885277.26	18.95%
十三、所有者权益	-605972.44	-28.62%	0.00	100.00%	-600085.98	-27.81%

注：1."本年累计增长"一至六项为同比增长数；七至十三项为较年初增长数；2.第二项赔付支出不包括直保公司的分保赔付支出。

金融经营机构业务统计表

国家开发银行云南省分行资产负债表

（2008年度）

项目	行次	年初数	年末数
资产：			
现金及银行存款	1	12,502,399.32	5,670,531.93
存放中央银行款项	2	9,656,982.38	130,724,290.66
贵金属	3	0.00	0.00
存放联行款项	4	2,198,472,815.69	6,852,949,909.66
存放同业款项	5	0.00	0.00
拆出资金	6	0.00	0.00
交易性金融资产	7	0.00	0.00
衍生金融资产	8	0.00	0.00
买入返售金融资产	9	0.00	0.00
应收款项类金融资产	10	0.00	0.00
应收利息	11	147,077,107.87	168,793,193.47
其他应收款	12	2,057,246.63	2,714,683.58
发放贷款和垫款	13	70,817,674,167.48	80,699,124,491.88
可供出售金融资产	14	0.00	119,620,000.00
持有至到期投资	15	0.00	0.00
长期股权投资	16	119,620,000.00	0.00
投资性房地产	17	0.00	0.00
固定资产	18	7,411,166.81	11,785,856.39
在建工程	19	0.00	0.00
固定资产清理	20	15,085.40	0.00
无形资产	21	2,000.00	1,530.00
商誉	22	0.00	0.00
长期待摊费用	23	109,370.54	408,933.14
抵债资产	24	0.00	0.00
递延所得税资产	25	0.00	0.00
其他资产	26	552,557.71	595,573.15
资产总计	27	73,315,150,899.83	87,992,388,993.86

国家开发银行云南省分行人民币信贷运行情况表

（2008年12月31日）

单位：万元

栏目 / 来源项目名称	本月	比上月		比年初	
	余额	增减	增减%	增减	增减%
一、各项存款	327197	−431314	−56.86	−2510	−0.76
1.企业存款	327197	−431314	−56.86	−2510	−0.76
（1）活期存款	277991	−210924	−43.14	−13348	−4.58
（2）定期存款	49206	−220390	−81.75	10838	28.25
2.机关团体存款					
3.储蓄存款					
（1）活期储蓄					
（2）定期储蓄					
4.农业存款					
5.其他存款					
二、代理财政性存款					
三、金融债券					
其中：政策性金融债券					
四、应付及暂收款	16564	7650	85.81	7533	83.42
其中：应付及预提利息	3821	−387	−9.20	3314	
五、卖出回购资产					
六、向中央银行借款					
七、同业往来	500000	199857	66.59	499366	
1.同业存放	500000	199857	66.59	499366	
2. 同业拆借					
八、系统内资金往来	6845865	103956	1.54	400172	6.21
九、委托存款及委托投资基金（净）					
1.委托存款及委托投资基金					
2.减：委托贷款及委托投资					
十、代理金融机构委托贷款基金					
其中：中央银行委托贷款基金					
十一、各项准备					
其中：贷款损失准备					
十二、所有者权益	126188	7043	5.91	17814	16.44
其中：实收资本					
当年结益	126188	7644	6.45	126188	
十三、其他	8209	−741	1.53	250	6.20
资金来源总计	7824024	−113551	−1.43	922625	13.37

国家开发银行云南省分行人民币信贷运行情况表

（2008年12月31日）

单位：万元

运用项目名称 \ 栏目	本月	比上月		比年初	
	余额	增减	增减%	增减	增减%
一、各项贷款	7781616	-33591	-0.43	908300	13.21
1.短期贷款	306680	-63020	-17.05	56680	22.67
（1）工业贷款					
（2）商业贷款					
（3）建筑业贷款					
（4）农业贷款					
（5）乡镇企业贷款					
（6）三资企业贷款					
（7）私营企业及个体贷款					
（8）其他短期贷款	306680	-63020	-17.05	56680	22.67
其中：个人短期贷款					
2.中长期贷款	7474936	29429	0.40	851620	12.86
（1）基本建设贷款	5913683	28090	0.48	869884	17.25
（2）技术改造贷款					
（3）其他中长期贷款	1561253	1339	0.09	-18264	-1.16
其中：个人中长期贷款	278	89	47.14	167	150.76
3.票据融资					
其中：贴现					
4.各项垫款					
二、有价证券及投资	11962				
三、应收及预付款	16908	-92723	-84.58	2329	15.98
其中：应收利息	16637	-92739	-84.79	2263	15.75
四、买入返售资产					
五、存放中央银行准备金存款	13072	12764		12107	
六、存放中央银行特种存款					
七、缴存中央银行财政性存款					
八、同业往来					
1.存放同业					
2.拆放同业					
九、系统内资金往来					
十、代理金融机构贷款					
其中：代理人行专项贷款					
十一、库存现金					
十二、外汇占款	465			-111	-19.28
资金运用总计	7824024	-113551	-1.43	922625	13.37

国家开发银行云南省分行资产负债表

（2008 年度）

项目	行次	年初数	年末数
负债：			
向中央银行借款	28	0.00	0.00
联行存放款项	29	68,685,150,596.08	77,872,716,618.41
同业及其他金融机构存放款项	30	6,343,855.77	5,000,001,139.42
拆入资金	31	0.00	0.00
交易性金融负债	32	0.00	0.00
衍生金融负债	33	0.00	0.00
卖出回购金融资产款	34	0.00	0.00
吸收存款	35	3,350,940,837.61	3,561,460,206.46
应付职工薪酬	36	0.00	0.00
应交税费	37	80,803,379.20	120,601,270.69
应付利息	38	5,106,190.61	38,236,812.17
其他应付款	39	4,430,022.38	6,830,206.23
预计负债	40	0.00	0.00
应付债券	41	0.00	0.00
递延所得税负债	42	0.00	0.00
其他负债	43	0.03	200,682.07
负债合计	44	72,132,774,881.68	86,600,046,935.45
所有者权益(或股东权益)：			
实收资本(或股本)	45	100,000,000.00	100,000,000.00
其中：国有资本	46	100,000,000.00	100,000,000.00
外商资本	47	0.00	0.00
资本公积	48	0.00	0.00
减：库存股	49	0.00	0.00
盈余公积	50	0.00	0.00
一般风险准备	51	0.00	0.00
未分配利润	52	1,082,376,018.15	1,292,342,058.41
外币报表折算差额	53	0.00	0.00
归属于母公司所有者权益合计	54	1,182,376,018.15	1,392,342,058.41
少数股东权益	55	0.00	0.00
所有者权益(或股东权益)合计	56	1,182,376,018.15	1,392,342,058.41
负债和所有者权益(或股东权益)总计	57	73,315,150,899.83	87,992,388,993.86

国家开发银行云南省分行利润表

（2008 年度）

项目	行次	上年数	本年数
一、营业收入	1	1,368,714,476.38	1,659,893,976.20
（一）利息净收入	2	1,254,994,023.78	1,540,301,622.70
利息收入	3	4,173,305,431.14	5,535,192,088.42
利息支出	4	2,918,311,407.36	3,994,890,465.72
（二）手续费及佣金净收入	5	111,380,281.47	117,398,219.32
手续费及佣金收入	6	114,338,538.92	118,435,054.03
手续费及佣金支出	7	2,958,257.45	1,036,834.71
（三）投资收益（损失以“-”号填列）	8	2,549,481.60	1,239,688.57
其中：对联营企业和合营企业的投资收益	9	0.00	0.00
（四）公允价值变动收益（损失以“-”号填列）	10	0.00	0.00
（五）其他收入	11	-209,310.47	954,445.61
汇兑收益（损失以“-”号填列）	12	-209,310.47	954,445.61
其他业务收入	13	0.00	0.00
二、营业支出	14	285,748,502.61	366,570,431.73
（一）营业税金及附加	15	234,990,169.50	305,537,170.59
（二）业务及管理费	16	49,913,943.11	61,033,261.14
（三）资产减值损失或呆账损失（转回金额以“-”号填列）	17	0.00	0.00
（四）其他业务成本	18	844,390.00	0.00
三、营业利润（亏损以“-”号填列）	19	1,082,965,973.77	1,293,323,544.47
加：营业外收入	20	4,086.18	35,990.00
减：营业外支出	21	594,041.76	1,017,476.06
四、利润总额（亏损以“-”号填列）	22	1,082,376,018.19	1,292,342,058.41
减：所得税费用	23	0.00	0.00
五、净利润（亏损以“-”号填列）	24	1,082,376,018.19	1,292,342,058.41
归属于母公司所有者的净利润	25	0.00	0.00
少数股东损益	26	0.00	0.00
六、每股收益：	27	0.00	0.00
（一）基本每股收益（元）	28	0.00	0.00
（二）稀释每股收益（元）	29	0.00	0.00

中国农业发展银行云南省分行人民币信贷运行情况表

（2008年12月31日）

单位：万元

来源项目名称 \ 栏目	本月	比上月		比年初	
	余额	增减	增减%	增减	增减%
一、各项存款	586402	-32594	-5.27	204964	53.73
1.企业存款	565804	-34086	-5.68	196338	53.14
（1）活期存款	533470	-33886	-5.97	168101	46.01
（2）定期存款	32334	-200	-0.61	28237	
2.机关团体存款					
3.储蓄存款					
（1）活期储蓄					
（2）定期储蓄					
4.农业存款					
5.其他存款	20598	1492	7.81	8626	72.05
二、代理财政性存款	188187	-38405	-16.95	25465	15.65
三、金融债券					
其中：政策性金融债券					
四、应付及暂收款	13497	1552	12.99	4421	48.71
其中：应付及预提利息	36	17	89.47	-174	-82.86
五、卖出回购资产					
六、向中央银行借款					
七、同业往来	251704	-106100	-29.65	166700	196.11
1.同业存放	251704	-106100	-29.65	166700	196.11
2. 同业拆借					
八、系统内资金往来	1438597	225462	18.59	492630	52.08
九、委托存款及委托投资基金（净）					
1.委托存款及委托投资基金					
2.减：委托贷款及委托投资					
十、代理金融机构委托贷款基金	428			315	278.76
其中：中央银行委托贷款基金					
十一、各项准备					
其中：贷款损失准备					
十二、所有者权益	56257	-24717	-30.52	10729	23.57
其中：实收资本				-13182	-100.00
当年结益	56257	7628	15.69	56257	
十三、其他	-17947	-770	18.79	13169	55.29
资金来源总计	2517125	24428	0.98	918393	57.45

中国农业发展银行云南省分行人民币信贷运行情况表

（2008 年 12 月 31 日）

单位：万元

栏目 / 运用项目名称	本月余额	比上月		比年初	
		增减	增减%	增减	增减%
一、各项贷款	2281071	26104	1.16	710971	45.28
1.短期贷款	1203881	29274	2.49	181506	17.75
（1）工业贷款					
（2）商业贷款	901573	25522	2.91	153897	20.58
（3）建筑业贷款					
（4）农业贷款					
（5）乡镇企业贷款					
（6）三资企业贷款					
（7）私营企业及个体贷款					
（8）其他短期贷款	302308	3752	1.26	27609	10.05
其中：个人短期贷款					
2.中长期贷款	1077190	-3170	-0.29	529465	96.67
（1）基本建设贷款					
（2）技术改造贷款					
（3）其他中长期贷款	1077190	-3170	-0.29	529465	96.67
其中：个人中长期贷款					
3.票据融资					
其中：贴现					
4.各项垫款					
二、有价证券及投资					
三、应收及预付款	291	-1612	-84.71	109	59.89
其中：应收利息	141	-637	-81.88	98	227.91
四、买入返售资产					
五、存放中央银行准备金存款	31436	758	2.47	5733	22.30
六、存放中央银行特种存款					
七、缴存中央银行财政性存款					
八、同业往来	201405	-212	-0.11	200647	
1.存放同业	201405	-212	-0.11	200647	
2.拆放同业					
九、系统内资金往来					
十、代理金融机构贷款	428			315	278.76
其中：代理人行专项贷款					
十一、库存现金	2488	-158	-5.97	612	32.62
十二、外汇占款	6	-452	-98.69	6	
资金运用总计	2517125	24428	0.98	918393	57.45

中国农业发展银行云南省分行资产负债表

（2008 年年度）

单位：元

项目	行次	年初数	年末数	项目	行次	年初数	年末数
资产：				负债：			
现金及银行存款	1	18,786,285.07	24,875,640.30	向中央银行借款	28		
存放中央银行款项	2	257,076,799.35	314,396,870.13	联行存放款项	29	9,459,637,076.94	14,385,481,901.63
贵金属	3			同业及其他金融机构存放款项	30	850,040,000.00	2,517,040,000.00
存放联行款项	4			拆入资金	31		
存放同业款项	5	7,627,238.12	2,014,077,338.33	交易性金融负债	32		
拆出资金	6			衍生金融负债	33		
交易性金融资产	7			卖出回购金融资产款	34		
衍生金融资产	8			吸收存款	35	5,441,668,805.49	7,746,364,475.79
买入返售金融资产	9			应付职工薪酬	36	5,068,279.43	6,578,335.17
应收款项类金融资产	10			应交税费	37	65,353,066.26	113,497,864.16
应收利息	11	425,622.94	1,400,904.61	应付利息	38	2,096,130.79	369,784.53
其他应收款	12	1,386,412.25	1,456,141.97	其他应付款	39	18,407,891.90	14,531,598.29
发放贷款和垫款	13	15,701,088,000.35	22,810,743,844.37	预计负债	40		
可供出售金融资产	14			应付债券	41		
持有至到期投资	15			递延所得税负债	42		
长期股权投资	16			其他负债	43	131,848,459.98	131,848,459.97

中国农业发展银行云南省分行资产负债表

（2008 年年度）

单位：元

项目	行次	年初数	年末数	项目	行次	年初数	年末数
投资性房地产	17			负债合计	44	15,974,119,710.79	24,915,712,419.54
固定资产	18	281,041,823.79	271,909,350.18	所有者权益（或股东权益）：			
在建工程	19	19,674,813.05	28,177,539.72	实收资本（或股本）	45		
固定资产清理	20	98,709.30	13,020.00	其中：国有资本	46		
无形资产	21	9,439,417.03	8,931,585.90	外商资本	47		
商誉	22			资本公积	48	12,796,428.21	
长期待摊费用	23	895,730.16	2,252,091.15	减：库存股	49		
抵债资产	24			盈余公积	50	30,289,843.32	
递延所得税资产	25			一般风险准备	51		
其他资产	26	88,300.00	98,709.50	未分配利润	52	280,423,169.09	562,620,616.62
				外币报表折算差额	53		
				归属于母公司所有者权益合计	54	323,509,440.62	562,620,616.62
				少数股东权益	55		
				所有者权益（或股东权益）合计	56	323,509,440.62	562,620,616.62
资产总计	27	16,297,629,151.41	25,478,333,036.16	负债和所有者权益（或股东权益）总计	57	16,297,629,151.41	25,478,333,036.16

中国农业发展银行云南省分行损益明细表(本外币合并)

编制单位:云南省分行　　机构代码:530000000　　报告日期:2008 年 12 月 31 日　　报表类型:汇总　　数据类型:月报

项目代号	项目名称	本期余额	项目代号	项目名称	本期余额
701	701、贷款利息收入	1,371,972,865.02	711	711、国际贸易融资利息收入	
70101	国储粮油贷款利息收入	80,646,805.56	71101	进口押汇利息收入	
70102	国储粮油轮换贷款利息收入	2,572,078.98	71102	出口押汇利息收入	
70103	国储棉贷款利息收入		71103	打包放款利息收入	
70104	政策性专项储备贷款利息收入		71105	保理利息收入	
70105	省级储备粮油贷款利息收入	38,750,788.43	71106	出口贴现利息收入	
70106	市县储备粮油贷款利息收入	73,502,850.18	71107	福费廷利息收入	
70107	地方储备粮油轮换贷款利息收入	2,389,186.39	1006		
70108	地方储备棉贷款利息收入		713	713、外汇贷款利息收入	
70109	91 粮食年度末政策性财务挂账占用贷款利息收入		1007		
70110	91 粮食年度末企业自补及其他挂账占用贷款利息收入		702	702、金融机构往来收入	151,160,509.59
70111	中央和地方财政共同贴息新挂账贷款利息收入	99,381,259.77	70201	存放中央银行款项利息收入	2,541,755.75
70112	地方政府消化本息新挂账贷款利息收入		70202	存放系统内款项利息收入	91,337,463.33
70113	企业消化本息新挂账和其他不合理占用贷款利息收入		70203	存放同业款项利息收入	57,281,290.51
70114	98 年 6 月 1 日以来政策性亏损挂账贷款利息收入	96,493,179.49	70204	拆放同业利息收入	
70115	粮油企业不合理占用贷款利息收入		70205	政策性补贴收入	
70116	92 年度末中央政策性棉花财务挂账占用贷款利息收入		70206	转贴现利息收入	
70117	92 年度末地方政策性棉花财务挂账占用贷款利息收入		70207	拆放分行利息收入	
70118	未收回 93 年度棉花贴息贷款本息财务挂账占用贷款利息收入		1008		
70119	93-98 年度中央政策性棉花财务挂账占用贷款利息收入		1009		
70120	93-98 年度地方政策性棉花财务挂账占用贷款利息收入		1010		
70121	竞卖 1998 年度及以前商品棉未弥补亏损占用贷款利息收入		703	703、其他营业收入	6,697,407.40
70122	棉花企业自补财务挂账占用贷款利息收入		70302	国际结算手续费收入	19,736.81
70123	保护价粮食贷款利息收入		70303	代理同业业务手续费收入	522,129.30
70124	调控粮油贷款利息收入	2,346,326.08	70304	代理保险手续费收入	5,337,130.35
70125	粮食风险基金专项贷款利息收入		7030401	(1)代理财险手续费收入	5,302,007.89
70126	棉花附营业务占用贷款利息收入		7030402	(2)代理寿险手续费收入	35,122.46
70127	其他粮油政策性贷款利息收入	77,964.93	70305	其他手续费收入	376,297.81
70128	其他棉花政策性贷款利息收入		70306	外币汇兑收益	440,643.00
70129	其他贷款利息收入		70307	贴现收入	
70130	准政策性粮油收购贷款利息收入	72,995,082.06	70399	其他收入	1,470.13
70131	粮油流转贷款利息收入	31,741,565.26	1011		
70132	仓储设施贷款利息收入	4,507,142.30	1012		
70133	棉花调销预购贷款利息收入		1013		
70134	棉花良种贷款利息收入		1014		
70135	棉花企业技术设备改造贷款利息收入		704	704、营业外收入	6,123,588.68
70136	商品棉不合理占用贷款利息收入		70401	出纳长款收入	100.00

中国农业发展银行云南省分行损益明细表(本外币合并)

编制单位:云南省分行　　机构代码:530000000　　报告日期:2008 年 12 月 31 日　　报表类型:汇总　　数据类型:月报

70137	商业性专项储备贷款利息收入	51,876,064.98	70402	罚款收入	
70138	加工企业短期贷款利息收入	4,927,214.36	70403	处置固定资产净收益	3,951,463.00
70139	产业化龙头企业粮油短期贷款利息收入	18,817,878.36	70404	以前年度损益调整	198,283.83
70140	产业化龙头企业棉花短期贷款利息收入		70406	固定资产出租收入	1,670,982.88
70141	产业化龙头企业麻丝糖烟短期贷款利息收入	49,987,174.17	70499	其他收入	302,758.97
70142	产业化龙头企业其他短期贷款利息收入	22,961,685.30	7049901	(1)无法支付的应付款项	36,350.63
70143	产业化龙头企业粮油中长期贷款利息收入	132,566,051.67	7049902	(2)出租公用职工住房收入	134,071.94
70144	产业化龙头企业棉花中长期贷款利息收入		7049903	(3)出租抵债资产收入	
70145	产业化龙头企业麻丝糖烟中长期贷款利息收入		7049904	(4)处置抵债资产净收益	
70146	产业化龙头企业其他中长期贷款利息收入	95,157,527.60	7049905	(5)处置无形资产净收益	45,964.57
70147	农业小企业短期贷款利息收入	31,096,783.70	7049999	(6)其他	86,371.83
70148	农业小企业中长期贷款利息收入		1015		
70149	农业科技短期贷款利息收入	2,838,632.16	1016		
70150	农业科技中长期贷款利息收入		1017		
70151	其他粮油商业性贷款利息收入	198,426.54	1018		
70152	其他棉花商业性贷款利息收入		1019		
70153	其他商业性贷款利息收入		1020		
70154	农村基础设施建设短期贷款利息收入	34,130,533.52	1021		
70155	农村基础设施建设中长期贷款利息收入	161,826,508.96	1022		
70156	农业综合开发短期贷款利息收入	8,341,280.93	1023		
70157	农业综合开发中长期贷款利息收入	219,639,649.36	1024		
70158	农业生产资料贷款利息收入	6,972,594.50	1025		
70160	农村流通体系建设短期贷款利息收入	367,275.00	1026		
70161	农村流通体系建设中长期贷款利息收入		1027		
70162	准政策性棉花收购贷款利息收入		1028		
70163	产业化龙头企业农林业非粮棉油短期贷款利息收入	21,381,331.35	1029		
70164	产业化龙头企业农林业非粮棉油中长期贷款利息收入	3,015,337.50	1030		
70165	准政策性粮食调销贷款利息收入	466,685.63	1031		
70166	准政策性棉花调销贷款利息收入		1032		
70167	流动资金循环贷款利息收入		1033		
70168	中期流动资金贷款利息收入		1034		
70190	垫款利息收入		1035		
1001			1036		
1002			1037		
1003			10000	收入小计	1,535,954,370.69
1004			11000	纯　损	
1005			12000	合　计	1,535,954,370.69

中国农业发展银行云南省分行损益明细表(本外币合并)

编制单位:云南省分行　机构代码:530000000　报告日期:2008 年 12 月 31 日　报表类型:汇总　数据类型:月报

项目代号	项目名称	本期余额	项目代号	项目名称	本期余额
705	705、存款及债券利息支出	48,125,655.84	70729	低值易耗品购置费	4,905,012.40
70501	企事业单位存款利息支出	35,711,205.15	70730	长期待摊费用摊销	303,410.07
70502	金融债券利息支出		70731	无形资产摊销	262,784.58
70503	专项存款利息支出	12,317,954.84	70732	物业管理费	1,408,078.64
70504	其他存款利息支出	6.06	70733	税金	3,138,754.49
70505	外汇存款利息支出	96,489.79	7073301	(1)房产税	1,947,722.21
706	706、金融机构往来支出	576,677,034.20	7073302	(2)车船使用税	100,860.00
70601	向中央银行借款利息支出		7073303	(3)土地使用税	706,790.94
70602	系统内存放款利息支出	551,531,242.79	7073304	(4)印花税	345,906.84
70603	同业存放款项利息支出	25,145,791.41	7073305	(5)其他税金	37,474.50
7060301	(1)同业清算款项利息支出		70734	劳务费	2,134,131.90
7060302	(2)同业定期存款利息支出	25,145,791.41	70737	出纳费	126,238.00
7060303	(3)其他同业存放款项利息支出		70799	其他费用支出	2,005,836.24
70604	同业拆入利息支出		7079901	(1)团体会费	105,700.00
70605	分摊库存现金利息支出		7079902	(2)绿化费	1,740,998.50
70606	转贴现利息支出		7079999	(3)其他	159,137.74
70607	总行拆入利息支出		708	708、其他营业支出	41,641,857.49
70608	国际融资利息支出		70801	手续费支出	3,538,489.74
70609	同业借入利息支出		7080101	(1)代理业务手续费	63,000.00
70610	海外代付利息支出		7080102	(2)现金寄库手续费	2,697,053.20
707	707、业务管理费	227,355,018.10	7080103	(3)结算业务手续费	557,640.24
70701	工资	92,522,600.00	7080104	(4)发行金融债券手续费	
70702	住房补贴	82,486.26	7080105	(5)其他手续费支出	220,796.30
70703	职工福利费	3,503,248.02	7080106	(6)国际结算手续费支出	
70704	工会经费	1,850,452.01	70802	业务宣传费支出	3,668,764.80
70705	职工教育经费	2,313,065.08	70803	业务招待费支出	7,668,764.50
70706	劳动保护费	4,323,006.84	70804	广告费	28,500.00
70707	失业保险费	835,538.65	70805	固定资产折旧支出	26,719,930.45
70708	劳动保险费	16,894,153.27	7080501	(1)房屋等建筑物折旧支出	7,243,642.48
7070801	(1)养老保险费	5,845,812.75	7080502	(2)交通运输设备折旧支出	7,701,495.64
7070802	(2)医疗保险费	8,774,523.97	7080503	(3)电子计算机及附属设备折旧支出	7,630,058.85
7070803	(3)其他劳动保险费	2,273,816.55	7080504	(4)其他机器设备折旧支出	3,786,919.43
70709	住房公积金	13,012,191.79	7080505	(5)其他固定资产折旧支出	357,814.05
70710	公杂费	10,366,023.02	70806	外币汇兑支出	6,227.00
70711	交通工具运转费	8,652,403.94	70807	资产减值损失	-
7071101	(1)公用车油料费	5,075,296.34	7080701	(1)抵债资产减值损失	
7071102	(2)公用车养路费	516,015.77	7080702	(2)贷款减值损失	

中国农业发展银行云南省分行损益明细表（本外币合并）

编制单位：云南省分行　机构代码：530000000　报告日期：2008 年 12 月 31 日　报表类型：汇总　数据类型：月报

项目代号	项目名称	本期余额	项目代号	项目名称	本期余额
7071103	(3)公用车保险费	1,420,799.47	70899	其他支出	11,181.00
7071104	(4)其他交通工具运转费	1,640,292.36	709	709、营业税金及附加	76,167,379.00
70712	钞币运送费	44,353.50	70901	营业税	69,023,620.19
70713	邮电费	4,266,455.85	70902	城建税	4,370,154.72
7071301	(1)公务电话费	3,724,494.99	70903	教育费附加	2,097,746.64
7071302	(2)电视电话费	2,844.00	70904	其他	675,857.45
7071303	(3)其他邮电费	539,116.86	710	710、营业外支出	3,366,809.44
70714	印刷费	876,507.44	71001	出纳短款支出	
70715	水电费	3,711,116.15	71002	处置固定资产净损失	567,647.00
70716	租赁费	3,046,028.66	7100201	(1)固定资产盘亏	
7071601	(1)营业办公用房租赁费	2,838,599.16	7100202	(2)其他固定资产净损失	567,647.00
7071602	(2)交流干部住房租赁费	118,029.50	71003	公益救济性捐赠支出	200,000.00
7071603	(3)车辆租赁费		71004	救灾支出	
7071604	(4)其他租赁费	89,400.00	71005	非常损失	
70717	差旅费	10,034,459.77	71006	赔偿和违约支出	
70718	会议费	14,428,440.88	71007	检查上缴款项	
70719	电子设备运转费	10,979,999.29	71009	以前年度损益调整	917,354.82
7071901	(1)租用数据专线费	4,590,562.61	71010	院校经费	
7071902	(2)电子设备维护费	354,515.00	71011	缴纳地方性收费	303,276.49
7071903	(3)电子运转耗材费	5,643,502.68	71012	购房补贴	622,353.95
7071904	(4)其他电子设备运转费	391,419.00	7101201	(1)异地调干一次性购房补贴	
70720	研究开发费	–	7101202	(2)其他一次性购房补贴	
7072001	(1)外聘人员劳务费		7101203	(3)一次性购房补贴摊销	622,353.95
7072002	(2)其他研究开发费		71013	案件损失	
70721	外事费	405,656.00	71014	其他支出	756,177.18
70722	诉讼公证费	45,400.00	7101401	(1)供暖费补助	
7072201	(1)公证费		7101402	(2)处置无形资产净损失	
7072202	(2)诉讼费	45,400.00	7101403	(3)抵债资产保管费用	
70723	咨询费	231,760.00	7101404	(4)处置抵债资产净损失	
70724	聘请中介机构费	193,802.94	7101405	(5)退伍军人安置费	450,000.00
70725	取暖费	57,173.20	7101499	(6)其他	306,177.18
70726	财产保险费	87,571.90	1038		
70727	安全防卫费	2,504,784.24	1039		
70728	资产修理费	7,802,093.08	1040		
7072801	(1)营业办公用房修理费	2,528,888.55	20000	支出小计	973,333,754.07
7072802	(2)车辆修理费	4,230,184.46	21000	纯益	562,620,616.62
7072803	(3)其他修理费	1,043,020.07	22000	合计	1,535,954,370.69

中国工商银行云南省分行人民币信贷运行情况表

（2008 年 12 月 31 日）

单位:万元

来源项目名称 \ 栏目	本月	比上月		比年初	
	余额	增减	增减%	增减	增减%
一、各项存款	12132869	715652	6.27	1990168	19.62
1.企业存款	3219011	116901	3.77	431839	15.49
（1）活期存款	2556043	108178	4.42	272606	11.94
（2）定期存款	662968	8723	1.33	159233	31.61
2.机关团体存款	1461658	152938	11.69	168228	13.01
3.储蓄存款	5931011	346021	6.20	1093620	22.61
（1）活期储蓄	2282146	257793	12.73	341500	17.60
（2）定期储蓄	3648865	88228	2.48	752120	25.96
4.农业存款	3748	-65	-1.69	2113	129.26
5.其他存款	1517441	99857	7.04	294368	24.07
二、代理财政性存款	16984	-3709	-17.92	9651	131.60
三、金融债券					
其中:政策性金融债券					
四、应付及暂收款	269060	5109	1.94	112316	71.66
其中:应付及预提利息	126294	-8793	-6.51	42983	51.59
五、卖出回购资产					
六、向中央银行借款					
七、同业往来	309189	-125651	-28.90	95235	44.51
1.同业存放	309189	-125651	-28.90	95235	44.51
2. 同业拆借					
八、系统内资金往来					
九、委托存款及委托投资基金(净)	126	-148	-54.00	-462	-78.57
1.委托存款及委托投资基金	1364	-844	-38.22	-1570	-53.50
2.减:委托贷款及委托投资	1238	-696	-35.98	-1108	-47.22
十、代理金融机构委托贷款基金					
其中:中央银行委托贷款基金					
十一、各项准备	74722	-11107	-12.94	-14806	-16.54
其中:贷款损失准备	69355	-11643	-14.37	-2223	-3.11
十二、所有者权益	204984	36001	21.30	-12183	-5.61
其中:实收资本					
当年结益	258093	41015	18.89	258093	
十三、其他	-69465	16214	47.74	-2060	28.69
资金来源总计	12938469	632362	5.14	2177858	20.24

中国工商银行云南省分行人民币信贷运行情况表

（2008 年 12 月 31 日）

单位:万元

运用项目名称 \ 栏目	本月余额	比上月		比年初	
		增减	增减%	增减	增减%
一、各项贷款	7967753	120160	1.53	1173478	17.27
1.短期贷款	2105958	-21673	-1.02	68182	3.35
(1)工业贷款	1326195	-80594	-5.73	55882	4.40
(2)商业贷款	102704	-4290	-4.01	-8741	-7.84
(3)建筑业贷款	59258	10678	21.98	-16333	-21.61
(4)农业贷款	1100			-100	-8.33
(5)乡镇企业贷款					
(6)三资企业贷款	19752	-400	-1.98	10005	102.65
(7)私营企业及个体贷款	3529	-141	-3.84	-18894	-84.26
(8)其他短期贷款	593420	53074	9.82	46362	8.47
其中:个人短期贷款	11487	2793	32.12	-14176	-55.24
2.中长期贷款	5571664	140842	2.59	1022501	22.48
(1)基本建设贷款	2802396	120998	4.51	938975	50.39
(2)技术改造贷款					
(3)其他中长期贷款	2769267	19844	0.72	83526	3.11
其中:个人中长期贷款	1271542	1537	0.12	128896	11.28
3.票据融资	290131	991	0.34	82795	39.93
其中:贴现	290131	991	0.34	82795	39.93
4.各项垫款					
二、有价证券及投资	188692	-5069	-2.62	-26519	-12.32
三、应收及预付款	19508	-34483	-63.87	67151	-140.94
其中:应收利息	17764	-1026	-5.46	1449	8.88
四、买入返售资产					
五、存放中央银行准备金存款	111131	14109	14.54	16328	17.22
六、存放中央银行特种存款					
七、缴存中央银行财政性存款	24537	6628	37.01	15225	163.50
八、同业往来	1709	119	7.48	125	7.89
1.存放同业	1709	119	7.48	125	7.89
2.拆放同业					
九、系统内资金往来	4551513	524260	13.02	932486	25.77
十、代理金融机构贷款					
其中:代理人行专项贷款					
十一、库存现金	73627	14534	24.60	-415	-0.56
十二、外汇占款		-7896	-100.00		
资金运用总计	12938469	632362	5.14	2177858	20.24

中国工商银行云南省全省合计财务收支结构表

(人民币)　　(2008年12月31日)　　单位:万元

项目	余额		增幅
	本期	去年同期	
一、营业收入	445146.60	385014.31	15.62
(一)净利息收入	381499.14	321401.48	18.70
1.利息收入	612726.91	477642.28	28.28
贷款利息收入	527711.46	395510.15	33.43
债券利息收入	7505.02	9836.44	-23.70
金融机构往来利息收入	77510.42	72295.70	7.21
2.利息支出	231227.77	156240.81	47.99
存款利息支出	223338.86	151764.50	47.16
发行债券利息支出			
金融机构往来利息支出	7888.91	4476.31	76.24
(二)手续费及佣金净收入	63317.15	62277.67	1.67
手续费及佣金收入	67500.10	65362.17	3.27
手续费及佣金支出	4182.95	3084.49	35.61
(三)其他非利息净收入	330.31	1335.16	-75.26
投资收益		423.20	-100.00
公允价值变动收益			
汇兑损益	0.08	810.48	-99.99
其他业务收入	330.23	101.48	225.43
二、营业支出	190910.83	169125.09	12.88
(一)业务及管理费	157786.80	143172.98	10.21
其中:工资薪金支出	61891.00	53996.46	14.62
(二)营业税金及附加	32981.67	25952.11	27.09
(三)其他业务成本	142.36		
三、资产减值损失	8393.65	8654.33	-3.01
贷款减值损失	6194.50	-14856.80	-141.69
非信贷资产减值损失	2199.15	23511.13	-90.65
四、营业利润	245842.12	207234.89	18.63
五、营业外净收入	12251.03	11580.46	5.79
(一)营业外收入	13616.18	15115.20	-9.92
(二)营业外支出	1365.15	3534.74	-61.38
六、拨备前利润	266486.80	227469.68	17.15
七、拨备后利润	258093.15	218815.36	17.95
八、所得税	60036.28		
九、少数股东收益			
十、净利润	198056.87	218815.36	-9.49
十一、中间业务收入	67500.10	64180.39	5.17
十二、存贷利差净收入(贷款利息净收入)	304372.60	243745.65	24.87
十三、个人资产业务收入	109148.16	85066.94	28.31